SOUVENIRS
DRAMATIQUES

I

CHEZ LES MÊMES ÉDITEURS

THÉATRE COMPLET
D'ALEXANDRE DUMAS

14 VOLUMES GRAND IN-18.

SOUVENIRS
DRAMATIQUES

PAR

ALEXANDRE DUMAS

TOME PREMIER

PARIS
MICHEL LÉVY FRÈRES, LIBRAIRES ÉDITEURS
RUE VIVIENNE, 2 BIS, ET BOULEVARD DES ITALIENS, 15
A LA LIBRAIRIE NOUVELLE
—
1868
Droits de reproduction et de traduction réservés

SOUVENIRS DRAMATIQUES

LES MYSTÈRES

I

LES CONFRÈRES DE LA PASSION

Quand on songe aux combinaisons multiples qu'exige la représentation d'un ouvrage dramatique, on est tenté de croire que l'invention d'une *œuvre théâtrale* ne peut appartenir qu'à une société, sinon vieillie, du moins complète.

En effet, nulle autre exécution artistique ne réclame un pareil concours d'arts différents : la musique, la peinture, la pantomime; nulle autre conception de l'esprit n'exige une plus large application des facultés données par Dieu à l'homme : la poésie, l'imagination, le style.

Il n'en est point ainsi cependant.

A peine le roman a-t-il tracé un faible sentier dans

le champ de l'imagination, à peine la poésie a-t-elle bégayé ses premières paroles rhythmées, à peine la musique a-t-elle échelonné sa gamme imparfaite, que l'esprit impatient de l'homme, devançant la marche tardive de l'art, s'empare d'une intrigue décousue, traduit ses pensées par des vers boiteux, accompagne l'entrée et la sortie de ses personnages avec une musique criarde, et, de trois parties incomplètes, fait un tout plus incomplet encore, mais dont les progrès suivront de près l'application de ces principes, qui vivra de leur triple vie, se développera dans sa force unitaire, tandis qu'ils se développeront dans leur force individuelle, et, à peine en retard sur eux à sa naissance, arrivera presque en même temps qu'eux à sa perfection.

Les cantiques spirituels que chantaient, en les accompagnant de gestes et de postures, les pèlerins qui revenaient de Jérusalem et de Saint-Jacques de Compostelle, sont les premiers essais mimiques dont nous retrouvions la trace dans notre histoire. Comme quelque scène tirée de l'Évangile ou de la Passion faisait ordinairement les frais de cette représentation en plein air, on appela les scènes *mystères*, et ceux qui les représentaient *confrères de la Passion*. Les jeux des clercs de la Basoche leur succédèrent; puis enfin vinrent les pièces des Enfants sans Souci, dont le chef se nommait le roi des Sots.

. Outre ces trois ordres successifs d'acteurs, il est aussi question, dès la seconde race, de *danseurs, farceurs et bateleurs*. Il existait des jeux du temps de Karl le Grand, puisqu'il les supprima par une ordonnance de 799. Chassées des rues, ces représentations grotesques se réfugièrent dans les églises sous le nom de fête des Fous ; en 1198, Eudes de Sully fit un mandement contre elles.

Cependant, ces hommes, à qui les représentations publiques étaient interdites, étaient appelés dans les fêtes pour donner des représentations particulières.

Vers le ixe siècle, une nouvelle classe, nommée *jongleurs*, renforce la corporation : ces derniers répétaient les chants des poètes, et remplaçaient l'intervention des personnages bouffons par celles d'ours ou de singes dressés à leur servir de compères.

Un édit de saint Louis, qui règle le droit de péage pour l'entrée dans Paris, porte que tout marchand qui entrera dans la ville avec un singe payera, s'il l'apporte pour le vendre, la somme de quatre deniers ; que tout bourgeois le passera gratis s'il l'a acheté pour son plaisir, et enfin que tout jongleur qui vivra des tours qu'il lui fait faire acquittera l'impôt en le faisant jouer devant le péager. Quand le jongleur entrait sans singe, il pouvait aussi acquitter son péage en faisant le récit d'un couplet de chanson.

Cet édit, que l'on pourrait croire fait tout au profit du plaisir des préposés de l'octroi, avait un but plus intéressé cependant : c'était de s'assurer qu'il n'y avait pas de fraude dans la qualité des singes que l'on passait, et qu'ils appartenaient bien, soit à un marchand qui devait payer un droit pour le vendre, soit à un bourgeois qui était libre de posséder un singe comme animal domestique, soit enfin à un jongleur qui, ayant déjà grand'peine à vivre de son commerce, ne devait pas payer de contribution pour l'exercer.

Peu à peu le nombre des jongleurs augmenta considérablement ; les femmes se mêlèrent à ces troupes joyeuses. Elles se rassemblaient dans une rue qu'elles peuplèrent si complétement, qu'elle prit leur nom, et où l'on était si sûr d'en trouver, que quiconque en avait besoin allait les chercher là. Ceci nous est attesté par une ordonnance de Guillaume de Germond, prévôt de Paris, en date du 14 septembre 1341, qui défend à tous jongleurs ou jongleresses, qui auraient été loués pour venir jouer dans une assemblée, d'en envoyer d'autres à leur place.

En 1395, une seconde ordonnance leur défendit de rien chanter sur les places publiques et ailleurs qui pût causer du scandale, sous peine d'amende, de prison, et de deux mois de pain et d'eau. Cette défense développa un nouveau genre de talent, ce fut celui des bateleurs qui faisaient des tours de corde et avalaient des épées.

Cependant, quelque chose d'informe qui ressemblait à l'art dramatique était né, comme nous l'avons dit, sous le nom de *mystère* : le premier essai de ces pièces sur un théâtre se fit, on ne sait trop à quelle époque, à Saint-Maur ; le sujet en était la passion de Notre-Seigneur.

Ces représentations duraient déjà depuis fort longtemps, lorsqu'en 1398, défense est faite par la police, aux habitants de Paris et à ceux de Saint-Maur, de représenter, sans permission du roi, aucuns jeux dont les personnages soient tirés, ou de la vie des saints, ou de la passion de Notre-Seigneur. Cette permission est accordée par ordonnance du 4 décembre 1402.

Peu de temps après avoir obtenu cette faveur, et maîtres de ces précieuses lettres patentes, les confrères de la Passion, qui avaient déjà fondé le service de leur confrérie religieuse à l'hôpital de la Trinité, bâti hors de la porte Saint-Denis par deux gentilshommes allemands nommés Guillaume Escacob et Jean de la Pasisée, dans le but de recueillir les pèlerins qui arrivaient devant les portes après leur fermeture, louèrent une salle de ce même hôpital pour y représenter les pièces que leur privilége les autorisait à jouer. Cette salle avait vingt et une toises de long sur six de large; elle était au rez-de-chaussée et soutenue par des arcades : les confrères y élevèrent un théâtre et y donnèrent, les dimanches et fêtes (les fêtes solennelles exceptées), divers spectacles tirés du Nouveau Testament. Ces spectacles plurent tellement au public, que les prêtres, pour ne pas voir déserter les églises, furent obligés de changer l'heure des vêpres et de les avancer. Bientôt les villes de province voulurent avoir un théâtre à l'instar de la capitale : Rouen, Angers, le Mans et Metz furent les quatre premières villes qui suivirent l'exemple de Paris.

Mais, pendant ce temps, les confrères de la Passion avaient vu s'élever des concurrences redoutables : les premiers étaient les clercs de la Basoche, dont l'établissement s'était fait dès l'an 1303, sous le règne de Philippe le Bel, dans la grand'salle du palais de justice. Le chef de la juridiction prit le nom ambitieux de roi de la Basoche, et, parodiant la royauté jusque dans ses attributs et ses priviléges, il établit toute une hiérarchie d'officiers, que l'on nomma chanceliers, maîtres des requêtes, avocats, procureurs généraux, grands référendaires, grands audienciers, secrétaires, greffiers, huissiers ; le roi de la Basoche avait le droit de porter la toque royale, et ses chanceliers la robe et le bonnet ; et ce ne fut que sous Henri III que les titres de roi et de royaume furent abrogés. Le chancelier devint alors le chef de la juridiction. Les sceaux sur lesquels étaient gravés ses armes étaient d'argent, et les armes étaient *trois écritoires d'or en champ d'azur, timbrées de casques.*

Les pièces que représentaient ces nouveaux venus étaient en harmonie avec la grotesque organisation de leur hiérarchie ; elles n'essayèrent même pas de dissimuler sous un nom exceptionnel la différence des avantages qui existaient entre elles et les graves et religieux mystères, leurs frères aînés. Elles s'appelèrent candidement *sotties* ou sottises. — Ce mot nous paraît trop expressif pour que nous croyions nécessaire de le commenter.

Entre ces deux modes de littérature dramatique qui représentaient la tragédie et la comédie essayant leurs premiers pas, bégayant leurs premiers mots, jouant pour ainsi dire ensemble comme l'auraient fait Héraclite et Démocrite enfants, et qui, se partageant la faveur populaire, attiraient à eux, chacun, les partisans de leur genre, se glissa une troisième confrérie, qui conçut le projet ambitieux d'enlever aux confrères de la Passion leurs spectateurs dévots, aux clercs de la Basoche leurs spectateurs joyeux, et de s'en faire un seul et unique auditoire en réunissant dans des pièces d'une nouvelle composition la gravité religieuse des mystères à la joyeuse bouffonnerie des sottises.

Cette fusion dramatique fut connue sous le nom expressif de *jeux de pois pilés ;* et dès lors le drame, ce frère puîné de la tragédie et de la comédie, qui réunit en lui l'énergie terrible de la première et la gaieté mordante de la seconde, eut aussi son représentant.

Bientôt les confrères de la Passion virent la foule déserter leur théâtre pour courir à celui des innovateurs; ils ne perdirent cependant point courage, et continuèrent de lutter, malgré l'incertitude publique, avec la conscience de leur bon droit classique, contre leurs jeunes et robustes rivaux, à qui ils abandonnèrent, soit par mépris, soit par impuissance, l'exploitation du genre bâtard et irréligieux qu'ils avaient adopté. En 1518, François Ier, par lettres patentes, en confirmant le privilége accordé par Charles VI, leur rendit un peu de leur antique faveur.

Bientôt la troupe sacrée fut forcée de se mettre en quête d'un nouveau local. En 1539, la maison de la Trinité fut rendue à l'hôpital : forcés de la quitter à la suite de cette décision royale, les confrères de la Passion prirent à loyer l'hôtel de Flandre et y restèrent jusqu'en 1543, époque à laquelle cet hôtel fut démoli par l'ordre de François Ier, en même temps que ceux d'Arras et d'Étampes.

Lassés de ces tribulations successives, ils se décidèrent alors à acheter, sur l'emplacement de l'hôtel de Bourgogne, situé au milieu de la rue Mauconseil, une masure de dix-sept toises de long sur seize de large, afin d'y faire bâtir une salle. Jean Rouvet, de qui ils acquirent ce terrain par contrat passé le 30 avril 1548, se réserva dans cette salle une loge gratis pour lui, sa femme, ses enfants et ses amis, leur vie durant.

Un arrêt de la même année accorde aux confrères de la Passion le privilége exclusif de l'exploitation dramatique de Paris; mais ce même arrêt portait aussi qu'ils ne pourraient jouer de mystères. — L'impossibilité où les mettait de jouer des pièces profanes l'habit religieux dont ils étaient revêtus, les détermina dès lors à renoncer à continuer leur entreprise par eux-mêmes ; en conséquence, ils louèrent, en se réservant deux loges pour eux, leur salle à une troupe de comédiens.

Voilà quels furent les ancêtres de Lekain, de Talma et de Garrick. Nous allons faire connaissance maintenant avec ceux de Molière, de Corneille et de Shakspeare.

Cependant, les noms des poëtes dramatiques et les titres de leurs ouvrages sont seuls parvenus jusqu'à nous. Quant aux œuvres elles-mêmes, elles ont été perdues. Nous allons classer auteurs et ouvrages selon la date chronologique de la naissance des uns et de la représentation des autres.

En 1200, Anselme Feydit, né à Avignon, auteur et acteur, compose et joue, à la cour de Boniface de Montferrat, une comédie intitulée *l'Heregias dels payre* (*l'Hérésie des pères*). Cet ouvrage n'était probablement pas sans mérite, puisque Pétrarque en parle dans le quatrième chapitre de son *Triomphe de l'Amour*.

En 1215, Guy, d'Uzès, part de cette ville avec Èbles et Pierre, ses frères cadets, et Élias, un de ses cousins. Guy et Èbles feront les chansons ou sirventes, et Pierre se chargera de les chanter. Élias, de son côté, représentera des poëmes de sa composition. Les profits devaient être partagés en commun, et tous quatre s'étaient engagés à ne point se quitter avant le retour.

Ils eurent d'abord un grand succès et firent force profits à la cour de Renaud d'Albuson, de laquelle ils passèrent à celle de la comtesse de Montferrat. Mais, ayant attaqué la royauté et la religion dans des sirventes portant le titre de *la Vida dels tyrants*, le légat du pape leur fit imposer silence.

En 1220, Perdignon de Gévaudan est tout à la fois poëte, auteur, musicien, compositeur et joueur d'instruments. Persécuté par le fils du dauphin d'Auvergne, il se réfugie chez Raymond Béranger, dernier comte de Provence, et y compose un poëme dramatique intitulé *las Victorias de monsiour lou comte*.

En 1250, sous Louis IX, Pierre de Saint-Rémy, poëte provençal, fait jouer plusieurs comédies dont les noms nous sont restés inconnus ; seulement, nous savons qu'il les dédia à Antoinette, dame de Lasaze, qui était de la maison de Lambesc.

En 1300, sous Philippe le Bel, Hugues Brunot, né à Rhodes, écrit une comédie sous le titre de *las Drudarias d'amor* (*les Tribulations d'amour*).

Enfin, de 1360 à 1383, époque de sa mort, Parasuls, né à Sisteron, composa une suite de cinq tragédies sur la vie de Jeanne, comtesse de Provence, reine de Naples et de Sicile, comme le firent, depuis, Shakspeare et Schiller sur la vie de Henri VI et de Wallenstein ; ces tragédies, dédiées au pape Clément, sont intitulées : *l'Andriasse*, *la Tarena*, *la Malhorquina*, *l'Allemanda* et *la Johannada*.

Mais, comme les noms des poëtes et les titres des pièces que nous venons de citer n'apprennent rien à nos lecteurs sur l'art dans son développement scénique ni dans son exécution, nous allons donner, en recourant, aux premières pièces de théâtre que nous possédions, et en tâchant de faire l'analyse de l'une d'elles, une idée de ce qu'était, vers cette époque, une œuvre dramatique, comme exécution théâtrale et comme charpente de pièces.

Ces ouvrages, tout en subissant, chacun dans son genre, toutes les variétés que leur imposaient les imaginations religieuses, morales ou cornues de leurs auteurs, ne se rattachaient pas moins individuellement à trois types primitifs spéciaux et arrêtés. Les noms génériques sous lesquels ils étaient connus étaient ceux de mystères, moralités, et farces ou sotties.

II

LE MYSTÈRE DE LA PASSION

Les mystères, comme nous l'avons dit, étaient la représentation naïve des scènes religieuses tirées ou de l'Ancien Testament ou de l'Évangile; quelques-uns se rattachaient aussi à l'histoire païenne, conservant presque toujours cependant une corrélation avec la révélation, ou le développement du catholicisme; quelques-uns encore, mais beaucoup plus rares, appartenaient entièrement à la mythologie antique; d'autres enfin étaient tirés de romans presque contemporains.

Celui que nous allons choisir comme exemple et comme type du genre est, non pas le plus ancien, mais le plus complet. Cependant, on retrouve des traces de sa représentation dès l'an 1402, et il est évident que cette représentation n'était pas la première. Il remonterait donc probablement aux premiers temps des mystères; mais, l'auteur primitif et inconnu ayant choisi pour son œuvre un fait aussi populaire et aussi sympathique que la Passion, les poëtes qui le suivirent s'emparèrent successivement du sujet traité par lui, donnèrent de l'extension à son premier canevas, corrigèrent les expressions vieillies, jusqu'à ce qu'enfin Jean Michel, son dernier arrangeur, et le seul dont le nom nous soit resté, parût, aux yeux de ses successeurs, avoir porté ce poëme à un tel degré de perfection, que nul n'osa plus essayer de l'embellir.

Tel qu'il nous est parvenu, et orné de ce titre splendide : *Mystère de la sainte Passion de Notre-Sauveur Jésus-Christ, avec des additions et corrections faites par très-éloquent et scientifique docteur messire Jean Michel, lequel mystère fut joué à Angers moult triumphantement, et dernièrement à Paris, l'an 1507,* il est composé d'un prologue, et se divise en quatre journées.

Cette division en journées indique la manière dont le mystère était offert au public ; trop long pour être ouï tout d'une haleine, il se représentait par parties. Nous allons donner l'analyse de ces journées avec quelques citations, ne pouvant offrir à nos lecteurs l'œuvre entière, qui ne compte pas moins de vingt-cinq à trente mille vers.

Mais, avant de passer à cette analyse, et afin que nos lecteurs puissent la suivre, non-seulement comme œuvre lue, mais encore comme œuvre représentée, essayons de leur donner une idée de la manière dont était construit le théâtre. Ils comprendront ainsi comment les transpositions de scènes en différentes localités pouvaient s'opérer à chaque instant, sans nécessiter des changements à vue.

Le théâtre, de même que nos théâtres modernes, était fermé, sur le devant, par une toile qui ne se levait pas, mais qui se tirait comme les rideaux d'une alcôve. En s'ouvrant ainsi, cette toile laissait apercevoir, au fond, plusieurs échafauds superposés, à la manière de ceux dont on se sert pour la construction d'un monument. Le plus élevé de ces échafauds représentait le paradis ; celui de dessous, la terre ; un autre, en descendant encore, les maisons d'Hérode et de Pilate, ou toute autre décoration nécessaire à l'ouvrage que l'on voulait mettre en scène ; enfin, au rez-de-chaussée, la maison des parents de Notre-Dame, son oratoire et la crèche aux bœufs.

Sur le devant, et du côté gauche des spectateurs, des rideaux formaient une espèce de niche où l'acteur ou l'actrice entrait lorsque devait s'accomplir une scène que l'on ne jugeait pas à propos d'exposer à la vue du public, telles que celles de l'incarnation de Notre-Seigneur, de l'accouchement de la Vierge ou de la décollation de saint Jean-Baptiste.

En face de cette niche, à droite, l'enfer était figuré par la gueule d'un dragon qui s'ouvrait ou se refermait, chaque fois qu'un ou plusieurs diables avaient besoin de faire par là leur entrée ou leur sortie.

Enfin, derrière cette niche et cette gueule, au lieu de coulisses de côté, s'élevaient des gradins sur lesquels les acteurs s'asseyaient aussitôt qu'ils avaient fini leur scène.

Une fois assis, ils étaient tenus pour absents, et, dès lors, quoique restant constamment sous les yeux des spectateurs, ils étaient censés ne voir et n'entendre rien de ce qui se passait sur le théâtre. C'était une affaire de convention, une habitude prise, et leur présence ne nuisait pas plus à l'illusion que ne le faisait celle des jeunes seigneurs de la cour de Louis XIV et de Louis XV, assistant de la même manière à la représentation d'une pièce de Racine ou de Voltaire.

Cette digression terminée, passons à l'analyse.

Le mystère de *la Passion* était précédé, comme nous l'avons dit, d'un prologue. Ce prologue est une paraphrase de ces mots : *le Verbe a été fait chair.*

La première journée commence à la prédication de saint Jean dans le désert : à la suite de son sermon, les principaux des Juifs s'assemblent en conseil et disputent sur le sens des prophéties qui promettent le Messie.

Jésus vient trouver Jean, accompagné de Notre-Dame et de l'ange Gabriel ; car il veut recevoir le baptême de sa main. Jean, confus de cette humilité, se défend de cet honneur en vers assez remarquables ; les voici :

> Pas requérir ne me devez,
> Car, mon cher Seigneur, vous savez,
> Qu'il n'affert pas à ma nature.
>   Je suis créature
>   De pauvre facture
>   Et simple structure ;
>   Humble viateur.
>   Ce serait laidure
>   Et chose trop dure,

Laver en eau pure
Mon haut Créateur.
Tu es précepteur,
Je suis serviteur :
Tu es le pasteur,
Ton ouaille suis ;
Tu es le docteur,
Je suis l'auditeur ;
Tu es le ducteur,
Moi le consenteur,
Sans qui rien ne puis.

Malgré cette résistance, qui ne manque, comme on le voit, ni de rhythme ni d'idées, Jésus insiste et Jean obéit. Durant la cérémonie du baptême, on exécute un concert d'instruments, et les anges chantent.

Jésus est à peine baptisé, que la gueule de l'enfer s'ouvre, et que deux diables, nommés *Sathan* et *Berith*, viennent raconter à Lucifer qu'ils ont vu au désert un homme nommé *Jésus*, et que cet homme leur a paru au-dessus de leur puissance. Lucifer alors appelle d'autres diables, donne l'ordre de châtier vigoureusement Sathan et Berith, et les fait entraîner dans l'enfer : un instant après, des cris épouvantables annoncent que l'ordre du diable est exécuté à la lettre. Après cette correction, Lucifer les renvoie sur la terre, et leur ordonne de s'assurer si Jésus est dieu, homme, *ou autre chose*.

Pilate vient alors ; il publie à son de trompe un édit par lequel il est enjoint aux Juifs d'honorer les images de César, et de payer les impôts dus à la république romaine : les Juifs murmurent contre cet ordre, et Judas, qui jouait aux échecs avec le fils du roi de

Scariot, lui cherche querelle, le tue, et se réfugie auprès de Pilate, qui en fait son intendant.

Cette scène terminée, le diable se transporte dans le désert sous le déguisement d'un ermite, et tente Jésus : cette première tentation échouant, il prend successivement les costumes d'un docteur et d'un homme riche; mais tous ses efforts sont vains, et il n'en retire que confusion.

Cependant, saint Jean poursuit sa mission : il vient chez Hérode, à qui il reproche son amour pour sa belle-sœur, qui, se trouvant présente à la scène, se formalise des reproches du saint, et, ne pouvant supporter la honte dont il l'accable, s'écrie en implorant la vengeance d'Hérode :

> Ha Dea !... ce méchant papelard
> Nous rompra si meshui la tête.
> Monseigneur, vous êtes bien bête
> De tant ouïr, etc.

Ces reproches déterminent Hérode à envoyer saint Jean en prison; des gardes arrivent et l'entraînent.

Cependant, l'intrigue naît avec l'apparence d'une double action : Pilate et Judas vont se promener dans le jardin de Ruben et de Ciborée; Judas ignore complétement qu'il est dans les propriétés de son père et de sa mère; ceux-ci, de leur côté, croient que leur fils a été noyé dans son enfance.

Comme les fruits de ce jardin sont très-beaux, Pilate ordonne à Judas d'en cueillir quelques-uns. Judas obéit : alors entre Ruben, qui vient en réclamer le prix : Judas, loin de payer, brise les branches des arbres. Une querelle s'engage entre eux : Judas tue Ruben.

Ciborée accourt et demande justice à Pilate de la mort de son mari ; mais Pilate, qui sent que c'est à son instigation première que Judas a accompli ce meurtre, veut le sauver, et, pour y parvenir, il propose à Ciborée d'épouser l'assassin de son mari. Celle-ci accepte, l'affaire s'arrange, et, séance tenante, le mariage se fait. Il y a cependant, au fond de ces scènes burlesques, une pensée profonde : l'auteur a cru devoir préparer le déicide par le parricide et l'inceste.

Bientôt, la Jocaste juive reconnaît son fils dans son époux, et s'abandonne au plus affreux désespoir. Judas lui-même est effrayé de son double crime, et va se jeter aux pieds de Jésus, qu'il trouve à table chez saint Matthieu. Les dix apôtres, choisis parmi les plus humbles et les plus pauvres pêcheurs, sont autour de lui. Jésus pardonne à Judas, et le reçoit au nombre des siens. Les deux intrigues se réunissent et n'en forment plus qu'une.

La fin de cette journée est consacrée à la reproduction du miracle de l'eau changée en vin, à la scène des vendeurs chassés du temple, à la conversion de Nicodème, à la résurrection de Thabite, fille de Jayrus, et au départ des apôtres, qui se mettent en route, un bâton à la main, pour prêcher la religion nouvelle.

Une fête chez Hérode succède à ce tableau. On y fait une course dont Florine obtient le prix ; elle demande pour récompense que la tête de saint Jean tombe et soit remise à Hérodias, que ce saint a insulté. La décollation de saint Jean a lieu dans l'enceinte que nous avons indiquée. L'esprit du martyr descend aux limbes, tandis que ses disciples ensevelissent son corps en chantant.

Cette seconde journée commence par l'exorcisme du démon Astaroth, qui s'était introduit dans le corps de la fille de Chananée. La dépossédée rend grâce au Messie, et Astaroth, chassé, redescend aux enfers, où il est sévèrement puni d'avoir quitté son poste.

Madeleine paraît, se met à sa toilette, et expose au public, dans des vers où elle ne se flatte pas, la conduite un peu scandaleuse qu'elle mène. La guérison du paralytique et du lépreux, la transfiguration de Notre-Seigneur sur le mont Thabor, l'assemblée des Juifs et leurs opinions sur les miracles de Jésus, l'arrivée de la Madeleine avec ses amants, la multiplication des pains et des poissons, le sermon de Jésus, l'emprisonnement des deux larrons, la conspiration des Juifs contre le Fils de Dieu, le jugement de la femme adultère, le repas chez Simon le Lépreux, le repentir de la Madeleine, le miracle de l'aveugle-né, la résurrection de Lazare, la guérison du sourd-muet possédé du diable, un second repas dans la maison de Simon, à la fin duquel la Madeleine vient répandre sur les pieds de Jésus des parfums qu'elle essuie avec ses longs cheveux, les murmures de Judas, qui se plaint qu'on n'ait pas vendu ces parfums à son profit; enfin les préparatifs de voyage de Jésus, qui monte sur une ânesse pour faire son entrée à Jérusalem, suivent immédiatement, et dans l'ordre que nous indiquons, ce premier tableau, et sont les événements à l'aide desquels le poëte mène à fin sa seconde journée.

La troisième journée commence à l'entrée de Jésus

dans Jérusalem. Aussitôt entré dans la ville, il se rend au temple; ses prédications mécontentent au plus haut degré les pharisiens. Marie prévoit les dangers auxquels Jésus s'expose, et veut vainement lui faire partager ses craintes : Jésus est résolu de s'exposer à la mort pour accomplir sa mission.

L'enfer alors vient en aide aux Juifs. Sathan, que Lucifer a fait vigoureusement punir de n'avoir pu faire tomber Jésus dans le péché, est renvoyé sur la terre, afin qu'il essaye de nouvelles tentations; plus rusé cette fois que la première, il s'adresse à Judas, qui succombe et qui vend son maître trente deniers.

Le marché fait, le traître immortel revient joindre les autres disciples, trouve saint Pierre et saint Jean préparant le festin. Bientôt, Jésus arrive et fait la Cène avec ses apôtres : à peine Jésus a-t-il offert le pain rompu à ses apôtres, et Judas en a-t-il pris sa part, qu'un démon entre et lui saute sur les épaules, sans être vu des autres convives. Judas, possédé, se lève et court avertir les Juifs, auxquels il doit livrer son maître.

La Cène finie, Jésus se met en prières : les apôtres s'endorment, les soldats s'avancent. Judas, qui les conduit, embrasse Jésus; les soldats reconnaissent le Sauveur au baiser du traître, et se précipitent sur lui. Saint Pierre veut le défendre, et abat l'oreille à Malchus, que Jésus guérit aussitôt. Alors, les apôtres fuient : on mène Jésus chez Anne le pontife. Anne l'interroge et le renvoie à Caïphe. Saint Pierre renie son maître, le coq chante, et la troisième journée finit au moment où Jésus, livré aux insultes des soldats, est conduit chez Pilate.

La quatrième journée représente la suite historique de la Passion. Judas se repent et rend aux Juifs l'argent qu'il a reçu d'eux. Cependant, Pilate fait conduire Jésus au prétoire : à peine le Juste paraît-il, que les lances des soldats s'abaissent devant lui. Alors, son interrogatoire commence, et tous ceux qui ont été guéris par le Sauveur viennent témoigner pour lui. Pilate lui-même fait tout ce qu'il peut pour le sauver ; mais les Juifs exigent que Jésus soit renvoyé chez Hérode. En le voyant paraître, Judas, déchiré de remords, invoque l'enfer, et *Désespérance*, qui lui apparaît, lui fait d'horribles menaces.

— Il faut, lui dit-elle,

> Il faut que tu passes le pas :
> Voici dagues et coutelas,
> Forcettes, poinçons, alumelles.
> Avise, choisis les plus belles,
> Et celles de meilleure forge,
> Pour te couper à coq la gorge ;
> Ou, si tu aimes mieux te pendre,
> Voici lacs et cordes à vendre.

Judas ne se le fait pas dire à deux fois, il prend un lacet et se pend : *Désespérance* remplit près de lui l'office de bourreau, et, avec l'aide des autres diables, elle l'emporte aux enfers, où Dante nous le montre avec Brutus entre les dents de Sathan, qui mâche éternellement dans ses deux gueules les deux plus grands coupables du monde religieux, le régicide et le déicide.

Jésus, cependant, est renvoyé d'Hérode à Pilate : celui-ci le fait tourmenter, espérant que les tortures de l'homme juste satisferont la vengeance des Juifs, et qu'ils n'exigeront plus sa mort, quand ils l'auront vu tant souffrir, que la mort lui serait un bienfait. C'est dans cette intention qu'il le montre sanglant et défiguré à ses ennemis, en disant ces paroles sacramentelles :

— *Ecce homo!*

Tous ces supplices n'apaisent point la colère des Juifs : ils demandent à grands cris la mort de Jésus, et Pilate leur ordonne d'aller attendre son jugement.

Les patriarches, qui prévoient la mort du Sauveur et la descente du Messie, se réjouissent dans les limbes. L'enfer entend leurs cris de joie, frémit à l'idée que le dernier soupir du Christ brisera ses portes, et Sathan, qui vient de réussir auprès de Judas, est envoyé de nouveau, mais, cette fois, pour inspirer à la femme de Pilate le dessein d'empêcher ce grand événement.

C'est l'instant de son sommeil que Sathan choisit pour accomplir sa mission : un songe, qu'il lui envoie, la tourmente ; elle se réveille toute troublée, et elle conseille à son mari de ne pas prononcer la condamnation de Jésus; mais les Juifs, qui, depuis longtemps, soupçonnent Pilate de vouloir le sauver, redoublent leurs cris. Pilate se lave les mains, déclarant qu'il est innocent du jugement qu'on le force de rendre.

Alors, les Juifs en prennent sur eux la responsabilité et s'écrient :

> Tout son sang s'écoule et redonde
> Sur nous et sur tous nos enfants,
> Tant que nous serons en ce monde,
> Et fût-ce jusqu'à dix mille ans :
> Nous en serons participants,
> S'il faut que sa mort nous confonde,

Alors, Pilate condamne le Juste, et ordonne en même temps le supplice des deux larrons. Jésus porte sa croix, arrive au Calvaire, où toutes les circonstances qui précèdent sa mort sont rappelées. Enfin il est crucifié, et, le soir, descendu de la croix et enseveli. Puis la pièce se termine par un court épilogue.

La première journée emploie quatre-vingt-sept acteurs; la seconde, cent; la troisième, quatre-vingts; enfin la quatrième, cent cinq.

En tout, trois cent soixante et douze acteurs; ce qui rend plus que probable la supposition que plusieurs rôles étaient remplis par le même personnage.

LE THÉATRE DES ANCIENS

ET

LE NOTRE

Peut-être ceux de nos lecteurs qui auront la patience de nous suivre dans les études que nous faisons sur l'art dramatique, s'étonneront-ils de nous voir soulever parfois, à propos de recherches aussi spéciales en apparence, et de fait peut-être aussi frivoles, ces grandes questions de civilisation, de socialité et de gouvernement, qui semblent bien plutôt réservées au burin puissant de l'histoire qu'à la plume légère de la critique. Nous aussi, quand nous nous enfonçons dans le labyrinthe du passé, nous faisons les premiers pas, croyant à un voyage court et borné ; puis, au fur et à mesure que nous remontons, et que nous voyons, à droite et à gauche de notre route, les sépulcres des hommes, les squelettes des villes, les ruines des nations, notre sujet s'agrandit comme notre horizon ; l'art, dont nous cherchons la naissance, recule devant nous de siècle en siècle, de civilisation en civilisation, de monde en monde, jusqu'à ce qu'enfin nous voyions son berceau comme celui de Moïse flotter sur les eaux du Nil. Alors, pareil à ces voyageurs qui espèrent toujours faire passer dans leurs récits l'intérêt qu'ils ont éprouvé à la vue des choses, et qui croient avoir découvert les premiers des contrées qui n'étaient que perdues, nous nous mettons, au risque d'être taxé de prolixité et de pédantisme, à décrire naïvement les accidents du pèlerinage que nous avons entrepris, les sinuosités de la route que nous suivons, et les aspects différents des paysages qui se succèdent.

C'est un voyage de ce genre que nous allons placer aujourd'hui sous les yeux de nos lecteurs. Nous sommes parti croyant nous arrêter au moyen âge de la France; mais, arrivé là, nous avons trouvé la voie antique et nous avons poussé jusqu'à Rome; puis, une fois dans la ville d'Auguste, la route frayée par l'art athénien était si visible à suivre, que, tout en marchant sur ses traces, nous nous sommes trouvé dans la capitale de l'Attique. Alors, nous avons commencé notre fouille dramatique à travers les œuvres d'Euripide, de Sophocle et d'Eschyle, et nous nous sommes étonné tout d'abord de la différence des commencements, du progrès et de la décadence de l'art théâtral grec, avec les commencements, le progrès et la décadence de l'art théâtral français. En effet, l'art théâtral apparaît en Grèce par le monologue, en France par la pantomime; en Grèce, cent ans lui suffisent pour parcourir toute sa période; en France, cinq siècles lui sont nécessaires à peine pour le conduire où nous le voyons.

Chez les Athéniens, il reste constamment original; chez nous, presque dès son enfance, il devient imitateur. En Grèce, il arrive après la civilisation; à Paris, il la devance.

Familiarisé avec les quatre dialectes que l'on parlait dans le Péloponèse, dans l'Achaïe et dans l'Archipel, Homère les fondit ensemble plus encore par amour national que par calcul philologique. En effet, le devin antique avait pressenti, soit par le génie, soit par le cœur, la grande lutte de l'Asie et de l'Europe; il avait compris que le coup qui frapperait sa patrie lui viendrait de l'Orient; dès lors, Assyrien, Mède ou Perse, n'importe, tout lui était ennemi. Il choisit donc pour sujet de son poëme la première victoire de l'Europe sur l'Asie, et, afin que les chants qui célébraient cette victoire devinssent populaires, il créa une langue unitaire avec les éléments doriens, ioniens, éoliens, auxquels il joignit encore le dialecte de l'Archipel et le patois des côtes. Puis il fit de chacune des îles le berceau d'une déesse, la demeure d'un dieu ou la tombe d'un héros, et les rallia toutes par le lien de la religion au mont Olympe où se tenait la cour de Jupiter. C'est ainsi que procéda le Dante deux mille ans plus tard, lorsque, dans le même esprit d'unité, il composa sa *Divine Comédie* avec tous les dialectes italiens.

La langue telle que l'avait faite Homère fut donc adoptée, et, de ce jour, la civilisation grecque est en progrès.

Philon d'Argos fait frapper la monnaie d'argent. Lycurgue donne un code de lois à Sparte; la dynastie souveraine se tient à Corinthe et fait place aux

Prytanes; les éphores sont établis à Lacédémone, les archontes gouvernent Athènes; Tyrtée et Pindare chantent; Solon, proclamé législateur et arbitre souverain, refuse le trône pour établir le commandement de la loi; Talès de Milet, Chilon de Lacédémone, Pittacus de Mytilène, Bias de Priène, Cléobule de Rhodes, Périande de Corinthe, se réunissent à lui, et forment les sept fleurons de sa couronne antique. C'est dans ce moment que se réalisent les pressentiments de l'auteur de l'*Iliade;* la réaction de l'Europe contre l'Asie s'opère. Darius, pour se venger des Athéniens, qui avaient envoyé aux Grecs de l'Asie Mineure quelques secours d'hommes, à l'aide desquels ils avaient brûlé Sardes, prépare une grande expédition contre la Grèce. Mardonius en reçoit le commandement, perd une partie de son escadre en doublant le mont Athos, revient en Perse, remet le commandement à Dathys, qui part à son tour, pénètre jusqu'à cent quarante stades d'Athènes, et se fait battre par Miltiade dans les plaines de Marathon. Eschyle, âgé de trente-cinq ans, est blessé dans ce combat.

Voilà donc où en est la civilisation de la Grèce, lorsque le nom du père de sa poésie dramatique est prononcé pour la première fois, non pas sur la scène, mais sur le champ de bataille. Elle en était à sa seconde période, elle avait eu déjà une école de sculpture et de peinture, qui était à l'école de Phidias et d'Apelles ce que furent le Giotto et Jean de Pise à Raphaël et à Michel-Ange.

Le peuple athénien était assez instruit pour reconnaître, au premier coup d'œil, les dieux et les héros qu'on lui offrait en spectacle, et assez avancé en art pour comprendre le simple.

Eschyle fit représenter *Prométhée*, le *Faust* antique. Jusqu'à ce premier essai tragique, les seules représentations publiques étaient l'ode à Bacchus que l'on chantait sur un char ou sur des tréteaux, pendant les jours consacrés à ce dieu. Eschyle introduisit sur la scène un interlocuteur parlant, qui relégua les chanteurs au second plan, et devint le personnage principal. La tragédie de *Prométhée* n'est qu'un long monologue interrompu par le chant, et cependant il y a déjà progrès sur Thespis, son devancier.

Les Sept Chefs devant Thèbes succèdent à *Prométhée*, le dialogue au monologue : le chœur continue de représenter la société, qui encourage ou accable, récompense ou frappe, purifie ou maudit.

Au milieu de ces premiers essais d'Eschyle, le cri de guerre se fait entendre de nouveau ; le poëte dépose sa lyre et tire son épée ; le soldat de Marathon court à Salamine. C'est encore l'Asie qui envahit l'Europe, le fils qui reprend le chemin frayé par le père. Xerxès suit Darius, part à son tour des ruines de Troie, étend un pont d'Abydos à Sestos, passe entre la riche Thaso et la commerçante Abdère, perce auprès de Sana l'isthme du mont Athos, passe sur le corps de Léonidas et de ses trois cents Spartiates, met au niveau de l'herbe Thèbes, Platée et Thespies, qui se trouvent sur la route ; se fait dresser un trône sur une des collines qui dominent l'Euripe, fait asseoir à ses côtés les rois de Tyr, de Sidon et de Silicie, envoie des troupes dans les îles voisines, afin qu'aucun Grec ne puisse échapper à la destruction générale, et donne le signal du combat de Salamine.

Pendant ce temps, et au bruit de la mêlée, une pauvre marchande d'herbes met au monde un fils, auquel, en souvenir de la victoire remportée par Thémistocle, la mère donne le nom d'Euripide.

Eschyle retourne à Athènes avec les vainqueurs, et y est reçu à la porte par le jeune Sophocle, coryphée des adolescents.

Huit ans après, il fait représenter *les Perses* ; c'est de l'histoire contemporaine, c'est de la tragédie nationale. Dans cette composition, un nouveau progrès se fait sentir ; le trialogue succède au dialogue.

Voilà où en est l'art, lorsque Sophocle lui vient en aide, et fait jouer *les Trachiniennes;* ce n'est cependant encore qu'un élève ; *OEdipe roi* en fera un rival, *OEdipe à Colone* un vainqueur.

Sophocle naquit avec l'âge brillant de la Grèce ; il vit sortir de terre les Propylées et s'arrondir dans les airs les marbres du Parthénon ; il fut le contemporain de Périclès, d'Aspasie, de Socrate, de Laïs et de Platon ; il vit Alcibiade, qui luttait aux jeux Olympiques et remportait trois prix à la fois, qui, sachant adopter tour à tour les vices et les vertus des peuples qu'il visitait, étonna l'Asie par son luxe, Sparte par sa frugalité, la Thrace par son intempérance, la Béotie par sa vigueur, l'Ionie par sa mollesse, et qui répondit à l'amour de Thimœa, femme d'Agis, non point parce qu'il l'aimait, mais afin de laisser un roi de sa race pour amollir Lacédémone. C'était l'époque où Périclès répudiait sa femme pour épouser Aspasie ;

proscrivait Thucydide et Cimon afin de n'avoir plus de comptes à rendre à la République, employait un million par an à corrompre les Spartiates, augmentait les tributs d'un tiers pour faire tailler des statues, et déclarait la guerre aux Mégariens parce qu'ils avaient enlevé une courtisane.

L'art dramatique ne pouvait rester grand et sévère au milieu d'un pareil siècle ; Eschyle avait guidé ses premiers pas ; Sophocle le mena à son apogée ; Euripide vint à son tour, et ouvrit à sa vieillesse la route splendide de sa décadence.

Après Euripide, vous chercheriez vainement l'art dramatique en Grèce, les rhéteurs remplacent les poëtes, les discours succèdent aux œuvres, les chaires fleurissent, et les théâtres tombent. L'école d'Alexandrie meurt en avortant d'une argutie ; une seule palme reste encore à la Grèce, c'est celle de l'éloquence ; Cicéron vient la cueillir et la rapporte à Rome, humide encore des larmes de Molon le vieux, rhéteur de Rhodes.

C'est que les temps de la Grèce sont révolus, et que ceux de Rome commencent. La civilisation fait un nouveau pas d'Orient en Occident; Scipion remplace Thémistocle, César succède à Périclès. Rome, qui a emprunté à l'Étrurie éteinte ses cérémonies religieuses, une partie de ses lois, ses personnages consulaires, sa couronne d'or, sa chaise curule, son bâton d'ivoire, va emprunter à Athènes qui s'éteint ses arts, ses sciences, sa langue et sa poésie ; car Rome est encore âpre, sauvage et inculte, et, lorsque Rhodes, Athènes et Corinthe renferment, à elles trois, plus de cent mille statues, Rome ne possède encore qu'une image de Cérès, fondue avec

2.

l'or confisqué à Spurius Cassius, condamné à mort par son père pour avoir conspiré contre la République.

La langue grecque est peu connue à Rome pendant les cinq premiers siècles de sa fondation. La mission des ambassadeurs envoyés par les décemvirs pour étudier les lois d'Athènes et de Sparte n'est rien moins que prouvée, puisque le style des Douze tables est essentiellement latin. Les premiers essais dramatiques des Romains furent populaires et nationaux, et les vers fescennins et saturnins, dont se composent les jeux scéniques représentés à Rome l'an 392, n'étaient empruntés à aucune littérature étrangère. Ce ne fut que l'an 514 de Rome, cent trente ans après la mort d'Euripide, que Livius Andronicus fit jouer sa première pièce, imitée des Grecs. Cinq ans après, Cnéius-Névius suit son exemple. Ce dernier, qui, du reste, était né en Calabre, parlait si correctement les deux langues, qu'il écrit dans l'une et apprend l'autre à Caton l'Ancien. L'élève, satisfait du maître, le ramena de Sicile à Rome et lui donna une maison sur le mont Aventin. La richesse de la récompense prouve que Caton avait reçu d'Ennius un présent encore rare en Italie.

Peu à peu les rapports commerciaux de Rome avec la Grande-Grèce et avec l'Archipel, ses guerres avec la Sicile et son alliance avec Marseille, popularisèrent chez elle la langue de l'Attique. Plaute et Térence ne sont que des imitateurs d'Aristophane et de Ménandre. Sénèque traduit Sophocle et Euripide; *Virgile est la lune d'Homère.*

Bientôt, l'invasion du christianisme donne un nouvel éclat au flambeau athénien, les pères de l'Église attaquent les croyances de l'*Iliade* avec la langue d'Homère ; les rhéteurs leur répondent dans le même idiome. On parle encore latin à Rome, mais on ne dispute et l'on n'écrit plus qu'en grec. Néron raille Sénèque sur la rudesse de son accent, et Marc-Aurèle professe hautement son mépris pour la langue de Tacite et de Juvénal ; enfin, Constantin lui porte le dernier coup le jour où il transporte le siége de l'empire des rives du Tibre au bord de la mer Noire ; les arts et les sciences suivent en courtisans l'émigration impériale ; l'Orient pour la dernière fois l'emporte sur l'Occident. Rome, appauvrie du grec, redevient latine. Le christianisme, protecteur de tout ce qui est proscrit, adopte la langue populaire, et la sauve de l'invasion des barbares en l'abritant dans les cloîtres.

Cette fois, c'est l'Asie tout entière, l'Asie trop féconde et trop peuplée, qui ne peut plus nourrir ses enfants et qui déborde sur l'Europe ; c'est un déluge de nations fauves qui se répandent sur la civilisation antique, l'envahissent, l'étreignent et l'étouffent. Territoire, mœurs, langage, tout disparaît sous le flot pressé des peuples qui se succèdent ; le passé se sépare du présent, tous les liens qui l'y rattachent sont violemment rompus, le monde décrépit, est mis à la refonte, une nouvelle division de royaumes s'opère, le soleil du christianisme se lève sur eux, illuminant une ère nouvelle qui date d'hier ; au delà, tout est nuit ; car la seule lumière qui pourrait l'éclairer veille au sanctuaire des églises.

Dans cette grande loterie des empires, la Gaule, de province romaine qu'elle était, devient royaume germanique, et trois éléments se combinent, de la réunion desquels naîtra la France; ces trois éléments sont le celtique, le roman et le teuton.

Ces trois éléments n'étaient point encore parfaitement fondus ensemble lorsque nous voyons poindre l'art dramatique à la surface de la société féodale; aussi apparaît-il sous l'aspect opposé qu'il avait en Grèce, c'est-à-dire muet au lieu de déclamateur.

C'est qu'en jetant les yeux sur la France du xe siècle, on s'aperçoit que la première unité nécessaire à l'art dramatique lui manque, celle du langage. En effet, le peuple parle la langue romane, l'aristocratie la langue teutonique, le clergé la langue latine. L'art, pour se faire comprendre au milieu de cette Babel du moyen âge, est donc forcé de recourir au geste, idiome primitif et universel; mais, caché sous le nom de jonglerie, il reste stationnaire et circonscrit entre deux hommes, deux femmes, un ours et un singe, dont se compose généralement la troupe comique, depuis le commencement du règne de Charlemagne jusqu'à la fin du règne de saint Louis.

C'est que les règnes précédents viennent de voir s'accomplir une grande révolution philologique : la langue d'oil l'a emporté sur la langue d'oc, les trouvères sur les troubadours; un empire national se constitue à la rive droite de la Loire; la France vient de naître de la Gaule, et commence à balbutier, avec Godefroy de Paris, les premiers mots de la langue que parleront Corneille et Molière.

Si l'on veut étudier le point de suture entre l'idiome savant et le dialecte populaire, que l'on prenne Ville-

Hardouin, Nangis et Joinville, alors on verra le latin, la langue sainte, la langue mystérieuse, la langue des initiés, qui, conservatrice des traditions du vieux monde, s'est perpétuée dans le nouveau, lutter dans sa vieillesse et sa décadence avec sa jeune et vigoureuse rivale : Nangis est à Tacite ce que Zozime est à Homère.

Le défaut d'études spéciales et le désir d'être compris du plus grand nombre déterminèrent Ville-Hardouin et Joinville à écrire dans la langue vulgaire; l'envie de connaître les événements de la terre sainte était si grande, qu'elle força les chroniqueurs à adopter l'idiome méprisé mais répandu. Ville-Hardouin et Joinville crurent ne faire qu'un récit sans prétention, et, du même coup, ils écrivirent une histoire et créèrent une langue.

Dès qu'il vit un moyen de transmettre sa pensée par la parole, l'art s'en empara et relégua le geste au second plan, comme le monologue avait fait du chant : de ce jour, il se trouva en progrès.

Cependant, histoire profane, histoire catholique, tout se trouvait enfermé dans les cloîtres ; ces arches saintes, flottant sur l'inondation des barbares, conservèrent au monde nouveau les archives du vieux monde.

La Bible seule, livre de consolation, de croyance et de foi, était sinon dans toutes les mains, du moins dans toutes les mémoires : l'imagination s'appuya sur elle, et, ne se sentant pas assez forte pour voler avec ses ailes, elle s'en fabriqua avec les plumes de l'histoire sacrée.

Alors, l'art dramatique se trouva en France, sous

un rapport du moins, dans la même position où il s'était trouvé en Grèce, agissant dans un monde tellement connu et tellement populaire, qu'il n'avait qu'à nommer ses dieux et ses héros, car ses dieux et ses héros étaient connus de tous.

C'est ainsi que le mystère du *Vieux Testament*, représenté un demi-siècle après la mort de Joinville, et dans la langue de Joinville, se compose de soixante-deux mille vers, occupe cent acteurs, et s'empare de tout l'espace compris entre la création du monde et le triomphe de Mardochée.

Lorsque la Bible fut épuisée, on passa à l'Évangile : le mystère de *la Conception*, le mystère de *la Passion* et le mystère de *l'Assomption* furent joués vers la fin du xve siècle et au commencement du xvie.

Lorsque l'Évangile fut à sec, on fouilla les livres apocryphes. Le Protevangelion de Jacques le Mineur, les deux Évangiles de l'Enfance, celui de Nicodème, furent mis à contribution, et l'on en tira une multitude d'œuvres scéniques, dont le catalogue serait aussi long qu'ennuyeux.

Au milieu de tous ces essais, deux efforts remarquables sont tentés : l'un de réaction, l'autre de progrès ; l'un par la langue savante, l'autre par la langue vulgaire.

L'un est le mystère de *la Destruction de Troie*, première évocation du spectre antique au milieu de la société du moyen âge, effort de la science pour ramener à la science. Il fut écrit en latin par Jacques Mirlet, étudiant ès lois de l'université d'Orléans, puis translaté en français. Quoique l'auteur se soit inspiré de Darès et non d'Homère, l'analyse nous paraît inutile. La date remonte à 1450.

L'autre est le mystère du *Chevalier qui donne sa femme au diable,* première apparition d'une œuvre originale et populaire, effort de la nationalité pour créer un théâtre national; première pièce d'origine française, s'appuyant sur les traditions et les mœurs françaises. La date est de 1505.

Quant à son analyse, la voici :

Un chevalier dissipe son bien en orgies, en chasses et en tournois, à l'instigation de ses deux écuyers, et, malgré les avis de sa femme; lorsqu'il ne possède plus ni terre ni chevaux, il cherche à emprunter, mais chacun lui ferme sa porte et sa bourse. Le diable alors lui apparaît, profite de sa détresse, fait un pacte avec lui, et lui rend la richesse à la condition qu'il lui livrera sa femme au bout de sept ans; le chevalier renie Dieu, renie Jésus, mais, dans sa courtoisie chevaleresque, refuse de renier la vierge Marie.

Le terme arrivé, le chevalier conduit sa femme dans un bois, et, là, il lui avoue dans quel but il l'a amenée et entre quelles mains il va la remettre. Cet aveu se fait à la porte d'une église qui se trouve sur la route. La femme du chevalier demande et obtient comme dernière faveur d'entrer dans la chapelle pour faire sa prière. Elle s'agenouille devant la vierge Marie. Alors, la mère de Dieu descend de l'autel, prend les traits de celle qui l'implore, la laisse dans l'église et sort à sa place.

Trompé par la ressemblance, le chevalier la conduit à Satan; mais, au moment où il va mettre la main sur elle, elle reprend son auréole céleste et son visage virginal. Satan, épouvanté, recule, car il reconnaît celle qui, de son pied nu, a brisé la tête du serpent.

Trente personnes suffisaient à la représentation de ce mystère.

L'art français, on le voit donc, procède encore sur ce point comme sur celui de la pantomime d'une manière toute contraire à l'art grec. En France, nous descendons du composé au simple; à Athènes, nous montons du simple au composé : les deux arts se rencontreront au milieu de l'échelle, et le même progrès se trouvera atteint lorsque le nombre des acteurs sera fixé à un chiffre rationnel, quoiqu'il soit parti des deux extrémités opposées.

Jusqu'ici, comme on le voit, notre théâtre est original; original par la forme, lorsqu'il traite les sujets d'histoire; original par la forme et par le fond, lorsqu'il traite les sujets d'imagination.

Cependant, vers cette époque, de grands événements littéraires et politiques viennent de s'accomplir autour de la France, et vont réagir sur elle.

Dante est né comme mourait Joinville, qui, dans sa longue vie, avait vu passer six rois. Dante donne une langue à l'Italie, comme Homère en avait donné une à la Grèce et Joinville à la France. Outre celle qu'il créa, Dante parlait ou connaissait quatre langues, le latin, le provençal, l'allemand et l'hébreu.

Pétrarque, qui vient après lui, aux mêmes connaissances philologiques, moins celle de l'hébreu, essaye de joindre l'étude de la langue grecque; il prend pour maître un savant de Constantinople, comme Caton a pris un poëte de la Calabre ; mais, moins heureux que Caton, il ne réussit qu'à demi, et, familier comme il l'était avec Cicéron et Virgile, il ne peut arriver à traduire couramment Homère.

Boccace lui succède, et, tout en demeurant original, il n'en étudie pas moins la langue de l'*Iliade* et de l'*Énéide*, qu'il possède presque à l'égal de la sienne : cette science l'encourage à fouiller les vieilles bibliothèques, dans lesquelles il retrouve des fragments d'Anacréon, et des manuscrits inconnus de Plaute, de Térence et de Sénèque.

L'empire grec s'écroule en 1453 : la conquête de Mahomet II fait refluer en Sicile plusieurs familles grecques : de la Sicile, elles passent en Italie, s'arrêtent en Toscane, rencontrent une langue toute formée ; entendent bégayer quelques mots de l'idiome maternel, et s'établissent à Florence, à laquelle elles font don, en retour de son hospitalité, des manuscrits d'Aristophane, de Ménandre, d'Eschyle, de Sophocle et d'Euripide.

Alors, le bruit se répand, avec le retour des armées de Charles VIII et de Louis XII, avec les alliances de Henri II et des Médicis, que de merveilleuses compositions scéniques, écrites dans un idiome inconnu, viennent d'être rapportées d'un monde oublié : Rabelais, Ronsard et Montaigne étudient la langue ; Robert Garnier, Alexandre Hardy et Jodelle s'emparent des œuvres ; trop faibles pour continuer de mener à sa perfection le théâtre national, ils adoptent le théâtre étranger, remontent vers le passé, n'osant point marcher vers l'avenir, substituent l'imitation à l'originalité, et font représenter *Hippolyte, fils de Thésée, Antigone, Cléopâtre, Didon, Achille, Cornélie* et *Marc-Antoine*, réactions du théâtre antique sur le théâtre moderne : rayon du soleil grec à son midi qui fait pâlir notre aurore française.

A compter de ce moment, il n'y eut plus chez nous de théâtre national ; toute œuvre postérieure au xvie siècle adopta systématiquement la forme et l'allure grecques, même quand le fond était tiré d'une autre histoire. Il en fut de la tragédie comme de l'architecture : la renaissance tua le gothique.

Les merveilleuses compositions de Rotrou, de Corneille et de Racine sanctionnèrent la révolution qui avait détrôné l'art national, et leur poésie fut l'huile sainte qui sacra roi l'art étranger ; la civilisation du Christ fut reniée pour celle de Jupiter ; nos vierges, nos martyrs et nos guerriers firent place aux demi-dieux et aux héros du paganisme : ce fut un culte splendide, mais ce n'en fut pas moins une idolâtrie.

Il n'y eut point jusqu'à Molière, cet apôtre de la comédie populaire, qui ne se fît un instant apostat ; mais, pareil aux Israélites dans le désert, il ne perdit jamais de vue la colonne de feu ; elle le conduisit à la terre promise.

La mission de l'école nouvelle est large et belle ; elle a déjà eu le courage de reprendre l'art national où il a été abandonné : maintenant, Dieu lui donne la force !

WILLIAM SHAKSPEARE

Vers la fin de l'année 1586, il y avait grande fête dans la cour de l'auberge du *Taureau rouge*, à Londres : on y représentait le *Faust* de Marlowe, l'une des pièces les plus justement estimées de l'époque.

Nos lecteurs nous permettront de les introduire dans la salle de spectacle ; ce sera un moyen facile et tout trouvé pour nous de leur indiquer d'une manière plus exacte et plus pittoresque le point précis où en était arrivé l'art théâtral à cette époque.

C'était une grande cour d'hôtellerie, comme on peut en voir encore dans le vieux Rouen. Elle était, selon la coutume, de forme carrée, avec des escaliers en dehors des bâtiments : ces escaliers conduisaient à des galeries de bois, ornées de parapets sculptés, qui faisaient le tour intérieur de la cour; d'espace en espace, et comme dans les corridors d'un couvent, des chambres numérotées s'ouvraient sur ces galeries, afin que les voyageurs n'eussent qu'à ouvrir leur porte, et appeler pour être promptement servis. Au fond de la cour, et en face de la grande entrée, on avait élevé un théâtre qui communiquait par derrière avec les appartements du rez-de-chaussée, où s'habillaient les acteurs. Quant au public, divisé comme il l'est dans nos théâtres modernes, auxquels ces cours ont servi de point de départ, il encombrait les espaces à lui réservés, c'est-à-dire le parterre, qui n'était rien autre que le pavé, et le premier et le second corridor correspondant à nos premières et à nos secondes galeries; les plus riches avaient loué des chambres en même temps, et, dans les entr'actes, ils rentraient chez eux, comme font les Italiens dans leurs loges, pour causer de la pièce ou prendre des rafraîchissements.

La représentation se passa à la plus grande gloire de l'auteur et à la plus grande satisfaction des assistants, quoique l'on ne puisse dire aujourd'hui le nom d'un seul des acteurs qui jouaient dans l'ouvrage, quoique les rôles de femme fussent remplis par de jeunes adolescents, usage qui ne fut aboli que soixante ans après l'époque que nous essayons de dépeindre, et quoique, pour toute décoration, on changeât l'écriteau sur lequel étaient tracés, en grosses lettres, ces mots : *Ceci est une forêt,* ou : *Ceci est un château;* ce qui devait aider merveilleusement aux changements à vue, mais servir assez médiocrement l'illusion.

Heureusement pour l'auteur de *Faust,* les spectateurs de cette époque, hommes primitifs et dont la civilisation datait d'Élisabeth, n'étaient point exigeants sur cette partie de leurs plaisirs, qu'on a érigée depuis en art et décorée du nom pompeux de mise en scène. Aussi, la toile baissée sur le dernier acte, se retirèrent-ils fort réjouis du mystère qu'ils venaient de voir représenter, et se promettant bien de ne point manquer aux prochaines représentations qu'annonçaient pour les semaines suivantes les troupes rivales installées dans les auberges du *Globe* et de la *Fortune*.

Cependant, tous les spectateurs étaient sortis, à l'exception d'un jeune homme qui avait semblé, plus que personne, apprécier ce spectacle, probablement nouveau et, par conséquent, merveilleux pour lui. L'illusion qui s'était emparée de son esprit paraissait même survivre à la représentation; car il était resté à la même place, debout et appuyé contre un des poteaux qui soutenaient la galerie, plongé dans des réflexions que le poëte eût prises sans doute pour le résultat d'une admiration profonde, mais que l'aubergiste parut, après quelques instants d'examen, réduire à une plus juste valeur; car, s'approchant de lui d'un air de défiance, il lui frappa sur l'épaule en homme qui sait que toute place que l'on occupe chez lui se paye au pied carré. Le jeune homme tressaillit et se retourna avec un léger sentiment de crainte; mais, ayant jeté un coup d'œil rapide sur celui qui le tirait de ses réflexions, sa belle et spirituelle figure reprit à l'instant même l'expression de gaieté juvénile qui en formait, à cette époque, le principal caractère.

— Sur mon âme, mon jeune maître, dit l'aubergiste en rompant le premier le silence, vous paraissez singulièrement vous plaire à cette place; êtes-vous dans l'intention de la louer?

— Non, répondit le jeune homme; car je n'aurais pas de quoi la payer.

— Hum! fit l'aubergiste; que désirez-vous donc en restant ici?

— Parler au directeur de la troupe qui vient de représenter ce beau mystère.

— Auriez-vous l'intention de vous engager parmi ses acteurs?

— Peut-être, dit le jeune homme.

— Eh bien, suivez-moi, je vais vous conduire chez lui.

A ces mots, l'aubergiste gagna le fond de la cour, suivi de l'étranger, monta quatre degrés qui conduisaient sur le théâtre, traversa la scène, passa derrière la toile, sur laquelle était attaché le dernier écriteau représentant l'enfer, introduisit le néophyte dans le sanctuaire. C'était un intérieur de comédiens; qu'on nous en épargne la description : Scarron a tout dit là-dessus.

L'aubergiste présenta son protégé au directeur; celui-ci le regarda de la tête aux pieds, comme eût fait un recruteur; puis, satisfait de l'examen :

— Eh bien, jeune homme, lui dit-il, que me voulez-vous?

— Je veux entrer dans votre troupe, répondit l'étranger.

— Que savez-vous?

— Rien. Aujourd'hui, pour la première fois, j'ai assisté à une représentation dramatique.

— Et qui êtes-vous? reprit le directeur étonné d'une pareille franchise.

— Faites sortir toutes les oreilles inutiles qui nous écoutent, et vous le saurez.

Le directeur fit un signe, et fut obéi comme un monarque. L'hôtelier fit quelques difficultés; mais la représentation avait été bonne, le directeur payait bien ; le maître d'une hôtellerie voisine, qui ambitionnait l'honneur de transformer aussi la cour de son auberge en salle de spectacle, avait été vu, la veille, en conférence avec quelques acteurs. L'hôtelier pensa qu'il ne fallait pas mécontenter une si bonne pratique, et se retira en grommelant.

— Maintenant, nous sommes seuls, dit le directeur, je vous écoute.

— Permettez, répondit le jeune homme en prenant une chaise et en s'asseyant de l'autre côté de la table ; c'est que le récit est un peu long.

— Faites, répondit le directeur, inclinant la tête en signe d'assentiment.

— C'est une confession que je vais vous faire, monsieur : vous sentez-vous l'indulgence et la discrétion d'un confesseur ?

— Parlez.

Le jeune homme jeta un coup d'œil rapide sur son interlocuteur, et, voyant dans sa physionomie franche et ouverte tous les caractères de la sincérité, il chassa toute hésitation et commença son récit.

— Je suis né, dit-il, à Strafford-sur-Avon, dans le Warwickshire, le 23 avril 1564, la sixième année du règne de Sa glorieuse Majesté notre reine Élisabeth ; ce qui me constitue aujourd'hui mes vingt-deux ans.

— Continuez, dit le directeur.

— Mon père était gantier ; il vint s'établir à Strafford en 1550 ; en 1568, il fut nommé maire, et, en 1571, premier alderman du conseil municipal ; vous voyez que, si je ne suis pas noble, je suis au moins de bonne famille.

Le directeur fit un geste de tête et un signe d'assentiment.

— Cependant, comme il n'était pas riche, et que j'étais l'aîné de quatre garçons et d'une fille, on me mit à l'école gratuite, où je reçus une bonne éducation, puis chez un attorney (avoué). Avez-vous des procès?

— Non.

— Tant mieux! car, à l'exception de quelques termes barbares que j'ai retenus, je ne pourrais pas vous servir à grand'chose. Le contentieux n'étant pas ma vocation, il en résulta qu'au lieu d'aller à l'étude, je m'occupais à dresser des faucons; art auquel, en revanche, je m'entendais merveilleusement bien. Sur ces entrefaites, il convint à mon père de me marier : il avait fait choix de la fille d'un cultivateur de ses amis; je ne voulus pas le contrarier sur ce point, attendu que je le rendais déjà assez malheureux avec mon dégoût pour le barreau et mon amour pour la chasse. J'épousai donc, à dix-sept ans, une femme qui avait sept ans et demi de plus que moi. De qui vint la faute? Je n'en sais rien; mais le fait est que nous ne fûmes pas heureux; j'en négligeai davantage mon avoué, et j'en cultivai la chasse avec une nouvelle ardeur; de sorte que, au lieu de me lier, comme je l'aurais dû, avec d'honnêtes et savants praticiens, je fis connaissance avec une douzaine de mauvais sujets de mon espèce, braconniers par vocation, qui passaient leurs journées à inventer des piéges et à fondre des balles, et leurs nuits à faire la guerre aux sangliers et aux daims.

— Diable! diable! fit le directeur.

— Oui, fit le jeune homme, voilà justement où la

chose se gâte. Une nuit que nous faisions, dans le parc de sir Thomas Lucy, propriétaire des environs de Strafford, une de nos excursions aventureuses, nous fûmes surpris par les gardes : une rixe s'engagea, les gardes furent les moins forts ; mais, comme ils étaient dans leur bon droit, une méchante affaire s'ensuivit pour nous. Sir Thomas Lucy poursuivit avec tant d'acharnement, que mon attorney, qui au fond était un brave homme, vint me prévenir que je ne ferais pas mal de quitter Strafford. Comme je lui faisais quelques objections sur un parti aussi désespéré, quelques gardes parurent au bout de la rue qui conduisait à la maison de mon père : l'avoué avait raison, il n'y avait pas de temps à perdre. Je pris un bâton de voyage, le peu d'argent qu'il y avait dans l'armoire, et, tandis que ceux qui venaient pour m'arrêter frappaient à la porte de la rue, je sautai par-dessus les murs du jardin, et me trouvai en pleine campagne. Depuis longtemps, j'étais habitué à regarder le monde comme ma propriété ; je marchai donc au hasard devant moi. Au bout d'une heure, je me trouvai sur la route de Londres ; je la suivis d'inspiration. Je suis arrivé dans la capitale ce matin ; après avoir erré deux heures au hasard dans ses rues, je me suis trouvé à la porte de l'hôtel du *Taureau rouge*. Je suis entré ; j'ai donné, toujours confiant dans la puissance de Dieu, mon dernier penny pour voir le spectacle. Tant qu'il a duré, je n'ai pas eu faim ; mais voilà qu'il est fini, et que j'ai la bourse et l'estomac vides ; or, je veux gagner honorablement ma vie, et c'est pourquoi je suis venu vous demander un engagement dans votre troupe.

— Mais, mon cher enfant, dit le directeur, touché de cette confiance et de cette franchise, pour jouer la comédie, il faut étudier.

— Eh bien, j'étudierai.

— Mais, en attendant que vous soyez en état de jouer...?

— Je vous rendrai tous les services qui seront en mon pouvoir. Voyez à quoi je puis vous être bon.

— Il nous manque un second souffleur.

— Très-bien !

— Vous serez en même temps chargé d'avertir les acteurs que leur tour est arrivé d'entrer en scène.

— A merveille !

— Puis, lorsque vous aurez fait les études nécessaires, — et cela vous sera facile, ayant sans cesse des modèles sous les yeux, — vous débuterez à votre tour.

— C'est dit.

— Quant aux appointements...

— Vous me nourrirez, vous m'habillerez, et, de temps en temps, vous me donnerez quelque penny pour jouer aux dés avec mes camarades et boire un verre de bière.

— Soit ! A propos, votre nom ?

— William Shakspeare.

Les conventions faites furent loyalement remplies de part et d'autre ; mais, ici, nous manquons de documents précis pour suivre notre poëte dans le cours de sa merveilleuse carrière. Nul ne nous a transmis la date de ses pièces, ni l'ordre dans lequel elles furent jouées ; et le trésor nous a été légué en masse et en bloc, mais sans étiquettes.

On comprend combien le jeune William, doué de cette organisation vigoureuse et en même temps fine et spirituelle que n'était point venue rabattre de son classique et fatal niveau l'éducation universitaire, fut apte à tout saisir, depuis les inspirations qui se perçoivent par l'instinct, jusqu'à la science qui s'acquiert par le travail. Employé du théâtre, il en apprit le métier, et ce fut à cet apprentissage qu'il dut l'habileté mécanique qui soutient l'échafaudage de ses pièces. Né parmi le peuple, et élevé jusqu'à la cour, toutes les classes échelonnées sur les différents degrés de l'échelle sociale, depuis les braconniers, ses anciens amis, jusqu'à Élisabeth, sa nouvelle protectrice, passèrent successivement devant ses yeux, et aucun ne lui échappa. Enfin, maître à son tour d'une troupe, disposant de tous les moyens d'exécution qui étaient connus à cette époque, n'ayant à subir ni les caprices d'un directeur, ni les scrupules d'une censure, ni les retards d'une réception ou d'une mise en scène, ses œuvres se reproduisirent vives, complètes, indépendantes, et ainsi que, rêvées par son imagination, elles avaient jailli de son cerveau.

Shakspeare était arrivé dans une de ces époques heureuses, et avait pris racine dans une de ces terres chaudes et primitives, où grandissent facilement au delà de la taille ordinaire les hommes de génie : il trouva la langue à peine formée, l'art à peine sorti de l'enfance ; il les prit, l'une balbutiant à peine, l'autre marchant aux lisières, et fit pour la Grande-Bretagne ce que Dante avait fait pour l'Italie. La vieille Angleterre, secouée comme un volcan par les guerres de la Rose blanche et de la Rose rouge, toute sanglante encore des exécutions de la catholique Marie, se reposait enfin sous le règne long et calme d'Élisabeth la protestante; de temps en temps, quelques secousses souterraines, quelques commotions intérieures se faisaient ressentir; mais, parties du palais, elles s'étendaient rarement jusqu'au peuple. Une tête de favori parjure ou de reine rebelle tombait comme pour ne pas laisser rouiller le sabre du bourreau, et tout était dit; l'exécution faite, l'intérêt mourait avec le patient, tout redevenait tranquille, et chacun demandait à oublier dans des fêtes ou des spectacles, ces émotions momentanées qui rappelaient les vieux désastres et les vieilles guerres.

Aussi trouve-t-on dans les drames de Shakspeare les impressions extrêmes qui agitaient alors la société : folles joies et larmes amères, Falstaff le bouffon et Hamlet le penseur; et, ce qu'il y a de remarquable encore et qui vient à l'appui de notre opinion, c'est que ces deux types existaient déjà, populaires et informes; de sorte que Shakspeare n'eut qu'à les perfectionner pour les rendre poétiques et complets, tels enfin qu'il nous les a légués et que nous les admirons aujourd'hui.

Un des bonheurs de notre poëte fut encore l'ignorance où l'on était alors du théâtre grec. Le beau selon les anciens n'était pas réputé, par quelques critiques impuissants et quelques rhéteurs jaloux, le beau selon les modernes : Eschyle, Euripide et Sophocle étaient entièrement étrangers à Shakspeare, qui étudia toute son histoire romaine dans Plutarque, le plus coloré et le plus pittoresque des biographes antiques; il résulta, de cette ignorance des uns et de l'étude approfondie de l'autre, trois chefs-d'œuvre : *Jules César*, *Coriolan* et *Cléopâtre*.

Mais où Shakspeare est vraiment merveilleux, quoique l'esprit de parti lui fasse donner parfois une teinte plus sombre à certains caractères, c'est dans ses drames historiques; là sont tellement rivées l'une à l'autre et fondues l'une dans l'autre la réalité et l'imagination, qu'il est impossible de les séparer, et que certaines figures, aux yeux mêmes des analystes les plus sévères, se présentent avec la forme et l'expression que leur a données le poëte : ainsi, Macbeth, ainsi le roi Jean, ainsi Richard — Richard surtout — qu'Horace Walpole et Louis XVI, c'est-à-dire un ministre et un roi, n'ont pu laver dans l'avenir de l'arrêt trop partial du poëte.

Maintenant, où la lutte du génie contre les moyens matériels est le plus remarquable, c'est dans la création de ses personnages de femme; les types de Shakspeare, Jessica, Juliette, Desdémona, Ophélie, Miranda, sont restés les types de tout amour, de tout charme et de toute pureté. Notre théâtre à nous, depuis Corneille jusqu'à Beaumarchais, ignorait ces types suaves et poétiques rêvés par le poëte qui a dit de sa patrie, que l'Angleterre était un nid de cygnes au milieu d'un vaste étang; les créations de nos grands maîtres à nous sont toutes viriles : les femmes sont, sinon oubliées, du moins sacrifiées dans leurs œuvres, et celles qui rarement y lèvent leur tête échevelée, se rapprochent presque toujours de l'homme par leur langage et par leurs passions : c'est Camille, c'est Émilie, c'est Phèdre, c'est Hermione, c'est Sémiramis. Or, que l'on veuille bien se rappeler un instant que, du temps de Shakspeare, les rôles de femme, comme nous l'avons dit, étaient remplis par des hommes, et l'on comprendra quel plus puissant trésor d'amour et de poésie il fallait que le poëte anglais eût amassé dans l'âme, lui qui n'avait pour miroir que sa pensée, et non pas, comme Corneille, Molière, Racine ou Voltaire, les yeux de la Deseuillet, de la Béjart, de la Champmeslé et de la Clairon.

Pendant les vingt ans que dura sa carrière dramatique, Shakspeare produisit trente-cinq pièces ; car, selon toutes les probabilités, *Périclès* et *Titus*, quoique se trouvant dans les éditions de Letourneur et de Guizot, ne sont pas de lui; pendant cet espace de vingt ans, à l'exception de Marlowe, son prédécesseur, de Ben Johnson, son émule, et de sir William Davenant, son successeur, il absorba en lui toute la littérature de son époque. Qui connaît aujourd'hui Chapmann, Marston, Rowley, Middleton, Welster, Heywood, Forde, Deker, Shirley, Drayton, Phineas, Fleher, Daniel Chettle, Browne, Davenport, Field, Peeles, Quarles, Vash, Lodge Sackville, Green, Gascoigne, Gager, Preston, Warmes, Taylor? — et qui ne connaît pas Shakspeare ?

Shakspeare se retira du théâtre vers l'an 1610, c'est-à-dire à l'époque où Corneille avait quatre ans. Il avait connu tout ce que le siècle avait produit de grands hommes, depuis le comte d'Essex jusqu'au comte de Southampton, à qui il dédia son poëme de *Vénus et Adonis*; il avait été le poëte favori d'Élisabeth, qui lui avait commandé la tragédie de *Henri VIII* et la comédie des *Joyeuses Commères de Windsor*. Il avait obtenu de Jacques à son avénement au trône, le privilége du théâtre le Globe : il avait la réputation du premier poëte de son époque ; il jouissait d'une fortune de sept à huit mille livres de rente, équivalant à un revenu de trente mille francs de nos jours ; il voulut revoir en triomphateur le pays qu'il avait quitté en fugitif ; il retourna donc à Strafford-sur-Avon, auquel il n'avait fait, pendant cet intervalle de vingt-quatre ans, que de courtes et rares visites. Une fois qu'il fut rétabli dans son pays natal, la fin de sa vie retombe dans l'obscurité de sa naissance. Et, pareil à un arc-en-ciel magnifique, il brille au plus haut de l'empyrée ; mais, à ses deux horizons, il se perd dans les nuages.

Tout ce qu'on sait dès lors de Shakspeare, c'est qu'il mourut le 23 avril 1616, le jour anniversaire de sa naissance, âgé de cinquante-deux ans ; c'était l'âge auquel devait, cinquante-sept plus tard, mourir Molière, le seul homme que nous puissions lui comparer.

Shakspeare laissa deux filles légitimes, Suzanne et Judith, et un fils naturel, sir William Davenant.

Suzanne épousa, en 1607, le docteur John Hall, et mourut en 1649, âgée de soixante-six ans, laissant une fille qui n'eut pas de postérité.

Judith, épousa en 1616, M. Thomas Quiny, et mourut en 1662, laissant trois fils qui n'eurent point d'enfants.

Ainsi s'éteignit la postérité légitime du grand poëte.

Quant à sir William Davenant, qui se vantait lui-même d'être le fils de Shakspeare, convaincu que l'honneur d'avoir un tel père devait effacer la tache de sa naissance, après avoir suivi la carrière tracée par le grand maître qui la laissait libre et déserte, il obtint la direction d'un grand théâtre, et fut créé baronnet en 1643, par Charles 1er. Sous le protectorat, Milton lui sauva la vie, service que Davenant rendit à son tour à Milton lors de la restauration des Stuarts. Ce fut lui qui introduisit le premier au théâtre l'art des décorations et le prestige des changements à vue ; ce fut sous sa direction, en 1660, que mistress Sanderson joua le premier rôle de femme dans Desdémona.

Sir William Davenant mourut le 17 avril 1668, et avec lui s'éteignit le dernier rejeton du poëte qui a le plus créé après Dieu.

DE LA

SUBVENTION DES THÉATRES

Le commandement de l'artillerie classique avait été remis pour cette fois à M. Fulchiron ; il a rempli dignement son mandat. Il a visé sur le Théâtre-Français et a fait feu de toutes pièces (discussion du budget, mai 1836). Examinons les uns après les autres les boulets de M. Fulchiron, qui, heureusement, n'ont fait aucune brèche et n'ont blessé personne.

Le premier reproche de M. Fulchiron est que l'on ne parle plus français au Théâtre-Français, et ce reproche s'adresse spécialement à M. Victor Hugo.

D'abord, qu'entend M. Fulchiron par ces mots : *parler français ?*

Ce fut vers le XIIIe siècle, à peu près, que l'on commença de parler français en France. Les premiers ouvrages que nous possédons dans notre langue nationale sont ceux des chroniqueurs revenus de la terre sainte. Jusque-là, la littérature, renfermée dans l'intérieur des cloîtres, était entièrement latine. Suger, qui vivait vers la fin du xiie siècle, écrivait en latin ; Ville-Hardouin, contemporain de Philippe-Auguste, écrivait en langue romane. Joinville, pèlerin et chevalier à la suite de saint Louis, écrivit, sinon le premier, du moins un des premiers en langue française. L'avidité qu'avait chacun d'entendre des récits de la croisade détermina ces deux chroniqueurs à substituer le langage populaire au langage savant.

Depuis Joinville jusqu'à nous, la langue française a subi bien des variations, et tous les grands écrivains, loin de reconnaître ses caprices, l'ont pliée à leur génie. Nous avons la langue de Froissart, la langue de Comines, la langue de Rabelais, la langue de Montaigne, la langue de Malherbe, la langue de Corneille, la langue de Molière, la langue de Racine, la langue de Bossuet, la langue de Voltaire, la langue de Beaumarchais, la langue de Chateaubriand ; laquelle de toutes ces langues est la véritable langue française ? Nous le demandons à M. Fulchiron. — Quant à nous, nous avouerons que, plus nous les avons étudiées, moins nous avons osé faire un choix entre elles.

Puis ensuite, c'est qu'il nous a paru que chaque jour, amenant de nouveaux besoins, de nouvelles découvertes, de nouveaux événements, devait amener aussi de nouveaux mots, de nouvelles expressions, de nouvelles tournures de phrase ; que la langue, comme l'Océan, avait besoin de son flux et de son reflux, et que toute langue fixée était une langue morte.

Or, parmi les disciples de Chateaubriand, qui parlent cette dernière langue, héritière de toutes les autres, il en est peu, j'en demande pardon à M. Fulchiron, qui la manient avec autant de science et d'habileté, que celui qu'il attaque. Si M. Fulchiron avait lu les *Odes et Ballades* et *les Orientales*, il aurait certes reconnu que M. Victor Hugo est non-seulement un grand poëte, mais encore un grand philologue. Si M. Fulchiron avait lu *Notre-Dame de Paris*, il aurait encore reconnu que M. Victor Hugo était non-seulement un grand philologue, mais encore un grand prosateur. Ce n'est point mon opinion que j'oppose ici à celle M. Fulchiron, c'est l'opinion de M. Guizot, de M. de Lamartine, de M. Charles Nodier et de M. de Chateaubriand, qu'il me permettra de regarder comme assez compétents en pareille matière.

Le premier boulet de M. Fulchiron était, comme nous le voyons, adressé à Victor Hugo ; le second est dirigé sur *Angelo*. Décidément, il y a parti pris d'exterminer l'auteur de *Marion Delorme*. « On joue au Théâtre-Français, dit M. Fulchiron, des pièces qui sont la destruction de toutes convenances. Ainsi, on y a vu une pièce dans laquelle une femme impudique l'emporte sur une femme légitime. » Peut-être pourriez-vous croire que c'est de Phèdre qu'il s'agit ; non pas, messieurs, c'est de la pauvre Tisbé, maîtresse du tyran de Padoue.

Il serait bon cependant, une fois pour toutes, de couler à fond cette question de moralité classique qu'on oppose éternellement à l'immoralité romantique ; car on croirait vraiment, à entendre M. Fulchiron, que c'est nous qui avons inventé le parricide, l'inceste et l'adultère ; heureusement qu'il y a de par le monde une Phèdre amoureuse de son beau-fils, un Œdipe qui tue son père, épouse sa mère, donne le jour à deux enfants qui s'entr'égorgeront devant Thèbes, et se crève les yeux avec son épée pour venir dire à tâtons un monologue, dans lequel il rejette cet amas de crimes sur le compte du Destin, c'est-à-dire de Dieu. Heureusement ou malheureusement encore, qu'il y a un Atrée qui présente à Thyeste une coupe pleine du sang de son fils; un Fayel qui fait manger à sa femme le cœur de son amant, un Caïn qui assomme son frère, toutes choses fort morales, comme on le voit, en comparaison de Hernani, qui se tue pour accomplir son serment; de la duchesse de Guise, qui, au moment de mourir seulement, avoue à son amant qu'elle l'aime, et de Chatterton, qui préfère le poison à l'avilissement.

Traitons la question plus sérieusement, au risque de ne pas être compris de M. Fulchiron. Ce n'est pas pour lui seul, d'ailleurs, que nous écrivons ces lignes.

La mission du poëte dramatique, si je ne me trompe, est de poursuivre au théâtre les crimes pour lesquels la société n'a pas de lois; or, l'un de ces crimes, le plus fatal comme le plus commun peut-être, c'est l'adultère. Corneille, Racine et Voltaire ont attaqué ce crime, il est vrai; mais ils ont revêtu les criminels du manteau grec ou de la toge romaine, et nous avons assisté au développement de ces passions coupables avec une impassibilité qui prouvait que le costume et la distance nous les faisaient regarder comme des passions étrangères à notre nature et inconnues à notre société. Quant à Molière, il n'a jamais fait que plaisanter avec elles, et, dans son langage comique, l'adultère, qui cependant lui a brisé le cœur, ne s'est jamais appelé que d'un certain nom catégorique.

C'est seulement l'école moderne qui a eu le courage de revêtir l'adultère d'un frac et de le traîner sur la scène. Alors, on l'a vu réellement entrer dans notre société, s'introduire dans nos maisons, se glisser dans nos boudoirs. Au premier pas qu'il y a fait, on l'a reconnu, et l'on n'a crié si haut et si fort que parce qu'on sentait bien que c'était là une réalité et non plus un fantôme; mais ce n'était pas assez; il fallait lui arracher son masque, afin de le montrer à visage découvert; il fallait le présenter humble, poétique, passionné tant qu'il craint de ne pas réussir, égoïste et tyran quand il a réussi, meurtrier quand il est découvert; il fallait enfin que l'on comprît bien que les passions, que les lois ne peuvent pas punir, se punissent elles-mêmes. Et voilà ce que nous avons fait.

Nous avons présenté un miroir à la société moderne, elle s'y est reconnue, et s'est trouvée si hideuse, qu'elle l'a frappé du poing; mais heureusement elle n'a pas pu le briser.

L'époque qui suivit celle où florissaient nos grands maîtres fut la Régence. Ce ne sont point leurs œuvres qui lui ont donné naissance; mais, toutes morales qu'elles étaient, elles ne l'ont pas du moins empêchée. Je ne sais pas quelle époque suivra la nôtre, mais je crois pouvoir répondre qu'elle ne sera point pire que celle de la Régence.

M. Fulchiron ajoute « qu'il n'a pas la prétention de demander qu'on lui fasse des pièces de théâtre comme en faisaient Corneille, Molière et Racine; » mais il fait observer que, « puisque le gouvernement a la surveillance des théâtres et donne de l'argent, il devrait empêcher de représenter des pièces qui s'éloignent du bon goût et de la morale ; que le Théâtre-Français doit conserver les bonnes traditions, et que, si l'on obtenait de lui qu'il les conservât, on serait bientôt débarrassé de toutes ces hérésies littéraires que l'on voit chaque jour se produire. »

C'est à cette partie du discours de M. Fulchiron qu'a répondu M. le président du conseil, et cette réponse de M. Thiers se trouve tellement en harmonie avec nos sentiments, que notre réfutation sera en partie calquée sur la sienne.

Car il a dit une chose vraie : c'est qu'à son arrivée au ministère de l'intérieur, il a trouvé le Théâtre-Français près de faire banqueroute. M. Thiers s'est d'abord engagé dans une voie fausse, il a cru que le salut du Théâtre-Français pouvait s'opérer à l'aide de l'ancien répertoire, et il a donné l'ordre de jouer le plus souvent possible, et à l'exclusion des auteurs modernes, Corneille, Molière et Racine; il en est résulté une augmentation de malaise dans les affaires de la Comédie-Française.

Alors, M. Thiers s'est fait présenter les registres du théâtre ; il a vu que les pièces de l'ancien répertoire faisaient, l'une dans l'autre, 700 ou 800 francs de recette c'est-à-dire 700 ou 800 francs de moins que les frais. Il a jugé, je ne dirai pas au premier coup d'œil, mais du premier coup de plume, qu'il lui faudrait une subvention de 600,000 francs pour soutenir le théâtre dans la voie qu'il désirait lui assigner, et il a été sagement convaincu d'avance que la Chambre ne lui accorderait pas cette subvention, M. Fulchiron fût-il président.

C'est alors qu'il a appelé à son aide ces ouvrages de mauvais goût et ces hérésies littéraires sans le secours desquels il était de toute impossibilité de soutenir debout nos grands maîtres, près de disparaître de la scène par cela même que, connus de tout le monde, ils conservaient bien encore le même mérite, mais n'offraient plus le même attrait.

Maintenant, ce que M. Thiers a oublié de dire, c'est que, sous le ministère de M. de Martignac, le Théâtre-Français s'était déjà trouvé dans la même position, et n'en avait été tiré que par deux de ces hérésies littéraires que proscrit M. Fulchiron ; *Henri III* et *Hernani* produisirent en un an 420,000 francs de recettes, c'est-à-dire 200,000 francs de plus que la subvention gouvernementale.

Que si M. Fulchiron ne nous croit pas sur parole, nous lui proposons une chose, c'est de prendre les dix derniers ouvrages que les représentants modernes du goût ont fait jouer au Théâtre-Français depuis *les Plaideurs sans procès* de M. Étienne jusqu'au *Pertinax* de M. Arnault, et, si ces dix ouvrages ont rapporté entre eux tous la moitié de la somme produite par *Henri III* ou *Hernani*, j'ai tort et M. le président du conseil aussi.

« Mais ce n'est pas tout, continue M. Fulchiron, il y a un grand vice dans l'administration du Théâtre-Français. Je voterais de grand cœur pour la subvention qui est demandée si elle revenait véritablement à ceux à qui elle est destinée. Mais, aujourd'hui, les sociétaires sont dans la misère. Savez-vous pourquoi ? C'est qu'autrefois les parts des sociétaires étaient de

20,000 francs, par an ; et savez-vous de combien elles sont cette année ? De 1,129 francs. » Eh ! mon Dieu, oui, les parts des sociétaires du Théâtre-Français ont été de 20,000 francs par an, et c'était le bon temps, c'était le temps où M. Fulchiron faisait recevoir ses tragédies, il y a de cela trente à trente-cinq ans. Mais savez-vous, monsieur Fulchiron, pourquoi les parts étaient alors de 20,000 francs ? Je vais vous le dire.

C'est d'abord qu'il n'y avait, à cette époque, que huit théâtres à Paris, et qu'il y en a aujourd'hui dix-neuf ; c'est qu'alors les sociétaires se nommaient : Talma, Michaud, Saint-Prix, Dugazon, Damas, Baptiste aîné, Baptiste cadet, Fleury, Montvel, Grandmesnil, Contat, Raucourt, Mars, Georges et Duchesnois ; c'est que la faveur spéciale du gouvernement s'attachait à ce théâtre ; c'est que l'empereur y allait quelquefois, et que, pour lui plaire, sa cour y allait souvent ; c'est qu'au lieu de fermer la porte aux jeunes auteurs de cette époque, qui depuis sont devenus vieux, Napoléon applaudissait de ses mains impériales au succès de *Marius à Minturnes*, d'*Hector* et d'*Omasis*, qui étaient plus moraux peut-être que les drames modernes, mais qui n'avaient certes pas une valeur littéraire supérieure à *Marion Delorme*, aux *Enfants d'Édouard* et à *Bertrand et Raton*.

« D'un autre côté, poursuit M. Fulchiron, les auteurs ont introduit l'abus des primes ; autrefois, ils se contentaient de toucher le douzième de la recette brute ; aujourd'hui, ils ne se contentent pas de cela, ils font une pièce, et, même avant de la lire, ils se font donner une prime. »

Sauf le respect que je dois à mon honorable confrère, je lui dirai que je crois qu'il se trompe. Des primes ont été accordées par les théâtres de l'Opéra, de l'Opéra-Comique et de la Porte-Saint-Martin, mais jamais, je pense, par le Théâtre-Français. Ce que M. Fulchiron prend pour une prime est une convention faite, je crois, par MM. Victor Hugo et Casimir Delavigne, et qui, lorsqu'on la connaîtra, sera qualifiable, non pas de prime, mais de simple restitution.

Si l'on veut comparer la longueur des pièces de Corneille, de Racine, de Voltaire et de Molière à la longueur des pièces modernes, on s'apercevra que celles-ci l'emportent sur les autres, je ne dirai pas comme mérite, mais au moins comme volume, d'un tiers à peu près, et quelquefois même de moitié. *Mérope*, par exemple, a mille trois cents vers, *Hernani* et *Louis XI* en ont de deux mille quatre cents à deux mille huit cents ; cela fait qu'une pièce moderne tient toute la soirée et qu'on la joue seule au lieu de la jouer avec une pièce en un acte ou en trois actes. Eh bien, M. Victor Hugo et M. Casimir Delavigne ont demandé, je crois, qu'on ajoutât à leurs droits le droit de cette pièce en un acte, et c'était, ce me semble, justice, puisque, grâce à la longueur de leur œuvre, cette pièce en un acte était devenue inutile.

Et, puisqu'il est ici question de primes, je dirai que ce ne sont point les auteurs qui en ont eu la première pensée, mais bien encore M. Thiers lorsqu'il était ministre de l'intérieur. M. Thiers compara lui-même les droits des auteurs aux recettes qu'ils faisaient faire, et trouva qu'il n'y avait pas proportion entre eux.

Alors, ne pouvant pas changer les traités existants, il eut l'idée de donner des primes, fit venir la commission dramatique dont je faisais alors partie, et nous demanda notre opinion sur la manière dont ces primes devaient être distribuées. Après avoir longtemps discuté entre nous tous les modes d'application, nous fîmes au ministre la proposition suivante à laquelle nous nous étions arrêtés comme à la plus loyale : c'était d'accorder 100 francs par soirée aux pièces en cinq actes, 60 francs aux pièces en trois actes, et 20 francs aux pièces en un acte. Ces primes, dont tous les auteurs devaient se ressentir selon le mérite de leurs œuvres, puisque les bonnes seraient jouées longtemps et que les mauvaises n'auraient qu'une courte existence, augmentaient de 29,000 francs seulement la subvention du Théâtre-Français. Le ministre reconnut avec nous que c'était le meilleur mode d'application, nous promit de les accorder, et ne manqua à sa promesse que par cause indépendante de sa volonté.

Maintenant, il y a plus, c'est que, malgré M. Fulchiron, et peut-être malgré lui-même, M. le ministre de l'intérieur sera forcé d'en venir à ces primes qu'attaque à l'avance M. Fulchiron ; et voici ce qui forcera M. le ministre d'y venir.

C'est que le Théâtre-Français est, de tous les théâtres de Paris, celui qui joue le moins longtemps les ouvrages, et dont les ouvrages ont le moins de retentissement sur les scènes de province, presque toutes envahies par le vaudeville et l'opéra-comique. Il en résulte qu'un vaudeville en un acte rapporte souvent autant qu'un drame en cinq actes, et qu'un opéra-comique rapporte le double. Or, le vaudeville le plus ouvragé ou l'opéra-comique le plus consciencieux (je parle ici des paroles), ne réclament pas plus d'un mois de travail, tandis qu'un drame ou une comédie, destinée au Théâtre-Français, coûte souvent six mois, et parfois un, deux ou trois ans de travaux assidus à son auteur. Il en résulte qu'un auteur de vaudeville ou d'opéra-comique gagne autant en un mois, qu'un auteur de drame, de tragédie ou de comédie, en dix-huit. Quelle que soit la prime que donnera M. le ministre de l'intérieur, il voit donc bien qu'elle sera loin de dédommager le dramaturge de ses recherches historiques et de son travail littéraire.

Ici se termine le discours de M. Fulchiron; il descend de la tribune au milieu des félicitations générales et fait place à M. Auguis.

M. Auguis est plus sévère encore que M. Fulchiron, non pas pour les auteurs, mais pour les théâtres; il dit que l'art doit défrayer l'art, qu'en Angleterre on ne paye pas de subvention (il est vrai qu'il n'y a que six théâtres à Londres, et que la moitié est toujours fermée pour cause de banqueroute), qu'il n'appartient pas aux députés de grever les départements en faveur des plaisirs de Paris; que peu importe aux habitants de Carpentras la légèreté sylphidique de mademoiselle Taglioni, et aux contribuables de Quimper-Corentin la vigueur des orteils de mademoiselle Essler, que les départements envoient des députés à la Chambre pour voter des fonds budgétiques destinés à la réparation de leurs chemins, à la construction de leurs ponts et à la prospérité de leurs manufactures, et non à faire la fortune des directeurs et à payer les chevaux et les laquais des artistes; M. Auguis vote en conséquence pour la suppression totale de la subvention.

D'abord, nous répondrons une chose à M. Auguis, c'est que les 1,300,000 francs ne se prélèvent pas sur les contributions des départements, mais sur le bail de la ferme des jeux. Henri IV se contentait de la raison du défaut d'artillerie lorsqu'on s'excusait auprès de lui de n'avoir pas tiré le canon pour dix-sept motifs à son entrée dans une ville. M. Auguis pourrait être plus difficile que Henri IV, et nous faire observer que, d'un jour à l'autre, le bail de la ferme des jeux peut être résilié, ce qui serait sans doute une grande calamité pour l'entrepreneur, mais un grand triomphe pour la moralité et un grand bonheur pour la capitale. Nous répondrons que nous avons prévu l'objection, et que, le cas échéant, nous offrirons un moyen d'y porter remède. Ce moyen, le voici:

Il y a un impôt singulier qui pèse sur les directeurs des théâtres de Paris : c'est celui des hospices. Je ne sais quel ministre a eu l'idée poétique de faire servir les plaisirs du riche aux besoins du pauvre, et, séduit par cette antithèse philanthropique, a fait prélever chaque soir sur la caisse de nos théâtres le dixième de leur recette. Cette dîme a rapporté l'an dernier 750,000 francs.

Ne serait-il pas juste — et, en administration, la justice nous paraît devoir passer avant la poésie — de renvoyer les hôpitaux de Paris à la charge des octrois de Paris, fondés dans ce but, qui rapportent 25,000,000 de rente, et, rendant ces 750,000 francs à leur véritable destination, de défrayer l'art avec l'art et de les employer en subventions appliquées aux théâtres nationaux. Il resterait, comme on le voit, pour arriver à ce chiffre de 1,300,000 francs, 450,000 francs seulement à trouver, chose facile avec des ressources comme celles que nous mettons aux mains de nos ministres, ou une liste civile comme celle que nous mettons aux mains de notre roi.

De cette manière, les quarante-quatre mille communes de France n'auront plus de motifs de se plaindre, par l'organe de leurs quatre cent quarante-huit députés, de ce que les plaisirs de la capitale ruinent les provinces, et Paris resterait ce qu'il est, centre d'art et de civilisation, couronne de la France, laquelle est la couronne du monde, ce qui est bien quelque chose pour les départements, qui ne sont, quoi qu'ils fassent, que l'estomac et les membres de cette vaste tête.

Voilà ce que M. Auguis aurait dit s'il eût connu la législation de nos théâtres, et, ce disant, il se serait fait médecin au lieu de se faire chirurgien.

Quant à M. Amilhau, il faut lui rendre une justice, c'est que, loin de vouloir rien retrancher à la Comédie-Française, il veut qu'on ajoute à sa subvention 70,000 francs pris sur l'Opéra-Comique ; et, moyennant cette augmentation, M. Amilhau fera un miracle : il se procurera de bons acteurs, qui ramèneront la foule aux chefs-d'œuvre de Molière, de Racine et de Voltaire.

Certes, si M. Amilhau tenait sa promesse, ce ne serait pas trop de 70,000 francs pour une pareille amélioration ; mais nous mettons M. Amilhau au défi de

4.

trouver hors du Théâtre-Français, un seul acteur qui fasse hausser de cinquante francs la recette de *l'Avare* ou du *Misanthrope*.

Nous connaissons les théâtres de province et de Paris, certes aussi bien que M. Amilhau peut les connaître, et nous avons souvent fait venir de Lyon, de Marseille ou de Bordeaux des artistes qu'une grande réputation départementale désignait d'elle-même à notre choix ; eh bien, presque toujours nous avons trouvé en eux des copies de quelque grand talent parisien, que l'éloignement faisait croire originales et qui pâlissaient vite au soleil ardent de Paris. D'un autre côté, nous avons vu M. Jouslin de Lasalle choisir, parmi les artistes les plus distingués des théâtres parisiens, les acteurs qu'il croyait pouvoir jeter un nouveau lustre sur nos vieilles gloires, et que leur réputation dans le drame semblait imposer à la Comédie. Nous citerons Bocage, mesdames Dorval et Volnys, mesdemoiselles Brohan et Noblet.

Eh bien, il faut l'avouer, ces essais n'ont été heureux, ni pour le théâtre ni pour les artistes, non point qu'ils aient perdu leur talent dans le trajet du boulevard à la rue de Richelieu, mais parce que leur talent, comme ces plantes des tropiques qui se fanent et meurent dans nos jardins, ne pouvait s'acclimater à l'air de la vieille comédie. Il est vrai aussi que, lorsqu'une occasion s'est présentée à ce talent de fleurir, dans le drame, il a retrouvé toute sa force et toute sa verdeur. Mais le but qui les avait fait engager n'en était pas moins faussé, puisque c'était au secours de la comédie ancienne et non du drame moderne qu'on les avait appelés.

Peut-être ce fait, tout positif qu'il est, n'en paraîtra-t-il pas moins problématique à M. Amilhau et aux personnes qui, comme lui, n'ont point fait leur étude spéciale du théâtre. Quant à nous, nous nous en rendons parfaitement compte, et voici de quelle manière :

La comédie est la peinture des mœurs, et le drame celle des passions; la comédie, c'est la *société ;* le drame c'est *l'humanité.* La société change ; chaque siècle lui donne une nouvelle face, chaque règne un nouveau cachet, chaque révolution une nouvelle allure. L'humanité est invariable, ses passions sont identiques; elles se manifestent de la même manière dans le théâtre indou, dans le théâtre grec, dans le théâtre romain, dans le théâtre anglais, dans le théâtre allemand et dans le théâtre français.

L'acteur appelé à jouer de la comédie doit donc avoir *vu.* L'acteur appelé à jouer du drame n'a besoin que d'avoir *éprouvé.*

Or, tout homme a éprouvé les passions avec plus ou moins de force, mais enfin il les a éprouvées, tandis qu'il n'y a que le Juif errant et le comte de Saint-Germain qui puissent se vanter d'avoir vu le siècle de Louis XIII, le siècle de Louis XIV et le siècle de Louis XV, siècles qui, malgré leur parenté, ont cependant des traits caractéristiques bien différents.

Voilà pourquoi les grandes comédies sont restées et les grands acteurs comiques sont partis. Molé, Fleury et Dugazon avaient vu les hommes qu'ils étaient chargés de représenter (car remarquez qu'ils avaient fait un anachronisme qui vient à l'appui de ce que j'avance, qu'ils avaient déplacé le siècle de Louis XIV, l'avaient implanté dans celui de Louis XV, et jouaient *le Misanthrope* et *Tartufe* en poudre et en habit à paillettes); non-seulement, dis-je, ils avaient vu ces hommes, mais encore ils avaient vécu dans leur intimité. Baron passait la journée à boire avec les maris, et venait le soir chercher le bonnet de nuit qu'il avait oublié chez les femmes. Les mœurs, costumes, langage, étaient les mêmes chez le comédien que chez le grand seigneur; il ne faut donc pas s'étonner de cette vérité, de cette finesse et de cette facilité de jeu, qui ont fait de Molé et de Fleury des modèles inimités.

Aujourd'hui, au contraire, tout est différent, mœurs, vêtements, langage. Il faut que le comédien se transporte en arrière au lieu de vivre dans le présent; il faut qu'il étudie dans les livres au lieu de se modeler sur la nature. Voilà pourquoi, de la grande comédie, il ne reste qu'une grande comédienne, mademoiselle Mars. En vain voudrait-elle transmettre le feu sacré qui doit s'éteindre avec elle. Elle fera des élèves peut-être, mais ne se préparera pas de rivale; on lui succèdera, mais on ne la remplacera point. Que la Comédie-Française garde donc avec amour ce diamant, car c'est le dernier de la mine.

Mais à ceci M. Amilhau me répondra peut-être qu'avec une étude profonde de l'ancienne comédie, les auteurs pouvaient arriver à faire de la comédie moderne. Ici s'ouvre le champ des théories, et nous ne pouvons qu'exposer la nôtre, c'est la même qu'il y a quatre ans nous avons déjà mise au jour dans *Antony*, jusqu'à présent rien n'est venu la démentir.

Du temps de nos grands maîtres, — et qu'on ne croie pas que je veuille pour cela rogner leur manteau royal,

— la comédie était chose plus facile que dans le nôtre. Cela tenait à ce que la société était divisée par castes ; que chaque caste avait un costume particulier qui renfermait ses mœurs comme un cadre renferme un tableau ; que le déplacement des rangs n'était point encore opéré ; que l'égalité des hommes n'était point encore admise. Il en résultait que ces castes différentes ne s'élevaient point ou ne s'abaissaient point par des mariages, mais s'alliaient entre elles, et, par conséquent, transmettaient aux enfants les vertus, les mœurs et les ridicules des pères. Il en résultait des types invariables et prolongés, non-seulement dans les costumes, mais encore dans les physionomies. Les juifs ont gardé depuis Moïse leurs yeux noirs, leur nez aquilin, et, depuis Titus, leur amour du commerce.

Depuis la Révolution, au contraire, le niveau a passé sur la société : plus d'habits brodés pour les grands seigneurs, plus de robes longues pour les médecins, plus de perruques pour les avocats ; tous portent la redingote et le frac, déjeunent au même café, dînent au même restaurant, vont au même spectacle. Les bals de la cour eux-mêmes n'ont gardé ni cachet ni caractère. Il résulte de ce nivellement une généralité de mœurs, qui ne sont ni meilleures, ni plus mauvaises, dans une classe que dans l'autre ; des nuances au lieu de couleurs. Or, ce sont des couleurs et non des nuances qu'il faut au peintre qui veut faire des tableaux.

Quant à la tragédie il y a un moyen de la galvaniser et de lui donner pour quelque temps encore l'apparence de la vie. Que M. le ministre de l'intérieur appelle au Théâtre-Français mademoiselle Georges, elle y trouvera

Ligier, qui jouit à la rue de Richelieu de l'héritage de Talma. Leurs deux talents réunis feront revivre *Mérope*, *Nicomède*, *Hermione*, *Cinna* et *Phèdre*, Mais, après eux, il en sera de la tragédie comme de la comédie après mademoiselle Mars.

Ce que M. Fulchiron, M. Auguis et M. Amilhau ont de plus sage à faire dans tout ceci, c'est de lire les préfaces de Corneille, de Molière et de Racine, qu'on accusait, eux aussi, de pervertir le goût. Ils y verront que l'Académie criait à la décadence de l'art en voyant *le Cid*, Boileau en voyant *les Fourberies de Scapin*, et l'hôtel Rambouillet en voyant *Britannicus*. Ils se convaincront alors que l'art se modifie, change d'expression, reparaît sous une nouvelle forme, mais ne meurt pas ; que les contemporains sont de mauvais juges en pareille matière ; que l'éducation, l'intérêt, l'âge, faussent les jugements individuels, tandis que le public en masse se trompe rarement, et que, là où il court en foule ou avec empressement, il y a toujours quelque chose de grand, de bon ou de curieux à voir.

À l'article qu'on vient de lire, et qui avait paru dans le feuilleton de *l'Impartial*, M. Viennet — dont nous avions parlé incidemment, dans une note, — répondit par la lettre suivante :

A M. Alexandre Dumas

« Monsieur,

» J'ai appris hier que, dans un article inséré dimanche au feuilleton de *l'Impartial*, vous m'aviez fait l'honneur de penser à moi. Je me suis donné bien vite le plaisir de lire ce factum contre les orateurs qui ont si *drôlement* discuté le budget des théâtres, et j'ai lu les dix lignes que vous m'aviez réservées. Elles sont bien ; elles constatent deux progrès en vous. D'abord les Racine et consorts se seraient bien gardés d'attaquer un ouvrage de l'un de leurs concurrents, avant que cet ouvrage eût vu le jour, et par cela seul qu'ils auraient travaillé pour le même théâtre ; mais il était dans l'ordre que les convenances sociales fussent entraînées dans le naufrage des convenances théâtrales. Les faits ne sont pas mieux traités par vous, et le spirituel critique qui vous a reproché de manquer d'invention, vous doit une réparation éclatante. Il y en a dans vos dix lignes dix fois plus que dans toute une tragédie classique. Soyez assez bon, je vous prie, pour me montrer la page du *Moniteur* où se trouve mon discours de l'année dernière sur les théâtres, et la lettre par laquelle j'ai demandé à M. Jouslin de Lasalle la mise en scène de mon *Arbogaste*. Vous avez inventé même jusqu'à la date de sa réception, car, dès 1828, j'ai refusé de laisser jouer cette pièce. J'étais déjà un homme politique, et mes adversaires d'alors, qui n'étaient pas plus doux que ceux d'aujourd'hui, n'auraient pas manqué de se venger de mes discours sur mes vers. Permettez-moi d'ajouter que, depuis que le parterre a été livré à votre queue, je suis moins que jamais tenté d'exposer mes ouvrages à la colère de ceux qui les déchirent avant de les connaître. Vous qui n'ignorez point les pouvoirs donnés à la commission dramatique dans le sein de laquelle j'ai accepté votre place, sans avoir la prétention de la remplir, vous savez bien qu'il lui est enjoint de soutenir les tours de droit contre les tours de faveur ; et, à l'aide du fonds commun, il ne tiendrait qu'à moi de faire jouer par autorité de justice les cinq autres tragédies que j'ai depuis longtemps enfouies dans les cartons de la ci-devant Comédie-Française. Mais vous pouvez, à cet égard, rassurer les comédiens et le public, et remettre à je ne sais quel temps le plaisir de me témoigner publiquement votre *bienveillance*. Jouissez, en attendant, de la vogue qui s'attache toujours, dites-vous, à ce qui est bon et grand, comme en ont joui les Cotin, les Pradon et les Chapelain. Mais ne vous y fiez pas trop.

> Songez-y, car tout change et le siècle et le goût :
> Le Panthéon souvent n'est pas loin de l'égout.
> La publique faveur est mobile, incertaine ;
> Le vainqueur de l'Europe est mort à Sainte-Hélène.

» Ces vers sont tirés d'une satire toute fraîche que j'ai pris la liberté grande de diriger contre votre illustre école, et que je publierais si j'en avais le temps. Vous êtes les triomphateurs, et je reste à pied dans la rue ; j'use de mon droit. Mais triompher et se moquer des vaincus, c'est par trop moyen âge ; et, moi qui suis en tout les méthodes plus modernes, je finis en vous assurant de l'admiration et du respect avec lesquels j'ai l'honneur d'être,

» Monsieur,
» Votre très-humble et très-obéissant serviteur,
» Viennet.

» Paris, 1ᵉʳ juin 1836. »

A cette lettre, voici quelle fut notre réplique :

Nous avions cru faire une chose sérieuse lorsque nous adressâmes nos réflexions au public sur la discussion théâtrale qui vient de transformer le palais Bourbon en académie ; tout homme qui a lu sans prévention ces lignes que nous avions écrites sans colère, n'y a vu, nous en sommes certain, que notre désir de dégager les discussions futures des ténèbres qui, depuis cinq ou six ans, obscurcissent les discussions passées. Dans un état de choses aussi mouvant que le nôtre, avec une constitution incomplète encore, qui ouvre les portes du palais législatif aux fortunes et qui les ferme aux spécialités, c'est non-seulement un droit, mais encore un devoir, pour tout citoyen assistant comme simple spectateur à ces graves discussions d'un État qui se reconstitue, d'amener son expérience en aide à la bonne foi qui se trompe, et d'arracher le masque dont se couvre l'intérêt personnel. On comprendra donc quel a été notre étonnement lorsque nous avons vu un homme grave, qui aurait dû apprécier l'importance de la discussion littéraire qui se débattait, se tromper si étrangement à notre intention, qu'il a cru que le flambeau dont nous avons éclairé une question d'honneur national, n'avait été allumé que pour mettre au jour quelques ridicules individuels, et qu'il est venu, phalène étrange, brûler à notre lumière les ailes de son amour-propre dramatique.

Certes, si le désir de nous venger de ces mille petites attaques auxquelles nous sommes en butte depuis six ans, conduisait notre plume, l'occasion serait belle, et jamais ennemi littéraire n'est venu, plus à l'étourdie, se jeter désarmé dans une embuscade ; c'était matière à feuilleton, s'il en fut jamais, que cette lettre bizarre dont chaque phrase offre une arme contre celui qui l'a écrite ; et, si elle était tombée entre les mains d'un de nos spirituels confrères, il en aurait certes longuement, joyeusement et cruellement vécu ; quant à nous, nous nous contenterons d'y répondre sommairement ; puis nous passerons à autre chose.

« D'abord, dit M. Viennet, *les Racine* et consorts se seraient bien gardés d'attaquer un ouvrage de l'*un* de leurs concurrents, avant que cet ouvrage eût vu le jour. »

Nous nous contenterons de souligner deux fautes de français dont nous pourrions faire grâce à l'*homme politique,* mais qu'en conscience nous ne pouvons passer à l'un des quarante, pour renvoyer à M. Viennet l'accusation que contient sa phrase.

Ce n'est pas nous qui avons donné les premiers l'exemple de ces attaques contre un ouvrage d'*un* de nos concurrents, avant que cet ouvrage eût vu le jour. *Henri III* était encore dans les cartons de la Comédie-Française, lorsque sept signatures furent apposées au bas d'une pétition, qui demandait au roi Charles X qu'en vertu de son pouvoir royal, il défendît le Théâtre-Français contre l'envahissement des novateurs. Or, l'un de ces novateurs, c'était le *pauvre moi*, qui alors inconnu, sans place, sans fortune, nourrissant ma mère sans pension, quoique veuve d'un général qui avait commandé en chef trois armées, n'avais de ressource au monde que cette pièce, qui pouvait seule m'ouvrir l'avenir qu'elle m'a ouvert : l'un de ces novateurs, dis-je, c'était moi, et l'un de ces signataires, c'était vous. Il y a sept ans que cette pétition fut faite, monsieur, et il y a sept jours que ma lettre fut écrite : il est donc évident que la priorité vous appartient, et je vous la renvoie, ne voulant pas m'en charger.

Il y a, dans mes dix lignes, dix fois plus d'invention que dans une tragédie classique, dites-vous. Le compliment est chétif pour vos confrères, monsieur ; car cette invention se borne à une simple erreur de date. *Arbogaste*, au lieu d'être reçu, comme je le croyais, depuis trois ou quatre ans, est lu depuis 1825. Je reconnais ma faute, monsieur ; mais elle est excusable, puisque vous-même, en rectifiant une erreur de date, vous faites une erreur de chiffre. La voici :

« Il ne tiendrait qu'à moi, dites-vous, de faire jouer, par autorité de justice, les cinq autres tragédies que j'ai depuis longtemps enfouies dans les cartons de la Comédie-Française. »

Pardon, monsieur, mais, de ces cinq tragédies, je n'en connais que trois : la première, *Alexandre le Grand*, reçue en 1815 ; la seconde, *Achille*, reçue en 1821 ; la troisième, *Pizarre*, reçue en 1829. Pour arriver à ce nombre *cinq*, il faut donc que vous comptiez *Sigismond de Bourgogne* et *Clovis*, qui sont sortis de ces malencontreux cartons, et qui, vous l'avouerez, auraient peut-être mieux fait d'y rester ; ou bien encore la comédie que vous avez fait lire l'année dernière, tout *homme politique* que vous êtes, mais qui, n'ayant pas été reçue, ne doit pas, en conscience, vous être passée en compte.

Vous voyez avec quelle bonhomie, monsieur, j'ai

avoué mon erreur de date. Relevez mon erreur de chiffre, et, avec la même bonhomie, je ferai amende honorable.

Vous demandez la permission d'ajouter que, « depuis que le parterre a été livré *à ma queue*, vous êtes moins tenté que jamais d'exposer vos ouvrages à la colère de ceux qui les déchirent sans les connaître. »

Ici, ce ne sont point deux fautes de français que je signalerai à l'académicien, c'est une faute de goût que je reprocherai à l'homme du monde ; en faisant observer toujours que je ne suis si chicanier envers vous, monsieur, que parce que vous êtes vraiment inexorable pour moi.

Puis vient une citation tirée d'une satire *toute fraîche*, que vous avez eu le temps d'écrire et que vous n'avez pas le temps de publier. Des vers de vous sont une trop grande bonne fortune, et depuis trop longtemps vous nous en laissez manquer, pour que je ne vous demande pas la permission de reproduire cette citation tout entière :

> Songez-y, car tout change, et le siècle et le goût ;
> Le Panthéon souvent n'est pas loin de l'égout.
> La publique faveur est mobile, incertaine ;
> Le vainqueur de l'Europe est mort à Sainte-Hélène.

C'est un fait historique très-connu, aussi je ne le contesterai pas, monsieur ; mais je vous ferai observer que ce que vous regardez comme un exil, fut une apothéose, que c'est un magnifique piédestal pour une statue qu'une île qui s'élève entre deux mondes, et qu'il y a peu d'ombres de roi qui ne consentent à troquer leur monument de marbre, contre cette tombe qui n'a qu'une pierre et qu'un saule. Les Napoléons pour lesquels une Sainte-Hélène est à craindre, sont ceux qui ont eu deux Waterloo sans avoir eu un Austerlitz.

Vous terminez en disant que « nous sommes les triomphateurs et que vous restez à pied dans la rue. » Cette fois, vous êtes trop modeste, monsieur : on ne reste dans la rue qu'autant qu'on le veut, lorsqu'on a trois palais ouverts : le palais des Tuileries, où vous reçoit toujours avec plaisir une illustre amitié; le palais Mazarin, où vous êtes assis entre Chateaubriand et Lamartine; enfin, le palais Bourbon, où vous avez succédé aux Foy et aux Manuel. C'est Benjamin Constant qui est resté dans la rue tandis que vous êtes entré à l'Académie, monsieur; permettez-moi de rétablir les faits dans leur sincère et cruelle vérité.

Et, maintenant que nous avons fini avec M. Viennet, revenons aux questions d'art.

Deux choses font les siècles grands entre les siècles : l'épée de leur empereur ou la plume de leurs poëtes. Il ne faut pas moins que Napoléon pour rivaliser avec Louis XIV, et cependant, il y a loin de ce roi qui n'osait passer le Rhin, au vainqueur aventureux des Pyramides, de Marengo et d'Austerlitz.

C'est que Louis XIV nous apparaît radieux des auréoles de Corneille, de Racine et de Molière; c'est qu'à défaut de noms de victoire aussi éclatants que ceux que nous venons de citer, il s'est emparé des noms de *Cinna*, du *Misanthrope* et d'*Iphigénie;* c'est qu'il a entremêlé à sa couronne royale des feuilles de laurier attachées aux couronnes de la grande trinité poétique devant laquelle se prosterne depuis cent cinquante ans notre religion littéraire.

Il est donc triste de sentir que notre époque, veuve de la gloire des conquêtes, ne cherche pas à la remplacer par la gloire des arts. Il est triste de voir qu'une discussion d'une si haute importance que celle de l'honneur littéraire de la France soit étranglée à la fin du deuxième jour, et n'ait pour épitaphe qu'un discours de M. Fulchiron. C'est pour cela que nous l'évoquerons de sa tombe, et qu'à défaut du corps, nous en ferons reparaître l'ombre.

Jamais querelle plus intempestive n'avait été faite au Théâtre-Français, que celle qu'on lui a cherchée il y a huit jours. Si l'on veut se rappeler dans quel état de discrédit était tombé l'ancien répertoire après la mort de Talma, entre quelles décorations on jouait les chefs-d'œuvre de nos grands maîtres, et de quels costumes pauvres et malheureux on vêtait leurs personnages, on comprendra le dégoût qui s'était attaché à ces représentations misérables, abandonnées aux doubles et aux triples de la Comédie-Française. M. le baron Taylor et M. Jouslin de Lasalle après lui, ont compris que là était la plaie, et tous leurs soins ont eu pour but de la guérir. L'école nouvelle avait donné le goût de la richesse des décorations et de la vérité des costumes. On appliqua cette séduction aux œuvres de l'école ancienne et elles s'en trouvèrent bien. La comédie et la tragédie, reconstruites aussi richement que possible avec les débris dorés d'une autre époque, se personnifièrent, la premiere dans mademoiselle Mars, la seconde dans Ligier. Les spectateurs reparurent, et l'ancien répertoire, joué deux fois par semaine, produisit deux recettes.

Maintenant, constatons un fait d'une haute importance. M. le président du conseil, qu'on n'accusera certes pas de partialité pour nous, est venu avouer cette année à la Chambre qu'il était impossible que le Théâtre-Français se soutînt sans le secours de l'école nouvelle. Cette déclaration est très-flatteuse, sans doute, pour notre amour-propre, mais a peu d'importance pour les intérêts de nos confrères; car elle prouve seulement que deux ou trois élus ont acquis droit de bourgeoisie dans la cité, tandis que tout un peuple campe encore à ses portes.

Or, pour tout ce peuple, qui n'a qu'un camp, il faut une ville.

Ici, la question de la réouverture de l'Odéon se présente tout naturellement. Nous l'avons profondément étudiée, et tandis qu'il était ouvert, et depuis qu'il est fermé. Nous allons donc la traiter avec connaissance de cause.

Oui, sans doute, il est essentiel que le théâtre de l'Odéon se rouvre; mais il serait fatal qu'il se rouvrît avec le titre de second Théâtre-Français.

Il faut que l'Odéon se rouvre, parce qu'il est le cœur de tout un quartier, parce que, depuis que ce cœur ne bat plus, le sang a cessé de circuler dans les artères de ce grand cadavre qui semble à cent lieues de nous, et qui cependant est couché de l'autre côté du fleuve. Il faut que l'Odéon se rouvre, non point comme question d'art, mais comme question de vitalité. Ce ne sont point les Muses qui pleurent à sa porte, c'est le commerce. Voilà pourquoi on trouvera dans le quartier même une subvention de 50,000 francs.

Maintenant, il ne faut pas qu'il se rouvre avec le titre de second Théâtre-Français, parce que, quoi qu'on fasse, l'Odéon ne sera jamais un théâtre rival. Pour constater des succès, pour se faire un nom, il faut être joué, non pas devant une subvention, mais devant un public. Un second Théâtre-Français, vraiment rival, doit être situé dans un quartier riche et populeux; à défaut des mêmes ressources pécuniaires, avoir du moins les mêmes chances industrielles que son aîné, sinon il sera toujours pareil à ces cadets de bonne maison, à qui l'on donnait, en échange de la fortune de leur frère, ou le petit collet, ou la croix de Malte, et qui, dans l'un ou l'autre cas, étaient obligés de faire vœu de continence.

A ceci l'on me répondra peut-être que le théâtre de la Porte-Saint-Martin remplit ce but; que ses succès ont parfois fait pâlir ceux du Théâtre-Français, et qu'aucune démarcation n'existe plus entre les pièces jouées au théâtre de la rue de Richelieu, ou sur cette scène de boulevard qu'ont ennoblie *Marino Faliero* et *Lucrèce Borgia*.

Cette réponse serait, de la part de celui qui la ferait, l'aveu d'une ignorance profonde. La Porte-Saint-Martin, livrée à une exploitation particulière, ne sera jamais qu'un théâtre industriel, où les questions d'argent étoufferont éternellement les questions d'art; et la preuve, c'est que, depuis cinq ans, aucun ouvrage en vers n'a osé s'y montrer; moins encore par le *veto* gouvernemental que par la conviction de son directeur, qu'un semblable essai serait contraire aux intérêts de sa caisse.

Maintenant, un ministre qui protégerait l'art et qui désirerait son progrès, verrait dans le mauvais succès des tentatives passées l'inutilité des tentatives à venir, dirigées dans un même but; il comprendrait que le premier Théâtre-Français est fait pour garder le souvenir de nos vieilles gloires et donner du relief à nos gloires nouvelles, mais ne peut offrir un débouché suffisant à la multitude d'essais dramatiques qui tâtonnent encore dans la nuit de l'art. Quatre pièces qui réussissent occupent le théâtre toute une année, et, dans une époque comme la nôtre, où, quand les Muses sont vierges, elles sont pauvres, bien peu d'auteurs ont le temps d'attendre. De là vient que telle somme de talent qui se serait produite avec gloire dans son ensemble, si un second Théâtre-Français était ouvert, s'éparpille en petite monnaie dans nos théâtres de vaudevilles, et, coulée une fois dans ce moule, va toujours se rapetissant au lieu de s'agrandir.

De cette manière, et avec un privilége qui comprendrait la tragédie, la comédie et le drame, cent mille francs de subvention suffiraient pour soutenir un théâtre véritablement rival du Théâtre-Français, pourvu toutefois qu'on ne lui imposât point l'ancien répertoire que les seuls acteurs du Théâtre-Français jouent, les uns d'une manière distinguée, les autres d'une façon convenable, tandis que le théâtre de l'Odéon, ouvert à tous les genres, trouverait, dans sa variété, une chance de succès qu'il ne trouvera jamais dans une exploitation purement artistique.

Si l'Académie avait fait, pour l'accomplissement de ce projet, la moitié des efforts tentés par la commission dramatique, ce projet, qui n'est encore qu'un rêve, serait depuis longtemps une réalité.

CORNEILLE ET LE CID

I

Un jour, je rencontre Lafontaine, cet excellent comédien qui a créé d'une façon remarquable tant de rôles différents au Gymnase et au Vaudeville.

Il vient à moi et me dit :

— Savez-vous une chose, mon père ?

— Laquelle ?

— Je suis engagé au Théâtre-Français.

— Tant pis !

— Comment, tant pis ?

— Oui, on ne vous a pas engagé au Théâtre-Français pour vous y faire jouer, mon pauvre enfant, mais pour vous empêcher de jouer ailleurs.

— Ne croyez pas cela; d'abord, on me donne le choix du rôle pour mon début.

— Et quel rôle avez-vous choisi ?

— Devinez.

— Oh ! le répertoire est trop grand, et je n'ai pas assez de temps à perdre pour me livrer à cette étude.

Faites comme madame de Sévigné : après l'avoir donné en dix, en cent, en mille, elle raconte tout simplement la chose.

— Eh bien, je débute dans... *le Cid !*

— Vous faites une bêtise.

— Moi ?

— Oui ; vous tomberez à plat !

— Je n'ai donc pas de talent ?

— Si fait, vous en avez beaucoup, au contraire ; mais ce n'est point le talent qu'il faut pour jouer *le Cid.*

— Oh ! je le jouerai à ma manière.

— Alors, ce sera encore pis que je ne le croyais. Si vous vouliez absolument débuter dans un *Cid*, il fallait me le dire. Je vous en eusse fait un avec le *Romancero* espagnol et Guilhem de Castro.

— Vous vous croyez donc plus de talent que Corneille ?

— Ah ! mon pauvre Lafontaine, en êtes-vous déjà là, même avant d'avoir joué *le Cid.*

— Mais enfin *le Cid*, c'est *le Cid.*

— Oui, certainement, *le Cid*, c'est *le Cid* ; mais le génie du xviie siècle n'est pas celui du xixe siècle. Vous êtes un homme tout moderne, mon pauvre ami, un comédien de nos jours. Vous direz admirablement bien la prose de mon fils ou d'Octave Feuillet, des vers d'Hugo ou de moi ; mais vous ne saurez pas dire des vers de Corneille.

— Vous croyez donc qu'il faut chanter les vers ?

— Il y en a quelques-uns à qui cela ne fait point de mal, et c'est si vrai, que Racine notait les rôles de la

Champmeslé à peu près comme on note à la messe l'épître et l'évangile.

— Vous me parlez de Racine ; mais Corneille ! Corneille doit se dire comme de la prose.

— Si Corneille avait cru, cher ami, que ses vers dussent se dire comme de la prose, il eût fait ses tragédies en prose et pas en vers. Non, mon ami, dire les vers est un art, et un grand art, qui demande des années d'étude, surtout quand ces vers sont transportés d'une époque dans une autre ; quand, au lieu de parler la langue que vous parlez tous les jours, il vous faut parler la langue qu'on ne parle plus depuis deux cents ans, qu'on ne parlait déjà presque plus du temps de Racine, et plus du tout du temps de Voltaire. Ah ! si *le Cid* était une pièce *humaine*, comme les pièces de Shakspeare, je ne dis pas. Les pièces de Shakspeare, surtout traduites dans une langue étrangère qui leur ôte la *marque* de l'époque, peuvent se jouer en tout temps. Mais Guilhem de Castro ne va pas à la cheville de Shakspeare, comme vérité générale surtout. En outre, *le Cid* n'est pas une pièce dans le génie français, et son succès fut un succès de circonstance.

— Comment cela ?

— Oui... Voulez-vous que je vous conte l'histoire non pas du Cid, cela nous mènerait trop loin, mais de la tragédie du *Cid* ?

— Volontiers.

— Eh bien, voici ce que c'est ; écoutez.

Le Cid n'est point une pièce, c'est une protestation ; ce n'est point un succès littéraire, c'est un succès politique.

Le roi Louis XIII avait failli mourir à Lyon. Richelieu y était venu presque aussi malade que le roi. Bassompierre, l'ex-amant de la reine mère; le Guise, cet étrange archevêque de Reims qui deux fois se maria en habits épiscopaux, qui avait un chanoine exprès pour consacrer ses faux mariages, et qui, archevêque et bigame, se sauva en Italie, prit Naples et succéda à Masaniello; Longueville, filleul de Henri IV, qui, quatre ans auparavant, avait fait partie des conjurés qui devaient assassiner le cardinal; le vieux d'Epernon, chef des mignons de Henri III, capitaine des Quarante-Cinq, qui avait été obligé de fuir Paris accusé de complicité dans l'assassinat de Henri IV, n'avaient pas perdu de temps pour s'assurer de Monsieur. Louis XIV n'était point né, et, Louis XIII mort, Monsieur était roi.

Monsieur régna une semaine. Il eut une cour. On prit ses ordres pour l'arrestation de Richelieu. Les femmes, toujours plus ardentes aux complots que les hommes, voulaient sa mort. La sœur du duc de Guise, la duchesse de Conti, fit acheter des poignards. C'était, du reste, depuis longtemps l'idée des Espagnols de se débarrasser ainsi de leur ennemi. Campanella, qui avait écrit le livre des trois imposteurs, qui avait voulu substituer, à Naples, la république au joug des Espagnols, qui était resté dix-sept ans en prison, qui avait subi sept fois la torture, l'en avait averti; la reine n'était retenue que par un scrupule.

— Il est prêtre, disait-elle.

Le roi s'était alité le 22 septembre 1610; du 22 au 30, il fut à la mort. Le 1er octobre, il communia et demanda pardon à tout le monde. Il savait si bien que tout le monde attendait, disons mieux, espérait sa mort, qu'il ne prenait plus rien que de la main d'un brave Allemand, son valet de chambre, qui occupe une certaine place dans l'histoire, Beringhen.

Les médecins avaient saigné six fois en six jours ce fantôme qui n'avait plus de sang; on essaya une septième fois, le 2 octobre; le sang ne vint pas. Les médecins jetèrent leur langue aux chiens. La nature alors se chargea de la guérison ; un abcès que personne n'avait soupçonné creva : on fut étonné de voir le moribond tout à coup se lever sur son séant et parler. Lazare ressuscitant n'étonna pas davantage les Juifs de Béthanie.

Le roi sauvé, Richelieu l'était par contre-coup ; la reine, de régente qu'elle espérait être, redevenait une femme légère et compromise. Il fallait se créer une force contre ce ministre qui voyait si bien ce qui se passait à l'étranger, et, chose plus extraordinaire, ce qui se passait à la cour, qui notait l'heure et la date des fausses couches de la reine, non pas dans son grand journal, dans son journal politique, dans ses mémoires destinés à voir le jour, mais dans son carnet écrit au crayon, dont M. de Condé hérita par les mains du jeune duc de Richelieu et qu'il fit imprimer en 1649.

A ce pâle fantôme à peine revenu à la vie, on créa un amour, un amour à la Louis XIII. On inventa — c'est à un aventurier, à un nommé Vautier, musicien de la reine mère, qu'il faut attribuer le mérite de l'invention — on inventa une petite provinciale, si blonde, si fraîche, qu'on la surnommait *l'Aurore;* son vrai nom était mademoiselle de Hautefort.

On sait jusqu'où allaient les amours de Louis, et il

était réservé à mademoiselle de Hautefort d'en donner un exemple.

Tout le monde, même la reine, voulait faire de mademoiselle de Hautefort la favorite du roi. Un jour, la rusée jeune fille se fait remettre un billet, et feint de vouloir le dérober à Louis XIII; naturellement le roi veut le lire, mademoiselle de Hautefort recule; le roi avance, curieux et intrigué de plus en plus, tendant la main en avant; mademoiselle de Hautefort cache le billet dans sa poitrine. Voilà le roi tout interdit. La reine lui vient en aide, elle prend les mains à mademoiselle de Hautefort pour que le roi puisse fouiller celle-ci tout à son aise; mais Louis XIII prend des pinces d'argent, et, avec ces pinces, va chercher le billet dans sa cachette.

Si le roi eût pris le billet avec ses doigts, au lieu de le prendre avec les pincettes, le cardinal était perdu.

Le cardinal profite de cette recrudescence de faveur. Il fait la fameuse journée des Dupes; il exile Marie de Médicis, la mère du roi.

Il démontre au roi que mademoiselle de Hautefort n'est autre chose qu'un charmant espion bleu, rose et or, placé par la reine près de son mari.

Il lui restait son confesseur, au moins, à ce roi si ennuyé; il pouvait se distraire en se confessant. Cette dernière ressource contre le spleen lui est enlevée; Richelieu lui prouve que son confesseur Suffren est à la reine mère.

Ce fut par ce grand isolement, en prouvant à Louis XIII que la reine le trompait, que sa mère le trompait, que mademoiselle de Hautefort le trompait, que son confesseur le trompait, que Richelieu put atteindre le double but de sa politique : la rupture ouverte avec l'Espagne, le renvoi d'Anne d'Autriche en Espagne.

Nous disons *put atteindre ;* car la chose fut bien près de réussir ; Anne d'Autriche eut un pied hors du royaume.

M. de Créquy, gouverneur du Dauphiné, fut envoyé à Rome pour demander le divorce.

Le jour même où Richelieu envoyait à Bruxelles la déclaration de guerre à l'Espagne, c'est-à-dire le 16 avril 1635, il fit l'ouverture de son théâtre du Palais-Royal par une comédie en cinq actes, *les Tuileries,* esquissée par lui, mise en vers par Rotrou, Corneille, l'Étoile, Colletet et Boisrobert.

Là, les larmes dans les yeux, le cœur prêt à se fendre, force fut à la reine de rire ou d'en faire semblant.

Or, voici ce qui s'était passé : un des cinq collaborateurs, le plus indépendant, le plus pauvre de tous, Colletet, las de tirer la charrue de la rime sous l'aiguillon de ce terrible camarade, s'était retiré. Corneille avait voulu en faire autant ; mais il avait eu peur, et, sous la menace de Richelieu, était resté. Seulement, la pièce jouée, il s'était sauvé à Rouen.

De tous les collaborateurs de Richelieu, Corneille était l'homme de génie, ce fut sur lui qu'on jeta les yeux pour la vengeance. Mais on le savait timide, on résolut d'en faire un vengeur sans qu'il se doutât du rôle qu'il jouait.

Voyons les chances que l'on avait de réussir en disant ce qu'était Corneille.

— Ce qu'était Pierre Corneille! comme si nous ne le savions pas! me direz-vous.

Eh! mon Dieu, il y a toujours, si savant qu'on soit, quelque chose que l'on ne sait pas ou que l'on sait mal ; ce qui est bien pis que de ne pas savoir du tout.

II

Pierre Corneille était né en 1606, à peu près vers l'époque où Shakspeare, à l'apogée de son génie, faisait *Othello.*

Il était l'aîné de Rotrou, né en 1609 seulement, et qui ne donna son *Venceslas* qu'en 1647.

Rotrou passe donc à tort pour le saint Jean précurseur de Corneille.

Ses parents, Pierre Corneille, son père, et Marthe Le Pesant, sa mère, le mirent au barreau ; ils rêvaient un fils avocat ; Corneille, bien malgré lui, étudia donc Cujas et revêtit la robe noire.

Puis, par la protection du cardinal, il fut fait juge ; ce qui lui donnait des appointements fixes.

Un jour, un de ses amis, amoureux d'une demoiselle de Rouen, le conduisit chez elle.

Corneille n'était âgé que de dix-huit ans ; il avait le visage assez agréable, quoiqu'il eût le nez un peu fort, la bouche belle, des yeux pleins de flamme, la physionomie vive et expressive. Il trouva la demoiselle jolie, lui fit sa cour en vers et en prose, supplanta son ami, et, sur cette aventure, fit sa comédie de *Mélite*, exécrable pièce, si on la juge à notre point de vue, excellente pièce si on la juge au point de vue de l'époque.

De *Mélite*, en effet, date la naissance du théâtre en France.

Avant *Mélite*, il n'y avait que *Marianne* ; avant Corneille, il n'y avait que Hardy.

Lorsque nous jugeons un homme d'une autre époque que la nôtre, il faut, avant de porter notre jugement, nous pénétrer de cette vérité, que chaque siècle a son degré de lumière, et que cette lumière s'accroît au fur et à mesure que le monde marche.

Il est bien entendu que nous séparons le monde en deux périodes : la période païenne, la période chrétienne ; la période païenne, qui a donné les beaux génies de l'antiquité ; la période chrétienne qui a donné les beaux génies modernes.

Les hommes médiocres restent au-dessous de la lumière de leur siècle, quel qu'il soit.

Les hommes de talent l'atteignent.

Les hommes de génie la dépassent.

Mélite avait déjà dépassé le degré de perfection de la première moitié du xviie siècle.

Après *Mélite* vint *Clitandre* ; après *Clitandre*, *la Galerie du Palais*, puis *la Veuve*, puis *la Place Royale*, puis *Médée*.

Un vers fit le succès de *Médée* :

Dans un si grand revers, que vous reste-t-il ? — Moi !

Corneille s'était aidé de Sénèque pour faire *Médée*, car on commençait à étudier le théâtre des anciens, et à respecter ce que l'on a appelé depuis « les règles d'Aristote ». Corneille s'y conforma dans *Clitandre*; mais sans s'y soumettre et en protestant contre les unités. Corneille était robin, et c'était pour les robins une mode de protester à cette époque.

Le parlement donnait l'exemple.

La pièce est imprimée en 1632, et voici ce que dit Corneille dans sa préface :

« Que si j'ai renfermé cette pièce dans les règles d'un jour, ce n'est pas que je me repente de n'y avoir point mis *Mélite*, ou que *je me sois résolu à m'y attacher* désormais ; aujourd'hui, quelques-uns adorent cette règle, d'autres la méprisent ; pour moi, j'ai voulu seulement montrer que, si je m'en éloigne, ce n'est point faute de la connaître. »

Cependant, cette série de pièces, si médiocres qu'elles nous paraissent, était tellement au-dessus du niveau littéraire de l'époque, que Richelieu remarqua Corneille, l'appela au Palais-Royal et le fit travailler à ses pièces.

Richelieu tenait beaucoup à lui, et le protégeait particulièrement ; le voyant plusieurs jours de suite venir au Palais-Royal, triste, rêveur et sans avoir beaucoup travaillé :

— Pourquoi vous laissez-vous aller ainsi à la mélancolie et à la paresse ? lui demanda-t-il.

— Parce que je suis amoureux, monseigneur, répondit Corneille, et que, tant que je ne possèderai pas l'objet de mes désirs, il me sera impossible d'avoir la tête à moi.

— Comment désirez-vous la posséder ? demanda le cardinal.

— En légitime mariage, monseigneur, répondit Corneille.

— Pourquoi ne l'épousez-vous point, alors ?

— Ses parents, trop fiers, ne veulent pas me la donner.

— Oh! fit le cardinal, et comment s'appelle cette beauté qui vous rend fou, et quels sont ces parents qui refusent leur fille à un homme que j'honore de ma protection ?

— La jeune fille se nomme Marie Lampérière, monseigneur ; son père est lieutenant général des Andelys en Normandie.

— Mettez-vous l'esprit en repos, monsieur Corneille, vous épouserez celle que vous aimez.

Et, en effet, le même jour, le cardinal écrivit à ce père récalcitrant une de ces lettres sèches comme il savait les écrire, lui ordonnant de venir à Paris sans lui donner la raison de cet ordre.

Le lieutenant général accourut, très-effrayé. Il crut qu'il s'agissait de quelque conspiration dans laquelle il avait été compromis, et se regarda comme trop heureux de donner sa fille à ce petit juge et à ce pauvre poëte qu'il avait tant méprisé.

Il y avait peu de temps que Corneille était marié, lorsque le cardinal le manda à Paris pour lui donner un acte à faire dans la comédie des *Tuileries;* on se rappelle que Corneille s'était montré fort susceptible aux observations du cardinal, qu'il avait voulu partir, mais que Richelieu l'avait forcé de rester jusqu'à ce que la pièce fût finie.

Mais, la pièce finie et jouée, il retourna bien vite auprès de sa jeune femme.

Nous l'avons dit, après avoir frappé la reine dans son ambition, le cardinal, en la forçant à venir applaudir sa pièce, l'avait humiliée dans son orgueil. Tout ce qui entourait Anne d'Autriche, tout ce qui lui était dévoué, tout ce qui haïssait le cardinal s'ingénia à lui rendre la pareille.

Ce fut un vieux secrétaire de Marie de Médicis qui trouva la botte secrète.

Il partit pour Rouen, porta à Corneille le romancero espagnol et une pièce de Guilhem de Castro, poëte dramatique fort estimé en Espagne, et qui était mort cinq ans auparavant.

Corneille ne savait guère mieux l'espagnol que Molière, qui, lorsque, dans son *Don Juan*, il imita *le Séducteur de Séville* de Tirso de Molina, traduisit *y Convidado de piedra*, c'est-à-dire « le Convive de Pierre, » par *le Festin de Pierre*, titre qui n'a aucun sens, puisque l'un des convives s'appelle *don Juan Tenorio* et l'autre *don Gonzalo d'Ulloa*.

Mais le vieux secrétaire de la reine mère, qui avait ses instructions, offrit à Corneille de lui traduire drame et romancero, chose que Corneille accepta.

Corneille, amoureux, fut séduit par Chimène.

Corneille, escrimeur, devint passionné du Cid.

Nous disons *escrimeur* sans trop savoir si Corneille maniait l'épée; mais toute la robe était belliqueuse à cette époque; c'était un homme de robe et un parent des Arnault les jansénistes, qui fit le fort Louis contre la Rochelle, et forma le célèbre régiment de Champagne; le fameux Gassion, que le cardinal avait surnommé *la guerre*, sortait du parlement de Pau; enfin,

Auguste de Thou, qui, quatre ou cinq ans plus tard, montera sur l'échafaud avec Cinq-Mars, et qui, en attendant, va en amateur à la guerre et s'y fait blesser, était le fils du président de Thou.

Nous eussions peut-être choisi un terme plus juste en disant *disputeur* au lieu d'*escrimeur*. C'était un rude disputeur, même parmi les disputeurs normands, que ce Corneille, dont les tragédies sont d'éternelles disputes, quand elles ne sont pas des procès.

Maintenant, comment Corneille, l'homme du cardinal, ne comprit-il pas qu'il allait cruellement blesser Richelieu, en faisant une tragi-comédie qui n'était rien autre chose que la glorification du duel défendu par les édits ?

Il y avait dix ans à peine qu'un Montmorency avait porté, avec son second, sa tête sur l'échafaud pour s'être battu en duel. Il est vrai que c'était en plein jour, à Paris, sur la place Royale.

Peut-être Corneille fut-il entraîné par son enthousiasme de poëte, peut-être fut-il séduit par l'argent. La Bruyère ne dit-il pas que Corneille n'estimait les pièces que par l'argent qu'elles rapportaient?

Le Cid, fait à l'instigation de la reine, lui fut soumis et lu. Elle applaudit fort la pièce, promit monts et merveilles à l'auteur, qui la fit représenter chez elle, au Louvre, mais sans inviter le cardinal.

Ce fut de l'enthousiasme, du délire, de la frénésie, des applaudissements, des trépignements, des cris, des pleurs. Corneille avait pris en main la cause des gentilshommes, c'était l'âme de toute la noblesse française qui était passée dans la poitrine du Cid. Glorifier le duel, c'était abonder dans les idées du temps ; relever le gentilhomme depuis dix ans abattu, proscrit, décapité, c'était sonner la trompette du défi. On cria à la représentation : « Plus de ministre en robe rouge ! plus de cardinal prêtre ! »

Le cardinal reçut le coup en pleine poitrine; c'était mieux que ce fameux coup de Jarnac qui coupa le jarret de la Châtaigneraie ; c'était un coup droit, comme on dit dans la langue de l'escrime.

Richelieu risqua le tout pour le tout. Feignant de protéger la pièce et de la vouloir mieux juger pour mieux récompenser l'auteur, il la fit jouer au théâtre du Palais-Royal. Sans doute, il espérait que, là, sous son œil terrible, nul n'oserait applaudir.

Il se trompa. Devant lui, chez lui, le succès fut plus grand peut-être encore que chez la reine.

Contre ce fanatisme public, si bien traduit par ce vers :

Tout Paris, pour le Cid, a les yeux de Chimène.

le cardinal, tout puissant qu'il était, se trouvait désarmé.

Ce fut par sa victoire même que Corneille mesura son danger ; il dédia sa pièce à madame de Combalet, la nièce bien-aimée de Richelieu, pour laquelle on accusait le cardinal d'avoir une tendresse trop grande de la part d'un oncle. Et, en effet, Richelieu aimait fort cette nièce, qui lui était toute dévouée.

Sa nièce Combalet mène une belle vie !

dit Hugo dans *Marion Delorme;* c'est à tort : les plus

méchantes langues du temps, Tallemant des Réaux lui-même, n'en disent pas de mal. C'était, au milieu de cette folle cour où les Chevreuse et les Fargès donnaient le ton, où la reine cherchait des favorites à son mari et où les ingénues de quinze ans mettaient des billets dans leur sein afin que le roi allât les y prendre ; c'était une jeune femme, jolie, modeste, austère, veuve à vingt-cinq ans d'un mari qui l'avait été à peine ; elle prit des habits de vieille femme et fit vœu de se faire carmélite. A partir de ce moment, ses cheveux disparurent sous son bandeau de veuve, et la seule parure qu'elle se permît était un bouquet au corsage, son oncle adorant les fleurs.

Elle était dame de la reine mère, qui la haïssait. Cette figure grave, cette robe brune, ces yeux qui ne se levaient jamais, faisaient à la fois un contraste et un reproche.

Revenons au *Cid*.

En 1629, une compagnie littéraire, une société à l'instar des académies italiennes, s'était formée chez un protestant fort érudit, nommé Conrard. Chapelain et tous les beaux esprits du temps faisaient partie de cette société. Richelieu, qui avait toujours eu un faible pour les protestants, aimait Conrard. Il eut l'idée — non pas Conrard, mais le ministre — d'en faire une société qui s'occupât d'épurer la langue française. Elle avait, dès la première année de son existence, commencé son Dictionnaire, dont la première édition parut en 1694, et la sixième et dernière en 1835.

On devine que nous parlons de l'Académie française.

Le cardinal était de plus en plus furieux contre le

pauvre Corneille, qui commençait à s'épouvanter de son succès. La reine, dont ce succès faisait le triomphe, exigea que le cardinal ennoblît le père de Corneille. C'était plus que n'en pouvait supporter le cardinal. Il obéit, fit noble le digne maître des eaux et forêts à qui Corneille devait la naissance, et déféra, le 10 juillet 1637, *le Cid* à la censure de l'Académie.

L'Académie fut fort embarrassée; à peine constituée, raillée déjà, elle allait débuter par rendre un jugement qui heurterait de front l'opinion publique; il y avait de quoi y songer.

Richelieu s'aperçut de l'hésitation.

— Faites-y attention, messieurs, dit-il, comme vous m'aimerez je vous aimerai.

Ce qui voulait dire en toutes lettres : « Si vous censurez *le Cid*, j'augmenterai vos pensions; si vous ne le censurez pas, je vous les ôterai. »

Les académiciens de tous les temps ont fort tenu à leurs pensions. — L'Académie censura *le Cid*.

N'importe; malgré la censure de l'Académie, les duels, que l'on avait eu tant de peine à éteindre, pouvaient recommencer. Richelieu, après le succès du *Cid*, eût-il osé faire tomber la tête de Bouteville?

Non; le théâtre avait vaincu les édits, et, dans le duel qui avait eu lieu entre le ministre et le poëte, le poëte avait tué le ministre.

Et maintenant, nous allons voir ce que Corneille a emprunté à Guilhem de Castro et au romancero espagnol, et ce qu'il a élagué de ces deux sources comme indigne de son œuvre.

III

J'ai dit que c'était un vieux secrétaire de Marie de Médicis qui avait porté à Corneille le *Romancero* et le drame de *la Jeunesse du Cid* (*las Mondades del Cid*).

Disons maintenant quelques mots du poëme et du drame.

L'ensemble du *Romancero* est l'histoire pittoresque, légendaire et poétique de l'Espagne.

La légende du Cid n'est qu'un épisode de ce grand tout qui est à l'Espagne ce que l'*Iliade* et l'*Odyssée* sont à la Grèce.

Seulement, l'Homère espagnol est inconnu.

Jusqu'à la fin du règne de Philippe II, le *Romancero* servit de base aux historiens espagnols qui tentèrent d'écrire l'histoire de leur pays, et, jusqu'à la fin du siècle dernier, leur authenticité ne fut point contestée.

Mais, on le sait, le xviiie siècle fut un siècle de démolition. Pas une croyance religieuse ne resta debout, et, dans l'écroulement général, le *Romancero* faillit perdre le plus beau fleuron de sa couronne.

Une voix s'éleva qui cria tout à coup :

— Le Cid n'a jamais existé !

C'était nier Achille à Homère, Roland à l'Arioste, Renaud au Tasse ; c'était arracher la pierre angulaire et faire écrouler tout l'édifice.

C'était un savant nommé Masden qui, dans sa réfutation critique de l'histoire léonaire du Cid, ne sachant comment concilier quelques contradictions et éclaircir quelques obscurités, prenait, pour se tirer d'embarras, l'héroïque parti de nier son existence.

Il y a dans tous les pays de ces esprits-là qui regardent la poésie comme une tache d'huile tombée sur l'histoire. En même temps, un autre savant, Espagnol toujours, composa, ou plutôt publia un ouvrage intitulé *la Castille et le plus fameux Castillan*. Il prétendait l'avoir tiré d'une chronique latine découverte à Léon. Celui-là se nommait Manuel de Risco.

Il faisait mieux que nier le Cid : il le mutilait.

Ainsi, dans la chronique de Manuel de Risco, le Cid, au lieu d'être né vers 1025, comme le disent les chroniques, serait né seulement en 1050, ce qui supprime toute cette grande période de la jeunesse du Cid, qui comprend son duel avec le comte Lazano, le plaidoyer de Chimène devant le roi Ferdinand, la victoire du Cid sur les cinq rois maures, le mariage du Cid avec Chimène, le combat en champ clos entre le Cid et Martin Conçalez, l'apparition de saint Jacques au Cid, la guerre que fit le Cid à l'empereur Henri III, les plaintes de Chimène au roi, les relevailles de Chimène et la mort du roi Ferdinand.

Et, en effet, selon Manuel de Risco, le Cid n'aurait eu que quinze ans à la mort du roi, et, à l'âge de quinze ans, n'aurait pu accomplir tous les exploits qu'on lui prête de 1046 à 1065.

Avouez que c'est bien heureux pour un pays que d'avoir un savant si savant, que, comme don Manuel de Risco, il lui mutile son plus grand homme, ou, comme Masden, le lui supprime tout à fait.

Il est vrai qu'en échange de cette magnifique légende de Rodrigue, que tout le monde sait par cœur, ils dotent l'Espagne de deux ouvrages que personne ne connaît, excepté moi et mon ami Damas-Hinard, auquel je vous renverrai, comme au commentateur et au traducteur tout à la fois du *Romancero*.

Quant à nous, qui ne sommes ni Espagnol ni savant, nous tenons le Cid non-seulement pour avoir vécu et pour être né en 1025, mais nous allons plus loin ; nous disons, avec la *Chronique du Cid*, écrite par l'historien arabe Ben-Alfang, que voici la vraie généalogie du Cid:

« Après la mort de don Pélage, surnommé le Montagnard, la Castille étant restée sans maître, le peuple élut deux juges suprêmes, deux al-kaïds, dont l'un s'appelait Nuño Raduera et l'autre Layn Calvo. Celui-ci épousa la fille du premier, appelée Elvira Nuñes. De Layn Calvo descendit Diègue Laynez, qui prit pour femme doña Térésa Rodrigue Alvarès, comte gouverneur des Asturies. De ce mariage naquit Ruy Dias, l'an 1026 de l'incarnation, en la cité de Burgos. »

Or, en 1045, don Rodrigue, s'il était né en 1026, comme le dit la chronique arabe, avait dix-neuf ans — vingt ans, s'il était né en 1025 — l'âge nous va : c'est celui des colères bouillantes et des idées généreuses, — lorsque son père don Diègue reçut un soufflet de don Gomez de Gormas, surnommé Lazano, c'est-à-dire le Hautain.

A quel propos don Diègue reçut-il ce soufflet?

Le *Romancero* n'en dit rien. Il commence par ces paroles :

« Don Diègue Laynez, pensant tristement à l'outrage

qu'avait reçu sa maison noble, riche et ancienne, avant Inigo et Abarca, et voyant que les forces lui manquaient pour la vengeance, et que son grand âge l'empêchait de la prendre par lui-même, ne peut dormir la nuit, ni goûter à aucun mets, ni lever les yeux de dessus terre, et il n'ose plus sortir de la maison. »

Guilhem de Castro est plus explicite : il veut le soufflet en scène.

Le roi don Ferdinand nomme Diègue gouverneur de son fils ; don Gormas, jaloux de voir accorder à don Diègue une faveur qu'il devait avoir méritée, lui reproche son âge, qui lui permettra de donner à son élève des conseils, mais non des exemples.

Don Diègue lui répond :

— Si les forces me manquent dans les jambes ou dans les bras pour rompre une lance ou mettre un cheval hors d'haleine, je ferai lire au prince l'histoire de mes exploits ; il apprendra ce que je fis, s'il ne peut apprendre ce que je fais : et le monde et le roi verront qu'autour de lui personne n'a mérité...

LE ROI. — Diègue Laynez !
LE COMTE, se levant. — Moi, j'ai mérité !
LE ROI. — Sujets !...
LE COMTE. — J'ai mérité comme toi et mieux que toi.
LE ROI. — Comte !...
DIÈGUE. — Tu te trompes.
LE COMTE. — Je le dis.
LE ROI. — Je suis votre roi.
DIÈGUE. — Tu ne saurais le dire.
LE COMTE. — Ma main parlera comme ma langue a parlé.
(Il donne un soufflet à don Diègue.)

Corneille a complétement adopté cette version et a

imité, avec une merveilleuse supériorité, le dialogue du drame espagnol.

LE COMTE. — Ce que je méritais, vous l'avez emporté.
DIÈGUE. — Qui l'a gagné sur vous, l'avait mieux mérité.
LE COMTE. — Qui peut mieux l'exercer, en est bien le plus
[digne.
DIÈGUE. — En être refusé n'en est pas si bon signe.
LE COMTE. — Vous l'avez eu par brigue, étant vieux courtisan.
DIÈGUE. — L'éclat de mes hauts faits fut mon seul partisan.
LE COMTE. — Parlons-en mieux : le roi fait honneur à votre
[âge.
DIÈGUE. — Le roi, quand il en fait, le mesure au courage.
LE COMTE. — Et, par là, cet honneur n'était dû qu'à mon
[bras.
DIÈGUE. — Qui n'a pu l'obtenir, ne le méritait pas.
LE COMTE. — Ne le méritait pas ? moi ?
DIÈGUE. — Vous.
LE COMTE. — Ton impudence,
Téméraire vieillard, aura sa récompense !
(Il lui donne un soufflet.)

Ce soufflet était et est resté une grave infraction aux règles pompeuses de la tragédie. Une note de l'éditeur du Théâtre de Corneille, de Firmin Didot, avec commentaires, dit textuellement :

« On ne donnerait pas aujourd'hui un soufflet sur la joue d'un héros : les acteurs mêmes sont très-embarrassés à donner ce soufflet : ils font le semblant. Cela n'est plus le même soufflet dans la comédie, et c'est le seul exemple qu'on en ait dans le théâtre tragique. Il est à croire que c'est une des raisons qui font intituler *le Cid* « tragi-comédie. »

Dans le drame espagnol, don Diègue reçoit le soufflet en présence du roi, ce qui rend l'offense plus grave encore. Corneille n'a point osé pousser jusque-là l'oubli de la majesté royale, et don Gormas ne se livre à cet emportement qu'après la sortie du roi.

A côté ou plutôt derrière le *Romancero*, qui ne dit pas la cause du soufflet, et le drame de Guilhem de Castro, qui l'attribue à la jalousie excitée chez don Gormas par la faveur royale, une vieille chanson populaire trouve à cette querelle une cause plus pittoresque et surtout plus dans les mœurs du temps :

> El conde don Gomez de Gormas
> A Diego Laynez fiso d'ano :
> Feriole los pastores
> E robole el ganado.

Ce qui signifie :

« Le comte don Gomez de Gormas fit tort à Diègue Laynez : il frappa ses bergers et lui déroba un troupeau. »

Don Diègue prend parti pour ses bergers, réclame ses moutons volés, et, à la suite de l'altercation, don Gomez donne un soufflet à Diègue.

Quoi qu'il en soit, et quelle qu'ait été la cause de la querelle, le soufflet est reçu.

Dans Corneille, don Diègue met incontinent l'épée à la main; mais don Gormas le désarme et l'abandonne avec ce double affront.

Dans Guilhem de Castro, le vieillard, soit qu'il connaisse sa faiblesse, soit qu'il ne veuille pas mettre l'épée à la main devant le roi, s'élance hors du palais et rentre chez lui au moment où don Rodrigue, désarmé par son frère, pend son épée au mur.

Don Diègue rentre avec le bâton sur lequel il s'appuie : le bâton est brisé en deux, comme si, assez fort pour porter la vieillesse, il n'avait point été assez fort pour porter, à la fois, la vieillesse et l'affront.

Nous disons que don Diègue rentre au moment où, armé par le roi, Rodrigue est désarmé par ses frères. Guilhem de Castro donne de son autorité privée deux frères à Rodrigue, et vous allez voir le parti qu'il en tire.

D'abord il aurait dû dire deux neveux.

Et, en effet, d'un fils naturel que don Diègue avait eu dans sa jeunesse, étaient nés deux fils qui, quoique neveux de Rodrigue, étaient plus âgés que lui.

Ce fils naturel de don Diègue rentre chez lui, se livre à sa douleur, et, interrompu par Rodrigue, l'apostrophe, sans préambule, de ces paroles :

Rodrigue, as-tu du cœur?

L'auteur espagnol passe par des préparations qui me paraissent d'un haut intérêt dramatique.

Don Diègue, comme je l'ai dit, rentre chez lui au moment où Rodrigue, désarmé par ses frères, arrache l'épée que lui a donnée le roi en le faisant chevalier, épée qui, dans les mains de Ferdinand, a triomphé des ennemis de l'Espagne dans cinq batailles rangées.

Le vieillard renvoie ses trois fils ; car, pour l'épreuve qu'il veut tenter, il faut qu'il parle à chacun seul à seul. D'ailleurs, il veut voir, non pas jusqu'où va encore son courage, mais jusqu'où va encore sa force.

Il détache d'un trophée l'épée dont il se servait dans sa jeunesse et essaye de la manier ; mais sa main tombe, fatiguée du poids de l'épée.

A cette preuve de faiblesse, il demeure convaincu qu'il lui faut confier le soin de sa vengeance à un autre.

Il appelle son fils Hernan.

— Hernan Dias!

HERNAN. — Que me veux-tu?

DIÈGUE. — Ah! mon fils, donne-moi ta main : je sens des angoisses terribles. (Il prend la main de son fils et la serre de toutes ses forces.)

HERNAN. — Mon père! mon père! vous me brisez la main! Lâchez-moi, ou je meurs! Ah!

DIÈGUE. — Est-ce moi qui t'ai donné la vie? Non! Homme plus faible qu'une femme, va-t'en! sors!

HERNAN. — Étrange chose! (Il sort.)

DIÈGUE. — Si tous mes fils lui ressemblent, adieu mon espérance! (Il appelle.) Bermudo Layn!

BERMUDO. — Seigneur?

DIÈGUE. — J'éprouve une faiblesse, un évanouissement : accours, enfant, donne-moi ta main. (Il la serre : Bermudo tombe à genoux.)

BERMUDO. — Que faites-vous! Grâce, mon père! grâce!

DIÈGUE. — Ah! misérable! Mes mains affaiblies sont-elles donc les griffes d'un lion! et, quand elles le seraient, devrais-tu faire entendre ces indignes plaintes! Tu te dis homme. Va-t'en, honte de ma race! (Bermudo sort. Il appelle Rodrigue.)

RODRIGUE. — Mon père et seigneur, pourquoi me faire une insulte? pourquoi, m'ayant engendré le premier, m'appelles-tu le dernier?

DIÈGUE. — Ah! mon fils! je me meurs!

RODRIGUE. — Qu'éprouves-tu?

DIÈGUE. — Une douleur, une rage. (Il lui prend la main, la porte à sa bouche et la lui mord.)

RODRIGUE. — Mon père, laissez-moi! A la malheure! Si vous n'étiez mon père, je vous donnerais un soufflet!

DIÈGUE. — Ce ne serait pas le premier.

RODRIGUE. — Comment?

DIÈGUE. — Fils de mon âme, j'adore ce ressentiment : ta colère me charme, et je bénis ce manque de respect. Ce sang impétueux qui se révolte dans tes veines, que je vois dans tes yeux, ce sang que la Castille m'a donné, héritage de Calvo et de Nuñez, c'est le sang que vient de déshonorer en moi le comte d'Orgas, celui qu'on appelle Lazano !

DIÈGUE. — Le comte d'Orgas !

A partir de ce moment, la situation est la même dans Corneille que dans Guilhem de Castro et ne s'en éloigne véritablement que dans l'épisode du lépreux, dont il n'est même pas fait mention dans Corneille et qui se trouve dans le *Romancero* et dans Guilhem de Castro.

IV

A notre avis, un des défauts du *Cid* de Corneille, c'est d'être un héros contemporain des croisades et de n'être pas un héros chrétien dans l'époque la plus chrétienne du moyen âge.

Ni le *Romancero*, ni Guilhem ne commettent cette faute. Le Cid, vainqueur des Maures, est, avant tout, un héros plein de piété et surtout de foi, et c'est ce que tous deux, poëme et drame, établissent d'une manière incontestable dans l'épisode du lépreux.

Notre défaut d'étude du théâtre étranger laissant cet épisode assez ignoré, nous allons, en l'abrégeant, le mettre sous les yeux de nos lecteurs.

Rodrigue est en campagne avec ses chevaliers et ses

soldats. Au moment où il passe près d'un buisson, une voix dit :

— N'y aura-t-il pas un chrétien qui m'assiste dans ma misère ?

RODRIGUE. — Quelqu'un gémit.

PREMIER SOLDAT. — En effet.

RODRIGUE. — Quel homme peut se plaindre ainsi? N'entendez-vous rien? Je ne le vois pas, et ma pitié s'en augmente. Écoutons.

UN BERGER. — Je n'entends rien.

DEUX SOLDATS. — Ni moi, ni moi.

RODRIGUE. — Cherchons des yeux. D'ailleurs, nous pouvons attendre ici les autres. Ce lieu est charmant pour se reposer.

LE BERGER. — Et pour manger aussi. (Ils dressent une petite table.)

RODRIGUE. — A peine le soleil est-il levé ; vous venez de déjeuner, et vous voulez manger encore !

LE BERGER. — Rien qu'un morceau, monseigneur.

RODRIGUE. — Rendons grâces, d'abord, au patron de l'Espagne ; nous pourrons manger ensuite.

LE BERGER. — Les grâces ne se disent qu'après le repas ; mangeons d'abord.

RODRIGUE. — Donne à Dieu ta première pensée afin que le repas ne te manque jamais.

LE BERGER. — Je n'ai vu de ma vie un homme si religieux avec un aspect si guerrier.

RODRIGUE. — Est-ce donc étrange de voir tout à la fois un homme dévot et soldat?

LE BERGER. — Cependant, la dévotion dans cette entreprise est plaisante. Voyez-vous la dévotion à cheval et le rosaire à la main, avec ton armure brillante, tes éperons dorés, ton chapeau à plumes!

RODRIGUE. — Être chrétien n'est pas être chevalier. Pour le salut de tous, la main droite de Dieu montre mille chemins par lesquels on va au ciel. Que le moine porte son capuchon, le prêtre son bonnet et le rude laboureur son grossier manteau, c'est le dernier qui, peut-être, a trouvé la plus sûre voie en suivant les sillons de sa charrue. Le soldat et le chevalier, si leurs intentions sont franches et s'ils marchent dans le bon chemin, pourront, avec de belles armures, des plumes sur leurs chapeaux, des éperons dorés, parvenir au but, vrais gentilshommes du ciel. Dans cette route, là tristes, ici joyeux, les uns marchent en souffrant, les autres en combattant.

Il n'est point difficile de se figurer à quelle hauteur de pareilles pensées fussent parvenues en passant par la plume de l'auteur de *Polyeucte*. Mais, cette fois, la pièce était faite contre le cardinal : il ne fallait rien qui soutînt ou qui rappelât la religion.

A peine le Cid a-t-il fait cette splendide morale, que l'occasion lui est donnée de joindre l'exemple au précepte.

Un lépreux, — non-seulement un lépreux, mais un *gafo*, dit le *Romancero*, c'est-à-dire la pire espèce des lépreux, ceux chez lesquels, dit Cavarrubias dans son *Trésor de la langue castillane*, ceux chez lesquels les nerfs et les chairs des extrémités se retirent de telle façon, que les pieds et les mains deviennent semblables aux serres d'un oiseau de proie, — un gafo sort la tête au-dessus des broussailles, et, joignant les deux mains :

— N'y a-t-il pas ici, dit-il, un chrétien ami de Dieu ?
RODRIGUE. — Qu'entends-je de nouveau ?
LE LÉPREUX. — Le Ciel ne se gagne pas seulement en combattant, Rodrigue.
RODRIGUE. — Approchez : la voix sort de cette fosse couverte de broussailles.

LE LÉPREUX. — Qu'un de mes frères en Jésus-Christ me donne la main pour sortir d'ici.

LE BERGER, s'approchant et reculant d'effroi. — Ce ne sera point moi ; sa main est ulcérée par la lèpre.

PREMIER SOLDAT. — Ni moi non plus.

LE LÉPREUX. — Écoutez-moi, au nom du Christ !

DEUXIÈME SOLDAT. — Pas moi, pas moi.

RODRIGUE. — Ce sera donc moi : c'est une œuvre pieuse.

LE LÉPREUX. — Avec votre gantelet de fer, vous n'avez rien à craindre.

RODRIGUE. — Avec l'aide de Dieu, je te donnerai bien la main nue. (Il ôte son gantelet, lui donne la main nue et le tire du bourbier où il était enfoncé.)

LE LÉPREUX. — Tout est devoir, Rodrigue, et tuer ses ennemis et secourir ses frères.

RODRIGUE. — Ma récompense est dans ta piété.

LE LÉPREUX — Les œuvres de charité sont les échelons du Ciel ; elles font partie de la parure du chevalier ; elles sont si bien faites pour lui, qu'on les regarde comme aussi nécessaires que son armure. Par elles, un chevalier tenant à la main sa lance et son épée, dont l'acier est recouvert d'or, montera de degré en degré à la porte du Ciel et sera bien sûr de ne pas la trouver fermée.

Ce n'est pas le tout. Le lépreux a froid, Rodrigue le couvre de son manteau ; le lépreux a faim, Rodrigue s'assied à la même table que lui et mange avec lui. Puis, quand il a mangé à la même table et bu dans le même verre, comme le lépreux est fatigué :

— Dormez un peu, lui dit Rodrigue, je garderai votre sommeil et je veillerai à vos côtés. Mais que m'arrive-t-il ? Je m'endors moi-même ; ce sommeil n'est point naturel. (S'endormant malgré lui.) Je me recommande à Dieu, que sa volonté soit faite ! (Il s'endort.)

LE LÉPREUX. — O grand courage et suprême bonté, généreux Cid, noble Rodrigue, illustre capitaine chrétien ! C'est ta précieuse destinée : c'est mon bonheur de te l'annoncer. (Le lépreux étend les mains sur Rodrigue, et, tout en étendant les mains, monte sur des rochers et se transfigure. Ses grossiers habits tombés, il apparaît beau, lumineux et vêtu d'une robe blanche. C'est saint Lazare.)

RODRIGUE, se réveillant. — Qui me touche? qui m'embrasse? Où est ce pauvre? qu'est-il devenu? Un feu céleste pénètre lentement jusqu'à mon cœur, comme un rayon venu du ciel! Que se passe-t-il? La pensée le devine, Dieu le sait. Quelle odeur douce et suave sa divine haleine a laissée. Voici mon manteau. Je chercherai la trace de ses pas. Dieu puissant! ses pas sont empreints sur les rochers! Je veux les suivre.

LE LÉPREUX, entouré d'une auréole d'or. — Regarde-moi, Rodrigue.

RODRIGUE. — Que vois-je?

LE LÉPREUX. — Je suis saint Lazare, je suis le pauvre qui a reçu de toi le bon accueil, et ce que tu as fait pour moi a tellement plu à Dieu, que tu seras le prodige des temps actuels, un capitaine miraculeux, un vainqueur invincible, à ce point qu'il arrivera à toi seul ce qui n'est jamais arrivé et n'arrivera jamais à un autre : tu gagneras une victoire après ta mort. Et, comme preuve de la vérité de ce que je te dis, toutes les fois que tu sentiras cette chaleur suprême, qui t'embrase et te fortifie, t'environner, entreprends quelque glorieuse conquête, le saint patron de l'Espagne sera avec toi et te fera triompher. (Il remonte au ciel.)

RODRIGUE. — Oh! comme je voudrais te suivre où tu vas!

Par cette scène, *le Cid* espagnol se complète : c'est véritablement le héros chrétien, le descendant de Pélage, l'homme, ou plutôt le chevalier du xie siècle.

Sous ce rapport, nous le regrettons, il y a beaucoup de lacunes dans l'œuvre de Corneille; ce qui prouverait que, tout en imitant l'ossature du *Romancero* et du drame, il n'en n'a pas complétement saisi l'esprit.

Il y a aussi dans Corneille une petite erreur géographique et historique. Au lieu de laisser la scène à Burgos, il la fait passer à Séville. Lui-même s'en excuse dans son examen du *Cid* et donne à cette infraction aux règles de la vérité une singulière excuse.

« J'ai placé la scène à Séville, dit Corneille, bien que don Fernand n'ait jamais été le maître de cette ville ; mais j'ai été obligé à cette falsification pour former quelque vraisemblance à la descente des Maures, dont l'armée ne pouvait venir si vite par terre que par eau. Je ne voudrais pas affirmer, toutefois, que le flux de la mer monte jusque-là. Mais, dans notre scène, il se fait encore plus de chemin qu'ils ne lui en font faire sur le Guadalquivir pour battre les murailles de cette ville. Cela peut suffire à fonder quelque probabilité parmi nous, pour ceux qui n'ont point été sur le lieu même. »

La raison que donne Corneille nous semble étrange. Les Maures n'avaient pas besoin de venir à Séville par le Guadalquivir : ils y étaient. Or, ils avaient moins loin pour venir de Séville sur le territoire de Burgos que de l'Afrique à Séville.

De la présence des Maures en cette ville et de la puissance qu'ils y tenaient, *la Chronique générale d'Espagne* fait foi ; car voici ce qu'elle dit :

« Le roi Ferdinand, voulant posséder les corps de quelques saints qui se trouvaient à Séville, envoya, à cet effet, en ambassade, au roi maure qui y commandait, deux évêques et avec eux don *Nuño* et d'autres prud'hommes.

« Étant donc arrivés à Séville, ceux-ci demandèrent au roi maure les corps des saints ; mais il leur répondit qu'il ne savait point où ils gisaient. De cette réponse furent fort affligés les bons évêques. Ils se mirent en oraison durant trois jours. La troisième nuit, comme ils priaient avec beaucoup de ferveur, saint Isidore leur apparut et leur dit de ne point s'inquiéter ni s'enquérir plus longtemps des corps des autres saints et de le transporter tout seul à Léon, ce que firent les ambassadeurs en grande cérémonie et pompe. On bâtit dans la ville susnommée une église que l'on consacra au nom du bienheureux saint, et l'on plaça son cercueil, richement paré, sous le maître-autel de cette église. »

Maintenant, il y a une chose dont je suis à peu près sûr, c'est que Corneille avait en portefeuille un combat qu'il désirait placer et qu'il a profité de l'occasion. Il lui fallait une marée pour justifier ce beau vers :

 Le flux les apporta, le reflux les emporte !

et il a fait venir la marée jusqu'à Séville. Ce n'est pas nous qui lui en ferons un crime. Supposons que le combat nocturne auquel nous devons cet autre magnifique vers :

 Cette obscure clarté qui tombe des étoiles ;

supposons que ce combat ait été livré pendant les équinoxes et n'en parlons plus.

On connaît, du reste, la paresse de Corneille à changer ses vers une fois faits.

On sait ce qui arriva à Baron à propos de quatre vers de *Bérénice* qu'il ne comprenait pas.

Dans la première représentation de cette tragédie, Baron, qui jouait le rôle de Domitian, s'était cassé la tête pour comprendre ces quatre vers et n'avait pu en venir à bout :

Faut-il mourir, madame? et, si proche du terme,
Votre illustre inconstance est-elle encor si ferme,
Que les restes d'un feu que j'avais cru si fort
Puissent, dans quatre jours, se promettre ma mort?

Baron en était encore, dans la carrière dramatique, à la période de la modestie. Il prit son rôle et alla demander à Molière l'explication des quatre vers qui le chagrinaient.

Molière, qui était le bon sens et la clarté mêmes, l'esprit plein de confiance dans le génie de Corneille, les lut et les relut, et finit par avouer qu'il ne les comprenait pas plus que Baron.

— Mais attendez, dit-il au jeune comédien, M. Corneille doit venir souper avec nous aujourd'hui : vous lui direz qu'il vous les explique.

— A merveille, s'écria Baron.

Et, dès que Corneille arriva, il alla lui sauter au cou, comme il faisait ordinairement, à cause du grand amour qu'il lui portait; puis, ensuite, il le pria de lui expliquer les vers qui l'embarrassaient.

Corneille haussa les épaules et s'apprêta à donner l'explication demandée; mais il eut beau lire et relire ses quatre vers, il ne les comprit pas plus que ne l'avaient fait Baron et Molière.

— Récitez-moi ces vers de votre mieux, dit-il à Baron.

Baron les récita en y mettant toute la chaleur dont il était susceptible.

— Eh bien, dit Corneille, dites-les comme cela, et je vous réponds que l'on n'aura pas besoin de les comprendre pour les applaudir !

Et, en effet, les vers furent applaudis et bien au delà, probablement, de ce qu'ils l'eussent été si on les avait compris.

V

Disons encore quelques mots de la façon étrange dont Corneille reconnaît les tendresses de Richelieu pour lui.

Nous avons déjà vu le coup qu'il avait porté à son protecteur en faisant jouer *le Cid*, et dans quelle perplexité la reine avait mis l'auteur de *Mirame*, lorsque, ayant repris le dessus sur lui, elle le força, pour ainsi dire, de donner la noblesse au père de Corneille.

Richelieu, nous l'avons dit, se vengea en faisant censurer *le Cid* par l'Académie. Il anoblissait le père, et, en même temps, censurait le fils.

« Platon le met hors de sa cité, dit Balzac en parlant du poëte ; mais il ne peut le chasser que couronné de fleurs. »

Corneille, chassé, eut-il l'idée, dans ses pièces, de se venger de Richelieu ? Il dédie *Horace* au cardinal, et « *Horace*, dit Michelet, quoique dédié au cardinal, fut avidement saisi par les Romains du parlement, les

Cassius de la grand'chambre et les Brutus de la bazoche. »

Cinna vient après *Horace*. — *La Clémence d'Auguste!* comprenez-vous? sous ce ministre inclément, et sous ce roi triste et maussade et qui n'a jamais pardonné!

Polyeucte est représenté au moment où Richelieu vient de mettre à la Bastille le Polyeucte janséniste, l'abbé de Saint-Cyran.

Les femmes de Corneille, ces terribles frondeuses qui devançaient la Fronde, sont à la mode. La reine, c'est Chimène; la Palatine se croit Coligny, et, à La Rochefoucauld, qui allait combattre, madame de Longueville, prête à se donner à tout le monde, disait :

Sors vainqueur d'un combat dont Chimène est le prix.

Une autre chose, qui est remarquable dans les pièces de Corneille, et que je signale le premier, je crois, c'est l'influence que son double état d'avocat et de juge exerce sur son talent ou plutôt sur la conception de ses pièces.

Peu de pièces de Corneille qui ne soient un procès criminel, à commencer par *le Cid*.

Le Cid tue don Gormas : le roi apprend sa mort par don Alonzo, qui lui annonce, en même temps, que doña Chimène vient lui demander justice; mais, en même temps que vient Chimène, c'est-à-dire l'accusateur, se présente don Diègue, c'est-à-dire le défenseur, et le procès est entamé.

Voyez *Horace* irrité des imprécations de Camille; — et nous reviendrons sur ces imprécations à propos de mademoiselle Rachel; — Horace tue sa sœur. Ici, c'est

bien autre chose que dans *le Cid*. Peste! un fratricide!
Cette fois, c'est Valère qui est l'accusateur public. Mais,
comme le roi Tullus ne veut point porter un jugement
si l'accusé n'est point défendu, il se tourne vers lui et
dit :

Défendez-vous, Horace !

Et Horace se défend dans un plaidoyer non moins
beau que ne l'a été le réquisitoire du procureur général.

Aussi, comme la situation est la même que dans *le
Cid*, comme la punition, ainsi que dans *le Cid*, attein-
drait le sauveur de l'État, le jugement est-il le même,
et Tullus fait-il grâce à peu près dans les mêmes termes
que don Fernand.

Dans *la Clémence d'Auguste* la chose est encore plus
grave : c'est la République qui est le coupable et qu'il
s'agit de juger.

Je pourrais pousser les citations plus loin et poursuivre la même idée dans d'autres pièces : avocat et
juge, il faut que Corneille plaide ou entende plaider.

Quant à cette modestie de Corneille dont on parle
tant aux auteurs modernes, en leur reprochant leur
orgueil, l'examen de *Cinna* n'en est point une preuve.

Voulez-vous savoir ce que Corneille dit de lui-même?
Lisez :

« Ce poëme de *Cinna* a tant de suffrages qui lui donnent le premier rang parmi les miens, que je me ferais
trop d'importants ennemis si j'en disais du mal. Je ne
le suis pas assez (ennemi) de moi-même pour chercher
des défauts où ils n'en ont voulu voir et accuser le jugement qu'ils en ont fait, pour obscurcir la gloire qu'ils

m'en ont donnée. Cette approbation si forte et si générale, vient, sans doute, de ce que la vraisemblance s'y trouve si heureusement conservée aux endroits où la vérité lui manque, qu'il n'a jamais besoin de recourir au nécessaire. Rien n'y contredit l'histoire, bien que beaucoup de choses y soient ajoutées ; rien, enfin, n'y est violenté par les incommodités de la représentation, ni par l'unité du jour, ni par celle du lieu. »

L'estime que Corneille fait de ses pièces va toujours augmentant. La pièce qu'il vient de faire est toujours la meilleure de ses pièces, et, quand, après *Pompée*, il imprime *le Menteur*, il en dit tout simplement ceci :

« Je me déficrais peut-être de l'estime extraordinaire que j'ai pour ce poëme, si je n'y étais confirmé par celle qu'en a faite un des premiers hommes de ce siècle. »

Ce grand homme, le premier, ou du moins un des premiers du siècle, devant le nom duquel vous vous attendez à vous incliner, est M. Zuglichem, secrétaire des commandements du prince d'Orange.

Vous ne connaissez pas M. Zuglichem, n'est-ce pas ? Ni moi non plus. Mais il a fait deux épigrammes, l'une française, l'autre latine, et il les a mises en tête de l'édition que les Elzeviers, dont nous avons fait les Elzévirs, ont faite du *Menteur* à Leyden.

— Et maintenant, à propos de cette glorification que Corneille fait de lui-même, il faut appliquer ce même principe que nous avons mis en avant lorsque nous avons dit que *Mélite*, exécrable pièce de nos jours, était un chef-d'œuvre pour l'époque où elle avait paru, 1625. Les époques différentes où parurent *le Cid*, *Cinna* et *Polyeucte*, c'est-à-dire les trois chefs-d'œuvre de Corneille, étaient une période d'énervement. L'Europe, haletante, est épuisée par la guerre; la France est malade, l'Espagne agonisante, l'Empire saigné à blanc. « La France du xviie siècle, dit Michelet, procède de deux caducités, de la vide enflure espagnole et de la pourriture italienne. La vengeance que l'Italie a tirée de la France pour avoir tant de fois trompé son espoir, a été d'y mettre la peste qui s'exhalait de son tombeau. Les plus grands corrupteurs des mœurs et de l'opinion nous sont toujours venus de l'Italie : nombre d'aventuriers funestes, de braves scélérats, de séduisants coquins. Les uns réussissent, les autres avortent, mais tous pervertissent. Concini règne sept ans; Mazarin, quinze. »

Michelet oublie les deux reines du nom de Médicis, qui nous dotent de cette formidable civilisation florentine et qui acclimatent en France la guerre civile et y popularisent le poison. Tout nous vient d'Italie. Le roi de France et le roi d'Angleterre sont des fils d'Italiens : Louis XIII, de Vittorio Orsini; Jacques Ier, du ménestrel Rizzio. — Vous savez ce que disait notre spirituel Henri IV, ennuyé d'entendre appeler Jacques Ier *le Salomon du Nord :* « Ah! oui, le fils de David, le joueur de harpe. » — Sans compter Gaston, qui est le fils de Mazarin.

Le grand succès de l'époque n'est-il pas *Clélie?* Par qui est-il écrit? Par une Sicilienne, mademoiselle de Scudéry, qui francise son nom en changeant l'*i* en *y*. Par qui est tenu le fameux hôtel Rambouillet, où se font et se défont les réputations du jour? Par une Romaine, mademoiselle Pisani, marquise de Rambouillet.

Et, pour que nous tenions tout notre théâtre, — acteurs, de l'Italie ; pièces, de l'Espagne, — l'opéra nous arrive de Florence, avec la musique italienne, qui régnera jusqu'à Gluck.

Eh bien, c'est au milieu de cette société de soprani, que paraissent les magnifiques productions de Corneille. Comme Hercule, il a nettoyé les écuries d'Augias ; comme Hercule, on le fait demi-dieu.

Il faudra Louis XIV, mademoiselle de La Vallière, Benserade, Saint-Aignan, pour que les goûts changent et tournent à Racine. Aussi, les esprits vigoureux tiennent pour Corneille. « Racine passera comme le café, » écrit madame de Sévigné à madame de Grignan.

Ni l'un ni l'autre n'ont passé, quoique l'on ait un peu abusé de tous les deux.

Rodogune fut le dernier succès de Corneille. « Celui qui voudra trouver la plus belle de mes pièces, dit quelque part Corneille, choisira entre *Rodogune* et *Cinna*. » Et, en effet, après *Rodogune* et *Cinna*, il n'a plus qu'un succès, *Nicomède*, et toutes les pièces de cette dernière période de sa vie, celle de *Pompée* mise à part, sont hors de toute comparaison avec les quatre chefs-d'œuvre que nous avons cités.

Corneille vivait avec son frère Thomas, qui débuta lui-même au théâtre, en 1647, par une traduction de Calderon : *les Engagements du hasard*. Les deux frères avaient épousé les deux sœurs ; ils habitaient la même maison et eurent le même nombre d'enfants. Un seul domestique servait les deux ménages. Vingt-cinq ans après leur mariage, les deux frères n'avaient point encore songé à faire le partage des biens de leurs femmes, situés en Normandie. Le partage ne fut fait qu'à la mort de Pierre.

Quelques jours avant la mort de Pierre, l'argent manqua dans la maison : Louis XIV apprit cette pénurie et envoya deux cents louis.

VI

Revenons à cette anecdote que j'ai promise à propos d'*Horace* et du rôle de Camille joué par mademoiselle Rachel.

Une nuit que j'avais une grande réunion d'artistes chez moi, mademoiselle Rachel me dit :

— Venez donc me voir dans Camille ; j'ai trouvé un effet où je suis fort applaudie et que je crois assez beau.

— Quand jouez-vous *Horace ?*

— Samedi prochain.

— J'irai.

Je n'eus garde de manquer au rendez-vous que me donnait Melpomène, comme l'appelaient ses fanatiques.

Je n'avais pas demandé où était l'effet promis : sachant *Horace* par cœur, ayant vu jouer Camille par toutes les tragédiennes qui s'étaient succédé depuis trente ans, connaissant toutes les traditions du théâtre, j'étais bien sûr de ne pas le laisser passer sans le reconnaître.

J'étais, comme sœur Anne, au balcon, regardant si je ne voyais rien venir.

Le premier, le second, le troisième acte, défilèrent

sans apporter autre chose que les effets que je connaissais déjà et que mademoiselle Rachel accusait avec son talent accoutumé. La toile se leva sur le quatrième acte, et, comme c'est au quatrième acte que Camille est tuée, je me sentais à chaque vers approcher du moment décisif.

Je sentais, en outre, que la grande artiste jouait pour moi ; elle était vraiment magnifique.

Arriva la scène capitale du quatrième acte : celle où Horace rentre suivi de Procule portant les épées des trois Curiaces et où Camille, en face de son frère, donne à son amant les larmes d'un amour désespéré. Elle dit d'une façon merveilleuse les trois quarts de cette tirade, divisée en deux complets :

Donne-moi donc, barbare, un cœur comme le tien...

Jusque-là, j'avais retrouvé la Rachel de mes souvenirs ; mais, à partir des derniers vers, sa voix alla s'affaiblissant de plus en plus, et ce fut avec la langueur d'une mourante qu'elle dit le quatrain après lequel elle s'évanouit :

Puissent tant de malheurs accompagner ta vie,
Que tu tombes au point de me porter envie,
Et, lui, bientôt souiller par quelque lâcheté
Cette gloire si chère à sa brutalité !

Les derniers mots de ces derniers vers moururent littéralement sur ses lèvres, et elle tomba renversée et sans connaissance sur ce fameux fauteuil tragique que vous connaissez et qui, incommode, doit surtout l'être pour les évanouissements.

Comme on le comprend bien, cette faiblesse ne fit, et il y avait de quoi, qu'exaspérer son frère. Que sa sœur le maudisse, très-bien, elle était encore la digne fille d'Horace, mais qu'elle s'évanouît, c'en était trop ; et, pendant que la salle éclatait en applaudissements, il hurla ces vers qui furent à peine entendus :

O ciel ! qui vit jamais une pareille rage !

(Il eût dû dire faiblesse ; car on ne peut pas raisonnablement appeler rage une syncope.)

Crois-tu donc que je sois insensible à l'outrage,
Que je souffre en mon sang ce mortel déshonneur !
Aime, aime cette mort qui fait notre bonheur,
Et préfère, du moins, au souvenir d'un homme
Ce que doit ta naissance aux intérêts de Rome.

A ce mot de Rome, Camille tressaillait ; puis, avec une prodigieuse étude des hésitations de la nature, elle revenait lentement, peu à peu, et, pour ainsi dire, fibre à fibre à elle. Rien ne manquait à ce retour à la vie, ni tout le corps frissonnant, ni l'œil atone, ni l'infiltration de la pensée et de l'intelligence dans ce corps encore immobile. Enfin, tout à coup, elle sortait de sa torpeur, et la voix lui revenait pour dire, les dents serrées et avec une fureur croissante, cette sublime apostrophe, cet anathème sans pareil dans les traditions du théâtre :

Rome, l'unique objet de mon ressentiment !

Enfin, à ce dernier vers :

Moi seule en être cause et mourir de plaisir !

La salle faillit crouler sous les bravos.

En sortant, Rachel, jeta sur moi un regard triomphant; moi seul, peut-être, n'applaudissais pas!

L'acte fini, je courus à sa loge assez embarrassé : il était évident que la grande artiste avait compté sur mon approbation, et que, loin d'approuver, je blâmais.

— Eh bien, me dit-elle en m'apercevant, que dites-vous de l'effet?

— De l'effet que vous avez fait ou de l'effet que vous avez trouvé?

— De l'effet que j'ai trouvé.

— Je regrette, chère amie, qu'une femme de votre talent cherche de pareils effets, et surtout qu'elle les trouve.

— Comment cela?

— Sans doute. Croyez-vous qu'il soit dans la nature de Camille de s'évanouir en apprenant la mort de son amant? et croyez-vous que la femme qui a perdu connaissance la reprenne par un pareil vers :

> Rome, l'unique objet de mon ressentiment?

Injuriez votre frère, maudissez-le, sautez-lui au visage, arrachez-lui les yeux; mais, pour Dieu! ne vous évanouissez pas. Je n'ai été étonné que d'une chose : c'est que l'ombre du vieux Corneille n'ait pas percé le plancher pour vous dire : « Debout, lâche Romaine! Dans la famille d'Horace, on meurt, mais on ne s'évanouit pas! »

— Et cependant, vous autres romantiques, qui aimez la nature...

— C'est justement parce que j'aime la nature que je

vous blâme, moi, quand tout le monde vous applaudit.

— Mais il est dans la nature de la femme de s'évanouir.

— C'est selon la femme.

— Moi, je sais une chose : c'est qu'un jour on m'a rapporté M. de M... blessé en duel, et qu'en voyant le sang, je me suis évanouie.

— Mais vous n'êtes pas une Romaine du temps de Tullus Hostilius, vous : vous êtes une femmelette nerveuse du xixe siècle ; mais vous n'êtes pas la fille du vieil Horace : vous êtes la fille du père Félix.

J'eus beau dire : mademoiselle Rachel était applaudie par toute la salle, mademoiselle Rachel continua de s'évanouir.

PICHAT ET SON LÉONIDAS

Quelques jours après l'apparition du chapitre de mes *Mémoires* où je racontais cette grande et splendide soirée de la représentation de *Léonidas*, — soirée qui, pareille à un reflet des jeux isthmiques, lança un sillon lumineux dans ma jeunesse — soirée pendant laquelle j'avais vu passer le fier et beau poëte, plus beau encore que d'habitude ce soir-là de l'auréole que la gloire venait d'allumer à son front, plus beau peut-être aussi du pressentiment de sa mort prochaine ; car les poëtes, ces flambeaux vivants que consume l'enthousiasme, jettent toujours une lueur plus éclatante avant que de mourir ; — quelques jours, dis-je, après l'apparition de ce chapitre, je reçus sous enveloppe, portant le timbre de la ville de Vienne, un numéro du *Constitutionnel* où se trouvait un feuilleton intitulé : LA COMÉDIE EN PROVINCE, *Molière à Vienne*.

Un trait de plume tracé à l'encre rouge, et embrassant une quarantaine de lignes, m'indiquait que c'était sur ces quarante lignes que mon attention devait se porter.

Le feuilleton était de M. Auguste Lireux.

Je ne lis pas d'habitude les feuilletons, — pas plus ceux de M. Lireux que ceux des autres ; pas plus ceux des autres que ceux de M. Lireux.

Ce n'est point par mépris, Dieu m'en garde ! c'est faute de temps.

Mon avis est qu'il ne faut mépriser ni amis ni ennemis, — pygmées ou géants. — Il est donné à tout être vivant de faire le bien ou le mal ; seulement, tout être vivant fait le bien ou le mal dans la mesure de sa force.

L'abeille donne sa goutte de miel ; la vache sa terrine de lait. Voilà pour le bien.

Le moucheron pique, le tigre déchire. Voilà pour le mal.

Je dis : Bénies soient l'abeille et la vache !

Je ne dis pas : Maudits soient le tigre et le moucheron !

Chacun suit son chemin.

Tant mieux pour celui dont le chemin monte ; il est récompensé par cela même qu'il s'élève.

L'air pur est sur les hauteurs.

Ceci est de la philosophie générale, dont je ne fais et dont je désire que l'on ne fasse l'application à personne.

Mon attention se porta donc naturellement sur les quarante lignes indiquées.

Les voici :

« Cette ville de Vienne est une bonne ville, qui donne un démenti au vilain proverbe : « Nul n'est prophète dans son pays. » Il ne tiendrait qu'à M. Ponsard de se poser en prophète de l'Isère ; et, s'il se contente, pendant l'automne, de chasser comme un mortel ordinaire, qui ne souhaite rien tant que l'abondance du gibier, c'est qu'il a en réalité des goûts simples et une élévation de caractère qui s'allie très-bien avec son talent. Cependant, le nom de l'auteur de *Lucrèce*, d'*Agnès de Méranie* et de *Charlotte Corday* figure dans la décoration du théâtre de Vienne. La ville, justement fière de son poëte, l'a placé en regard de M. Pichat, l'auteur de *Léonidas*, qui était Viennois aussi. — Par exemple, M. Pichat n'a jamais fait jouer qu'une tragédie ; cela a suffi à sa gloire, qui sera immortelle *dans l'Isère ;* car, chaque fois qu'un nouvel auteur apparaît, on invoque M. Pichat et l'on place le *Léonidas* en travers, comme si c'était les Thermopyles en personne. — Sentant qu'il était inutile de compromettre sa réputation, et qu'on pouvait se contenter d'avoir été joué une fois par Talma, M. Pichat a fort habilement renoncé au théâtre [1] après son premier essai, qui, dans le temps, passa pour un coup de maître. Il a fait à la vérité, depuis le *Léonidas*, un *Guillaume Tell*, mais avec la sage réserve que cette seconde tragédie ne verrait jamais le jour [2], et que Barba lui-même, chargé de l'imprimer, ne la tirerait qu'à cin-

---

[1] Pichat est mort le 20 janvier 1829, à l'âge de trente-quatre ans, trois ans après avoir fait représenter *Léonidas*. C'est ce que l'auteur de l'article que nous citons appelle *renoncer habilement* au théâtre.

[2] Le critique se trompe : Pichat est mort en travaillant à son *Guillaume Tell*, qui a été joué trente ou quarante fois à l'Odéon, et qui eût été joué un an plus tôt si la censure royale ne l'eût arrêté.

quante exemplaires [1]. A la bonne heure, voilà de la modération dans le succès. Je crois qu'on peut offrir M. Pichat en exemple aux tragiques. Cet estimable auteur a créé un genre tout à fait recommandable, et que j'appellerai, à cause du huis clos dans lequel son *Guillaume Tell* a été tenu, la tragédie *de cabinet*. — Les temps sont devenus plus difficiles aujourd'hui. On ne se ferait pas une célébrité très-durable avec une seule pièce, sous peine de se survivre à soi-même [2]. Il faut passer les Thermopyles et donner au moins un *Xercès* après le *Léonidas*. Mais on nous offrirait quelque chose de plus moderne que *Xercès* et *les Thermopyles* que ce ne serait pas un mal. »

Ces quarante lignes, je l'avoue, me serrèrent profondément le cœur. Je me demandai s'il y avait des hommes si étrangement organisés qu'il leur fallût absolument une haine en pendant à leur amitié, et qu'ils ne pussent louer les vivants qu'aux dépens des morts, comme s'il n'y avait point place à la fois sous le soleil de Dieu pour le foyer illustre et pour la tombe glorieuse. Alors, je ne dirai pas dans ma colère, mais dans ma tristesse, je compris pourquoi l'on m'avait envoyé cet article à moi plutôt qu'à un autre. J'avais parlé de Pichat comme d'une de ces étoiles qui rayent l'orbe céleste

---

[1] Il y a ici une erreur non moins grave que dans les deux autres allégations déjà relevées par nous. L'auteur de *Guillaume Tell* ne pouvait faire la sage réserve de réduire à cinquante le nombre de ses exemplaires, puisqu'il était mort depuis un an quand son drame fut joué.

[2] M. Lireux appelle se survivre à soi-même mourir trois ans après sa première tragédie et un an avant la seconde.

d'un rayon de feu et qui s'éteignent. Quelque cœur pieux, mais timide, quelque main loyale, mais tremblante, chargeait mon cœur et ma main, qu'on sait ne reculer jamais devant un devoir, de prendre la défense de celui qui était endormi du sommeil éternel, confiant dans les applaudissements des hommes et dans la promesse de Dieu.

A nous donc l'honneur de défendre ce beau et pur génie, qui a eu, comme Gilbert, comme Malfilâtre, comme André Chénier, comme Millevoie, comme Hégésippe Moreau, cette faveur de mourir jeune et couronné de son premier laurier. Nous avons mis une sentinelle à la porte de toutes nos gloires, et nous lui avons donné pour mot d'ordre : *Réparation!*

Nous empruntons à nous-même le tableau de la situation de la Grèce, lors de l'invasion de Xercès ; nous ne doutons point que nos lecteurs ne connaissent cette situation aussi bien que nous ; mais ce que nous en faisons, c'est pour M. Auguste Lireux, qui, n'ayant pas su que Pichat était mort de la poitrine, et ayant dit qu'il s'était *habilement* retiré du théâtre, pourrait bien ignorer que Léonidas a été tué aux Thermopyles, et, le confondant, lui et ses trois cents Spartiates, avec Xénophon et ses dix mille mercenaires, pourrait nous raconter qu'il a fait une *habile retraite* des rives du Tigre à Chrysopolis.

LES THERMOPYLES

« En sortant de Thronium, en côtoyant la mer d'Eubée, le chemin se croisait alors plusieurs fois avec le

Boagrius. La route et le fleuve semblaient deux serpents qui, luttant l'un contre l'autre, se fussent étreints de leurs replis, jusqu'à ce que le fleuve, en formant le port de Tarphe, allât se jeter dant le golfe Maliaque, et que la route, continuant de longer la mer, se trouvât, un peu au-dessous de la pierre d'Hercule, rétrécie au point qu'un char pouvait à peine y passer.

» C'est là que, quatre cent quatre-vingts ans avant Jésus-Christ, Léonidas, ayant campé avec ses trois cents Spartiates et ses cinq cents Lacédémoniens, fut rejoint par mille soldats de Milet, quatre cents de Thèbes, mille de Locre, autant de la Phocide, trois mille du Péloponèse.

» Cela faisait au roi de Sparte sept mille quatre cents hommes, à peu près. — Qu'attendait-il là ? Xercès, un million de Perses et deux cent mille auxiliaires !

» Xercès avait une terrible revanche à prendre au nom de son père Darius. Aussi avait-il dit :

» — Je traverserai les mers, je raserai les villes coupables, et j'emmènerai leurs citoyens captifs.

» Alors, il avait fait un appel aux peuples de l'Asie, de l'Afrique et de l'Europe.

» Il avait levé neuf cent mille soldats dans son royaume.

» Carthage lui avait envoyé cent mille Gaulois et Italiens ; la Macédoine, la Béotie, l'Argolide et la Thessalie, cinquante mille hommes ; la Phénicie et l'Égypte, trois cents vaisseaux tout montés, tout équipés.

» Trois rois et une reine marchaient sous ses ordres : le roi de Tyr, le roi de Sidon, le roi de Cilicie, la reine d'Halicarnasse.

» Il jeta un pont de bateaux sur l'Hellespont, éventra le mont Athos, se répandit comme un torrent dans la Thessalie, et vint couvrir de ses tentes le pays des Maliens.

» On lui avait dit que, près d'Anthéla, il y avait une armée grecque qui l'attendait ; seulement, il ignorait que cette armée se composât de sept mille hommes.

» Chaque Lacédémonien, Spartiate, Thébain, Thespien ou Locrien, avait cent cinquante ennemis à combattre.

» Eux savaient cela, par exemple ; aussi venaient-ils pour mourir.

» Avant de quitter Sparte, les trois cents élus de la mort avaient célébré leurs jeux funèbres, en signe qu'ils se regardaient déjà comme dormant dans le tombeau.

» Au moment où Léonidas avait pris congé de sa femme, celle-ci l'avait prié de lui exprimer son dernier vœu, afin qu'elle s'y conformât.

» — Je vous souhaite, avait répondu Léonidas, un époux digne de vous et des enfants qui lui ressemblent.

» Alors, aux portes de la ville, ou plutôt aux dernières maisons — car Sparte n'avait ni murailles ni portes — les éphores l'avaient rejoint.

» — Roi de Sparte, lui avaient-ils dit, nous venons te représenter que tu as bien peu d'hommes pour marcher au-devant d'une si nombreuse armée.

» Mais, lui, avait répondu :

» — Il ne s'agit point de vaincre, il s'agit de donner

à la Grèce le temps de rassembler son armée. Nous sommes peu pour arrêter l'ennemi ; mais nous sommes trop pour le but que nous nous proposons ; notre devoir est de défendre le passage des Thermopyles, notre résolution est d'y périr. Trois cents victimes suffiront à l'honneur de Sparte, et Sparte serait perdue si elle me confiait tous ses guerriers, car je présume que pas un seul d'entre eux n'oserait prendre la fuite.

» Il partit, traversa l'Arcadie, l'Argolide, la Corinthie, hésita un instant entre l'Isthme et les Thermopyles, opta pour ces dernières, franchit les montagnes de la Béotie et vint camper à Anthéla, où il occupa aussitôt ses hommes à relever l'ancienne muraille qui barrait la route, et qu'on appelait la muraille des Phocéens, parce que ceux-ci l'avaient fait bâtir au temps de la guerre avec les Messéniens. Ce fut chose facile et vite achevée. Le chemin n'avait de largeur en cet endroit que pour le passage d'un char.

» Un poste de Spartiates fut placé derrière la rivière Phœnix ; il était destiné à défendre les approches du défilé.

» Un sentier connu des pâtres seuls s'escarpait aux flancs de l'Anopée, suivait son sommet, et, redescendant un peu au-dessus du bourg d'Alpénus, aboutissait à la pierre d'Hercule Mélampyge. Léonidas, envoya, pour le défendre, ses mille Phocéens, qui s'établirent sur les hauteurs du mont OEta, dominant le mont Anopée.

» Ces précautions étaient prises, non pas pour vaincre, mais pour mourir aussi lentement que possible ; plus la mort serait lente, plus la Grèce aurait de temps pour réunir son armée.

» C'était une question de semaines, de jours, d'heures.

» Les Spartiates et leurs alliés étaient arrivés les premiers ; c'était déjà beaucoup ; ils étaient sûrs d'avoir pour tombeau la place qu'ils avaient choisie.

» Ils avaient vu venir cette multitude asiatique ; ils avaient entendu le bruit des chars et des chariots de ce million d'hommes ; ils avaient senti la terre trembler au bruit de leurs pas.

» A peine daignèrent-ils lever la tête pour regarder de quel côté arrivait la mort !

» Un jour, un cavalier perse parut : c'était un envoyé de Xercès qui venait reconnaître à quels ennemis le roi des rois avait affaire.

» Les uns s'exerçaient à la lutte, tandis que les autres peignaient et lissaient leurs chevelures ; car le premier soin du Spartiate à l'approche du danger était de parer ses cheveux et de se couronner de fleurs.

» Le cavalier put pénétrer jusqu'à l'avant-poste, regarder les jeux, compter les joueurs et se retirer à loisir ; les Spartiates ne parurent pas l'avoir remarqué. N'ayant vu que les Spartiates — car le mur des Phocéens lui avait dérobé le reste de l'armée — le cavalier revint vers Xercès et lui dit :

» — Ils sont trois cents !

» Xercès n'y put croire ; il craignait quelque embûche ; il attendit quatre jours.

» Le cinquième, il écrivit à Léonidas :

« Roi de Sparte, si tu veux te soumettre, je te donne
» l'empire de la Grèce. »

» Léonidas répondit :

« J'aime mieux mourir pour ma patrie que de l'as-
» servir. »

» Alors, Xercès écrivit cette seconde lettre :

« Rends-moi tes armes. »

» Au-dessous de cette laconique sommation, Léonidas écrivit cette non moins laconique réponse :

« Viens les prendre ! »

» Après avoir lu, Xercès appelle à lui un corps d'armée composé de Mèdes et de Cissiens.
» — Marchez contre ces trois cents insensés, dit-il, et amenez-les-moi vivants.
» Le corps d'armée se mit en marche; il était de vingt mille hommes.
» Un soldat accourut à Léonidas, en criant :
» — Voici les Mèdes, ô roi ! ils sont près de nous !
» — Tu te trompes, répondit Léonidas : c'est nous qui sommes près d'eux.
» — Ils sont si nombreux, ajouta le soldat, que leurs traits suffiront pour obscurcir le soleil.
» — Tant mieux, repartit un Spartiate nommé Diénecès, nous combattrons à l'ombre.
» Alors, Léonidas ordonna, non point d'attendre les soldats de Xercès, mais de sortir des retranchements et de marcher à eux.
» Là, ils n'étaient que trois cents; il est vrai que les Mèdes et les Cissiens n'étaient que vingt mille.
» Au bout d'une heure de combat, les vingt mille soldats de Xercès étaient en fuite!

» Xercès envoya à leur secours les dix mille immortels.

» On les appelait les dix mille immortels, parce que les brèches faites dans leurs rangs par la mort étaient à l'instant même remplies ; ils se recrutaient parmi les plus braves de l'armée, et ne restaient jamais un jour incomplets. Hydarnès les commandait.

» Après une lutte acharnée, ils furent repoussés à leur tour.

» O Sparte ! Sparte ! que tu avais raison de dire que ta meilleure muraille était la poitrine de tes enfants !

» Le lendemain, le combat recommença... Le lendemain, les Perses furent battus une seconde fois.

» La nuit vint sur cette seconde défaite. Xercès, sous sa tente, soucieux, la tête appuyée dans sa main ; Xercès, désespérant de forcer le passage, se demandait si mieux ne valait pas renoncer à son expédition.

» Il se rappelait que, lorsqu'il avait été à Babylone pour voir le tombeau du roi Bélus, il avait ouvert ce tombeau. Le tombeau renfermait deux cercueils, un plein, l'autre vide.

» Une inscription placée dans le cercueil vide présentait ces mots : « J'attends la fortune de celui qui
» m'ouvrira. »

» Cette fortune, après deux pareils échecs contre trois cents hommes seulement, n'était-elle pas sur le point d'être ensevelie avec le cadavre du roi Bélus ?

» Hydarnès entra dans la tente du roi ; il amenait un homme : cet homme était un traître, ce traître s'appelait Épialtès.

» Garder le nom des braves est une piété ; garder le

nom des traîtres est une justice ; ce n'est pas assez que l'histoire soit pieuse, il faut qu'elle soit juste.

» Les Grecs avaient une divinité qu'ils appelaient Némésis, — *Vengeresse.*

» Ce traître venait dénoncer au roi des Perses le sentier du mont Anopée.

» Hydarnès et ses dix mille immortels partirent à l'instant même, ayant pour guide Épialtès.

» A l'aide des chênes qui couvraient les flancs de la montagne d'une ombre rendue encore plus épaisse par celle de la nuit, ils arrivèrent jusqu'aux Phocéens.

» Ceux-ci tinrent un instant : ils étaient mille, et combattaient seulement un contre dix ; mais ils n'étaient ni Spartiates ni Lacédémoniens.

» Léonidas entendit le bruit du combat qui se livrait au-dessus de sa tête ; puis des sentinelles accoururent, et lui dirent que le passage était forcé.

» A l'instant même, il rassembla les chefs de ses auxiliaires. Tous étaient d'avis de se retirer et de défendre le passage de l'isthme. Mais Léonidas secoua la tête.

» — C'est ici, dit-il, que Sparte m'a ordonné de mourir ; c'est ici que nous mourrons... Quant à vous, poursuivit-il, réservez-vous, vous et vos soldats, pour des temps meilleurs !

» Eux voulaient rester ; Léonidas parla au nom de la Grèce, et les hommes du Péloponèse, les Locriens, les Phocéens se retirèrent.

» Mais les Thespiens et les Thébains déclarèrent qu'ils n'abandonneraient pas les Spartiates.

» Les hommes du Péloponèse étaient trois mille cent ; les Locriens, treize cents ; les Phocéens, mille.

» C'étaient cinq mille quatre cents hommes qui se retiraient ; — c'étaient deux mille cent hommes qui restaient.

» Ceux qui se retiraient eurent le temps de regagner Thronium avant que les dix mille immortels leur eussent coupé le chemin.

» Le soir, on vint dire à Léonidas qu'Hydarnès était à Alpénus, et que, le lendemain, il attaquerait en queue en même temps que Xercès attaquerait en tête.

» — Alors, répondit Léonidas, n'attendons pas à demain.

» — Que ferons-nous donc ? lui demanda son frère.

» — Nous marcherons cette nuit sur la tente de Xercès, et nous le tuerons, ou nous périrons au milieu de son camp... En attendant, soupons!

» Le repas fut léger, le passage qui fournissait les vivres était coupé.

» On en fit l'observation à Léonidas.

» — Ce n'est qu'un à-compte, dit-il; nous souperons mieux cette nuit chez Pluton.

» Puis, se retournant, il aperçoit deux Spartiates tous deux jeunes et beaux, tous deux ses parents.

» L'un parlait bas à l'autre ; sans doute lui confiait-il quelques-uns de ces secrets du cœur que, près de mourir, l'homme aime à verser dans le cœur d'un ami.

» Léonidas les appelle tous deux, donne au premier une lettre pour sa femme; au second, une mission secrète pour les magistrats de Lacédémone.

» Tous deux sourient à la ruse dans laquelle ils reconnaissent la tendre pitié de Léonidas.

» — Nous ne sommes pas ici pour porter des ordres, disent-ils, nous y sommes pour combattre!

» Et ils vont se replacer au rang qui leur est assigné.

» Au milieu de la nuit, Léonidas sort sans bruit de ses retranchements, et, au pas de course, à la tête de sa petite armée, renverse les postes avancés, et entre comme un coin de fer dans le camp des Perses, avant que ceux-ci aient pu se mettre en défense.

» La tente de Xercès est au pouvoir des Spartiates; mais le roi des rois, comme il s'intitule, a eu le temps de fuir! Sa tente est mise en lambeaux; puis, avec des cris terribles, Spartiates, Lacédémoniens, Thespiens, Thébains, se répandent dans le camp, frappant au hasard au milieu de cette multitude épouvantée, parmi laquelle les bruits les plus terribles circulent; on dit qu'Hydarnès et ses dix mille immortels ont été précipités du haut des rochers; on dit qu'un renfort est arrivé aux Spartiates, et que c'est ce renfort qui leur a donné le courage d'attaquer; on dit que toute l'armée grecque suit ce renfort, et va entrer en ligne.

» Si les Perses eussent pu fuir, ils étaient perdus; mais, la nuit, ignorants du chemin, avec la mer à leur gauche, les montagnes de Trachis à leur droite, les gorges de la Thessalie derrière eux, ils ne peuvent qu'opposer l'inerte résistance du nombre.

» Toute la nuit, on tua.

» Mais le jour vint; les premiers rayons du soleil dénoncèrent le petit nombre des assaillants; alors, toute cette multitude n'eut qu'à se serrer pour dévorer comme un gouffre les quelques hommes de Léonidas.

» Et cependant, la lutte continua plus acharnée que

jamais. — Léonidas fut tué. — L'honneur d'enlever son corps, l'honneur de le défendre double autour du cadavre l'ardeur du combat; deux frères de Xercès, les principaux des Perses, deux cents Spartiates, quatre cents Lacédémoniens, quatre cents Thespiens, deux cents Thébains lui font une hécatombe digne de lui. Puis, enfin, par un suprême effort, les Grecs repoussent leurs ennemis, restent maîtres du corps de Léonidas, se mettent en retraite, repoussent quatre fois l'ennemi, laissent des hommes dans chacune de ces attaques, mais repassent le Phœnix, s'arrêtent derrière leur muraille, et tiennent là jusqu'à ce qu'Hydarnès et ses dix mille immortels viennent les attaquer du côté d'Alpénus.

» Tous tombèrent.

» Trois étaient absents; un presque aveugle était resté au bourg d'Alpénus. Là, il apprend qu'Hydarnès et ses dix mille hommes ont suivi le sentier de la montagne, sont descendus à la pierre d'Hercule et marchent contre ses compagnons; il prend son bouclier, son épée, se fait conduire par son esclave, se jette au hasard dans les rangs des Perses et tombe percé de coups. Les deux autres s'étaient éloignés, ne sachant pas l'attaque si imminente, afin d'accomplir un ordre de leur général. Soupçonnés à leur retour de n'avoir pas mis tout en œuvre pour arriver à l'heure du combat, l'un se tue de ses propres mains, l'autre se fait tuer à Platée.

» Xercès continua sa route, et Salamine fut le pendant de Marathon [1]. »

---

[1] *Isaac Laquedem.*

Voilà le grand fait historique que Pichat avait non pas à dramatiser — pendant trois mille six cents ans, il a rempli le monde de sa terrible simplicité — mais à plier aux exigences de la scène, et à diviser en cinq actes.

Au premier acte, nous sommes dans le camp de Xercès. — Le théâtre représente la tente de cet autre roi des rois, dressée de l'autre côté des Thermopyles, dont on aperçoit les rochers dans le lointain; l'encens fume devant lui, les souverains de l'Asie, qu'il a fait ses capitaines, sont prosternés à ses pieds.

Mages et satrapes l'entourent.

Au milieu de cette servilité générale, un homme vêtu de la tunique courte et du manteau brun de Lacédémone se fait remarquer par un reste de fierté qui ne lui permet pas de courber le genou devant les autres.

C'est Demarate, le roi de Sparte, qui a régné de 520 à 492, c'est-à-dire vingt-huit ans; exilé de Sparte sur la dénonciation de Cléomène, il s'est réfugié à la cour de Darius et est demeuré à celle de son fils.

C'est le mari d'Archidamie, le père d'Alcée et d'Agis.

Léonidas lui a succédé au pouvoir depuis onze ans.

Demarate sait qu'il a deux fils, mais il ne les connaît pas; — l'un avait huit ans, c'est Alcée, et l'autre cinq, c'est Agis, lorsque le proscrit a quitté Sparte.

Xercès est plein de confiance : l'oracle a dit que le sort des armes lui serait favorable, tant que le meurtre des deux ambassadeurs perses, égorgés par les Spartiates, ne serait pas expié par la mort volontaire de deux enfants de la cité de Sparton [1].

---

[1] Sparton est le fondateur de Sparte. — Note pour M. Auguste Lireux, seul.

Or, quelle probabilité que l'on trouve à Lacédémone deux citoyens assez dévoués pour s'offrir volontairement à la mort?

En ce moment, on annonce à Xercès l'arrivée dans son camp de deux jeunes gens sans armes; leur front est couronné de cyprès et de verveine entrelacés; l'un porte à la main une branche d'olivier, l'autre une lyre.

Celui qui porte la lyre, c'est Alcée; celui qui porte la branche d'olivier, c'est Agis, tous deux inconnus de leur père, qui leur est inconnu.

Que viennent-ils faire dans le camp de Xercès?

A cette interrogation, Alcée se charge de répondre.

ALCÉE.
Roi des Mèdes, la Grèce, à sa gloire infidèle,
Porte le juste arrêt d'un crime indigne d'elle.
Vos deux ambassadeurs sont tombés sous ses coups.
Elle doit à la Perse, à nos dieux en courroux
Une expiation : nous t'apportons nos têtes.

— Êtes-vous envoyés par vos rois? demande Xercès étonné.

— Non, répond Agis.

Sparte ignore un dessein qu'on nous eût envié.
Oui, devançant les Grecs aux pieds des Thermopyles,
Nous avons déposé nos armes inutiles,
Et de l'ombre, tous deux, fuyant enveloppés,
Nous nous sommes du camp en secret échappés.

Grâce à cette explication, les Mèdes comprennent ces couronnes de verveine et de cyprès au front des deux frères, cette branche d'olivier aux mains d'Agis; mais ils ne comprennent pas cette lyre aux mains d'Alcée.

— Et toi, demande Artapherne,

Et toi, jeune étranger, qu'égare un vain délire,
Es-tu pour les combats armé de cette lyre?
Les Grecs, pour arrêter le grand roi dans son cours,
Aux mains de leurs guerriers n'ont-ils que ce secours?

ALCÉE.

Je porte dans mes mains la lyre de Tyrtée;
Sa gloire, par Messène, aux peuples racontée,
Enfante des héros et chante leur grand nom;
Elle enflammait Eschyle aux champs de Marathon,
Et de ses fiers accents poursuivait votre armée;
Ma voix ne fera pas mentir sa renommée;
Elle va, sur ma tombe exhalant mes adieux,
A la cause des Grecs intéresser les dieux.

ARTAPHERNE.

Mortels, avant les dieux, apaisez votre maître;
Son pardon vous attend, songez à vous soumettre.
Que vos têtes ici s'inclinent sur ses pas...

AGIS

Elles tombent, barbare, et ne se courbent pas!

Xercès ordonne le supplice des deux enfants, que Demarate se promet de défendre, quoiqu'il ignore que ce sont ses fils.

Voilà le premier acte.

Le théâtre, au second acte, représente le défilé des Thermopyles; au milieu, un autel consacré à la patrie.

Le tableau de David.

Léonidas est en scène. Il a les mains levées, et dit:

Salut, ô monts sacrés! salut, ô Thermopyles!
Autel qu'à la patrie ont consacré nos villes!
Terre sainte, où jadis pour Hercule au tombeau,
La Gloire ouvrit l'Olympe, où pour un sort plus beau,

Nous venons de nos lois, contre un despote injuste,
Sceller de notre sang l'indépendance auguste!

Un seul danger réel menace les Spartiates, car ce danger ne les attaquera point en face : c'est le cas où le défilé de l'Alpénus serait révélé par un traître. Au reste, les sept cents Thébains le gardent.

On annonce à Léonidas qu'Archidamie, la mère d'Agis et d'Alcée, suivie des théores, arrive de Delphes; elle apporte la réponse de l'oracle. Mais que dire à Archidamie à propos de ses fils, qui ont tous deux quitté leur poste en abandonnant leurs armes, et qui sont passés dans le camp des Perses?

L'oracle a fait aux Spartiates la même réponse qu'aux Perses : « Tant que le sang des ambassadeurs mèdes ne sera pas vengé, Sparte ne peut espérer la victoire. »

Tout en rendant compte de la réponse fatale, Archidamie cherche ses fils.

— Où sont-ils? demande-t-elle.

— Songe quel est leur père et quel fut ton époux!

répond Cléomène. Fils d'un traître, ils ont à leur tour trahi la patrie, et sont passés dans le camp des Perses.

— Tu nous trompes!

CLÉOMÈNE, montrant les armes des deux jeunes gens.

Vois-tu ces armes?

ARCHIDAMIE.

Justes Cieux!...

LÉONIDAS.

Alcée! Agis

ARCHIDAMIE.

Mes fils. Quelle honte m'accable!
Oui, je le reconnais, ce garant abhorré

D'un forfait, jusqu'ici parmi nous ignoré :
Voilà les boucliers dont j'armai leur courage.
Il manquait à mon sort cet exécrable outrage !
Et, quand je mis au jour ces enfants odieux,
O Sparte, mon amour, a rendu grâce aux dieux !
Que n'ai-je condamné ces fruits d'un sang parjure,
Comme ces fruits, pour nous triste et cruelle injure,
Ces fils dégénérés que tu n'adoptes pas,
Et des flancs maternels envoyés au trépas !

Et cependant, Archidamie doute encore. Elle est mère, et ses fils sont Spartiates.

Un envoyé de Xercès interrompt la douleur d'Archidamie. Il vient, au nom du grand roi, demander à Léonidas dans quel dessein lui et les quelques hommes qui l'accompagnent sont venus là.

— Nous venons combattre, répond Léonidas.

— Vous n'étiez pas à Marathon: Pourquoi êtes-vous ici? demande Artapherne.

LÉONIDAS.
Des champs de Marathon, si Sparte fut absente,
Sparte aux premiers périls à son tour se présente,

ARTAPHERNE.
Aux luttes d'Olympie, athlètes renommés,
Vous n'êtes plus ici pour de vains jeux armés.
La guerre suit mes pas.

LÉONIDAS.
   Leur valeur qu'elle embrase,
Se délasse aux combats des travaux du gymnase.

ARTAPHERNE.
D'un combat inégal tenterez-vous le sort,
Quand d'un courage vain le seul prix est la mort?

LÉONIDAS.
La Mort et le Sommeil, à Sparte, n'ont qu'un temple,
Afin que du même œil tout guerrier les contemple.

ARTAPHERNE.
Quelles sont donc vos lois? Hors de l'humanité
Le peuple par Lycurgue est-il donc rejeté?
La nature, en vos cœurs condamnée à se taire,
Proteste-t-elle en vain?
LÉONIDAS.
        La Spartiate austère,
Sans pleurs, dit à son fils : « Les périls sont venus;
Voilà ton bouclier, viens dessous, ou dessus! »
ARTAPHERNE.
Au nom du roi des rois! esclave, rends tes armes!
LÉONIDAS.
Viens les prendre!
ARTAPHERNE.
        Tremblez! aux sanglantes alarmes
Les dix mille immortels m'appellent par leurs vœux.
Ils sont près de vous!
LÉONIDAS.
        Dis que nous sommes près d'eux!
ARTAPHERNE.
Vois la Thrace envahie, et par nos traits sans nombre
Le soleil obscurci...
LÉONIDAS.
        Nous combattrons à l'ombre!

Cette scène, faite pour encadrer les mots historiques qui précédèrent le combat, a aussi pour but d'apprendre à Archidamie que ses deux fils, loin d'être des traîtres, sont des victimes expiatoires.

En ce moment même, leurs têtes doivent tomber aux pieds de Xercès.

Alors, le front d'Archidamie s'éclaire; son œil d'abord remercie les dieux; puis elle s'écrie :

Et sur leur front pieux ma haine a pu descendre,
Mes imprécations retombaient sur leur cendre,

Sur l'urne où mon amour n'a pu les déposer!
Approche, Cléomène, et les ose accuser;
Dis-nous, toi, dont la voix contait leur infamie,
S'ils sont dégénérés du sang d'Archidamie ?

(A Léonidas.)

Et toi dont la douleur déplore leur trépas
Pourquoi les pleures-tu, quand je ne pleure pas ?
Ils ont de leurs destins surpassé l'espérance.
Sparte, avec sa vertu, ressaisit sa puissance !...
Ce devoir imposé, mes fils l'ont acquitté.
Salut, jeunes héros, morts pour la liberté !
De la patrie en pleurs, à nos pieux hommages,
Le deuil reconnaissant consacre vos images.
Ainsi qu'Harmodius et son frère immortel,
Vous verrez, ô mes fils, Sparte élever l'autel
Où viendront nos guerriers, par leurs chants héroïques,
Solenniser nos noms dans les fêtes publiques.
Consacrant vos saints nœuds, vos amis n'iront plus
Présenter les encens au temple de Pollux ;
Nos mères, entourant l'autel qui vous rassemble,
Demanderont aux dieux un fils qui vous ressemble,
Et diront, consacrant votre immortalité,
Salut, jeunes héros, morts pour la liberté !

. . . .

L'ennemi vous attend! Spartiates, aux armes!

Et la toile tombe sur ce cri, le seul qui soit sorti du cœur d'une mère en deuil de ses deux enfants.

Le troisième acte se passe dans la même décoration. — Léonidas et ses trois cents combattent. — Archidamie ne retournera à Sparte qu'avec l'urne de ses enfants.

Tout à coup Cléomène paraît, revenant du combat, couvert de poussière et de sang.

— O reine! s'écrie-t-il.

O reine, tes deux fils...
ARCHIDAMIE.
Polémarque, est-ce là le seul soin qui te presse ?
Parle-moi du combat et du sort de la Grèce.

Les Perses ont été vaincus dans cette première rencontre. — Alors seulement, Archidamie :

O destins glorieux que ce jour vient combler !
Pour la patrie, enfin, je n'ai plus à trembler.
Parle-moi de mes fils.
CLÉOMÈNE.
Ah ! rendus à vos larmes.
Ils ont, aux premiers rangs, tous deux repris leurs armes.
ARCHIDAMIE.
Dieux !
CLÉOMÈNE.
Ils viennent, portant sur leur front couronné
Le prix de la valeur par nos mains décerné.
AGIS, hors du théâtre.
Ma mère !
CLÉOMÈNE.
Entends-tu ?
(Agis et Alcée entrent couronnés de lauriers.)
LES THÉORES.
Ciel !
ARCHIDAMIE.
Oh ! mon âme attendrie...
Mes enfants !... Je me meurs, — Pardonne, ô ma patrie !

Le reste de la scène est consacré au bonheur de cette mère qui retrouve ses enfants.

— Lequel de vous, demande-t-elle, a donc conçu ce généreux dessein ?

ALCÉE.

Est-ce à vous d'en douter? Ah! de Léonidas
Reconnaissez l'élève. — Agis guida mes pas.

AGIS.

J'ai trouvé dans mon cœur le dessein de mon frère.

ARCHIDAMIE.

Poursuis, enfant, l'orgueil de Sparte et de ta mère;
Poursuis, et, de ton sang réparant la splendeur,
Des Agides, un jour, sois l'immortel honneur.

Mais les sentiments héroïques ne peuvent rester toujours tendus. Ils finiraient par briser le cœur qui les renferme. Archidamie redevient mère; la Spartiate redevient femme; elle respire.

Du poids de ces vertus que mon pays m'impose,
Au sein de la nature, enfin je me repose;
Je puis donc, ô mes fils, écoutant mes douleurs,
Sur vos périls passés laisser couler mes pleurs!
Maintenant, tout entière au trouble qui me presse,
Oh! combien votre audace alarmait ma tendresse,
Et que mon cœur frémit du terrible pouvoir
Que sur vous exerçait un austère devoir!
Mais de mes fils vainqueurs la gloire m'environne;
Je vais à mes foyers attacher la couronne
Dont la plus sainte cause orne leurs jeunes fronts.
Théores, à nos dieux vengés de leurs affronts,
Apportez sur l'autel votre offrande acceptée.
Et toi, mon fils, reprends, émule de Tyrtée,
La lyre qui vainquit Messène et ses enfants,
Chante la Grèce, Alcée, et les dieux triomphants.

Mais, au moment où les doigts d'Alcée commencent à effleurer les cordes de la lyre, Léonidas entre le front sombre et ordonne que le conseil des amphictyons se rassemble au temple de Cérès.

Puis, se tournant vers Agis :

— Toi, lui dit-il, va à Sparte, et porte de ma part ce message au sénat.

— Mon frère ne m'accompagne-t-il pas? demande Agis.

— Non, dit Léonidas.

. . . . . Une autre gloire ici réclame Alcée.

Léonidas suit Agis des yeux. Il a voulu éloigner cet enfant qu'il aime. Un traître a livré le passage de l'Alpénus. Il faut se préparer à mourir.

Tous sont prêts.

— Eh bien, s'écrie Léonidas.

Eh bien, écoutez donc l'espoir qu'un dieu m'inspire
Et le but salutaire où notre mort aspire !
Contre ce roi barbare et qui compte aux combats
Autant de nations que nos rangs de soldats,
Que pourraient tous les Grecs? Puissance inattendue,
Il faut qu'une vertu, même à Sparte inconnue,
Frappe, étonne, confonde un despote orgueilleux.
De notre sang versé, va sortir, en ces lieux,
Une leçon sublime : elle enseigne à la Grèce
Le secret de sa force, aux Perses leur faiblesse.
Devant nos corps sanglants, on verra le grand roi
Pâlir de sa victoire et reculer d'effroi;
Ou, s'il ose franchir le pas des Thermopyles,
Il frémira d'apprendre, en marchant sur nos villes,
Que dix mille, après nous, y sont prêts pour la mort.
Mais, que dis-je! dix mille! ô généreux transport!
Notre exemple en héros va féconder la Grèce.
Un cri vengeur succède au cri de sa détresse,
Patrie! indépendance! à ce cri tout répond
Des monts de Messénie aux mers de l'Hellespont,

Et cent mille héros, qu'un saint accord anime,
S'arment, en attestant notre mort unanime.
Au bruit de leurs serments, sur ces rochers sacrés,
Réveillez-vous alors, ombres qui m'entourez !
Voyez, en fugitif, sur une frêle barque,
L'Hellespont emporter ce superbe monarque,
Et la Grèce, éclipsant ses exploits les plus beaux,
Rassurer son Olympe au pied de nos tombeaux.
Si de tels intérêts j'ose un moment descendre,
Amis, je vous dirai quel culte à notre cendre
Va consacrer l'histoire et la postérité.
Oui, nous nous emparons d'une immortalité
Où nulle gloire humaine encor n'est parvenue;
Et, quand de Sparte enfin l'heure sera venue,
De ses débris sacrés, qui ne se tairont pas,
Les tyrans effrayés détourneront leurs pas.
Alors, des temps fameux levant les voiles sombres,
Le voyageur sur Sparte évoquera nos ombres,
Et de Léonidas et de ses compagnons
Les échos n'auront pas oublié les grands noms.

CLÉOMÈNE.

O triomphe !

LÉONIDAS.

    Écoutez ! leur gloire vengeresse
Dans l'avenir encor ressuscite la Grèce.
Oui, vaincus, opprimés dans les siècles lointains,
Les Grecs ne seront pas déchus de leurs destins,
Tant que, de notre gloire entretenant leurs villes,
Vous resterez debout, rochers des Thermopyles !

ALCÉE.

Ainsi, de nos vertus, au sein de l'avenir,
Renaît sur nos tombeaux l'antique souvenir.
O gloire dont mon cœur impatient s'empare !

LÉONIDAS.

De cette gloire, amis, un seul jour nous sépare ;
La nuit couvre ce poste où nous nous renfermons,
Et le Perse, arrêtant sa marche sur ces monts,

Ne peut, avant le jour, envahir le passage.
Tandis qu'aux alliés qu'assemble mon message,
Je vais, sur d'autres bords, montrant d'autres lauriers,
Ordonner leur départ, vous, mes braves guerriers,
Préparez sur l'autel les offrandes sacrées,
Selon la loi de Sparte aux Muses consacrées;
Déesses du héros par l'histoire adopté,
Notre encens leur est dû; ce devoir acquitté,
Après avoir donné vos pleurs à la nature,
Couronnez-vous de fleurs pour votre mort future.

Et la toile du troisième acte tombait sur ces héros se couronnant de fleurs.

Au quatrième acte, il fait nuit; des feux sont allumés sur le sommet du mont OEta; l'encens brûle sur les trépieds; les Spartiates environnent l'autel.

CLÉOMÈNE.

Dans ces lieux solennels les funèbres apprêts,
L'onde, les feux sacrés et les trépieds sont prêts.
Maintenant, sur l'autel, reprends ta lyre, Alcée :
Tu célébras des Grecs la valeur exaucée.
Chante l'hymne en ce jour des Muses attendu;
Et que Léonidas à cet autel rendu
Trouve acquittés, envers les vierges immortelles,
Les trois cents à la mort préparés devant elles.

(Musique douce et solennelle.)

ALCÉE, en s'accompagnant de la lyre.

Chastes, filles du ciel, dont le culte sacré,
Né chez les Grecs, reçoit leur encens préféré;
Vous, dont le chœur divin habite nos montagnes,
Car de la liberté vous êtes les compagnes,
Muses ! qui présidez aux destins des héros,
Recevez notre offrande au pied de nos tombeaux.
Si nos armes, du Mède abaissant l'insolence,

De vos sacrés bosquets protégent le silence,
Du Parnasse voisin exilant vos concerts,
O déesses ! venez, sur ces rochers déserts,
Recueillir, consacrer les exploits légitimes
Et les derniers soupirs de ces saintes victimes.
Nous ne redoutons point votre austère équité :
Nous mourons pour nos lois et notre liberté,
Pour nos fils au berceau que notre amour délaisse.
Dites nos saints respects honorant la vieillesse,
L'amour de la patrie, absolu sur nos cœurs ;
Et, si la Grèce enfin doit trouver des vainqueurs,
Si Sparte doit tomber sous le joug du barbare,
Dites que, devançant les fers qu'on lui prépare,
Sur le sombre rivage, au funèbre banquet,
De ses trois cents guerriers nulle ombre ne manquait.

(La symphonie reprend.)

Sur ces derniers vers, Léonidas rentre et est bientôt suivi des ambassadeurs de Xercès, qui viennent lui offrir le trône de la Grèce.

La réponse de Léonidas est courte et expressive.

Il montre un rocher à l'un des trois cents.

Sur ce roc immortel, soldat, de ton épée
Écris : *Passant, va dire à Sparte nos exploits,*
Et ses guerriers ici morts pour ses saintes lois.

Puis, se tournant vers les ambassadeurs :

— Sparte a répondu !

Les ambassadeurs se retirent ; rien ne peut empêcher le combat. Tout à coup, haletant, couvert de poussière un jeune homme s'élance en scène.

LÉONIDAS.

Ciel !... Agis !

AGIS.

Ah! tu m'avais trompé, je le vois, j'en rougis
Vous voilant à mes yeux d'un injuste mystère,
Vous mouriez donc sans moi?

LEONIDAS.

Qui te l'a dit?

AGIS.

Ma mère...

LEONIDAS

Agis!

AGIS.

Autel funèbre où mes concitoyens
Déposaient leurs serments, je t'apporte les miens...

LEONIDAS.

Non, Sparte dans nos rangs n'accueille pas tes armes ;
Avant le temps, sa loi te défend les alarmes :
Satisfait qu'un péril essayât ta valeur,
J'ai dû sauver tes jours en trompant ta douleur.
Ton âge...

AGIS, montrant le laurier qui couronne sa tête.

Démens-tu ce sacré témoignage?
C'est devant ce laurier qu'on accuse mon âge!
A de si vains détours peux-tu bien recourir !
J'ai l'âge pour régner, et non pas pour mourir!
Mon âge! A l'accuser ose-t-on se résoudre ?
Les Perses en tombant ont pris soin de l'absoudre.
Mais la patrie, ici, sert mes jeunes transports.
Et le corps d'un enfant trouvé parmi vos morts,
Cette jeunesse enfin, doux trésor de la vie,
A tant d'espoir, de gloire et de bonheur ravie,
Ces biens, cet avenir dans la poudre endormi,
Seront-ils sans terreur aux yeux de l'ennemi?...

LÉONIDAS.

En conservant tes jours, comble les vœux d'un frère.

AGIS.

J'accomplis nos serments.

LEONIDAS.

Souviens-toi de ton père.

AGIS.

Je suis fils de Lycurgue.

LÉONIDAS.

Obéis à ton roi,

AGIS.

Justes dieux! quel arrêt vient de tomber sur moi!
Quoi! lorsque, dans ses murs, Sparte reconnaissante,
De ses guerriers tombés honorant l'ombre absente,
Couvrira vos autels de lauriers et de fleurs,
Au milieu du triomphe, Archidamie en pleurs,
Seule, ô ciel! rougirait de son fils infidèle!
Et les mères de Sparte, en passant auprès d'elle
Et lui montrant son fils, muet à leurs accents,
Diraient avec mépris : *Il était des trois cents!*
Je verrais, redoublant la honte de mes armes.
Le rire d'un ilote insulter à mes larmes ;
Et, proscrit, repoussé par le sein maternel,
Je fuirais poursuivi d'un opprobre éternel,
Ou, dans quelque combat, j'irais tomber sans gloire.
Retranché de ces morts comptés par la victoire...
Je tombe à tes genoux. Ah! contre un tel danger,
Contre de tels affronts tu dois me protéger.
Héros, l'honneur de Sparte, et mon divin modèle,
Laisse à ton saint exemple Agis périr fidèle!
Prends pitié de mes pleurs et de mon juste effroi!...

LÉONIDAS.

Quel roi tu perds, ô Sparte!

AGIS.

Eh bien?

LÉONIDAS.

Rassure-toi,

Tu mourras!

Le cinquième acte ramène les spectateurs à la tente de Xercès. Fidèle jusqu'au bout à l'histoire, le poëte va nous montrer la tente du roi des rois envahie par les

Spartiates. Le cinquième acte n'est qu'une lutte sublime. Léonidas, blessé à mort et porté sur son bouclier est apporté sous cette tente, où il attend des nouvelles, et d'où il excite encore les Spartiates au combat.

LÉONIDAS.

Compagnons que mes yeux comptent debout encore,
Avant d'être surpris par le jour près d'éclore,
Des Perses ralliés prévenons les efforts.
Marchez; mais aux combats ne laissant que des morts.
Si, frappé dans vos rangs, un guerrier sous le glaive
Tombe vivant encor, que l'amitié l'achève;
Oui, commencez par moi... Vous reculez d'effroi!
Osez-vous démentir l'ordre de votre roi?
Mais ce fer ennemi, laissé dans ma blessure,
Vous répond de ma mort, et ce sang me rassure.
Mes mains, contre les fers sauront me secourir.
Au triomphe commun hâtez-vous de courir;
Compagnons, de ces lieux, livrés par la victoire,
De vos derniers moments je surveille la gloire.

DÉMARATE.

Dieux!

ALCÉE.

Mon père, en nos rangs j'ai vu ton cœur fléchir.

Agis vient lui donner des nouvelles dans le plus beau récit qui ait été fait, peut-être, d'Eschyle à nous.

Sanglant, blessé, sans force, Agis vient tomber aux pieds de Léonidas, en disant :

Ils sont tous morts : je meurs!

ARCHIDAMIE.

O mon fils!

LÉONIDAS.

Salamine!

C'est à toi des Persans d'achever la ruine.
Vainement tes vaisseaux, ô despote insultant !
Rassurent ton orgueil. — Thémistocle t'attend,
Sparte est libre !

A Archidamie.

Vivez ; moi, sur les rives sombres,
Je vais de ces héros rejoindre enfin les ombres.

(Il arrache le fer de sa blessure et meurt.)

Ceux-là seuls qui furent présents à la première représentation, — et, je l'ai dit, j'en étais, de ceux-là, — peuvent avoir une idée de l'enthousiasme excité par cette splendide page arrachée toute vivante aux annales de l'antiquité. Dans ces quatre passages, Talma avait été surhumain. Il avait dit tous les mots historiques avec une sublime simplicité. L'accent avec lequel, rassurant Agis, il lui disait :

Rassure-toi,
Tu mourras !

avait tout à la fois quelque chose de paternel et d'héroïque qui appartenait à une voix plus élevée que celle de l'homme, à des temps plus grands que les nôtres.

Puis c'était l'époque de l'enthousiasme inspiré par la résurrection de la Grèce moderne. On confondait les noms de Léonidas et de Botzaris, de Tyrtée et de Byron ; on se serrait la main, on s'embrassait dans les corridors, comme si l'on venait d'apprendre la nouvelle d'un autre Marathon ou d'une nouvelle Salamine.

Maintenant, comment Pichat en était-il arrivé à ce succès, si grand, que, le soir de la première représentation, sa femme fut obligée de quitter la baignoire où elle était cachée, encombrée qu'était cette baignoire par les bouquets et les fleurs ?

Comment naquit-il ? comment mourut-il ?

Qu'importe qu'une étoile n'ait brillé qu'un instant au ciel, si, pendant sa courte existence, elle a été aussi brillante que les étoiles ses sœurs !

Pichat naquit à Vienne en Dauphiné, en 1793, année terrible, année sanglante, où l'équilibre de la nature fut rompu, où la balance qui pèse les hommes pencha du côté de la mort.

Ses yeux s'ouvrirent, son premier cri fut jeté dans une petite maison dont la porte s'ouvrait sur le Rhône.

Ses aïeux étaient des pêcheurs. Son nom l'indique : Piskat, en patois, vient évidemment de *piscator* ; — de Piskat, la langue française a fait Pichat.

Le premier bruit qu'entendit l'oreille de l'enfant fut le grondement de ce fleuve *emporté comme un taureau qui a vu le rouge.*

Cette pittoresque expression est de Michelet.

Derrière la petite maison de l'enfant s'élevaient les belles montagnes du Dauphiné, qui, semblables au monde antique, enferment leurs sept merveilles.

L'eau et les montagnes, le Rhône et le val Jouffré, furent les premières amours du poëte. A dix ans, l'enfant, de son bras robuste, avait franchi le Rhône comme César et Cassius franchissaient le Tibre ; à dix ans, il avait, de son pied montagnard, escaladé des passages où le chamois hésitait, où les contrebandiers avaient le vertige.

— Comment avez-vous fait pour traverser ce pas ? lui demandait un jour un de ses amis, arrêté comme lui devant un col infranchissable, qu'il avait franchi un jour, mais que ni l'un ni l'autre n'osaient plus franchir.

— Un aigle planait sur ma tête, répondit Pichat. Au lieu de regarder à mes pieds, j'ai regardé l'aigle.

Tout enfant, dès qu'il avait un morceau de pain, il l'émiettait aux pigeons de la ville.

Les pigeons le connaissaient et venaient manger jusque dans sa main.

Un jour, avant de partir pour une de ses excursions dans la montagne, il eut l'idée de siffler ses pigeons comme d'habitude.

Les pigeons volèrent à lui.

— Venez avec moi, mes amis, dit-il ; venez, venez, venez !

Et les pigeons le suivirent.

Lorsqu'ils faisaient mine de s'éloigner, il n'avait qu'à siffler ; ils revenaient.

Désormais ils furent ses compagnons de courses. Partout où il allait, ils allaient, et l'on voyait avec étonnement du fond de la vallée, au fur et à mesure que l'enfant gravissait la montagne, *les amis* du poëte, digne symbole de sa jeune âme, planer au-dessus de sa tête, tourbillonner autour de lui, et, comme des strophes ailées, rafraîchir son front du battement de leurs ailes.

Partis avec lui, ils revenaient avec lui.

Aussi, que disaient les personnes sages et prévoyantes en voyant cet enfant fuir les bruits de la ville, et attentif seulement au murmure des flots, au fracas des avalanches, au murmure des torrents, écouter avec extase toutes ces rumeurs qui sont l'éternel langage de la nature ?

Elles disaient :

— C'est un fou qui ne fera jamais rien.

L'enfant ne faisait rien, en effet, puisqu'il ne faisait que des vers.

A quinze ans, il lui fallut quitter tout cela : son beau Rhône grondant, ses riches vallées d'émeraudes, ses splendides montagnes de diamants.

Un oncle riche, auquel appartenait la rotonde du Temple, se chargeait de lui et le faisait entrer au Prytanée de Paris.

C'est là qu'à seize ans, — en même temps que Casimir Delavigne, né la même année que lui, tente ses premiers essais, — lui Pichat, compose une pièce qui remporte le prix de poésie française.

Luce de Lancival, qui n'était peut-être pas un grand poëte, mais qui avait ce rare mérite d'adorer la poésie, Luce de Lancival, l'auteur d'*Hector*, c'est-à-dire de cette tragédie que l'empereur voulait faire jouer dans un camp; Luce de Lancival, professeur de belles-lettres, le prit en amitié.

Par malheur pour le jeune homme, Luce mourut en 1810, au moment où Pichat commençait sa tragédie de *Turnus*.

La tragédie fut achevée en 1812 ; l'auteur avait dix-neuf ans.

L'empire croula.

Napoléon avait à la fois des ressemblances avec Turnus et avec Énée. C'était un législateur qui avait conquis un empire, et promulgué des lois comme Énée. C'était un guerrier invincible comme Turnus, et qui, comme Turnus, avait été vaincu par la destinée.

Tant que régnèrent les passions ardentes de 1815,

1816 et 1817, on donna au jeune auteur le conseil de ne pas lire sa tragédie.

Pichat, pendant ces trois années, étudiait le droit sous M. Delvincourt.

Mais, tout en faisant son droit, il rêvait et commençait *Léonidas*.

Cependant, en 1820, *Léonidas* à moitié fait, Pichat se décide à lire *Turnus*.

Ces allusions, que craignaient les amis du poëte, lui firent une réception brillante au Théâtre-Français.

Mais, comme si, au milieu de son premier triomphe, la fatalité eût voulu d'avance le marquer pour la mort, pendant la lecture du dernier acte, une veine pulmonaire se rompit dans sa poitrine, et il rentra chez lui vomissant des cuvettes de sang.

Les soins empressés d'Alibert et de Valerand de Lafosse — je n'ai besoin que de nommer ces deux noms pour vous dire ce qu'était l'un, et ce qu'est encore l'autre — arrêtèrent ce commencement d'hémoptysie.

Turnus fut reçu comme pierre d'attente; il gardait la place de *Léonidas*, dont on disait déjà le plus grand bien.

En 1822, je crois, *Léonidas* fut lu et reçu avec enthousiasme; mais c'était encore pis que *Turnus*.

Comment espérer que, sous les Bourbons, ces rois de la Sainte-Alliance qui, pour rentrer en France, avaient passé, à la suite du Xercès du Nord, par les Thermopyles de Waterloo, — comment espérer qu'un pareil ouvrage serait jamais joué?

Léonidas fut relégué dans les cartons avec son frère *Turnus*.

Par bonheur, dès 1821 avait éclaté l'insurrection grecque, qui, comme le siége de Troie, devait durer neuf ans, et, vers 1824 ou 1825, Taylor avait été nommé commissaire royal près le Théâtre-Français.

Qu'ont affaire ensemble ces deux événements, et quel rapport ont-ils avec Pichat et sa tragédie ?

Vous allez voir.

Taylor, en furetant dans les cartons, trouva *Léonidas*, le lut, et en fut émerveillé.

N'en déplaise à M. Lireux, les tragédies comme *Léonidas* étaient rares en 1825.

Il écrivit au jeune auteur de venir le voir.

Pichat alla chez Taylor, comme, trois ans plus tard, j'y allai moi-même.

Que d'autres disent du mal de Taylor ou n'en disent plus rien, depuis que l'art moderne a eu le malheur de perdre son influence, je ne suivrai pas cet exemple, et je crierai d'autant plus haut mes obligations et celles des autres envers lui, qu'il est aujourd'hui plus loin de nous.

J'espère que cette voix du passé lui sera douce.

Taylor envoya donc chercher l'auteur de *Léonidas*.

— Pourquoi ne faites-vous pas jouer cette tragédie, monsieur? lui demanda-t-il.

Le jeune homme sourit.

— Pour deux raisons, monsieur, répondit-il : d'abord, parce qu'elle ne vient qu'après *Turnus*; ensuite, parce que la censure, à ce qu'il paraît, ne veut pas la laisser passer.

— Laissons là *Turnus*. *Turnus* est une tragédie de jeunesse qui a ses beautés, mais des beautés de collége ;

Léonidas est une tragédie d'homme fait. Avec *Turnus*, vous aurez un succès d'estime ; avec *Léonidas*, un succès d'enthousiasme.

— Mais, en supposant que je consente à cette substitution, reste la censure.

— La censure ! c'est mon affaire, dit Taylor.

Et, en effet, il devait accomplir bien d'autres miracles ; il devait faire jouer *le Mariage de Figaro*, et faire rendre *Henri III*.

— Si vous vous chargez de la censure, et si ce que vous dites de *Turnus*...

— Je me charge de la censure, et ce que je dis de *Turnus* est vrai.

— Alors, va pour *Léonidas*.

— Venez avec moi.

— Où allons-nous ?

— Chez Talma et chez Duchesnois. Vous comprenez qu'il faut bien que ce soit Talma qui joue Léonidas, et Duchesnois Archidamie.

— Allons !

On alla chez Talma.

Talma se rappelait parfaitement *Léonidas*. D'ailleurs, Vatout, — encore un homme qui n'oubliait pas ses amis et que je n'oublie pas quoiqu'il soit mort, — d'ailleurs, Vatout lui en avait souvent reparlé.

Talma désira entendre la pièce une seconde fois. Il se chargeait de prévenir Duchesnois, qui demeurait porte à porte avec lui.

Le lendemain, la tragédie fut relue en présence de Talma, de Duchesnois et de Taylor.

Talma allait partir pour Lyon. Il s'engagea à étudier *Léonidas* à son retour, si l'auteur voulait faire, au quatrième acte, les corrections qu'il indiquerait, et si Taylor répondait de la censure.

Pichat promit les corrections indiquées. Taylor répondit de tout. Les circonstances étaient favorables.

Louis XVIII venait de mourir. Charles X faisait de la popularité. La France se déclarait ouvertement pour la Grèce. Les noms de Kolokotroni, de Botzaris, de Mavrocordato, de Mavromikalis et de Constantin Canaris étaient dans toutes les bouches, Lamartine et Hugo chantaient les martyrs de Scio et de Parga. Byron venait de mourir pour eux. Talma, en revenant de Lyon, trouva son quatrième acte corrigé, et son *Léonidas* hors des mains de la censure.

Alors commença l'œuvre de Taylor.

Faire faire trois décorations nouvelles, des costumes exacts, une musique appropriée au sujet : la chose paraît toute simple aujourd'hui.

Eh bien, ce fut tout un monde à remuer.

Le vieux chef d'orchestre Émon fit une musique excellente. Cicéri, mon vieil ami Cicéri, le père de la décoration moderne, fit les décorations.

Taylor se chargea de la mise en scène.

J'ai raconté ailleurs le succès de cette représentation[1]. Je ne veux pas me répéter. J'ai dit comment j'avais vu, moi, jeune homme de vingt-trois ans, ambitieux d'un pareil succès auquel je n'espérais jamais atteindre, j'ai dit comment j'avais vu Pichat, radieux, embrassant Talma et Taylor au milieu du foyer du public.

---

[1] *Mes mémoires*, t. IV, p. 161.

Le lendemain de la représentation, le duc d'Orléans envoyait à Pichat son portrait ; et, comme il savait par Vatout que le triomphateur s'occupait d'un *Guillaume Tell*, il joignait à son portrait les deux gravures, d'après Steuben, représentant *la Fuite de la barque* et le *Serment du Grutly*.

Laugier, notre bon et célèbre Laugier, une des gloires du burin, lui envoyait sa gravure de *Léonidas* d'après David.

Entre les deux fenêtres de sa chambre à coucher, le poëte plaça le portrait du duc d'Orléans ; en face l'un de l'autre, *le Serment* et *la Fuite de la barque*, et, dans son alcôve, *le Passage des Thermopyles*.

On verra tout à l'heure quel étrange et poétique incident se rattache à ce dernier tableau.

En rentrant chez lui, le soir de son triomphe, Pichat fut pris d'un second vomissement de sang.

C'était la mort qui pour lui jouait le rôle de l'esclave antique, et qui criait au milieu des acclamations et des bravos de la multitude : « César ! souviens-toi que tu es mortel ! »

Le docteur Valerand accourut, et l'art, cette fois, fut assez puissant encore pour triompher de la maladie.

D'ailleurs, il était si jeune et si heureux, le pauvre poëte, qu'il prit peut-être sa volonté de vivre pour de la santé.

Guillaume Tell était aux trois quarts achevé, quand fut joué *Léonidas*. L'homme qui avait fait le fameux récit d'Agis, cet homme-là avait en lui l'instinct du drame moderne : Schiller, une fois entre ses mains, devait le préoccuper énormément. On voit, dans toute la tragédie, le double effort que fait le poëte pour conserver la forme classique, tout en abordant un sujet dramatique.

Il devait résulter et il résulta de ce conflit une œuvre bâtarde qui valait mieux que *Turnus*, mais qui ne valait pas *Léonidas*.

Aussi le poëte, sentant qu'il y avait un vice dans l'œuvre, sans pouvoir se rendre compte de ce vice, croyait-il faire disparaître le défaut à force de travail.

Jour et nuit, il travaillait, composant, corrigeant et recorrigeant ; sa santé acheva de fondre dans cet ardent laboratoire de la poésie.

Pichat n'était pas riche ; on le poursuivait de l'offre d'une pension qu'il ne voulait pas accepter. Qu'avait-il besoin de pension ? Il avait vendu, le soir même de la représentation, *Léonidas* à l'éditeur Ponthieu.

Devinez combien...

Une somme énorme : treize mille cinq cents francs d'argent, cinq cents francs de livres.

Mais, si l'on refusait la pension, il fallait travailler, il fallait que *Guillaume Tell* fût joué comme *Léonidas*.

Dès le commencement de 1828, sa faiblesse est parfois si grande, qu'il s'alite pendant plusieurs jours.

Il s'alite surtout, non point encore parce que la force lui manque tout à fait, mais parce qu'il travaille mieux couché ; il dicte alors à sa femme et à un brave garçon, nommé Arsène, que nous avons tous vu depuis acteur à l'Odéon.

D'ailleurs, le Théâtre-Français avait la tête montée par *Léonidas;* Taylor et le comité demandaient à cor et à cris *Guillaume Tell*.

Avec le printemps de 1828 la force revint quelque peu au pauvre Pichat.

Il avait, aux environs de Paris, un de ces amours comme en ont les poitrinaires, — pour qui ou pour quoi? — qui sait? — pour une femme, pour une fleur, pour un nuage, peut-être?...

Peut-être, comme Dante, pour une Béatrix remontée au ciel; peut-être, comme Pétrarque, pour quelque Laure, qu'il se contentait de regarder passer au bras d'une mère ou d'un mari.

Il partit pour Morfontaine. Il avait là un ami, M. Bouchard, deux sœurs, deux jeunes filles charmantes, qui ont épousé depuis, l'une, Charles Lafont, l'auteur de *la Famille Moronval* et du *Chef-d'œuvre inconnu*, l'autre, le docteur Colombat (de l'Isère).

Morfontaine, avec ses frais ombrages, son grand lac, ses cascades murmurantes, ses fraîches fontaines, était bien la retraite d'un poëte.

Une de ces fontaines, surtout, était sa fontaine favorite; assis sur un banc, placé à l'ombre d'un ébénier, il restait là des heures entières à regarder bouillonner l'eau de la cascade, mise en mouvement par la respiration d'un gouffre.

En effet, le sable de la fontaine est mouvant et voile un abîme, Maelstrom en miniature, capable de dévorer le malheureux qui prendrait pour un terrain solide ce sable mouvant qui ressemble à un bloc de grès noirâtre.

Un jour, une société de jeunes gens et de jeunes filles vint visiter Morfontaine, et s'éparpilla dans le beau parc aux royaux souvenirs. Un jeune homme et une jeune fille venaient doucement par l'allée tortueuse, sans voir le poëte rêvant sous son ébénier ; lui, au bruit de leurs pas, avait relevé la tête, et les voyait venir. Arrivés en face de la fontaine, ils s'arrêtèrent. Un petit sentier côtoyait l'autre rive, une grotte s'ouvrait en face, une fleur poussait à l'ombre de la grotte, trempant sa tige dans l'eau.

La jeune fille désira la fleur, — caprice de nymphe rêveuse. — Le jeune homme était amoureux, sans doute ; en tout cas, il avait vingt ans.

Ce désir exprimé lui suffit.

Il était impossible de sauter par-dessus le petit ruisseau ; mais, en s'élançant, en posant le pied sur cette apparence de grès, qui n'était autre que le gouffre, on pouvait atteindre l'autre côté, cueillir la fleur, et peut-être, qui sait? être récompensé par un baiser.

Le jeune homme recula pour prendre son élan ; Pichat devina son intention, jeta un cri, s'élança de son côté, retint le jeune homme entre ses bras, en criant :

— Malheureux, c'est un gouffre !

L'effort brisa la faible cicatrice qui fermait cette veine, si facile à s'ouvrir. Pichat pâlit, chancela, et une écume rouge borda ses lèvres, précédant les vomissements de sang, plus terribles qu'aucun de ceux qu'il eût encore éprouvés.

Le jeune homme et la jeune fille appelèrent au secours ; le reste de la folle troupe accourut, et la joie devint tristesse.

Pichat rentra chez M. Bouchard, appuyé au bras du jeune homme qu'il avait sauvé.

Je n'ai point le droit d'écrire ici son nom ; mais c'est celui d'un artiste cher au public, applaudi par lui, un de ceux qui conservent au théâtre de la rue de Richelieu, non-seulement les traditions de l'art, mais encore de l'ancienne courtoisie de la Comédie-Française.

Cet événement avait lieu vers le mois d'août.

Au mois de septembre, Pichat fut forcé de revenir à Paris.

On envoya prévenir Valerand et Alibert du retour de leur malade; ce n'étaient pas deux médecins, c'étaient deux amis : ils sortirent le cœur navré, des larmes plein les yeux.

Pour ces deux habiles praticiens, Pichat était un homme perdu.

Une jeune fille de beaucoup de talent, mademoiselle Laurier, avait commencé un portrait en pied du poëte; le médecin lui dit tout bas de se hâter de le finir.

Par bonheur, la maladie, à la fois douce et implacable, était sans pressentiments funèbres pour le poëte. Son *Guillaume Tell* avait été reçu par acclamations au Théâtre-Français; il comptait, aussitôt guéri de son crachement de sang, le faire mettre en répétition. Il rêvait des succès à venir; et, de temps en temps, quand par hasard il parlait d'un horizon dans lequel on eût été tout étonné que l'œil d'un homme de trente-quatre ans eût tenté de plonger, si du bout du pied déjà cet homme n'eût heurté le seuil de la tombe; quand il parlait de cet horizon qui borne le second côté de la vie, il prenait un miroir, et y regardait avec un sourire son visage pâle et décharné encadré par ses beaux cheveux flottants.

— Quel beau vieillard je ferai, disait-il, quand le temps aura neigé sur ces cheveux-là!

Puis, au bout du compte, cette lumière qui le quittait lueur à lueur était un charmant crépuscule; cette vie qui s'épuisait goutte à goutte était une douce vie. Le jour, le temps s'écoulait entre sa femme et ses enfants; le soir, à sept heures, les amis venaient et entouraient le lit du mourant; car tout le monde, hors Pichat, sa femme et ses enfants, savait que sa vie était condamnée, et que chacun devait prendre la plus grande part possible de ce qui en restait.

Ces amis, c'étaient Soumet, Frédéric Soulié, Émile Deschamps, Vatout, Avenel, Belmontet, Jules Lefèvre, l'excellent général d'Houdetot, Saint-Priest, l'auteur de l'*Histoire de la royauté*.

Hélas! quatre de ceux que nous venons de nommer sont déjà allés le rejoindre dans la tombe.

Là, autour de ce lit qui se métamorphosait peu à peu en tombeau, comme autour de la couche de Socrate, on parlait art, religion, poésie. Émile Deschamps, Soumet, Soulié, Jules Lefèvre, Belmontet disaient des vers, et, de temps en temps, le malade se soulevait sur son lit et disait, lui aussi, son fiévreux travail de la journée.

Cela dura ainsi jusqu'au mois de janvier; mais les premiers jours de l'année le virent si faible, qu'il ne se leva plus que difficilement et le temps nécessaire pour qu'on fît son lit.

Le portrait, par bonheur, était achevé.

C'est celui qui est au musée de Vienne.

Pichat ne dormait plus qu'à l'aide de l'opium. On en était encore aux sombres soirées et aux longues nuits d'hiver. Les amis venaient à cinq heures; à six, on donnait au malade sa potion ; le malade s'endormait, et, pour qu'il ne se doutât point qu'on le veillait jusqu'à quatre heures du matin pendant qu'il dormait, on arrêtait la pendule.

Il croyait avoir dormi une heure, il en avait dormi quatre. La pendule marquait sept heures, il était minuit. On restait jusqu'à quatre heures du matin, et l'on avait l'air de se séparer à onze heures du soir.

Pieuse et tendre supercherie, qui donnait à chacun une plus forte dose qu'il n'eût pu en prendre sans cela, de la vie de celui qui allait mourir.

A quatre heures, Pichat prenait une seconde potion et dormait jusqu'au jour.

Le jour appartenait à la femme, aux enfants et aux amis moins intimes qui venaient, avec l'indifférence d'une demi-tendresse, prendre des nouvelles du malade.

Puis, le soir, la veillée recommençait.

Cependant, le malade s'affaiblissait de plus en plus ; mais il était si ignorant de son état, qu'on n'osait lui parler d'un prêtre.

Le hasard envoya aux consciences inquiètes des amis du mourant ce que ces consciences demandaient.

Un jeune séminariste, qui venait d'être ordonné, fut envoyé à Paris comme vicaire de je ne sais quelle église ; c'était un ami du mourant, plus qu'un ami même, un obligé.

Il vint prendre sa place au cercle des intimes.

Il se nommait Gary.

C'était l'ancien principal du collége de Carcassonne, révoqué à cause de ses opinions politiques, et qui avait fait jouer au Théâtre-Français une tragédie d'*Eudore et Cymodocée* [1].

Il y avait dans cette tragédie, qui obtint un beau succès, une bonne action de l'auteur de *Léonidas* ; c'était l'ancien principal qui avait eu l'intention de faire, mais c'était en réalité Pichat qui avait fait en grande partie *Eudore et Cymodocée* [2].

Le seul droit d'auteur que se fût réservé ce second père, qui, comme tous les poëtes, méprisait assez l'argent, c'était de mettre la tragédie de M. Gary dans ses œuvres complètes.

Le jeune prêtre se chargea de cette tâche difficile de préparer Pichat au voyage de l'éternité.

Il attaqua cette grave et suprême question par des théories religieuses ; le malade le laissa dire, puis, prenant la sonnette qui se trouvait sur sa table de nuit, il sonna.

[1] 17 juillet 1824.
[2] « Je n'ajouterais rien à cette préface, déjà trop longue peut-être, quelque courte qu'elle soit, écrivait M. Gary en dédiant sa pièce à l'auteur des *Martyrs*, si je n'avais encore des grâces à rendre, si je ne craignais que ma réticence ne ressemblât à de l'ingratitude. J'ai besoin de consigner ici tout ce que je dois aux conseils, au talent, à l'amitié d'un jeune poëte qui se prépare un si brillant avenir dans l'opinion de tous ceux qui le connaissent. M. Pichat s'avance dans la carrière dramatique avec une poésie pleine de force et de charme. Que n'a-t-il pas fait pour moi ! Un père peut-il obtenir d'un fils bien-aimé un dévouement plus entier et plus généreux ! qu'il jouisse de tout le bien qui m'en est revenu, en attendant ce que lui présagent d'estime publique et de solide gloire les dons que la nature lui a faits, et que ses habiles travaux ont si heureusement fécondés ! »

La femme de chambre entra.

— Dites donc à madame Pichat de venir, dit-il ; c'est très-intéressant, ce que nous raconte là notre cher Gary.

Madame Pichat se rendit à l'invitation de son mari. Le jeune prêtre comprit qu'il était importun et se retira.

Lorsqu'il fut parti :

— Dis donc, bonne, fit le malade, ne me laisse donc plus seul avec Gary. Il me traite en homme qui va mourir.

Puis, pour le printemps suivant, il fit de beaux projets de voyage, comme en font les phthisiques, qui voient de frais ombrages, de douces vallées, de hautes montagnes, sans se douter qu'entre eux et ce mirage, il y a un abîme qu'on appelle l'éternité.

Les jours et les nuits s'écoulaient, on était arrivé au 20 janvier : chaque soir, fidèles à leur pieuse supercherie, les amis se réunissaient autour du lit de l'ami mourant. On arrêtait la pendule et on le quittait au jour.

Le matin, se manifesta la seule marque de délire qu'il donna.

Quand madame Pichat, qui avait pris deux heures de repos dans sa chambre, entra dans celle de son mari, elle le trouva lisant comme toujours, mais il tenait le livre à l'envers.

Le frisson courut dans les veines de madame Pichat.

— Que lis-tu là, mon ami? demanda-t-elle.

— Oh! un livre très-intéressant, répondit le malade.

Et puis ces filles blanches... Vois combien il y en a et comme elles sont belles.

Était-ce quelque théorie grecque qui revivait dans son souvenir? était-ce, au contraire, un coup d'œil à cet horizon du ciel déjà si rapproché de lui, qu'il en pouvait voir les anges ?...

Puis cet éclair de délire passa, la raison s'éclaircit, et il se remit à causer comme si ce nuage n'avait point couru devant ses yeux.

Le soir vint; on se tint près du mourant comme d'habitude. Rien n'indiquait une mort instante; seulement, l'heure venue de prendre sa potion, il refusa.

Tout à coup un petit bruit sec, comme une corde de harpe qui se rompt, vibra dans l'alcôve.

C'était le verre de la gravure de Léonidas qui se brisait, sans que nul y eût touché.

Cette vibration funèbre frémit par la chambre et fit passer un frisson dans tous les cœurs.

Le malade essaya de se soulever sur les poings ; son visage était livide, mais ses yeux lançaient la flamme.

Depuis un instant déjà, sa main était cramponnée à la robe de sa femme debout devant lui, et, quand elle avait voulu s'asseoir :

— Tu t'en vas? avait-il dit. Ne t'en va pas, reste près de moi.

Et elle était restée debout près du lit.

En ce moment, et après l'effort infructueux que le malade avait fait pour se lever:

— Aide-moi à me tourner de l'autre côté, dit-il.

Et il s'affaissa en poussant un soupir.

Une espèce de cri étouffé répondit à ce gémissement ; madame Pichat se retourna.

Tout le monde était à genoux ; non-seulement dans la chambre, mais, à travers la porte ouverte, on voyait les voisins à genoux dans le salon, et jusque dans l'antichambre et sur le pallier les domestiques à genoux.

Seulement alors, la pauvre femme se douta du malheur qui venait de la frapper.

L'auteur de *Léonidas* était mort.

La pendule marquait neuf heures et quelques minutes.

M. Gary sortit alors d'une chambre où il s'était tenu caché, de peur que sa vue n'impressionnât le malade.

L'œuvre de la religion, brisée un instant par l'ignorance où le mourant était de son état, se renouait par la veille et par la prière.

Repoussé par le vivant, l'homme de Dieu revenait s'asseoir près du mort.

Le lendemain, un bruit se répandit comme une de ces rumeurs funèbres qui courent à certains trépas.

L'auteur de *Léonidas* venait de mourir.

Le convoi réunit non-seulement tous ses amis, qui étaient nombreux, mais encore tout ce monde parisien qui suit les convois illustres.

Le duc d'Orléans y envoya sa voiture.

Dix mille personnes suivirent jusqu'au Père-Lachaise.

Et, parmi ces dix mille personnes, il y avait Lamartine, Villemain, Hugo, Soulié, Émile Deschamps, de Vigny, Arnault, Scribe, Jules Lefèvre, Latouche, Saint-Priest, Soumet.

C'est-à-dire tout ce qui était grand ou allait le devenir !

La gravure des *Thermopyles* est encore dans l'atelier du fils de Pichat avec sa glace brisée et une couronne venant de la soirée de *Léonidas*.

Quant à *Guillaume Tell*, — Talma était mort, et Ligier à l'Odéon.

Guillaume Tell suivit Ligier.

Il fut joué le 24 ou le 25 juillet 1830.

C'est au parterre de l'Odéon, c'est en sortant de la représentation de *Guillaume Tell*, qu'éclata la première manifestation des écoles en faveur de la révolution de juillet.

Maintenant, pieux pèlerins de la mort, quand vous irez à Morfontaine, cherchez cette fontaine de Laure, au murmure de laquelle le poëte mêla les dernières modulations de son chant.

Vous la reconnaîtrez à cette inscription :

<blockquote>
Des roses, des cyprès,
De tendres souvenirs et d'éternels regrets.
</blockquote>

Puis, quand vous irez à Vienne en Dauphiné, noble ville qui sait rendre hommage à ses fils vivants sans oublier le culte de ses fils morts, faites-vous montrer non pas la maison où est né Pichat, — la pauvre petite chaumière a disparu sans laisser de trace, comme disparaissent les chaumières, — mais la maison en face, où il a été élevé.

Vous la reconnaîtrez à une plaque en marbre blanc sur laquelle le conseil municipal de la ville a fait graver cette inscription en lettres d'or :

ICI EST NÉ
LE POËTE PICHAT
AUTEUR
DE LÉONIDAS ET DE GUILLAUME TELL
MORT LE 20 JANVIER 1829.

LA LITTÉRATURE

ET LES HOMMES D'ÉTAT

Depuis la révolution de 1830, nos ministres ont eu besoin d'étayer tant de vieilles choses et d'étrangler tant de principes nouveaux, que, dans la lutte acharnée que chaque cabinet a soutenue à son tour, pour défendre son existence éphémère contre l'opposition éternelle, la grande question des arts et surtout des lettres a constamment été reléguée au dernier plan ou mise en oubli. C'est ce qui fait qu'au fur et à mesure que le terrain mouvant de la France se consolide sous le trône de la dynastie du 9 août, à l'aspect de chaque combinaison nouvelle qui se forme, un espoir nouveau renaît au cœur de ceux qui, ardemment préoccupés de l'amour du pays, voudraient voir le front de la grande déesse radieux de toutes les gloires et ceint de toutes les couronnes. Mais, il faut l'avouer, jusqu'à ce jour, l'espoir naïf et renaissant de ceux-là fut toujours rapidement déçu, et chaque soleil levant, rappelant bientôt à lui ses rayons épars pour les concentrer à son midi sur quelques questions de vitalité personnelle, s'est éteint, sans rien féconder, dans les brouillards politiques de son rapide couchant. Presque tous impopulaires déjà par leurs théories, les cabinets se sont faits, en arrivant au pouvoir, impopulaires par leurs actes ; et, ne pensant à prendre racine que dans des intérêts bas et personnels, ils se sont trouvés sans appui aussitôt que leur chute probable menaça de compromettre les égoïsmes sur lesquels ils s'étaient implantés. Aussi, tous ont chancelé, les uns après les autres, sans qu'une main libre s'étendît pour prévenir leur chute; aussi tous sont tombés, chacun à son tour, sans qu'une voix indépendante s'élevât pour faire leur éloge funèbre. Quant aux mains souillées et aux voix vendues, les nouveaux venus les ont trouvées à chaque revirement, demandant, du geste et de la parole, l'aumône à la porte du ministère. Je ne sais pas si, depuis six ans, nous avons eu beaucoup de Fouquets, mais ce qu'il y a de certain, c'est que leur disgrâce n'a trouvé ni un Pélisson ni un la Fontaine.

Et cependant, parmi les noms qui sont venus s'inscrire successivement sur les listes ministérielles, il y en avait deux qui donnaient des gages puissants à nos espérances artistiques, et empressons-nous de le dire, ceux-là ne nous ont point aussi complétement trompés que les autres : c'étaient ceux de M. Thiers et de M. Guizot. M. Thiers, courtisan adroit et spirituel avant tout, avait étudié les goûts personnels du chef de l'État, et s'était tracé d'après eux la ligne qu'il devait suivre. Il savait que le roi, grand amateur de tableaux, grand remueur de pierres, avait en si mince estime les hommes de lettres, qu'il ne leur faisait pas même, comme Louis XV, l'honneur de les haïr ou de les craindre; de là les encouragements ministériels de M. Thiers pour le pinceau et le compas, et ses mépris bureaucratiques pour la plume.

M. Guizot, au contraire, homme d'étude grave, de caractère sérieux et de puritanisme rigide, mettant en pratique à Paris, en 1830, sous la branche cadette, les mêmes idées sociales dont il mûrissait la théorie sous la branche aînée, dévoué de tête à un système et non de cœur à une dynastie, ne devait point se plier et ne se plia point à ces petites courtisaneries artistiques; mais aussi, trop instinctivement circonscrit dans le cercle de ses propres études et cédant trop facilement à l'impulsion de ses sympathies personnelles, philologue, historien et savant, il n'étendit son protectorat qu'aux professeurs universitaires, aux compilateurs de chroniques et aux déchiffreurs de chartes. Tout travail en dehors de cette littérature austère lui parut indigne d'appui et d'encouragement; il en résulta que les œuvres d'esprit, d'imagination et de poésie, réduites à leurs seules forces, ont eu à lutter péniblement depuis dix années contre les attaques des journaux, les persécutions des coteries et l'indifférence des sociétés : et, toutes victorieuses qu'elles furent, elles sont encore aujourd'hui haletantes du combat.

Et cependant, ces deux hommes qui, tantôt ensemble et tantôt séparément, ont accepté la mission et entrepris la tâche de faire la France reine parmi les nations, connaissent trop profondément leur histoire pour ignorer qu'à toutes les époques brillantes de notre pays, depuis François I*er* jusqu'à Napoléon, ce sont les lettres qui ont attaché au front de nos rois leurs plus magnifiques couronnes; ils savent que le siècle de Louis XIV fut appelé le grand siècle, moins peut-être à cause des victoires de Condé, de Turenne et de Luxembourg, qu'à cause des triomphes de Corneille, de Molière et de Racine. Certes, les noms de Mazarin, de Colbert et de Louvois, sont de grands noms; mais ce sont de grands noms aussi que ceux de Descartes, de Montesquieu, de Pascal, de Bossuet, de la Bruyère, de Sévigné, de la Fontaine, de la Fayette, de Fénelon et de Caylus. Beaucoup plus se souviennent aujourd'hui, malgré les désinences barbares qui mettaient sa rime à la torture, des victoires célébrées par Boileau, que des batailles perdues par Créquy, Tourville, Villars et Boufflers, et le passage du Rhin est certes plus profondément resté dans la mémoire que la démolition du port de Dunkerque. Il savait cela, Louis XIV, lorsqu'il appelait Bernouilli et Cassini en France, commandait les voyages de Tournefort, et envoyait à l'étranger des pensions à Heinsius, Vossius et Huyghens.

Il savait cela aussi, Napoléon, l'homme au génie instinctif, lorsque, rêvant cette guerre étrange qui devait tuer l'Angleterre en perçant le cœur de l'Inde, il conduisit à la suite de ses soldats, dans le royaume des Pharaons, des Sésostris et des Cléopâtre, les Monge, les Berthollet et les Dolomieu. La moitié de sa vaste pensée vint se briser, ainsi que du verre, contre les murailles de Saint-Jean-d'Acre; mais l'autre moitié survécut triomphante et immortelle. Cherchez maintenant au désert la trace des pas de notre armée, tâchez de reconnaître où sont les champs de bataille du mont Thabor, de Chebreisse et d'Aboukir; demandez aux sables dévorants ce que sont devenus les cadavres des vingt mille Français qu'ils ont recouverts, et, si vous êtes fatigué d'une recherche inutile, si le simoun a tout effacé d'un seul coup de son aile immense, s'il ne reste plus là-bas qu'un vain nom que l'écho répète avec ceux de Louis IX et de Cambyse, revenez ici, ouvrez nos bibliothèques, et vous y trouverez le seul, mais magnifique résultat, de cette gigantesque expédition.

Malheureusement pour Napoléon, Chateaubriand en quittant l'Europe, madame de Staël en s'exilant de la France, Lemercier en s'éloignant de la cour, laissèrent le champ littéraire nu et stérile ; l'empereur tout-puissant, dont la voix improvisait des armées, eut beau y semer les trésors de sa cassette particulière, il ne put y faire pousser un homme de génie : il demandait des poëtes, et ses ministres lui fournirent des académiciens, comme, lorsque, après avoir épuisé la France, il demandait encore des soldats, ses préfets lui fournissaient des invalides; il avait des pensions à distribuer, et il en fut réduit à pensionner les auteurs d'*Hector* et d'*Omasis* ; il avait des dignités à accorder, et il fut forcé de faire grands maîtres de l'Université Arnault et Fontanes. C'est alors que, dans son dépit impérial, cet Achille sans Homère, cet Alexandre sans Quinte-Curce, cet Auguste sans Virgile, s'écriait à la face de l'Institut que, si l'auteur du *Cid* avait vécu de son temps, il l'aurait fait prince.

L'époque est changée : les poëtes ne manquent plus, mais l'empereur manque. Les talents sont venus, mais les encouragements sont partis. Et cependant, ce ne sont point des croix, des pensions et des places que les hommes de lettres demandent, c'est qu'on ouvre des carrières différentes à leurs spécialités diverses. Tout est à refaire en France; non point à la place de ce qui existe, mais à côté. Près des vieux monuments de notre gloire littéraire, tout peut être rebâti sur des bases neuves. Au-dessus de l'histoire des Mézeray, des Velly et des Anquetil, les Guizot, les Augustin Thierry et les Barante, ont découvert une histoire nouvelle. Au-dessous du théâtre de Corneille, de Molière et de Racine, des élèves de Shakspeare, de Calderon et de Schiller ont commencé de fonder un théâtre nouveau. Les Chateaubriand, les Victor Hugo et les Lamartine ont retrempé au feu de leur génie la poésie des Voltaire, des Lebrun et des Delille. Toute terre est couverte d'épis, tout arbre riche de fleurs, et moissons et fruits n'attendent plus, pour mûrir, qu'un rayon de soleil.

MON ODYSSÉE

A LA COMÉDIE-FRANÇAISE

I

La première entrée que j'eus l'honneur de faire dans les coulisses du Théâtre-Français eut lieu le soir même de la première représentation de *Sylla*.

J'avais vingt-deux ans.

Mon introducteur était un jeune ami de Talma, Adolphe de Leuven. Vous le connaissez, c'est l'auteur du *Postillon de Longumeau*, du *Bijou perdu*, de *la Promise*.

Par quelle suite d'événements son père, un des hommes les plus éminents de l'aristocratie suédoise, venu en France avec M. de Fersen, ambassadeur de Gustave III à Paris, élevé en quelque sorte aux Tuileries, sur les genoux de Marie-Antoinette, prit-il part, en 1792, à la conspiration d'Ankastroem ; fut-il exilé à cause de cette conspiration, connut-il Talma à la suite de la vente que le grand seigneur fit au grand artiste de sa propriété de Brunoy? Tout cela appartient bien plus à l'histoire politique de la fin du xviiie siècle, et du commencement du xixe qu'à son histoire théâtrale. Ce que j'ai à dire, moi, c'est comment, jeune homme de vingt-deux ans, parfaitement inconnu en littérature, j'étais introduit dans la loge de l'homme que ses flatteurs appelaient tantôt le Roscius, tantôt le Garrick français, et que la postérité appelle tout simplement Talma.

J'étais profondément et doublement impressionné.

C'était la première fois que j'entrais dans le corridor d'un théâtre, dans le corridor intérieur bien entendu, dans celui qui mène aux loges des artistes. Celui du Théâtre-Français était encombré.

De Leuven, plus familiarisé avec ces sortes de détours, me tirait par la main et me fit traverser toute cette foule.

Nous arrivâmes à la loge de Talma.

Là, il y avait bien une autre foule.

Je ne sais si jamais le dictateur eut plus de clients à sa porte que celui qui venait de remplir son rôle avait d'admirateurs à la sienne.

Nous étions fort minces à cette époque, Adolphe et moi; nous nous glissâmes comme deux anguilles, et nous nous trouvâmes dans une espèce d'antichambre où s'entassait bien certainement tout ce qu'il y avait de célébrités littéraires dans Paris.

Là, je vis pour la première fois Soumet, Delavigne, Guiraud, Étienne, Alexandre Duval, Lemercier et quatre ou cinq autres.

J'y vis aussi M. Arnault père et Lucien Arnault; mais je les connaissais.

Pendant que nous luttions pour arriver à cette seconde chambre qui était le sanctuaire où se tenait le dieu, on cria :

— Place! place à mademoiselle Mars !

Nous nous serrâmes le plus près possible de la muraille.

Un charmant frou frou de satin se fit entendre, un parfum se répandit dans l'air, un nuage de gaze au milieu duquel brillaient des yeux étincelants comme des diamants et des dents blanches comme des perles passa, ou plutôt glissa au milieu de nous ; une voix suave comme les plus douces cordes d'une lyre, comme les sons les plus flûtés d'un hautbois se fit entendre, exprimant avec un accent parfaitement vrai une admiration profonde.

Il me sembla que mademoiselle Mars disait *vous,* que Talma disait *tu,* que les deux artistes s'embrassaient.

Le même frou frou se fit entendre de nouveau, mademoiselle Mars reparut, échangea quelques mots avec Étienne et avec Soumet, jeta de la main un bonjour à Adolphe, et disparut.

Heureux Adolphe !

Je ne comprenais pas comment il recevait une pareille faveur avec tant de flegme.

— Allons, me dit-il, il faut entrer !

— Je n'oserai jamais! répondis-je.

— Bon! fit Adolphe, il ne fera pas même attention à vous!

C'était un seau d'eau glacée versé sur mon humilité, ou mon amour-propre, comme on voudra.

L'encouragement ne m'encouragea pas le moins du monde!

Cependant, je parvins à pénétrer dans la seconde pièce.

Si je n'ai pas toujours été gros, j'ai toujours été grand. Quoique je ne fusse qu'à la porte, que je ne désirasse pas aller plus loin, en me dressant sur la pointe des pieds, je pus dominer tout le monde.

Je cherchais Sylla avec sa couronne de laurier, sa mèche impériale, sa toge de dictateur, et je voyais tout le monde se presser autour d'un petit vieillard en robe de chambre de flanelle, chauve comme un genou.

Je n'y voulais pas croire.

Adolphe alla embrasser l'homme chauve à la robe de chambre de flanelle.

C'était bien décidément Talma.

J'ai raconté dans mes *Mémoires* comment eut lieu ma première entrevue avec le grand artiste, et comment il me baptisa poëte dramatique au nom de Shakspeare et de Corneille.

II

Quatre ou cinq ans s'étaient écoulés.

Talma était mort, mais son baptême avait porté ses fruits.

J'avais fait, comme tout le monde, ma petite tragédie en cinq actes.

J'ai dit ailleurs comment elle m'avait été inspirée par un bas-relief de mademoiselle de Fauveau, représentant la mort de Monaldeschi !

Ma tragédie s'appelait *Christine à Fontainebleau*.

C'était une tragédie classique ; entendons-nous, classique pas à la manière d'Eschyle et de Sophocle, pas même à la manière de Corneille, qui ne se gênait pas pour mettre dans son *Cid* des changements à vue là où il y en avait besoin, mais classique à la manière de Legouvé, de Chénier et de Luce de Lancival.

Il y avait bien par-ci par-là quelques scènes qui faisaient craquer la ceinture de Melpomène comme on disait alors ; par-ci par-là un peu de comédie montrant ses dents blanches et mordantes, mais enfin c'était par le fond une tragédie classique.

Une fois la tragédie faite, il s'agissait d'obtenir une lecture.

Il paraît que c'est encore chose fort difficile aujourd'hui. Mais, à coup sûr, c'était chose plus difficile encore à cette époque.

Hélas ! je l'ai dit, Talma était mort.

Oh ! s'il eût vécu, quoique je ne l'eusse revu que deux fois depuis, dans sa loge, bien entendu ; — au théâtre, je le voyais le plus que je pouvais ! — comme j'aurais couru chez Talma !

Et il y a une chose dont je suis sûr, c'est que, tout imparfaite qu'était *Christine*, Talma y eût trouvé au moins un rôle original, inconnu, je dirai plus, inouï ans le théâtre.

C'était le rôle de Monaldeschi.

Un lâche !

Personne n'avait jamais osé mettre un lâche sur la scène.

Je l'avais osé!

Mais naïvement, sans aucun désir de faire une innovation, parce que j'avais trouvé le caractère tout fait dans le récit du père Lebel.

Je suis convaincu que Talma eût saisi ce rôle au collet et ne l'aurait point lâché.

Il avait tenté un essai de ce genre dans le Leicester de *Marie Stuart;* mais le Leicester de *Marie Stuart* n'était pas un lâche, c'était un ambitieux.

Et que de préparations, mon Dieu! pour lui faire donner l'ordre — révoqué au vers suivant — d'arrêter Mortimer.

Mais, je le répète, Talma n'était plus là.

Je m'informai, je me renseignai; j'arrivai jusqu'au souffleur de la Comédie-Française.

C'était un brave homme au nez bourré de tabac, que l'on appelait Garnier.

Il serait trop long de vous dire comment je fis cette haute connaissance.

Un des artistes avec lesquels Garnier, en sa qualité de souffleur, avait les relations les plus fréquentes et les plus intimes, était Firmin.

Nous nous rappelons tous Firmim, charmant acteur plein de talent, de chaleur et de verve. Eh bien, Firmin avait le malheur de ne pas avoir de mémoire.

Cette absence de mémoire avait créé l'espèce d'intimité qui liait Garnier à Firmin.

Par Garnier, je montai à Firmin.

Firmin était alors un homme de quarante ans, qui

avait au théâtre le privilége d'en paraître vingt-six ou vingt-huit. Il avait débuté presque enfant sur la scène des Jeunes-Élèves ; il passa de là dans la troupe de Picard, et, de la troupe de Picard, à la Comédie-Française.

Firmin jouait adorablement Horace, de l'*École des femmes*; le Menteur, de Corneille ; Auguste, de *l'Amour et la Raison* ; Lindor, d'*Heureusement ;* d'Ormilly, des *Fausses Infidélités*. Il venait de créer d'une façon charmante le rôle du jeune homme dans *le Mari et l'Amant*, et je ne sais plus quel rôle dans *Valérie*. Mais il avait voulu jouer *le Tasse*, et avait à peu près échoué ! Il est vrai que ce drame d'Alexandre Duval n'est pas une bonne chose, il s'en faut.

Il se plaignait amèrement de son chef d'emploi, Armand, qui, disait-il, ne lui laissait rien jouer du grand répertoire.

Firmin était petit de taille, d'un caractère taquin et querelleur, comme les hommes de cinq pieds deux pouces, mais brave et tout à fait sur la hanche.

Il avait dans sa vie donné deux ou trois coups d'épée, et en avait reçu un — d'un mari, je crois — au beau travers du corps.

Une de ses ambitions était de jouer un Bayard. Vingt fois il m'a parlé de ce sujet au théâtre, en ajoutant toujours :

— Il ne faut pas croire que Bayard fût un colosse ; non, au contraire, il était plutôt petit que grand, et plutôt mince que gros ; Bayard était un homme de ma taille.

Le parallèle, au grand regret de Firmin, n'eut

jamais sur moi cette influence de me décider à traiter le même sujet que mon confrère du Belloy.

Mais, au milieu de ses immenses qualités, Firmin — à mon point de vue à moi — avait un petit défaut.

Il était timide, littérairement parlant; il craignait toujours de se compromettre envers le comité.

Le Théâtre-Français, à cette époque, était régi par un comité s'assemblant tous les samedis.

Ce comité était présidé par un commissaire royal.

Ce commissaire royal était le baron Taylor.

Toute l'aide que me donna Firmin fut de me conseiller d'arriver jusqu'au baron Taylor.

Il n'y avait rien de compromettant pour lui, comme on voit, dans un semblable conseil.

Ceux qui tiendront à savoir comment j'arrivai à M. le baron Taylor, par quelle échelle de Jacob je montai du souffleur au commissaire royal, peuvent lire mes *Mémoires*. Ils y trouveront la chose racontée dans tous ses détails.

J'obtins lecture pour ma *Christine*.

C'était déjà un grand triomphe.

Avoir lecture au Théâtre-Français. Peste ! il y avait des académiciens qui n'avaient jamais eu que cela.

Le comité de lecture était au grand complet. Je m'y présentai accompagné de Firmin.

C'était la première fois que j'entrais dans le *sanctum sanctorum*. J'avais été conduit, à travers les détours ténébreux du labyrinthe dramatique, par Firmin ; à cette époque, l'escalier qui conduisait du rez-de-chaussée au premier étage était parfaitement obscur.

Une femme marchait devant nous. Au fur et à

mesure que nous montions vers les régions éclairées, je pouvais remarquer, dans ce que je voyais de cette femme, ce charmant mouvement de hanche que les Espagnoles appellent *menito*.

Nous arrivâmes en pleine lumière. Seulement alors, la femme se retourna et reconnut Firmin.

Elle éclata de rire.

Elle avait fait pour Firmin des frais qui se trouvaient perdus et qu'elle lui reprocha par un mot que je trouvai bien léger pour une *dame* de la Comédie-Française.

On sait que, dans les traditions théâtrales, on dit : « Les filles de l'Opéra, — les demoiselles de l'Opéra-Comique — et les dames de la Comédie-Française. »

Le comité était au grand complet.

Il se composait de MM. Armand, Michelot, Monrose, Firmin, Grandville, Menjaud, Saint-Aulaire, Samson, et mademoiselle Mars.

Quoiqu'il fût aussi du comité, M. Lafon n'assistait point à la lecture.

Cette absence amena un incident que je raconterai tout à l'heure.

III

Christine ne fut ni refusée ni reçue sous son masque classique; la fille de Gustave-Adolphe cachait certaines allures à la Marie Tudor et à la Lucrèce Borgia qui trahissaient les tendances de l'auteur vers les *monstruosités* du drame moderne, comme dirent élégamment

MM. les critiques, qui applaudissaient Jocaste épousant son fils, Oreste tuant sa mère, Athée buvant le sang de son frère, et Gabrielle mangeant le cœur de son amant.

Il est vrai que tout cela avait la consécration du temps et surtout de la mort.

La lecture finie, MM. les membres du comité, mamoiselle Mars comprise, se regardèrent.

On m'avait fait bisser deux scènes, chose qui arrive rarement : la scène entre la reine et La Calprenède et la scène entre Sentinelli et Monaldeschi.

J'attendais naïvement ; on me fit observer que les délibérations n'avaient pas lieu devant les auteurs, et que j'eusse à attendre dans un salon voisin, où réponse me serait rendue.

J'attendis.

Au bout de dix minutes, Firmin vint me rejoindre.

— Eh bien? lui demandais-je.

— Eh bien, me dit-il, le comité est bien embarrassé.

— Bon! et comment?

— Il ne sait pas si la pièce est classique ou romantique.

— Pourquoi se préoccupe-t-il d'une question de mots? Est-elle bonne? est-elle mauvaise? Voilà tout.

— Mais c'est qu'il n'en sait rien non plus.

— Ah diable! cela se complique. La pièce a-t-elle ennuyé le comité? a-t-elle amusé le comité.

— Elle l'a vivement intéressé.

— C'est quelque chose.

— Sans doute; mais...

— Mais?

— Mais le comité n'ose pas vous recevoir.

— Comment! il n'ose pas me recevoir?

— Non.

— Alors, il me refuse?

— Il n'ose pas non plus vous refuser.

— Bon! je suis reçu à correction?

— Pas précisément.

— Mais enfin qu'a-t-on décidé?

— Que l'on demanderait l'avis de Picard.

— De Picard? Mais il trouvera cela exécrable.

— Pourquoi cela?

— Parce que Picard n'a aucun intérêt à trouver cela bon.

— Picard est un homme de conscience.

— Vieil auteur dramatique et vieux comédien; de plus, de l'Académie; Picard un homme de conscience? Allons donc!

— Vous vous trompez, Picard adore la jeunesse.

— Oh! je les connais, vos bonshommes de l'Académie; j'en vois deux ou trois comme celui-là chez M. Lethière, qui adorent la jeunesse et qui ne peuvent pas souffrir les jeunes gens.

— Vous avez tort.

— Mais enfin que décide-t-on à mon endroit?

— Vous porterez votre manuscrit à Picard.

— Je ne le connais pas.

— Je vous conduirai chez lui.

— Vous le connaissez, vous?

— J'ai été son pensionnaire.

— La décision est-elle irrévocable?

— Non ; mais je vous conseille de vous y soumettre.
— Allons-y tout de suite, alors.
— Vous êtes décidé ?
— Ma foi, oui ! Je suis comme ce condamné à qui on venait annoncer qu'il allait être mis à la torture, et qui répondait : « Bon ! cela fait toujours passer un instant. » Allons chez Picard.
— Allons chez Picard, répéta Firmin.

IV

Où demeurait Picard ? Je n'en sais, ma foi, plus rien.

Je sais qu'il demeurait à un second étage et qu'on nous introduisit *dans son sanctuaire*.

C'est ainsi qu'on appelait à cette époque les cabinets des auteurs dramatiques.

Ce sanctuaire était une immense bibliothèque toute tapissée de livres magnifiquement reliés, — de ces livres qui sont là pour n'être jamais dérangés de leur place.

Sur le rebord de cette bibliothèque, et dans les angles, sur des colonnes, étaient les bustes d'Homère, de Sophocle, de Démosthènes, de Cicéron, de Racine, de Corneille et de Molière.

C'était, on en conviendra, un bien grand orgueil ou une bien grande humilité de la part de M. Picard que de vivre dans l'intimité de pareils hommes.

Picard était un petit bossu à l'œil fin, au nez et au

menton pointus, le Rigaudin de sa *Maison en loterie.*

On l'appelait, à cette époque-là, le descendant de Molière. Je ne lui conteste pas cette légitimité ; mais, en tout cas, c'était un descendant bien descendu.

Il remonta ses lunettes sur son front pour faire accueil à Firmin avec ses vrais yeux.

Firmin avait pour Picard un respect presque filial.

Il explique au descendant de Molière la cause de notre visite.

Picard me regarda à mon tour, mais avec ses lunettes.

— Ah ! voilà le jeune homme ? dit-il.

— Oui, monsieur, le voilà.

— Et vous avez donc fait une tragédie, jeune homme ?

— A peu près.

— Sur quel sujet ?

— Sur Christine.

— Christine de Suède ?

— Oui.

— Qui fait assassiner son amant ?

— Oui.

— Notre confrère Alexandre Duval a déjà fait une tragédie là-dessus.

— Oui, mais pas bonne.

Picard releva ses lunettes.

— Oh ! oh ! fit-il.

— J'ai dit : pas bonne, répétai-je.

— Et qui vous dit, jeune homme, que ce ne soit pas le sujet qui n'était pas bon ?

— A mon avis, il n'y a pas de bons, il n'y a pas de mauvais sujets.

— Ah ! ah !

— Le tout dépend de la façon dont l'auteur les présente à son public.

— Alors, vous avez vos idées arrêtées ?

— Oui, monsieur.

Picard regarda Firmin d'un air qui voulait dire : « Tu l'entends, ce jeune homme a ses idées arrêtées ! »

Et, s'il eût osé, il se fût mis à rire en se frottant les mains, — comme Rigaudin toujours.

— Alors, continua Picard, vous avez fait une *Christine ?*

— J'ai fait une *Christine.*

— Et la Comédie-Française s'en rapporte à mon avis sur l'ouvrage ?

— Je ne dis pas qu'elle s'en rapporte à votre avis ; je dis qu'elle désire avoir votre avis.

— C'est la même chose.

— Pas précisément.

— Donnez-moi cela.

J'allongeai mon manuscrit.

— Très-bien, dit Picard.

— Et quand aurez-vous lu ? demanda timidement Firmin.

— Dans huit jours.

— Vous entendez, dit Firmin, dans huit jours. — N'abusons pas des moments de M. Picard.

Je me levai en répétant :

— Dans huit jours !

Quant à abuser des moments de M. Picard, je me promis bien que ce ne serait jamais moi qui lui ferais perdre son temps.

Nous sortîmes.

— Toisé, dis-je à Firmin en mettant le pied sur le palier.

— Vous avez eu tort aussi de lui parler comme vous avez fait.

— Pourquoi cela ?

— Parce que c'est un patriarche.

— Je ne respecte pas tous les patriarches, Loth, par exemple.

— Vous êtes une mauvaise tête.

— Et votre Picard un mauvais esprit.

Nous nous séparâmes sans avoir échangé une parole. J'avais porté la main sur l'arche sainte ; c'était un miracle que je ne fusse point frappé de mort.

Huit jours après, à l'heure fixe, nous nous présentions à nouveau chez Picard. L'auteur de *la Petite Ville* était dans son sanctuaire.

Mon premier regard découvrit *Christine* à sa droite ; mais je vis, au pincement de ses lèvres, que ce n'était pas comme place d'honneur qu'il l'avait mise là.

— Je vous attendais, nous dit-il avec un mauvais sourire, qui montrait ses dents grises se projetant en avant dans la direction de son nez et de son menton.

— Eh bien ? lui demanda Firmin.

— Eh bien ? répétai-je.

Picard jouait avec mon malheureux manuscrit comme le tigre joue avec l'homme, ou plutôt — ne comparons pas les petites choses aux grandes, ce n'est permis qu'à Virgile, — ou plutôt comme le chat joue avec la souris.

— Mon cher monsieur, me dit-il de sa voix la plus

doucereuse, avez-vous quelque autre moyen d'existence que la carrière des lettres?

— Monsieur, j'ai chez M. le duc d'Orléans une place de quinze cents francs.

— Eh bien, dit Picard me poussant le rouleau entre les mains, allez à votre bureau, jeune homme, allez à votre bureau.

Je le saluai et je sortis le premier.

En me retournant, je vis qu'il parlait à Firmin en lui tenant les deux mains et en haussant les épaules : sa tête avait l'air de sortir de sa poitrine.

Firmin me rejoignit sur l'escalier.

— Quand je vous l'avais dit! lui fis-je.

— Diable! diable! diable! murmura-t-il.

Nous nous séparâmes à l'angle de la rue de Richelieu : lui, pour rentrer au Théâtre-Français ; moi, pour monter à mon bureau de la rue Saint-Honoré.

V

En rentrant, le garçon de bureau me dit :

— Vous êtes sorti!

— Oui, Féresse.

— Eh bien, en votre absence, il est venu un comédien.

— Quel comédien, Féresse?

— M. Lafon.

— M. Lafon de la Comédie-Française?

— Je ne sais pas de quelle comédie il est, mais c'est un comédien.

— Que lui avez-vous dit?

— Il paraissait contrarié de ne pas vous trouver; alors, je lui ai dit : « Oh! il ne tardera pas à rentrer, les employés à quinze cents francs n'ont pas le droit de faire de longues absences. »

— Ah! que vous connaissez bien le code bureaucratique, mon cher Féresse! Et qu'a-t-il dit?

— Il a dit qu'il reviendrait.

— C'est bien, Féresse; allez.

— Comment, que j'aille?

— Allez à vos affaires, et laissez-moi aux miennes.

— Ah! c'est-à-dire à celles de l'administration?

— Oui, Féresse, vous avez raison, et c'est moi qui ai tort.

Féresse sortit en grommelant.

— Que me voulait M. Lafon? Comment M. Lafon s'était-il dérangé pour moi? M. Lafon, un des gros bonnets de la Comédie-Française!

Lafon avait au théâtre un singulier emploi.

Il jouait les chevaliers français.

Qu'entendait-on par *chevaliers français?*

On entendait d'abord les chevaliers français, c'est-à-dire les rôles où l'on portait une toque noire, une plume blanche, une tunique jaune, un pantalon collant, des bottes de buffle et une épée en croix : les Bayard, les Duguesclin, les Raoul, les Tancrède, les Marigny.

Mais on entendait encore tout ce qui s'exprimait en chevalier français.

C'est-à-dire les Orosmane, les Zamore, les Cid, les orphelins de la Chine, les Hippolyte, les Pilade, les Britannicus, les Achille, etc., etc.

Or, une fois pour toutes, il était convenu que Talma était mieux, ou, pour parler plus correctement, avait été mieux dans les Hamlet, les Néron, les Macbeth, les Charles IX, les Richard III et les Othello, c'est-à-dire dans les hommes à remords, les tyrans, les oppresseurs de l'innocence ; mais que Lafon, à son tour, avait le dessus dans les chevaliers français.

C'est-à-dire non-seulement dans les Marigny, les Tancrède, les Raoul, les Duguesclin et les Bayard, mais encore dans les Achille, les Britannicus, les Pilade, les Hippolyte, les orphelins de la Chine, les Cid, les Zamore et les Orosmane, qui n'étaient pas des chevaliers français, il est vrai, mais qui étaient dignes de l'être.

Il va sans dire que c'étaient les sots qui étaient convenus de cela ; mais Casimir Delavigne venait de faire un vers qui avait eu un grand succès à cause de la vérité incontestable qu'il contenait :

Les sots, depuis Adam, sont en majorité.

M. Lafon, comme nous l'avons dit, était donc en possession des chevaliers français, c'est-à-dire de tout ce qui prenait le parti du faible contre le fort, et exprimait, par des sentences plus ou moins rebattues, des sentiments plus ou moins généreux.

C'était un drôle de corps que M. Lafon, et dont jamais personne n'a pu avoir le dernier mot.

Il était Gascon avant tout ; seulement, il était impossible de dire si ses gasconnades étaient d'un homme d'esprit ou d'un sot.

Un artiste du Théâtre-Français, assez médiocre pour son propre compte, et qui, en termes de théâtre, était *égayé* un peu plus souvent qu'à son tour, avait une prodigieuse aptitude à imiter l'accent et la manière de dire de Lafon.

Un jour que X... se livrait dans le foyer des comédiens à son talent d'imitation, — et cela au milieu des rires frénétiques de la joyeuse assemblée, — Lafon entre.

L'acteur se tait, mais les rires continuent.

— Eh bien, demande Lafon avec son accent gascon, si pareil à celui de son imitateur, que c'était le sien, qui semblait en être l'écho, que se passe-t-il donc ici?

— Rien, monsieur Lafon. Vous voyez, on riait, répondit X...

— Oui, mais il me semble que tu m'imitais, X...!

— Oh! monsieur Lafon...

— Je ne t'en veux pas, les grands modèles sont bons à suivre.

— Monsieur Lafon!...

— On dit que tu arrives à me contrefaire de façon miraculeuse.

— Dame, comme vous dites, monsieur Lafon, les grands modèles sont bons à suivre; et, à force de vous étudier...

— Voyons cela, mon ami, voyons cela.

— Oh! monsieur Lafon, devant vous?

— Cela me fera plaisir.

— Vraiment?

— Foi d'Orosmane.

Quand Lafon avait juré par Orosmane, il avait juré par ce qu'il y avait pour lui de plus sacré au monde.

— Puisque vous le voulez absolument, dit X...

— Je t'en prie.

Et X... recommença la tirade.

Lafon l'écouta avec l'attention la plus profonde et de nombreux gestes d'assentiment.

Puis, quand le bouffon eut fini :

— Eh bien, lui demanda Lafon, pourquoi ne joues-tu pas ainsi pour ton compte? On ne te sifflerait pas, mon ami.

Il faut le dire, les rieurs furent du côté de Lafon.

Autre chose :

Un soir, — c'était le soir de la première représentation de *Pierre de Portugal*, — j'étais dans les coulisses du Théâtre-Français, avec Adolphe de Leuven et Lucien Arnault. Entre le premier et le second acte, Lafon, qui jouait don Pierre, avait un changement à faire. Il devait quitter ses habits de prince, et aller visiter Inès déguisé en simple soldat.

Lucien Arnault, l'auteur de la pièce, le voit venir à lui avec un costume brodé sur toutes les coutures et un soleil sur la poitrine.

Lucien, désespéré, croit que Lafon s'est trompé de costume, et qu'il va retarder le second acte en rectifiant son erreur.

Il se précipite vers lui.

— Oh! mon cher Lafon ! lui dit-il, qu'avez-vous donc fait ?

— Comment, ce que j'ai fait ?

— Oui, quel costume avez-vous ?

— Vous n'êtes pas content de mon costume ? Vous êtes difficile, mon cher Lucien ; il est tout flambant neuf.

— Trop flambant, pardieu! c'est ce dont je me plains.
— Qu'y trouvez-vous donc à redire ?
— Mais je trouve que, pour un soldat, vraiment...
— Quoi ?
— Vous avez trop de broderies, de satin, de velours ; ce soleil surtout...

Lafon interrompit Lucien en lui posant la main sur l'épaule.

— Mon cher Lucien, lui dit il avec un sourire que je vois encore, apprenez une chose, c'est que j'aime mieux faire envie que pitié.

Et il lui tourna le dos, et il eut la satisfaction de jouer son second acte, non pas en soldat portugais, non pas en chevalier français, mais en troubadour, comme on disait à cette époque.

Lorsque Lafon parlait de Talma, il avait l'habitude de dire *l'autre*.

Un jour, M. de Lauraguais, impatienté, lui dit :

— Monsieur Lafon, permettez-moi de vous dire qu'il me semble que vous êtes trop souvent *l'un*.

C'était là l'homme qui était venu en mon absence et qui allait revenir.

Que pouvait me vouloir Tancrède ?

VI

Pendant que je m'interrogeais moi-même, la porte de mon cabinet s'ouvrit et Féresse annonça :

— M. Lafon!

— Faites entrer, répondis-je en me levant.

M. Lafon congédia Féresse d'un geste superbe, dans lequel il y avait à la fois des remercîments et de la supériorité.

Puis il resta dans l'encadrement de la porte.

— Pardon, dit-il, monsieur, si je me permets de me présenter sans être connu de vous.

— Sans être connu de moi, monsieur Lafon? répondis-je. Mais vous êtes connu du monde entier!

— Comme artiste, monsieur, c'est vrai. J'aurais donc dû dire, sans être personnellement connu de vous.

— Donnez-vous d'abord la peine d'entrer, monsieur.

M. Lafon fit un signe de remercîment, mais demeura à la même place.

— Monsieur, dit-il, vous avez fait une tragédie sur la reine Christine.

Toutes mes tribulations repassèrent devant mes yeux.

— Hélas! répondis-je, je ne puis le nier.

— Vous auriez tort de le nier, monsieur. Il paraît qu'il y a de grandes beautés dans cet ouvrage.

— Vous êtes trop bon.

— C'est l'avis de tout le monde.

— Excepté celui de M. Picard.

— Picard! qu'est-ce que c'est que cela?

— C'est Picard; vous ne connaissez pas Picard, monsieur Lafon?

— Ah! oui, l'auteur de *la Petite Ville*. Eh bien, mais que vous importe l'avis de M. Picard?

— Il ne m'importe pas à moi, mais il paraît qu'il importe au Théâtre-Français, qui le lui a demandé, et qui, à ce qu'il paraît, l'attend pour décider en dernier ressort de ma pièce.

— Votre pièce est reçue, monsieur.

— Je ne crois pas.

— Elle est reçue, et, la preuve, c'est que je viens vous dire : Monsieur Dumas, est-ce qu'il n'y a pas dans votre ouvrage un gaillard bien campé, qui, au moment où Christine veut faire assassiner le malheureux Monaldeschi, vient dire à cette drôlesse de reine : « Majesté, vous n'en avez pas le droit, non, non, non, vous n'en avez pas le droit. »

— Ah ! sapristi ! monsieur Lafon, vous m'y faites songer ; seulement, c'est trop tard. Non, ce rôle n'y est pas, je conviens que ce rôle manque, monsieur Lafon.

— Oh ! oh ! oh !

— Que voulez-vous ! je suis un apprenti.

— Et l'on ne peut pas l'y introduire ? Je vous réponds que l'ouvrage y gagnerait, monsieur.

— Je n'en doute pas, mais il n'a pas été fait à ce point de vue-là.

— Comment ! monsieur, il n'y a pas, dans toute la cour de Louis XIV, un chevalier français qui, comme le Talbot de *Jeanne d'Arc*, plaida la cause de ce malheureux étranger ?

— Non.

— C'est impossible, permettez-moi de vous le dire.

— D'abord, ce fut ainsi dans la réalité, monsieur Lafon. L'assassinat fut instantané ; la chose se passait à quinze lieues de Paris, à dix-neuf de Versailles : cette instantanéité est la seule excuse de la reine.

— Elle n'en a pas, monsieur, dit Lafon indigné.

— C'est vrai, monsieur, et je suis de votre avis en bonne moralité. Non, elle n'a pas d'excuse; mais, si elle en avait une, la seule qu'elle pourrait avoir, c'est la passion, l'emportement, la violence. Il est évident que, si elle réfléchit, Monaldeschi ne doit pas mourir. Mais enfin, vous comprenez, puisqu'il est mort, il faut en prendre notre parti.

— Mais il me semble, monsieur Dumas, que M. Mazarin lui-même a écrit à cette occasion une lettre.

— A laquelle Christine a répondu par une autre qui commençait ainsi : « Très-illustre faquin... » Vous ne voudriez pas jouer Mazarin dans de pareilles conditions, n'est pas ?

— Non, monsieur, non. Mais enfin quels sont les autres rôles ?

— Dame, il y a celui de Sentinelli.

— Sentinelli, Sentinelli... Que fait celui-là ?

— Il assassine impitoyablement son ancien ami.

— Oh ! le misérable !

— Cela ne vous convient pas.

— Non.

— Il y a celui de Monaldeschi.

— De la victime ?

— De la victime.

— Est-elle intéressante, la victime ?

— Moins qu'Iphigénie.

— Moins qu'Iphigénie ! et pourquoi cela ?

— Parce qu'Iphigénie marche à l'autel en véritable héroïne de tragédie qu'elle est, consolant son père et sa mère, tandis que Monaldeschi...

— Tandis que Monaldeschi... ?
— Je dois l'avouer, meurt assez misérablement.
— Comment ! il ne marche pas à l'autel la tête haute ?
— D'abord, il n'y a pas d'autel.
— Non ; mais c'est une manière de parler. Comment donc meurt-il ?
— La tête basse, monsieur Lafon, implorant la miséricorde de la reine, en se traînant à ses pieds, en appelant au secours.
— Mais c'est donc un lâche ?
— Vous avez dit le grand mot. Eh bien, oui, monsieur Lafon, c'est un lâche.
— Et vous avez osé mettre en scène un pareil bélître ?
— Je l'ai osé.
— Et vous croyez que votre Monaldeschi passera ?
— Je l'espère.

Il secoua la tête.

— Que voulez-vous, monsieur Lafon ! nous sommes des réformateurs ; nous voulons ramener la nature sur la scène.
— La nature ? fit M. Lafon en haussant les épaules.
— La nature, eh ! mon Dieu, oui.
— Vous savez ce que M. de Voltaire disait à propos de la nature ?
— Je le sais, monsieur Lafon ; mais n'importe, je voudrais entendre sortir cette belle maxime de votre bouche.
— Il disait : « Mon... aussi est dans la nature, et je ne le montre pas au public. »
— Il lui montrait quelque chose de bien plus laid que cela à mon avis, monsieur Lafon.
— Que lui montrait-il ?

12.

— Il lui montrait Othello déguisé en Orosmane, et lady Hamlet déguisée en Sémiramis.

— Comment, monsieur Dumas, vous n'admirez pas Orosmane ?

— Non, monsieur Lafon.

— Vous n'admirez pas Sémiramis ?

— Non, monsieur Lafon.

— Mais qu'admirez vous-donc ?

— Tout Eschyle, presque tout Sophocle, un peu d'Euripide chez les anciens ; tout Shakspeare, tout Molière, beaucoup de Corneille, beaucoup de Racine, le *Mariage de Figaro* et le *Barbier de Séville*.

— Et vous m'admirez pas Orosmane quand il dit à Nérestan :

> Te serais-tu flatté
> D'égaler Orosmane en générosité ?

— Non, monsieur Lafon.

— Vous n'admirez pas Tancrède quand il dit à Orbassan :

> Toi, superbe Orbassan, c'est toi que je défie ;
> Viens mourir de ma main ou m'arracher la vie.

— Non, monsieur Lafon.

— Vous n'admirez pas Fernand quand il dit à Zamore :

> Des dieux que nous servons, connais la différence :
> Les tiens t'ont commandé le meurtre et la vengeance,
> Et le mien, quand ton bras vient de m'assassiner,
> M'ordonne de te plaindre et de te pardonner.

— Non, monsieur Lafon.

— Alors, monsieur, je comprends que vous n'ayez pas mis dans votre *Christine* un gaillard bien posé qui dise à cette drôlesse de reine : « Votre Majesté n'a pas le droit d'assassiner ce pauvre homme. Non, non, non, elle n'en a pas le droit. »

— Et, du moment que je n'ai pas mis ce gaillard-là dans ma *Christine*...?

— Monsieur, ma visite n'a plus d'objet. Votre très-humble serviteur, monsieur Dumas ; bien du succès à votre *Christine !*

— Merci de votre bon souhait, monsieur Lafon, et, si jamais, dans un sujet qui le comportera, il se trouve un gaillard... bien posé...

— Vous songerez à moi.

— Je vous le promets, monsieur Lafon.

La porte se referma. Jamais depuis je n'ai revu Lafon.

Huit jours après, je relus *Christine*, laquelle fut reçue à l'unanimité.

VII

Six semaines ou deux mois après la réception de *Christine*, il fut question de sa mise en répétition. J'avais obtenu un tour de faveur; je passais sur le corps à des malheureux qui attendaient depuis vingt-cinq ans.

Personne autour de moi ne voulait le croire.

Un jour, on m'annonça mademoiselle Mars, comme on m'avait annoncé M. Lafon.

L'annonce, je l'avoue, m'ébouriffa.

Mademoiselle Mars venant me trouver dans mon pauvre petit bureau !

— Mademoiselle Mars ? demandai-je.

— Mademoiselle Mars, répéta Féresse.

— Quelle mademoiselle Mars ?

— Est-ce qu'il y a deux mademoiselle Mars ? dit de l'antichambre une voix dont je reconnus le timbre charmant.

— Comment ! vous, vous en personne ? m'écriai-je en me précipitant vers la porte.

— Sans doute. Puisque vous ne venez pas voir vos acteurs, il faut bien que les acteurs viennent voir leur auteur.

— Ah ! madame, je n'eusse point osé me permettre de me présenter chez vous.

— Du moment que l'on est reçu à la Comédie-Française, on est reçu chez les comédiens français.

— Je l'ignorais, madame.

— Oh ! il y a bien des choses que vous ignorez. Vous ignorez que je viens ici pour causer avec vous ; que la causerie doit durer quelque temps, et que, par conséquent, il faut m'offrir une chaise.

Je me précipitai sur la première chaise venue.

— Voici, madame, voici.

— Et vous, où allez-vous vous mettre ? Voyons, passez à votre place.

— Je passai à ma place.

— Asseyez-vous.

Je m'assis.

— Eh bien, voyons : comment distribuons-nous cet pièce-là ?

— D'abord, vous, Christine.
— C'est convenu.
— Firmin, Monaldeschi.
— Il ne sera pas bien partout, mais il aura certains moments. Cela peut aller.
— Périer, Sentinelli.
— Oh! oh! oh! oh! oh!
— Pourquoi pas, madame?
— Est-ce que Périer joue de la tragédie? Allons donc.
— Ma tragédie est-elle véritablement une tragédie? Et vous-même...?
— Je ne dis pas; mais, dans mon rôle, il y a beaucoup de comédie, tandis que, dans celui de Sentinelli, il n'y a pas le plus petit mot pour rire.
— Ça, c'est vrai, je l'avoue.
— Ce n'est pas vous qui, de vous-même, avez fait cette distribution-là.
— Je l'avoue encore.
— C'est Firmin qui vous l'a fait faire.
— Vous avez le don de seconde vue, madame.
— Non; seulement, je connais les coulisses, mon cher monsieur. Mais ce n'était pas Perrier qu'il vous fallait là dedans.
— Que me fallait-il donc?
— C'était Ligier. Ligier, c'est Sentinelli tout craché; ses défauts sont faits pour ce rôle-là. Comment n'avez-vous pas pensé à lui?
— Si fait, j'y ai pensé.
— C'est cela; seulement, on vous a fait penser à un autre.

— Puisque je suis à confesse, je ne veux pas mentir : c'est vrai.

— Ah! mon petit Firmin, je te reconnais bien là! Croyez-moi, mon cher monsieur, quand vous ferez une comédie, donnez un rôle de comédie à Périer; mais, quand vous ferez une tragédie, donnez le rôle du tragédien à Ligier.

— Croyez, que je suis désespéré.

— Oh! ce n'est pas pour moi, comprenez bien, ce que j'en dis; c'est pour vous. Qu'est-ce que cela me fait à moi? Mes scènes ne sont pas avec Périer.

— Croyez, madame, que je suis parfaitement convaincu que mon intérêt seul vous fait parler.

— Alors, maintenant qu'il est bien entendu que, s'il est possible, vous rendez le rôle à Ligier, et que notre distribution principale est faite, ou à peu près, voulez-vous que je vous fasse quelques observations sur quelques-uns de vos vers?

— Comment donc, madame! mais je les recevrai à genoux.

— Oh! à genoux, à genoux; je connais cela.

— Quelles observations, madame?

— Eh bien, il y a d'abord dans ma scène du premier acte, entre moi, La Calprenède... A propos, qui joue La Calprenède?

— Samson.

— Pas mal. Eh bien, il y a dans cette scène-là une vingtaine de vers que je n'aime pas.

— Une vingtaine de vers? Diable!

— Oh! moi, vous savez, je suis saint Jean Bouche-d'or.

— Vous êtes mieux que cela, vous êtes sainte Jeanne Bouche-de-perle.

Elle me regarda.

— Ah! c'est vrai, dit-elle, vous êtes du pays de Demoustier.

— Et quels sont ces vers?

— Attendez, attendez.

Et elle tira de sa poche un rouleau.

— Qu'est-ce que c'est que cela? demandai-je.

— Mon rôle.

— Déjà copié?

— Non-seulement déjà copié, mais déjà su.

— Je vous en fais mon compliment.

Mademoiselle Mars ouvrit son rôle juste à l'endroit où se trouvaient les vers qui lui déplaisaient, — au reste la page était cornée — et elle lut — il va sans dire que ce ne fut pas de manière à les faire valoir — les vers suivants :

Oh! lorsqu'il est écrit sur le livre du sort
Qu'un homme vient de naître au front large, au cœur fort,
Et que Dieu sur ce front, qu'il a pris pour victime,
A mis du bout du doigt une flamme sublime,
Au-dessous de ces mots, la même main écrit:
« Tu seras malheureux, si tu n'es pas proscrit; »
Car, à ses premiers pas sur la terre où nous sommes,
Son regard dédaigneux prend en mépris les hommes.
Comme il est plus grand qu'eux, il voit avec ennui
Qu'il faut vers eux descendre ou les hausser vers lui;
Alors, dans son sentier profond et solitaire,
Passant sans se mêler aux enfants de la terre,
Il dit aux vents, aux flots, aux étoiles, aux bois,
Les chants de sa grande âme avec sa forte voix.

La foule entend ces chants, elle crie au délire,
Et, ne comprenant point, elle se prend à rire;
Mais, à pas de géant, sur un pic élevé,
Après de longs efforts, lorsqu'il est arrivé,
Reconnaissant sa sphère en ces zones nouvelles
Et sentant assez d'air pour ses puissantes ailes,
Il part majestueux; et qui le voit d'en bas,
Qui tente de le suivre et qui ne le peut pas,
Le voyant à ses yeux échapper comme un rêve,
Pense qu'il diminue à cause qu'il s'élève,
Croit qu'il doit s'arrêter où le perd son adieu,
Le cherche dans la nuit : — il est aux pieds de Dieu.

Je relis aujourd'hui ces vers, après vingt-huit ou vingt-neuf ans; on en a fait de meilleurs, mais on en a fait beaucoup de pires.

A cette époque, je les regardais comme les plus beaux qui eussent jamais été faits. C'était une espèce de tribut d'admiration moitié à Corneille, moitié à Hugo. Cependant, j'étais loin de me douter, à cette époque, que ce vers serait un jour applicable, à Hugo, comme à Homère comme à Dante :

Tu seras malheureux, si tu n'es pas proscrit.

Je fus donc tout absourdi, je l'avoue, que ce fût sur ces vers-là que tombât la censure de mademoiselle Mars. Aussi les défendis-je avec acharnement.

Au bout de quelques minutes de discussion, mademoiselle Mars se leva, et, d'un air aussi pincé en sortant qu'il avait été gracieux en entrant :

— Eh bien, soit, fit-elle, puisque vous y tenez tant, on les dira, vos vers; mais vous verrez l'effet qu'ils feront.

Hélas! je n'eus pas la satisfaction de voir l'effet qu'ils faisaient, dans cette jolie bouche, du moins. Non-seulement mademoiselle Mars ne les dit jamais devant le public, puisque la pièce ne fut pas jouée, mais encore, quoique la pièce ait été répétée, elle ne les dit jamais devant moi.

A la première répétition, comme le souffleur lui envoyait ces vers, qu'il croyait oubliés par elle :

— Passez! passez! dit-elle; l'auteur compte les couper.

Après la répétition, j'allai à Garnier.

— Mais non, lui dis-je, je ne compte pas du tout couper ces vers-là. Je compte, au contraire, les laisser et désire qu'ils soient dits.

— Ah diable! fit Garnier.

— Quoi, « Ah diable? »

— Je dis : Ah diable!

— Je vous entends bien, et je demande ce que signifie *Ah diable!*

— Cela signifie que, si mademoiselle Mars ne veut pas dire vos vers, elle ne les dira pas.

— Comment, elle ne les dira pas?

— Non. Écoutez; je la connais...

— Je n'en doute pas.

— Je la souffle depuis trente ans; c'est comme si je l'habillais.

— Cependant, si l'on joue la pièce, il faudra bien qu'elle les dise.

— Oui, si elle joue la pièce, mais elle ne la jouera pas.

— Soit; une autre la jouera, alors. Ce n'est pas moi qui lui ai offert le rôle, c'est elle qui me l'a demandé!

— Ça n'y fait rien; elle ne la jouera pas, et une autre ne la jouera pas. Oh! je la sais par cœur, la sirène.

— Écoutez, monsieur Garnier.

— J'écoute.

— Il y a répétition demain.

— Oui.

— Je n'y viendrai pas.

— Vous avez tort.

— Pourquoi cela?

— Je suis un vieux rat de théâtre, moi.

— Eh bien?

— Qui quitte la partie la perd.

— Au contraire, je m'en vais pour échapper à la fascination.

— Après?

— Vous lui direz que je la prie de dire les vers en question, attendu que, moi, je ne les couperai pas.

— Je ferai votre commission; mais elle ne les dira pas.

— Elle ne les dira pas?

— Non, pas même à la répétition.

— Oh! oh! c'est un peu fort!

— Vous verrez.

— Ah çà! mais tout le monde est donc maître ici?

— Mon cher monsieur Dumas, écoutez bien ceci; c'est le résultat de trente ans de contemplation, d'étude et de réflexion : ici, tout le monde a des droits, personne n'a de devoirs.

— C'est profond, ce que vous me dites là, monsieur Garnier.

Il me posa la main sur l'épaule.

— Quand vous connaîtrez le Théâtre-Français, vous serez de mon avis.

— J'en suis déjà, monsieur Garnier.

— Et vous supprimez vos vers?

— Je les maintiens.

— Vous ne serez pas joué.

— Je ne serai pas joué, ou je le serai avec mes vers.

— Ainsi, vous ne venez pas à la répétition demain?

— Non.

— Et vous persistez à me charger de la commission en question?

— Je persiste.

— Adieu, monsieur Dumas.

— Au revoir, vous voulez dire?

— Adieu.

— Comment, adieu?

— Votre répétition de demain est la dernière.

— La dernière?

— Je sais ce que je dis.

— Allons donc!

— Vous verrez.

— Nous verrons.

— Il est encore temps.

— Monsieur Garnier, mademoiselle Mars dira les vers, ou ne jouera pas le rôle.

— Elle ne jouera pas le rôle, et la pièce ne sera pas jouée, au Théâtre-Français du moins.

— *Habent sua fata libelli.*

— Mon cher monsieur Dumas, je ne sais pas si vous

faites une faute de latin; mais vous faites, à coup sûr, une faute d'arithmétique.

Et nous nous quittâmes ainsi.

VIII

Le lendemain, mademoiselle Mars vint à la répétition. Comme la veille, elle voulut passer les vers; comme la veille, Garnier les lui souffla.

— Inutile, répéta comme la veille mademoiselle Mars; l'auteur coupera ces vers.

— Je crois que vous vous trompez, mademoiselle Mars; il ne les coupera point.

— Comment, il ne les coupera point?

— Non.

— Vous en êtes sûr, Garnier?

— J'en réponds.

— Bien; alors, continuons.

Et mademoiselle Mars continua sans faire d'autre observation, mais en passant les vers.

Le soir, j'allai au Théâtre-Français.

— Y a-t-il répétition demain? demandai-je au secrétaire.

— Certainement qu'il y a répétition. Pourquoi me demandez-vous cela?

— Pour rien. Je voulais savoir.

— Oui, oui, oui, fit-il, il y a répétition.

Et il se remit à sa copie.

Le lendemain, j'arrivai à heure fixe.

— Eh bien, dis-je à Garnier, il y a répétition.

Il ne me répondit pas et se mit à fredonner le vaudeville du *Mariage de Figaro* :

— Jean Jeannot, jaloux risible...

— Vous n'entendez pas, lui dis-je, il y a répétition.

Il continua :

— Veut avoir femme et repos...

— Non, c'est que vous avez dit qu'il n'y aurait pas de répétition.

— Il achète un chien terrible...

— Et il y a répétition.

— Et le lâche en son enclos...

— Allons, messieurs, en scène ! cria le garçon de théâtre.

— Allons, messieurs, en scène, répétai-je.

— Et mademoiselle Mars ? dit une voix.

Garnier s'entêtait :

— La nuit quel vacarme horrible...

— Mademoiselle Mars n'est pas de la première scène, dis-je, elle arrivera avant la seconde.

— Le chien court, tout est mordu...

— Allons, allons, Garnier, à votre trou.

— Hors l'amant, qui l'a vendu !

acheva Garnier en se glissant dans son trou.

La scène commença, eut son cours et s'acheva.

Puis il se fit un silence.

— Eh bien? demandai-je.

— Mademoiselle Mars n'est pas arrivée.

— Attendons un instant.

— Une lettre de mademoiselle Mars, dit un second garçon de théâtre.

— Pour qui?

— Pour le directeur.

— Il n'est pas là.

— Où est-il?

— Dans son cabinet.

Le garçon de théâtre disparut.

Cinq minutes après, le directeur entra en scène.

— Monsieur Dumas, me dit-il, mademoiselle Mars vous fait ses excuses. Elle est un peu indisposée, et demande que l'on répète sans elle, ou qu'on mette la répétition à demain.

— Que l'on répète sans elle? m'écriai-je. Impossible! Elle a le principal rôle.

— Alors, dit le directeur, remettons la répétition à demain.

— Oui, à demain, répondis-je, cela vaut mieux.

Puis, me retournant vers Garnier :

— A demain, Garnier; vous entendez, lui dis-je.

— Oui, j'entends.

Et, avec un signe de tête d'une inimitable expression, il fredonna :

A demain,
Demain, demain, demain,
Demain, de bon matin,

Remettons la partie.
    A demain,
Demain, demain, demain,
De votre tragédie
Nous verrons la fin !

Le lendemain, l'indisposition de mademoiselle Mars continuant, il n'y eut pas de répétition, ni le surlendemain, ni les jours suivants, ni jamais !

De sorte que *Christine* fut jouée à l'Odéon par mademoiselle Georges, au lieu d'être jouée au Théâtre-Français par mademoiselle Mars.

Il en résulta que Ligier, qui était sorti du Théâtre-Français parce qu'il ne jouait pas Sentinelli, joua Sentinelli à l'Odéon.

O grand prophète Garnier ! toi qui avais du moins l'avantage sur tes prédécesseurs Ézéchiel, Daniel, Jérémie, Habacuc et saint Jean, d'être clair comme l'eau de roche, que tu avais bien raison de dire que tu connaissais mademoiselle Mars comme sa couturière !

IX

J'avais bien vu qu'il fallait me résigner.

D'ailleurs, M. Brault, poëte dramatique dont la carrière avait dévié, et qui avait été préfet, après avoir perdu sa préfecture, avait fait une tragédie de *Christine* et était venu la lire au Théâtre-Français.

C'était une pièce complétement jetée dans le moule

classique, et qui n'avait qu'un tort : c'était de venir vingt ans trop tard.

Mais ce qui serait un tort dans un autre théâtre est une recommandation au Théâtre-Français.

La pièce de M. Brault fut reçue en haine de ma pièce.

On voit que j'étais prédestiné ; j'avais déjà des haines avant d'avoir rien fait.

J'avais le droit pour moi, je pouvais chanter comme Roger :

> Dans mon bon droit j'ai confiance.

Mais trois choses m'empêchaient de chanter ce beau vers.

La première, l'opéra des *Huguenots* n'était pas fait ;

La seconde, je n'ai jamais chanté, même le vaudeville final de *Figaro* ;

La troisième, je n'ai jamais eu confiance dans mon bon droit.

Il en résulta — il est vrai que l'expérience de mon ami Garnier me guidait dans ce dédale — il en résulta que je fis mon deuil de *Christine*.

Et j'eus bien raison.

Il y avait au Théâtre-Français une artiste nommée madame Valmonzey, qui n'a laissé aucun souvenir comme talent, mais qui a laissé quelques souvenirs comme beauté.

Le rôle avait été distribué à madame Valmonzey.

Madame Valmonzey était l'amie d'un homme de lettres nommé M. Évariste Dumoulin, lequel rendait compte du Théâtre-Français au *Constitutionnel*.

Le Constitutionnel m'a toujours été fatal.

L'influence de M. Évariste Dumoulin fit que la *Christine* de M. Brault fut mise en répétition.

Je pouvais me plaindre, faire un procès, le gagner même.

On me dépêcha le fils de M. Brault, charmant jeune homme qui, au nom de son père mourant, vint me prier de lui céder mon tour.

J'ai toujours un peu fait le grand seigneur, que je gagnasse quinze cents francs ou cent cinquante mille francs par an. Ma mère et moi attendions la représentation de *Christine* pour manger.

Je donnai à M. Brault mourant mon tour de *Christine*. Je crois, autant que je puis me le rappeler, qu'il eut la satisfaction de voir la représentation de sa pièce avant sa mort.

J'étais payé.

Mais ma pièce venait derrière une pièce de M. Fulchiron, reçue en 1806.

Elle reprenait son tour. C'était trop juste; j'avais cédé le mien.

Il est vrai que Garnier me soufflait tout bas :

— Faites-en une autre; donnez le rôle à mademoiselle Mars. Ne lui faites pas de vers de trente-six pieds au lieu de vers de douze. Ne la contrariez en rien, et votre pièce sera jouée.

— Mais, dis-je à mon protecteur, on fait les vers comme on peut, mon cher Garnier. J'ai envie de faire ma pièce en prose.

— Ce sera encore mieux.

— Je vais chercher un sujet.

— Vous n'en avez pas encore un dans la tête ?
— Ma foi, non.
— Cherchez.
— Je rentre pour cela.

Et je rentrai effectivement.

Mais, avant de me renfermer dans mon bureau, j'avais un confident auquel, par un reste de penchant pour la tragédie, j'aimais à raconter ce qui s'était passé.

Ce confident, c'était un bon ami à moi, nommé de la Ponce, lequel bon ami m'avait appris beaucoup d'italien et un peu d'allemand.

Je pris le premier prétexte venu et j'entrai aux bureaux de la comptabilité, situés au troisième étage.

Le mien était au second.

De la Ponce n'était point à son poste, mais sur son bureau était un volume d'Anquetil tout ouvert.

Je jetai machinalement les yeux sur le volume, et je lus à la page 95 les lignes suivantes :

« Quoique attaché au roi, et par état ennemi du duc de Guise, Saint-Mégrin n'en aimait pas moins la duchesse Catherine de Clèves, et l'on dit qu'il en était aimé. L'auteur de cette anecdote nous représente l'époux indifférent sur l'infidélité réelle ou prétendue de sa femme ; il résista aux instances que les parents lui faisaient de se venger, et ne punit l'indiscrétion ou le crime de la duchesse que par une plaisanterie.

» Il entra un jour de grand matin dans sa chambre tenant une potion d'une main et un poignard de l'autre. Après un réveil brusque, suivi de quelques reproches :

» — Déterminez-vous, lui dit-il d'un ton de fureur, à mourir par le poignard ou par le poison.

» En vain demande-t-elle grâce, il la force de choisir. Elle avale le breuvage et se met à genoux, se recommandant à Dieu et n'attendant plus que la mort. Une heure se passe dans ces alarmes. Le duc alors rentre avec un visage serein et lui apprend que ce qu'elle a pris pour du poison est un ecxellent consommé. Sans doute, la leçon la rendit plus circonspecte par la suite. »

Je ne sais pourquoi l'anecdote, comme l'appelle M. Anquetil, me frappa. J'empruntai le volume et j'eus recours à la *Biographie*, article Saint-Mégrin.

La *Biographie* me renvoya aux *Mémoires de l'Estoile*.

J'ignorais complétement ce que c'était que les *Mémoires de l'Estoile*.

Un vieux savant de mes amis non-seulement me renseigna, mais encore me prêta le livre.

Je rentrai. Je cherchai, et, tome premier, page 35, je trouvai le paragraphe suivant :

« Saint-Mégrin, jeune gentilhomme bourdelois, beau, riche et de bonne part, l'un des mignons fraisés du roi, sortant à onze heures du soir du Louvre, où le roi étoit, en la même rue du Louvre, vers la rue Saint-Honoré, fut chargé de coups de pistolets, d'épées et de coutelas par vingt ou trente hommes inconnus, qui le laissèrent sur le pavé pour mort, comme aussi mourut-il le jour ensuivant, et fut merveille comment il put tant vivre, étant atteint de trente-quatre ou trente-cinq coups mortels. Le roi fit porter son corps mort au logis de Boisy, près la Bastille, où étoit mort Quélus, son compagnon, et enterré à Saint-Paul avec même pompe et solennité qu'avoient été auparavant inhumés, dans ladite église, Quélus et Maugiron, ses compagnons.

» Et de cet assassinat ne fut fait aucune instance, Sa Majesté étant bien avertie que le duc de Guise l'avoit fait faire pour le bruit qu'avoit ce mignon d'entretenir sa femme, et que celui qui avoit fait le coup portoit la barbe et la contenance du duc de Mayenne, son frère.

» Les nouvelles venues au roi de Navarre, il dit :

» — Je sais bon gré au duc de Guise, mon cousin, de n'avoir pu souffrir qu'un mignon de couchette comme Saint-Mégrin le fît cocu; c'est ainsi qu'il faudroit accoutrer tous les autres petits galants de cour qui se mêlent d'approcher les princesses pour les muguetter et leur faire l'amour. »

— Diable ! me dis-je après avoir lu ce paragraphe, il me semble que, si le duc de Guise a plaisanté avec la maîtresse, il n'a pas plaisanté avec l'amant.

Puis, comme les *Mémoires de l'Estoile*, dans leur style naïf et coloré à la fois, m'inspiraient une grande curiosité, je continuai de lire.

Quelques pages plus loin, je trouvai l'*anecdote* suivante :

« Le mercredi 19 août, Bussy d'Amboise, premier gentilhomme de M. le Duc, gouverneur d'Anjou, abbé de Bourgueil, qui faisoit tant le grand et le hautain à cause de la faveur de son maître et qui avoit tant fait de maux et pilleries ès pays d'Anjou et du Mayne, fut tué par le seigneur de Monsoreau, ensemble avec lui le lieutenant criminel de Saumur, en une maison dudit seigneur de Monsoreau, où la nuit ledit lieutenant, qui étoit son messager d'amour, l'avoit conduit pour coucher cette nuit-là avec la femme dudit Monsoreau, à laquelle Bussy, dès longtemps, faisoit l'amour, et auquel ladite dame avoit donné exprès cette fausse assignation pour le faire surprendre par Monsoreau, son mari; à laquelle comparaissant vers le minuit, fut aussitôt investi et assailli par dix ou douze qui accompagnoient le seigneur de Monsoreau, lesquels de furie se ruèrent sur lui pour le massacrer. Ce gentilhomme, se voyant si pauvrement trahi et qu'il étoit seul (comme on ne s'accompagne guère pour de telles expéditions), ne laissa pourtant pas de se défendre jusqu'au bout, montrant que la peur, comme il disoit souvent, jamais n'avoit trouvé place en son cœur, car, tant qu'il lui demeura un morceau d'épée dans la main, il combattit toujours et jusques à la poignée, et après s'aida des tables, bancs, chaises et escabelles, avec lesquels il en blessa trois ou quatre de ses ennemis. Jusqu'à ce qu'étant vaincu par la multitude, et dénué de toute arme et instrument pour se défendre, fut assommé près d'une fenêtre par laquelle il se cuidoit sauver. Telle fut la fin du capitaine Bussy. »

Par quel mécanisme de l'intelligence la mort de Bussy se souda-t-elle à celle de Saint-Mégrin ? Ce me serait impossible à dire.

Ce que je sais, c'est qu'avec ces deux fragments des *Mémoires de l'Estoile* et une scène de *l'Abbé* de Walter Scott, où Murrey veut faire signer à Marie Stuart son abdication, je fis en deux mois mon drame de *Henri III*.

La création du petit page m'appartenait entièrement, de même que le développement des caractères de Saint-Mégrin et de la duchesse de Guise.

Plus, toute l'intrigue de la pièce.

Je lus *Henri III* chez Nestor Roqueplan.

La lecture eut le plus grand succès.

Firmin était présent, les applaudissements lui firent un grand effet.

Il organisa une lecture chez lui à laquelle devaient assister Taylor et Béranger.

De plus, Michelot, Samson, mademoiselle Mars, mademoiselle Leverd.

Cette deuxième lecture ne fit que confirmer le succès de la première.

On décida, séance tenante, que, le lendemain, jour de comité, les artistes présents demanderaient une lecture extraordinaire, et qu'en s'appuyant du premier tour de faveur qui m'avait été accordé pour *Christine* et que j'avais cédé à M. Brault, on en demanderait pour moi un second.

Le même soir, Firmin me prit à part.

— Écoutez, me dit-il ; je vous demande une grâce.

— Laquelle ?

— C'est de me donner le rôle du petit page.

— Pour vous?

— Non, pour cette belle enfant-là.

Et il me montra Louise Despréaux, qui devint plus tard madame Allan.

— Je crois bien !

— C'est mon élève et je vous réponds d'elle.

— C'est convenu.

— Votre parole d'honneur?

— Parole d'honneur.

Il appela la jeune fille.

— Louise ?

Louise, qui se doutait probablement de ce qui nous occupait, accourut.

— Tu l'as, dit Firmin.

— Oh! que je suis contente! s'écria-t-elle en sautant de joie.

— Embrasse-le.

— Volontiers.

Et, dans sa joie, elle me jeta les deux bras au cou.

— Mais, sérieusement, là, dit-elle, quelque chose que fasse mademoiselle Mars pour me le retirer?

— Mademoiselle Mars? Pourquoi mademoiselle Mars ferait-elle quelque chose pour vous retirer un rôle?

— Quelque chose que fasse mademoiselle Mars pour me l'ôter? répéta Louise.

Je regardai Firmin.

— Elle sait parfaitement ce qu'elle dit, ajouta Firmin.

Je fis un mouvement qui signifiait : « Puisqu'elle sait ce qu'elle dit, je n'ai pas besoin de le savoir, moi. »

— Quelque chose que fasse mademoiselle Mars pour vous l'ôter, répétai-je.

Et je fus embrassé une seconde fois.

Le lendemain, je recevais ma lettre d'avis.

Henri III fut lu le 1er septembre 1828 et reçu par acclamation.

Après la lecture, on m'appela dans le cabinet du directeur.

J'y trouvai mademoiselle Mars. Elle aborda la question avec cette sorte de brutalité qui lui était habituelle.

— Ah! c'est vous, dit-elle. Il s'agit ici de ne point faire les mêmes bêtises que pour *Christine*.

— Quelles bêtises, madame? lui répondis-je.

— Dans la distribution.

— Ah! c'est vrai; j'avais eu l'honneur de vous distribuer le rôle de Christine et vous ne l'avez pas joué.

— C'est possible : il y a bien des choses à dire là-dessus; mais je vous promets que je jouerai celui de la duchesse de Guise.

— Alors, vous vous le distribuez?

— Mais sans doute. Ne m'était-il pas destiné?

— Si fait, Madame.

— Eh bien, alors?

— Aussi je vous remercie bien sincèrement.

— Maintenant, le duc de Guise... A qui donnez-vous le duc de Guise?

— A Ligier.

— Il n'est plus ici.

— Où est-il?

— A l'Odéon. En son absence, vous n'avez que Michelot qui puisse vous jouer cela.

— Pardon, madame, Michelot est comme Périer, il ne joue que de la comédie.

— Il jouera très-bien le duc de Guise.

— Madame, il ne le jouera ni bien ni mal.

— Pourquoi cela?

— Mais pour une raison toute simple : c'est qu'il ne le jouera pas.

— Et que jouera-t-il?

— Il jouera Henri III.

— Henri III, le gros Michelot?

— Henri III, oui, madame.

— Allons donc! C'est à Armand que convient le rôle d'Henri.

— Il lui convient peut-être, madame; mais c'est Michelot qui le jouera.

— Mais qu'avez-vous donc contre Armand?

— Moi, madame? Absolument rien. Je n'ai pas l'honneur de le connaître...

— Eh bien, alors?

— Vous ne me laissez pas achever. Je n'ai pas l'honneur de le connaître autrement que de réputation.

— Vous croyez à ces calomnies, vous!

— A quelles calomnies?

— Vous savez bien ce que je veux dire.

— Non, madame, je n'y crois pas; mais j'ai peur que d'autres n'y croient.

— Je vous préviens que j'en ai déjà parlé à Armand.

— Vous avez eu tort, madame.

— Je me suis engagée.

— Vous vous dégagerez.

— Oh! mais vous êtes étrange, savez-vous?

— Non, madame; seulement, j'ai résolu qu'*Henri III* serait joué.

— Ah!... Eh bien, maintenant, voyons! Catherine; à qui faites-vous jouer Catherine? A madame Paradol?

— A mademoiselle Leverd.

— Leverd? Elle n'acceptera pas le rôle.

— Elle l'a accepté.

— Elle ne le jouera pas.

— Je le ferai apprendre en double.

— Bon. Reste le page.

— Reste le page.

— Je joue trois scènes avec lui. Je vous préviens que je désire pour ce rôle quelqu'un qui me convienne.

— Je tâcherai, madame.

— Nous avons madame Menjaud, qui le jouera à ravir.

— Madame Menjaud a beaucoup de talent, mais il lui manque le physique du rôle.

— Oh! c'est trop fort! Et sans doute ce rôle-là est distribué aussi?

— Oui, madame, il est distribué.

— Et à qui? Est-ce une indiscrétion?

— A mademoiselle Louise Despréaux.

— A mademoiselle Louise Despréaux?

— Oui, madame.

— Choisir mademoiselle Louise Despréaux pour un page!

— Pourquoi pas?

— Mais parce que...

— N'est-elle pas jolie?

— Si fait, mon Dieu! Mais il ne s'agit pas seulement d'être jolie.

— N'a-t-elle pas du talent?

— On dit qu'elle en aura.

— Eh! madame, un rôle peut aider ce talent à venir.

— Mais faire jouer un page à cette petite fille!

— J'attends encore que vous me donniez une bonne raison pour qu'elle ne le joue pas.

— Eh bien, dit mademoiselle Mars, vous la verrez en pantalon collant.

— Bon! que verrai-je?

— Vous verrez qu'elle est horriblement cagneuse.
— Le fait est, madame, que c'est un cas rédhibitoire.
— Tandis que madame Menjaud...
— N'est pas cagneuse... Je le sais; mais elle a d'autres défauts, que mademoiselle Despréaux n'a pas.
— Allons! je vois que vous tenez absolument à mademoiselle Despréaux.
— Oui, madame.
— Soit. Au fait, que m'importe, à moi? Que l'ouvrage aille comme il pourra! Je n'ai pas le rôle de la pièce. Du reste, je vois bien d'où vient l'entêtement.
— D'où vient-il?
— Il ne vient pas de vous.
— C'est possible.
— Il vient de Firmin.
— Vous m'avez dit un jour, madame, que vous étiez saint Jean Bouche-d'or... Moi, je suis son frère.
— Il veut pousser son élève.
— C'est d'un bon professeur.
— Vous mériteriez que je vous laissasse votre rôle.
— Madame Dorval le jouerait.
— Madame Dor...! madame Dorval! Qu'est-ce que c'est que cela?
— C'est une femme d'un grand talent, madame.
— Qui joue *les Deux Forçats* à la Porte-Saint-Martin. Ah! mon Dieu!
— La pièce est mauvaise, mais l'actrice est bonne.
— Pourquoi n'avez-vous point été lui porter votre pièce tout de suite, à madame Dorval?
— Parce que j'avais pris une espèce d'engagement avec le Théâtre-Français.

— Alors, vous ne tenez pas à être joué par nous?

— J'y tiens, au contraire, madame, puisque je reviens à la Comédie-Française après la façon dont on s'y est conduit envers moi.

— Mais ne dirait-on pas qu'on vous a mis à la porte!

— A peu près.

— Vous êtes un grand enfant. Allons! calmez-vous; votre place est ici, il faut y rester. Seulement, vous réfléchirez, n'est-ce pas?

— A quoi, madame?

— A votre distribution.

— Je ne réfléchis jamais à ce qui est fait.

— Ainsi, c'est fait?

— C'est fait.

— Vous ne changerez pas de sentiment?

— Il est possible que je change de sentiment, mais je ne changerai pas de distribution.

— Eh bien, allons! vous êtes le premier que je voie si entêté que cela.

Je saluai.

— Seulement, mon cher, demandez à voir les jambes de votre page.

— Quoique ce soit fort indiscret, madame, je vous promets de le demander.

Je saluai une seconde fois, et je sortis du bureau, laissant mademoiselle Mars stupéfaite.

C'était la première fois qu'un auteur lui tenait tête.

Cependant, je dois le dire, les jambes de mon page me trottaient par l'esprit; je courus chez Firmin.

— Vous savez ce qui se passe? lui dis-je.

— Non!

— Je viens d'avoir une scène avec mademoiselle Mars.

— Ah! vous pouvez être tranquille; ce ne sera pas la dernière.

— Diable! vous ne me présagez pas là un avenir couleur de rose.

— Et à quel propos?

— A propos de la distribution.

— Contez-moi cela.

— Elle voulait le rôle de Henri III.

— Pour son barbouilleur M. Armand, n'est-ce pas?

— Justement. Elle voulait le rôle du duc de Guise pour Michelot.

— Elle eût été sûre qu'il n'aurait pas été trop dramatique.

— Enfin elle voulait le rôle du page pour...

— Pour madame Menjaud?

— Pour madame Menjaud.

— Elle aurait été sûre qu'elle n'eût pas été trop jeune et trop jolie. Tenez, on dit que Mazarin, mourant, dit à Louis XIV : « Je vous ai rétabli sur le trône, j'ai fait la paix dans le royaume, je vous ai marié à l'infante d'Espagne, je vous laisse tous mes biens par mon testament; eh bien, sire, je vais vous donner un conseil plus précieux que tout cela : ne prenez jamais de premier ministre. »

— Ce qui veut dire?

— Ne consultez jamais un comédien sur votre distribution.

— Pas même vous?

— Pas même moi. Je ne vaux pas mieux qu'un

autre; chacun de nous a ses intérêts, voyez-vous. Ainsi, mademoiselle Mars, qui a ses petits soixante ans, ne veut pas de la blonde et fraîche figure de Louise auprès d'elle. Elle aimerait mieux madame Menjaud.

— Mais, dites-moi donc, elle dit que Louise...
— Que dit-elle?
— Elle dit que Louise a les genoux cagneux.
— Ecoutez, mon cher, je ne connais pas les genoux de Louise, mais Louise mettra un maillot, et vous verrez ses genoux.
— Je ne vous cache pas que cela me fera plaisir.
— Je crois bien!

Trois jours après, je dînais chez Firmin, et, au dessert, Louise Despréaux entrait en page.

Louise Despréaux joua le rôle d'Arthur aux grands applaudissements du public.

Mais, avant d'en arriver là, bon Dieu! que de rages, que de désespoirs, que de grincements de dents!

Oh! le Théâtre-Français, c'est un cercle de l'enfer oublié par Dante, où Dieu met les auteurs tragiques qui ont cette singulière idée de gagner la moitié moins d'argent qu'ailleurs, d'avoir vingt-cinq représentations au lieu d'en avoir cent, et d'être décorés sur leurs vieux jours de la croix de la Légion d'honneur, non pas pour les succès obtenus, mais pour les souffrances éprouvées.

X

Vous connaissez, cher lecteur, les habitudes du lièvre, qui revient toujours à son lancer, de sorte que le chasseur n'a qu'à l'y attendre, il est toujours sûr de le tuer, ou du moins d'avoir la chance de tirer dessus.

Le Théâtre-Français, c'était mon lancer, et l'on avait beau y tirer sur moi, j'y revenais toujours.

Sur ces entrefaites, cédant à une espèce de malaise sourd qui était dans l'air et qui précède d'habitude les grandes crises politiques, j'avais fait *Antony*.

Dans quelles conditions personnelles avais-je fait cet ouvrage? C'est ce que l'on pourra voir dans mes *Mémoires*.

En somme, une fois fait, j'écrivis au Théâtre-Français que j'avais commis un nouveau drame, et que je désirais une lecture.

Henri III avait eu un succès immense; mademoiselle Mars, personnellement, y avait été fort applaudie. Je devais donc penser qu'ayant fait entrer trois cent mille francs dans la caisse de MM. les comédiens du roi, ma venue serait un triomphe.

Excusez-moi, cher lecteur, je n'avais que vingt-six ans.

J'arrivai donc au jour dit avec mon manuscrit, plein de confiance dans mon génie et convaincu que j'avais fait un chef-d'œuvre.

Êtes-vous nageur? avez-vous parfois plongé profondément dans une rivière et senti, à mesure que vous vous enfonciez, les couches d'eau se refroidir?

Eh bien, voilà l'effet que me fit la lecture d'*Antony*.

Je fus reçu à la considération du succès d'*Henri III*, et surtout à celle-ci, que, la pièce ne nécessitant aucune dépense, le théâtre rentrerait facilement dans ses frais.

Les deux rôles principaux furent distribués à mademoiselle Mars et à Firmin, qui parurent médiocrement flattés du cadeau.

Le second rôle de femme, celui de la vicomtesse, fut distribué à une charmante femme, qui était alors au Théâtre-Français, et que l'on appelait Rose Dupuis.

C'est la mère de notre excellent artiste Dupuis, du Gymnase.

Menjaud jouait ou devait jouer le poëte.

J'ai dit que la pièce avait été reçue en considération de deux choses, j'eusse dû dire en considération de trois choses, et ajouter même que la troisième était la principale.

On s'était dit tout bas :

— Recevons, qu'importe ! la censure ne laissera jamais paraître une pareille énormité.

Mais MM. les comédiens français avaient compté sans la révolution de Juillet.

Arrivèrent ces trois jours qui, en renversant pas mal d'autres choses, renversèrent sans s'en apercevoir la censure.

Nous disons sans s'en apercevoir, parce qu'en effet, dès qu'on s'aperçut que la censure n'était plus là, on la rétablit.

Mais enfin, l'hydre engourdie resta deux ou trois ans cachée dans son antre du ministère de l'intérieur, de sorte que, pendant ce temps-là, *Antony, Richard Darlington, la Tour de Nesle, Marion Delorme, Angèle, Lucrèce Borgia, Marie Tudor*, firent leur apparition.

Il est probable que, sans cet interrègne, ces sept drames, qui produisirent de si grands ravages dans la société, seraient encore inédits.

Mais enfin la révolution de Juillet abolit la censure; de sorte que le Théâtre-Français, qui se croyait bel et bien garanti contre moi, me vit apparaître un jour au seuil du comité et entendit retentir ces formidables paroles :

— Et *Antony*?

J'avais pour *Antony* un tour de faveur que l'on m'avait imprudemment accordé, toujours dans l'espérance de la censure, et voilà qu'il fallait faire droit à mon tour de faveur.

Il est vrai qu'on avait, comme on dit en termes de théâtre, la ressource de me dégoûter.

Il faut rendre justice à MM. les comédiens de la rue de Richelieu, ils firent tout ce qu'ils purent pour cela.

Pendant que les *grands* répétaient, les autres écoutaient, et, quoiqu'il n'y ait pas dans *Antony* le plus petit mot pour rire, c'était une hilarité dont la contagion s'étendait à tout le monde, excepté à un brave homme que, de suisse, on avait fait garçon d'accessoires, et que l'on nommait Marquet.

Consignons son nom ici, afin que la postérité soit de moitié dans la reconnaissance que je lui dois.

Puis prenons garde d'oublier un détail qui a eu une

grande influence sur l'intérieur des coulisses de la Comédie-Française.

La révolution qui avait emporté la branche aînée et la censure avait renvoyé en même temps les Suisses dans l'antique Helvétie, — comme disent encore de nos jours les poëtes de l'Académie.

C'était justice au point de vue révolutionnaire; les Suisses avaient tiré sur le peuple.

Nous avons dit que Marquet était suisse au Théâtre-Français; — mais, entendons-nous bien: — suisse comme celui des *Plaideurs*, de Racine, excepté qu'au lieu de le faire venir d'Amiens, on l'avait fait venir de Pontoise.

Marquet, comme de raison, n'avait tiré sur personne, et l'on n'avait aucun motif de renvoyer Marquet dans l'antique Pontoise.

Je sais bien qu'après les révolutions, il n'y a pas besoin de motifs pour renvoyer les gens. — Enfin, on n'avait pas renvoyé Marquet.

Seulement, de suisse, on l'avait fait garçon d'accessoires.

Ceci amena un grand changement dans l'étiquette du Théâtre-Français.

Du temps que la branche aînée régnait et que Marquet était suisse, il était défendu d'avoir le chapeau sur la tête dans les coulisses du Théâtre-Français.

Aussitôt que l'on oubliait cette défense et que l'on se couvrait, Marquet, avec son majestueux costume de suisse et avec sa politesse parfaite, venait vous dire :

— Monsieur, vous êtes dans un théâtre royal; ayez la bonté de tenir votre chapeau à la main.

Et l'on ôtait son chapeau, et l'on parlait le chapeau à la main aux actrices, auxquelles il y a deux raisons, à mon avis, de parler le chapeau à la main : la première, parce que ce sont des femmes toujours ; la seconde, parce que ce sont des femmes de talent quelquefois.

Aujourd'hui, on parle aux femmes du Théâtre-Français le chapeau sur l'oreille et les mains dans les poches.

Si l'on n'avait pas peur du feu, et si les pompiers n'étaient pas là, on leur parlerait le cigare à la bouche.

Donc, du temps de *Christine* et d'*Henri III*, Marquet était suisse ; du temps d'*Antony*, il était garçon d'accessoires.

Mais, quoiqu'il fût descendu d'un cran et qu'il n'eût plus sa hallebarde, Marquet n'en était pas plus fier.

Il en résultait que Marquet était resté mon ami ; et je dois ajouter à sa louange que, dans tous les hauts et les bas que j'ai eus avec MM. les comédiens français, il est constamment resté le même pour moi.

Eh bien, dans tous les passages dramatiques, j'étais sûr de voir deux choses en dehors de ce que je devais y voir :

La tête de Marquet entr'ouvrant la porte du fond, et le casque du pompier passant par le manteau d'Arlequin.

Jeunes auteurs qui vous livrez au théâtre, n'oubliez pas les quelques lignes qui vont suivre, et qui ont rapport à ce casque de pompier.

Le casque du pompier, voyez-vous, c'est le symbole du succès de larmes.

Le casque du pompier, c'est l'équivalent du capucin-baromètre.

Si le temps doit être beau, le capucin sort et se montre.

Si le temps doit être nébuleux, le capucin reste chez lui.

Le pompier qui sort de la coulisse, comprenez-vous, c'est l'intérêt populaire.

Si vous intéressez le pompier au point que, oubliant son devoir, il sorte de la coulisse et en arrive à se mêler aux comparses, votre affaire est claire : vous avez un succès.

Plus il sort, plus le succès sera grand.

Voilà pourquoi je vous disais que le casque du pompier, c'était le symbole du succès de larmes.

Or, dans toutes les situations dramatiques d'*Antony*, je voyais la tête de Marquet qui entre-bâillait la porte du fond et le casque du pompier qui sortait de la coulisse.

XI

Et cependant, les répétitions d'*Antony* continuaient au milieu de la distraction des deux acteurs principaux, des airs ironiques des chuchoteurs de seconds rôles, et de l'attention soutenue du garçon d'accessoires et du pompier de service.

Elles durèrent ainsi trois mois; on avait pour les allonger le prétexte des émeutes.

Pendant ces trois mois, avec une persistance et une habileté dont elle était seule capable, mademoiselle Mars était parvenue à ramener le rôle d'Adèle aux proportions d'un rôle d'Alexandre Duval ou de Scribe, de *la Fille d'honneur* ou de *Valérie*.

De son côté, Firmin jouait de son mieux le rôle d'Antony, comme il avait fait, deux ans auparavant, de celui de Monaldeschi, et il en rabattait toutes les aspérités.

Il en résulta que, le trimestre écoulé, Adèle et Antony étaient deux charmants amoureux du Gymnase, qui pouvaient parfaitement s'appeler M. Arthur et mademoiselle Céleste.

Et encore la pièce paraissait-elle bien hasardée.

Mais, me direz-vous, mon cher lecteur, comment se fait-il que, vous qui résistiez si robustement à vos artistes lors de la distribution, qui vous étiez posé si carrément comme un bloc de granit vis-à-vis de mademoiselle Mars, lorsqu'elle avait voulu donner le rôle de mademoiselle Louise Despréaux à madame Menjaud, et celui de Michelot à M. Armand, comment se fait-il que vous ayez cédé aux observations de mademoiselle Mars et de Firmin, au point de dénaturer votre œuvre?

Ah! comment se fait-il!...

Comment se fait-il que la rouille ronge le fer, que la caresse des vagues use le rocher, que le regard de la lune dévore les monuments?

Vous savez l'histoire de la goutte d'eau qui tombe toutes les secondes à la même place, et qui finit par creuser le marbre au bout de mille ans.

En somme, tel était devenu *Antony*, si bien que les

artistes principaux paraissaient plus contents de leurs rôles, que les artistes secondaires riaient moins et chuchotaient moins, mais qu'en revanche Marquet n'en trouvrait plus avec sa tête la porte du fond, et que je ne voyais plus poindre la paillette d'or au casque du pompier.

Mes amis sortaient de la répétition, en disant :

— C'est une jolie pièce, un charmant ouvrage. Nous ne t'aurions jamais cru capable de travailler dans ce genre-là.

Ces éloges, je l'avoue, me blessaient profondément. Je soupirais et je répondais :

— Ni moi non plus, je ne me serais jamais cru capable de travailler dans ce genre-là.

Enfin, le jour de la représentation approcha, quelque chose que l'on fît pour le reculer.

L'affiche annonça :

*Après-demain, samedi, première représentation d'*Antony, *drame en cinq actes, en prose.*

Je m'étais arrêté comme s'arrête tout auteur devant l'affiche, et j'avais lu, avec ce serrement de cœur mêlé d'une certaine allégresse, l'annonce de ma prochaine représentation, lorsque j'entrai au théâtre pour faire ma dernière répétition.

Je trouvai à tout le monde un air étrange.

Il est vrai que j'étais de dix minutes en retard.

J'arrivai jusqu'à mademoiselle Mars.

— Vous savez, me dit-elle, que nous vous attendons depuis dix minutes?

— C'est vrai, mademoiselle, répondis-je; mais je me suis trouvé dans un embarras de voitures, et mon cocher a été obligé de faire un énorme détour.

— Oh! du reste, cela ne fait rien.

— Vous êtes bien bonne.

— Je voulais vous dire que l'on vous a prévenu de ce qui arrive?

— Non.

— On ne vous a pas prévenu?

— Il arrive donc quelque chose?

— On nous éclaire au gaz.

— Tant mieux.

— On nous fait un nouveau lustre.

— Recevez mon compliment.

— Oui, mais ce n'est pas cela.

— Qu'est-ce, alors, mademoiselle?

— J'ai fait douze cents francs de dépenses pour votre pièce.

— Bravo!

— J'ai quatre toilettes différentes.

— Vous serez superbe.

— Et vous comprenez...

— Non, je ne comprends pas.

— Je désire qu'on les voie.

— C'est trop juste.

— Et puisque nous avons un lustre neuf...

— Dans combien de temps?

— Dans trois mois.

— Eh bien?

— Eh bien, nous jouerons *Antony* pour inaugurer le lustre neuf.

— Ah! ah!

— Oui.

— C'est-à-dire dans trois mois?
— Dans trois mois.
— Au mois de mai?
— Au mois de mai, c'est un très-bon mois.
— Un très-beau mois, vous voulez dire?
— Très-bon aussi.
— Vous n'avez donc pas de congé au mois de mai, cette année?
— Si fait.
— A la fin de juin, alors?
— Non, le 1er juin.
— Alors, si nous arrivons le 20 mai, par exemple, j'aurai trois représentations.

Mademoiselle Mars compta :

— Quatre : le mois de mai a trente et un jours.
— C'est joli, quatre représentations.
— Je vous reprendrai à mon retour.
— Oui?
— Parole d'honneur!
— Merci; c'est très-gracieux de votre part.

Je lui tournai le dos, en haussant les épaules, et me trouvai face à face avec Firmin.

— Tu as entendu? lui dis-je.
— Parfaitement.
— Quand je te disais qu'elle ne le jouerait pas, ton rôle.
— Mais, enfin, pourquoi ne le jouerait-elle pas?
— C'est un rôle de madame Dorval.
— A cela, j'y ai souvent pensé.
— Mais, du reste, ce n'est pas un mal, vois-tu, que la pièce soit remise?

— Pourquoi ?

— Parce que tu auras le temps d'y faire des corrections.

— Bénédiction ! je n'en ai déjà que trop fait.

— Ne t'en plains pas, la pièce y a joliment gagné.

— Oui ! *joliment*, comme tu dis.

Firmin était lancé.

— Écoute, me dit-il, puisque nous en sommes là-dessus, je vais te dire mon avis sur la pièce.

— Ah ! je le sais, va. Tu l'as jouée par complaisance.

— Tu comprends bien. Je ne pouvais pas dire à l'homme qui m'a fait le rôle de Saint-Mégrin : « Je ne veux pas jouer Antony. »

— Tu aurais mieux fait de me le dire.

— Non, on ne dit pas ces choses-là.

— Voyons, que dit-on ?

— Tu veux mon opinion bien franche ?

— Parbleu !

— Eh bien, ton Antony, vois-tu, c'est un fou.

— Je le sais bien.

— Un monomane.

— C'est sa seule excuse. Quand on le jugera devant la cour d'assises, son avocat n'aura que cette chance-là de le sauver.

— Ah ! oui ; mais, pour moi, vois-tu...

— Non, je ne vois pas.

— Eh bien, cela jette de la monotonie dans mon rôle ; je rabâche toujours la même chose.

— C'est avec intention que je l'ai fait ainsi.

— Avec intention, avec intention... C'est comme la pièce...

— Bon ! la pièce ?

— Oui, l'ensemble, le plan de la pièce.

— J'entends bien.

— Ce n'est pas fait comme tu fais ordinairement ; ce n'est pas fait comme *Henri III*, comme *Christine*.

— Ah ! pauvre *Christine !* Ne parlons pas d'elle ici.

— Et à ta place...

— Eh bien, à ma place ?

— Puisqu'on te donne un peu de loisir...

— Puisqu'on me donne un peu de loisir ?

— Tu vas sauter aux frises.

— Oh ! non ! sois tranquille ; depuis que je suis au Théâtre-Français, j'en ai tant entendu...

— Eh bien, je porterais ma pièce à Scribe.

Je reçus le coup en pleine poitrine sans broncher.

J'étais, on le voit, comme ces Écossais de Waterloo, qu'il fallait non-seulement tuer, mais pousser pour qu'ils tombassent.

Cependant, la parole me revint.

— Ce conseil de porter la pièce à quelqu'un est bon.

— Oh ! tu vois ! dit Firmin tout joyeux.

— Oui ; seulement, je ne la porterai pas à Scribe.

— A qui la porteras-tu ?

— A Crosnier. En effet, je commence à être de ton avis. Je crois que le rôle d'Adèle est une Dorval, et j'ajouterai que le rôle d'Antony est un...

— Un ?...

— Un Bocage.

Firmin poussa un éclat de rire homérique.

Pendant qu'il riait, j'allai au souffleur, resté dans son trou.

— Mon cher Garnier, lui dis-je, faites-moi le plaisir de me prêter mon manuscrit.

— Le voilà, dit Garnier, qui n'y entendait pas malice.

— Merci, Garnier.

Je le roulai et le mis sous mon bras.

— Adieu, Firmin! — Adieu, mademoiselle Mars!

Puis, donnant une poignée de main à Marquet:

— Adieu, mon cher Marquet! si cela peut vous être agréable, sachez une chose.

— Laquelle?

— C'est que vous êtes le seul que je regrette ici.

— Vous vous en allez donc, monsieur Dumas?

— Oui, Marquet, je m'en vais.

— Eh bien, je puis dire que c'est bien malheureux pour la Comédie-Française.

— Merci, Marquet!

Cinq secondes après, j'étais dans la rue; dix minutes après, chez Dorval.

Le lendemain, la pièce fut lue à Dorval et à Bocage.

Six semaines après, elle fut jouée au théâtre de la Porte-Saint-Martin.

Voir, pour les détails, les *Mémoires* de l'auteur d'*Antony*.

XII

Un jour, Anicet Bourgeois entra chez moi.

— Mon cher ami, me dit-il, je viens vous proposer une grande affaire pour le Cirque.

— Laquelle?

— Je quitte Franconi.

— Adolphe?

— Adolphe. Il a un cheval merveilleux auquel, avec un morceau de sucre, il fait faire tout ce qu'il veut.

— Eh bien?

— Eh bien, j'ai eu une idée ; je lui en ai parlé, et il l'approuve.

— Voyons l'idée.

— C'est de faire une grande pièce de *Caligula* dans laquelle le cheval jouera le principal rôle.

— Le cheval Incitatus?

— Oui, enfin, le cheval que Caligula nomme premier consul.

— En effet, cher ami, il y a une idée.

— Voulez-vous que nous fassions la pièce ensemble?

— Volontiers.

— Quand nous y mettrons-nous?

— Diable! cher ami, comme vous y allez ! il faut que j'étudie toute cette époque-là.

— Combien de jours demandez-vous?

— Quinze jours; est-ce trop?

— Quinze jours, soit.

— Alors, dans quinze jours...

— Vous me renvoyez?

— Je n'ai pas de temps à perdre; étudiez de votre côté, j'étudierai du mien; ce que l'un ne saura point, l'autre le saura.

Au bout de dix jours, je vis reparaître Anicet.

— Eh! lui dis-je, nous n'y sommes pas, cher ami !

— Oui, me dit-il, notre pièce est flambée, et je venais vous en prévenir.

— Comment cela ?

— Incitatus a reçu d'un de ses camarades un coup de pied qui lui a cassé la cuisse ; il a fallu l'abattre.

— Ah diable !

— Ainsi, mon cher ami, votre travail est perdu.

— Non pas ; cette étude de l'histoire romaine m'a profondément intéressé. Je ferai mon drame sans cheval.

— Voulez-vous que nous le fassions ensemble ?

— Merci ; je veux le faire en vers.

— Alors, n'en parlons plus.

— Si fait, parlons-en. Comme l'idée m'a été apportée par vous, il est juste que vous y participiez.

— Vous arrangerez cela comme vous l'entendrez.

— Vous vous en rapportez à moi ?

— Oui.

— Alors, vous l'avez dit ; n'en parlons plus.

Nous nous serrâmes la main et tout fut dit. — Je me mis au travail.

Il y avait camp à Compiègne.

M. le duc d'Orléans m'avait invité à venir à Compiègne pour tout le temps qu'il y passerait lui-même.

Je le remerciai et lui dis quelle était l'œuvre que j'avais à faire. Je serais au château un hôte gênant et gêné.

Il insista.

Je le priai de me laisser ma liberté, tout en lui promettant d'aller à Compiègne.

J'y allai, en effet, et m'informai s'il n'y avait pas,

dans les alentours quelque retrait bien discret où je pusse faire tranquillement mon œuvre.

J'attachais une grande importance à *Caligula*.

On m'indiqua une maison de garde à Saint-Corneille.

C'était un bon saint pour la neuvaine que j'exécutais.

Je me rendis à Saint-Corneille. Je traitai avec la femme du garde qui occupait la maison, perdue dans un site aussi désert que je pouvais le désirer. Elle me céda deux chambres et se chargea de ma nourriture, le tout moyennant trois cents francs par mois.

Il ne faut pas se livrer à une trop grande dépense quand on ne peut compter pour la payer que sur une tragédie.

Le lendemain de mon installation, je me mis à l'œuvre.

Au bout de trente-six jours, ma tragédie était faite.

Le Théâtre-Français avait eu vent de la chose.

J'avais eu dans l'intervalle un petit bout de relation avec lui.

Ne l'oublions pas.

M. Thiers, étant ministre, m'avait fait prier de passer au ministère.

Je m'étais rendu à l'invitation de M. Thiers.

Il m'avait demandé pourquoi je travaillais pour *des théâtres de boulevard*, au lieu de travailler pour le Théâtre-Français.

Je lui avais répondu que le genre de littérature que je faisais était mieux joué au boulevard qu'au Théâtre-Français.

Il m'avait fait valoir les avantages pécuniaires qu'il y avait à travailler pour le Théâtre-Français.

Sur quoi, je lui avais prouvé, la plume à la main, que le Théâtre-Français était le théâtre où l'on gagnait le moins d'argent.

Et, comme M. Thiers est un homme d'une intelligence parfaite, il avait compris tout d'abord ce que je vais vous faire comprendre, à vous.

Le Théâtre-Français, dans ses grands succès, peut faire, pendant trente ou quarante représentations, une moyenne de quatre mille francs.

Cotons, au plus haut, quarante représentations à quatre mille francs, cent soixante mille francs.

Le Théâtre-Français paye neuf pour cent de la recette.

Mais le Théâtre-Français fait presque toujours, sur les neuf pour cent, un petit bénéfice.

Il joue une pièce d'auteur mort, en un ou deux actes; l'auteur vivant n'a plus que sept.

Sept du cent sur quatre mille francs donnent deux cent quatre-vingts francs.

Sept du cent sur cent soixante mille francs donnent onze mille deux cents francs.

Donc, une pièce au Théâtre-Français, au bout de quarante représentations, c'est-à-dire au bout de trois mois et dix-huit jours a donné onze mille francs de bénéfice.

— Pourquoi trois mois et dix-huit jours? demanderez-vous.

C'est bien simple, les autres théâtres jouent tous les jours la pièce nouvelle, dimanche compris.

Le Théâtre-Français la joue tous les deux jours et ne la joue pas le dimanche.

Il en résulte que les autres théâtres donnent à l'auteur trente représentations par mois.

Tandis que le Théâtre-Français n'en donne que douze.

Or, une pièce vieillit non point par le nombre de représentations qu'elle a, mais par sa date sur l'affiche.

Il en résulte qu'au bout de trois mois et dix-huit jours, quand une pièce a eu quarante représentations, elle est aussi vieille que si, à un autre théâtre, jouée tous les jours, elle avait eu cent-huit représentations.

Maintenant, aux théâtres des boulevards, l'auteur a dix du cent.

Mettons que les cent dix représentations aient fait une moyenne de deux mille francs.

C'est juste moitié moins que la moyenne du Théâtre-Français. Le théâtre aura fait deux cent seize mille francs qui, à dix du cent, font vingt et un mille six cents francs. Dix mille quatre cents francs de plus qu'au Théâtre-Français, c'est-à-dire près du double.

Je disais donc que M. Thiers, qui était un homme de chiffres, avait compris cela tout de suite. Seulement, il avait compris aussi que, nous autres gens de lettres, ce n'est point avec des chiffres qu'on nous a, mais avec des concessions à notre amour-propre, des flatteries à notre orgueil.

En conséquence, il m'avait dit :

— Quels acteurs voulez-vous qu'on engage? Quelle pièce de vous désirez-vous qu'on reprenne ?

J'avais répondu :

— Je veux qu'on engage madame Dorval ; je veux qu'on reprenne *Antony*.

Je savais que c'était la chose qui serait le plus désagréable à mademoiselle Mars, que cet engagement de madame Dorval. Eh ! ma foi ! elle m'avait tant fait souffrir, que je n'étais pas fâché de lui rendre un peu la monnaie de cette pièce de bronze qu'on appelle la douleur.

M. Thiers me tint parole : je traitai pour deux pièces nouvelles, une tragédie et une comédie, à la condition qu'*Antony* serait repris et que madame Dorval jouerait le rôle d'Adèle. On remit *Antony* en répétition.

Cette fois, la fine fleur de la Comédie-Française avait des rôles dans la pièce ; on eût dit que messieurs les comédiens ordinaires devinaient ce qui allait arriver.

L'affiche porta de nouveau : « Incessamment, *Antony*. » Puis : « Samedi prochain, *Antony*. » Puis : « Aujourd'hui, première représentation de la reprise d'*Antony*. »

Cette fois, malgré mes doutes à l'endroit de la Comédie-Française, j'avais la presque conviction qu'*Antony* serait joué. — A deux heures de l'après-midi, Jouslin de Lasalle m'arriva tout effaré : il tenait à la main une lettre signée Thiers, écrite sur du papier de la Chambre des députés. Elle contenait cette courte dépêche :

« Il est défendu à la Comédie-Française de jouer *Antony*.

» THIERS. »

— Eh bien, après? demandai-je à Jouslin de Lasalle.
— Eh bien, vous voyez!
— Comment donc cela s'est-il passé?
— Dame! ce matin, il y avait, dans *le Constitutionnel*, un article qui dénonçait *Antony* à M. Thiers.
— Oui, comme ayant tué Adèle. Mais M. Thiers savait déjà cela.
— Ce n'est pas le tout.
— Je m'en doute bien.
— Il parait que vingt députés ont été dire à M. Thiers qu'ils ne voteraient pas la subvention de la Comédie-Française, si l'on y jouait *Antony*.
— Ceci est plus grave, et c'est de là que part le coup. Heureusement que j'ai traité directement avec le ministre, et que j'ai gardé ses lettres.
— Eh bien, que ferez-vous?
— Pardieu! la belle demande! Je ferai un procès.
— Au ministre?
— Pourquoi pas?
— A quel tribunal?
— Au tribunal de commerce.
— Le tribunal de commerce se déclarera incompétent.
— Nous le verrons bien.

Je fis mon procès : le tribunal se déclara compétent. M. Thiers fut condamné à dix mille francs de dommages-intérêts. Le Théâtre-Français paya les dix mille francs. Voilà le petit bout de relation qui avait eu lieu entre moi et le Théâtre-Français.

Le Théâtre-Français, sachant que je faisais une tragédie, me dépêcha Perrier. Perrier était un bon garçon, avec lequel j'avais eu des relations du temps de *Christine*. Il venait me demander mes conditions pour donner *Caligula* au Théâtre-Français.

Cinq mille francs de prime et l'engagement d'une actrice à laquelle je portais de l'intérêt.

Il retourna à Paris chargé de cet ultimatum. Trois jours après, il était de retour avec le traité signé par le comité d'administration. J'apposai ma signature à la suite de celle de ces messieurs, et je pris jour pour la lecture.

Je revins à Paris la veille du jour convenu. Je lus avec un assez grand succès, et ma pièce fut mise en répétition.

Dès le premier jour, j'eus un accroc.

— Que cherchez-vous, monsieur Dumas? me demanda le machiniste voyant que je regardais de tous les côtés.

— Je cherche par où entreront les chevaux.

— Comment, les chevaux?

— Oui, les chevaux.

— Quels chevaux?

— Ceux qui traînent le char de Caligula.

Le machiniste pirouetta sur ses talons et me laissa continuer mes recherches. Cinq minutes après, le directeur arriva.

— Que parlez-vous donc de chevaux? demanda-t-il.

— Je l'ai déjà dit au machiniste; je parle des chevaux qui traînent le char de Caligula.

— La Comédie-Française n'a jamais entendu que le char serait traîné par des chevaux.

— Et par quoi a-t-elle entendu que le char fût traîné? par des ânes?

— Oh! ne demandez pas cela, voyez-vous ; vous n'obtiendrez jamais cela de la Comédie-Française.

— Comment, je ne l'obtiendrai pas ?

— Non.

— Mais c'est indispensable à ma mise en scène.

— La Comédie-Française n'est pas un théâtre de mise en scène.

— C'est son tort.

— Le Théâtre-Français est institué pour jouer les maîtres, et les maîtres n'avaient pas besoin de chevaux dans leurs tragédies.

— Oui, mais les maîtres des maîtres en avaient besoin.

— Qu'est-ce que vous entendez par les maîtres des maîtres ?

— Dame ! Eschyle, Sophoche, Euripide.

— Jamais, voyez-vous, jamais ! Vous ferez ce que vous voudrez, vous direz ce que vous voudrez, jamais des chevaux ne mettront le pied sur la scène de la Comédie-Française.

— Nous aurons un procès, monsieur Vedel, et la Comédie-Française, vous le savez, n'est pas très-heureuse dans ses procès avec moi.

— Nous aurons un procès. Des chevaux sur la scène Française ! mais, si un pareil scandale se produisait, il n'y a pas un sociétaire qui ne donnât sa démission.

— Prenez garde, vous allez redoubler mon entêtement.

— Au reste, je porterai votre demande au comité.

— Portez-la-lui.

Le samedi suivant, la demande fut portée au comité

qui déclara, à l'unanimité, que j'étais non recevable dans ma demande de faire traîner mon char par des chevaux. On m'offrait des femmes. J'inventai le chant des Heures, et le char de Caligula fut traîné par des femmes : ce qui était bien autrement moral.

XIII

Il y a dans chaque théâtre bien organisé un homme avec lequel l'auteur est invité à se mettre en relations, du moment que le jour de la représentation approche. Cet homme, c'est l'entrepreneur de succès, autrement dit le chef de claque. Au Théâtre-Français, le chef de claque se nomme Vacher.

Je me mis donc en rapport avec Vacher. C'était la première fois au Théâtre-Français. Du temps de *Henri III*, la claque n'était point organisée comme aujourd'hui.

Cette institution, inventée par Néron et si fort en honneur à Rome, n'était point en grand honneur en 1828.

En 1828, j'avais pu disposer d'une partie du parterre en faveur de mes camarades des bureaux du duc d'Orléans.

En 1837, c'est-à-dire neuf ans après, — j'avais été neuf ans absent du Théâtre-Français, hors les courtes rentrées que j'ai indiquées, — en 1837, le parterre appartenait en entier au chef de claque. En termes de coulisses, il en répondait.

Je ne connais pas de plus terrible abus que celui que

je signale ici. On donne le parterre au chef de claque, afin qu'il ne s'introduise pas de malveillants dans le parterre. Sur trois cents places, le chef de claque en vend deux cent cinquante, et, comme, en général, il les vend plus cher qu'au bureau, au lieu de malveillants, il y a des malveillants et demi.

On prend certains arrangements avec les chefs de claque. On leur donne, en général, cent francs de gratification ; ce qui, avec les billets vendus par eux, leur fait trois ou quatre cents francs de prime pour la première représentation. Puis on leur recommande telle ou telle actrice. La moindre recommandation ne coûte pas moins de cinquante francs.

On leur dit : « Vous rappellerez après tel acte madame une telle ou monsieur un tel. » Ils rappellent, et monsieur ou madame une telle dit :

— Voyez-vous, comme j'ai été rappelée !

Cela fait que monsieur un tel ou madame une telle n'interrompt pas le spectacle.

Je n'avais donc pas manqué de remplir devant Vacher cette petite formalité. Vacher m'avait promis son appui, — sans restriction. Vacher paraissait enchanté de *Caligula*. Je comptais donc sur Vacher.

La première représentation arriva. Ce fut une chose curieuse que la première représentation de *Caligula*. Après un prologue vif, animé, plein de curiosités, trop vif, trop animé, trop plein de curiosités, puisque évidemment il nuisit au reste de l'ouvrage, venait la pièce avec son allure simple, calme, antique.

Il faut d'abord vous dire, cher lecteur vous qui peut-être n'étiez pas là, que le public habituel du Théâtre-

Français, public qui n'a jamais vu manger ses héros et qui ne les a vus boire que pour s'empoisonner. Il faut d'abord vous dire que ce public avait été fort scandalisé de voir, au prologue, un Romain ivre, trébuchant et ayant la langue un peu pâteuse. Si ce Romain n'eût pas été joué d'une façon adorable par Menjaud, il eût été sifflé. Il ne fut pas sifflé. Mais je ne perdis pas pour attendre.

C'était en 1837, époque de la recrudescence des jésuites, époque à laquelle *le Constitutionnel* faisait tous les matins un premier Paris contre les hommes noirs.

J'avais, au quatrième acte, une scène entre Stella, chrétienne, et Aquila, païen; ils croient qu'ils vont marcher ensemble au supplice. La scène était peut-être la meilleure de l'ouvrage.

A ce vers :

> Je te baptise au nom de la Trinité sainte,

un monsieur bien mis cria d'une loge :

— Jésuite, va !

Ce fut l'avis du parterre, car deux autres sifflets saisirent l'occasion au vol et répondirent à l'apostrophe du monsieur bien mis.

Je n'avais rien à dire au monsieur bien mis; il était dans une loge, il pouvait avoir payé cette loge, quoique je n'en croie rien; en général, les gens qui payent tiennent à laisser finir la pièce afin d'en avoir pour leur argent. Je n'avais rien à dire au monsieur bien mis, mais j'avais à débattre cette affaire-là avec maître Vacher, à qui l'on avait donné tout le parterre et qui en répondait.

Je descendis et trouvai une espèce d'attroupement au contrôle.

Jadin, à qui je n'avais pu donner d'autre place qu'un billet de corridor, avait trouvé moyen de se glisser au parterre; il était assis près d'un des siffleurs, et, comme il trouvait bon ce que le siffleur trouvait mauvais, il l'avait pris au collet et l'avait conduit au contrôle, d'où il voulait absolument le faire conduire au corps de garde comme troublant la tranquillité publique. L'homme se démenait comme un diable; mais Jadin en avait pris son parti, il voulait que l'homme fût conduit en lieu sûr.

Les sergents de ville arrivèrent et voulurent contraindre l'homme à sortir avec eux. Alors, forcé dans ses derniers retranchements, celui-ci avoua qu'il appartenait à la troupe de M. Vacher.

J'arrivais sur ces entrefaites et j'entendis la déclaration.

— Oh! oh! fis-je, que veut dire cela?

L'homme m'expliqua catégoriquement ce qu'il venait d'expliquer aux sergents de ville. J'adjurai deux personnes présentes de me rendre, au besoin, témoignage.

Pendant ce temps, *Caligula* allait cahin-caha; madame Paradol se faisait siffler, et, en se faisant siffler, elle faisait siffler l'ouvrage. La toile tomba sur un grand tumulte. Y avait-il succès? y avait-il chute? personne n'en savait rien; moi, pas plus que les autres.

En attendant, j'écrivis au comité pour demander une explication. L'audience me fut accordée. Je me présentai à l'heure dite, j'exposai mes griefs; le comité déclara que je me trompais. Je demandai la comparution de Vacher; on obtempéra à ma demande. Vacher fut introduit.

— Monsieur Vacher, lui dis-je, on a, le soir de la première représentation de *Caligula*, arrêté un de vos hommes qui sifflait?

— Vous croyez? dit Vacher.

— Comment, je crois! Je ne crois pas, morbleu! j'en suis sûr.

Vacher secoua la tête en signe de dénégation.

— Vous voyez bien, s'écrièrent les membres du comité, Vacher dit que ce n'est pas vrai. — Allez, Vacher, allez.

— Non pas. M. Vacher dit non; mais je dis oui, moi. Et je veux prouver que je dis la vérité.

J'allai à la porte, j'introduisis mes témoins. Mes témoins déposèrent. Vacher courba la tête. Il se fit dans le comité un murmure improbateur. Vacher releva la tête.

— Mais enfin, messieurs, dit-il en se révoltant, il faudrait cependant s'entendre.

— Comment, s'entendre?

— Sans doute. Suis-je au service de l'administration du Théâtre-Français?

— Mais oui, il nous semble.

— Le comité est-il l'administration?

— Parbleu!

— Dois-je obéir à MM. les membres du comité quand ils me donnent un ordre?

— C'est incontestable.

— Eh bien, la moitié de vous, ceux qui jouent dans la pièce m'ont donné l'ordre d'applaudir; l'autre moitié, ceux qui n'y jouent pas m'ont donné l'ordre de siffler, j'ai obéi à tout le monde.

Historique. Les gens vivent encore ; seulement, *Caligula* ne vit plus !

XIV

En 1833 ou 1834, Brunswick entra un jour chez moi. Il sortait du théâtre de la Porte-Saint-Martin, et venait de lire un vaudeville en deux actes qui avait été refusé. Il était naturellement furieux comme un auteur refusé.

— Tenez, me dit-il en jetant son manuscrit sur mon bureau, lisez donc cela. Ils ont beau dire, il y a un sujet de pièce là dedans.

Je lus le vaudeville. En effet, il y avait la situation d'une jeune fille qui découche pour aller voir son père prisonnier, et qui, ne pouvant pas avouer le lendemain où elle a été, est compromise. — Seulement, la situation était prise au comique.

Brunswick vint me revoir au bout de quelques jours.

— Eh bien, me dit-il, avez vous lu la chose ?

— Je l'ai lue.

— Qu'en dites vous ?

— Qu'en effet, en la retournant, il y a quelque chose à faire de l'idée.

— Voulez-vous que nous en causions ?

— Non. Vous savez comment je travaille : quand une idée me plaît, je n'aime point à la répandre au dehors ;

je la renferme en moi, au contraire, et elle germe dans ma tête jusqu'à ce quelle frappe à la voûte du cerveau pour en sortir.

— Alors... ?

— Alors, mon cher Brunswick, je vous promets de m'occuper de la chose. Quand elle viendra, elle viendra. La pièce lue et reçue, je vous préviendrai, afin que vous vous fassiez inscrire chez le receveur dramatique pour un tiers.

— Mais je n'aurai rien fait !

— Vous aurez fait beaucoup, vous m'aurez apporté l'idée.

— L'idée, l'idée...

— C'est le gland du chêne. Demeurez donc parfaitement tranquille, je vous tiens comme ayant fait votre part.

— C'est bien.

Et Brunswick s'en alla.

Un an, deux ans, trois ans se passèrent.

De temps en temps, Brunswick venait.

— Eh bien, l'idée germe-t-elle? demandait-il.

— Vous ne vous doutez pas, répondais-je, combien elle est difficile à mettre sur ses pieds, votre maudite pièce.

— Avouez que vous n'y pensez pas?

— Si fait, j'y pense. Tenez, voyez plutôt.

Et je lui racontais où j'en étais ; je lui montrais des parties de l'ouvrage, qui se développait peu à peu, et il disait en s'en allant :

— Si vous vouliez vous mettre quinze jours à cela, voyez-vous, ce serait une pièce faite.

— Je ne travaille pas ainsi, mon cher Brunswick; je ne fais pas de pièces, les pièces se font en moi. Comment? Je n'en sais rien. Demandez à un prunier comment il fait des prunes, et à un pêcher comment il fait des pêches, vous verrez si l'un ou l'autre vous donne la solution du problème.

Et un an, deux ans se passèrent encore, et Brunswick venait toujours. Un soir qu'il sortait de chez moi sans emporter autre chose que ma réponse ordinaire, il rencontra mon éditeur de pièces de théâtre. Cet éditeur était un de mes bons amis, nommé Charlieu.

— Dites donc, Charlieu, lui dit Brunswick en s'en allant, j'ai un tiers dans une pièce que Dumas fait; voulez-vous m'acheter ce tiers-là cent écus?

— La fera-t-il, la pièce?

— Dame! il me l'a promis; seulement, voilà tantôt quatre à cinq ans que la promesse m'a été faite.

— Eh bien, venez me voir demain, il est probable que nous ferons affaire.

— Alors, à demain.

— A demain.

Ils se séparèrent. Charlieu entra chez moi; nous parlâmes de nos affaires.

— A propos, fit-il, quand nous eûmes fini, vous avez une pièce avec Brunswick?

— Oui.

— La ferez-vous?

— Sans doute.

— Quand?

— Un jour ou l'autre.

— Dans un mois, six mois, un an?

— Il m'est impossible de vous fixer un terme; mais ce que je puis vous dire, c'est que je la ferai.

— C'est tout ce que je voulais savoir.

Le lendemain, mon domestique m'annonça Charlieu.

— Qu'il entre! qu'il entre! m'écriai-je.

J'étais tout joyeux, je venais de trouver la seule chose qui me manquât encore dans *Mademoiselle de Belle-Isle*, — la scène du sequin.

— Tenez, me dit Charlieu en entrant et en me remettant un bout de papier, vous me devez cent écus.

— Cent écus! il est probable que je vous dois plus que cela.

— Vous me devez cent écus de plus, alors.

— Comment cela?

— Lisez.

— J'ouvris le papier et je lus.

« Reçu de M. Charlieu la somme de trois cents francs pour la vente à forfait du tiers que j'ai dans la pièce que Dumas doit faire et probablement ne fera jamais.

» 5 février 1839.

» BRUNSWICK. »

— Eh bien? demandai-je.

— Eh bien, j'ai racheté ce tiers-là pour vous; c'est cent écus que vous me devez, voilà tout.

— Gardez-le, cher ami, puisque vous l'avez acheté.

— Bon! est-ce que je fais de ces affaires-là?

— Vous avez tort de ne pas en faire.

— Vous me donnerez deux billets pour la première, et nous serons quittes.

— Laissez-moi vous écrire un petit mot sur ce bout de papier ; vous l'ouvrirez le lendemain de la première représentation. J'écrivis :

« Bon pour la somme de trois mille francs, que je prie M. Dulong, mon receveur dramatique, de payer à M. Charlieu sur les droits d'auteur de *Mademoiselle de Belle-Isle*.

» Paris, ce 5 février 1839.

» ALEX. DUMAS. »

Je pliai et cachetai la lettre et la remis à Charlieu, qui l'emporta sans savoir ce qu'il emportait.

Cette maudite scène du sequin était celle qui arrêtait la pièce depuis si longtemps ; je ne voulais pas commencer par une scène banale, et j'étais resté cinq ou six ans à attendre celle qui venait de me passer par l'esprit.

Quinze jours après, la pièce était faite, scène par scène, dans ma tête, et les mots les plus saillants étaient trouvés. Quand ma pièce en est là, j'ai l'habitude de l'écrire en cinq ou six jours.

Depuis un an, on me faisait de grandes avances au Théâtre-Français. De Mornay, mon ami depuis vingt ans, m'avait raccommodé avec mademoiselle Mars, qui vieillissait et dont les auteurs commençaient à s'écarter. Enfin, j'étais décidé à courir les risques d'un nouveau naufrage contre les écueils de la rue de Richelieu. Je choisis un samedi, jour de comité, pour aller au théâtre. On poussa de grands cris en m'apercevant : il y avait deux ans qu'on ne m'avait vu. Ce fut bien pis quand j'eus annoncé à Vedel — Vedel était directeur à cette époque — que je venais demander lecture. Il me poussa tout vif dans la salle du comité.

Je n'y étais pas entré depuis mon explication avec Vacher.

— Messieurs, bonne nouvelle! dit-il; voilà Dumas qui nous apporte une pièce.

— Comédie ou tragédie? demandèrent trois ou quatre voix.

— Merci! j'en ai assez, des tragédies! Une comédie.

— Ah! bravo! vous faites la comédie à merveille.

— Est-ce parce que j'ai toujours fait du drame ou de la tragédie que vous me dites cela?

— Non; mais parce qu'il y a de la comédie dans tout ce que vous faites. Ah! le prologue de *Caligula!*

— Connu. C'est lui qui a fait tomber la tragédie.

— Mais qu'est-ce que *la Tour de Nesle?* Une comédie.

— Pourquoi pas un vaudeville?

— Donc, vous apportez une comédie?

— Oui.

— Et elle est faite?

— Ce qu'il y a de plus fait.

— Oui; mais nous, nous entendons *écrite*.

— Écrite? Non. Il n'y a pas un mot d'écrit.

— Eh bien, mais, alors, vous ne venez pas demander lecture?

— Si fait.

— Pour quand?

— Pour samedi prochain.

— Pour samedi prochain! Et pas un mot de votre comédie n'est écrit?

— Pas un.
— Vous ne serez pas prêt pour samedi, alors.
— Pourquoi cela ?
— Vous n'aurez pas le temps.
— C'est mon affaire.
— Quel bon blagueur vous êtes ?
— Pourquoi cela ?
— Vous nous dites que votre comédie est faite, quand il n'y a pas un mot d'écrit.
— Pour moi, la pièce est faite quand elle est composée.
— Et elle est composée ?
— Entièrement.
On se mit à rire de nouveau.
— Tenez, dis-je, voulez-vous une chose ?
— Laquelle ?
— Les membres du comité d'administration sont les mêmes que les membres du comité de lecture ?
— A peu près.
— Voulez-vous que je vous la lise aujourd'hui ?
— Sans manuscrit ?
— Oui.
— Ah ! ce serait curieux.
— A une condition, cependant : la chose me comptera pour une lecture, et l'on votera tout de suite.
— Pour la rareté du fait, messieurs..., dit Vedel.
— Cela va.
— Est-ce dit ? demandai-je.
— C'est dit. — Messieurs, en séance ! — Voulez-vous un verre d'eau ?
— Pardieu !

Je me mis le dos à la cheminée ; on fit cercle autour de moi, et je commençai à raconter *Mademoiselle de Belle-Isle*. J'étais en verve ; je racontai à merveille. Après chaque acte, j'étais salué d'une salve d'applaudissements. Après le cinquième, il y eut deux salves.

— Eh bien, messieurs, dit Vedel, votons-nous ?

— Sans doute, répondirent les membres du comité.

On vota et *Mademoiselle de Belle-Isle* fut reçue à l'unanimité. Si j'étais mort en sortant du comité, le Théâtre-Français n'eût jamais eu la pièce qu'il venait de recevoir.

XV

Le bruit ne tarda pas à se répandre de ce qui venait d'arriver. Je reçus un petit billet de mademoiselle Mars qui m'invitait à dîner.

— Ah ! vous voilà, vous ! me dit-elle en m'apercevant.

— Sans doute, me voilà. Est-ce que je me serais trompé de jour, par hasard ?

— Non. Vous avez donc fait une comédie ?

— Ah ! ne me grondez pas, chère amie. Il n'y en a encore qu'un acte d'écrit, et je ne demanderais pas mieux que de ne pas aller plus loin.

— Bon ! vous voilà déjà aimable comme d'habitude. Est-ce que je joue dans votre comédie ?

— Pardieu ! qui voulez-vous qui y joue ?

— Le sais-je ! Les auteurs sont si charmants avec moi !

— C'est qu'à en juger d'après moi, chère grande, vous leur avez fait passer de rudes quarts d'heure.

— Allons donc! Et quel rôle ai-je dans votre pièce?

— Celui qu'il vous plaira de choisir.

— Comme si c'était une réponse!

— Dame! je n'aurais qu'à vous donner celui qui ne vous conviendrait pas.

— Vous avez donc deux rôles de femme?

— Eh! mon Dieu, j'ai ce malheur, oui, mademoiselle.

— Qu'est-ce que c'est que le rôle de madame de Prie?

— Bon! je vois qu'on vous a déjà dit que c'était le rôle que vous deviez prendre.

— Justement.

— Tant pis alors, attendu que c'est celui que vous ne prendrez pas.

— Alors, vous me destinez donc celui de mademoiselle de Belle-Isle?

— Peste! chère amie, comme vous êtes renseignée.

— Belle malice! Vous devez savoir que c'est un miracle de vous voir au Théâtre-Français, de sorte que, quand vous y venez, on en parle. Enfin, à votre avis, dites-moi quel est le rôle qui me convient?

— Vous venez toujours me demander quel est le rôle que vous jouerez, n'est-ce pas?

— Oui.

— Eh bien, vous jouerez mademoiselle de Belle-Isle.

— Vous avez une manière de répondre qui me fait damner.

— Écoutez, chère amie, lui dis-je, je lis lundi aux acteurs; on m'a forcé d'accepter deux jours de plus que je ne demandais. Voulez vous dîner entre nous dimanche prochain?

— Cela va.

— Dimanche soir, je vous lirai *Mademoiselle de Belle-Isle*, et vous choisirez; mais je dois vous dire d'avance que vous jouerez mademoiselle de Belle-Isle

— Vous le voulez donc absolument?

— Oui, je le veux, attendu qu'ainsi la pièce sera admirablement montée; vous, mademoiselle de Belle-Isle; mademoiselle Mante, madame de Prie; Richelieu, Firmin, etc., etc., tandis que, si vous jouez madame de Prie, je n'aurai plus personne pour jouer mademoiselle de Belle-Isle.

— Dame! vous aurez mademoiselle Plessis.

— M'en donnez vous le conseil?

— Je ne connais pas la pièce.

— Eh bien, chère amie, dimanche, vous ferez sa connaissance.

Le dimanche suivant, j'arrivai chez mademoiselle Mars avec le manuscrit.

A mon entrée dans le salon, je fus circonvenu par tout le monde; je n'entendais que ces mots chuchotés à mon oreille :

— Dites-lui de jouer madame de Prie!.... Dites-lui de jouer madame de Prie!.... Dites-lui de jouer madame de Prie!

Seule, Julienne, une vieille comédienne qui était dame de compagnie de mademoiselle Mars, me dit tout bas :

— Je vous préviens que, si vous lui donnez madame de Prie, elle ne jouera pas.

— Je le sais bien, répondis-je. Aussi, soyez tranquille.

— A la bonne heure! dit Julienne.

Je lus. Madame de Prie ne pouvait pas ouvrir la bouche sans qu'on s'extasiât à chacun de ses mots. Tout au contraire, mademoiselle de Belle-Isle était accueillie avec une froideur visible.

Je suivais du regard mademoiselle Mars, et il ne m'était pas difficile de reconnaître la vérité de ce que m'avait dit Julienne. Mademoiselle Mars, au contraire, n'avait d'yeux et d'oreilles que pour Gabrielle.

La pièce finie, tout le monde l'entoura; chacun se récriait sur le rôle de madame de Prie.

— Oui! oui! disait mademoiselle Mars, charmant. C'est malheureux qu'elle ne revienne pas au cinquième acte!... — Dumas.

— Mademoiselle?

— Est-ce qu'il n'y aurait pas moyen de faire revenir madame de Prie au cinquième acte?

— Non, mademoiselle.

— Pourquoi cela?

— Parce que cela nuirait au rôle de mademoiselle de Belle-Isle,

— Vous croyez?

— Supposez que vous jouiez mademoiselle de Belle-Isle, seriez-vous contente que je partageasse, au cinquième acte, l'intérêt entre madame de Prie et vous?

— Non certainement, si je jouais mademoiselle de Belle-Isle; il est certain qu'au point de vue du rôle...

— Eh bien, vous jouez mademoiselle de Belle-Isle.

— Ainsi, dit mademoiselle Mars, vous le voulez absolument?

— Certainement que je le veux.

— Vous l'entendez, l'auteur est maître de sa distribution.

— Et elle est faite d'avance.

— Comment! ils savent là-bas...?

— Non; mais la voilà toute signée, et je n'attendais que votre approbation.

Mademoiselle Mars jeta un coup d'œil de côté sur la distribution, et vit son nom en regard du nom de mademoiselle de Belle-Isle.

— Et vous ne vous laisserez pas influencer? dit-elle.

— Est-ce que je me laisse facilement influencer à l'égard des distributions? lui demandai-je.

— Oh! pas par moi, je le sais bien.

— Mademoiselle de Belle-Isle est à vous, madame, et vous jouerez mademoiselle de Belle-Isle, ou *Mademoiselle de Belle-Isle* ne sera pas jouée.

Mademoiselle de Belle-Isle fut jouée six semaines après, et vous savez avec quel sucès. Si j'avais cédé aux avis de ceux qui s'intitulaient les amis de mademoiselle Mars et que j'eusse donné le rôle de mademoiselle de Belle-Isle à mademoiselle Plessis, et celui de madame de Prie à mademoiselle Mars, *Mademoiselle de Belle-Isle* aurait été jouée à l'Odéon comme *Christine*, ou à la Porte Saint Martin comme *Antony*. Seulement, mon insistance me brouilla, ou à peu près, avec les membres les plus influents du comité de la Comédie-Française, qui voulaient pousser mademoiselle Mars hors du théâtre, et qui lui faisaient jeter des couronnes d'immortelles des tombeaux.

XVI

On se garda bien, malgré le succès, peut être même à cause du succès de *Mademoiselle de Belle-Isle*, de me demander une autre comédie. On était devenu si injuste pour mademoiselle Mars, que je m'étais profondément attaché à elle, et que je résolus, autant qu'il était en moi, de la soutenir jusqu'au bout. Mais, du moment qu'après le succès de *Mademoiselle de Belle-Isle*, la Comédie ne me demandait pas un autre ouvrage, ce n'était point à moi de le lui porter. D'ailleurs, sur ces entrefaites, j'avais résolu d'aller passer deux ou trois ans en Italie.

Quelques jours avant mon départ, je rencontrai Mérimée chez Cavé.

— Ah! vous voilà, me dit Mérimée; je ne vous ai pas vu depuis longtemps, mais j'ai vu *Mademoiselle de Belle-Isle;* je vous en fais mon compliment, cher ami.

— Merci! un compliment de l'auteur de *Colomba* et de *Matteo Falcone*, c'est quelque chose.

— Pourquoi donc ne faites-vous pas une autre comédie?

— Mais parce qu'on ne me la demande pas.

— Comment, on ne vous la demande pas?

— Non.

— Voulez-vous qu'on vous la demande?

— Que voulez vous dire?

— Voulez vous qu'on vous la demande?
— Volontiers.
— Et, si on vous la demande, vous la ferez?
— Oh! mon cher, vous connaissez le proverbe : « Qui a bu boira; qui a joué jouera. »
— C'est bien! Je me charge de vous la faire demander, moi.

Trois jours après, je reçus une invitation à dîner de M. de Rémusat. M. de Rémusat était alors ministre de l'intérieur. Je me doutai qu'il y avait du Mérimée là-dessous. Je me rendis à l'invitation.

Après le dîner, le ministre me prit à part.
— On dit que vous partez pour l'Italie?
— Dans huit ou dix jours, oui.
— Vous auriez bien le temps de nous faire une comédie pour le Théâtre-Français, d'ici là. Mais je ne veux pas vous encombrer au moment du départ; vous avez votre passe-port à prendre et vos malles à faire. Vous nous l'enverrez d'Italie, n'est-ce-pas?
— Volontiers! mais à une condition.
— Si c'est une condition d'argent, elle est accordée d'avance.
— Non pas; c'est une condition d'amour-propre.
— Ah! diable! Laquelle?
— C'est que la lecture devant la comité sera une simple formalité; que la pièce est reçue d'avance et sera mise en répétition huit jours après la lecture.
— Convenu.
— Et vous me ferez écrire par Cavé une lettre qui constatera mon droit.
— Je vous l'écrirai moi-même.

— Tout va bien, alors.

Le lendemain, je reçus une lettre de M. de Rémusat, dictée dans le sens arrêté entre nous. Je partis avec ma lettre.

Arrivé à Florence, installé via Rondinelle, je songeai, au milieu de mon salon plein de camellias, de ma chambre à coucher pleine de jasmin, à tenir ma promesse, non point au Théâtre-Français, mais à M. de Rémusat. J'avais au fond de l'esprit un sujet de mariage sous Louis XV, sujet peu neuf, mais qui pouvait être rajeuni par des détails spirituels; je me mis au travail, et, au bout d'un mois, j'écrivis à Lockroy pour le charger de lire ma comédie au Théâtre-Français.

Lockroy non-seulement fait des pièces charmantes, témoin *la Marraine, un Duel sous Richelieu* et *le Chevalier du guet*, mais encore Lockroy lit admirablement. C'est un *empoigneur*, comme on dit en termes d'argot de théâtre. Lockroy déploya toutes ses ressources, lut de son mieux, et fut refusé à l'unanimité.

Il n'y avait pas encore de télégraphe électrique à cette époque. Je fus huit jours à apprendre la nouvelle. Le jour où je l'appris, je fis mon portemanteau, pris la lettre de M. de Rémusat dans ma poche et partis. Cinq jours après, j'étais à Paris. Mon bain pris, mon habit de voyage au clou, ma première visite fut pour le Théâtre-Français.

J'étais arrivé à cinq heures, à huit heures et demie j'étais au théâtre.

Je rencontrai mademoiselle Mars dans le corridor.

— Vous voilà à Paris, vous?

— J'arrive.

— Venez, venez, il faut que je vous parle avant que vous parliez à personne.

— Bravo ! Vous me renseignerez.

— Oh ! j'ai de belles choses à vous dire !

— Je n'en doute pas.

Et je suivis mademoiselle Mars. Mademoiselle Mars n'avait pas de changement à faire entre le premier et le second acte, elle était donc tout à moi.

— Eh bien, ils vous ont refusé ? dit-elle.

— Eh bien, oui, ils m'ont refusé.

— Sans vous dire pourquoi ?

— Je présume qu'ils ont trouvé la pièce mauvaise, dis-je faisant tout ce que je pouvais pour prendre un air naïf.

— Bonne pièce... Va !

— Dame ! que voulez-vous que je pense ?

— Ils vous ont refusé, mon cher, parce que vous avez dit que le rôle de la comtesse était pour moi... Bavard !...

— Eh bien, après ?

— Eh bien, comme ils me portent sur les épaules, ils ont dit : « Bon ! si elle a un rôle nouveau, c'est un an de plus à la garder. »

— Les niais !... Quand ils ne vous auront plus, qu'auront-ils ?

— Ce qu'ils ont eu après Talma... Je vous avais dit de ne pas parler de moi, mais vous n'avez pas pu taire votre chienne de langue... La ! nous voilà bien avancés maintenant...

— Bon ! ne nous désespérons pas.

— Avec cela que l'on dit que la pièce est charmante.

— Oh ! ce n'est pas moi qui dis cela...

— Non, ce sont eux ; voilà ce qu'il y a d'enrageant.

— Eh bien, alors ?

— Eh bien, alors, c'est malheureux, de perdre une pièce en cinq actes, voilà ce que je dis.

— Nous ne la perdrons peut-être pas. Qui sait ?

— Je vous trouve admirable, vous, ma parole d'honneur !

— Dame ! vous savez, je suis comme Béranger : j'ai la plus grande confiance dans le Dieu des bonnes gens.

— Avec cela que vous êtes un bon homme, vous... La peste !

— Mademoiselle Mars, vous ne me rendez pas justice ; si j'étais la peste, il ne resterait pas un des membres du comité de la Comédie-Française.

Je saluai mademoiselle Mars et je passai au foyer.

— Personne n'eut l'air de me connaître. J'allai au secrétariat. Verteuil y était. Verteuil est le secrétaire de la Comédie-Française.

— Verteuil, lui dis-je, le comité se tient-il toujours le samedi ?

— Oui ; mais, par hasard, demain mercredi, il y a un comité extraordinaire..

— Quelle chance ! Voulez-vous prévenir ces messieurs que j'aurai l'honneur de leur faire une visite ?

— Vous voilà donc à Paris ?

— Comme vous voyez, cher ami.

— Vous avez fait un bon voyage ?

— Excellent !

— Alors, à demain.

— A demain.

Le lendemain, à deux heures, je me faisais annoncer à MM. de l'administration. J'entrai. Je trouvai de ces figures comme on n'en trouve que dans les maisons mortuaires, avant le départ du corps.

— Eh bien, mes enfants, demandai-je tout souriant, me voilà !

— Nous le voyons bien, que vous voilà.

— Vous vous doutez de ce qui m'amène ?

— Non !... Ma foi, non !

— Je viens vous demander quand nous mettons notre pièce en répétition.

— Quelle pièce ?

— *Un Mariage sous Louis XV*.

— Mais vous ne savez donc pas ce qui est arrivé ?

— Non !... Il est arrivé quelque chose ?

Les membres du comité se regardèrent.

— Un malheur ? insistai-je.

— Vous avez été refusé...

— Ah bah !...

— Comment, on ne vous l'a pas écrit ?

— Si fait.

— Eh bien, alors ?

— Je ne l'ai pas cru !

— Comment, vous ne l'avez pas cru ?

— Non !...

— Pourquoi ne l'avez-vous pas cru ?

— Pour deux raisons : c'est que je n'admets pas que vous refusiez l'homme qui vous a donné *Henri III* et *Mademoiselle de Belle-Isle*, c'est-à-dire deux des plus grands succès que vous ayez eus.

— La seconde ?

— Oui, la seconde, n'est-ce pas? la première vous paraît insuffisante. Eh bien, la seconde, c'est que j'ai traité, non pas avec vous, messieurs, mais avec le ministre, et que voilà mon traité, signé Rémusat. Les huit jours qui doivent suivre ma lecture sont écoulés. J'attends mon billet de répétition. — Au revoir, messieurs.

Le lendemain, j'avais mon billet de répétition pour le lundi suivant.

XVII

Maintenant, comment fut-ce mademoiselle Plessis, et non mademoiselle Mars, qui joua le rôle?

Je vais vous le dire en deux mots.

J'avais, pour faire le côté matériel de mes affaires, un excellent ami, mais qui n'avait aucune idée du monde de théâtre; il trouvait mademoiselle Plessis charmante, et il avait raison; on lui disait que mademoiselle Mars était vieille, il le croyait, et il avait tort : on n'est jamais vieux quand on a le talent de mademoiselle Mars. Mademoiselle Plessis avait la poitrine délicate, et mon ami, qui habitait la campagne et qui avait des chèvres, lui envoyait, tous les matins, du lait de chèvre; puis, tous les soirs, il allait au foyer, où chacun l'entourait, lui disant :

— Comprenez-vous cette vieille Mars qui, à soixante-cinq ans, joue un rôle de jeune fille de dix-sept? En vérité, quelqu'un devrait bien lui dire en face qu'elle a quarante ans de trop pour le rôle.

Cela lui montait la tête. Un soir, il répondit :

— Mais, si quelqu'un devait le lui dire, que ne le lui dites-vous?

— Oh! nous, elle dirait ce qu'elle dit : que c'est par jalousie qu'on veut la pousser hors du théâtre.

— Eh bien, fit mon ami, je le lui dirai, moi.

— Vous?

— Oui, moi.

— Vous n'oserez pas.

— J'oserai.

— Quand cela?

— Pas plus tard que demain.

— Pourquoi pas ce soir?

— Ce soir?

— Oui... Justement, elle joue. Tenez, la voilà qui rentre dans sa loge.

— Ce soir?

— Ah! vous reculez.

— Moi?

— Vous reculez.

— Moi?

— Oui, vous.

— J'y vais!

Et mon ami enfonça son chapeau sur sa tête, et se précipita dans la loge de mademoiselle Mars, qui changeait de costume.

— Eh! qu'est-ce que cela? dit mademoiselle Mars en prenant sa chemise entre ses dents.

— C'est moi, mademoiselle?

— Qui vous?

Mon ami se nomma.

— Eh bien, que me voulez-vous? Entrer ainsi chez moi sans être annoncé !

— Je veux vous dire, mademoiselle, ce qu'aucun de vos amis n'ose vous dire.

— Quoi?

— C'est que vous êtes trop vieille pour jouer le rôle de la comtesse et que ce serait sage à vous de le renvoyer à mademoiselle Plessis.

— Mademoiselle Plessis aura le rôle demain, monsieur. Maintenant, sortez de ma loge, je vous prie; il faut que je change de chemise.

Le lendemain, mademoiselle Mars renvoyait son rôle et annonçait qu'elle ne renouvellerait pas avec la Comédie-Française.

Voilà comment ce fut mademoiselle Plessis, et non mademoiselle Mars, qui joua le rôle de la comtesse dans *un Mariage sous Louis XV*.

XVIII

Le *Mariage sous Louis XV* fut joué le 1er juin 1841. Le succès honnête qu'il obtint, et qui eût été, selon toute probabilité, plus fructueux, si mademoiselle Mars en eût fait sa pièce de sortie, ne blessa personne, et, par conséquent, me laissa dans de bonnes relations avec la Comédie-Française.

Je désire que l'on ne donne pas à la phrase que je viens d'écrire un autre sens que celui que je lui donne moi-même.

Ce succès eût été plus fructueux, ai-je dit, avec mademoiselle Mars qu'avec mademoiselle Plessis, non point que mademoiselle Plessis ait mal joué la comtesse, au contraire, elle y fut charmante, mais parce que l'on eût été curieux de voir mademoiselle Mars dans son dernier rôle, et plus le rôle était jeune, plus la curiosité eût été grande.

J'avais eu, du reste, d'excellentes relations avec les cinq ou six artistes qui jouaient dans le *Mariage sous Louis XV*, et ils me demandèrent de leur faire une seconde pièce.

Un beau jour, je vais leur annoncer que la pièce était faite, et qu'elle s'appelait *les Demoiselles de Saint-Cyr*.

Elle était faite pour les mêmes personnes, excepté ce grand et excellent artiste que l'on appelait Menjaud, qui, dans l'intervalle, s'était retiré du théâtre. Les autres étaient Firmin, Plessis, Anaïs. Les nouveaux introduits étaient Brindeau et Régnier.

La pièce alla comme sur des roulettes; c'était la première fois qu'une pareille chose m'arrivait. J'en étais consterné; je m'étais fait une habitude de discussion avec le Théâtre-Français. La discussion me manquait; j'avais l'air d'être bien avec tout le monde. Hélas! j'étais donc descendu bien bas dans l'esprit des sociétaires. Il est vrai que je ne tardai pas à remonter sur ce point à une hauteur que je n'avais pas encore atteinte. *Le Testament de César* arriva.

Soit mauvaise volonté, soit ignorance de mise en scène, une pièce que j'eusse répétée pendant un mois à peine au Théâtre-Historique m'absorba pendant soixante et dix répétitions.

Ah! cher lecteur, vous ne serez pas si cruel que Didon, vous n'exigerez pas que je renouvelle mes douleurs!

C'était M. Seveste qui était alors directeur. Il est mort depuis; Dieu veuille avoir son âme! il a failli damner la mienne.

Je sortis tellement furieux, que je fis serment, en sortant, de n'y jamais rentrer. Je me tins parole pendant cinq ans.

Un jour, je rencontrai Régnier. Régnier me dit:

— Lisez donc tel roman d'Auguste Lafontaine; il y a dans ce roman-là un drame terrible pour votre Théâtre-Historique.

J'ai grande foi dans les indications de Régnier à l'endroit des bonnes choses. Je courus trois ou quatre cabinets de lecture : les romans d'Auguste Lafontaine, qui ont fait les délices du commencement du xixe siècle, sont à peu près oubliés aujourd'hui. Je trouvai enfin le roman désigné par Régnier; j'ai complétement oublié son nom.

Je me mis à lire le premier volume, mais je n'allai même pas jusqu'au bout. Au lieu du drame terrible que je devais trouver dans le troisième ou le quatrième volume, j'avais trouvé une charmante petite comédie dans le premier.

J'étais trop occupé à cette époque au Théâtre-Historique pour faire une petite comédie en un acte. J'appelai à moi mes deux jeunes amis Paul Bocage et Octave Feuillet; je leur en fis le plan et je leur dis :

— A l'œuvre, mes enfants! et exécutez-moi cela.

Leur acte fini, ils l'apportèrent au Théâtre Histolique, et', ne me trouvant point, ils le donnèrent à Doligny. Le théâtre ferma huit jours après ;] le manuscrit de *Romulus* fut perdu dans le naufrage qui engloutit la seule grande tentative d'art qui eût été faite depuis vingt-cinq ans.

Un an s'écoula. J'avais, à quinze lieues de Paris, une chasse en partage avec mon bon et cher ami le comte d'Orsay ; cette chasse était située à quatre ou cinq lieues de Melun.

Un jour, ou plutôt un soir, je repartis trop tard de Mormans, c'était le nom de notre chasse. Il en résulta que je n'arrivai pas pour le dernier convoi du chemin de fer. Force me fut de rester à Melun.

Que faire à Melun de dix heures du soir à huit heures du matin, quand on ne dort, comme moi, que trois ou quatre heures dans son propre lit, et pas du tout dans un lit étranger? *Romulus* me revint à l'esprit.

— Tiens, me dis-je, me voilà avec cinq ou six heures devant moi ; si j'en profitais pour faire *Romulus*.

Sitôt pris, sitôt pendu, comme dit la parodie de *la Vestale*. Je descendis ; j'allai chez un épicier, j'achetai du papier et des plumes. Je suis très-maniaque sur ce point : je ne puis travailler que sur certain papier, je ne puis écrire qu'avec certaines plumes, et encore j'ai mon papier et mes plumes de roman, mon papier et mes plumes de théâtre.

Je trouvai à peu près ce qu'il me fallait ; j'achetai, en outre, une petite bouteille d'encre. Si je n'écris pas sur tous les papiers, si je n'écris pas avec toutes les plumes, je n'écris pas non plus avec toutes les encres ; par exemple, il me serait impossible de rien écrire avec de l'encre bleue, pas même mon adresse.

Je me mis au travail vers onze heures; j'entassai du bois dans le coin de ma cheminée, je me fis donner des bougies de rechange, et, à sept heures du matin, j'écrivais le mot *Fin*, mot bienheureux, qui n'est pour moi cependant que le commencement du volume suivant.

Je partis pour Paris par le convoi de huit heures; à neuf, mon copiste était chez moi. Je n'avais pas relu *Romulus*. On relit et l'on corrige mal, surtout sur son écriture, moi surtout. Je lui demandai ma copie pour le lendemain à la même heure. Il fit la grimace; il n'avait que vingt-quatre heures pour copier ce que j'avais écrit en neuf. Cependant, il fut prêt.

Je lus, je corrigeai; je fis recopier une deuxième, puis une troisième fois. Alors, j'envoyai chercher Régnier.

— Mon cher ami, lui dis-je, vous rappelez-vous m'avoir donné le conseil de faire un drame bien noir avec tel roman d'Auguste Lafontaine?

— Oui.

— Eh bien, je l'ai lu.

— Ah!

— Et j'en ai fait une petite comédie en un acte que je crois très-gaie.

— Bravo! Pourvu que vous en ayez fait quelque chose, c'est tout ce qu'il me faut. Où est-elle?

— La voilà.

— Quand voulez-vous lecture?

— Oh! cher ami, je ne lis plus à la Comédie-Française. J'ai fait cette pièce pour vous et non pour MM. les comédiens ordinaires de la République, — nous étions en république alors ; — si vous voulez jouer le rôle, lisez-la et faites-la recevoir comme l'œuvre d'un jeune homme qui n'a encore rien fait.

— Vous y tenez ?

— Je vous en prie.

— Soit ; mais vous avez des préjugés contre la Comédie-Française.

— Moi ? Non. Je trouve qu'elle joue des vaudevilles, voilà tout, au lieu de jouer des comédies, des tragédies et des drames, et je lui en veux de supprimer les couplets.

— Alors, me dit Régnier pour détourner la conversation, vous me donnez carte blanche ?

— Oui, pourvu que mon nom ne soit pas prononcé.

— Je vous en donne ma parole d'honneur.

— Tout va bien, alors.

Régnier partit et je ne pensai plus à *Romulus*. Quinze jours après, je reçus un petit mot de Régnier, qui ne contenait que ces deux lignes :

« Le jeune homme qui n'a encore rien fait a été reçu par acclamation. Nous mettrons sa pièce en répétition jeudi.

» Tout à vous.
» Régnier. »

Effectivement, la pièce fut mise au tableau ; mais une indiscrétion fut commise : par qui ? je n'en sais rien ; si elle eût été d'un jeune homme qui n'eût encore rien fait, elle eût paru tout de suite. Elle était d'un homme qui a fait soixante drames, tragédies ou comédies. Elle resta trois ans dans les cartons.

Elle avait été écrite en une nuit, au mois d'octobre 1851. Elle fut jouée le 15 janvier 1854.

Dans l'intervalle, j'avais fait deux comédies : *la Jeunesse de Louis XIV* et *la Jeunesse de Louis XV*, qui toutes deux avaient été arrêtées par la censure.

Pour cette fois, je donnai ma démission d'auteur au théâtre de la rue de Richelieu, et j'abandonnai la scène française aux vaudevilles en cinq actes de M. Scribe et aux tragédies en un acte de M. Latour Saint-Ybars.

Ainsi finit mon voyage. Ulysse n'avait erré que dix ans; j'ai erré quinze ans de plus qu'Ulysse; il est vrai que j'ai eu sur lui l'avantage de ne pas trouver de Pénélope.

LES TROIS PHÈDRE

Il y a longtemps que le désir m'a pris, pour la première fois, de faire une étude raisonnée sur les trois *Phèdre* qui ont survécu à ce grand naufrage du temps, qui engloutit tant de choses :

La *Phèdre* d'Euripide, représentée à Athènes 428 ans avant Jésus-Christ ;

La *Phèdre* de Sénèque, composée environ vers l'an 50 de notre ère ;

La *Phèdre* de Racine, jouée à l'hôtel de Bourgogne en 1677.

Je vais parler non-seulement des trois tragédies, mais encore de leurs auteurs, et de l'époque à laquelle ils vivaient.

Euripide est l'auteur de la *Phèdre* antique ; il naquit le jour même de la bataille de Salamine, dans le magasin d'une pauvre marchande de légumes.

Sophocle était né à Colone, dans l'atelier d'un forgeron ; Eschyle, à Éleusis.

On ignore ce qu'étaient le père et la mère d'Eschyle,

mais ce que l'on sait, c'est qu'il eut deux frères illustres, Cynégis et Aminias.

Une coïncidence étrange rattache les trois poëtes grecs à cette grande journée de Salamine, qui correspond au 20 octobre, 480 ans avant Jésus-Christ.

Eschyle combattait à Salamine.

Sophocle conduisait le chœur des adolescents qui célébrait la victoire.

Euripide naissait pendant la bataille.

On éleva Euripide pour en faire un athlète.

Il remporta même une fois, dit-on, le prix de la lutte; mais il avait, s'il faut en croire ce qu'il dit de ses anciens compagnons dans l'*Autolycus*, peu de sympathie pour le métier et pour ceux qui l'exerçaient; aussi le quitta-t-il afin d'essayer de la peinture; puis il étudia la rhétorique sous Prodius, la philosophie sous Anaxagoras; se lia avec Socrate, malgré la différence d'âge — Socrate était plus jeune que lui de dix ans — et enfin, la première année de la 81e olympiade, il fit son début par *les Péléades*.

Hippolyte — car la tragédie d'Euripide s'appelle *Hippolyte* et non *Phèdre* — fut représenté, une première fois, sous le nom d'*Hippolyte voilé*. Deux vers grecs lui font donner ce titre. Ils appartiennent à la dernière scène.

Hippolyte mourant dit à son père :

— Mes forces m'abandonnent... O mon père, je meurs! Voile au plus tôt mon visage.

Mais, la tragédie n'ayant eu qu'un médiocre succès, le poëte la fit représenter une seconde fois, sous le titre d'*Hippolyte porte-couronne*, parce que, en entrant en scène, Hippolyte tient à la main une couronne qu'il offre à Diane en lui disant :

— Salut, ô Diane, la plus belle des vierges qui habitent l'Olympe ! O ma souveraine, *je t'offre cette couronne !*

Nous avons la date de cette seconde représentation seulement : c'est la quatrième année de la 87e olympiade, sous l'archonte Aminias, quelque temps après la mort de Périclès.

Les derniers vers de la tragédie font allusion à cette mort, arrivée l'an 429 avant Jésus-Christ.

Thésée dit, à propos du trépas d'Hippolyte, ce vers que l'on a cru être une allusion à la perte récente qu'Athènes venait de faire du grand citoyen qui se glorifiait, en expirant, de n'avoir jamais fait prendre le deuil à personne.

— O terre illustre d'Athènes et de Pallas, quel homme vous perdez !

Et le chœur continue la plainte du père, ou plutôt celle du citoyen en disant :

— Cette douleur, commune à tous les citoyens, est venue les affliger inopinément ; elle fera couler bien des larmes, car les regrets que laisse la mémoire des grands hommes vont toujours croissant.

Faisons l'analyse de la tragédie d'Euripide ; nous passerons ensuite à l'*Hippolyte* de Sénèque, et nous arriverons enfin à la *Phèdre* de Racine.

La scène est aux portes du palais de Thésée, à

Trézène ; le portique du palais est orné de deux statues : l'une de Diane, l'autre de Vénus.

C'est Vénus qui fait l'exposition ; elle descend dans un nuage et dit elle-même :

— Je suis Vénus, renommée entre les déesses et souvent invoquée par les mortels ; je règne, dans les cieux, sur tous les êtres qui voient la clarté du soleil ou qui habitent entre le Pont-Euxin et les bornes atlantiques. *Ceux qui respectent ma puissance, je les favorise ; mais je renverse les orgueilleux qui me bravent.*

Toute la tragédie est dans ces deux vers. L'orgueilleux Hippolyte sera renversé pour avoir bravé Vénus.

D'ailleurs, la déesse le dit dans les vers suivants :

— Le fils de Thésée, Hippolyte, né d'une Amazone, élève du vertueux Pitthée, seul ici, entre tous les citoyens de Trézène, m'appelle la plus malfaisante des déesses. Il dédaigne l'amour et fuit le mariage. La sœur de Phébus, Diane, fille de Jupiter, est l'objet de son culte. Il la regarde comme la plus grande des déesses. Accompagnant sans cesse la vierge divine à travers les vertes forêts, il détruit les animaux sauvages avec les chiens agiles et entretient avec une déesse un commerce plus élevé qu'il n'appartient à un simple mortel. Je n'envie pas ces plaisirs ; eh ! que m'importe ? mais les outrages d'Hippolyte envers moi, je les punirai aujourd'hui même. J'ai dès longtemps préparé ma vengeance, et il m'en coûtera peu pour l'accomplir.

Vient ensuite l'exposition de l'amour adultère de Phèdre pour Hippolyte et le programme entier de la pièce, communiqué par la vindicative déesse aux spectateurs. Après quoi, l'exposition faite, le nuage se referme sur Vénus, et elle remonte aux cieux.

Hippolyte entre immédiatement après la disparition.

Il tient à la main une couronne et est suivi d'une troupe de jeunes chasseurs.

Tous chantent les louanges de Diane.

Le chœur se tait : Hippolyte adresse sa prière à la déesse. Le chœur s'éloigne pendant la prière d'Hippolyte.

La prière est pure, chaste, poétique; aussi harmonieuse en grec que peuvent l'être en français les plus beaux vers de Racine ; elle conserve jusque dans la traduction un parfum d'antiquité suave à respirer.

La voici :

— Salut, ô Diane, la plus belle des vierges qui habitent l'Olympe! O ma souveraine! je t'offre cette couronne tressée par mes mains dans une fraîche prairie que jamais le pied des troupeaux ni le tranchant du fer n'ont osé violer. Seule, l'abeille y voltige au printemps ; la Pudeur l'arrose d'une eau pure et n'en permet l'entrée qu'à ceux à qui la nature dicte la sagesse. Seuls, ceux-là ont droit d'en cueillir les fleurs interdites aux méchants. O ma reine chérie! reçois donc de ma main pure cette couronne pour ta chevelure dorée! Seul, en effet, parmi les mortels, je jouis de ce céleste privilége d'être admis dans ta familiarité ; je converse avec toi ; j'entends ta voix, mais sans voir ton visage radieux. Puisse, ô déesse! la fin de ma vie répondre à son commencement!

Hippolyte dépose sa couronne sur le socle de la statue et va s'éloigner, quand un vieillard l'arrête.

Ce vieillard, représentant de la sagesse, prévient Hippolyte du danger qu'il court en rendant un culte exclusif à Diane. Vénus sera jalouse : tous les dieux ont droit au culte des mortels.

— Je n'aime pas, répond Hippolyte, les divinités dont le culte a besoin des ombres de la nuit.

Puis, se retournant vers ses compagnons :

— Allez, amis, dit-il, dans le palais, et préparez le repas. Au retour de la chasse, on aime des tables richement servies : il faut aussi étriller mes coursiers, afin qu'après avoir mangé, je les attelle à mon char et les exerce à mon loisir.

Puis, se retournant du côté du vieillard :

— Quant à ta Vénus, ajoute-t-il, pour elle bien des fois adieu !

Et il rentre au palais.

Alors, le vieillard, s'agenouillant vers la statue :

— Pour moi qui ne dois pas imiter la jeunesse, dit-il, j'adore ton image, toute-puissante Vénus. Maintenant, pardonne à l'emportement de la jeunesse des paroles téméraires; oublie-les, et feins de ne pas les avoir entendues. Les dieux doivent être plus sages que les mortels.

Un chœur de jeunes filles s'approche et chante :

— Une roche est renommée, d'où, source abondante, jaillit l'eau de l'Océan. On peut y puiser avec des urnes. Là, j'avais une amie mouillant à l'onde fluviale des vêtements de pourpre, qu'elle étendait ensuite sur le dos de la roche tiède et exposée au soleil. Elle est venue à moi, et m'a appris la première nouvelle de ma souveraine consumée sur sa couche fiévreuse. Elle restait enfermée dans son palais. Des tissus légers voilaient sa tête blonde, et j'appris aussi d'elle que, depuis trois jours, sa bouche d'ambroisie n'avait point touché aux dons de Cérès, la malheureuse voulant, par une douleur cachée, se hâter d'arriver au terme de la vie.

O jeune femme! assurément, tu es en délire, agitée par un dieu, soit par Pan, soit par Hécate, ou par les vénérables corybantes, ou par Cybèle, qui vit sur les montagnes; peut-être aussi es-tu tourmentée pour quelque oubli à l'égard de Diane Chasseresse? Peut-être as-tu oublié de sacrifier des gâteaux à la puissante divinité qui erre sur la terre et les eaux, et qui étend sa puissance au delà de la terre ferme, jusque sur les flots salés de l'Océan.

Ou bien quelque rivale ne charmerait-elle pas ton époux, le chef des descendants d'Érechthée, le noble de naissance, dans son palais, dans quelque couche secrète, de ton lit nuptial ; ou bien quelque homme de mer parti de Crète a-t-il abordé au port d'Athènes hospitalier aux matelots, apportant à la reine quelque nouvelle dont elle est saisie en son âme et dont la douleur la retient enchaînée à son lit.

Mais voici la vieille nourrice de Phèdre, amenant celle-ci devant les portes, hors de l'appartement, et le nuage sombre de ses sourcils s'est augmenté. Mon âme désire apprendre ce qui peut avoir ainsi ravagé le corps pâli de la reine.

Entrent la nourrice et Phèdre.

— O maux des mortels, dit la nourrice, ô triste maladie !

Puis, se tournant vers Phèdre :

— Que ferai-je, ou que ne ferai-je pas ? Voici cette lumière brillante que tu désirais ; voici ce grand air que tu voulais respirer, et maintenant ta couche de douleur est hors du palais, car toutes tes paroles étaient pour venir ici. Mais bientôt tu auras hâte de rentrer dans ta chambre ; car tu changes promptement de désirs et tu ne te plais à rien. Tu détestes ce qui est présent, et, pour toi, la chose absente est toujours la chose préférable. Oh ! mieux vaut souffrir soi-même que soigner ceux qui souffrent. Souffrir est tout simple ; soigner ceux qui souffrent réunit le chagrin d'esprit à la fatigue des mains. Or, la vie des hommes est toute remplie de douleurs : il n'y a point de relâche à leurs peines. S'il est un autre bien plus désirable que la vie, les ténèbres l'environnent et le cachent sous leurs nuages. Un fol amour nous attache donc à cette lueur qui brille sur la terre, à cause de notre ignorance d'une autre vie et de l'ignorance des choses qui sont dans la tombe, et nous nous laissons effrayer au hasard par les fables qui nous abusent[1].

---

[1] Shakspeare, sans connaître Eschyle, dit aussi poétiquement que lui, dans *Hamlet* :

« Mourir, dormir, — dormir ! rêver, peut-être ! Voilà l'obs-

C'est alors que Phèdre fait entendre sa première plainte.

— Soulevez mon corps, redressez ma tête, amies, je suis brisée dans l'articulation de mes membres. Esclaves, pressez mes belles mains. Il est lourd pour moi de porter ce voile sur ma tête. Otez-le et étendez sur mes épaules les boucles de mes cheveux.

— Prends courage, mon enfant, répond la nourrice. Ne tourmente pas ton corps d'une manière chagrine, et tu supporteras ton mal plus aisément, avec plus de tranquillité, et avec un plus noble courage. Or, c'est une nécessité pour les mortels que de souffrir.

— Hélas! que ne puis-je, au bord d'une fontaine limpide, puiser une eau pure! que ne puis-je reposer dans une prairie touffue, couchée à l'ombre des peupliers!

— Que dis-tu? Ne parle pas ainsi devant la foule, jetant un discours inspiré par la folie.

— Conduis-moi sur la montagne : j'irai vers la forêt, à travers les pins où court la meute altérée du sang des cerfs tachetés. Oh! je voudrais, grands dieux! encourager, en criant, les chiens, et, tenant à la main un dard acéré, rapprocher, en le lançant, le trait thessalien, de ma chevelure blonde.

— Pourquoi donc, ô mon enfant, avoir de pareils désirs? Quel intérêt prends-tu donc à la chasse? Quelle soif as-tu des eaux de la fontaine éloignée? N'as-tu pas, près des tours du palais, une colline arrosée, d'où un frais breuvage peut venir jusqu'à toi?

— Diane, souveraine de Limné, qui s'élève au bord de la mer, et des gymnases retentissant du bruit des chevaux, que ne suis-je dans tes plaines, domptant tes coursiers?

— Encore des paroles insensées! tantôt le désir de la

tacle! Quels rêves surviendront dans ce sommeil où nous aurons dépouillé notre enveloppe mortelle? Voilà ce qui m'arrête; voilà la pensée qui fait que les souffrances ont si longue durée! »

chasse t'emporte sur la montagne; tantôt tu aspires à dompter de jeunes coursiers sur le sable du rivage. O ma fille! il faudrait la science des destins pour savoir lequel des dieux t'agite et égare tes esprits.

— Malheureuse que je suis! qu'ai-je dit? où me suis-je égarée hors de la saine raison? J'ai été en délire : j'y suis tombée par le châtiment d'un dieu. Hélas! hélas! malheureuse! rejette mon voile sur ma tête, car j'ai honte des choses que je viens de dire. Voile mon front, car des larmes coulent de mes yeux, et mon regard s'est tourné vers la honte. Mais être ramenée à la raison, c'est être ramenée à la douleur. Le délire est sans doute un mal; mais ne vaut-il pas mieux mourir n'ayant pas connaissance de son mal?

— Je te voile la tête, ô mon enfant! mais quand donc la mort m'emportera-t-elle? Ma longue vie m'apprend bien des choses, et, entre autres, qu'il est sage aux mortels de ne contracter que de tièdes amitiés, et non point de ces tendresses qui pénètrent jusqu'à la moelle intime de l'âme. Livrons notre cœur à ces amours faciles à dissoudre, que l'on peut écarter et resserrer à son gré, facilement et sans douleur. Mais qu'une seule âme souffre pour deux, ainsi que je souffre, moi, pour celle-ci, c'est là un poids insupportable. C'est avec raison que l'on dit que les passions extrêmes nuisent plus qu'elles ne réjouissent et qu'elles sont plutôt hostiles que bienfaisantes à la santé de l'âme. Rien de trop, plutôt que trop, et les sages seront d'accord avec moi.

Voilà le *mot à mot* d'Euripide, dans toute sa simplicité, mais aussi avec tout son parfum, tout ce qu'en peut conserver du moins la pensée en passant d'une langue dans une autre.

C'est, à notre avis, une fort belle chose, que Sénèque a été loin d'atteindre, que Racine à égalée a peine.

Continuant ainsi jusqu'à la fin du premier acte, ce que nous en mettrons sous les yeux du lecteur suffira pour notre appréciation et probablement pour la sienne.

Le chœur intervient et s'inquiète auprès de la nourrice du mal de Phèdre. Elle l'ignore comme tout le monde, mais elle va s'informer.

Elle revient en conséquence à Phèdre. Cette scène est un chef-d'œuvre ; aussi Racine l'a-t-il imitée presque mot à mot.

Sénèque l'a complétement gâtée.

— Eh bien, chère enfant, oublions toutes deux les discours que nous venons de tenir, et, toi, adoucis ton cœur ; ne fronce plus ton sourcil ; sors de l'état d'esprit où tu étais, et moi aussi. Laissons de côté la route où je te suivais et passons à des paroles meilleures. Es-tu malade de quelque mal secret? Tiens, voici ces femmes qui te soigneront avec moi. Mais, si ta souffrance est de celles que l'on peut révéler aux hommes, dis-la, afin que nous la fassions connaître aux médecins. Allons, voilà que tu te tais encore. Il ne faut pas te taire, mon enfant. Il faut, ou me prouver que j'ai tort, ou céder à mes raisonnements. Voyons, parle. Regarde ici de mon côté, vers moi. O malheureuse que je suis ! — Femmes, vous le voyez ! nous nous fatiguons vainement à vouloir soulager ses peines, et nous sommes aussi éloignées de les connaître qu'auparavant. — Tout à l'heure, pas plus que maintenant, mes paroles n'ont pu te toucher; mais, sache-le bien, dusses-tu te montrer plus impitoyable que la mer, si tu meurs, tu trahis tes enfants, qui cesseront d'avoir part à la maison paternelle ; j'en atteste la reine des Amazones, habile à monter à cheval, laquelle a donné pour maître à tes fils un bâtard ayant les pensées d'un enfant légitime. D'ailleurs, tu le connais bien, cet Hippolyte.

— Malheur à moi !

— Cela te touche-t-il, enfin?

— Tu me fais mourir, nourrice ; au nom des dieux, je t'en conjure, tais-toi, à l'avenir, sur cet homme.

— Ah ! tu le vois ! tu rentres dans ton bon sens, et cependant, tu ne veux pas et servir tes enfants et sauver ta vie.

— J'aime mes enfants; mais je suis tourmentée d'une autre infortune.

— Tes mains, ô ma fille! sont pures de sang, n'est-ce pas?

— Mes mains sont pures, mais mon cœur est souillé!

— Est-ce un mal jeté par quelque ennemi?

— Non; c'est un ami qui me perd, sans le vouloir.

— Thésée t'a-t-il offensée?

— Oh! que je reste toujours innocente envers lui!

— Mais enfin, quelle est donc cette chose terrible qui te pousse à mourir?

— Laisse-moi mes fautes, nourrice, je ne suis pas coupable envers toi.

— Non, tu n'es pas coupable envers moi, mais je ne te survivrai pas si tu meurs.

— Que fais-tu? laisse mes mains, tu me violentes!

— Ni tes mains, ni tes genoux, je ne les quitterai.

— Mais ces choses-là sont des maux pour toi, si tu les apprends. Des maux, entends-tu, malheureuse?

— Est-il pour moi un malheur plus grand que celui de te perdre?

— Mais tu mourras en apprenant la cause de mon mal, et cependant cela me rapporterait de l'honneur.

— Et, moi te suppliant, tu caches une chose honorable?

— Oui, car, des choses honteuses, je voudrais faire sortir des choses honorables.

— Ces choses, il faut les dire, alors!

— Retire-toi, au nom des dieux! et lâche ma main droite!

— Non, puisque tu te tais.

— Eh bien, je parlerai donc, puisqu'il faut que je cède à tes supplications.

— Je me tais. Maintenant, c'est à toi de parler.

— Oh! malheureuse mère! de quel amour as-tu aimé?

— Parles-tu de cet amour qu'elle ressentit pour un taureau? Pourquoi dis-tu cela, mon enfant?

— Oh! malheureuse sœur, épouse de Bacchus!

— Ma fille, que fais-tu? tu outrages tes parents.

— Et moi, la troisième, misérable! je meurs à mon tour.

— Je suis stupéfaite! où tend ton discours?

— C'est de cette époque et non d'hier que nous sommes malheureuses?

— Je ne sais encore rien, mon enfant, de ce que je voulais apprendre!

— Hélas! que ne peux-tu me dicter les choses qu'il faut que je dise!

— Je ne suis point un devin, pour pénétrer les mystères obscurs.

— Quelle est donc, grands dieux! cette chose que les hommes appellent aimer?

— La chose la plus douce, ô ma fille! et la plus amère qui existe au monde.

— Je n'ai, hélas! éprouvé que la dernière.

— Que dis-tu, ô mon enfant? Aimerais-tu quelqu'un parmi les hommes?

— Tu connais ce fils de l'Amazone?

— Hippolyte! dis-tu?

— C'est de toi et non de moi que son nom est sorti.

— Hélas! que vas-tu dire, mon enfant? tu me fais mourir. Ces choses ne sont point supportables; tu me tues. Le jour m'est ennemi, la lumière ennemie. Oh! je précipiterai, j'abandonnerai mon corps; je me délivrerai de la vie. Adieu! regarde-moi comme morte. Les sages peuvent donc, malgré eux, être emportés par les choses honteuses. Vénus n'est donc pas une déesse, ou plutôt elle est plus qu'une déesse, elle qui a perdu Phèdre, la maison de Phèdre, et moi avec elle!

Alors, le chœur s'écrie :

— Tu as entendu, hélas! la reine révélant des maux déplorables qui ne sont point faits pour des oreilles humaines. Que nous périssions toutes, ô amies, avant d'arriver à ce que nos cœurs soient en délire comme le sien! Malheur à nous! Hélas! hélas!

Phèdre répond :

— Femmes de Trézène, qui habitez cette extrémité du pays de Pélops, souvent, en d'autres circonstances, j'ai réfléchi pour tâcher de comprendre par quelle fatale influence est corrompue la vie des mortels, et il m'a semblé que ce n'était point par la nature de leur esprit qu'ils tombaient dans le crime, car la sagesse est innée en eux, mais parce que, voyant et connaissant le bien, nous négligeons de le pratiquer, les uns par paresse, les autres parce qu'ils préfèrent le plaisir à ce qui est honnête.

Nous nous arrêtons là de notre traduction littérale pour nous borner à l'analyse.

Tous nos lecteurs ont assez dans la mémoire les vers de Racine pour avoir souligné, en les lisant, les endroits imités par lui ; d'ailleurs, arrivé à Racine, nous citerons.

Phèdre continue ses aveux : elle dit ce qu'elle a souffert, les combats qu'elle s'est livrés à elle-même ; comment, vaincue par Vénus, elle a voulu mourir.

C'est au récit de ces douleurs que la nourrice, au lieu de continuer à combattre l'amour de Phèdre, cherche un moyen de satisfaire cet amour.

— Tu aimes ! dit-elle. Qu'y a-t-il d'étonnant à cela ? Tu aimes avec beaucoup de mortels, et tu mourrais à cause de cet amour ? Ah ! malheur à ceux qui aiment ou qui aimeront désormais, s'il faut qu'ils meurent pour avoir aimé !

Et, alors, elle cite à Phèdre l'exemple tantôt incestueux, tantôt adultère des dieux.

— Renonce donc, continue-t-elle, à ton funeste dessein, et cesse d'outrager les dieux en voulant leur être supérieure.

Et le chœur applaudit aux conseils de la nourrice.

Phèdre résiste d'abord.

— Ah! s'écrie-t-elle, voilà ce qui perd la famille et les États, ce sont les discours trop flatteurs, car il faut dire non ce qui flatte les oreilles, mais ce qui conduit à la gloire.

— Pourquoi parler fièrement ainsi? Ce ne sont point de beaux discours qu'il te faut, c'est l'homme que tu aimes. Éclairons-nous donc au plus vite sur l'état de son cœur. Fais-lui donc au plus vite l'aveu de ton amour. Ah! si ta vie n'était pas si cruellement menacée; si tu étais, au lieu d'être insensée, une femme jouissant de son bon sens; s'il ne s'agissait que de ton plaisir, je ne te donnerais jamais un pareil conseil; mais, maintenant, c'est une tâche pressante que de sauver ta vie et tout, plutôt que de te voir mourir.

— Oh! tu dis des choses horribles! ne fermeras-tu donc pas la bouche! ne cesseras-tu pas de prononcer des discours honteux!

— Oui, mes paroles sont honteuses, mais meilleures pour toi que de plus belles, et la chose honteuse qui te sauvera vaut mieux, crois-moi, que la chose glorieuse qui causera ta mort.

— Arrête! je te dis d'arrêter. Oui, tes paroles sont douces, mais elles sont infâmes. J'ai soumis mon âme à l'amour, mais en lui imposant les bornes de la pudeur. Si tu me pousses vers la honte, oh! je sens que je tomberai dans l'abîme que j'évite maintenant.

— Alors, il ne fallait pas aimer; mais, puisque tu aimes, obéis-moi, c'est la seule grâce que j'implore. Écoute : j'ai dans le palais des philtres qui inspirent l'amour. J'y songe à cette heure seulement. Ils te délivreront de ton mal, et tu n'auras rien à craindre, ni pour ton honneur, ni pour ton esprit; seulement, il faut me procurer un signe de celui qui est aimé de toi : quelques paroles ou quelque morceau de ses vêtements, et j'unirai vos deux cœurs dans un seul amour.

— Ce philtre est-il un breuvage ou un parfum?

— Je ne sais, laisse-toi aider, et ne cherche pas à t'instruire.

— Oh ! je tremble que tu ne sois trop habile.

— Que crains-tu ? que redoutes-tu ?

— Que tu ne révèles quelque chose de cela au fils de Thésée.

— O ma fille, laisse-moi faire ; et j'arrangerai tout au mieux. Vénus, déesse de la mer, sois-moi seulement en aide, et il suffira de faire part des autres choses à nos amis qui sont dans le palais.

La nourrice rentre. Phèdre reste avec le chœur qui chante un hymne à l'amour.

Tout à coup, Phèdre l'arrête :

— Faites silence, femmes, dit-elle, je suis perdue.

Elle écoute et entend Hyppolyte, qui hausse la voix.

— C'est le fils de la belliqueuse Amazone, dit-elle, c'est Hippolyte qui profère des menaces contre ma nourrice.

Et Phèdre, n'osant affronter la colère d'Hippolyte, s'enfuit.

Le chœur reste.

La nourrice entre, suppliant Hippolyte.

Mais l'Hippolyte d'Euripide n'est pas celui de Racine. Le fils de l'Amazone non-seulement n'aime pas Phèdre, mais, de toutes les femmes, aucune aussi *n'a trouvé et ne trouvera le chemin de son cœur*.

— O Jupiter, s'écrie-t-il, pourquoi donc as-tu mis des femmes sous la lumière du soleil ? Les femmes, engeance de mauvais aloi, fléau des hommes ! Si tu voulais propager la race mortelle, ne pouvais-tu donc le faire sans le secours des femmes ? N'eût-il pas mieux valu que les hommes, consacrant dans son temple, soit l'airain, soit le fer, soit l'or même, obtinssent des enfants au prix que chacun aurait payé, et que, sans femmes, ils habitassent dans leurs libres maisons ? Maintenant, au contraire, que nous devons les introduire dans nos demeures, il faut épuiser nos richesses à acheter ce fléau.

Et l'imprécation continue violente et implacable, jusqu'à ce que sorte Hippolyte.

— Triste destinée des femmes! dit le chœur. Que nous reste-t-il à faire maintenant, et comment délier le nœud de ce drame?

Phèdre alors reparaît, écrasée sous sa honte. En vain la nourrice veut-elle la consoler et la soutenir. Cette fois, sa résolution est prise : elle mourra; mais, en mourant, elle se vengera du moins de celui qui l'a dédaignée.

Elle accuse Hippolyte de lui avoir fait violence, consigne cette accusation dans ses tablettes, et, au moment où l'on annonce l'arrivée de Thésée, elle se pend en tenant ses tablettes dans sa main.

Thésée, au milieu du désespoir que lui cause la perte de Phèdre, trouve ces tablettes accusatrices.

Alors a lieu entre lui et Hippolyte la scène imitée par Racine. Quand nous en serons à l'appréciation de la *Phèdre* moderne, nous mettrons en face l'original et l'imitation.

Dans l'une comme dans l'autre, elle se termine par l'exil d'Hippolyte. Thésée chasse son fils et trouve qu'il ne se hâte pas assez de sortir.

— Ne l'entraînerez-vous pas, esclaves, dit-il, et n'entendez-vous pas que depuis longtemps j'ordonne l'exil de cet homme?

— Oh! ce serait certes pour son malheur que l'un d'eux mettrait la main sur moi! Si tu en as le courage, chasse-moi toi-même de cette contrée.

— Oui, je le ferai si tu ne m'obéis pas, car aucune pitié de ton exil ne me touche.

— Ainsi, c'est résolu, et mon arrêt est prononcé. O malheureux que je suis! Je sais, et je ne puis pas dire ce que je sais! O fille de Latone, la plus chère des déesses, près de laquelle je vivais et qui chassais avec moi, nous allons donc fuir l'illustre Athènes. Adieu, ville et terre d'Érechthée! O sol de Trézène, qui as eu tant de charmes pour ma jeunesse, adieu! car, te voyant pour la dernière fois, pour la dernière fois je t'adresse la parole. Allons, ô mes jeunes compagnons, nés comme moi sur cette terre, venez me faire vos adieux et accompagnez-moi hors du pays; et, quoique cela ne semble pas ainsi à mon père, jamais vous ne verrez un homme plus chaste que moi.

Hippolyte sort. Le chœur déplore l'exil d'Hippolyte dans de très-beaux vers :

— O sables du rivage de la patrie, ô bois de la montagne que tu gravissais en poursuivant les bêtes sauvages avec tes chiens aux pieds agiles, en compagnie de l'auguste Diane! On ne te verra plus, ô Hippolyte, monté sur un char attelé de coursiers, gouvernant du pied, dans la lice autour de Limné, les chevaux dressés par toi. Tu ne chanteras plus, en t'accompagnant de la lyre, dans le palais de ton père. Les retraites que la fille de Latone te choisissait sous la profonde verdure ne seront plus ornées de tes couronnes, et la lutte nuptiale que livrait la jeune fille à ses compagnes pour devenir ton épouse est terminée par ton exil. O mère infortunée! c'est donc inutilement que tu as donné le jour à un fils. En vérité, je suis irrité contre les dieux. O Grâces, déesses unies en chœur, pourquoi chassez-vous le malheureux qui n'est coupable d'aucun crime? Mais je vois un compagnon d'Hippolyte, qui, l'air sombre et triste, accourt vers ce palais.

C'est le messager qui vient raconter à Thésée l'événement arrivé à son fils.

Que l'on nous permette de nous étendre un peu sur le récit de la mort d'Hippolyte, tant admiré et tant critiqué, lorsque nous en serons là de la tragédie de Racine.

Nous mettrons le mot à mot grec en face de la version française ; puis nous dirons à qui Euripide a emprunté ce récit, et quelle erreur il nous semble avoir commise en l'appliquant à Thésée.

Et cependant, il prend toute sorte de moyens pour se le faire pardonner. D'abord, au moment où arrive le messager, Thésée ne doute pas de la culpabilité de son fils.

A la nouvelle de la catastrophe d'Hippolyte, il répond d'abord :

— Par quel main a-t-il péri ? Est-ce par la main vengeresse de quelque ennemi dont il a par violence déshonoré l'épouse, comme il a déshonoré celle de son père ?

Or, on comprend que, tout entier à sa fureur, Thésée entende le récit détaillé que vient faire le messager.

Ce récit terminé, Thésée est désarmé à peine.

— Par haine de l'homme qui a souffert cela, dit-il, je m'étais réjoui de ce que tu viens de me raconter ; mais, maintenant, respectant les dieux et lui qui est né de moi, je ne me réjouis ni ne m'afflige de son malheur.

D'ailleurs, dans le drame d'Euripide, Hippolyte vit encore et peut lire au fond du cœur de son père cet espoir qu'on peut le sauver.

Aussi, quand le messager demande à Thésée ce qu'il faut faire du blessé :

— Apportez-le ici, dit-il, afin qu'ayant devant mes yeux

celui qui a nié avoir souillé ma couche, je le convaincque par mes paroles et par les malheurs venus des dieux.

Alors, Diane apparaît.

Il ne faut rien de moins que la parole d'une déesse pour combattre l'accusation d'une morte.

Elle s'adresse à Thésée.

— Noble fils d'Égée, prête l'oreille à mes discours, dit-elle : c'est Diane, la fille de Latone, qui t'adresse la parole. Connais toute l'étendue de tes maux ; quoique ce soit sans profit, je veux du moins te laisser des regrets, et je suis venue pour montrer à tes yeux le cœur juste de ton fils, afin qu'il meure justifié et que tu connaisses et les fureurs de ton épouse et aussi son noble courage, car elle a été blessée par les traits de la plus odieuse des déesses, odieuse à toutes celles qui comme moi, chérissent la virginité.

Puis elle raconte tout à Thésée, et c'est alors seulement que, ne pouvant plus douter, Thésée retrouve des larmes pour son fils.

En ce moment, on apporte Hippolyte mourant.

A peine le jeune homme peut-il parler ; chaque mouvement du brancard sur lequel il est couché lui fait pousser un cri de douleur ; chaque souffle qui sort de sa bouche semble être le dernier qui s'échappera sa poitrine. Cependant, il trouve la force de se disculper devant son père ; alors, il demande une épée pour achever une existence qui n'est plus pour lui qu'une douleur insupportable.

Mais Diane lui adresse la parole.

— Malheureux ! dit-elle, à quelle infortune es-tu enchaîné ! C'est la noblesse de ton cœur qui t'a perdu.

A peine Diane a-t-elle parlé, que sa présence divine se révèle par la douleur qui s'endort.

— Oh! s'écrie Hippolyte, souffle divin, parfum suave! quoique en proie à la souffrance, je te sens, ô déesse Diane! et je me sens soulagé dans mon corps. Tu es là?

— Oui, malheureux! elle y est, celle qui pour toi était la plus chère des déesses.

— O ma souveraine! Tu vois, malheureux, en quel état je me trouve.

— Je le vois, mais il n'est pas permis à mes yeux divins de verser des larmes.

— Il n'est plus, ton chasseur; ton serviteur n'est plus.

— Non, mais tu meurs bien cher à mon âme.

— Ni ton écuyer, ni le gardien de tes statues.

— C'est Vénus, la perfide! qui a tramé tout cela.

— Hélas! je reconnais, à présent, la déesse qui m'a perdu.

— Elle se plaignait que tu ne lui rendisses pas hommage, et s'indignait de ta chasteté.

— C'est elle seule qui nous perdit tous trois, je le vois bien.

— Ton père, toi et la femme de ton père.

— J'ai déploré son infortune.

— Les artifices d'une déesse t'ont trompé.

— O père malheureux à cause de mon malheur!

— Oh! moi aussi, je suis mort, mon fils, dit Thésée, et la vie n'a plus de bonheur pour moi.

— Je te plains plus que je ne me plains moi-même, à cause de ton erreur.

— Si je pouvais mourir à ta place, mon enfant!

— O dons amers de ton père Neptune!

— Pourquoi ma bouche les a-t-elle réclamés!

— Qu'importe! tu m'eusses tué, tant tu étais courroucé contre moi.

— J'étais égaré par les dieux, et hors de raison.

— Pourquoi donc est-il défendu aux mortels de maudire les dieux!

Alors, Diane, qui s'est tue pour laisser le père et le

fils exhaler leur douleur, reprend la parole pour promettre la vengeance à Hippolyte.

Cette vengeance sera la mort d'Adonis, que Diane fera tuer par un sanglier.

Puis elle console le jeune homme par le tableau du culte qui sera rendu à son tombeau.

— En récompense des maux que tu as soufferts, je te donnerai les suprêmes honneurs dans la ville de Trézène, car les jeunes vierges, avant de subir le joug de l'hymen, couperont leurs cheveux en ton honneur et te payeront un long tribut de larmes; c'est toi qu'elles célèbreront dans leurs luttes musicales, et jamais l'amour incestueux que Phèdre conçut pour toi ne tombera dans l'oubli. Et toi, ô fils de l'antique Égée, prends ton enfant entre tes bras, attire-le sur ton cœur, car tu l'as fait périr malgré toi. Or, les hommes peuvent se tromper; c'est dans leur nature, surtout quand les dieux les poussent à l'erreur. Toi, Hippolyte, pardonne à ton père, car ce n'est pas lui, c'est ta destinée qui t'a perdu. Et adieu, maintenant, je te quitte, car il n'est pas permis à mon regard de contempler un mort, et je te vois déjà toucher au tombeau.

— Adieu, vierge bienheureuse ; retire-toi souriante ; puisses-tu perdre sans regret mon culte et ma société, si, lorsque, sur ta demande, je pardonne à mon père, aujourd'hui comme toujours j'obéis à tes ordres. Hélas ! déjà l'obscurité s'empare de moi par les yeux. O mon père, soutiens et relève mon corps.

— O mon enfant ! à qui t'adresses-tu ? A moi ! misérable !

— Je meurs et je vois déjà les portes des enfers.

— Meurs-tu laissant mon cœur souillé ?

— Non, mon père, et je t'absous du meurtre de ton fils.

— Oh ! tu me laisses donc libre et pur de sang ?

— Je t'en prends à témoin, Diane ! Diane, qui domptes tout par tes flèches !

— Ô très-cher enfant ! que tu te montres généreux pour ton père !

— Adieu, adieu, mon père, mille fois adieu !

— Hélas ! hélas ! à cause de ton cœur pieux et bon.

— Souhaite d'obtenir des enfants légitimes qui me ressemblent.

— Ne me quitte pas, mon enfant ; reprends tes forces.

— Mes forces m'abandonnent... ô mon père ! Je meurs, voile-moi promptement le visage.

— O terre d'Athènes et de Minerve ! de quel homme es-tu privée !...

L'antiquité n'a certes rien de plus touchant que la mort de ce héros consolé par une déesse et, sur la prière de cette déesse, pardonnant à son père.

Ce dénoûment, à notre avis, est bien supérieur à celui de Sénèque et, par conséquent, à celui de Racine, qui a calqué son dénoûment sur celui du tragique latin.

Au reste, quoique à notre avis, Euripide soit le plus faible des trois grands tragiques grecs, c'est celui qui eut, de son vivant et même pendant le siècle qui suivit sa mort, la plus haute renommée dans la Grèce proprement dite et dans ce qu'on appelait la grande Grèce, c'est-à-dire en Calabre et en Sicile.

Et cependant, comme toujours, les triomphes du poëte furent mêlés d'assez de dégoûts pour qu'il quittât Athènes et se retirât près d'Achélaüs, roi de Macédoine.

Eschyle en avait déjà fait autant pour se retirer à Géla près d'Hyéron.

Valère Maxime raconte qu'Eschyle mourut tué par la chute d'une tortue qu'un aigle laissa tomber sur sa tête chauve, la prenant pour un rocher.

Euripide, se promenant dans un endroit désert, fut déchiré par des chiens.

Passons à Sénèque, dont la mort ne fut pas moins tragique que celle d'Eschyle et d'Euripide.

* * *

Sénèque, comme Lucain, était un Romain d'Espagne ; comme Lucain, il était né à Cordoue. Corneille, qu'on appelle un vieux Romain, est, comme eux, bien moins Romain qu'Espagnol et semble avoir fait du poëte tragique, et encore plus du poëte épique, une étude toute particulière.

Sénèque était né vers la deuxième ou troisième année du Christ. Il vint tout jeune à Rome, y étudia la rhétorique et la philosophie, et, presque enfant, se fit remarquer par son éloquence.

Il porta sous ce rapport ombrage à Caligula, qui avait la prétention d'être le premier des orateurs de son temps. Le fou couronné l'entendit plaider devant le Sénat, et pâlit de jalousie. Une courtisane, qui était près de l'empereur, comprit que cette pâleur était l'arrêt de mort du jeune rhéteur.

—Oh ! dit-elle en se penchant à l'oreille de Caligula, vois, il n'a que le souffle ; il mourra bien tout seul et sans qu'on l'aide à mourir.

Sénèque vécut et ce fut Caligula qui fut tué.

Seulement, au commencement du règne de Claude, Messaline le fit exiler, comme coupable d'adultère.

Plus faible encore de caractère que de tempérament, Sénèque ne put supporter son exil; il s'abaissa dans ses prières jusqu'à faire, pour un misérable affranchi de Claude, qui venait de perdre son frère, un *Traité de la Consolation*. Il n'en resta pas moins huit ans en exil, et y fût resté plus longtemps encore, si la chute de Messaline n'eût amené son rappel. Mais, lorsque Agrippine eût épousé l'empereur, elle rappela Sénèque pour faire l'éducation de son fils Néron.

Non-seulement on ne sait pas précisément à quelle époque l'*Hippolyte* de Sénèque a été composé, mais encore n'est-on pas bien sûr que cette tragédie soit de Sénèque, ou, du moins, de celui dont nous parlons.

En effet, on dit Sénèque *le tragique* et Sénèque *le philosophe*.

On a tort, car rien n'est moins tragique que Sénèque le tragique. Il est vrai que les dix pièces qu'on lui attribue étaient destinées, non point à être représentées, mais seulement à être lues.

Sénèque commence par supprimer dans sa tragédie d'*Hippolyte* l'intervention des dieux. La scène s'ouvre donc, non point par Vénus, mais par Hippolyte.

L'entrée du héros chasseur est assez belle.

Hippolyte s'adresse à ses compagnons :

— Allez, dit-il, et répandez-vous autour de cette forêt ombreuse; d'un pied rapide, parcourez les sommets du mont Cécrops, la plaine qui s'étend au pied du Parnes rocheux et les bords du fleuve dont les ondes rapides traversent la vallée de Thréa; franchissez ces monts toujours blancs de neige. —Vous, pénétrez sous l'ombrage des aunes entrelacés, dans ces vastes prairies où l'haleine pleine de rosée du zéphir tire de terre l'herbe du printemps ; vous, dans ces lieux où, d'un cours égal et paisible, l'Ilissus, semblable au Méandre, promène ses eaux languissantes et mouille à peine un sable aride. — Vous, prenez par ce sentier à gauche, qui à travers les bois conduit à Marathon : c'est là que les biches vont paître pendant la nuit, à la suite de leurs faons. — Vous, tournez de ce côté, où l'acarne laborieux, soumis à la douce influence du Midi, ne sent pas la rigueur des frimas. Que l'un se rende sur l'Hymette fleuri, l'autre vers le bourg chétif d'Aphidna. Il y a longtemps que nous n'avons visité ces parages où le cap Sunium s'allonge dans la mer. — Vous, qui aimez une chasse glorieuse, courez à Phyes ; là, se tient un sanglier, la terreur des environs, et dont plus d'un chasseur a déjà senti la redoutable défense. Laissez flotter la laisse des chiens paisibles au gosier silencieux, mais tenez fortement en mains ces ardents molosses, et que le limier impatient de Crète use le poil de son cou en luttant contre la forte courroie qui arrête ses élans. Quant aux dogues de Laconie, race courageuse et avide de sang, il est bon qu'ils soient tenus de plus court encore ; le moment viendra où l'écho des rochers retentira de leurs aboiements. Et, maintenant, que, d'un nez subtil, ils aspirent les pistes ; que, la tête basse, ils suivent les traces, tandis que la clarté est douteuse et que la terre humide garde encore les fumées. Que l'un de vous se charge de ces toiles à larges mailles ; un autre de ces filets plus serrés ; déposez en ligne ces plumes rouges, afin d'effrayer, par leur vue, les animaux sauvages... — Toi, tu lanceras le javelot rapide ; toi, tu saisiras à deux mains le pesant épieu garni de fer ; toi, placé en embuscade, tu redoubleras par tes cris l'effroi des animaux lancés, et toi, avec le couteau recourbé, tu détacheras leurs entrailles, lorsqu'ils seront abattus.

Puis vient le tour de Diane.

En comparant la prière de l'Hippolyte grec à celle de l'Hippolyte latin, on appréciera le génie, non-seulement des deux poëtes, mais des deux langues.

Euripide est un poëte de taille ordinaire, comparé à Eschyle; mais c'est un géant, comparé à Sénèque.

— Soyez en aide à un mortel qui vous honore, déesse intrépide; vous qui régnez dans les solitudes des bois; qui percez de vos traits inévitables les monstres qui s'abreuvent dans les froides eaux de l'Araxe et ceux qui bondissent sur la glace de l'Ister. Votre bras atteint le lion de Gétule et la biche de Crète, ou renverse d'un coup plus léger le daim rapide. Vous frappez en face le tigre à la peau mouchetée; vous atteignez dans leur fuite le bison à l'épaisse crinière et l'auroch farouche aux larges ramures. Tous les hôtes des déserts qui peuplent, ou le sol infécond de la Numidie, ou les riches forêts de l'Arabie, ou les cimes sauvages des Pyrénées. Ceux que nourrissent les bois épais de l'Hyrcanie ou les vastes plaines du Sarmate vagabond, tous, ô Diane, redoutent vos flèches. L'heureux chasseur que vous protégez voit le gibier tomber dans ses toiles. Nulle proie ne rompt le filet qui l'enferme; le chariot qui la rapporte gémit sous une charge pesante; les chiens reviennent la gueule rouge de sang, et le cortège rustique regagne le hameau dans tout l'appareil d'un triomphe. Allons, la déesse est avec nous; j'entends des aboiements de bon augure. La forêt m'appelle, j'y vole. Ce sentier m'abrégera le chemin.

Il y a loin de là au *Salut, ô déesse, la plus belle des vierges qui habitent l'Olympe;* mais, nous l'avons dit, Euripide est un poëte, et Sénèque n'est qu'un rhéteur.

Chez Sénèque, la belle scène du vieillard donnant ses conseils est supprimée. Derrière Hippolyte paraît Phèdre; non pas faible, languissante, près de mourir; mais bavarde et raisonneuse, comme vient de l'être Hippolyte, comme le sera Thésée, comme le sont tous les personnages de Sénèque, comme l'est Sénèque enfin. D'une première haleine, elle dit quarante-quatre vers, et sa nourrice quarante-neuf.

Dans Sénèque, c'est Phèdre qui parle la première de son amour ; c'est Phèdre qui croit, comme dans Racine, à la mort de son mari, et qui espère qu'Hippolyte l'aimera ; c'est Phèdre qui dit :

— J'irai ; je le suivrai sur ces monts couverts de neige où il se plaît ; à travers les roches aiguës, qu'il franchit d'un pied léger ; à travers les montagnes, au fond des bois.

Et c'est la nourrice qui lui répond :

— Lui, s'arrêter ! lui, se laisser attendrir ! Chaste jusqu'à ce jour, il partagerait une flamme adultère ! il cesserait de vous haïr, vous, la cause peut-être de son aversion pour toutes les femmes !

Quand la nourrice lui dit : « Il vous fuira ! » c'est Phèdre qui répond :

— Je le suivrai, s'il le faut, au delà des mers.
— Songez quel est votre père.
— Je songe qu'elle fut ma mère.

Dans Sénèque, c'est sur la scène qu'a lieu l'entrevue d'Hippolyte et de la nourrice.

Comme dans Euripide, elle échoue, et le dernier mot d'Hippolyte est celui-ci :

— Ce qui me console de la perte de ma mère, c'est que, depuis sa mort, je puis haïr toutes les femmes.

Alors arrive Phèdre. A son tour, elle attaque Hippolyte, auquel la nourrice n'a fait qu'un aveu incomplet.

Alors se déroule cette scène fort belle, même dans Sénèque, à laquelle Racine a emprunté la sienne.

Qu'on en juge : nous mettons en regard les vers de Racine avec le texte traduit littéralement du latin.

SÉNÈQUE.

PHÈDRE.

Je voudrais vous parler quelques instants sans témoin; faites, je vous prie, sortir votre suite.

HIPPOLYTE.

Parlez, madame, nous sommes seuls.

PHÈDRE.

Je le voudrais, mais la voix expire sur mes lèvres; un puissant intérêt me force à parler, un plus puissant me retient. Dieux! je vous prends à témoin que ce que je vous demande, je l'ai en horreur!

HIPPOLYTE.

Se peut-il que la langue se refuse à exprimer ce que nous voulons dire!

PHÈDRE.

Les peines légères sont éloquentes; les grandes douleurs sont muettes.

HIPPOLYTE.

O ma mère! confiez-moi vos chagrins.

PHÈDRE.

Ce titre de mère est trop sérieux, trop imposant. Un nom plus modeste conviendrait mieux à ce que j'éprouve. Hippolyte, appelez-moi votre sœur ou votre esclave; oui, votre esclave, car je recevrais vos ordres avec joie. Commandez, et je cours à travers les neiges épaisses, je franchis les sommets glacés du Pinde; je braverais pour vous le fer et les flammes et je présenterais mon sein aux épées menaçantes. Recevez ce sceptre qui m'a été confié; comptez-moi au nombre de vos sujets : c'est à vous de commander, à moi d'obéir. Gouverner un État est un soin trop pesant pour une femme. C'est à vous, qui êtes dans la force de la jeunesse, de diriger d'une main ferme le royaume paternel. Je ne vous demande que de protéger une infortunée, une suppliante qui se jette entre vos bras, qui n'a plus d'époux.

RACINE.

PHÈDRE.

Le voici. Vers mon cœur tout mon sang se retire ;
J'oublie en le voyant ce que je viens lui dire.

ŒNONE.

Souvenez-vous d'un fils qui n'espère qu'en vous !

PHÈDRE.

On dit qu'un prompt départ vous éloigne de nous,
Seigneur. A vos douleurs je viens joindre mes larmes.
Je vous viens pour un fils expliquer mes alarmes.
Mon fils n'a plus de père, et le jour n'est pas loin
Qui de ma mort enfin doit le rendre témoin ;
Déjà mille ennemis attaquent son enfance,
Vous seul pouvez contre eux embrasser sa défense,
Mais un secret remords agite mes esprits :
Je crains d'avoir fermé votre oreille à ses cris,
Je tremble que sur lui votre juste colère
Ne poursuive bientôt une odieuse mère.

HIPPOLYTE.

Madame, je n'ai point de sentiments si bas.

PHÈDRE.

Quand vous me haïriez, je ne m'en plaindrais pas,
Seigneur. Vous m'avez vue attachée à vous nuire :
Dans le fond de mon cœur vous ne pouviez pas lire.
A votre inimitié j'ai pris soin de m'offrir.
Aux bords que j'habitais, je n'ai pu vous souffrir ;
En public, en secret, contre vous déclarée,
J'ai voulu par des mers en être séparée ;
J'ai même défendu, par une expresse loi,
Qu'on osât prononcer votre nom devant moi.
Si pourtant à l'offense on mesure la peine,
Si la haine peut seule attirer votre haine,
Jamais femme ne fut plus digne de pitié,
Et moins digne, seigneur, de votre inimitié.

SÉNÈQUE.

HIPPOLYTE.

Puisse le maître des dieux éloigner ce présage ! Mon père sera bientôt de retour.

PHÈDRE.

Le roi du sombre empire, l'avare Pluton ne lâche point sa proie, et c'est sans retour que l'on franchit le Styx : et vous pensez qu'il laisserait échapper le ravisseur de son épouse? Pluton indulgent à ce point pour les fautes que l'amour fait commettre !

HIPPOLYTE.

Les divinités propices du ciel le rendront à notre amour; mais, en attendant que nos vœux soient accomplis, j'aurai pour vos fils la tendresse que je dois à mes frères. Mes soins vous convaincront que vous n'êtes pas veuve. Enfin, je tiendrai près de vous la place de mon père.

PHÈDRE.

O crédules amants! ô trompeur amour! En a-t-il dit assez? l'ai-je bien entendu? Achevons de le toucher par mes prières, ayez pitié de mon embarras : comprenez mes vœux secrets, mon silence. Je veux parler et je n'ose.

HIPPOLYTE.

Quel mal étrange vous agite ?

PHÈDRE.

Un mal que les marâtres ne connaissent guère.

HIPPOLYTE.

Le sens de vos paroles m'échappe ; parlez plus clairement.

PHÈDRE.

Le feu dévorant de l'amour bouillonne dans mon sein: mon cœur est en proie à toute sa violence; cette ardeur cruelle a pénétré jusqu'au fond de mon cœur, elle consume mes entrailles, elle se répand dans mes veines comme une flamme rapide se répand dans un édifice et en dévore toutes les parties.

HIPPOLYTE.

C'est l'effet du chaste amour dont vous brûlez pour Thésée

RACINE.

HIPPOLYTE.

Des droits de ses enfants une mère jalouse
Pardonne rarement au fils d'une autre épouse.
Madame, je le sais, les soupçons importuns
Sont, d'un second hymen, les fruits les plus communs.
Tout autre aurait, pour moi, pris les mêmes ombrages,
Et j'en aurais peut-être essuyé plus d'outrages.

PHÈDRE.

Ah ! seigneur, que le ciel, j'ose ici l'attester,
De cette loi commune a voulu m'excepter !
Qu'un soin bien différent me trouble et me dévore !

HIPPOLYTE.

Madame, il n'est pas temps de vous troubler encore ;
Peut-être votre époux voit encore le jour,
Le ciel peut, à nos pleurs, accorder son retour,
Neptune le protége, et ce dieu tutélaire
Ne sera pas en vain imploré par mon père.

PHÈDRE.

On ne voit pas deux fois le rivage des morts,
Seigneur. Puisque Thésée a vu les sombres bords,
En vain vous espérez qu'un dieu vous le renvoie,
Et l'avare Achéron ne lâche point sa proie.
Que dis-je ? Il n'est point mort, puisqu'il respire en vous ;
Toujours devant mes yeux je crois voir mon époux :
Je le vois, je lui parle, et mon cœur... Je m'égare,
Seigneur ! ma folle ardeur malgré moi se déclare.

HIPPOLYTE.

Je vois, de votre amour, l'effet prodigieux :
Tout mort qu'il est, Thésée est présent à vos yeux.
Toujours de son amour votre âme est embrasée.

PHÈDRE.

Oui, prince, je languis, je brûle pour Thésée.
Je l'aime, non point tel que l'ont vu les enfers,
Volage adorateur de mille objets divers,
Qui va du dieu des morts déshonorer la couche ;

SÉNÈQUE.

PHÈDRE.

Oui, Hippolyte, je brûle pour Thésée ; j'aime sa beauté, cette beauté dont brillait sa première jeunesse lorsqu'un léger duvet couvrait à peine ses joues ; lorsqu'il osa porter ses pas dans le labyrinthe du monstre de Crète, et qu'à l'aide d'un fil, il en sortit vainqueur. Quelle grâce dans ses cheveux serrés d'une simple bandelette ! Un vif incarnat colorait son aimable visage ; son jeune bras annonçait déjà la vigueur d'un héros. Il était semblable à Diane, votre divinité ; à Phébus, mon aïeul, ou plutôt à vous-même. Oui, tel il parut lorsqu'il sut plaire à son ennemi. Il avait votre noble maintien ; mais ce costume plus simple relève encore votre beauté. A tout ce qui charmait dans votre père, vous joignez les grâces un peu sauvages de votre mère. C'est la beauté du jeune Grec relevée par la beauté un peu farouche de l'Amazone. Ah ! si vous eussiez suivi votre père sur les mers de la Crète, c'est à vous que ma sœur eût remis le fil sauveur.

O ma sœur ! en quelque partie du ciel que tu brilles, favorise une ardeur semblable à la tienne. Nous avons trouvé notre vainqueur dans la même famille. Le fils m'inspire l'amour que tu ressentis pour le père. Vous voyez aujourd'hui à vos pieds la fille d'un roi puissant, jusqu'aujourd'hui innocente et pure. C'est pour vous seul que je trahis mes devoirs. C'en est fait, ma résolution est prise. Vous avez entendu ma prière. Ce jour terminera ou ma peine, ou ma vie. Oh ! prenez pitié d'une infortunée qui vous aime !

HIPPOLYTE.

O puissant roi des dieux ! tu peux entendre et voir sans horreur de pareils forfaits ! Pour qui donc réserves-tu tes foudres, s'ils reposent aujourd'hui ? Tonne de toutes les parties du ciel. Que de sombres nuages nous dérobent le jour ! que les astres reculent d'épouvante ! Et toi, astre éclatant de la lumière, seras-tu témoin du crime de ta famille ? Cache-nous ton flambeau, et plonge-toi dans les ténèbres. Eh quoi ! souverain des dieux et des hommes ! ta main reste oisive ! la

RACINE.

Mais fidèle, mais fier, et même un peu farouche ;
Charmant, jeune, traînant tous les cœurs après soi ;
Tel qu'on dépeint nos dieux, ou tel que je vous voi.
Il avait votre port, vos yeux, votre langage ;
Cette noble pudeur colorait son visage,
Lorsque de notre Crète il traversa les flots,
Digne sujet des vœux des filles de Minos.
Que faisiez-vous, alors ? Pourquoi, sans Hippolyte,
Des héros de la Grèce assembla-t-il l'élite ?
Pourquoi, trop jeune encor, ne pûtes-vous alors
Entrer dans le vaisseau qui le mit sur nos bords ?
Par vous aurait péri le monstre de la Crète,
Malgré tous les détours de sa vaste retraite :
Pour en développer l'embarras incertain,
Ma sœur, du fil fatal, eût armé votre main.
Mais non ; dans ce dessein je l'aurais devancée ;
L'amour m'en eût d'abord inspiré la pensée.
C'est moi, prince, c'est moi dont l'utile secours
Vous eût du labyrinthe enseigné les détours.
Que de soins m'eût coûté cette tête charmante !
Un fil n'eût point assez rassuré votre amante ;
Compagne du péril qu'il vous fallait chercher,
Moi-même, devant vous, j'aurais voulu marcher ;
Et Phèdre au labyrinthe, avec vous descendue,
Se serait avec vous retrouvée ou perdue !

HIPPOLYTE.

Dieux ! qu'est-ce que j'entends ? Madame, oubliez-vous
Que Thésée est mon père, et qu'il est votre époux ?

PHÈDRE.

Eh ! sur quoi jugez-vous que j'en perds la mémoire,
Prince ? Aurais-je perdu tout le soin de ma gloire ?

HIPPOLYTE.

Madame, pardonnez. J'avoue en rougissant
Que j'accusais à tort un discours innocent ;
Ma honte ne peut plus soutenir votre vue,

SÉNÈQUE.

foudre n'a pas sillonné les airs. Fais tomber sur moi ton tonnerre! que je sois percé, consumé par tes traits rapides. Je suis coupable, je mérite la mort; j'ai inspiré de l'amour à la femme de mon père! Elle m'a cru capable de partager sa flamme impure! Quoi! c'est moi que vous vous êtes flattée de séduire! Est-ce mon aversion pour votre sexe qui m'a valu cette préférence? O la plus criminelle de toutes les femmes! votre perversité surpasse celle de votre mère.

Et votre crime est plus grand que le sien. Elle a donné la vie à un monstre. Elle s'est souillée par un adultère, mais sa faute, longtemps ignorée, ne fut découverte que lorsqu'elle eut mis au monde le fruit monstrueux de ses amours. La naissance de ce fils mugissant révéla seul les égarements de sa mère. Oh! voilà bien le sein que devait porter une telle fille! Oh! mille fois heureux ceux qui ont péri victimes de l'amour et de la perfidie! O mon père! j'envie votre sort. Votre marâtre de Colchide fut moins barbare que la mienne; elle n'en voulut qu'à vos jours.

PHÈDRE.

Je sais la fatalité attachée à notre race : aimer ce que nous devons fuir; mais je ne suis plus maîtresse de moi. Je te suivrai partout : à travers les flammes, la mer furieuse, les rochers et les torrents impétueux. C'en est fait : je m'attache à tes pas, homme superbe! je tombe de nouveau à tes pieds.

HIPPOLYTE.

Arrêtez! gardez-vous de porter sur moi vos mains impures! Mais, que vois-je! elle veut me saisir dans ses bras! Tirons mon épée : punissons, comme elle le mérite, cette femme audacieuse. C'en est fait, ma main gauche a saisi ses cheveux et renversé sa tête en arrière. O chaste Diane! jamais sang ne fut plus justement répandu sur tes autels.

PHÈDRE.

Hippolyte, tu combles tous mes vœux! Tu calmes ma fureur. Mourir de ta main sans avoir trahi mes devoirs, c'est plus que je n'osais espérer.

RACINE.

Et je vais...

PHÈDRE.

Ah! cruel, tu m'as trop entendue;
Je t'en ait dit assez pour te tirer d'erreur.
Eh bien, connais donc Phèdre et toute sa fureur.
J'aime! Ne pense pas qu'au moment que je t'aime,
Innocente à mes yeux, je m'approuve moi-même,
Ni que du fol amour qui trouble ma raison,
Ma lâche complaisance ait nourri le poison.
Objet infortuné des vengeances célestes,
Je m'abhorre encor plus que tu ne me détestes.
Les dieux m'en sont témoins, ces dieux qui, dans mon flanc,
Ont allumé le feu fatal à tout mon sang;
Ces dieux, qui se sont fait une gloire cruelle
De séduire le cœur d'une faible mortelle.
Toi-même, en ton esprit rappelle le passé:
C'est peu de t'avoir fui, cruel! je t'ai chassé.
J'ai voulu te paraître odieuse, inhumaine;
Pour mieux te résister, j'ai recherché ta haine:
De quoi m'ont profité mes inutiles soins?
Tu me haïssais plus, je ne t'aimais pas moins.
Tes malheurs te prêtaient encor de nouveaux charmes;
J'ai langui, j'ai séché dans les feux, dans les larmes.
Il suffit de tes yeux pour t'en persuader,
Si tes yeux un instant pouvaient me regarder.
Que dis-je! cet aveu que je te viens faire,
Cet aveu si honteux, le crois-tu volontaire?
Tremblante pour un fils que je n'osais trahir,
Je venais te prier de ne le point haïr.
Faibles projets d'un cœur trop plein de ce qu'il aime,
Hélas! je ne t'ai pu parler que de toi-même.
Venge-toi; punis-moi d'un odieux amour!
Digne fils du héros qui te donna le jour,
Délivre l'univers d'un monstre qui l'irrite.
La veuve de Thésée ose aimer Hippolyte!

SÉNÈQUE.

HIPPOLYTE.

Non, retirez-vous, vivez. Vous n'obtiendrez rien de moi, et ce fer même que vous avez touché me souillerait si je le portais encore. Que ne puis-je le plonger dans les eaux du Tanaïs ou dans celles du Méotide, qui se décharge dans la mer de Béthinie ! L'Océan tout entier ne pourrait effacer une telle souillure. O forêts ! ô monstre des bois.

(Hippolyte fuit, laissant son épée aux mains de Phèdre.)

RACINE.

Crois-moi, ce monstre affreux ne doit point t'échapper :
Voilà mon cœur... C'est là que ta main doit frapper.
Impatient déjà d'expier son offense,
Au-devant de ton bras, je le sens qui s'avance.
Frappe : ou, si tu le crois indigne de tes coups,
Si ta haine m'envie un supplice si doux,
Ou si d'un sang trop vil ta main serait trempée,
Au défaut de ton bras, prête-moi ton épée.
Donne.

OENONE.

Que faites-vous, madame, justes dieux!
Mais on vient! évitez des témoins odieux.
Venez, rentrez, fuyez une honte certaine!

(Phèdre fuit, emportant l'épée d'Hippolyte.)

Vous le voyez, à part les déclamations de Sénèque, la scène est la même, et, sans contredit, ici le rhéteur latin a inspiré le poëte français.

Vous allez voir l'imitation se confirmer.

Dans Sénèque, comme dans Racine, Thésée, que l'on croit mort, n'est pas mort, et l'on apprend son retour.

C'est alors, dans l'une comme dans l'autre, que, sur les instances de la nourrice, Phèdre se décide à accuser Hippolyte.

Entre Thésée et son fils accusé.

Thésée, furieux, supplie Neptune de le venger de son fils.

Dans Sénèque, comme dans Racine, l'imprécation est à peu près la même.

SÉNÈQUE.

THÉSÉE.

Le souverain des mers a juré, par l'onde inviolable du Styx, d'exaucer mes vœux. Eh bien, Neptune, j'implore aujourd'hui de toi cette triste faveur que ce jour soit le dernier d'Hippolyte. Envoie ce fils coupable chez les mânes que son père a bravés. O mon père! rends à ton fils ce service affreux. L'excès de mon malheur m'oblige seul à t'implorer pour la dernière fois. Je ne t'ai point invoqué dans les abimes du Tartare, quand Pluton furieux me menaçait de sa vengeance. C'est aujourd'hui que je réclame l'accomplissement de tes promesses.

RACINE.

THÉSÉE.

Et toi, Neptune, et toi, si jadis mon courage
D'infâmes assassins nettoya ton rivage,
Souviens-toi que, pour prix de mes efforts heureux,
Tu promis d'exaucer le premier de mes vœux.
Dans les longues rigueurs d'une prison cruelle,

Je n'ai point imploré la puissance immortelle.
Avare du secours que j'attends de tes soins,
Mes vœux t'ont réservé pour de plus grands besoins.
Je t'implore aujourd'hui ; venge un malheureux père.
J'abandonne ce traître à toute ta colère.
Étouffe dans son sang ses désirs effrontés ;
Thésée à tes fureurs connaîtra tes bontés.

Il est vrai que Sénèque emprunte lui-même cette imprécation à Euripide, de sorte que, dans Racine, nous ne la retrouvons qu'à la troisième génération.

La voici traduite mot à mot du texte grec :

THÉSÉE.

Non, je ne retiendrai plus derrière mes lèvres ce malheur insurmontable, funeste, funeste ! Oh ! vil ! Hippolyte a osé, méprisant l'œil sacré de Jupiter, toucher par violence à ma couche ! Mais, Neptune, ô mon père ! exauce une de ces trois imprécations que tu as promis un jour d'accomplir. Fais périr Hippolyte ! qu'il meure aujourd'hui, s'il est vrai que tu dois m'exaucer !

LE CHOEUR.

Prince, au nom des dieux, rétracte ce vœu impie. Plus tard, tu sauras que tu as été trompé.

THÉSÉE.

Impossible, et, de plus, je le chasserai de cette contrée, et il sera frappé par l'un de ces deux sorts ; car, ou Neptune l'enverra chez Pluton, ou, chassé de cette contrée, il passera une douloureuse vie, errant sur la terre étrangère.

Mais ce que Sénèque n'a point imité et ce que Racine remontera chercher dans Euripide, ne le trouvant pas dans Sénèque, c'est la belle scène entre Thésée et son fils.

Citons-la, elle est à sa place. Cette fois, ce n'est point le déclamateur Sénèque que nous allons mettre en face de Racine, c'est le poëte antique, la source primitive.

EURIPIDE.

LE CHŒUR.

Mais voici que lui-même, son fils, Hippolyte arrive à propos... Relâche-toi de ta colère, Thésée, et prends un parti meilleur pour ta famille.

HIPPOLYTE.

Me voici, mon père; j'ai entendu les cris et j'arrive en hâte. J'ignore cependant quelle chose te fait gémir, mais je voudrais l'apprendre de toi. Je vois Phèdre morte, et c'est pour moi un grand motif d'étonnement, elle qu'à l'instant je quittais; elle qui voyait comme moi la lumière du jour. Que lui est-il arrivé? Comment est-elle morte? Je veux l'apprendre de toi-même. Tu te tais! c'est un tort de garder le silence dans la douleur. Le cœur qui demande à connaître tous les détails d'une infortune peut être accusé de curiosité; mais, mon père, il n'est pas juste de cacher tes chagrins à des amis, et à ceux surtout qui sont plus que des amis.

THÉSÉE.

O hommes! vous qui tombez dans tant d'erreurs, pourquoi donc enseignez-vous tant d'arts divers? Pourquoi donc inventez-vous tant de choses, tandis que vous n'avez pas encore découvert une chose : c'est d'apprendre la sagesse à ceux en qui la raison n'est pas.

HIPPOLYTE.

En effet, ce serait un maître habile, celui qui serait capable de forcer les fous à écouter la voix de la sagesse. Mais, ô mon père! ce n'est pas l'heure du raisonnement subtil, et je crains que la langue ne soit égarée par la douleur.

THÉSÉE.

Hélas! il eût fallu que quelque marque certaine existât pour les mortels qui fît reconnaître le fond du cœur et désignât les vrais et les faux amis. Pourquoi les hommes n'ont-ils pas tous deux voix : l'une juste, l'autre menteuse? la voix juste démentirait la voix menteuse, et nous ne serions pas trompés.

RACINE.

THÉSÉE.

Ah! le voici. Grands dieux! à ce noble maintien
Quel œil ne serait pas trompé comme le mien?
Faut-il que sur le front d'un profane adultère
Brille de la vertu le sacré caractère!
Et ne devrait-on pas à des signes certains
Reconnaître le cœur des perfides humains!

HIPPOLYTE.

Puis-je vous demander quel funeste nuage,
Seigneur, a pu troubler votre auguste visage?
N'osez-vous confier ce secret à ma foi?

THÉSÉE.

Perfide! oses-tu bien te montrer devant moi?
Monstre qu'a trop longtemps épargné le tonnerre,
Reste impur des brigands dont j'ai purgé la terre,
Après que le transport d'un amour plein d'horreur
Jusqu'au lit de ton père a porté ta fureur,
Tu m'oses présenter une tête ennemie!
Tu parais dans ces lieux plein de ton infamie,
Et ne vas point chercher, sous un ciel inconnu,
Des pays où ton nom ne soit pas parvenu.
Fuis, traître! ne viens point braver ici ma haine
Et tenter un courroux que je retiens à peine.
C'est bien assez, pour moi, de l'opprobre éternel
D'avoir pu mettre au monde un fils si criminel,
Sans que ta mort, encor, honteuse à ma mémoire,
De mes nobles travaux vienne souiller la gloire.
Fuis! et, si tu ne veux qu'un châtiment soudain
T'ajoute aux scélérats qu'a punis cette main,
Prends garde que jamais l'astre qui nous éclaire
Ne te voie en ces lieux mettre un pied téméraire.
Fuis, dis-je! et sans retour, précipitant les pas,
De ton horrible aspect purge tous mes États.

EURIPIDE.

HIPPOLYTE.

Se trouverait-il quelque ami qui m'eût calomnié près de toi? et dois-je souffrir sans être coupable? Je suis stupéfait, et tes discours me frappent de terreur, car ils sortent des limites de la raison.

THÉSÉE.

Hélas! jusqu'où ira l'esprit des hommes?... quel sera le terme de l'audace et de la témérité?... car, si à chaque vie d'homme l'audace augmente et si l'âge qui nous suivra doit enchérir sur la perversité du nôtre, il faudra que les dieux ajoutent à la terre une autre terre pour renfermer les injustes et les méchants. Oh! jetez les yeux sur celui-ci qui, né de moi, a déshonoré ma couche et qui est convaincu par les aveux de celle qui est morte d'être le plus pervers des hommes. Or, puisque tu t'es avancé jusqu'à une pareille souillure, montre ton visage à ton père, ici, en face. Le voilà donc, ce compagnon des dieux! cet homme supérieur! le voilà, ce sage qui ne participe pas aux vices de l'humanité! Oh! ce n'est point moi qui croirai à tes discours superbes! ce n'est pas moi qui accuserai les dieux de penser mal! Sois fier, maintenant; trompe les hommes par cette prétendue frugalité qui s'abstient de la chair des animaux, et, ayant Orphée pour chef, livre-toi aux transports que t'inspirent tes nombreux exploits. Tu as été surpris dans ton crime; or, moi, je dis tout haut : « Fuyez de tels hommes, car, tandis qu'ils séduisent par leurs beaux discours, ils méditent des projets honteux. » Phèdre est morte. Crois-tu que cette mort te sauve? Mais c'est par cette mort même que tu es accusé, ô le plus pervers des hommes! car quels serments, quels discours seraient aussi forts que ces tablettes dans la main d'une morte? Tu diras qu'elle te haïssait, que la race bâtarde est odieuse aux enfants légitimes. Tu l'accuseras d'être mauvaise appréciatrice de la vie. Tu ajouteras que le vice est inné chez la femme et est étranger aux hommes. Pour moi, je sais que les jeunes hommes ne sont en rien plus fiers que les jeunes femmes,

RACINE.

HIPPOLYTE.

D'un amour criminel Phèdre accuse Hippolyte ?
Un tel excès d'horreur rend mon âme interdite.
Tant de coups imprévus m'accablent à la fois,
Qu'ils m'ôtent la parole et m'étouffent la voix.

THÉSÉE.

Traître, tu prétendais qu'en un lâche silence
Phèdre ensevelirait ta brutale insolence !
Il fallait, en fuyant, ne pas abandonner
Ce fer qui, dans ses mains, aide à te condamner,
Ou plutôt il fallait, comblant ta perfidie,
Lui ravir tout d'un coup la parole et la vie !

HIPPOLYTE.

D'un mensonge si noir, justement irrité,
Je devrais faire ici parler la vérité,
Seigneur ; mais je supprime un secret qui vous touche.
Approuvez le respect qui me ferme la bouche,
Et, sans vouloir vous-même augmenter vos ennuis,
Examinez ma vie, et songez qui je suis !
Quelques crimes toujours précèdent les grands crimes ;
Quiconque a pu franchir les bornes légitimes
Peut violer enfin les droits les plus sacrés ;
Ainsi que la vertu, le crime a ses degrés,
Et jamais on n'a vu la timide innocence
Passer subitement à l'extrême licence.
Un seul jour ne fait point d'un mortel vertueux
Un perfide assassin, un lâche incestueux.
Élevé dans le sein d'une chaste héroïne,
Je n'ai point de son sang démenti l'origine :
Pitthée, estimé sage entre tous les humains,
Daigna m'instruire encore au sortir de ses mains.
Je ne veux point me peindre avec trop d'avantage,
Mais, si quelque vertu m'est tombée en partage,
Seigneur, je crois surtout avoir fait éclater

EURIPIDE.

quand Vénus trouble leurs cœurs ardents. Je sais bien que, sous ce rapport, leur sexe les protége ; mais pourquoi, ce cadavre présent, lutterais-je contre tes objections ? Ce témoin, il me semble, est irrécusable. Sois exilé de cette contrée; sors-en aussi vite que tu pourras. Ah ! ne reviens ni à Athènes bâtie par les dieux, ni sur les limites du pays que gouverne ma lance ; car, si, ayant reçu de toi cette offense, elle restait impunie, on pourrait soutenir que je me vante en vain, et les rochers que lavent la mer cesseraient de dire que je suis terrible aux méchants.

LE CHOEUR.

Comment oserai-je dire aujourd'hui qu'il est un mortel heureux sur la terre, puisque je vois foudroyé celui qui est au premier rang ?

HIPPOLYTE.

Mon père, et ton courroux et les transports de ton esprit sont terribles. Cependant, cette chose qui prête de ta part à de si beaux discours, crois-moi, serait hideuse si on la dévoilait. Pour moi, je n'ai point l'art de parler à la multitude; mais je suis plus habile à parler avec mes pareils et à un petit nombre d'amis, et ce que je dis a son importance, car souvent les hommes méprisés parmi les sages sont habiles à parler devant la foule, ; et cependant, il faut que moi, aussi, je parle, à cause du malheur qui est arrivé. Je répondrai donc d'abord par où l'on m'a attaqué croyant me perdre et que je ne pourrais répondre. Vois-tu ce ciel? vois-tu cette terre? Ils te diront, quoique tu le nies, qu'il n'y a pas au monde d'homme plus sage que moi; car, d'un côté, je sais honorer les immortels, et, de l'autre, j'ai su me choisir des amis vertueux, qui ont conservé la pudeur de ne pas conseiller des crimes, et de ne pas aider aux choses honteuses. Je ne suis point railleur de mes compagnons, mais le même pour mes amis présents ou absents. Eh bien, je suis innocent du crime pour lequel tu crois m'avoir confondu ; car, jusqu'à ce jour, mon corps est resté chaste, et je ne connais l'amour que

RACINE.

La haine des forfaits qu'on ose m'imputer.
C'est par là qu'Hippolyte est connu dans la Grèce.
J'ai poussé la vertu jusques à la rudesse ;
On sait de mes chagrins l'inflexible rigueur ;
Le jour n'est pas plus pur que le fond de mon cœur.
Et l'on veut qu'Hippolyte, épris d'un feu profane...

THÉSÉE.

Oui, c'est ce même orgueil, traître, qui te condamne ;
Je vois de tes froideurs le principe odieux :
Phèdre seule charmait tes impudiques yeux.
Et, pour tout autre objet, ton âme indifférente
Dédaignait de brûler d'une flamme innocente.

HIPPOLYTE.

Non, mon père, ce cœur, c'est trop vous le celer,
N'a point d'un chaste amour dédaigné de brûler.
Je confesse à vos pieds ma véritable offense.
J'aime, j'aime, il est vrai, malgré votre défense.
Aricie à ses lois tient mes vœux asservis ;
La fille de Pallante a vaincu votre fils ;
Je l'adore ; et mon âme, à vos ordres rebelle,
Ne peut ni soupirer ni brûler que pour elle.

THÉSÉE.

Tu l'aimes ? Ciel ! Mais non ; l'artifice est grossier ;
Tu te feins criminel pour te justifier ?

HIPPOLYTE.

Seigneur, depuis six mois, je l'évite et je l'aime.
Je venais en tremblant vous le dire à vous-même.
Eh quoi ! de votre erreur rien ne vous peut tirer ?
Par quel affreux serment faut-il vous rassurer ?
Que la terre, le ciel, que toute la nature...

THÉSÉE.

Toujours les scélérats ont recours au parjure.

EURIPIDE.

de nom et par les peintures que j'en ai vues. Quoique ayant l'âme vierge, je ne suis nullement empressé de regarder ces choses. Ma vertu ne te persuade pas ? Dis-moi alors comment j'ai été corrompu. Est-ce que le corps de celle-ci l'emportait en beauté sur celui de toutes les autres femmes? Ou bien, ai-je espéré d'occuper ton palais, d'envahir ta couche opulente ? Je serais donc insensé ; j'aurais donc sur tous points perdu la raison ?

Il est doux de régner, même pour les sages, diras-tu. — Je le nie, à moins que le pouvoir suprême n'ait corrompu le cœur qui l'a exercé. Pour moi, l'emporter dans les jeux du gymnase ; être le second après toi dans la ville ; être heureux au milieu de vertueux amis, voilà tout ce que je désire. C'est un bonheur à ma portée, et je préfère au pouvoir l'absence des dangers attachés au trône. Et maintenant, tu connais toutes mes raisons, moins une. Si j'avais un témoin tel que je suis, c'est-à-dire vivant, si mon accusateur voyait la lumière comme moi, alors tu connaîtrais le vrai coupable, le jugeant par ses œuvres. Maintenant, je te jure, par Jupiter, gardien des serments, et par le sol de la terre, n'avoir jamais attenté à ton épouse. Je te jure que je n'en ai pas même connu la pensée, et que je meure infâme, sans nom, sans patrie, sans toit, errant et exilé par tout l'univers; que ni la terre ni les mers ne reçoivent mon cadavre, si je suis l'homme pervers que tu crois ; or, je ne sais si celle-ci a perdu la vie par terreur, mais il ne m'est pas permis d'en dire plus. Elle a été innocente en apparence, et, moi, je l'ai été en réalité, et cependant je parais criminel.

LE CHOEUR.

Tu as suffisamment repoussé l'accusation qui pèse sur toi, ayant prêté serment par les dieux.

THÉSÉE.

N'est-ce pas un magicien et un imposteur, celui qui croit qu'il trompera mon âme par une feinte modération, quand il a outragé son père !

RACINE.

Cesse, cesse, et m'épargne un importun discours,
Si ta fausse vertu n'a point d'autre secours.

HIPPOLYTE.

Elle vous paraît fausse et pleine d'artifice :
Phèdre, au fond de son cœur, me rend plus de justice.

THÉSÉE.

Ah! que ton impudence excite mon courroux!

HIPPOLYTE.

Quel temps à mon exil, quel lieu prescrivez-vous ?

THÉSÉE.

Fusses-tu par delà les colonnes d'Alcide,
Je me croirais encor trop voisin d'un perfide !

HIPPOLYTE.

Chargé d'un crime affreux dont vous me soupçonnez,
Quels amis me plaindront, quand vous m'abandonnez ?

THÉSÉE.

Va chercher des amis dont l'estime funeste
Honore l'adultère, applaudisse à l'inceste;
Des traitres, des ingrats, sans honneur et sans loi,
Dignes de protéger un méchant tel que toi.

HIPPOLYTE.

Vous me parlez toujours d'inceste, d'adultère !
Je me tais : cependant, Phèdre sort d'une mère,
Phèdre est d'un sang, seigneur, vous le savez trop bien,
De toutes ces horreurs plus rempli que le mien.

THÉSÉE.

Quoi! ta rage à mes yeux perd toute retenue !
Pour la dernière fois, ôte-toi de ma vue :
Sors, traître ! n'attends pas qu'un père furieux
Te fasse avec opprobre arracher de ces lieux!

. . . .

EURIPIDE.

HIPPOLYTE.

A moi, de toi ! oh ! cela m'étonne. Certes, si tu étais mon fils, et que je fusse ton père ; si, enfin, je t'avais soupçonné de violence envers mon épouse, je t'eusse tué assurément, et ne me fusse pas contenté de l'exil.

THÉSÉE.

Oh ! tu dis juste ; mais tu ne mourras pas ainsi, en vertu de la loi établie par toi-même ; une mort prompte est trop peu de chose pour un misérable comme toi. Mais être exilé de la terre de la patrie, endurer une vie douloureuse sur la terre étrangère, voilà la véritable récompense due à l'homme impie.

HIPPOLYTE.

Hélas ! que fais-tu ? Tu me chasses de la terre natale sans attendre le temps révélateur.

THÉSÉE.

Oui. Je te chasserais au delà de la mer et des bornes atlantiques, si je le pouvais, tant je déteste ta tête.

HIPPOLYTE.

Prends garde ! tu ne tiens pas compte de mes serments ; tu ne pèses pas mes preuves, tu ne consultes pas les devins. Je suis banni, et non jugé.

THÉSÉE.

Est-il besoin de la parole des devins, quand ces tablettes t'accusent d'une façon irrécusable ? Et, quant aux oiseaux qui passent au-dessus de nos têtes, vains présages ! Je leur dis cent fois adieu.

HIPPOLYTE.

O dieux ! pourquoi donc tiens-je encore mes lèvres fermées, moi qui péris par vous que je vénère ? Mais non ; mieux vaut me taire : je ne persuaderais pas ceux qui m'accusent et je violerais les serments faits à moi-même.

THÉSÉE.

Ah ! ta feinte sagesse me tue ! Voyons, n'iras-tu pas, et au plus vite, loin de la terre de la patrie ?

EURIPIDE.

HIPPOLYTE.

De quel côté me tournerais-je, malheureux que je suis? A quelle maison irais-je demander l'hospitalité, étant banni, et sur une pareille accusation?

THÉSÉE.

Dans la maison de celui qui se plaît à recevoir pour hôtes les corrupteurs de femmes et les ministres du crime.

HIPPOLYTE.

Hélas! tes reproches pénètrent jusqu'au fond de mes entrailles, et je me sens tout près de pleurer. Mais je te parais donc, je te semble donc criminel?

THÉSÉE.

Alors, il te fallait gémir et réfléchir avant d'insulter la femme de ton père.

HIPPOLYTE.

O murs de ce palais! plût aux dieux que vous eussiez une voix, vous témoigneriez, vous, si je suis vraiment un homme pervers!

THÉSÉE.

Oui! tu as recours aux témoins muets; mais celui-ci, tout muet qu'il est, t'accuse clairement.

HIPPOLYTE.

Oh! que ne puis-je me contempler moi-même face à face, et pleurer les maux que je souffre!

THÉSÉE.

Tu es, en effet, plus habitué à te complaire à toi-même qu'à faire des choses pieuses et à rendre à ton père le respect que tu lui dois.

HIPPOLYTE.

O mère infortunée, à l'enfantement amer! Oh! qu'aucun de mes amis ne soit jamais bâtard!

THÉSÉE.

Mais ne l'entraînerez-vous pas, esclaves? N'entendez-vous pas qu'il y a longtemps déjà que j'ordonne qu'il soit banni?

EURIPIDE.

HIPPOLYTE.

Ce serait, certes, pour son malheur que l'un d'entre eux mettrait la main sur moi. Non, non, mon père, si tu en as le courage, chasse-moi toi-même.

THÉSÉE.

Oui, je le ferai si tu n'obéis pas à mes ordres, car aucune pitié pour ton exil ne me touche.

HIPPOLYTE.

Ainsi donc, c'est résolu. Oh! infortuné que je suis! je connais la vérité et je ne puis la dire. O fille de Latone, la plus chère à moi entre toutes les déesses ; qui étais ma compagne ; qui chassais avec moi; nous allons donc fuir l'illustre Athènes. Adieu, ô ville et terre d'Érechthée ! O sol de Trézène ! combien tu as eu de charmes pour ma jeunesse ! Adieu ! je t'adresse la parole, te voyant pour la dernière fois. Adieu! ô jeunes compagnons de cette terre ! Dites-moi adieu et accompagnez-moi hors du pays. Non, jamais, quoi qu'en dise mon père, vous ne verrez un homme plus pur et plus chaste que moi.

Peut-être la scène est-elle un peu longue ; peut-être Hippolyte est-il bien lent à quitter Athènes et à prendre congé de Thésée; mais Thésée, c'est son père, et Athènes, c'est sa patrie.

Ce que j'admire dans la scène d'Euripide et ce que je cherche en vain, je l'avoue, dans celle de Racine, c'est ce grand amour filial d'Hippolyte, que l'on sent à chaque vers dans l'auteur grec et que l'on sent à peine dans le poëte français.

Je sais bien qu'à cet amour Racine a substitué la dignité blessée; mais la dignité d'un fils, envers son père!

J'aimerais mieux Hippolyte moins digne et plus tendre.

Revenons à Sénèque, auquel, en sa double qualité de rhéteur et de philosophe, nous ne pouvons pas demander d'être tendre.

Chez Sénèque, l'invocation à Neptune faite par Thésée, le chœur dit un hymne, le plus beau de toute la pièce. C'est celui qui commence par ce vers :

O magna parens natura rerum!

A la fin de l'hymne paraît le messager qui annonce la mort d'Hippolyte; car, dans Sénèque, Hippolyte est mort et ne reparaît pas : c'est Phèdre qui n'est pas morte et qui reparaît.

Là encore, Racine a imité Sénèque. Il est vrai qu'il fallait faire revenir la Champmeslé, et que, dès cette époque, cet axiome avait cours au théâtre : « Un acteur, si beau que soit son rôle, quand il n'est pas de la dernière scène, n'est pas de la pièce. »

Sénèque ne pouvait pas avoir ce motif, puisque, selon toute probabilité, la pièce, faite pour être lue, ne fut jamais jouée.

Un dernier mot sur Sénèque.

Nous avons dit qu'Agrippine le tira de son exil, le fit venir à Rome, et lui confia l'éducation de son fils.

Ce fils était-il déjà, dans son cœur, le meurtrier de son frère, de sa mère et de sa femme, ou les lâches complaisances de Sénèque le poussèrent-elles dans la voie sanglante?

Quoi qu'il en soit, Sénèque avait vu tant de choses,

que Néron jugea imprudent — à la façon dont disparaissaient déjà les empereurs : Tibère étouffé sous un oreiller, Caligula assassiné dans le couloir du Cirque, Claude empoisonné avec un champignon! — que Néron jugea imprudent, disons-nous, de laisser ouverts les yeux qui avaient vu tant de choses. Il profita de la conspiration de Pison pour faire dire à Sénèque qu'il ne serait pas fâché de le voir mourir. C'était en l'an 65 du Christ; Sénèque avait soixante-deux ou soixante-trois ans.

Cette invitation était un ordre. Sénèque le communiqua à sa jeune femme, qui, quoique âgée de vingt-quatre ans à peine, déclara à son époux qu'elle voulait mourir avec lui.

Sénèque confirma le testament qu'il avait fait déjà en faveur de Néron et convoqua ses amis au spectacle de sa mort.

C'est ainsi que cela se faisait alors. Les témoins aidaient à bien mourir.

Sénèque leur annonça que, ne pouvant rien leur laisser de ses biens, il leur laissait sa vie pour modèle.

C'est sa mort qu'il eût dû dire.

Pauline et Sénèque se firent ouvrir les veines en même temps.

Ce fut inutile pour Sénèque; il était tellement exténué par l'abstinence à laquelle le forçait son mauvais estomac, que, les veines ouvertes, le sang ne vint pas.

On fut forcé de le mettre dans un bain chaud.

Là, il parla longtemps, et ce qu'il dit, recueilli par ses secrétaires, fut, après la mort de Néron, publié par ses amis.

Quant à Pauline, un ordre de Néron arrêta dans son corps un reste de sang; mais elle resta toujours pâle de celui qu'elle avait perdu, et elle ne tarda pas elle-même à mourir.

Néron l'aimait!

.*.

« J'ai ouï raconter par madame de la Fayette, dit l'abbé de Saint-Pierre, que, dans une conversation, Racine soutint qu'un bon poëte pouvait faire excuser les plus grands crimes et même inspirer de la compassion pour les criminels; il ajouta qu'il ne fallait que de la fécondité, de la délicatesse et de la justesse d'esprit pour diminuer tellement l'horreur des crimes de Médée et de Phèdre, qu'on les rendrait aimables aux spectateurs, au point d'inspirer de la pitié pour leurs malheurs. Comme les assistants lui nièrent que cela fût possible et qu'on voulut même le tourner en ridicule sur une opinion si extraordinaire, le dépit qu'il en eut le fit résoudre à entreprendre la tragédie de *Phèdre*, où il réussit si bien à faire plaindre ses malheurs, que le spectateur a plus de pitié de la criminelle belle-mère que du vertueux Hippolyte. »

Qu'y a-t-il de vrai dans cette anecdote? Je l'ignore. Je crois que le sujet de *Phèdre* tenta Racine, parce que le sujet était beau. Je crois qu'il en parla lorsqu'il avait déjà le désir de le faire, pour savoir ce qu'on en penserait. Je crois surtout qu'il le fit, parce qu'ayant la Champmeslé pour actrice et pour maîtresse, il vit dans ce splendide personnage de Phèdre un beau rôle à créer.

Par malheur, un autre homme avait eu la même idée que lui. Cet homme, soutenu par la puissante coterie de la duchesse de Bouillon et le duc son frère, était Pradon.

On prétend même que l'idée ne lui en vint pas, mais lui fut communiquée par les deux grands personnages que nous venons de nommer et qui détestaient Racine.

Le fait est que, longtemps avant que la *Phèdre* de Racine parût, on s'était assuré des moyens de la faire tomber. Madame Deshoulières, qui s'était faite l'ennemie de Racine et l'alliée de la duchesse de Bouillon et du duc de Nevers, joua, pour son compte, un rôle fort actif dans cette chute : Boileau prétend que la duchesse de Bouillon fit retenir pour les six premières représentations toutes les premières loges du théâtre de l'hôtel de Bourgogne, non pas pour y aller ou pour y envoyer des spectateurs, mais pour qu'elles restassent vides.

Cette plaisanterie coûta une quinzaine de mille francs à la duchesse de Bouillon ; mais, bah! l'oncle Mazarin avait laissé quarante-cinq millions!

La *Phèdre* de Racine fut donc jouée devant une salle vide et hostile ; aussi n'eut-elle qu'un succès équivoque.

Après la représentation, on soupa chez madame Deshoulières avec Pradon, auquel on avait fait un succès splendide, en opposition à Racine.

C'est au souper que madame Deshoulières composa le fameux sonnet qui fit tant de bruit :

Dans un fauteuil doré, Phèdre tremblante et *blême*,
Dit des vers où d'abord personne n'entend *rien*.
La nourrice lui fait un sermon fort *chrétien*,
Contre l'affreux dessein d'attenter sur *soi-même*.

Hippolyte la hait, presqu'autant qu'elle *l'aime*;
Rien ne change son cœur, ni son chaste *maintien*.
La nourrice l'accuse, elle s'en punit *bien*.
Thésée a pour son fils une rigueur *extrême*.

Une grosse Aricie, au teint rouge, aux crins *blonds*,
N'est là que pour montrer deux énormes *tetons*
Que, malgré sa froideur, Hippolyte *idolâtre*.

Il meurt enfin, traîné par ses coursiers *ingrats*,
Et Phèdre, après avoir pris de la mort-aux-*rats*,
Vient, en se confessant, mourir sur le *théâtre*.

Le sonnet fut lancé dans le public, et, comme il attaquait une fort belle œuvre, il eut plus de succès que l'œuvre elle-même.

Il revint à Racine : à cette époque, comme dans la nôtre, on avait des amis heureux de vous communiquer une chose désagréable. Racine prit le sonnet et le porta à Boileau.

Tous deux soupçonnèrent M. de Nevers d'en être l'auteur.

Deux poëtes ne pouvaient pas laisser sans réponse une pareille attaque.

Ils se mirent au travail, et le sonnet suivant fut le résultat de leur collaboration :

Dans un palais doré, Damon, jaloux et *blême*,
Fait des vers où jamais personne n'entend *rien*.
Il n'est ni courtisan, ni guerrier, ni *chrétien*,
Et souvent pour rimer il s'enferme *lui-même*.

La Muse, par malheur, le hait autant qu'il *l'aime;*
Il a du franc poëte et l'air et le *maintien :*
Il veut juger de tout et ne juge pas *bien;*
Il a pour le phébus une tendresse *extrême.*

Une sœur vagabonde aux crins plus noirs que *blonds*
Va par tout l'univers promener deux *tetons,*
Dont, malgré son pays, Damon est *idolâtre*[1].

Il se tue à rimer pour des lecteurs *ingrats.*
L'*Énéide,* à son goût, est de la mort-aux-*rats,*
Et, selon lui, Pradon est le roi du *théâtre.*

Attaqué à brûle-pourpoint et désigné de manière à ce que nul ne s'y trompât, M. de Nevers prit la plume et répondit à son tour, mais en menaçant d'abandonner la plume pour le bâton.

Racine et Despréaux, l'air triste et le teint *blême,*
Viennent demander grâce et ne confessent *rien.*
Il faut leur pardonner, parce qu'on est *chrétien;*
Mais on sait ce qu'on doit au public, à soi-*même.*

Damon, pour l'intérêt de cette sœur qu'il *aime,*
Doit de ces scélérats châtier le *maintien;*
Car il serait blâmé de tous les gens de *bien,*
S'il ne punissait pas leur insolence *extrême.*

Ce fut une furie, aux crins plus noirs que *blonds,*
Qui leur pressa, du pus de ses affreux *tetons,*
Ce sonnet qu'en secret leur cabale *idolâtre.*

Vous en serez punis, satiriques *ingrats,*
Non pas en trahison avec la mort-aux-*rats,*
Mais à coups de bâton, donnés en plein *théâtre.*

Il ne règne pas aujourd'hui une grande courtoisie dans les lettres; mais le dernier des auteurs y regar-

---

[1]. Le duc de Nevers, neveu de Mazarino Mazarini, était Italien comme son oncle.

derait à deux fois aujourd'hui, avant de faire un de ces sonnets signés Deshoulières, Boileau et Racine, et le duc de Nevers.

Les deux poëtes, au reste, à la lecture du sonnet de M. le duc de Nevers, eurent grand'peur. Le bruit courait que le duc les faisait chercher de tous côtés, pour les faire périr sous le bâton.

Ils désavouèrent hautement le sonnet qui leur était attribué.

La chute de *Phèdre* éloigna Racine du théâtre.

Il avait trente-huit ans.

Il n'y rentra que onze ans après par *Esther*.

Pendant ces onze ans où il brisa sa plume, qui dira ce qu'eût pu faire l'auteur d'*Andromaque* et d'*Iphigénie* !

Revenons à *Phèdre*, c'est-à-dire à son chef-d'œuvre.

On a vu, dans notre analyse de l'*Hippolyte* d'Euripide et de l'*Hippolyte* de Sénèque, de quelle façon Racine a procédé.

Il a d'abord, comme Sénèque, écarté l'intervention des dieux ; il a créé une exposition nouvelle, à notre avis, bien inférieure à celle d'Euripide et même à celle de Sénèque, mais dans le goût de l'époque. Il a écarté la scène du vieillard qui conseille à Hippolyte de ne pas être si exclusif dans son culte de Diane, et il a abordé sa seconde scène, appuyé sur Euripide.

L'entrée de Phèdre est à peu près la même dans Racine que dans le poëte grec :

EURIPIDE.

PHÈDRE.

Soulevez mon corps, redressez ma tête, ô mes amies. Je suis brisée dans les articulations de mes membres. Pressez mes belles mains. Il est lourd pour moi de porter un voile sur ma tête ; ôtez-le, et étendez mes cheveux sur mes épaules....

Conduisez-moi sur la montagne ; j'irai vers la forêt et vers les pins où court la meute poursuivant les cerfs tachetés. Je voudrais crier aux chiens et lancer le trait thessalien, en ramenant ma main vers ma blonde chevelure. Qu'ai-je donc fait? Infortunée que je suis! où me suis-je égarée hors de ma raison? J'ai été en délire, et j'y suis tombée par le châtiment d'un dieu. Hélas! hélas! malheureuse nourrice, couvre ma tête, car j'ai honte!

LA NOURRICE.

J'ai essayé de tout, et tout a été inutile, et cependant mon zèle ne se ralentira point. O chère enfant! oublions toutes deux ce que nous avons dit jusqu'ici. Sois plus douce; ne fronce plus ton sourcil ; remets ton esprit dans le droit chemin. Si j'ai eu des torts en marchant dans la même route que toi, je passerai à des paroles meilleures. Si tu es malade de quelque mal secret, vois ces femmes, elles te soigneront avec moi. Mais, s'il t'est, au contraire, arrivé quelque accident qui puisse se révéler aux hommes, dis-le, et nous aurons recours aux médecins. Eh bien, que fais-tu? Pourquoi te taire? Si j'ai dit quelque chose qui ne soit pas bien, fais-moi revenir de mon erreur ; ou cède-moi, si j'ai raison. Sache que, si tu meurs, tu trahis tes enfants, tu les bannis de la maison paternelle. Non, il n'en sera pas ainsi, par la reine amazone, habile à monter à cheval, laquelle a engendré pour tes enfants un maître bâtard. Tu le connais bien, Hippolyte?

PHÈDRE.

Malheur à moi!

RACINE.

PHÈDRE.

N'allons pas plus avant, demeurons, chère OEnone ;
Je ne me soutiens plus, la force m'abandonne,
Mes yeux sont éblouis du jour que je revoi,
Et mes genoux tremblants se dérobent sous moi.....
Que ces vains ornements, que ces voiles me pèsent !
Quelle importune main, en formant tous ces nœuds,
A pris soin, sur mon front, d'assembler mes cheveux ?
.......! que ne suis-je assise, à l'ombre des forêts !
Quand pourrais-je, au travers d'une noble poussière,
Suivre de l'œil un char fuyant dans la carrière ?

OENONE.

Quoi, madame !

PHÈDRE.

    Insensée ! où suis-je et qu'ai-je dit ?
Où laissé-je égarer mes vœux et mon esprit ?
Je l'ai perdu ! les dieux m'en ont ravi l'usage.
OEnone, la rougeur me couvre le visage ;
Je te laisse trop voir mes honteuses douleurs ;
Et mes yeux, malgré moi, se remplissent de pleurs.

OENONE.

Dieux ! s'il vous faut rougir, rougissez d'un silence
Qui de vos maux encore aigrit la violence.
Rebelle à tous nos soins, sourde à tous nos discours,
Voulez-vous, sans pitié, laisser finir vos jours ?
Quelle fureur les borne au milieu de leur course ?
Quel charme ou quel poison en a tari la source ?
Les ombres, par trois fois, ont obscurci les cieux,
Depuis que le sommeil n'est entré dans vos yeux ;
Et le jour a trois fois chassé la nuit obscure,
Depuis que votre corps languit sans nourriture.
A quels affreux desseins vous laissez-vous tenter ?
De quel droit sur vous-même osez-vous attenter ?

EURIPIDE.

LA NOURRICE.

Cela te touche, enfin !

PHÈDRE.

Au nom des dieux, à l'avenir ne prononce pas ce nom !

LA NOURRICE.

Vois-tu ! la raison te revient ; et cependant, tu refuses de vivre et, en vivant, de sauver tes enfants.

PHÈDRE.

Je chéris mes enfants, mais je suis agitée par une autre infortune.

LA NOURRICE.

Tu portes, ô ma fille, des mains pures de sang.

PHÈDRE.

Mes mains sont pures, mais mon cœur est souillé.

LA NOURRICE.

Parle donc, et sa gloire ressortira de tes paroles.

PHÈDRE.

Eh bien, je ferai ce que tu veux.

LA NOURRICE.

Maintenant, je me tais ; à toi de parler.

PHÈDRE.

O ma mère ! malheureuse ! de quel amour tu as aimé !

LA NOURRICE.

Veux-tu parler de l'amour qu'elle eut pour un taureau ? A quel propos rappelles-tu cela ?

PHÈDRE.

Et toi, sœur malheureuse, épouse de Bacchus !

RACINE.

Vous offensez les dieux, auteurs de votre vie ;
Vous trahissez l'époux à qui la foi vous lie ;
Vous trahissez enfin vos enfants malheureux,
Que vous précipitez sous un joug rigoureux.
Songez qu'un même jour leur ravira leur mère,
Et rendra l'espérance au fils de l'étrangère.
A ce fier ennemi de vous, de votre sang,
Ce fils qu'une Amazone a porté dans son flanc,
Cet Hippolyte...

PHÈDRE.

Ah ! dieux !

OENONE.

Ce reproche vous touche ?

PHÈDRE.

Malheureuse ! quel nom est sorti de ta bouche !

OENONE.

Eh bien, votre colère éclate avec raison,
J'aime à vous voir frémir à ce funeste nom ;
Vivez donc ! que l'amour, le devoir vous excite !
Vivez ! ne souffrez pas que le fils d'une Scythe,
Accablant vos enfants d'un empire odieux,
Commande au plus beau sang de la Grèce et des dieux !
. . . .
Quoi ! de quelques remords êtes-vous déchirée ?
Quel crime a pu produire un trouble si pressant ?
Vos mains n'ont point trempé dans le sang innocent !

PHÈDRE.

Grâces au ciel, mes mains ne sont point criminelles ;
Plût aux dieux que mon cœur fût innocent comme elles !.....

OENONE.

Madame, au nom des pleurs que pour vous j'ai versés,
Par vos faibles genoux que je tiens embrassés,
Délivrez mon esprit de ce funeste doute...

PHÈDRE.

Tu le veux, lève-toi !

EURIPIDE.

LA NOURRICE.

Enfant! qu'éprouves-tu donc, que tu outrages ainsi tes parents?

PHÈDRE.

Et moi, la troisième de ce sang, misérable! je péris.

LA NOURRICE.

Je ne suis point un devin pour voir dans les choses obscures.

PHÈDRE.

Quelle est cette chose que les hommes appellent amour?

LA NOURRICE.

Que dis-tu, ô ma fille! aimes-tu quelqu'un parmi les hommes?

PHÈDRE.

Quel qu'il soit, enfin! ce fils de l'Amazone, je l'aime.

LA NOURRICE.

Hippolyte, dis-tu?

PHÈDRE.

C'est toi qui l'as nommé.

RACINE.

OENONE.
Parlez, je vous écoute.

. . . .

PHÈDRE.
O haine de Vénus ! ô fatale colère !
Dans quels égarements l'amour jeta ma mère !

OENONE.
Oublions-les, madame, et qu'à tout l'avenir
Un silence éternel cache ce souvenir.

PHÈDRE.
Ariane, ma sœur, de quel amour blessée
Vous mourûtes aux bords où vous fûtes laissée.

OENONE.
Que faites-vous, madame, et quel mortel ennui
Contre tout votre sang vous anime aujourd'hui ?

PHÈDRE.
Puisque Vénus le veut, de ce sang déplorable
Je péris la dernière et la plus misérable.

OENONE.
Aimez-vous ?

PHÈDRE.
De l'amour j'ai toute la fureur.

OENONE.
Pour qui ?

PHÈDRE.
Tu vas ouïr le comble de l'horreur :
J'aime... A ce nom fatal, je tremble, je frissonne ;
J'aime....

OENONE.
Qui ?

PHÈDRE.
Tu connais ce fils de l'Amazone,
Ce prince si longtemps par moi même opprimé.

OENONE.
Hippolyte ? grands dieux !

PHÈDRE.
C'est toi qui l'as nommé.

Nous ne pousserons pas plus loin de parallèle avec Euripide; l'imitation se continue jusqu'au moment où la nourrice rassure Phèdre et se charge de tout avouer à Hippolyte.

Mais, là, Racine sent qu'Euripide lui échappe; il se rattache à Sénèque et il imite la belle scène où Phèdre avoue son amour à Hippolyte.

Dans Euripide, on se le rappelle, Phèdre s'étrangle en apprenant de sa nourrice le mépris qu'a fait Hippolyte de son amour.

Mais Racine ne commet pas une pareille faute. Il adopte le moyen de Sénèque, c'est-à-dire le retour de Thésée, et laisse la nourrice accuser Hippolyte.

Puis il revient à Euripide pour lui emprunter la belle scène entre Thésée et son fils, à la suite de laquelle Hippolyte quitte Athènes.

Là, Racine crée une scène; c'est celle qui commence par ces mots de Phèdre :

Seigneur, je viens à vous pleine d'un juste effroi.

Elle est prête à tout avouer à Thésée lorsqu'elle apprend par Thésée qu'Aricie aime Hippolyte.

Cette scène et celle qui la suit sont tout entières à Racine, ni Euripide ni Sénèque n'ayant pensé à Aricie.

Tous deux respectaient trop la traduction antique pour tomber dans la faute commise par Racine et faire Hippolyte amoureux.

Mais une faute chez Racine est toujours rachetée par une beauté.

Elle amène cette admirable scène de jalousie, où se trouvaient ces deux effets traditionnels : « Tu le savais!

et : « Ils s'aimeront toujours ! » et, en outre, ces vers merveilleux :

> Misérable! et je vis! et je soutiens la vue
> De ce sacré soleil dont je suis descendue!
> J'ai pour aïeul le père et le maître des dieux,
> Le ciel, tout l'univers est plein de mes aïeux.
> Où me cacher? Fuyons dans la nuit infernale;
> Mais que dis-je! mon père y tient l'urne fatale :
> Le sort, dit-on, l'a mise en ses sévères mains;
> Minos juge aux enfers tous les pâles humains.

Tout le commencement du cinquième acte appartient encore à Racine. La scène entre Aricie et Thésée, où Thésée apprend qu'Hippolyte aimait réellement Aricie; la scène entre Thésée et Panope, où Thésée apprend qu'Œnone s'est jetée à la mer.

Ce sont des préparations qui ramènent Thésée à la vérité; mais ces préparations ne vont-elles pas rendre impossible le récit de Théramène? Dans Euripide, ce long récit qui entre dans tous les détails descriptifs du char, des chevaux, des flots, du monstre, est acceptable, parce que Thésée, furieux de la mort de Phèdre désire la mort d'Hippolyte et se complaît aux détails qui ont accompagné la catastrophe qui amènera cette mort; car, dans Euripide, on se le rappelle, Hippolyte, blessé seulement, vient mourir sur le théâtre.

Dans Sénèque, qui n'a pas la même excuse, puisque Phèdre vit, le poëte est tellement embarrassé pour aborder cette minutieuse description du monstre, que c'est Thésée lui-même qui interrompt Théramène pour lui demander *de quelle forme il est*.

Au reste, nous allons mettre successivement sous les

yeux du lecteur le récit grec, le récit latin et le récit français.

EURIPIDE.

LE MESSAGER.

Thésée, j'apporte pour tous les Athéniens et le territoire du pays de Trézène une triste nouvelle.

THÉSÉE.

Qu'y a-t-il? quelque nouveau malheur a-t-il surpris ces deux villes?

LE MESSAGER.

Hippolyte n'est plus, ou, du moins, n'a plus que quelques instants à voir la lumière.

THÉSÉE.

Par qui a-t-il péri? est-ce quelqu'un qui était en haine contre lui? avait-il, par violence, déshonoré l'épouse de son meurtrier, comme il a déshonoré celle de son père?

LE MESSAGER.

Non. Il a péri par l'attelage de son char, et surtout par les imprécations que ta bouche a adressées au souverain de la mer au sujet de ton fils.

THÉSÉE.

O dieux! et toi, Neptune, tu étais donc vraiment mon père, puisque tu as entendu mes imprécations! Maintenant, dis-moi comment il est mort et de quelle façon la main de la justice a frappé celui qui m'avait outragé?

LE MESSAGER.

Nous étions près du rivage battu des flots, occupés à peigner en pleurant avec des étrilles le poil des chevaux, car un messager était venu nous dire qu'Hippolyte allait quitter cette contrée, ayant reçu de toi un exil fatal. Bientôt, Hippolyte vint lui-même nous rejoindre au rivage, pleurant comme nous, et une assemblée nombreuse d'amis du même âge que lui marchait à ses côtés ou le suivait par derrière; enfin, après un silence, il dit, cessant de verser des larmes : « Pourquoi me désespèrerais-je ainsi? Esclaves, attelez aux chars les chevaux qui portent le joug, car cette ville n'existe plus pour moi. » De ce moment donc, chacun se pressa, et plus vite que la parole nous plaçâmes près du maître les chevaux équipés ; il en prit en main les rênes, qu'il tira du cercle de fer où elles reposaient ; il ajusta son pied dans le sabot et dit, ayant étendu les mains vers les dieux : « O Jupiter ! que je meure si je suis véritablement un homme pervers ; mais, soit que je meure ou que je vive, fais que mon père reconnaisse qu'il m'a indignement traité. » Et, là-dessus, ayant pris en main l'aiguillon, il l'appliqua aux chevaux, et nous, ses serviteurs, marchant des deux côtés du char, nous nous acheminions directement sur la route d'Argos et d'Épidaure. Lorsque nous entrâmes dans un lieu désert, hors des limites du pays, sur le rivage de la mer Saronique, nous entendîmes un certain bruit pareil à un tonnerre souterrain, un mugissement sourd, horrible, effrayant. Les chevaux aussitôt dressèrent vers le ciel la tête et les oreilles. Saisis de terreur, ignorant d'où venait ce bruit et ayant regardé vers le rivage battu des flots, nous vîmes un flot immense s'élevant au ciel, de sorte qu'il dérobait à nos yeux la côte de Scyron, et cachait l'isthme et le rocher d'Esculape ; puis, s'enflant, et par le bouillonnement de la mer faisant jaillir l'écume autour de lui, il s'avança vers la rive que longeait le char à quatre chevaux, et, avec l'onde elle-même et avec la vague furieuse, le flot jeta hors de la mer un taureau, monstre sauvage, du mugissement duquel toute la terre remplie résonna d'un épouvantable son. Un regard humain ne pouvait supporter cette vue, aussi un effroi terrible s'empara-t-il des chevaux ; leur maître, si habile dans les habitudes équestres, saisit les rênes des deux mains, les attirant à lui comme un matelot attire la rame, se jetant en arrière pour doubler sa force. Mais les chevaux, prenant le mors de fer entre leurs dents, emportent violemment le char, ne s'inquiétant ni des rênes, ni de la main qui les gouverne, ni du char lui-même, et, chaque fois qu'Hippolyte, tenant le gouvernail, dirigeait son char vers un chemin uni, le monstre se montrait de ce côté, rendant furieux de terreur le quadrige, se manière à le rejeter parmi les rochers. Mais, quand, au contraire, les chevaux se dirigent vers les rochers, le taureau, s'approchant, suivait le char en silence jusqu'au moment où, ayant heurté contre un roc la roue du char, il le fit échouer et le renversa. Alors, tout fut confusion, et les moyeux des roues et les chevilles de l'essieu sautèrent en l'air, et lui-même, le malheureux, embarrassé dans les rênes, est traîné, lié par un lien inextricable, et brisé contre les roches, où sa tête chérie laissait des lambeaux de sa chair, tandis qu'il poussait des cris affreux à entendre. « Arrêtez, disait-il, chevaux nourris à mes rateliers ! ne détruisez pas votre maitre. O funeste imprécation de mon père ! Qui donc veut, en s'approchant de moi, venir au secours d'un innocent ? » Nous le voulions tous, notre pied avait été trop lent pour le suivre. Enfin, s'étant délivré, je ne sais comment, des liens de ses rênes, il tombe, respirant encore une courte existence. Quant aux chevaux et au monstre, en quel lieu de la montagne s'étaient-ils cachés ? Je l'ignore, mais ils avaient disparu. — Écoute, prince, je suis ton esclave sans doute, eh bien, jamais je ne pourrai obtenir de moi de croire au crime de ton fils, quand même toutes les femmes se pendraient, et, en se pendant, feraient de tous les pics du mont Ida autant de tablettes accusatrices.

SÉNÈQUE.

LE MESSAGER.
O triste et pénible condition de la servitude, qui m'oblige à remplir un si triste message !
THÉSÉE.
Ne crains pas de m'annoncer les plus tristes malheurs. Mon cœur est depuis longtemps préparé aux coups de la fortune.
LE MESSAGER.
Ma langue se refuse à ce récit déplorable...
THÉSÉE.
Parle; dis-moi quel nouveau malheur afflige ma maison.
LE MESSAGER.
Hippolyte, hélas !... une mort cruelle vous l'a ravi.

THÉSÉE.

Depuis longtemps je n'avais plus de fils. C'est d'un traitre que les dieux me délivrent. Je veux savoir les détails de sa mort.

LE MESSAGER.

Dès qu'il fut sorti de la ville comme un fugitif, marchant d'un pas égaré, il attelle à la hâte ses coursiers superbes, et ajuste le mors dans leurs bouches dociles. Il se parlait à lui-même, détestant sa patrie et répétant souvent le nom de son père. Déjà sa main impatiente agitait les rênes flottantes ; tout à coup, nous voyons en pleine mer une vague s'enfler et s'élever jusqu'aux nues. Aucun souffle, cependant, n'agitait les flots ; le ciel était calme et serein ; la mer, paisible, enfantait seule cette tempête. Jamais l'Auster n'en suscita d'aussi violente au détroit de Sicile. Moins furieux sont les flots soulevés par le Corus dans la mer d'Ionie, quand ils battent les rochers gémissants et couvrent le sommet de Leucate de leur écume blanchissante. Une montagne humide s'élève au-dessus de la mer et s'élance vers la terre avec le monstre qu'elle porte dans son sein, car ce fléau terrible ne menace point les vaisseaux, il est destiné à la terre. Le flot s'avance lentement, et l'onde semble gémir sous une masse qui l'accable. Quelle terre, disions-nous, va tout à coup paraître sous le ciel ? C'est une nouvelle Cyclade. Déjà elle dérobe à nos yeux les rochers consacrés au dieu d'Épidaure, ceux que le barbare Sciron a rendus si fameux, et cet étroit espace resserré par deux mers. Tandis que nous regardions ce prodige avec effroi, la mer mugit, et les rochers d'alentour lui répondent. Du sommet de cette montagne s'échappait par intervalles l'eau de la mer, qui retombait en rosée mêlée d'écume. Telle, au milieu de l'Océan, la vaste baleine rejette les flots qu'elle a engloutis. Enfin cette masse heurte le rivage, se brise, et vomit un monstre qui surpasse nos craintes. La mer entière s'élance sur le bord et suit le monstre qu'elle a enfanté. L'épouvante a glacé nos cœurs.

THÉSÉE.

De quelle forme était ce monstre énorme ?

LE MESSAGER.

Taureau impétueux, son cou est azuré ; une épaisse crinière

se dresse sur son front verdoyant, ses oreilles sont droites et velues. Ses cornes, de diverses couleurs, rappellent les taureaux qui paissent dans nos plaines, et ceux qui composent les troupeaux de Neptune. Ses yeux tantôt jettent des flammes et tantôt brillent d'un bleu étincelant ; ses muscles se gonflent affreusement sur son cou énorme ; il ouvre en frémissant ses larges naseaux ; une écume épaisse et verdâtre découle de sa poitrine et de son fanon ; une teinte rouge est répandue le long de ses flancs. Enfin, par un assemblage monstrueux, le reste de son corps est écaillé et se déroule en replis tortueux. Tel est cet habitant des mers lointaines, qui engloutit et rejette les vaisseaux. La terre voit ce monstre avec horreur ; les troupeaux effrayés se dispersent ; le pâtre abandonne ses génisses ; les animaux sauvages quittent leurs retraites, et les chasseurs eux-mêmes sont glacés d'épouvante. Le seul Hippolyte, inaccessible à la peur, arrête ses coursiers d'une main ferme, et, d'une voix qui leur est connue, s'efforce de les rassurer.

Une partie de la route d'Argos est percée entre de hautes collines, et voisine du rivage de la mer. C'est là que le monstre s'anime au combat et aiguise sa rage. Dès qu'il a pris courage et médité son attaque, il s'élance par bonds impétueux, et, touchant à peine la terre dans sa course rapide, il se jette au-devant des chevaux effrayés. Votre fils, sans changer de visage, s'apprête à le repousser, et, d'un air menaçant et d'une voix terrible : « Ce monstre, s'écrie-t-il, ne saurait abattre mon courage ; mon père m'a instruit à terrasser les taureaux. » Mais les chevaux, ne connaissant plus le frein, entraînent le char, et, quittant le chemin battu, n'écoutent plus que la frayeur qui les précipite à travers les rochers. Comme un pilote qui, malgré la tempête, dirige son navire et l'empêche de présenter le flanc aux vagues, tel Hippolyte gouverne encore ses chevaux emportés. Tantôt il tire à lui les rênes, tantôt il les frappe à coups redoublés. Mais le monstre s'attachant à ses pas, bondit, tantôt à côté du char, tantôt devant les coursiers, et redouble leur terreur.

Enfin, il leur ferme le passage et s'arrête devant eux, leur présentant sa gueule effroyable. Les coursiers, épouvantés et sourds à la voix de leur maître, cherchent à se dégager des traits; ils se cabrent et renversent le char. Le jeune prince tombe embarrassé dans les rênes, et le visage contre terre. Plus il se débat, plus il resserre les liens funestes qui le retiennent. Les chevaux se sentant libres, leur fougue désordonnée emporte le char vide partout où la peur les conduit. Tels les chevaux du Soleil, ne reconnaissant plus la main qui les guidait d'ordinaire, et indignés qu'un mortel portât dans les airs le flambeau du jour, abandonnèrent leur route, précipitant du ciel le téméraire Phaéton. La plage est rougie du sang du malheureux Hippolyte; sa tête se brise en heurtant les rochers. Les ronces arrachent ses cheveux, les pierres meurtrissent son visage, et ces traits délicats, dont la beauté lui fut fatale, sont déchirés par mille blessures. Mais, tandis que le char rapide emporte çà et là cet infortuné, un tronc à demi brûlé et qui s'élevait au-dessus de la terre se trouve sur son passage et l'arrête.

Ce coup affreux retient un moment le char, mais les chevaux forcent l'obstacle en déchirant leur maître, qui respirait encore. Les ronces achèvent de le mettre en pièces. Il n'est pas un buisson, pas un tronc, qui ne porte quelque lambeau de son corps. Ses compagnons, éperdus, courent à travers la plaine, et suivent la route sanglante que le char a marquée. Ses chiens mêmes cherchent en gémissant les traces de leur maître. Hélas! nos soins n'ont pu rassembler encore tous les restes de votre fils. Voilà ce prince naguère si beau! Voilà donc celui qui partageait glorieusement le trône de son père, et qui devait lui succéder un jour! Ce matin, il brillait comme un astre; maintenant, ses membres épars sont ramassés pour le bûcher.

RACINE.

THÉSÉE.

Théramène, est-ce toi? qu'as-tu fait de mon fils?
Je te l'ai confié dès l'âge le plus tendre.
Mais d'où naissent les pleurs que je te vois répandre?
Que fait mon fils?

THÉRAMÈNE.
O soins tardifs et superflus !
Inutile tendresse ! Hippolyte n'est plus !
THÉSÉE.
Dieux !
THÉRAMÈNE.
J'ai vu des mortels périr le plus aimable.
Et j'ose dire encor, seigneur, le moins coupable.
THÉSÉE.
Mon fils n'est plus ! eh quoi ! quand je lui tends les bras
Les dieux impatients ont hâté son trépas !
Quel coup me l'a ravi ? quelle foudre soudaine ?
THÉRAMÈNE.
A peine nous sortions des portes de Trézène,
Il était sur son char ; ses gardes affligés
Imitaient son silence, autour de lui rangés ;
Il suivait tout pensif, le chemin de Mycènes ;
Sa main sur les chevaux laissait flotter les rênes.
Ces superbes coursiers qu'on voyait autrefois,
Pleins d'une ardeur si noble, obéir à sa voix,
L'œil morne maintenant, et la tête baissée,
Semblaient se conformer à sa triste pensée.
Un effroyable cri, sorti du sein des flots,
Des airs en ce moment a troublé le repos ;
Et du sein de la terre une voix formidable
Répond en gémissant à ce cri redoutable.
Jusqu'au fond de nos cœurs notre sang s'est glacé.
Des coursiers attentifs le crin s'est hérissé.
Cependant, sur le dos de la plaine liquide
S'élève à gros bouillons une montagne humide ;
L'onde approche, se brise, et vomit à nos yeux,
Parmi des flots d'écume, un monstre furieux.
Son front large est armé de cornes menaçantes,
Tout son corps est couvert d'écailles jaunissantes ;
Indomptable taureau, dragon impétueux,
Sa croupe se recourbe en replis tortueux ;
Ses longs mugissements font trembler le rivage ;

Le ciel avec horreur voit ce monstre sauvage.
La terre s'en émeut, l'air en est infecté ;
Le flot qui l'apporta recule épouvanté.
Tout fuit ; et, sans s'armer d'un courage inutile,
Dans le temple voisin chacun cherche un asile.
Hippolyte lui seul, digne fils d'un héros,
Arrête ses coursiers, saisit ses javelots,
Pousse au monstre, et, d'un dard lancé d'une main sûre,
Il lui fait dans le flanc une large blessure.
De rage et de douleur le monstre mugissant,
Vient aux pieds des chevaux tomber en frémissant,
Se roule, et leur présente une gueule enflammée,
Qui les couvre de feu, de sang et de fumée.
La frayeur les emporte ; et, sourds à cette fois,
Ils ne connaissent plus ni le frein ni la voix.
En efforts impuissants leur maître se consume ;
Ils rougissent le mors d'une sanglante écume.
On dit qu'on a vu même, en ce désordre affreux,
Un dieu qui d'aiguillons pressait leurs flancs poudreux.
A travers les rochers la peur les précipite.
L'essieu crie et se rompt ; l'intrépide Hippolyte
Voit voler en éclats tout son char fracassé ;
Dans les rênes lui-même il tombe embarrassé.
Excusez ma douleur ; cette image cruelle
Sera pour moi de pleurs une source éternelle.
J'ai vu, seigneur, j'ai vu votre malheureux fils
Traîné par les chevaux que sa main a nourris.
Il veut les rappeler, et sa voix les effraie ;
Ils courent : tout son corps n'est bientôt qu'une plaie.
De nos cris douloureux la plaine retentit ;
Leur fougue impétueuse enfin se ralentit.
Ils s'arrêtent non loin de ces tombeaux antiques
Où des rois ses aïeux sont les froides reliques.
J'y cours en soupirant, et sa garde me suit ;
De son généreux sang la trace nous conduit ;
Les rochers en sont teints ; les ronces dégouttantes
Portent de ses cheveux les dépouilles sanglantes.

J'arrive, je l'appelle ; et, me tendant la main,
Il ouvre un œil mourant qu'il referme soudain.
« Le ciel, dit-il, m'arrache une innocente vie.
Prends soin, après ma mort, de la triste Aricie.
Cher ami, si mon père, un jour désabusé,
Plaint le malheur d'un fils faussement accusé,
Pour apaiser mon sang et mon ombre plaintive,
Dis-lui qu'avec douceur il traite sa captive ;
Qu'il lui rende... » A ces mots, ce héros expiré,
N'a laissé dans mes bras qu'un corps défiguré.
Triste objet où des dieux triomphe la colère,
Et que méconnaîtrait l'œil même de son père.

THÉSÉE.

O mon fils ! cher espoir que je me suis ravi ;
Inexorables dieux qui m'avez trop servi !
A quels mortels regrets ma vie est réservée !

THÉRAMÈNE.

La timide Aricie est alors arrivée ;
Elle venait, seigneur, fuyant votre courroux,
A la face des dieux l'accepter pour époux.
Elle approche ; elle voit l'herbe rouge et fumante ;
Elle voit (quel objet pour les yeux d'une amante !)
Hippolyte étendu sans forme et sans couleur.
Elle veut quelque temps douter de son malheur ;
Et, ne connaissant plus ce héros qu'elle adore,
Elle voit Hippolyte et le demande encore !
Mais, trop sûre à la fin qu'il est devant ses yeux,
Par un triste regard elle accuse les dieux ;
Et, froide, gémissante, et presque inanimée,
Aux pieds de son amant elle tombe pâmée,
Ismène est auprès d'elle ; Ismène, tout en pleurs,
La rappelle à la vie, ou plutôt aux douleurs.
Et moi, je suis venu, détestant la lumière,
Vous dire d'un héros la volonté dernière,
Et m'acquitter, seigneur, du malheureux emploi
Dont son cœur expirant s'est reposé sur moi.

Voilà les trois récits mis en face l'un de l'autre; celui de Racine n'est donc discutable que dans sa forme, le fond lui ayant été fourni par ses devanciers.

Maintenant que nous avons vu que Racine l'empruntait à Sénèque et à Euripide, voyons à qui l'empruntait Euripide?

A Sophocle.

Mais Sophocle n'a fait ni *Phèdre* ni *Hippolyte*.

C'est vrai, mais il a fait une *Électre*.

Seulement, dans *Électre*, disons-le, ce long récit, plein de détails douloureux, est bien autrement à sa place que dans *Phèdre*.

Dans *Électre*, Oreste dont il s'agit est vivant, et tout ce récit n'est qu'une feinte du serviteur pour lire à la fois dans le cœur de Clytemnestre et d'Électre, afin de savoir s'il doit craindre et sur qui il peut compter. Aussi, au fur et à mesure que le récit se déroule, lit-il la joie sur le visage de Clytemnestre et la douleur sur celui d'Électre.

Voici le récit du serviteur dans Sophocle je l'emprunte à mon imitation de *l'Orestie* :

CLYTEMNESTRE.

J'écoute.

LE VIEILLARD.

Eh bien, Oreste, avec toute la Grèce,
Cherchant, sûr de sa force et fier de son adresse,
Le glorieux danger d'un concours orageux,
A Delphes était venu pour prendre part aux jeux !
Sitôt que du héraut la clameur souveraine
Appela les élus, il parut dans l'arène.
Alors, chaque regard sur lui se concentrant,
Le vit, grand par son nom, par son malheur plus grand,
Et chaque spectateur dans son âme étonnée

Éprouva le désir que, de cette journée,
Sur tous les concurrents, objets de son mépris,
Vainqueur aux cinq combats, Oreste obtînt le prix ;
Et vainqueur, en effet, à la course, à la lutte,
Au saut, au pugilat, au disque, dans sa chute,
Exemple par le sort offert aux nations,
Oreste recueillit plus d'acclamations
Que jamais souverain triomphant et prospère
N'en souleva montant au trône de son père.
Cent mille voix criaient en répétant son nom :
« C'est Oreste d'Argos, le fils d'Agamemnon !...
Du héros qui jadis contre Troie alarmée
De nos pères vainqueurs guida l'illustre armée,
Et que le monde entier, témoin de ses exploits,
Dans son étonnement, nomma le rois des rois ! »
Il triomphait ainsi; mais, dans sa jalousie,
Quand, par le doigt d'un dieu la victime est choisie,
L'homme le plus puissant ne saurait échapper
Au coup dont le destin s'apprête à le frapper.
Le lendemain, le Cirque était plein dès l'aurore ;
Oreste s'avança, guidant le char sonore,
Et maîtrisant, d'un geste et d'un accent aimés,
Deux blancs coursiers d'Élide au frein accoutumés ;
Parmi ses concurrents, un venait d'Étolie,
Un de Thèbes, un de Sparte et deux de Thessalie ;
Un autre était d'Épire... un autre Lybien,
Un autre, le huitième, était Athénien.
Les arbitres des jeux avaient proscrit le reste :
Ils étaient donc en tout neuf, en comptant Oreste.
Lorsque, selon le sort, on eut aux concurrents
Remis leurs numéros et désigné leurs rangs,
Le signal retentit, et, prompts comme l'orage,
Les neuf chars, emportés dans un poudreux nuage,
Firent jaillir, ainsi que d'un choc souterrain,
Des tonnerres de bronze et des éclairs d'airain.
D'abord, l'œil vainement chercha dans la carrière,
A distinguer les chars qui restaient en arrière
De ceux qui, plus ardents, poussés par l'aiguillon,

Sur le sable imprimaient un flamboyant sillon.
Mais on ne voyait rien qu'une confuse houle
Semblable aux flots bruyants que la tempête roule
Lorsque le vent arrache, en passant sous l'éclair,
Leur crinière d'écume aux coursiers de la mer !
Six fois l'on vit ainsi l'ardente cavalcade,
Rapide tourbillon, faire le tour du stade,
Et les neuf concurrents, consommés dans leur art,
A ce sixième tour, pressés comme au départ.
Mais enfin les chevaux du citoyen de Sparte
S'emportent... C'est en vain que le Thébain s'écarte ;
Le char de son rival contre le sien poussé
Le heurte et sur le sol le jette renversé,
Tandis qu'au même choc, l'autre perdant sa roue,
Dans le cirque à son tour, comme un navire échoue...
Les autres chars venaient à leur suite... Surpris,
Cinq d'entre eux, emportés, vont heurter ces débris
Et couvrent, fracassés, éperdus, hors d'haleine,
De naufragés nouveaux cette fatale plaine.
Avec l'Athénien, dans l'immense cercueil,
Oreste est seul debout... Ainsi, longeant l'écueil
Où vient de se briser une imprudente flotte,
Derrière elle l'on voit un habile pilote
Manœuvrer au milieu du dangereux récif,
Et tirer du détroit l'équipage et l'esquif.
Ainsi, des chars brisés évitant les approches,
Habile nautonnier, voguant entre les roches,
On voit soudain Oreste, au milieu des bravos,
Pareil au dieu du jour, jaillir de ce chaos,
Et, calme, souriant, poursuivre sa carrière,
Aussi beau qu'Apollon sur son char de lumière,
Reste l'Athénien : désormais entre eux deux
Se débattra le prix du combat hasardeux.
Pour le leur disputer, plus de gloires rivales !
Légèrement courbé sur ses blanches cavales,
Mais, pour les exciter, n'employant que la voix,
Oreste a parcouru le stade quatre fois.

21.

L'Athénien le suit, et parfois le précède.
Seulement, on le voit appeler à son aide
Des coups pressés du fouet le dangereux secours,
Et l'on pense qu'il reste à faire encore deux tours,
Et que, dans ces deux tours, grâce aux cavales blanches,
Le fils d'Atride aura de faciles revanches.
L'Athénien aussi le pense, et, furieux
De perdre ainsi le prix qu'ont entrevu ses yeux,
Le cœur désespéré, le front pâle, l'œil morne,
Il pousse avec son char Oreste vers la borne.
Oreste voit le piége, et d'un cercle sanglant
Son fouet des blancs coursiers enveloppe le flanc.
De rage et de douleur les cavales hennissent;
D'un indomptable élan maître et chevaux bondissent;
Et l'essieu, d'un seul coup, heurte et brise de front
Et la borne et le char, et, les brisant, se rompt.
Aussitôt retentit un long cri d'épouvante,
Car on ne voyait plus, dans l'arène mouvante
Qu'un groupe monstrueux et par le sang marbrés,
Des chars se renversant sur des chevaux cabrés!
Broyé par ses coursiers, déchiré sur le sable,
Mourant, défiguré, sanglant, méconnaissable,
Ce fut de ces débris, qu'après bien des efforts,
Du malheureux Oreste on dégagea le corps.

(A Électre qui sanglote.)

Oh! pleurez; trop de pleurs ne se peuvent répandre
Sur ce corps qui n'est plus, hélas! qu'un peu de cendre
Que dans l'urne d'airain, je rapporte, pieux!
Pour qu'elle ait une place au tombeau des aïeux!

Maintenant, pour que cette étude soit complète, nous devons reproduire ici la préface de Racine, mise, après le demi-succès ou la demi-chute qu'elle obtint, en tête de sa tragédie.

On verra que, toute modeste qu'est la préface, lui aussi estime que *Phèdre* est sa meilleure tragédie.

Ce ne fut point l'avis de la cabale ni de la critique du temps.

Maintenant, je voudrais bien savoir ce que ce faux grand seigneur de duc de Nevers, ce que cette drôlesse de duchesse de Bouillon, et ce que cet affreux bas bleu de madame Deshoulières nous ont donné en échange des onze ans de succès de Racine.

PRÉFACE

« Voici encore une tragédie dont le sujet est pris d'*Euripide*. Quoique j'aie suivi une route un peu différente de celle de cet auteur pour la conduite de l'action, je n'ai pas laissé d'enrichir ma pièce de tout ce qui m'a paru le plus éclatant dans la sienne. Quand je ne lui devrais que la seule idée du caractère de Phèdre, je pourrais dire que je lui dois ce que j'ai peut-être mis de plus raisonnable sur le théâtre. Je ne suis point étonné que ce caractère ait eu un succès si heureux du temps d'Euripide et qu'il ait encore si bien réussi dans notre siècle, puisqu'il a toutes les qualités qu'Aristote demande dans le héros de la tragédie, et qui sont propres à exciter la compassion et la terreur. En effet, Phèdre n'est ni tout à fait coupable, ni tout à fait innocente : elle est engagée, par sa destinée et par la colère des dieux, dans une passion illégitime dont elle a horreur toute la première. Elle a fait tous ses efforts pour la surmonter ; elle aime mieux se laisser mourir que de la déclarer à personne ; et, lorsqu'elle est forcée de la découvrir, elle en parle avec une confusion qui fait bien voir que son crime est plutôt une punition des dieux qu'un mouvement de sa volonté.

» J'ai même pris soin de la rendre un peu moins odieuse qu'elle n'est dans les tragédies des anciens, où elle se résout d'elle-même à accuser Hippolyte. J'ai cru que la calomnie avait quelque chose de trop bas et de trop noir pour la mettre dans la bouche d'une princesse qui a, d'ailleurs, des sentiments si nobles et si vertueux; cette bassesse m'a paru plus convenable à une nourrice, qui pouvait avoir des inclinations serviles et qui, néanmoins, n'entreprend cette fausse accusation que pour sauver la vie et l'honneur de sa maîtresse. Phèdre n'y donne les mains que parce qu'elle est dans une agitation d'esprit qui la met hors d'elle-même; et elle vient un moment après dans le dessein de justifier l'innocence et de déclarer la vérité.

» Hippolyte est accusé dans Euripide et dans Sénèque d'avoir en effet violé sa belle-mère : *Vim corpus tulit*. Mais il n'est ici accusé que d'en avoir eu le dessein. J'ai voulu épargner à Thésée une confusion qui l'aurait pu rendre moins agréable aux spectateurs.

» Pour ce qui est du personnage d'Hippolyte, j'avais remarqué dans les anciens qu'on reprochait à Euripide de l'avoir représenté comme un philosophe exempt de toute imperfection, ce qui faisait que la mort de ce jeune prince causait beaucoup plus d'indignation que de pitié. J'ai cru devoir lui donner quelque faiblesse qui le rendrait un peu coupable envers son père, sans pourtant lui rien ôter de cette grandeur d'âme avec laquelle il épargne l'honneur de Phèdre et se laisse opprimer sans l'accuser. J'appelle faiblesse la passion qu'il ressent malgré lui pour Aricie, qui est la fille et la sœur des ennemis mortels de son père.

» Cette Aricie n'est point un personnage de mon invention; Virgile dit qu'Hippolyte l'épousa et en eut un fils, après qu'Esculape l'eut ressuscité. Et j'ai lu encore dans quelques auteurs qu'Hippolyte avait épousé et emmené en Italie une jeune Athénienne de grande naissance, qui s'appelait Aricie et qui avait donné son nom à une petite ville d'Italie.

» Je rapporte ces autorités parce que je me suis très-scrupuleusement attaché à suivre la fable. J'ai même suivi l'histoire de Thésée telle qu'elle est dans Plutarque.

» C'est dans cet historien que j'ai trouvé ce qui avait donné occasion de croire que Thésée fût descendu dans les enfers pour enlever Proserpine; c'était un voyage que ce prince avait fait en Épire, vers la source de l'Achéron, chez un roi dont Pirithoüs voulait enlever la femme, et qui arrêta Thésée prisonnier après avoir fait mourir Pirithoüs. Ainsi, j'ai tâché de conserver la vraisemblance de l'histoire, sans rien perdre des ornements de la fable, qui fournit extrêmement à la poésie; et le bruit de la mort de Thésée, fondé sur ce voyage fabuleux, donne lieu à Phèdre de faire une déclaration d'amour qui devient une des principales causes de son malheur, et qu'elle n'aurait jamais osé faire tant qu'elle aurait cru que son mari était vivant.

» Au reste, je n'ose encore assurer que cette pièce soit en effet la meilleure de mes tragédies. Je laisse et aux lecteurs et au temps à décider de son véritable prix. Ce que je puis assurer, c'est que je n'en ai point fait où la vertu soit plus mise au jour que dans celle-ci. Les moindres fautes y sont sévèrement punies. La seule pensée du crime y est regardée avec autant d'horreur que le crime même ; les faiblesses de l'amour y passent pour de vraies faiblesses ; les passions n'y sont présentées aux yeux que pour montrer tout le désordre dont elles sont cause, et le vice y est peint partout avec des couleurs qui en font connaître et haïr la difformité. C'est là proprement le but que tout homme qui travaille pour le public doit se proposer, et c'est ce que les premiers poëtes tragiques avaient en vue sur toute chose. Leur théâtre était une école où la vertu n'était pas moins bien enseignée que dans les écoles des philosophes. Aussi Aristote a bien voulu donner les règles du poëme dramatique, et Socrate, le plus sage des philosophes, ne dédaignait pas de mettre la main aux tragédies d'Euripide. Il serait à souhaiter que nos ouvrages fussent aussi solides et aussi pleins d'utiles instructions que ceux de ces poëtes. Ce serait peut-être un moyen de réconcilier la tragédie avec quantité de personnes célèbres par leur piété et par leur doctrine, qui l'ont condamnée dans ces derniers temps et qui en jugeraient sans doute plus favorablement si les auteurs songeaient autant à instruire leurs spectateurs qu'à les divertir, et s'ils suivaient en cela la véritable intention de la tragédie. »

Racine, après son silence de onze ans, reparut, non pas au théâtre, mais à Saint-Cyr, par *Esther*, en 1689.

Et que fallut-il pour que Racine reparût?

Il fallut que madame de Maintenon, dégoûtée des

mauvaises pièces que faisait madame de Brisson, supérieure de Saint-Cyr, et scandalisée de la façon un peu trop passionnée dont ses jeunes élèves avaient joué *Andromaque*, s'adressât à Racine pour lui demander un poëme moral ou historique dont l'amour fût complétement banni. Le pauvre poëte, qui boudait contre la poésie comme Achille boudait contre la guerre, saisit la première occasion de reprendre sa plume, comme le héros thessalien avait saisi celle de reprendre sa lance.

Il fit *Esther*.

Esther fut représentée à Saint-Cyr pendant le carnaval de 1689. Racine mit lui-même sa pièce en scène et donna des leçons aux élèves.

Madame de Caylus, qui sortait de Saint-Cyr, vint demander un rôle. Il était trop tard, les rôles étaient distribués. Mais, après un si long silence, le poëte était prodigue.

Il fit pour elle le prologue.

La représentation fut splendide; toute la cour y assista. Louis XIV y mena Jacques II et la reine d'Angleterre.

Pendant toute la représentation, on disait que la pièce était allégorique, qu'Assuérus était le roi; Vasthi, madame de Montespan; Esther, madame de Maintenon — qui depuis quatre ou cinq ans avait épousé Louis XIV; — enfin Aman, le marquis de Louvois.

Madame de Sévigné assistait à cette solennité; le lendemain, elle écrivait à sa fille :

« Le maréchal de Bellefond vint se mettre par choix à mon côté; après la pièce, le maréchal sortit de sa place pour aller dire au roi combien il était content et qu'il était auprès d'une dame bien digne d'avoir vu *Esther*. Le roi vint vers nos places, et, après avoir tourné, il s'adressa à moi et me dit : « Madame, je suis assuré » que vous avez été contente. » Moi, sans m'étonner, je répondis : « Sire, je suis charmée; ce que je sens » est au-dessus des paroles. » Le roi me dit : « Racine » a bien de l'esprit. » Je lui dis : « Sire, il en a beau- » coup; mais, en vérité, ces jeunes personnes en ont » aussi beaucoup. Elles entrent dans le sujet comme si » elles n'avaient jamais fait autre chose. » Il me dit : « Ah! pour cela, il est vrai. » Et puis Sa Majesté s'en alla et me laissa l'objet de l'envie. »

Voyez-vous madame de Sévigné qui détourne l'éloge du front du poëte pour le faire retomber sur les protégées de madame de Maintenon.

Courtisans, engeance maudite !

Il est vrai que madame de Sévigné avait dit de Racine :

« Il passera comme le café. »

Il était cependant arrivé un petit accident pendant la représentation. L'élève chargée du rôle d'Élise manqua de mémoire.

— Oh! mademoiselle, s'écria Racine, quel tort vous faites à ma pièce !

La petite fille se mit à pleurer.

Alors, Racine entra en secret, lui essuya les yeux avec son mouchoir, la remit sur la voie, et la pièce arriva à bien.

Ce succès avait encouragé madame de Maintenon à demander autre chose à Racine.

Racine fit *Athalie*.

Vers la fin de l'année 1690, on s'apprêtait à jouer *Athalie* à Saint-Cyr comme on y avait joué *Esther*. Mais madame de Maintenon fut tellement courroucée par la cabale qui poursuivait le pauvre Racine, qu'elle rendit un arrêt qui supprimait à l'avenir tous les spectacles dans les maisons d'éducation qu'elle patronait.

Cependant, comme *Athalie* était prête, on résolut de la jouer à Versailles. Seulement, au lieu de représenter la pièce avec costumes et décors, les jeunes filles la représentèrent dans la grande galerie, et avec leur robe d'uniforme.

Louis XIV n'en fut pas moins enchanté, et nomma Racine gentilhomme ordinaire de la chambre.

Ce fut la perte du pauvre Racine.

Un soir que Louis XIV s'ennuyait conjugalement au coin de son feu avec madame de Maintenon, il fit, pour se distraire un peu, venir Racine, qui était de service.

La conversation roula sur la tragédie.

— Dites-moi donc, monsieur Racine, demanda le roi, pourquoi la tragédie est tombée dans un tel discrédit?

— Eh! sire, répondit Racine, tant que le public applaudira les farces de ce mauvais cul-de-jatte nommé Scarron, il n'y a pas d'espoir qu'il revienne à la belle littérature.

C'était une grande vérité, mais elle avait le tort d'être dite devant la veuve et devant le successeur de ce mauvais cul-de-jatte.

A partir de ce moment, Racine tomba dans une disgrâce complète, qu'il n'eut pas la force de supporter.

La chute d'*Athalie*, représentée en 1696, l'acheva.

Deux ans après, il mourut, comme disent les Anglais, d'un cœur brisé.

N'eût-il pas mieux valu mourir déchiré par les chiens, comme Euripide, ou les veines ouvertes, comme Sénèque?

Il laissa une veuve qui se vantait de n'avoir jamais lu un vers de son mari, et un fils qui, sans doute en ayant trop lu, crut que le génie faisait partie de la succession paternelle.

ACTION

ET

RÉACTION LITTÉRAIRE

Une grande douleur des hommes qui ont voué leur existence à la partie militante des arts est de voir qu'on en parle tant et qu'on s'en occupe si peu, qu'on effleure si généralement toutes les questions, sans jamais en approfondir aucune, et que, sur dix opinions qu'on émet et dix jugements qu'on porte dans le monde sur ces matières, il y en a neuf qui, ayant été reçus tout faits, sont rendus à la circulation où ils ont été pris sans que ceux qui en usent se soient donné la peine d'approfondir leur justesse ou d'apprécier leur valeur. Il en est de certaines opinions vulgaires comme de ces pièces de monnaie qui vont s'effaçant au fur et à mesure qu'elles passent en différentes mains, et qui cependant ont cours jusqu'à ce que, n'offrant plus aucune empreinte, la défiance publique force le gouvernement d'ordonner leur refonte. Je ne donne pas un an au

Constitutionnel pour que les théories politiques et littéraires dont il a fait une si abondante émission, qu'il en a enrichi tous les esprits pauvres, soient refusées dans le commerce intellectuel, comme dans le commerce matériel on refuse à cette heure la pièce de vingt-quatre sous et les écus de six livres.

Ce fut en 1827 et 1828 surtout que ce besoin de monnaie nouvelle en idées se fit sentir : Lamartine et Victor Hugo avaient payé leur dette à la France avec l'or de leur poésie ; Rossini et Meyerbeer avaient changé la musique ; Delacroix et Decamps, avaient élevé une école de peinture. Le terrain social, labouré par la Révolution et engraissé par l'Empire était ensemencé par des théories religieuses, morales et politiques, qui, bien qu'exagérées, défectueuses et ridicules même dans certaines parties, n'en donneront pas moins une moisson à l'avenir; le théâtre seul était resté stationnaire, s'améliorant, il est vrai, entre les mains de Casimir Delavigne, mais ne se transformant pas.

Cependant, quelques essais avaient déjà éveillé la curiosité, sinon la sympathie du public ; mais tous ces essais avaient été tentés à côté du théâtre : c'étaient les *États de Blois* de Vitet, les *Comédies* de Clara Gazul, et les *Soirées de Neuilly*. Quant à ceux qui s'étaient hasardés sur la scène, quoique protégés par les plus grands talents de l'époque, ils avaient chancelé dès la première représentation, et étaient tombés pour ne plus se relever à la septième. Talma n'avait pu soutenir *Jane Shore*, quoiqu'il lui eût donné un double appui sous le manteau de velours de Richard III, et sous les haillons de bure du mendiant ; toute la puissance et toute la grâce de mademoiselle Mars n'avaient pu vitaliser *le Cid d'Andalousie*. On savait bien déjà ce dont on ne voulait plus, mais on ne savait pas encore ce qu'on voulait, et l'on rejetait la stérilité et l'impuissance du moment sur la sévérité de la censure, ce qui, à défaut de bonnes raisons, était accepté comme une excuse.

La grande secousse littéraire qui avait renversé le vieil édifice dramatique avait été communiquée à la France par l'Allemagne et l'Angleterre. La passion de Schiller, la poésie de Gœthe, le scepticisme de Byron, et la réalité de Walter Scott, avaient évoqué devant nos yeux les ombres de Louise, de Marguerite, d'Angeolina et d'Élisabeth. Nous avions trouvé en elles cette vérité et cette poésie, cette réalité de formes et cet idéal de contours qui manquaient à nos héroïnes : nous crûmes que nous pouvions acclimater ces fleurs exotiques ; nous les transportâmes de la Bretagne et de la Germanie. Mais il leur fallait le brouillard de l'Écosse et l'atmosphère de l'Allemagne, elles se fanèrent à notre soleil ; et Juliette et Desdemona elles-mêmes, ces deux merveilles de la création humaine, ne purent prendre racine ni à l'Odéon ni au Théâtre-Français. Les esprits superficiels en conçurent un doute, les esprits réfléchis en acquirent une certitude.

C'est qu'en toute chose la nature a établi des harmonies que l'art ou la science ne peuvent déranger. C'est qu'ainsi que chaque terre produit les fruits qui doivent soutenir le corps, ainsi chaque société donne naissance aux idées qui doivent nourrir les âmes ; que ce qu'il y a de meilleur pour la santé et pour l'intelligence a été mis par Dieu à notre portée, et que ce n'est que, naturalisées par un long séjour dans notre atmosphère physique et morale, que les plantes et les idées étrangères portent des fruits ; encore, pour tous les palais exercés et pour toutes les organisations fines, ces fruits ont-ils une saveur sauvage et insolite, un goût de terroir et de localité qui deviendraient un défaut hors du pays où ils sont une qualité.

Les deux premiers essais heureux qui furent tentés dans le drame purement national furent, nous croyons nous le rappeler, *Henri III* et *Hernani*, car *les Vêpres siciliennes* appartenaient à l'ancienne école française, et *Marino Faliero* était une imitation de la nouvelle école étrangère. Quant aux *Comédiens*, à *Valérie* et à *l'École des vieillards*, c'étaient de charmantes comédies de critique, de cœur et de style, mais qui n'avaient rien à faire dans la question en litige. Ce fut donc autour des deux nouveaux venus que se concentrèrent l'attaque et la défense, et l'on se rappelle qu'à cette époque le combat fut rude de part et d'autre.

Il y avait alors un tel besoin de nouveau, que presque tous les jeunes gens se précipitèrent à la suite des deux esprits aventureux qui s'étaient voués à la recherche de l'inconnu. Ils les suivirent instinctivement, comme les chevaliers français avaient suivi Godefroi de Bouillon, et les flibustiers espagnols, Fernand Cortez : la réalité de la ressemblance, dans cette comparaison des petites aux grandes choses, éclate surtout du côté des espérances : parmi les croisés qui marchaient à la délivrance du vieux monde, et les navigateurs qui voguaient à la conquête du nouveau, quelques-uns étaient bien partis pour l'Orient par désir chrétien de délivrer le tombeau du Christ, et pour l'Occident, par amour chevaleresque des glorieuses aventures ; mais le plus grand nombre, il faut l'avouer, s'était mis en route par nécessité ou par calcul ; et, pour un qui cherchait à gagner une place dans le ciel ou à se faire un nom sur la terre, il y en avait cent qui comptaient avant tout sur la division de terres saintes qui entouraient Jérusalem, et sur l'or vierge que renfermait le palais de Mexico : il en résulta que, lorsque Godefroi eut vaincu Iphictar-Eddoulah, que, lorsque Cortez eut défait Montezuma ; que, lorsque le premier eut été élu roi de Solyme, et le second nommé capitaine général du Mexique, ce fut parmi leurs compagnons d'armes que s'éleva le premier doute sur leur sainteté et leur courage, et que ce furent des rangs dans lesquels ils avaient marché que sortirent les plus ardents ennemis de leur cause. Et cela était facile à comprendre, car tous étaient partis égaux, et deux seulement étaient arrivés au trône.

Il en advint de même, toujours en comparant les petites aux grandes choses, de la croisade littéraire et de l'expédition dramatique de 1830. Lorsque les chefs eurent conquis le Théâtre-Français et la Porte-Saint-Martin, lorsqu'ils eurent gagné les batailles d'*Henri III* et d'*Hernani*, d'*Antony* et de *Marion Delorme*, les plus remuants et les plus ambitieux soldats commencèrent à murmurer, demandant ce qui leur reviendrait de cette double campagne. A ceci, il leur fut répondu qu'il y avait encore une immense partie du globe à délivrer des infidèles, une multitude de mondes nouveaux à explorer, et que, s'ils voulaient payer de leur personne, on était prêt à leur rendre l'aide qu'ils avaient donnée : sur ce, ils désertèrent avec papier et plume, et passèrent à l'ennemi.

Là finit l'action, et commença la réaction.

Le principal reproche que l'on fit à l'école moderne fut celui de l'immoralité.

En effet, le théâtre moderne, mis en regard du théâtre ancien, a l'air, au premier abord, de justifier cette accusation, qui trouva quelque écho dans le monde. Nous allons chercher la cause, non pas de cette réalité, mais de cette apparence.

La première étude des auteurs qui eurent le désir de représenter leur époque, comme Molière avait représenté la sienne (toujours distance gardée, toujours en comparant les petites aux grandes choses), leur apprit que les trois éléments de la comédie, du drame et de la tragédie furent en tout temps les ridicules, les vices et les passions; seulement, au temps de Molière, il était difficile, et il eût pu être dangereux de faire autre chose que de la comédie, car les ridicules étaient le partage de la bourgeoisie, tandis que les vices et les passions étaient l'apanage des grands seigneurs. Aussi l'auteur de *Georges Dandin* et de *Sganarelle*, qui mourut à cinquante-trois ans, assassiné par l'adultère, n'a-t-il jamais osé faire de ce crime qu'un ridicule, car peut-être que l'amant titré de mademoiselle Béjart eût envoyé le poëte à la Bastille pour se venger de ce que le mari l'avait traîné sans masque et à demi nu, de l'alcôve conjugale à la cour d'assises du parterre. Or, aujourd'hui, la chose est fort différente : il n'y a plus de Bastille, il n'y a plus de noblesse; la bourgeoisie, tout en conservant ses ridicules personnels, a hérité des vices et des passions des grands seigneurs; et comme celui qui a pris la verge appartient à la même classe que ceux qu'il fouette ; que, leur égal par la naissance, il est leur supérieur par le talent, et qu'il n'a plus à craindre, là où l'attendait un abus d'autorité royale, que le ressentiment d'une vengeance particulière, il ne voulut pas borner son tableau à la peinture de la partie comique de la société, car il comprit qu'il avait mission de la représenter sous toutes ses faces, et qu'il y avait peut-être quelque chose de plus social que de faire rire les hommes de leur charge : c'était de les faire rougir de leur ressemblance. Ils laissèrent donc là les ridicules, et s'emparèrent des vices et des passions, et, comme leur produit le plus fatal, ils poursuivirent surtout l'adultère.

Car, si l'on veut réfléchir, ce crime a une influence plus terrible sur la société de notre époque que sur celle des siècles passés. La noblesse, sous Louis XIV, se perpétuait surtout par des mariages de convenance; deux noms s'épousaient bien plus souvent que deux cœurs; et, comme toutes les précautions étaient prises pour perpétuer la race plutôt que l'espèce, l'aîné des fils prenait pour lui seul le titre et la fortune qu'il devait à son tour transmettre à son fils aîné; quant aux autres enfants, ils étaient destinés à devenir abbés ou mousquetaires, c'est-à-dire à vivre dans la chasteté et à mourir dans le célibat. Grâce à cette combinaison, les désordres que pouvait amener après eux le défaut d'inclination avant l'accord, ou de sympathie après l'union, n'avaient pas de graves inconvénients, puisqu'il arrivait presque toujours que le mari se trouvait le père du fils aîné, c'est-à-dire de celui qui héritait de son rang, de sa fortune et de son titre; quant aux autres enfants, que leur nombre fût plus ou moins considérable, leur légitimité plus ou moins établie, c'était dans la famille chose matériellement fort indifférente, puisqu'ils n'avaient part à aucun des bénéfices de l'hérédité.

Dans notre siècle moderne, au contraire, où l'abolition des castes a établi l'égalité et où la suppression du droit d'aînesse a égalisé le partage héréditaire, il se forme plus de mariages d'inclination et moins d'unions de convenance. Il en résulte que les maris sont plus soigneux de l'honneur de leurs femmes, et plus préoccupés de la légitimité de leurs enfants. En effet, si un étranger se glisse aujourd'hui dans la famille, fût-il le dernier né, il partage avec tous et comme tous; et, comme il n'a au partage que le droit légal et non le droit naturel, le partage devient un vol.

Les socialistes modernes avaient bien trouvé un remède à cette maladie : c'était d'abolir le mariage et de détruire l'hérédité. Malheureusement, tout l'édifice de la société actuelle reposait sur ces deux bases.

Or, comme tout crime qui échappe à la loi est justiciable de l'opinion publique, les auteurs modernes firent ce que n'avait pas osé faire Molière : ils prirent l'adultère partout où ils purent le saisir, et ils le traînèrent sur la scène.

Ce n'était pas la première fois qu'il y faisait son apparition; mais jamais il ne s'y était montré que couvert du masque antique et déguisé sous la chlamyde grecque ou la toge romaine, de sorte que, lorsqu'on le vit entrer le visage découvert et revêtu du costume actuel, il y eut un cri de surprise et d'effroi, car chacun regarda autour de soi, et sentit qu'il coudoyait chaque jour dans le monde, sinon un Antony, du moins un Arthur. La société moderne, poursuivie par les auteurs des siècles passés dans ses salles à manger et dans ses salons, s'était réfugiée dans sa chambre à coucher. Nous en avons enfoncé la porte, et elle a crié au scandale et à l'immoralité, parce qu'elle avait été surprise en flagrant délit.

Voilà ce qu'on appelle la réaction.

LE BARON TAYLOR

I

Il y a des hommes dont l'existence est un long dévouement : selon la prédisposition de leur caractère, ou selon les événements qui leur ôtent souvent une à une leurs illusions les plus chères ; ces dévouements ont pour objet les rois, les femmes ou les arts. Il arrive parfois que le désillusionnement va jusqu'au bout ; et alors, forcés de renoncer à leurs croyances terrestres, il se réfugient dans le sein de la religion, et se dévouent à Dieu, seule puissance rémunératrice, qui n'est ni décevante comme les arts, ni ingrate comme les femmes, ni oublieuse comme les rois.

Ceux-là sont les forts et les grands ; les âmes médiocres acceptent toujours, mais ne donnent jamais. En revanche, elles jugent, car elles font la majorité ; aussi traitent-elles ceux qui se dévouent aux rois d'esclaves, ceux qui se dévouent aux femmes de niais, et ceux qui se dévouent aux arts d'insensés. Il n'y a pas jusqu'au dévouement à Dieu qu'elles ne calomnient : pour elles, les croyants sont des cagots ou des hypocrites.

Heureusement ou malheureusement, selon que l'on sera de l'école philosophique ou de l'école chrétienne, ces dévouements sont rares. Aussi méritent-ils d'être mentionnés en passant. Nous ne parlerons pas des dévouements aux femmes ; ceux-là, pour le plus souvent, sont solitaires, silencieux et ignorés. Nous ne parlerons pas des dévouements aux rois ; ceux-là sont éclatants, publics et vaniteux. Nous parlerons des dévouements à l'art, et non pas encore des dévouements producteurs, qui trouvent leur récompense dans la production même, qui sortent du Conservatoire, du musée ou du théâtre, comme Listz, comme Delacroix ou comme Victor Hugo, une couronne au front; mais du dévouement plus efficace et plus puissant, de celui-là qui a disputé la couronne à la médiocrité pour en faire don au génie ; car, à celui-là, il ne reste rien que les haines de ceux dont il a froissé l'amour-propre ; et souvent il n'a pas même, pour consolation, la reconnaissance de ceux dont il a comblé l'orgueil.

Parmi le petit nombre de dévouements de ce genre qui ont passé devant nos yeux, certes, le plus incessant et le plus désintéressé est celui de Taylor. Nommé commissaire du roi près le Théâtre-Français, en 1825, il entra en fonctions dans une de ces périodes, qui, au premier coup qu'elles leur portent, éprouvent les hommes. Taylor était essentiellement doué de cette jeune nationalité qu'on a longtemps confondue avec le vieux libéralisme, et entre lesquels la révolution de Juillet a tracé une si lumineuse ligne de démarcation ;

aussi Taylor n'était-il pas dévoué aux hommes, mais aux principes ; le meilleur roi, à ses yeux, était celui qui devait le plus faire pour l'honneur de la patrie. Il en résulte que, repoussant toujours la question de dynastie pour la question de progrès, il demeura fidèle à la gloire du pays, quel que fût le roi qui le gouvernât.

Après le portrait de l'homme, passons à l'état des choses.

Au moment où Taylor fut investi du commissariat royal, le Théâtre-Français se débattait dans sa vieille anarchie. Talma et mademoiselle Mars en étaient le roi et la reine, mais de nom seulement. Quant à leur pouvoir, il était restreint à l'influence de leur talent dans les questions personnelles. Une espèce de régence démocratique, se composant de toutes les nullités, paralysait la volonté de ces deux grands artistes, qui, repoussés par une force envieuse dans l'ornière de la routine, appelaient à leur aide la génération naissante, qu'ils devinaient par instinct devoir être celle du progrès.

De son côté, le public commençait à se lasser de la littérature de l'empire ; *Pinto*, *Sylla* et *l'École des vieillards*, lui étaient apparus avec des horizons poétiques et nouveaux : comme Cristophe Colomb en voyant des algues et des oiseaux, il devinait qu'il était près d'un sol vierge et fécond ; alors arriva Taylor qui prit le gouvernail du vaisseau, et qui cria : *Terre !*

Depuis dix ans, la Comédie-Française avait reçu, et tenait enfouie dans ses cartons, la tragédie d'un jeune homme ; car, à cette époque, il fallait faire à la royale administration de la rue de Richelieu un surnumérariat décennal. Un homme vieillissait entre la réception et la représentation de sa pièce ; parfois encore, il mourait, et la pièce, fût-elle un chef-d'œuvre, était enterrée avec lui.

Or, ce jeune homme, dont on avait reçu la tragédie il y avait dix ans, se nommait Pichat. Quoiqu'il n'eût alors que trente-cinq ans, il était plus près de la tombe qu'un vieillard ; comme Chatterton, il mangeait depuis son enfance un pain trempé de larmes, et, comme André Chénier, sentant qu'il allait mourir, il se frappait le front du poing en disant désespérément : « Il y avait cependant là quelque chose! »

Ce qu'il y avait dans le front du pauvre poëte, ce fut Taylor qui le découvrit ; il mit instinctivement la main sur *Léonidas* ; dès la première page, il reconnut une versification incorrecte, rude et fiévreuse, mais enivrante comme un cliquetis d'armes ; de temps en temps jaillissaient comme une flamme, au milieu de l'hémistiche ou à la fin du vers, les mots de patrie et de liberté. Ces mots, toutes les fois qu'on les prononçait, c'étaient les éclairs de l'orage, et le parterre grondait, pareil au tonnerre lointain d'une révolution.

Il y avait donc deux choses à vaincre : l'apathie des sociétaires, les susceptibilités de la censure. Taylor prit *Léonidas,* alla trouver Talma, lui lut la pièce. Talma réfléchit longtemps et trouva la pièce impossible, car Talma était un caractère ardent au désir, mais timide à la lutte ; il appelait de tous ses vœux la révolution littéraire, et tremblait aussitôt qu'il s'agissait de la proclamer. Taylor insista ; Talma, facile à convaincre, fut convaincu; on prit un rendez-vous où Pichat fut appelé, et, là, séance tenante, les corrections furent débattues et arrêtées ; huit jours après, elles étaient faites. Le pauvre cygne mourant sentait qu'il n'avait pas de temps à perdre pour faire entendre son premier et son dernier chant.

Alors commença un autre combat; ce fut celui de Taylor contre le ministère. Il y avait dans cette pièce de *Léonidas*, que beaucoup ont déjà oubliée peut-être, cinq cents de ces vers d'allusion dont un seul faisait à cette époque un succès d'opposition et, par conséquent, de vogue. Il fallut emporter ces cinq cents vers les uns après les autres, comme les ouvrages avancés d'une forteresse tyrannique; rien ne rebuta Taylor, ni mauvaise foi ministérielle, ni stupidité gouvernementale, ni crainte aristocratique. Après trois mois d'escarmouches, de combats et de batailles, il rentra au Théâtre-Français, prêt à tomber de fatigue comme le guerrier de Marathon, mais, comme le guerrier de Marathon, rapportant une branche de laurier en signe de victoire.

Alors, il fut question de monter l'ouvrage. Le comité se rassembla pour arrêter la mise en scène : le régisseur proposa toutes les défroques romaines pour habiller les soldats grecs, son palais de Thésée pour la tente de Xerxès, et son *forum romanum* pour le passage des Thermopyles : Taylor prit son crayon, dessina des décorations et des costumes neufs, et ordonnança au bas de ces croquis une somme de quinze mille francs; pendant huit jours, il y eut émeute rue de Richelieu; et quelques-unes des haines obstinées dont s'honore l'ancien commissaire royal, datent du jour de la mise en scène de *Léonidas*.

La pièce fut jouée : jamais on n'avait vu rien de pareil au Théâtre-Français comme décorations, comme costumes et comme mise en scène. Au lever du rideau de chaque acte, c'étaient des cris et des trépignements. Talma fut sublime. On nomma l'auteur, on nomma le décorateur, on nomma le metteur en scène ; il n'y eut que Taylor que l'on se garda bien de nommer; mais l'auteur l'embrassa, en lui disant : « Je vous remercie, vous venez de donner du pain pour deux ans à ma veuve et à mes enfants. »

Du jour de cette représentation mémorable, il y eut révolution au théâtre : toutes les hautes intelligences de la Comédie-Française se réunirent autour de leur patron et de leur représentant ; ce fut alors que Talma, aussi, sentant qu'il allait mourir, demanda qu'on lui fît un convoi impérial : Taylor monta le *Charles VI* de M. Delaville; Talma y fut plus sublime qu'il n'avait jamais été ; mais, frappé sur son char de triomphe même, il mêla son agonie à celle du pauvre roi insensé qu'il était chargé de représenter.

Mademoiselle Mars restait seule ; il est vrai que, comme Médée, elle pouvait dire : « Moi, et c'est assez !... » On distribua les rôles de Talma à ses héritiers. Chacun tira à soi quelque chose des armes d'Achille et du royaume d'Alexandre; Michelot eut Tibère, et Firmin le Tasse.

Cette dernière pièce eut, comme chacun le sait, un grand succès : Firmin fut très-beau, mademoiselle Mars fut sublime. On n'oublia point pour cela Talma, mais on vit qu'on pouvait s'en passer; car, heureusement, le Théâtre-Français n'était point soumis à la loi salique, et, le roi mort, il pouvait élire une reine.

Ce fut alors que Taylor rêva un coup d'État bien autrement hardi que tous ceux qu'il avait déjà faits; il avisa que *le Mariage de Figaro*, suspendu depuis douze ans, pourrait être arraché au cachot de l'inquisition censoriale; il fit si bien, qu'il obtint non-seulement la révision du procès, mais encore la grâce pleine et entière du condamné. La pièce fut rendue par M. de Martignac à Taylor telle qu'elle était sortie des mains de Beaumarchais, et mise en répétition avec une rapidité dont le Théâtre-Français ne connaissait pas d'exemple, et dont, malheureusement, il a oublié la tradition. La concession ministérielle était, au reste, si étonnante que l'on n'y pouvait croire. Le jour de la représentation, plus de trois cents jeunes gens du parterre suivirent l'ouvrage, la brochure à la main. La surprise d'une telle victoire enchaîna presque les applaudissements pendant tout le cours de la représentation; mais, à la fin, ils éclatèrent frénétiques et redoublés. Non-seulement un chef-d'œuvre venait d'être rendu à la scène, mais encore une conquête politique avait été faite.

C'était trop de service rendus par un seul homme à la Comédie-Française pour que quelques-uns des sociétaires ne prissent pas en haine le dictateur qui faisait si bien prospérer la république. D'ailleurs, ce parti, si improprement appelé classique, et auquel nous conservons ce nom plus par extrême politesse que par juste application, craignait une nouvelle invasion dans la citadelle sainte. Taylor venait de se présenter encore une fois au comité, conduisant un auteur et un ouvrage nouveaux. Tous deux avaient des allures si singulièrement indépendantes, que l'effroi se mit dans le camp, et qu'avec le courage obstiné de la peur, ceux qu'on menaçait dans leur existence attaquèrent le protecteur, espérant que, du même coup qui l'abattrait, tomberaient avec lui les protégés. Cette pièce, c'était *Christine*; le nouvel arrivant, c'était moi. Qu'on ne s'étonne donc pas, non-seulement de mon amitié pour Taylor, mais encore de ma reconnaissance; car ce fut à cause de moi qu'il subit, non pas ses premières, mais ses plus cruelles persécutions.

Bientôt les haines, qui s'enveniment si vite à la poussière du théâtre, devinrent telles, que Taylor recula devant tant d'ingratitude et d'injustice; il se retira sous sa tente et laissa Ajax-Lafond et Agamemnon-Michelot continuer le siége de Troie à leur manière.

Cependant, sous cette tente où on le croyait paresseusement étendu, l'activité qui lui est naturelle le dévorait; il cherchait comment occuper cet interrègne momentané; il se demandait quelle gloire lui manquait, qu'il pût donner à la France. Ses yeux se tournèrent vers l'Orient; les civilisations antiques se déroulèrent devant lui avec leurs monuments gigantesques; parmi ces monuments, il y en avait quelques-uns qu'on pouvait transporter à Paris; de ce nombre étaient les deux aiguilles de Louqsor. La France, si riche de ruines romaines ne possédait que l'obélisque nain que Constantin avait, dans un moment d'amour, donné à Arles, sa maîtresse. C'était une belle et pacifique conquête à faire sur l'Égypte. Jusqu'à présent, les empereurs seuls avaient tenté de pareilles expéditions; mais, de nos jours, la France est une reine qui a pour ministre le génie. Taylor écrivit à M. de Martignac :

« Monseigneur, les drapeaux victorieux de la France ont vu toutes les parties du monde, et, partout où ils ont flotté, ils ont montré aux peuples que les Français savaient transporter sur la terre étrangère les bienfaits de la civilisation de leur patrie. Pour souvenir des victoires de nos armes, des étendards étaient appendus aux voûtes de nos églises; ces trophées ont disparu. Ne serait-il pas glorieux d'élever des monuments qui rappelassent les batailles qui en ont doté la France? Les campagnes des Français en Égypte, si glorieuses et si poétiques, égalent les hauts faits des Croisades; et cependant, pas une pierre ne consacre à Paris le souvenir de cette gloire.

» Bossuet a dit que la puissance romaine, désespérant d'égaler les Égyptiens, a cru faire assez pour sa grandeur en leur empruntant les obélisques de leurs rois [1].

» La France, qui a égalé les Égyptiens et les Romains dans la guerre, devrait peut-être consacrer ses triomphes en Orient par un de ces monuments dont l'Égypte et Rome sont encore si riches. Un ouvrage, qui est aussi une gloire pour notre pays, nous indique qu'il existe à Louqsor, sous les ruines de Thèbes, deux obélisques qu'il serait possible de transporter à Paris, et qui orneraient admirablement une ou deux de nos places publiques, en même temps qu'ils signaleraient, par de

---

[1] Dix-sept obélisques égyptiens décorent les places de Rome.

nouveaux témoignages, le triomphe de nos armes et la supériorité de nos sciences. Si Votre Excellence daigne accorder quelque attention à ce projet, je la prie de vouloir bien me donner un moment d'audience. »

L'audience fut accordée ; le ministre commença par opposer la presque impossibilité de la réussite d'un pareil projet. En tout cas, des fonds ne pouvaient être alloués, pour une semblable entreprise, qu'à un homme qui aurait vu les lieux, calculé les distances, et étudié les moyens dynamiques à mettre en œuvre pour le transport d'une si lourde masse. Taylor offrit de faire à ses frais un voyage préparatoire : la proposition n'était pas refusable. Un passage fut accordé à l'aventureux voyageur sur la corvette *la Diligente* ; Taylor partit de Paris le 11 mai, de Toulon le 25, arriva le 19 juin à Alexandrie, le 30 au Caire, et le 17 juillet à Thèbes. Pendant cette dernière course, qu'il fit avec un seul Arabe, son dromadaire s'abattit, et lui luxa le pied. Taylor se fit attacher sur sa monture, et, continuant son chemin, il arriva sans autre accident. Il avait fait cent cinquante lieues en huit jours.

Il s'assura que l'obélisque pouvait facilement être transporté jusqu'au Nil ; aussitôt il reprit sa route, joyeux et fier de rapporter une pareille certitude à M. de Martignac. En arrivant à Paris, il trouva le ministère changé.

Il s'en consola, ou parut s'en consoler du moins, en rendant à un pauvre diable de poëte, qu'il avait encouragé avant son départ, un nouveau service à son retour. Il fit monter *Henri III*.

II

Le 11 janvier 1830, Taylor reçut copie de l'ordonnance suivante :

« Paris, 11 janvier 1830.

» Sur le rapport de notre ministre secrétaire d'État de la marine et des colonies, nous avons ordonné et ordonnons ce qui suit :

» Art. 1er. Le sieur baron Taylor sera envoyé comme commissaire du roi auprès du pacha d'Égypte, pour négocier la cession des obélisques de Thèbes, et pour faire transporter en France l'obélisque d'Alexandrie.

» Art. 2. Les frais relatifs à cette mission et au transport de ces monuments seront faits par la marine et portés au compte de ce département.

» Art. 3. Notre ministre secrétaire d'État au département de la marine et des colonies est chargé de l'exécution de la présente ordonnance.

» Donné à Paris, en notre château des Tuileries, le sixième jour du mois de janvier de l'an 1830, et de notre règne le sixième.

» *Signé* CHARLES. »

En conséquence, Taylor se rendit à Toulon. Il y trouva le brick *le Lancier*, capitaine Bellanger, prêt à mettre à la voile. Il s'entendit avec le préfet maritime pour tous les préparatifs de transport à faire à Toulon même. Ces préparatifs avaient été réglés dans une réunion qui avait eu lieu au ministère de la marine, le 19 novembre 1829, et à laquelle assistaient M. le comte de Laborde, membre de la chambre des députés, M. Drovetti, ancien consul général de France en Égypte, M. le baron de Livron, maréchal de camp au service du pacha, M. le baron Taylor, commissaire du roi, M. le baron Mackau, contre-amiral, et M. le baron Tupinier, conseiller d'État, directeur au ministère de la marine.

Deux moyens avaient été proposés pour le transport. Le premier était de construire, sur les lieux mêmes, avec des sapins de la Caramanie, deux énormes radeaux, qui auraient servi à faire flotter chacun des obélisques d'abord sur le Nil, pour les amener jusqu'à la mer, et ensuite sur la Méditerranée et l'Océan jusqu'au Havre au moyen d'un remorqueur. L'auteur du projet était M. Besson, ancien officier de la marine française, actuellement au service du vice-roi d'Égypte.

Le second projet était celui de la construction d'une allége dans le port même de Toulon : ce bâtiment achevé, il ferait voile pour Alexandrie, profiterait de la crue du Nil, remonterait le fleuve jusqu'à Thèbes, et, lors du retrait des eaux, s'échouerait le plus près possible de l'obélisque qui serait introduit dans sa carène, au moyen d'une ouverture pratiquée à son avant : il resterait là jusqu'à la crue nouvelle, et, soulevé par elle se retrouverait à flot tout naturellement, descendrait le cours du Nil, franchirait le Boggasse [1], entrerait dans la Méditerranée, passerait le détroit de Gibraltar, traverserait l'Océan, et viendrait reconnaître le Havre

---

[1] La barre de la mer.

pour remonter la Seine jusqu'à Paris : ce dernier projet fut adopté ; en conséquence, tous les apprêts en furent faits au port de Toulon, et ils étaient déjà en pleine activité lorsque le brick qui portait le négociateur, auquel un crédit de cent mille francs avait été ouvert, mit à la voile pour Alexandrie.

Pour cette seconde course, qui devait s'étendre en Arabie et en Palestine, Taylor avait pensé qu'il devait s'adjoindre deux compagnons, qui, outre leurs qualités d'artistes, possédaient encore celles du voyageur, la force et la bravoure. Il avait, en conséquence, jeté les yeux d'abord sur Dauzats, qui était déjà à cette époque un de nos premiers peintres de voyage, et ensuite sur Meyer, qui, dirigé par son compagnon, devait, en deux ans, se faire une réputation dans la même carrière [1].

Le Lancier toucha d'abord à Palerme, où Taylor s'arrêta quelques jours pour faire mouler les métopes du temple de Sélinonte. Ces fragments qui, en rejetant l'ère fabuleuse de Dédale, appartiennent à la première école grecque, roide et naïve, et qui, par conséquent, peuvent dater de quatre siècles avant Jésus-Christ, manquaient tout à fait à la collection de nos musées qu'ils sont venus compléter : c'est la préface du Parthénon. Ce moulage fut fait par M. Valette, que Taylor avait, à cet effet, demandé au gouvernement.

L'opération terminée, le brick reprit la mer, franchit le détroit de Messine, reconnut Malte, et, un matin, se trouva en vue d'Alexandrie.

Alexandrie est une plage de sable, un grand ruban

[1] M. Meyer a fait depuis, je crois, un voyage au pôle Nord.

doré qui domine l'eau ; à gauche s'élève la colonne de Pompée et l'aiguille de Cléopâtre, seules ruines qui restent de la ville du Macédonien ; à droite est le palais du vice-roi, mauvais et pauvre édifice blanc élevé par des architectes italiens ; un peu avant, une tour carrée bâtie par les Arabes, et au pied de laquelle débarqua l'armée française ; puis, à l'extrême gauche, ainsi que la corne d'un croissant, s'avance dans la mer, la pointe d'Aboukir. Quant à Alexandrie, cette antique reine de l'Égypte, honteuse sans doute de son esclavage, elle se cache derrière les vagues du désert, au milieu desquelles elle s'élève comme une île de pierre sur une mer de sable.

Sur le port même, ainsi qu'on voit sur nos places les fiacres et les cabriolets, les âniers attendent les arrivants ; il y en a partout : au pied de la tour Carrée, à la colonne de Pompée, à l'aiguille de Cléopâtre ; ils poursuivent les voyageurs avec les même cris et la même insistance que font nos cochers de Sceaux, de Pantin et de Saint-Denis ; aussi ce qu'il y a de mieux à faire est-il d'enfourcher la monture qu'ils présentent ; à ceux dont elle blesserait la dignité, nous rappellerons que ce fut celle que Notre-Seigneur choisit pour faire son entrée à Jérusalem.

Sur la route du port, à Alexandrie, et en avant de la colonne de Pompée, on trouve un petit monticule qui porte encore aujourd'hui le nom pompeux de fort Bonaparte : Alexandrie est une ville si basse, que les ingénieurs français n'eurent qu'à amasser quelques pelletées de terre et à les couronner d'une batterie pour forcer la place à se rendre.

Bientôt on entre dans la ville, aux murs blancs et aux rues sans pavés et pleines de boue ; c'est qu'à cause de la chaleur, on est obligé de les arroser toute la journée, et que cette eau et ce sable forment un mortier dont les ânes, les chameaux et les dromadaires peuvent seuls se tirer à leur honneur ; quant aux chrétiens, ils s'en défendent encore, grâce à leurs bottes ; mais les Arabes y laissent leurs pantoufles.

La caravane descendit chez le consul de France, M. de Mimaut : le pacha d'Égypte était dans le Delta, et son fils seul, le prince Ibrahim, se trouvait à Alexandrie. On le fit prévenir de l'arrivée de l'ambassade, et une lettre d'audience fut envoyée à Taylor pour lui et toute sa suite.

Le lendemain, jour fixé pour la réception, un officier du prince arriva pour prendre la conduite du cortège, et se plaça à sa tête : la caravane se composait de Taylor, du consul, de Dauzats, de Meyer et de M. Bellanger, capitaine du brick : elle était suivie par deux kaffas dont l'office était d'écarter avec le bâton les curieux qui auraient pu gêner la marche de l'ambassade.

Entre le premier et le second voyage de Taylor, un grand changement somptuaire avait été fait : on avait répudié l'ancien costume militaire et adopté le nouveau, nommé *nedjin jedid*. Le cortège rencontra plusieurs corps d'infanterie affublés du nouveau vêtement, qui consiste dans une calotte rouge, dans une veste rouge, dans une culotte rouge, et dans des pantoufles rouges ; cet uniforme est scrupuleusement adopté, et les régiments présentent un ensemble de couleur parfaitement satisfaisant ; il n'y a que les figures des soldats qui offrent un assortiment de nuances différentes, depuis la peau mate et blanche du Circassien jusqu'au teint d'ébène de l'enfant de la Nubie ; mais tous les efforts du pacha n'ont encore pu remédier à cet inconvénient.

Un autre, qui n'est pas moins grand, est celui que nous avons déjà signalé. Ces régiments, qui s'avancent dans les rues boueuses d'Alexandrie, au son de tambours qui battent des marches françaises, malgré toute la discipline qu'essayent de maintenir les sergents qui marchent sur les côtés, ne peuvent non-seulement marquer le pas, mais encore conserver leurs rangs. Cela tient à ce que, de cinq minutes en cinq minutes, les pantoufles des soldats restent dans la boue, et que leurs propriétaires sont obligés de s'arrêter pour ne pas les perdre ; cette manœuvre perpétuelle, et qui n'est point prévue par l'école du fantassin, met dans les rangs de la milice égyptienne un désordre qui pourrait la faire prendre au premier abord pour la garde nationale du pays : la méprise serait d'autant plus facile et innocente, que, sous ce climat brûlant où tout poids est un fardeau, chacun porte son fusil à volonté et de la manière qui lui est la plus commode.

Enfin, le cortége vainquit tous les obstacles, et arriva au palais. Dans la cour, il trouva un régiment des mêmes troupes sous les armes ; il passa entre deux rangs, monta l'escalier, traversa une foule de grandes salles blanches sans aucun ameublement, et au milieu de chacune desquelles s'élançait un jet d'eau. Dans l'avant-dernière, Taylor s'arrêta pour disposer les présents destinés au prince Ibrahim ; ils consistaient en armures de colonels de cuirassiers et de carabiniers, en fusils de chasse et en pistolets de combat; cette disposition faite, le commissaire du roi entra dans la salle de réception.

Elle était en tout pareille aux précédentes, et sans autre ornement qu'un énorme divan qui en faisait le tour. Dans l'angle le plus obscur de cette salle, une peau de lion était jetée sur le divan; et sur cette peau de lion, accroupi, une jambe pendante par-dessus l'autre, était Ibrahim, tenant un rosaire de la main gauche, et jouant de la main droite avec les doigts de son pied.

Taylor salua et s'assit à la droite du prince, M. de Mimaut à la gauche, et le reste du cortége à la suite et ainsi qu'il lui plut; pas un mot ne fut prononcé dans cette première partie de la réception. Aussitôt que chacun eût pris place, Ibrahim fit un signe, on apporta des chibouques tout allumés, et l'on fuma. Pendant les cinq minutes que dura cette opération, les envoyés français eurent le temps d'examiner à loisir le prince Ibrahim; il était coiffé d'un bonnet grec et portait l'habit militaire, et paraissait avoir quarante ans, était petit et gros, robuste, avait les yeux vifs et brillants, le visage rouge et les moustaches et la barbe de la couleur de la peau du lion sur laquelle il était assis.

Lorsque les pipes furent vidées, on apporta le café. La pipe et le café réunis constituent les grands honneurs; dans les audiences ordinaires, on n'offre généralement que l'une ou l'autre : le café bu, Ibrahim se leva lentement, marcha vers la porte, suivi de Taylor, de M. de Mimaut, de Dauzats, de Meyer et de M. Bellanger, et entra dans la salle des présents.

Il les examina tous les uns après les autres avec un plaisir visible; les armures de carabiniers, ornées de leur soleil d'or, semblèrent surtout lui faire grand plaisir. Cependant l'inspection finie, il parut encore chercher autre chose; mais, ne trouvant pas ce qu'il cherchait, il adressa quelques mots à son interprète qui, se tournant vers Taylor :

— Son Altesse, dit-il, demande si vous avez pensé à lui apporter du vin de Champagne.

— Oui, dit le prince, accompagnant ces trois mots français d'un signe expressif de la tête; oui, du champagne, du champagne.

Taylor répondit qu'on avait deviné le désir de Son Altesse, et que plusieurs caisses remplies de ce liquide devaient déjà être déposées au palais.

Dès ce moment, Ibrahim se montra de l'humeur la plus charmante. Il rentra dans la chambre de réception, causa beaucoup de la France qu'il aimait, disait-il, comme une seconde patrie, *étant petit-fils d'une Française*. Puis, pour dernière marque d'honneur, des esclaves entrèrent avec des cassolettes tout allumées, et, les approchant de la figure des envoyés français, ils leur parfumèrent la barbe et le visage. Cette cérémonie achevée, Taylor se leva, et prit congé du prince en portant successivement sa main droite au front, à la bouche et à la poitrine, ce qui veut dire, dans le langage figuré et poétique de l'Orient : « Mes pensées, mes paroles et mon cœur sont à toi. »

Puis l'ambassade rentra au consulat dans le même ordre qu'elle en était sortie.

Cependant, pour ne pas perdre à Alexandrie, où il

était forcé d'attendre le pacha, un temps précieux, Taylor envoya Dauzats et Meyer, le turban en tête et le crayon à la main, dessiner les mosquées de cette ville des *Mille et une Nuits* que les Arabes nomment El Masser, et les Français le Caire. Les deux artistes partirent avec la confiance et la tranquillité particulières surtout aux voyageurs français, qui, partout où ils sont, se croient toujours dans la banlieue, passèrent par Damanhour, Rosette, prirent le Nil, et le remontèrent jusqu'à Boulak.

Arrivés à quelque distance du port, ils débarquèrent, montèrent à cheval, traversèrent les tombeaux des califes, et entrèrent dans la capitale du Delta. Ils se dirigèrent immédiatement vers le quartier franc. Situé sur la rive droite du Nil, appuyé à l'est sur la chaîne du Mokattam, dont le dernier mamelon supporte la citadelle qui le domine ; défendu par une ceinture de murailles crénelées, flanquées de tours carrées, et percé de portes dont quelques-unes sont des édifices, le Caire est une ville monumentale ; dans une seule rue, nos voyageurs comptèrent soixante mosquées.

Ces mosquées, ce sont les oasis de la cité. On y trouve de la fraîcheur, de l'ombre, de l'eau, des arbres et des oiseaux. Puis, au milieu de tout cela, quelques poètes arabes qui viennent, dans les intervalles de la prière, commenter les versets du Coran. Chacune de ces mosquées est dominée par un grand médeneh à plusieurs étages. C'est le domaine du muezzin qui, tant qu'il est jeune, monte jusqu'au haut, et d'une voix sonore convoque tout le peuple à la prière, puis, au fur et à mesure qu'il prend des années, descend d'un étage et baisse la voix, jusqu'à ce que, vieillard débile, il ne puisse atteindre que le premier étage, d'où il ne se fait plus entendre qu'aux passants de la rue.

Pendant que nos deux artistes parcouraient la ville, qu'ils ont rapportée presque entière, et qu'ils pourraient rebâtir, comme ces monuments dont les Anglais achètent, transportent et numérotent les pierres, Mehemet-Ali, rappelé par les nouvelles de Constantinople, était revenu à Alexandrie, où l'attendait Taylor.

A peine eut-il appris qu'un envoyé français était arrivé avec le titre du commissaire du roi, qu'il le fit appeler. Le cérémonial fut le même que nous avons indiqué; mais les présents étaient plus précieux : c'étaient de magnifiques cabarets de Sèvres, de grands vases de la manufacture royale, des glaces superbes, des pendules dont quelques-unes contenaient tout un recueil d'air qu'elles jouaient successivement à chaque heure qu'elles marquaient, enfin l'ouvrage sur l'expédition d'Égypte, et le *Neptune français*, qui contient toutes les cartes du monde.

La négociation fut plus difficile qu'on ne s'y était attendu d'abord; quelque diligence qu'eût faite l'ambassadeur artiste, et quelque silence qu'il eût gardé, le projet avait transpiré, l'Angleterre avait pris le devant sur la France, et les deux aiguilles que venait chercher Taylor appartenaient déjà à la Grande-Bretagne. Quant à Mehemet-Ali, il avait, disait-il, le plus grand désir de satisfaire les deux nations et ne demandait qu'un moyen de les mettre d'accord.

Ce fut alors que le précédent voyage de Taylor et

l'étude qu'il avait faite lui-même et sur les lieux des monuments antiques, lui furent d'une grande utilité ; il connaissait l'Égypte aussi bien que Mehemet-Ali, et cette science, dont le pacha avait peine à se rendre compte, lui imposait singulièrement. Ce fut alors que Taylor proposa de donner à l'Angleterre, en échange des deux obélisques de Louqsor, l'obélisque de Karnac, qui est plus grand ; quelques difficultés s'élevèrent : enfin on établit un appoint avec d'autres antiquités. Le consul anglais accéda au marché ; et les deux obélisques de Louqsor et l'aiguille d'Alexandrie furent définitivement accordés à la France.

Mehemet-Ali les regretta cependant, car il avait jeté sur eux un dévolu qui, d'inutiles qu'ils étaient, devait les faire concourir au progrès de sa civilisation : il comptait les faire scier en dalles, et s'en servir pour paver Alexandrie.

Heureux d'avoir si heureusement terminé sa négociation, Taylor partit aussitôt pour le Caire, où il arriva à la nuit tombante ; deux heures après, les dromadaires étaient sellés, les quinze Arabes qui composaient l'escorte attendaient à cheval. Taylor, Dauzats et Meyer se hissèrent sur leurs montures ; la caravane traversa les rues du Caire aux flambeaux, et s'en alla coucher aux tombeaux des califes que les gardiens lui ouvrirent ; elle partait pour le Sinaï.

Car, outre sa mission en Égypte, Taylor avait reçu celle de parcourir la Syrie et la Palestine, afin de recueillir pour nos musées des antiquités grecques et romaines. En conséquence, il visita successivement Jérusalem, Jéricho, Ammon, Djérach, Damas, le Liban et Tripoli, où il retrouva son brick, prêt à recevoir les trésors qu'il rapportait ; enfin, il voulut dire un dernier adieu à Alexandrie, et *le Lancier* mit le cap sur cette ville.

Des bruits étranges, incompréhensibles aux Turcs et aux Arabes, venaient de s'y répandre. On disait qu'Alger l'imprenable venait d'être prise ; les Égyptiens avaient d'abord refusé d'ajouter foi à ces nouvelles ; mais, à force d'arriver de tous côtés, elles avaient enfin ébranlé leur conviction, et il venait d'être décidé à Alexandrie qu'une caravane partirait du Caire, traverserait le désert, toucherait à Tripoli et à Tunis, puis enfin, franchissant l'Atlas, irait demander, à la sentinelle qui veillait à l'autre extrémité du continent africain, s'il était vrai qu'elle se fût laissé surprendre endormie aux portes que lui avait assignées le prophète. Déjà tout était préparé pour cette expédition gigantesque comme celle de la Mecque, les tentes étaient placées sur les chameaux, et le jour du départ était fixé, lorsqu'un bâtiment français entra dans le port d'Alexandrie avec le pavillon tricolore.

Alors, à la vue de cet emblème de victoire qui leur rappelait Bonaparte, Turcs et Arabes secouèrent la tête, en disant : « Il est inutile de traverser le désert pour aller demander des nouvelles de notre sœur : notre sœur est prise et esclave. » La caravane se dispersa et tout fut dit.

Le brick *le Lancier* arbora le pavillon national, et Taylor revint en France, rapportant au nouveau gouvernement quatre-vingt-trois mille francs qui lui restaient sur le crédit de cent mille que lui avait ouvert l'ancien ministère.

Toutes ses dépenses, y comprises celles de Dauzats et de Meyer, s'étaient élevées à dix-sept mille francs.

Le 18 mai 1831, après avoir remis son rapport au ministre, il en reçut une lettre qui contenait toute la récompense qu'il avait ambitionnée ; la voici :

« Monsieur le baron, j'ai lu avec beaucoup d'intérêt le rapport que vous avez adressé à mon prédécesseur sur la mission que vous avez remplie en Égypte ; les détails contenus dans ce rapport, et ceux que j'ai trouvés dans votre correspondance, m'ont fait connaître à la fois les difficultés que vous avez eues à surmonter et le zèle éclairé avec lequel vous vous êtes attaché à assurer à la France la possession des deux obélisques de Thèbes que vous étiez chargé de demander au vice-roi ; vous n'avez pas borné là vos soins, et, répondant aux intentions qui vous avaient été exprimées avant votre départ, vous avez saisi toutes les occasions de recueillir pour nos musées des richesses précieuses, et, pour tous ces services rendus à l'art, vous n'avez voulu accepter aucun prix, aucune rétribution, aucun dédommagement, et vous avez eu raison ; une seule chose est digne de payer de pareils services, c'est la reconnaissance du pays auquel on les a rendus. »

Mais, pendant que Taylor avait été chercher des obélisques à Louqsor et des bas-reliefs à Balbek, le Théâtre-Français s'était constitué en république, avait éloigné de lui les auteurs à succès, et avait fait de détestables affaires. Taylor s'engagea pour son propre compte, et M. Védel, alors caissier, et plus tard directeur, alla chercher chez un banquier les soixante mille francs qui étaient nécessaires au payement des dettes du théâtre Richelieu, et dont avait répondu le commissaire du roi.

Cela n'empêche pas que je n'aie entendu bien souvent les sociétaires dire que Taylor les avait ruinés.

III

La Comédie-Française est pour Taylor une de ces vieilles passions qui vous rendent bien malheureux, mais auxquelles on revient toujours. Cela tient à ce qu'après avoir vu tous les théâtres du monde, il n'en a pas trouvé un seul, à tout prendre, qui ait conservé aussi religieusement que le théâtre de la rue de Richelieu les traditions de nos anciens maîtres et l'héritage de notre vieille gloire. Covent-Garden et Drury-Lane ont à peine aujourd'hui mémoire de l'homme qui est au drame ce qu'Homère fut au poëme. Il a cédé ses planches, fatiguées de porter des géants comme Hamlet et comme Othello, aux clowns et aux danseurs de corde. Le théâtre impérial de Vienne et le théâtre royal de Berlin vivent de la traduction de nos vaudevilles, germanisés tant bien que mal, et à peine deux ou trois fois par an, pour quelque solennité littéraire, daignent-ils ouvrir leurs portes à *Goetz de Berlichingen* ou à *Intrigue et Amour*; Santa-Cruz et El Principe de

Madrid sont moins familiers, à cette heure, avec les noms de Calderon et de Lope de Vega qu'avec ceux de Scribe et de Victor Hugo; enfin la Valle de Rome et les Fiorentini de Naples, oublieux forcément de leurs chroniques nationales, ont à jamais exilé de leurs affiches les noms de Maffei et d'Alfieri, et, comédiens ambulants et sans valeur, colportent de ville en ville le bagage vulgaire de deux ou trois auteurs, qui n'échappent à la proscription censoriale que par leur obscurité présente et à venir. Le Théâtre-Français seul, tournant sur un axe solide, a traversé impunément les bons et les mauvais jours, et a vu la République, l'Empire, la Restauration même, respecter l'arche sainte de la trinité dramatique; et de Baron à Ligier, de la Béjart à mademoiselle Mars, de la Champmeslé à Bourgoing, il a porté son tabernacle, parfois dans le désert, il est vrai, mais parfois aussi, et le plus souvent, au milieu de la foule et des adorations. Cela tient à ce que le Théâtre-Français, seul théâtre réellement national, au milieu de tous ceux qui usurpent ce nom, a toujours senti au bout de ses rênes la main puissante du gouvernement, et n'a jamais encore été abandonné à la spéculation commerciale d'un directeur, situation plus fatale peut-être que l'omnipotence oligarchique des sociétaires.

Taylor en était donc revenu à ses amours, lorsqu'au milieu des répétitions de *Don Juan d'Autriche*, il reçut une invitation de se rendre auprès de M. le comte de Montalivet. Le roi avait décidé qu'il formerait, pour la donner à la France, une galerie complète de peintures espagnoles, dont nous connaissions bien les maîtres, mais à peine les œuvres, puisque notre musée, si riche d'Italiens et de Flamands, ne possédait que *le Pauvre* de Murillo, l'*Adoration des bergers* de Ribeira, et *la Petite Infante* de Velasquez. Au milieu des désastres d'une guerre civile, des malheurs d'une grande nation, beaucoup de fruits de l'arbre du génie allaient tomber aux secousses sociales et être perdues non-seulement pour la gloire de l'Espagne, mais pour les études du monde, non-seulement pour le présent, mais pour les générations à venir. C'est Taylor qui avait été chargé de cette mission rédemptrice, — belle et digne rémunération de son voyage en Égypte ; c'est ainsi que Napoléon, qui se connaissait en honneurs et en hommes, récompensait un régiment qui s'était distingué dans une bataille, en le désignant pour monter le premier à l'assaut d'une ville. On lui dit : « Voilà un million, partez, et sauvez ce que vous pourrez !... »

Taylor avait été quatre fois en Espagne ; c'était en quelque sorte sa seconde patrie ; il en connaissait non-seulement la langue et les mœurs, mais encore les monuments ; il savait où gisaient tous ses trésors cachés, soit qu'elle les ait ensevelis dans le sein de la terre comme des ossements royaux, soit qu'elle les ait enfermés dans le sanctuaire des églises comme des reliques saintes ; il accepta donc la mission que lui seul peut-être pouvait accomplir. Et, convaincu qu'en Espagne comme en Orient, c'est le sol méridional qui est le plus riche, craignant d'être arrêté dans sa course à travers la Péninsule, par le rempart de la guerre civile, il s'embarque à Londres, arrive à Lisbonne, qu'il trouve tout encombrée encore des débris de son tremblement de terre, visite le cloître de Bélem, bâti sur l'emplacement même d'où partit Vasco de Gama pour retrouver un monde perdu; Cintra, où un trône de pierre, élevé avec l'église, attend triste et vide depuis trois cents ans le retour de son roi Sébastien, mort en Afrique, et au trépas duquel le peuple ne veut pas croire; Mafra, contrefaçon de l'Escurial, bâtarde de l'Italie, riche de sa bibliothèque et de ses sculptures; Quélus, qui, à défaut de magnificence, répète comme un écho les dernières paroles de don Pedro à doña Maria : « Je meurs tranquille, parce que ma conscience ne me reproche rien. J'ai tout fait pour mes enfants; aucun sacrifice ne m'a coûté, car, après avoir porté deux couronnes que j'ai abdiquées volontairement, je meurs pauvre et votre sujet. » Enfin il arrive au couvent d'Alcobaca, dont la fondation est tout au romancier plein de foi, de vaillance et d'art, et que nous allons vous raconter.

Alphonse Henrique, qui avait gouverné onze ans comme prince, et qui régna quarante-six ans comme roi, assiégeait la ville de Santarem qui était aux Maures : déjà repoussé deux fois de l'escalade, il promit que, s'il était vainqueur au troisième assaut, il ferait bâtir, à Alcobaca, un couvent de l'ordre de Citeaux, qui renfermerait mille moines, lesquels tous les jours remercieraient Dieu de la victoire accordée. Alors, ce vœu fait, et sentant en lui une nouvelle ardeur, il prit en main son étendard royal, sur lequel étaient peintes les cinq têtes de rois maures, coupées sur le champ de bataille d'Ourique, et, se mettant à la tête des échelleurs, il gravit le premier le rempart, repousse les infidèles, s'empare de la ville, et, s'adressant à un vieux chevalier tout sanglant et tout poudreux comme lui : « Va, lui dit-il, va sans t'arrêter que pour manger le pain et dormir le sommeil absolument nécessaires, non pas à un prince, non pas à un chevalier, non pas à un soldat, mais à un cénobite; va dire au prieur de Cluny qu'il m'envoie cinq religieux de son ordre, maîtres en fait d'arts, capables de me bâtir un couvent splendide, et qu'ils se hâtent de venir; car, après le cloître d'Alcobaça, j'ai encore à élever le couvent de Santa-Cruz à Coïmbre et le monastère de Saint-Vincent à Lisbonne. Maintenant, adieu, tu marches pour la gloire de Dieu; Dieu garde ta gloire! »

L'ambassadeur part à l'instant même, gagne Alcantara, la porte de l'Espagne, passe à Truxillo, où devait naître Pizarre, atteint Toledo, qui, depuis un siècle, avait été reconquise à la chrétienté par Alphonse VII; traverse Burgos, la ville du Cid, ne s'arrête à Sanguessa que le temps de demander à don Sanche le Sage, de Navarre, par quel moyen il va traverser le Midi, sanglant et enflammé par ses guerres religieuses; guidé par les conseils du vieux roi, arrive en Bourgogne, où le duc Robert, le père de Marguerite, vient de mourir; découvre Cluny, et sur la porte du couvent aperçoit le prieur qu'il vient chercher, et qui l'attend, et qui le salue de son nom et qui lui dit : « Messire chevalier, il est inutile que vous me rendiez compte de votre mission; le Seigneur a daigné me faire une révélation du vœu du roi Alphonse Henrique, et, le jour même où il est entré dans la ville de Santarem et où vous en êtes sorti, les cinq moines sont partis pour Alco-

baca, et maintenant entrez, reposez-vous de votre long voyage et de votre grande fatigue : mangez et dormez ! non plus comme un anachorète et un cénobite, mais comme un soldat que vous fûtes, comme un chevalier que vous êtes et comme un prince que vous serez. »
— Et, à l'instant même où l'envoyé royal se mettait à table, les messagers religieux se présentaient au vainqueur de Santarem; car ils avaient fait même diligence, et, étant partis à la même heure, étaient arrivés au même instant.

Et dans ce couvent on enterra d'abord les soldats et les chevaliers qui avaient aidé le roi Henrique à battre le miramolin Aben-Joseph, puis les moines qui l'avaient bâti, puis le roi don Alphonse II, malgré ses querelles avec le pape, puis le roi don Alphonse III en l'honneur de la conquête des Algarves, puis la reine Inès de Castro, puis le roi Pierre, que ses ennemis appelèrent le Cruel et ses amis le Justicier; et, lorsqu'arriva Taylor à ce vieux et saint monastère, lorsqu'il entra dans cette église d'où venait de sortir la guerre, il trouva tous ces ossements de soldats, de chevaliers, de moines, de princes et de rois dispersés hors de leurs tombeaux et gisant sur les dalles; et alors, d'une main pieuse, il les recueillit, les restitua au sépulcre, fit sceller les tombes, et, tremblant au souvenir d'Inès, dont pour la troisième fois le sarcophage rejetait les ossements royaux, il rapporta en France les humbles reliques des cinq moines de Cluny, afin qu'elles dormissent plus tranquilles sur leur terre natale que dans cette pauvre Espagne, où tout est remis en doute, jusqu'au sommeil des morts, jusqu'à la sainteté des églises, jusqu'à l'inviolabilité des tombeaux.

De là, il alla au monastère de Batalha, dont le nom même indique encore un vœu de guerre ; car, en Espagne, les arcs de triomphe sont des couvents élevés non pas en l'honneur du roi qui a combattu, mais à la louange du Dieu qui a accordé la victoire ; et il y trouva, comme dans toutes ces royales et religieuses fondations, des tombeaux de souverains et de princes : ces souverains, c'étaient don Juan Ier, don Duarte, don Alphonse V, don Juan II ; ces princes, c'étaient don Alphonse et don Ramire, et, au milieu de toute cette famille couronnée, dormait un simple soldat, dont on a oublié le nom, mais qui décida par son courage du sort de la bataille d'Aljubarota, et qui conquit par sa mort une couche funéraire pareille à celle des princes et des rois. Taylor fit mesurer et dessiner par ses deux compagnons de voyage, Dauzats et Bouchard, toutes les merveilles de ce monastère ; puis, rapportant dans ses cartons, tombeaux, chœurs, chapelles et monuments, il revint, à Lisbonne, mettre aux pieds de l'impératrice douairière du Brésil, fille d'Eugène, petite-fille de Joséphine, et à ceux de doña Maria, ces représentations vivantes de monuments qu'elles ne connaissaient pas, quoiqu'ils fussent l'ornement de leur royaume, et obtint pour le Portugal ce qu'il avait déjà obtenu pour la France, l'ordre que ces édifices seront conservés, et que l'œil du gouvernement veillera sur eux comme sur des trésors.

C'est alors seulement qu'il prend congé de M. le comte de Saint-Priest, qui l'avait reçu avec tout son cœur d'artiste et aidé de tout son pouvoir d'ambassadeur, et qu'il entre enfin dans l'Espagne, où les lueurs de l'incendie et la flamme de la fusillade lui dénoncent les merveilles qu'il vient y chercher. A peine a-t-il le temps de courir d'une province à l'autre; c'est San-Francesco que l'on dévaste, et dont on brise les sculptures et les vitraux; c'est Sainte-Catherine de Barcelonne que l'on brûle avec ses Titien; c'est Saint-Augustin de Séville qu'on dévaste sans regret pour ses Murillo. Au milieu de tous ces ravages, les sauvant plus d'une fois par une porte, tandis que les dévastateurs enfoncent l'autre, il recueille vingt Murillo, douze Ribeira, quinze Velasquez, cinquante Zurbaran, dix-huit Alonzo Cano; puis des Juan de Joanes, des Ribalta, des Espinosa, des Greco, des Villegas, des Careno, des Carducho, des Sanchez Coello, des Juan de Tolède, des Moralez, des Esteban, des Melindez, des Vergasa, des Yanes, des Agala, des Castillo, des Valdez, des Correa, des Orete, des Blas de Prado, des Conca, une histoire de l'art tout entière enfin, écrite au pinceau depuis Galegos jusqu'à Goya, ce fantaisiste élève de Tiepolo le Vénitien, avec lequel est morte la grande peinture espagnole, et qui, dans ses compositions, dont la vérité a fait des satires, a tout attaqué : moines, nobles et rois.

C'est avec ce bagage de quatre cents tableaux, qu'il a rapportés à un pays qui n'en possédait que trois, qu'il revient en France, après avoir retrouvé son Théâtre-Français dispersé par toute l'Espagne, à Valence où il a vu jouer *Henri III*, à Séville où il a vu jouer *Hernani*, et à Madrid où il a vu jouer *les Enfants d'Édouard*.

Maintenant, et en écrivant ces dernières lignes, je me rappelle qu'un journal, je ne sais plus lequel, a demandé une fois ce qu'avait donc fait M. le baron Taylor pour mériter sa réputation d'homme de lettres, de commissaire du roi, de diplomate et d'artiste : nous allons en deux mots répondre à cette question.

Comme homme de lettres, M. Taylor a publié un ouvrage qui manquait en France sur les antiquités de la France; ouvrage qui a contribué à répandre dans toutes les classes de la société le goût archéologique, à éveiller dans les municipalités l'orgueil des richesses antiques, romanes et gothiques, qu'elles possèdent; enfin, à faire nommer un conservateur des monuments historiques échappés aux bandes noires révolutionnaires et commerciales.

Comme commissaire du roi, il a soutenu le Théâtre-Français, qui glissait sur une pente si inclinée qu'elle ressemblait à un précipice ; il a pris d'une main la littérature de Corneille, de l'autre celle de Shakspeare, et les a forcées, d'ennemies qu'elles étaient, de s'estimer comme deux émules et de s'embrasser comme deux sœurs.

Comme envoyé extraordinaire, il a été réaliser en Orient le rêve de l'Institut, il a matérialisé au bord de la Seine, par un trophée enlevé au bord du Nil, le souvenir de la campagne d'Égypte. Il a fait pour Paris, cette reine guerrière du monde, ce que des empereurs et des papes ont fait pour Rome, cette reine chrétienne de la terre.

Enfin, comme artiste, il a, par dévotion pour l'art, jeté sa vie au milieu des révolutions, disputé les chefs-d'œuvre du génie de la paix au démon de la guerre, doté la France d'un trésor qui allait être perdu pour le monde, et rapporté, pour 800,000 francs, quatre cents tableaux qui valent trois millions.

Qu'on nous cite beaucoup d'hommes de lettres, de commissaires royaux, d'envoyés extraordinaires et de peintres qui en aient fait autant.

FIN DU TOME PREMIER

TABLE

LES MYSTÈRES.	1
LE THÉATRE DES ANCIENS ET LE NOTRE.	23
WILLIAM SHAKSPEARE.	39
DE LA SUBVENTION DES THÉATRES.	53
CORNEILLE ET LE CID.	83
PICHAT ET SON LÉONIDAS.	127
LA LITTÉRATURE ET LES HOMMES D'ÉTAT.	179
MON ODYSSÉE A LA COMÉDIE-FRANÇAISE.	185
LES TROIS PHÈDRE.	293
ACTION ET RÉACTION.	379
LE BARON TAYLOR.	389

FIN DE LA TABLE DU TOME PREMIER

Coulommiers. — Typographie A. MOUSSIN.

SOUVENIRS
DRAMATIQUES

II

CHEZ LES MÊMES ÉDITEURS

THÉATRE COMPLET

D'ALEXANDRE DUMAS

14 VOLUMES GRAND IN-18.

COULOMMIERS. — Typogr. A. MOUSSIN.

SOUVENIRS
DRAMATIQUES

PAR

ALEXANDRE DUMAS

TOME DEUXIÈME

PARIS

MICHEL LÉVY FRÈRES, LIBRAIRES ÉDITEURS
RUE VIVIENNE, 2 BIS, ET BOULEVARD DES ITALIENS, 15
A LA LIBRAIRIE NOUVELLE
—
1868
Droits de reproduction et de traduction réservés

SOUVENIRS DRAMATIQUES

L'ŒDIPE DE VOLTAIRE

ET

L'ŒDIPE DE SOPHOCLE

Je n'aime pas Voltaire, je l'avoue : pas plus comme homme que comme historien, pas plus comme historien que comme poëte dramatique, pas plus comme poëte dramatique que comme poëte épique.

Il a fait deux épopées, comme on appelait cela au XVIIIe siècle, l'une sérieuse, *la Henriade*, — et c'est un mauvais livre, — l'autre comique, *la Pucelle*, — et c'est une mauvaise action.

Pourquoi Voltaire a-t-il écrit cette obscénité qu'on appelle *la Pucelle?* C'est que Voltaire, poëte d'esprit, n'est pas poëte de cœur.

Il serait cependant temps qu'on ne fît plus apprendre aux enfants, comme une chose qui mérite d'être apprise, les mauvais vers de *la Henriade*. Il serait cependant temps qu'on ne fît plus applaudir par les soudoyés du lustre, comme une chose qui mérite d'être applaudie, les mauvais vers d'*Œdipe*.

Que Voltaire poëte épique reste dans les bibliothèques comme un échantillon de l'esprit philosophique du xviiie siècle, — très-bien !

Que Voltaire poëte dramatique soit étudié comme un passage entre le xviie siècle qui finit et le xixe sièc qui commence, entre Racine et Marie-Joseph Chénier, entre Regnard et Beaumarchais, — à merveille !

Mais qu'on vienne ouvrir *la Henriade* devant nos enfants en leur disant : « Apprenez cela, enfants ; c'est beau ! » Qu'on vienne jouer *Œdipe* devant nos jeunes gens en leur disant : « Applaudissez cela, jeunes gens ; c'est bon ! » Nous leurs dirons : « Non, cela n'est ni beau ni bon. N'applaudissez ni n'apprenez par cœur ; ce sont des œuvres mauvaises, et, pis que cela, souvent ce sont de mauvaises actions. »

Nous allons essayer de prouver après avoir dit.

C'est à vous que je m'adresse, mes jeunes amis, à vous qui m'avez souvent écrit :

« Maître, on nous pervertit le goût au collége, on nous ordonne d'admirer des choses que notre esprit nous dit être médiocres, que notre conscience nous dit être mauvaises ; — apprenez-nous, vous en qui nous avons confiance, ce que nous devons admettre, ce que nous devons repousser. »

Je réponds à votre appel, et je vais essayer de vous faire, avec toute la conscience et l'impartialité dont je suis capable, une suite d'études que je vous invite à soumettre toutefois à votre intelligence avant d'en adopter absolument l'esprit, vous donnant mon avis, mais me gardant bien de vous imposer mon opinion.

Il y a des auteurs qu'on admire, des auteurs qu'on aime, des auteurs qu'on estime.

Heureux l'auteur qu'on peut à la fois — comme art, entendons-nous bien — admirer, aimer, estimer.

Nous allons voir si l'auteur d'*OEdipe*, est un de ces hommes-là.

C'est à la Bastille que Voltaire composa *OEdipe*.

Il y avait été mis comme auteur d'une pièce de vers qu'il nia constamment. Cette pièce de vers est très-connue ; vous la trouverez partout ; elle s'appelle les *J'ai vu*, et finit par ce vers :

J'ai vu ces maux, et je n'ai pas vingt ans !

Cela se passait en 1718. — Voltaire avait vingt-deux ans.

C'est bien jeune, me direz-vous, pour faire une bonne tragédie. — C'est vrai, mais ce n'est pas trop jeune pour avoir de la conscience.

D'ailleurs, après tout, *OEdipe* n'est pas encore la pire des tragédies de Voltaire.

Sophocle chez les anciens, Corneille chez les modernes, avaient traité le même sujet.

Sophocle était le maître, l'ancêtre, la source.

L'*OEdipe* de Sophocle fut représenté à Athènes quatre cent trente ans à peu près avant Jésus-Christ; Sophocle touchait de la main à la tradition, dont il s'est à peine carté.

Voyons la légende antique.

Je sais bien que le travail est long et sera sérieux. Permettez-moi, mes jeunes amis, d'être sérieux aujourd'hui; demain ou après-demain, un autre jour, je serai gai.

LÉGENDE MYTHOLOGIQUE D'ŒDIPE

Œdipe est fils de Laïus, roi de Thèbes, et de Jocaste.

L'oracle a prédit aux deux époux que leur fils serait l'assassin de son père et l'époux de sa mère; aussi, quelques heures après sa naissance, Laïus le confie-t-il à un pâtre avec ordre de le tuer.

Le pâtre a pitié de l'enfant, — à peine entré dans la vie, et qu'on veut violemment en faire sortir, — il se contente de lui percer les pieds et de le suspendre à un arbre; — de là son nom d'Œdipe, qui vient du verbe οιδειν, s'enfler, et du substantif πούς, pieds.

Œdipe veut donc dire *pieds enflés.*

Un berger de Polybe, roi de Corinthe, entend des cris, cherche d'où ces cris peuvent venir, trouve l'enfant suspendu à une branche, le détache, l'emporte au palais et le présente au roi et à la reine de Corinthe, qui, n'ayant point d'héritier, adoptent l'enfant exposé et lui donnent le nom d'Œdipe.

Nous avons vu quelle était la signification de ce nom.

Devenu grand, au milieu d'une orgie de jeunes gens, Œdipe se querelle avec un de ses compagnons qui lui reproche d'être un enfant trouvé. Cette idée le préoccupe, le tourmente, le poursuit. Le jeune homme part pour Delphes et consulte l'oracle.

L'oracle lui prédit qu'il tuera son père et qu'il épousera sa mère.

La prédiction faite à OEdipe coïncide avec celle qui a été faite à Laïus et à Jocaste.

OEdipe, effrayé, décide qu'il s'éloignera de Polybe, quitte Corinthe et part pour la Phocide. — Sur la route de Daulis à Delphes, à l'embranchement de celle de Thèbes, un char lui barre le passage, et une voix lui crie de faire place. OEdipe est fils de roi, il ne cède point facilement le haut du pavé, il continue son chemin. Le conducteur du char pousse sur lui; OEdipe saisit les chevaux au mors; une lutte s'engage, et, avec son simple bâton de voyage, OEdipe tue l'homme au char et quatre de ses serviteurs; le cinquième, laissé pour mort, revient plus tard à lui et apporte à Thèbes la nouvelle de la mort du roi.

Créon prend la régence et gouverne la Béotie.

Mais, un jour, une nouvelle étrange se répand : un monstre terrible ayant la tête et la poitrine d'une femme, les ailes d'un aigle, les griffes d'un lion, s'établit sur la route de Thèbes dans un endroit du mont Pincion, — à un endroit où le rocher taillé à pic et surplombant la mer laisse à peine le passage à un homme à pied. Là, il barre le passage et présente aux voyageurs une énigme. Tout voyageur qui ne la devinera pas sera précipité du roc dans les flots; mais, s'il la devine, c'est le sphinx qui s'abîmera à son tour.

Déjà beaucoup sont morts ; la route est devenue déserte, nul n'ose plus se hasarder à ce jeu terrible où, lorsqu'on perd, on perd la vie, quand un jeune homme s'avance résolûment, vient droit au sphinx, appuie son pied sur une pierre, son coude sur son genou, son menton dans la paume de sa main, et attend.

— Quel est, lui demande le sphinx, l'animal qui a quatre pieds le matin, deux à midi et trois le soir ?

Œdipe réfléchit un instant, puis :

— C'est l'homme, dit-il, qui, dans son enfance, se traîne sur les pieds et sur les mains ; qui, dans la force de l'âge, se tient sur les deux jambes ; qui, dans la vieillesse, s'appuie sur un bâton.

Il n'avait pas achevé, que, fidèle à sa parole, le sphinx s'était précipité et que la route était redevenue libre.

Œdipe continue son chemin, le bruit de sa victoire l'y a précédé. — Il trouve aux portes Créon, qui, pour accomplir le vœu qu'il a fait au moment où le sphinx désolait Thèbes, lui amène sa sœur Jocaste, et lui offre le sceptre de Laïus.

Œdipe n'a qu'à épouser la reine, il sera roi.

Jocaste a le double de son âge ; mais Polybe, le roi de Corinthe, dont il est l'héritier, a encore de longues années à vivre. L'ambition tente le jeune homme ; il accepte la main de la reine et devient roi.

Mais, au bout de quelques années, la peste se déclare dans Thèbes, et une mortalité bien autrement terrible que celle causée par la présence du sphinx se répand dans toute la Béotie.

C'est ici que commence la tragédie dans Sophocle comme dans Voltaire.

Au moment où le drame s'ouvre, Œdipe se présente au peuple assemblé, et vient demander au grand prêtre ce qu'il doit faire, comme roi, pour obtenir des dieux que le fléau cesse.

Le grand prêtre lui répond :

— C'est toi qui nous as sauvés de nos premiers malheurs : tu es juste et sage : c'est à toi de veiller sur nous et de nous délivrer de la contagion.

Œdipe annonce qu'il a fait tout ce qui est en son pouvoir, en envoyant Créon, fils de Ménécée, s'informer en son nom, à l'oracle de Delphes, par quels vœux ou par quels sacrifices il pouvait sauver la ville.

Au moment où il annonce au peuple cette sollicitude qu'il a eue pour lui, on voit Créon qui s'avance, sans doute porteur d'une bonne nouvelle, car son front est couronné de laurier.

L'exposition est large; c'est un peuple s'adressant à son dieu, c'est un roi s'adressant à son peuple. La plus grande question humaine y est débattue : celle de la vie ou de la mort.

Créon entre; il arrive de Delphes. L'oracle a été on ne peut plus favorable; sa couronne de laurier ne mentait pas en annonçant l'espérance. Apollon déclare que la peste disparaîtra lorsqu'on aura chassé, non-seulement de Thèbes, mais de la Béotie, l'assassin de Laïus.

— Mais, demande Œdipe, comment découvrir la trace perdue d'un crime déjà ancien?

— Les assassins sont en ce pays, répond Créon.

OEDIPE. — Est-ce dans la ville, est-ce dans la campagne, que le crime a été commis?

CRÉON. — Laïus était parti pour consulter l'oracle, et, depuis, on ne l'a pas revu.

OEDIPE. — Mais n'y eut-il pas quelque témoin? Laïus n'avait-il pas quelque compagnon qui puisse nous instruire?

CRÉON. — Ils ont péri. Un seul s'est échappé en fuyant mais il n'a pu dire qu'une chose de ce qu'il a vu.

ŒDIPE. — Laquelle?

CRÉON. — Il a dit qu'une troupe de brigands avait fondu sur lui et l'avait accablé par le nombre.

ŒDIPE. — Des brigands eussent-ils eu cette audace, si leur chef n'avait été suborné par quelqu'un de ce pays?

CRÉON. — Oui, c'est vrai, et tels furent alors les soupçons; mais, au milieu de nos maux, Laïus n'eut pas de vengeur.

ŒDIPE. — Quels maux vous empêchèrent donc de chercher les auteurs du crime?

CRÉON. — Le sphynx et sa funeste énigme.

— Eh bien, dit Œdipe, je rechercherai ce secret dès son origine.

Alors, le chœur s'avance et propose un avis : c'est d'envoyer chercher le devin Tirésias, qui partage avec Phœbus la science de l'avenir.

Mais Œdipe y a déjà songé. A peine a-t-il reçu l'avis de Créon, qu'il a envoyé à Tirésias deux messagers, afin que, si l'un était arrêté en route, l'autre arrivât.

Ces deux messagers sont arrivés sains et saufs près du devin, et le ramènent.

Le peuple, et Œdipe lui-même, reçoivent le devin avec respect.

Ce respect est commandé non-seulement par la science de Tirésias, mais encore par le mystère qui l'entoure. Tirésias est aveugle, et plusieurs bruits plus étranges les uns que les autres sont répandus en Béotie sur son aveuglement.

Les uns disent que, très-jeune encore, il eût le malheur de voir Minerve au bain, et que, pour le punir de cette imprudence involontaire, Minerve l'a aveuglé, mais qu'ensuite, pour consoler Chariclo, sa mère, la déesse a accordé à Tirésias la faculté de lire dans l'avenir.

D'autres disent, au contraire, que, dès sa jeunesse, Tirésias avait reçu du destin la science divinatoire, mais que les dieux le firent aveugle pour le punir de son trop de clairvoyance.

Ceux-ci prétendent qu'un jour Tirésias, ayant séparé de son bâton deux serpents en amour, il avait été changé en femme; mais que, quelques années après, ayant retrouvé ces mêmes animaux sur la même route, il en était revenu à son sexe primitif.

Or, un jour, une dispute s'était élevée entre Jupiter et Junon pour savoir lequel, de l'homme ou de la femme, éprouvait en amour les plus voluptueuses sensations.

Le roi et la reine des dieux, instruits de la métamorphose momentanée de Tirésias, le firent appeler comme arbitre.

Junon prétendait que l'homme, sous ce rapport, était le mieux favorisé de la nature; Jupiter prétendait que c'était la femme.

Tirésias donna tort à Junon. Celle-ci, furieuse, le frappa de cécité en lui jetant au visage quelques gouttes d'eau.

Jupiter lui accorda, pour le dédommager, de vivre sept âges d'homme.

En tout cas, et quelle que fût la cause de la cécité de Tirésias, le devin n'en jouissait pas moins chez les Grecs de cette vénération qu'avait chez eux tout homme tombé sous la main des dieux.

Œdipe, en le voyant venir, s'avance au-devant de

lui, et alors commence entre le devin et le roi une des plus belles scènes de la tragédie, grande, simple et terrible à la fois comme toute scène qui se passe entre le fort et le faible, et dans laquelle le faible brave le fort.

— Tirésias, dit Œdipe, toi qui connais les sciences humaines et les secrets divins ; toi qui, bien que privé de la vue, sais quel fléau désole cette cité, Tirésias, tu peux être notre sauveur à tous. Apollon, si mes envoyés ne te l'ont pas appris, a répondu à notre demande que le seul remède à cette contagion funeste serait de découvrir les meurtriers de Laïus et de les faire périr ou de les bannir de la Béotie. Ne nous refuse donc pas ton secours, ô divin aveugle! consulte le vol des oiseaux, appelle à ton aide tous les secours de ton art! sauve Thèbes et toi-même; sauve-moi et purifie-nous des souillures du meurtre! En toi seul est notre espoir, savant devin. Crois-moi, le plus bel usage que l'on puisse faire de la science ou du pouvoir, est d'appliquer l'un ou l'autre de ces présents des dieux au salut de ses semblables.

Tirésias répond :

— Hélas! hélas! que la science est un funeste présent, quand la science nuit sans cesse à celui qui la possède! Je le savais par expérience, et cependant je l'ai oublié. Oh! je n'aurais pas dû venir [1].

— Qu'y a-t-il, et dans quel abattement est-ce que je te vois!

— Laisse-moi partir; tu serviras mieux ton intérêt et le mien, si tu veux m'en croire.

---

1. A cette époque de l'art, où la tragédie est dans toute sa simplicité, rarement plus de deux personnages parlent et se répondent à la fois. Il est donc inutile d'indiquer les noms, qui nous prendraient, dans des études qui ont besoin de développements, une place précieuse.

— Tu as tort de parler ainsi, vieillard, et c'est ne pas aimer ton pays que de lui refuser le secours de tes oracles.

— Oh! c'est que ta demande est imprudente, et que je crains d'être imprudent en y répondant.

— Au nom des dieux, ne nous cache pas ce que tu sais, devin; vois, nous te supplions, nous sommes à tes pieds.

— C'est que vous êtes tous insensés. Non, je ne romprai jamais le silence; non, je ne révèlerai jamais tant de crimes.

— Que dis-tu? Tu sais tout, et tu refuses de parler! Tu veux nous trahir, tu veux perdre cette ville!

— Je ne veux, ô roi, ni mon malheur, ni le tien. Pourquoi me presses-tu inutilement de tes questions? Tu ne sauras rien de moi.

— O le plus pervers des hommes! car enfin ta résistance irriterait un rocher. Tu ne veux point parler, tu restes inflexible, tu demeures inexorable.

— Tu me reproches de t'irriter; mais tu ne vois donc pas, ô roi, que c'est toi qui irrites les autres! Tu me reproches de l'outrager; mais tu ne vois donc pas que c'est moi que tu outrages!

— Et qui ne s'irriterait de tes paroles et de ton mépris pour cette malheureuse ville?

— Oh! ne craignez rien, le secret fatal se révèlera de lui-même et malgré mon silence.

— Pourquoi ne pas me le dire, puisqu'il doit se révéler?

— Laisse-moi. Tu peux te livrer envers moi à tout l'emportement de ta colère, fais-le.

— Eh bien, oui, puisque tu le veux, et je ne te déguiserai plus mes soupçons. Pour moi, à partir de ce moment, tu parais le complice, je dirai même l'auteur du crime, et, si tu n'étais privé de la lumière, je t'accuserais à l'instant même de l'avoir commis, ô misérable devin!

— Vraiment! Et moi, grand roi, je t'ordonne de te conformer à l'arrêt que tu as prononcé, et, à partir de ce jour, de ne parler ni à moi, ni à aucun Thébain, car tu es l'impie qui souilles cette terre.

— Tu oses m'accuser avec cette impudence! Crois-tu donc ainsi détourner les soupçons?

— Je ne les crains pas, j'ai pour moi la vérité.

— Qui te l'a apprise? Assurément, ce n'est point ton art.

— Toi-même; car c'est toi qui m'as contraint d'interroger le dieu.

— Tu as dit la vérité! Voyons, répète-la, je veux la bien savoir.

— N'as-tu pas entendu? ou veux-tu m'éprouver?

— Je veux être plus certain; répète.

— Eh bien, je te dis que tu es le meurtrier que tu cherches.

— Vieillard, tu ne m'outrageras pas deux fois impunément.

— Faut-il en dire davantage pour redoubler ta colère?

— Dis tout ce qu'il te plaira, les propos seront vains.

— Je te le déclare, tu ne connais pas ton malheur, puisque tu ignores encore les horribles nœuds que tu as formés.

— Oh! penses-tu que tant d'injures resteront impunies?

— Oui, si la vérité a conservé quelque puissance.

— Elle en a, mais non dans ta bouche, imposteur. Comment l'invoquerais-tu, toi dont les yeux, les oreilles et l'esprit sont à jamais fermées?

— Malheureux! tu me reproches ce que bientôt chaque Thébain te reprochera à toi-même.

— Toi qui vis dans les ténèbres, tu ne saurais nuire ni à moi, ni à aucun de ceux qui sont dans la lumière.

— Ton destin, ô roi, n'est point de tomber sous mes coups. Apollon suffit, c'est lui que la vengeance regarde.

— Voyons, parle franchement, vieillard, l'accusation vient-elle de toi ou de Créon?

— N'accuse pas Créon de tes maux : toi seul en es l'auteur.

Œdipe s'emporte.

— Puisque tu es si bon devin, pourquoi m'as-tu laissé affronter le sphinx? Toi qui lis dans les secrets des dieux, tu pouvais bien lire dans le mystère d'une énigme. Eh bien, ni la protection de Phœbus, ni le vol des oiseaux, ne t'ont rien appris à cette époque où il était si important de savoir, et c'est moi qui ai confondu le monstre par les seuls efforts de ma raison. Aujourd'hui, tu travailles à me renverser, tu espères régner à l'ombre de ton patron Créon; mais tes intrigues te coûteront cher, ainsi qu'à leur auteur, et, si tu n'étais pas un vieillard, tu serais déjà puni.

Mais Tirésias, au contraire, reste calme.

— Tu es roi, OEdipe; mais il y a entre nous cette égalité, que je puis te parler sans crainte. Sujet d'Apollon, je ne suis pas le tien, et tu t'es trompé en disant que j'étais inscrit au nombre des clients de Créon. Tu me reproches d'être aveugle; mais, toi, malheureux, toi qui jouis de la lumière, à quoi te sert-elle, puisque tu ne vois pas le précipice dans lequel tu es tombé, puisque tu ne sais pas où tu habites, ni avec qui tu demeures? Sais-tu qui t'a donné le jour? sais-tu qui tu as épousé? Déesse aux pieds terribles, la malédiction de ton père et de ta mère te repoussera hors de la Béotie; alors, tes yeux aussi auront cessé de voir. Quel asile ne retentira pas de tes cris que répèteront les antres du Cythéron, ô malheureux roi, quand tu connaîtras l'hymen fatal où est venu échouer ton bonheur. Oh! tu ne sais pas l'orage de maux qui fondra sur toi, et qui, en t'apprenant enfin qui tu es, te rendra égal à toi-même et égal à tes enfants. Insulte-moi donc, insulte donc Créon, insulte donc les dieux. Nul mortel, ô OEdipe, ne mènera une vie plus misérable que toi.

— Oh! en est-ce assez, et peut-on supporter plus d'outrages d'une bouche plus vile? Malédiction sur toi! Ne partiras-tu pas? ne t'éloigneras-tu pas enfin de ces lieux?

— Je n'y serais pas venu si tu ne m'avais point appelé.

— Lorsque j'eus cette imprudence, j'ignorais que tu tiendrais de pareils discours; autrement, crois-moi, j'eusse été moins pressé de te faire venir.

— Je suis insensé, n'est-ce pas? Soit; mais ton père et ta mère me jugeaient plus raisonnable.

— Mon père et ma mère, tu les a donc connus? (Le devin veut sortir.) Arrête! Qui m'a donné la vie?

— Écoute. Ce jour te donnera tout à la fois la naissance et la mort.

— En vérité, tes paroles ne sont que de ténébreuses énigmes.

— N'es-tu pas habile à les expliquer, toi qui as deviné celle du sphinx?

— Il ne te manquait plus que de me reprocher ce qui fait ma gloire.

— C'est cette gloire qui t'a perdu.

— J'ai sauvé Thèbes, peu m'importe.

— Je me retire. (A son guide.) Enfant, conduis-moi.

— Pars donc! il y a longtemps que ta présence me lasse; absent, tu ne me fatigueras plus.

— Je pars; mais je ne serai pas venu en vain : je parlerai sans crainte, car il n'est pas en ton pouvoir de me perdre. Cet homme que tu cherches, ce meurtrier que tu as maudit, il est dans Thèbes; on le croit étranger, on apprendra qu'il est Thébain, et lui sera loin de se réjouir de cette découverte : il perdra la vue, il perdra ses richesses; aveugle, pauvre, exilé, un bâton à la main, il sera errant sur la terre étrangère; alors, il sera reconnu pour le père et le frère de ses enfants, pour le fils et l'époux de sa mère, et pour le meurtrier de son père, dont son inceste aura souillé la couche. Maintenant, rentre dans ton palais, et réfléchis à ce que je te dis; et, si mes paroles sont fausses, dis alors, mais alors seulement, que je suis un faux devin.

Relisez tout l'*OEdipe* de Voltaire, et, si vous y trouvez une seule scène faite avec cette simplicité antique, cette gradation terrible, dites de votre côté que je suis un mauvais juge.

A la sortie du devin, le chœur remplit le vide par des strophes dans lesquelles il doute de la science devineresse de Tirésias. Il est interrompu par l'arrivée de Créon.

Créon sait l'accusation qu'Œdipe a portée contre lui; il revient en appeler au peuple. Le chœur essaye de calmer l'irritation de l'ancien régent.

Œdipe arrive.

Au milieu de la querelle que soulève entre les deux princes l'accusation d'Œdipe, Jocaste paraît; c'est sa première entrée. Avec une simplicité toute primitive, Sophocle ne pousse ses personnages en scène qu'au fur et à mesure du besoin qu'il a d'eux.

— Malheureux! dit Jocaste, pourquoi vous livrer à ces querelles insensées? Ne rougissez-vous pas d'entretenir vos haines privées au milieu des malheurs qui affligent la patrie? Œdipe, mon époux! Créon, mon frère! n'excitez pas des discordes funestes.

CRÉON. — Ma sœur, Œdipe, ton époux, me menace des plus cruels traitements, et me réserve, dit-il, ou l'exil ou la mort.

ŒDIPE. — Je l'ai surpris tramant d'odieux complots contre moi.

CRÉON. — Que je meure et que tes malédictions s'accomplissent, si j'ai rien fait de ce qu'on m'impute!

JOCASTE. — Œdipe, crois à ses serments; crois aux dieux qu'il invoque, et moi-même, et ces Thébains qui l'entourent.

LE CHOEUR. — Laisse-toi persuader, Œdipe, je t'en supplie!

ŒDIPE. — Que demandes-tu de moi?

LE CHOEUR. — Ne déshonore point, par d'injustes soupçons, un ami qui s'est lié à toi par la foi du serment.

ŒDIPE. — Eh bien, qu'il parte! Dussé-je payer son départ de ma mort ou de mon exil, je cède à vos larmes et non à ses prières; car, pour lui, en quelque lieu qu'il soit, il me sera toujours odieux.

CRÉON. — Tout en cédant, tu te montres implacable; mais

tu t'en voudras à toi-même quand ta colère sera calmée.

OEDIPE. — Ne partiras-tu pas, enfin!

CRÉON. — Je pars méconnu de toi; mais le peuple me rend plus de justice.

Créon sort. Le chœur invite Jocaste à faire rentrer Œdipe au palais; mais Jocaste veut savoir d'Œdipe d'où vient sa colère contre Créon.

— Au nom des dieux! dit-elle, apprends-moi ce qui a excité à ce point ta colère?

— Jocaste, répond Œdipe, je te révère plus que personne; je te dirai quel complot Créon a tramé contre moi.

— Parle, et explique-moi clairement le sujet de la querelle.

— Il m'accuse d'être le meurtrier de Laïus.

— T'accuse-t-il lui-même ou sur le rapport d'autrui?

— Il a suborné un misérable devin; car, pour lui-même, il se tait absolument sur ce point.

— Laisse là tous ces soins, Œdipe, et sache que les choses humaines n'ont rien à faire avec l'art des devins. Je veux t'en donner une preuve bien simple. Un oracle dicté, je ne dis point par Apollon lui-même, mais par ses ministres, prédit autrefois à Laïus que son destin était de périr par la main du fils qu'il aurait de moi; et cependant, on assure que des brigands étrangers l'ont tué dans un chemin qui se partage en trois sentiers. — Ce malheureux enfant avait à peine trois jours, quand ses pieds ont été percés, et qu'il a été exposé par une main étrangère sur une montagne déserte. Apollon n'a pas réalisé cette prédiction, qu'il deviendrait le meurtrier de son père, et que Laïus, à qui l'oracle avait causé une si grande terreur, périrait de la main de son fils; et cependant, Delphes avait parlé. Ne t'inquiète donc point de toutes ces prophéties : ce que le dieu juge nécessaire, il saura bien le révéler.

C'est alors seulement qu'Œdipe, qui a dévoré les paroles qui lui sont adressées au fur et à mesure qu'elles sortent de la bouche de Jocaste, — commence à voir clair à la fois dans l'oracle et dans sa vie.

— Que viens-je d'entendre, ô femme! s'écrie-t-il, et quels doutes tes paroles jettent dans mon âme!
— Quelle inquiétude te prend et te fait parler ainsi?
— N'as-tu pas dit que Laïus fut tué dans un chemin qui se partage en trois sentiers?
— On l'a dit ainsi, c'est vrai, et jamais ce bruit n'a été démenti.
— Et dans quel pays se passa ce funeste événement!
— En Phocide, à l'endroit où se rejoignent les routes de Delphes et de Daulis.
— Combien de temps s'est écoulé depuis?
— Ces événements nous furent connus peu de temps avant l'époque où tu devins roi de ce pays.
— O Jupiter! que décides-tu de moi?
— Œdipe, que se passe-t-il dans ton âme?
— Attends encore pour m'interroger. Mais Laïus, dis-moi, quelle était la taille, quel était l'âge de Laïus?
— Sa taille était haute, ses cheveux commençaient à blanchir, et ses traits, chose étrange! ressemblaient aux tiens.
— Malheureux! sans le savoir, c'est contre moi-même que j'ai lancé ces terribles imprécations.
— Que dis-tu? Je n'ose plus te regarder.
— Oh! le devin aurait-il dit vrai? — Encore un mot, Jocaste, et je n'aurai plus de doute.
— Je tremble; mais n'importe, parle, je répondrai.
— N'avait-il avec lui qu'une petite escorte? ou était-il entouré de gardes nombreux, comme il convient à un roi?
— Cinq hommes faisaient toute l'escorte, et au nombre de ces cinq hommes était le héraut. Un seul char menait Laïus.
— Hélas! hélas! tout est clair maintenant. — Quel est l'homme qui donna tous ces détails?
— Un de ses serviteurs échappé seul du danger.
— Est-il encore ici?
— Non; à peine de retour à Thèbes, te voyant sur le trône

et Laïus au tombeau, il me pria, en me serrant les mains, de l'envoyer loin de cette ville à la campagne garder nos troupeaux. Je lui accordai sa demande. Certes, ce fidèle serviteur eût mérité une autre récompense.

— Ne pourrait-on l'appeler vivement ici?

— Sans doute; mais pourquoi l'appeler?

— En effet, je crains bien d'en savoir déjà trop sur ce que je veux apprendre de lui.

— Soit, il viendra; mais ne suis-je pas digne que tu me confies tes douleurs?

— Tu vas les connaître.

Alors, Œdipe raconte à Jocaste sa prétendue naissance, l'insulte de son compagnon d'orgie, la réponse de l'oracle qui lui prédit qu'il sera l'assassin de son père et l'époux de sa mère, sa résolution de ne plus retourner à Corinthe, son combat avec un vieillard accompagné de cinq hommes et conduisant un char. Et, reconnaissant que c'est lui, en effet, qui est le meurtrier de Laïus, il s'écrie :

— Il faut m'exiler; mais, dans mon malheur, je ne puis ni revoir les miens, ni remettre le pied sur le sol de ma patrie, car, là, une nouvelle prédiction m'attend. Ne suis-je pas menacé de tuer mon père et de devenir l'époux de ma mère?

LE CHŒUR. — Nous partageons tes craintes; mais, jusqu'à ce que celui qui va venir ait éclairci tous tes doutes, conserve l'espérance.

Mais, au lieu du pâtre arrive un messager tout poudreux, comme un homme qui vient de faire une longue route.

Jocaste seule est en scène; quant à Œdipe, il est rentré dans le palais.

Le messager s'adresse au chœur.

LE MESSAGER. — Étranger, pourrais-je savoir de vous où est le palais d'OEdipe? ou plutôt dites-moi où il est lui-même, si toutefois vous le savez.

LE CHOEUR. — Il est en ce palais; mais voici devant toi sa femme, la mère de ses enfants.

LE MESSAGER. — Puisse cette reine accomplie être toujours entourée de prospérité!

JOCASTE. — Je fais les mêmes vœux pour toi, étranger, tu les mérites par ton langage; mais dis-moi ce qui t'amène à Thèbes et quelle nouvelle tu viens nous annoncer.

LE MESSAGER. — D'heureuses nouvelles pour ton époux et pour ta famille.

JOCASTE. — Quelles sont-elles, et d'où viens-tu?

LE MESSAGER. — De Corinthe. Les nouvelles, cependant, quoique heureuses, vous causeront peut-être quelque peine.

JOCASTE. — Comment peuvent-elles avoir ce double résultat?

LE MESSAGER. — Les habitants de Corinthe veulent le faire roi, à ce que l'on assure.

JOCASTE. — Comment! le vieux Polybe n'est-il plus sur le trône?

LE MESSAGER. — Non; il est dans le tombeau.

JOCASTE. — Que dis-tu! Polybe est mort?

LE MESSAGER. — Que je meure, si je ne dis la vérité.

JOCASTE. — O femme, va, cours, et annonce cette mort à ton maître. Oracle des dieux, qu'êtes-vous devenus! OEdipe a fui de Corinthe dans la crainte de tuer son père, et voilà que le père succombe sous les coups du sort, et non sous ceux de son fils. (Entre OEdipe.)

OEDIPE. — Épouse bien-aimée, pourquoi m'envoies-tu chercher?

JOCASTE. — Écoute le récit de cet étranger, et tu verras quelle foi tu dois ajouter aux oracles si respectés des dieux.

OEDIPE. — Quel est cet étranger, et que vient-il m'apprendre?

JOCASTE. — Il vient de Corinthe pour t'annoncer que Polybe, ton père, n'est plus.

œdipe. — Que dis-tu, étranger? Parle toi-même.

le messager. — Si je dois commencer par la nouvelle mauvaise, Polybe a cessé de vivre.

œdipe. — Est-il mort victime d'un crime ou de maladie?

le messager. — Le moindre accident abat la vieillesse.

œdipe. — Ainsi, la maladie a terminé ses jours?

le messager. — Son âge avancé, plus encore que la maladie.

œdipe. — Voilà donc à quoi sert de consulter les autels prophétiques de Delphes ou le chant des oiseaux! D'après les oracles, je devais tuer mon père, et mon père est mort à Corinthe, et moi, tranquille à Thèbes, je n'ai point tranché ses jours. A moins cependant que le regret de mon départ ne l'ait mis au tombeau; c'est ainsi seulement que je pourrais être cause de sa mort; mais Polybe est descendu aux enfers emportant avec lui ces oracles impuissants.

jocaste. — Ne t'avais-je pas depuis longtemps prédit ce qui arrive?

œdipe. — Tu me l'as dit, c'est vrai, mais j'étais aveuglé par la crainte.

jocaste. — Éloigne donc ces vaines alarmes.

œdipe. — Il me reste à redouter de devenir l'époux de ma mère.

. . . .

le messager. — Quelle est la femme qui cause vos craintes?

œdipe. — Mérope, l'épouse de Polybe.

le messager. — Que redoutez-vous de ce côté?

œdipe. — La plus terrible des prédictions.

le messager. — Peut-on la connaître?

œdipe. — Écoute. Apollon me prédit un jour que j'épouserais ma mère et que mes mains verseraient le sang de mon père. Je m'enfuis alors loin de Corinthe, et je ne me suis jamais repenti de cette fuite, quoiqu'il soit bien doux de voir les auteurs de ses jours.

le messager. — Quoi! ce sont là les craintes qui t'éloignent de Corinthe, ô roi?

œdipe. — Ce fut pour ne point devenir le meurtrier de mon père et l'époux de ma mère.

LE MESSAGER. — Je veux dissiper tes craintes, alors.

OEDIPE. — Toi?

LE MESSAGER. — Oui, car je suis disposé à te servir.

OEDIPE. — Alors, tu pourras compter sur ma reconnaissance.

LE MESSAGER. — Je l'avoue, je suis venu ici surtout dans l'espérance d'être récompensé par toi à ton retour à Corinthe.

OEDIPE. — Oh! je ne retournerai jamais près de ceux qui m'ont donné le jour.

LE MESSAGER. — Mon fils, tu ne sais pas ce que tu fais.

OEDIPE. — Je ne te comprends pas. Au nom des dieux, vieillard, explique-toi!

LE MESSAGER. — Est-ce le motif que tu as dit qui t'éloigne de Corinthe?

OEDIPE. — Je crains que l'oracle ne s'accomplisse.

LE MESSAGER. — Tu crains de commettre un double crime sur les auteurs de tes jours.

OEDIPE. — Oui, vieillard, et c'est pourquoi je tremble.

LE MESSAGER. — Eh bien, apprends que tu trembles sans raison, ô roi! Polybe ne t'était rien par le sang.

OEDIPE. — Que dis-tu! Polybe ne m'a point donné le jour?

LE MESSAGER. — Pas plus que moi-même.

OEDIPE. — Mais pourquoi m'appelait-il son fils?

LE MESSAGER. — Il t'avait reçu de mes mains.

OEDIPE. — Comment donc, alors, chérissait-il à ce point un enfant étranger?

LE MESSAGER. — Il était sans enfants, sa tendresse se reporta sur toi.

OEDIPE. — M'avais-tu acheté, ou étais-tu mon père?

LE MESSAGER. — Je t'avais trouvé sur les rochers déserts du Cythéron.

OEDIPE. — Quel motif te conduisait en ces lieux déserts?

LE MESSAGER. — Je gardais les troupeaux du roi sur la montagne.

OEDIPE. — Tu étais donc berger, menant, pour un salaire, une vie errante?

LE MESSAGER. — Ce qui ne m'empêcha point d'être ton sauveur, ô mon fils!

OEDIPE. — Quel était mon mal, et dans quel état m'as-tu trouvé?

LE MESSAGER. — Regarde tes pieds, tes pieds rendront témoignage.

OEDIPE. — Dieu! quel terrible souvenir!

LE MESSAGER. — Je détachai les liens qui traversaient tes talons.

OEDIPE. — Signe fatal et honteux!

LE MESSAGER. — Et c'est ce qui te fit donner le nom que tu portes.

OEDIPE. — Au nom des dieux, est-ce par l'ordre de mon père ou de ma mère que j'ai été exposé en cet état?

LE MESSAGER. — Je ne sais; celui qui te remit entre mes mains pourrait seul te répondre.

OEDIPE. — Tu m'as donc reçu des mains d'un autre? tu ne m'as donc pas trouvé toi-même?

LE MESSAGER. — Non, un autre berger te remit à moi.

OEDIPE. — Quel est-il? pourrais-tu me le désigner?

LE MESSAGER. — C'était un serviteur de Laïus.

OEDIPE. — L'ancien roi de Thèbes?

LE MESSAGER. — Oui; il avait la garde de ses troupeaux.

OEDIPE. — Vit-il encore? Pourrais-je le voir?

LE MESSAGER. — Vous pouvez le savoir mieux que moi, vous qui habitez le pays.

OEDIPE, se retournant vers le chœur. — Y a-t-il quelqu'un de vous qui connaisse le berger dont parle cet homme, et qui l'ait vu, soit dans la campagne, soit à Thèbes? S'il est un homme qui sache cela, que cet homme parle, car il faut que ce fait soit éclairci sur-le-champ.

LE CHŒUR. — Je pense que c'est précisément ce même berger retiré à la campagne, que tu as désiré voir; mais demande à Jocaste, elle pourra te répondre mieux que personne.

OEDIPE. — Femme, penses-tu que ce berger que nous avons envoyé chercher soit véritablement celui dont parle cet homme?

JOCASTE. — Que t'importe celui dont il parle? Ne t'inquiète de rien, oublie de vaines paroles.

OEDIPE. — Non, rien, rien ne pourra m'empêcher de chercher les indices qui peuvent me révéler ma naissance.

JOCASTE. — Au nom des dieux, si tu tiens encore à la vie, renonce à tes recherches; j'ai déjà bien assez de tourments ainsi.

OEDIPE. — Quand je serais trois fois esclave par une triple mère, cet opprobre ne rejaillira point sur toi.

JOCASTE. — Je t'en supplie, cependant, arrête-toi.

OEDIPE. — Non, rien ne m'empêchera de pénétrer ce mystère.

JOCASTE. — Je sais ce que je dis; crois-moi, mon conseil est le meilleur à suivre.

OEDIPE. — Il y a trop longtemps déjà que les excellents conseils me fatiguent; il faut que je sorte de mon doute.

JOCASTE. — Infortuné, puisses-tu ne jamais savoir qui tu es.

OEDIPE, impatient. — M'amènera-t-on enfin ce berger?

JOCASTE, sortant. — Hélas! hélas! malheureux! c'est le seul nom que je puisse te donner. (Elle sort.)

Je doute que tout l'art moderne aille plus loin que cette simplicité antique; une telle scène mise en vers fermes, graves et bien rimés, eût été sublime jouée par Talma, mademoiselle Georges et Damas.

OEdipe est resté seul avec le chœur et le messager : les paroles funestes de Jocaste, qui lui donnent à pressentir les plus grands malheurs, ne peuvent l'arrêter dans sa route. Entré dans la voie fatale, il ira jusqu'au bout; d'ailleurs, il croit qu'il n'est encore question pour lui que d'une naissance obscure, et il se sent au-dessus de la multitude encore plus par son génie que par sa fortune.

Aussi s'écrie-t-il :

— Malgré tout ce qui peut éclater, je veux connaitre ma naissance, dût-elle être la plus humble ; que Jocaste rougisse de mon obscurité, on peut pardonner cet orgueil à une femme ; mais moi, fils de la Fortune, élevé par elle au plus haut rang, je n'aurai point à rougir, car la Fortune est ma mère !

Alors s'avance le chœur, c'est à lui de parler. OEdipe est encore sur le trône, il flatte OEdipe.

LE CHŒUR. — Si je sais lire dans l'avenir, si j'ai l'intelligence des événements, ô Cythéron ! demain, lorsque la lune sera dans son plein, tu te verras honoré par nous, ô mont sacré ! comme le père et le nourricier d'OEdipe, et célébré par nos danses, pour la protection que tu accordes à nos rois. Apollon sauveur, exaucez ces vœux ! — O mon fils, quelle fille des dieux t'a donné le jour ? Serait-ce quelque amante du dieu Pan qui erre sur la montagne, ou quelque maîtresse d'Apollon ? — car ce dieu se plaît aussi sur les collines aux riches pâturages, — ou le dieu de Cythère ? ou Bacchus, qui habite la cime des monts, t'aurait-il eu des nymphes de l'Hélicon, avec lesquels il se plaît à folâtrer ?

Cette flatterie du chœur, qui veut absolument que, du moment où OEdipe ne connaît pas son père, OEdipe soit le fils d'un dieu, est interrompue par l'arrivée du berger qu'OEdipe a envoyé chercher.

OEdipe le voit venir de loin, et, s'adressant au chœur d'abord, puis au Corinthien qui vient de lui annoncer la mort de Polybe.

— Étranger de Corynthe, dit-il, est-ce là celui dont tu nous parlais ?

LE MESSAGER. — C'est lui-même.

OEDIPE, au berger. — Vieillard, réponds-moi et réponds à toutes mes demandes. Tu étais au service de Laïus ?

LE BERGER. — J'étais son esclave, non point pour avoir été acheté par lui, mais pour avoir été élevé dans son palais.

OEDIPE. — Quel était ton emploi, ton occupation?

LE BERGER. — La plupart du temps, je conduisais les troupeaux.

OEDIPE. — Quels étaient les lieux que tu fréquentais plus particulièrement?

LE BERGER. — Le Cythéron et les pâturages qui l'entourent.

OEDIPE, lui montrant le Corinthien. — Y as-tu jamais vu cet homme?

LE BERGER. — De quel homme parles-tu?

OEDIPE. — De celui qui est là devant tes yeux. Ne l'as-tu jamais rencontré?

LE BERGER. — Non, autant du moins que mes souvenirs me permettent de l'affirmer.

LE MESSAGER. — Il n'y a rien d'étonnant à cela, ô maître! Mais je rappellerai bientôt ses souvenirs effacés; je sais très-bien qu'il m'a vu sur les pâturages du Cythéron; il conduisait deux troupeaux : je n'en avais qu'un. Nous restâmes ensemble trois mois entiers, depuis la fin du printemps jusqu'au lever de l'Aréthuse; et, l'hiver venu, nous ramenâmes nos troupeaux, moi dans mes bergeries, lui dans celles de Laïus. Y a-t-il, dans tout ce que je dis, quelque chose qui ne soit exact?

LE BERGER. — C'est vrai; mais tu parles d'un temps bien reculé.

LE MESSAGER. — Dis-moi, te souviens-tu alors que tu me remis un enfant pour l'élever comme le mien?

LE BERGER. — Que veux-tu dire? Pourquoi cette question?

LE MESSAGER. — C'est que voici devant toi celui qui était alors enfant.

LE BERGER. — Oh! misérable!... ne peux-tu donc te taire?

OEDIPE. — Ne le maltraite pas, vieillard; c'est toi et non lui qui mérites le blâme.

LE BERGER. — Qu'ai-je donc fait de mal, ô le meilleur des maîtres?

ŒDIPE. — Pourquoi ne réponds-tu pas sur cet enfant dont je te parle?

LE BERGER. — Il ne sait ce qu'il dit, et prend une peine inutile.

ŒDIPE. — Prends garde, vieillard! si tu refuses de parler de bonne volonté, on trouvera moyen de te faire parler de force.

LE BERGER. — Au nom des dieux! ne maltraite pas un vieillard, ô roi!

ŒDIPE. — Qu'on lui lie les mains derrière le dos.

LE BERGER. — Malheureux!... et pourquoi? Que veux-tu apprendre?

ŒDIPE. — Lui as-tu remis un enfant?

LE BERGER. — Oui, je le lui donnai. Oh! que ne suis-je mort ce jour-là!

ŒDIPE. — Ce qui eût dû t'arriver ce jour-là t'arrivera aujourd'hui si tu ne dis pas la vérité.

LE BERGER. — Ce sera bien plutôt si je parle.

ŒDIPE. — En vérité, cet homme ne cherche que des délais.

LE BERGER. — J'ai déjà dit que je lui avais remis l'enfant.

ŒDIPE. — Oui, mais d'où le tenais-tu? était-il à toi? l'avais-tu reçu d'un autre?

LE BERGER. — Il n'était point à moi, je l'avais reçu de quelqu'un.

ŒDIPE. — De qui? de quelle maison?

LE BERGER. — Au nom des dieux, ne me questionne pas davantage.

ŒDIPE. — Vieillard! tu es mort, si tu me forces de répéter ma question.

LE BERGER. — Eh bien, celui qui me l'avait remis était de la maison de Laïus.

ŒDIPE. — Esclave, ou de la famille du roi?

LE BERGER. — Hélas! hélas! voilà le secret le plus terrible à révéler.

ŒDIPE. — Et le plus terrible à entendre, n'est-ce pas? Parle cependant.

LE BERGER. — On disait l'enfant, fils de Laïus; mais Jocaste, mieux que personne, pourrait t'éclairer là-dessus.

OEDIPE. — Est-ce donc elle qui te le remit?

LE BERGER. — Elle-même.

OEDIPE. — Dans quelle intention?

LE BERGER. — Pour le faire périr.

OEDIPE. — Elle qui l'avait enfanté?

LE BERGER. — Elle redoutait de funestes oracles.

OEDIPE. — Que disaient-ils?

LE BERGER. — Qu'il tuerait l'auteur de ses jours.

OEDIPE. — Pourquoi le remis-tu à ce vieillard?

LE BERGER. — J'en eus pitié. Je crus qu'il l'emporterait dans sa patrie, sur une terre étrangère; il l'a conservé pour les plus grands malheurs, car tu es celui dont il parle, tu es le plus infortuné des hommes.

OEDIPE. — Hélas! hélas! tout est révélé maintenant. O soleil, je te vois pour la dernière fois! Il est trop vrai, par ma naissance, par mon mariage, par mon parricide, j'ai violé les plus saintes lois de la nature.

OEdipe sort désespéré, et le chœur s'écrie :

— O race des mortels, que votre vie est peu de chose! L'homme le plus heureux a-t-il autre chose que l'apparence du bonheur? Et encore, combien facilement s'évanouit cette apparence? O OEdipe! instruit par l'exemple de ta destinée, je ne croirai plus au bonheur d'aucun mortel.

C'est l'enfance de l'art, j'en conviens; mais, convenez-en aussi, c'est l'apogée du génie.

Au milieu des plaintes du chœur, on voit à pas lents s'avancer *un envoyé;* c'est l'acteur chargé, dans presque tous les drames grecs, de faire ce qu'on appelait le récit.

En le voyant, le chœur se tait et chacun écoute.

L'ENVOYÉ. — O vous qui êtes les habitants les plus respectés de Thèbes, quels malheurs vous allez entendre, quels malheurs vous allez voir, quelle douleur va s'emparer de vous si vous portez encore quelque intérêt à la famille des Labdacides ! Non, les eaux de l'Ister, ni celles du Phase, ne suffiraient point à laver les souillures cachées dans ce palais ; mais voici d'autres désastres volontaires qui vont paraître au grand jour, et, de tous les maux, les plus cuisants sont ceux que l'on s'est infligés soi-même.

LE CHOEUR. — Hélas ! ceux que nous connaissons n'étaient-ils pas assez déplorables ! que te reste-t-il à annoncer ?

L'ENVOYÉ. — Oh ! ce ne sera pas long : Jocaste est morte.

LE CHOEUR. — Malheureuse ! Et qui l'a tuée ?

L'ENVOYÉ. — Elle-même, de ses propres mains. Ah ! vous ne la plaindrez pas comme elle mérite d'être plainte ; car vous ne verrez pas ce que j'ai vu. Mais, autant que c'est possible à la langue de l'homme, je vous dirai les souffrances de cette malheureuse reine. En proie au désespoir, à peine eut-elle franchi la porte du palais, qu'elle courut vers la couche nuptiale, arrachant sa chevelure à pleines mains ; et, à peine entrée, fermant derrière elle et violemment la porte du gynécée, là, elle tombe à genoux, évoque l'ombre de Laïus, lui rappelle le souvenir de ce fils oublié qui devait donner la mort à son père et avoir de sa mère des enfants incestueux. Elle arrose cette couche, où, doublement infortunée, elle eut un fils de son époux, et des enfants de son enfant. Comment elle périt après cette évocation, nous ne le vîmes point, car ce fut alors le tour d'OEdipe de se précipiter en poussant de grands cris, ce qui nous détourna de Jocaste. Nous courûmes à lui, mais lui errait çà et là, demandant une épée.

« Où est, disait-il, où est celle que j'appelais ma femme et qui ne l'est pas, et qui est à la fois ma mère et celle de mes enfants ? »

Dans sa fureur, je ne sais quel dieu lui indiqua le lieu où Jocaste était réfugiée, car, à coup sûr, ce ne fut aucun de nous. Poussant alors de grands cris, et comme si quelqu'un le guidait, il enfonça les portes, fit sauter les battants de leurs gonds et s'élança dans l'appartement.

Là, par l'ouverture qu'il a laissée en passant, nous voyons Jocaste encore suspendue au lien fatal qui a terminé sa vie. A cette vue, Œdipe poussa un rugissement de lion et détacha le lien funeste; le corps tomba gisant à terre, et alors on vit un affreux spectacle : Œdipe, arrachant les agrafes qui attachaient le manteau de Jocaste à ses épaules, Œdipe en frappa ses yeux, qui n'avaient vu ni ses malheurs ni ses crimes. Et, en même temps, nous vîmes le sang jaillir de ses yeux et inonder son visage. Et ce n'étaient pas seulement des gouttes qui s'en échappaient, mais une pluie noire, mais un double torrent de sang.

Tels sont les maux des deux époux, et c'est ainsi que furent confondues leurs infortunes. Heureux hier encore, ils jouissaient d'un bonheur qu'on croyait inaltérable. Malheureux aujourd'hui, les gémissements, le désespoir, l'opprobre, la mort, rien ne manque à leur malheur.

LE CHOEUR. — Et maintenant, que devient notre roi infortuné?

L'ENVOYÉ. — Il crie d'ouvrir les portes. Il veut exposer lui-même aux yeux des Thébains ce parricide, ce fils dont la mère... Je ne répéterai point ses blasphèmes. Il est résolu à s'exiler de la Béotie. Il ne veut plus rester dans ce palais, sous le poids des malédictions qu'il a lancées contre lui-même. Cependant, il a tout à la fois besoin de secours et de guide. Son malheur est au-dessus des forces humaines; d'ailleurs, tu vas en être témoin ; les portes s'ouvrent, tu vas voir un spectacle qui attendrirait un ennemi.

Œdipe paraît chancelant, sans soutien, les bras étendus dans le vide, les yeux ensanglantés.

Alors, le chœur s'écrie :

— O spectacle horrible ! le plus horrible qui ait jamais frappé mes yeux ! Malheureux prince, quel vertige s'est donc emparé de toi ? quel dieu ennemi a donc fait fondre sur toi toutes ces calamités? Hélas ! je ne puis même supporter ta vue, moi qui, cependant, aurais tant de questions à te faire, tant de choses à apprendre de toi ou à contempler en toi ; je ne le puis, car ton seul aspect me fait frissonner.

OEDIPE. — Hélas ! hélas ! misérable que je suis. En quels lieux me portent mes pas ? où s'égarent les accents de ma voix ? O Fortune ! dans quel abîme m'as-tu précipité ?

LE CHOEUR, se détournant. — Dans des horreurs qu'on ne peut ni voir ni entendre.

OEDIPE. — O ténèbres ! nuages odieux, implacables, qui m'enveloppent sans retour d'une impénétrable obscurité ! Malheur à moi, mille fois malheur ! Ah ! de quels coups de poignard me frappent à la fois mes douleurs présentes et le souvenir de mes douleurs passées !

LE CHOEUR. — Au milieu de tant de maux, il n'est pas étonnant que tu aies doublement à gémir, doublement à souffrir.

OEDIPE, tendant les bras vers le chœur. — O mes amis ! vous m'êtes donc fidèles ? Vous n'abandonnez donc pas le malheureux privé de la lumière du jour ? Oh ! je ne me trompe point, et, quoique mes yeux ne puissent plus vous voir, je reconnais et je distingue la voix de chacun de vous.

LE CHOEUR. — Oh ! quelle résolution affreuse as-tu donc prise ! quel Dieu a poussé ton bras contre toi-même ?

OEDIPE. — Apollon, mes amis, oui, Apollon lui-même, c'est lui qui est l'auteur de mes maux, la cause de mes souffrances ; non pas que ce soit lui qui m'ait frappé ; non, ma main, ma main seule m'a mis dans l'état où vous me voyez. Hélas ! que me servait de voir, puisque je ne pouvais plus rien voir que d'attristant ?

LE CHOEUR. — Il n'est que trop vrai.

OEDIPE. — Et, en effet, mes amis, dites, que pourrais-je donc encore voir, entendre, aimer avec plaisir ? Oh non ! chassez-moi de cette terre, délivrez-la au plus tôt du coupable qui lui pèse, d'un monstre chargé de la haine des hommes et des dieux.

LE CHOEUR. — O Œdipe ! toi qui es doublement malheureux, et par ta misère et par la conscience que tu en as, plût aux dieux que je ne t'eusse jamais connu.

œdipe. — Oh! périsse celui qui, dans ces forêts, détacha les liens de mes pieds et me sauva de la mort, funeste bienfait; j'eusse péri, et je ne serais pas à cette heure, pour mes amis et pour moi-même, un éternel sujet de douleur.

le chœur. — Oh! oui, tu as bien raison, Œdipe, pourquoi n'es-tu pas mort?

œdipe. — Je n'eusse pas été le meurtrier de mon père, ni l'époux de celle qui m'a donné le jour; maintenant, abandonné des dieux, fils de parents impies, j'ai eu des enfants de celle dont je suis né moi-même, et, s'il est des maux plus horribles encore, ces maux-là ont fondu sur moi.

le chœur. — Oui, mais pourquoi ce châtiment cruel? ne valait-il pas mieux ne plus vivre que de vivre aveugle?

œdipe. — Oh! ne condamnez pas ma résolution, j'ai fait ce qu'il y avait de mieux à faire; de quels yeux, descendu dans le séjour des morts, y regarderai-je mon père, de quels yeux ma mère, sur laquelle j'ai commis des crimes que la pendaison elle-même ne saurait expier? Diras-tu qu'il m'eût été doux de voir grandir mes enfants sous mes yeux; jamais je n'aurais pu supporter leur vue; je ne pouvais plus regarder cette ville, ces murs, ces images sacrées des dieux que moi seul, entre les Thébains, je me suis interdit à moi-même, lorsque je vous ordonnai à tous de bannir le coupable,—moi, l'impie que les dieux ont désigné pour l'impur sorti du sang de Laïus. Après avoir ainsi révélé mon opprobre, dites, pouvais-je encore en voir les témoins d'un œil assuré? Non. Que ne puis-je éteindre en moi les sources de l'ouïe comme j'ai éteint celles de la vue. Oh! ce serait un bonheur d'être non-seulement aveugle, mais sourd; c'est une consolation que de n'avoir pas le sentiment de son malheur. — O Cythéron, pourquoi m'as-tu donné asile, et pourquoi, au contraire, ne m'as-tu pas donné la mort, afin de cacher au monde le secret de ma naissance! O Polybe, ô Corinthe, palais antique que je nommais le palais paternel, quel amas de crimes vous nourrissiez en moi sous ses brillants dehors! Et voilà que maintenant je me trouve être un coupable issu d'une race coupable; ô triple chemin, sombre vallée, forêt témoin de mon crime, étroit sentier à l'embranchement de trois routes, qui avez bu le sang de mon père versé par mes mains, avez-vous gardé le souvenir des crimes que je commis alors et de ceux que je commis ensuite, une fois arrivé à Thèbes? O hymen funeste, tu m'as donné la vie, et, après me l'avoir donnée, tu fis rentrer mon sang dans ces mêmes flancs où je fus formé, et par là tu produisis des pères, des frères, des fils, fatal assemblage, des femmes, des épouses et des mères, et tout ce que les hommes, enfin, virent jamais de plus affreux... Ah! c'en est trop, il est horrible de redire ce qu'il est horrible de faire. Au nom des dieux, amis, hâtez-vous, poussez-moi sur quelque terre écartée, arrachez-moi la vie, précipitez-moi dans les flots, jetez-moi dans quelque abîme d'où je ne puisse sortir; approchez, ne craignez pas de toucher un malheureux; croyez-moi, ne craignez rien, les malheurs qui m'accablent sont bien à moi et ne peuvent atteindre aucun autre homme que moi.

En ce moment, Créon, qu'Œdipe a soupçonné, Créon qu'il a voulu punir de mort pour un crime que lui, Œdipe, avait commis, Créon arrive, conduisant les deux filles d'Œdipe, Antigone et Ismène.

Il vient pour empêcher Œdipe de se donner ainsi en spectacle aux habitants de Thèbes, et, d'une voix douce et fraternelle, il invite Œdipe à rentrer au palais.

— Ah! dit Œdipe, puisque, trompant mon attente, tu payes de la plus généreuse amitié mes cruels outrages, je te conjure de préparer un tombeau pour celle dont le corps est étendu dans ce palais. Je me repose de ce soin sur ton attachement pour les tiens. Quant à moi, la ville de mes pères ne me possédera plus vivant. Laisse-moi aller sur les montagnes, sur le Cythéron, ma patrie que ma mère et mon père m'avaient désignée dès ma naissance pour tombeau, afin que je meure où ils voulaient me faire périr. Quant à mes enfants, je ne te recommande pas mes fils, Créon, ils sont hommes, et, partout où ils seront, ils ne manqueront de rien. Mais je laisse deux filles dignes de pitié. Autrefois, elles s'asseyaient à ma table, et je ne touchais à aucun aliment dont elles n'eussent leur part. Veille sur elles avec tendresse. Permets-moi de les toucher encore, et de pleurer avec elles notre mère. Créon, frère généreux ! oh ! s'il m'était permis de les toucher de mes mains, il me semblerait les voir encore. Que dis-je ! ne les entends-je pas verser des larmes ? — O filles chères ! la pitié de Créon ne vous aurait-elle pas envoyées vers moi ? dites, ne me trompé-je pas ?

CRÉON. — Tu ne te trompes pas, c'est moi qui les ai fait venir, devinant le besoin que tu aurais de les voir.

OEDIPE. — Oh ! puisses-tu être heureux ! puisse le ciel, en récompense de tes soins, te traiter plus favorablement que moi ! O mes enfants ! où êtes-vous ? (Les jeunes filles s'approchent en pleurant.) Venez ici, venez toucher ces mains fraternelles qui ont répandu sur les yeux de notre père une éternelle nuit ! Malheureux, qui, sans rien connaître, sans rien prévoir, vous engendrai dans le sein qui m'avait porté ! Je ne puis vous voir, mais je pleure sur vous, en songeant aux amertumes qui attendent le reste de votre vie au milieu des hommes. A quelle assemblée de citoyens, à quelle fête pourrez-vous assister sans les quitter les yeux tout baignés de larmes ? Et, quand le temps de l'hymen sera venu pour vous, quel homme, ô mes enfants ! osera associer à son nom toute cette honte répandue sur mes parents et sur les vôtres ? Votre père a assassiné son père. Il a rendu mère celle qui l'avait engendré. Vous êtes nées dans le sein où lui-même avait reçu la vie. Voilà les reproches que vous entendrez. Alors, qui osera vous épouser, dites ? Personne, ô mes enfants ! personne ! L'abandon, la stérilité seront votre partage. — O fils de Ménécée, toi le seul père qui leur reste, car leur mère est morte, et, moi, je ne suis plus, ne les regarde pas avec dédain, elles qui sont issues de ton sang ; ne souffre point qu'elles consument leur vie errante dans l'abandon et le malheur ; n'égale point leur infortune à la mienne ; aie pitié de leur jeunesse, du délaissement où les plonge mon exil ; elles n'ont que toi pour soutien, mon frère ! Promets ce que je te demande, touche-moi de ta main, noble Créon. — Ah! j'aurais bien des conseils à vous donner, mes enfants, si vous pouviez les entendre. Mais, à défaut de conseils, voici le vœu que je forme pour vous : En quelque lieu que le destin vous conduise, puisse votre vie être plus heureuse que ne l'a été celle de votre père!

CRÉON. — Allons, c'est assez verser de pleurs, rentre dans le palais.

OEDIPE. — Eh bien, emmène-moi d'ici.

CRÉON. — Quitte tes enfants, alors.

OEDIPE. — Oh! ne me les arrache point.

CRÉON. — Prends garde de former un désir, Œdipe ; les dieux ne t'ont point été favorables en accomplissant ceux que tu as formés jusqu'aujourd'hui ! (Créon emmène OEdipe. — Les deux jeunes filles les suivent de loin, pleurant et voilées. — Le chœur reste seul.)

LE CHOEUR. — Voyez, Thébains, cet OEdipe qui expliqua les énigmes du sphinx et qui était si puissant qu'il n'a jamais regardé avec envie la prospérité de ses concitoyens, voyez dans quel abime de maux il est tombé ; sachez donc qu'aucun mortel, tant qu'il n'a pas vu son dernier jour, ne saurait être appelé heureux.

La pièce finit simple et grande comme elle a commencé.

Eh bien, il nous semble que, si l'on veut absolument faire étudier l'antique à nos jeunes comédiens, c'est sur l'antique lui-même qu'il faut les faire étudier. Les poëtes de tous les temps se regarderaient comme honorés d'être chargés de traduire en vers Eschyle, Sophocle et Euripide. Cela ne les empêcherait pas, si bon leur semblait, d'étudier à part Racine et Voltaire; mais ils pourraient au moins se rendre compte de ce que le goût du temps ou les caprices de leur génie leur a fait retrancher ou ajouter aux vénérables restes d'un art à sa première période, mais qui, dès son apparition dans le monde, a dit : « Je suis roi, inclinez-vous devant ma majesté. »

Et maintenant, nous allons étudier l'*OEdipe* de Voltaire avec la même impartialité, sinon le même respect, que nous avons étudié l'*OEdipe* de Sophocle.

Et d'abord le côté grandiose de l'auteur antique paraît avoir complétement échappé à Voltaire.

Suivons-le dans la critique du maître auquel, jeune homme, il vient d'emprunter son premier ouvrage, et auquel il doit son premier succès.

Vous croyez que les paroles du jeune auteur, à l'endroit de Sophocle, seront des paroles de reconnaissance ; détrompez-vous, le mot reconnaissance n'a pas de place dans le *Dictionnaire philosophique*.

Non, ses premières paroles seront des paroles de critique, de critique amère, nous nous trompons, plus qu'amère, mensongère même.

Le vieux Sophocle, si grand, traduit même par un écolier, devient un idiot traduit par Voltaire.

Voyez plutôt, c'est du Voltaire tout pur que nous allons vous offrir ; nous extrayons ce qui suit de la *Correspondance* du philosophe de Ferney :

« Monsieur,

» Mon peu d'érudition ne me permet pas d'examiner si la tragédie de Sophocle (*OEdipe*) fait son imitation par le discours, le nombre et l'harmonie, ce qu'Aristote appelle un discours agréablement assaisonné. Je ne discuterai pas non plus si c'est une pièce du premier genre simple et implexe ; simple, parce qu'elle n'a qu'une simple catastrophe, et implexe, parce qu'elle a la reconnaissance avec la péripétie.

» Je vous rendrai seulement compte avec simplicité *des endroits qui m'ont révolté*, et sur lesquels j'ai besoin des lumières de ceux qui, connaissant mieux que moi les anciens, peuvent mieux excuser tous leurs défauts. »

Comment trouvez-vous M. de Voltaire qui emprunte son premier ouvrage à une tragédie qui a pour *lui des endroits révoltants*. L'auteur de *la Henriade* était-il si à court de sujets dramatiques ?

Attendez, vous allez voir ce qui révolte M. de Voltaire.

« La scène s'ouvre, dans Sophocle, par un chœur de Thébains prosternés au pied des autels, et qui, par leurs larmes et par leurs cris, demandent aux dieux la fin de leurs calamités.

» Œdipe, leur libérateur et leur roi, paraît au milieu d'eux.

» — Je suis Œdipe, leur dit-il, si vanté par tout le monde.

» Il y a quelque apparence que les Thébains n'ignoraient point qu'il s'appelait Œdipe. »

Et c'est un des endroits qui, comme *stupidité*, révoltent M. de Voltaire.

M. de Voltaire est bien bon de se révolter, attendu qu'il n'y a pas dans le texte — du moins dans le sens niais qu'il attribue à la phrase : « Je suis Œdipe, si vanté par tout le monde. »

Il y a :

— Enfants, jeune postérité de l'antique Cadmus, d'où vient l'empressement que vous mettez à vous réunir sur ces degrés les mains chargées de rameaux suppliants? L'encens des sacrifices fume d'un côté de la ville, tandis que de l'autre elle retentit de gémissements et de chants de deuil. Je n'ai point voulu vous interroger sur vos malheurs par une bouche étrangère, mes enfants, et je suis venu en personne, *moi, Œdipe*, appelé illustre dans tout le monde.

Je vous le demande, les paroles du vieux Sophocle ont-elles le sens que leur donne M. de Voltaire, et le vieillard de Salamine n'a-t-il donc eu le second prix pour *Œdipe*, que parce que l'auteur d'*Ajax*, d'*Électre* et de *Philoctète* commençait à radoter.

Voltaire reprend :

« — Mes enfants quel est le sujet qui vous amène ici? »

Sophocle ne dit point cela, — dans ces termes, du moins; — peut-être a-t-il tort. Mais la question n'est point là.

Sophocle continue en s'adressant au grand prêtre :

— Apprends-moi donc, vieillard, toi à qui il appartient de parler au nom des autres, apprends-moi pourquoi cette attitude suppliante. Que craignez-vous? que demandez-vous? Mon désir est de vous être secourable ; car il faudrait que je fusse insensible pour n'être point ému de compassion en face d'un tel spectacle.

Il est difficile, parlât-il la langue de M. de Voltaire, qu'Œdipe s'exprime en termes plus nobles et plus royaux.

Voyons, selon M. de Voltaire, ce que répond le grand prêtre à ces mots : « Mes enfants, quel est le sujet qui vous amène ici ? » lesquels mots ne sont point dans le texte grec.

Il répond, selon M. de Voltaire :

« — Vous voyez devant vous des jeunes gens et des vieillards. *Moi qui vous parle, je suis le grand prêtre de Jupiter. Votre ville est comme un vaisseau battu de la tempête, elle est près d'être abîmée et n'a pas la force de surmonter les flots qui fondent sur elle.* »

Ce qui fait dire très-spirituellement, quant à la première phrase, à M. de Voltaire :

« De là le grand prêtre prend occasion de faire une description de la peste, dont Œdipe était aussi bien informé *que du nom et de la qualité du grand prêtre.* »

Et très-pédamment, quant à la seconde :

« D'ailleurs, ce grand prêtre rend-il son homélie bien pathétique en comparant une ville pestiférée, couverte de morts et de mourants, à un vaisseau battu par la tempête ? Ce prédicateur ne savait-il pas qu'on affaiblit les grandes choses quand on les compare aux petites ? »

Si fait, le prédicateur savait cela ; mais il ignorait qu'après deux mille deux cents ans, viendrait un homme qui ne respecterait ni la majesté de Dieu, ni celle du génie, et qui, ayant faussé les textes saints, pourrait bien altérer les textes profanes.

Voici ce qu'il y a dans le grec. Nous mettons en regard la citation de Voltaire et le texte de Sophocle :

CITATION DE VOLTAIRE.	TEXTE GREC.
— Mes enfants, leur dit OEdipe, quel est le sujet qui vous amène ici ? — Vous voyez devant vous les jeunes gens et les vieillards ; *moi qui vous parle, je suis le grand prêtre de Jupiter*.	— OEdipe, roi de mon pays, tu vois cette foule se pressant autour des autels qui s'élèvent devant ton palais ; tu vois des enfants qui peuvent à peine se soutenir, des prêtres courbés sous le poids des années, *et moi, pontife de Jupiter*.

Voyons un peu si le reproche à propos de la comparaison d'une ville à un vaisseau est mieux motivé que le reproche à propos de la double identité d'OEdipe et du grand prêtre :

CITATION DE VOLTAIRE.	TEXTE GREC.
— Votre ville est comme un vaisseau battu par la tempête ; elle est près d'être abimée et n'a pas la force de surmonter les flots qui fondent sur elle.	— Si tu dois continuer à gouverner le pays, tu ne peux vouloir un royaume dépeuplé de citoyens ; car qu'est-ce qu'une forteresse sans soldats ? qu'est-ce qu'un navire sans matelots ?

Voltaire a bien raison de dire, n'est-ce pas, qu'il a besoin des lumières de ceux qui connaissent mieux que lui les anciens.

« Tout cela, continue Voltaire, n'est guère une preuve de cette perfection où l'on prétendait, il y a quelques années, que Sophocle avait poussé la tragédie ; et *il ne paraît pas qu'on ait grand tort dans ce siècle de refuser son admiration* à un poëte qui n'emploie d'autre artifice pour faire connaître ses personnages que de faire dire à l'un : *Je m'appelle OEdipe, si vanté par tout le monde*, et à l'autre : *Je suis le grand prêtre de Jupiter*.

» Cette *grossièreté* n'est plus regardée aujourd'hui comme *une noble simplicité.* »

Et comment appelle-t-on l'acte de l'homme qui, empruntant son sujet à un autre homme, vainqueur d'Eschyle, et couronné vingt fois, traite cet homme d'*idiot* et de *grossier ?*

Nous en avons assez vu sur la bonne foi de M. de Voltaire, pour ne point poursuivre notre examen de ce côté-là. Suivons-le donc sur un autre terrain, et laissons-le parler :

« La description de la peste est interrompue par l'arrivée de Créon, frère de Jocaste, que le roi avait envoyé consulter l'oracle, et qui commence par dire à Œdipe :

» Seigneur, nous avons eu autrefois un roi qui s'appelait Laïus.

» ŒDIPE. — Je le sais, quoique je ne l'aie jamais vu.

» CRÉON. — Il a été assassiné, et Apollon veut que nous punissions ses meurtriers.

» ŒDIPE. — Est-ce dans sa maison ou à la campagne que Laïus fut tué ?

» Il est déjà contre la vraisemblance qu'Œdipe, qui règne depuis si longtemps, ignore comment son prédécesseur est mort ; mais qu'il ne sache pas même si c'est aux champs ou à la ville que ce meurtre a été commis, et qu'il ne donne pas la moindre raison ni la moindre excuse de son ignorance, j'avoue que je ne connais pas de terme pour exprimer *une pareille absurdité.* »

Ce n'était point assez pour le pauvre Sophocle d'être *idiot*, le voilà *absurde* après avoir été *révoltant.*

M. de Voltaire continue :

« C'est une faute du sujet, dit-on, et non de l'auteur ; comme si ce n'était pas à l'auteur à corriger son sujet lorsqu'il est défectueux. »

Bon ! M. de Voltaire, prenant le même sujet défectueux que Sophocle, va donc corriger le sujet *défectueux* contre lequel a échoué son prédécesseur ?

Soit, il sera beau de voir ce jeune génie en remontrer au vieux maître. — Apprenez-nous, monsieur de Voltaire, comment on corrige un sujet défectueux.

Voyons comment vous vous y prenez ; c'est une leçon que les dramaturges vos successeurs recevront de vous avec reconnaissance.

« Je sais qu'on peut me reprocher à peu près la même faute ; mais aussi je ne me ferai pas plus de grâce qu'à Sophocle, et j'espère que la sincérité avec laquelle j'avouerai mes défauts justifiera la hardiesse que je prends de relever ceux d'un ancien. »

Ah ! il ne s'agit pas, monsieur de Voltaire, d'avouer que vous avez fait la même faute que Sophocle, il s'agit de la corriger ; ou, ma foi, prenez garde, tombant après deux mille deux cents ans dans la même absurdité que lui, vous risquez d'être tenu vous-même pour absurde.

« Ce qui suit me paraît également éloigné du sens commun. Œdipe demande s'il ne revint personne de la suite de Laïus à qui on puisse en demander des nouvelles ; on lui répond qu'un de ceux qui accompagnaient ce malheureux roi, s'étant sauvé, vint dire dans Thèbes que Laïus avait été assassiné par des voleurs, qui n'étaient pas en petit, mais en grand nombre.

» Comment se peut-il faire qu'un témoin de la mort de Laïus dise que son maître a été accablé sous le nombre, lorsqu'il est pourtant vrai que c'est un homme seul qui a tué Laïus et toute sa suite ? »

Ah! cependant, ceci nous paraît on ne peut plus clair, à nous, et nous sommes fâché de ne pas avoir vécu du temps de Voltaire pour lui donner cette explication.

Cinq hommes accompagnaient Laïus : OEdipe, à lui seul, tue Laïus, quatre de ses hommes, et blesse le cinquième, qui reste pour mort sur le champ de bataille.

Cet homme se relève et revient.

Il est évident qu'il ne va pas dire : « Un seul homme a tué le roi et mes quatre compagnons, et m'a laissé, moi, pour mort, » car on lui demandera naturellement : « Quel homme était-ce ? » ou : « Quels lâches étiez-vous ? »

Non, il invente une histoire de brigands, et, pour qu'on ne l'accuse pas de pusillanimité, il affirme que ces bandits étaient nombreux.

La chose est si simple, que le vieux Sophocle n'a pas cru qu'il était besoin de l'expliquer.

Continuons; nous ne sommes pas au bout, allez!

Remarquez que nous suivons M. de Voltaire ligne par ligne.

« Pour comble de contradiction, OEdipe dit, au second acte, qu'il a ouï dire que Laïus avait été tué par des voyageurs. »

Pardon, vous vous trompez, monsieur de Voltaire, voici ce qui se passe entre OEdipe et le chœur :

OEdipe ne s'en rapporte pas à l'homme échappé au massacre ; il pense que celui-ci peut avoir des raisons

de cacher la vérité ; il se connaît en mensonges, lui qui
en fait à chaque instant de si gros.

Il va consulter un devin avant de consulter le messager, de sorte que, demandant à Apollon lui-même la source de la vérité, il sera fort contre le mensonge.

Voulez-vous le mot à mot grec ? Je vais vous le donner :

LE CHŒUR. — Je sais; le prince Tirésias voyant précisément les mêmes choses que le prince Phœbus, par le moyen duquel quelqu'un, examinant ces choses, les verrait très-clairement, ô prince !

OEDIPE. — Mais je n'ai point rangé cela dans les choses oisives ; car, Créon l'ayant dit, j'ai envoyé des messagers doubles, et avec surprise je vois qu'ils ne sont point présents depuis longtemps.

C'est-à-dire qu'ils tardent à revenir.

LE CHŒUR. — Et, à la vérité, les autres paroles au moins sont frivoles et vieilles.

OEDIPE. — Lesquelles sont-elles ? car j'examine toutes paroles.

LE CHŒUR. — Il fut dit que Laïus était mort par le fait de quelques voyageurs.

OEDIPE. — Aussi, moi, je l'ai appris ainsi ; mais personne ne voit celui qui a vu.

Pourquoi personne ne voit-il *celui qui a vu ?*

C'est bien simple, et Jocaste nous l'explique elle-même.

JOCASTE. — Lorsqu'à son retour à Thèbes, il te vit sur le trône et Laïus au tombeau, il me supplia, en me prenant la main, de l'envoyer à la campagne pour y garder les troupeaux, voulant être à jamais éloigné de cette ville. J'y consentis ; ce fidèle serviteur aurait mérité une plus grande récompense.

Maintenant qu'OEdipe sait où retrouver l'homme qu'il cherchait inutilement, soyez tranquille, il ne va point perdre de temps.

OEDIPE, à Jocaste. — Peut-on le faire venir promptement en ces lieux ?
JOCASTE. — Sans doute ; mais pourquoi veux-tu l'appeler ?
OEDIPE (mot à mot). — Je crains moi-même, ô femme ! de peur que des choses trop nombreuses ne soient, ayant été dites devant moi, pour lesquelles je veux voir ceci.

Ainsi, n'en déplaise à M. de Voltaire, tout cela est parfaitement logique.

OEdipe, qui, distrait, ainsi que les Thébains, par les calamités qui fondent sur la Béotie, de la poursuite du meurtre de Laïus ; OEdipe, qui a, du reste, hérité du trône et de la veuve de Laïus, toutes choses qui font qu'il n'a pas grand empressement à remuer la cendre du roi mort, OEdipe, du moment qu'il apprend, par Créon, que tous ces malheurs fondent sur son royaume parce que le meurtrier de Laïus est resté impuni, OEdipe se met à la recherche des assassins, et, dès ce moment, c'est-à-dire dès la seconde scène de l'ouvrage, il ne se donnera plus de relâche qu'il n'ait tout découvert.

M. de Voltaire a bien vu tout cela comme moi, — car je ne puis supposer que je vois plus clair que ne voyait M. de Voltaire, — ce qui ne l'empêche pas de dire :

« Les Thébains auraient été bien plus à plaindre, si

l'énigme du sphinx n'avait pas été plus aisée à deviner que toutes ces contradictions.

» Mais ce qui est encore plus étonnant, ou plutôt ce qui ne l'est point après de telles fautes contre la vraisemblance, c'est qu'OEdipe, *lorsqu'il apprend que Phorbas vit encore*, ne songe pas seulement à le faire chercher. »

Que signifient donc ces paroles dites à Jocaste : « Peut-on le faire venir en ces lieux ? »

« Il s'amuse à faire des imprécations *et à consulter des oracles*, » ajoute le critique.

Dans un temps où l'on croyait aux oracles, à ce point qu'OEdipe, sur la foi d'un oracle, abandonne Corinthe, qu'il croit sa patrie, Polybe, qu'il croit son père, un trône, qu'il croit son héritage, que M. de Voltaire veut-il donc que consulte OEdipe, si ce n'est l'oracle ?

Si OEdipe avait vécu au xviiie siècle, comme M. de Voltaire, il est probable qu'au lieu de consulter l'oracle, il eût consulté M. de Sartines ou M. Lenoir. Mais ce n'est pas la faute de Sophocle si, quatorze cents ans avant le Christ, c'est-à-dire sous le règne d'OEdipe, la police n'en était point encore arrivée au degré de perfectionnement qu'elle atteignit dix-huit cents ans après.

« Le chœur lui-même, continue M. de Voltaire, le chœur lui-même, si intéressé à voir finir les malheurs de Thèbes et qui donne toujours des conseils à OEdipe, ne lui donne pas celui d'interroger ce témoin de la mort du feu roi : il le prie seulement d'envoyer chercher Tirésias. »

Et le chœur est logique, n'en déplaise à M. de Voltaire.

Il y a quelque chose comme vingt-deux ans que le crime a été commis, — puisque OEdipe a deux grands fils, Étéocle et Polynice, qui vont régner après lui et s'entre-tuer, parce qu'ils ne peuvent s'entendre; — il y a quelque chose donc comme vingt-deux ans que le crime a été commis : depuis cette époque, le seul témoin de la mort de Laïus a disparu, puisque Jocaste l'a caché à la campagne; on ne sait où le chercher, où le découvrir, où le prendre.

Le chœur donne le conseil à OEdipe de s'adresser à un devin. Est-ce qu'aujoud'hui qu'il y a un préfet de police, un chef de sûreté, deux ou trois mille agents dans Paris, il n'y a pas des gens qui, avec tous ces moyens d'arriver à la vérité, vont encore consulter Alexis?

Mais qu'on se souvienne donc ce que c'était que ce formidable oracle de Delphes, dont les prédictions s'accomplissaient toujours et vont s'accomplir sur OEdipe, quelque précaution qu'il prenne pour lui échapper!

« Mais, dit M. de Voltaire, continuons à examiner de suite l'ouvrage de Sophocle. »

Et nous, continuons à suivre M. de Voltaire dans son examen.

« Lorsque Créon, dit-il, a appris à OEdipe que Laïus a été assassiné par des voleurs qui n'étaient pas en petit, mais en grand nombre, OEdipe répond, au sens de plusieurs interprètes :

» — *Comment des voleurs auraient-ils pu entreprendre cet attentat, puisque Laïus n'avait pas d'argent sur lui?* »

Ces interprètes, j'en demande pardon à M. de Voltaire, faisaient, pour le coup, dire une niaiserie au pauvre Sophocle. Avant d'arrêter les gens, les voleurs n'ont point l'habitude de leur demander s'ils ont ou s'ils n'ont pas pris leur bourse.

Ils leur demandent la bourse ou la vie, et, alors, ils voient si les voyageurs ont une bourse, et, subsidiairement, ce qu'ils ont dedans.

Il est vrai que M. de Voltaire ajoute :

« La plupart des autres scoliastes entendent autrement ce passage, et font dire à Œdipe :

» — *Comment des voleurs auraient-ils pu entreprendre cet attentat, si on ne leur avait pas donné de l'argent?* »

Voilà le véritable sens.

Il y a dans le mot à mot grec :

— Comment donc le brigand serait-il venu à ce point d'audace, si quelque chose n'était pas négocié d'ici avec de l'argent?

Mais cette explication ne satisfait pas plus que l'autre M. de Voltaire.

« On sait, dit-il, que les voleurs n'ont pas besoin qu'on leur promette de l'argent pour faire un mauvais coup. »

Cependant, il faut le dire, les voleurs attaquent rarement les rois, et la preuve, c'est que l'histoire ne cite pas un seul fait de roi assassiné par des voleurs.

Œdipe, sans que Sophocle soit aussi stupide que le dit M. de Voltaire, peut donc s'étonner qu'un voleur, s'il n'y a pas été poussé par une grande récompense, ait été assez hardi pour porter la main sur un roi.

M. de Voltaire continue :

« Œdipe, au commencement du second acte, au lieu de mander Phorbas, — il n'y a nulle part *Phorbas*, mais partout *le serviteur*, — au lieu de mander Phorbas, fait venir devant lui Tirésias. Le roi et le devin commencent par se mettre en colère l'un contre l'autre. »

Mais non, monsieur de Voltaire, ils ne commencent pas du tout par là ; au contraire, OEdipe commence par lui faire toute sorte de compliments.

Écoutez plutôt :

— O toi qui gouvernes toutes les choses qui s'enseignent, comme celles qui ne s'apprennent pas ; celles qui appartiennent au ciel, comme celles qui sont de la terre ; toi qui ne vois pas, mais qui cependant devines quelle terrible maladie désole la ville, maladie de laquelle, ô prince ! tu peux être le seul guérisseur ; car Phœbus, consulté par nous, — peut-être le sais-tu par nos messagers, — a répondu que la seule délivrance de cette malheureuse cité devait venir de ce que, ayant appris quels sont ceux qui ont tué Laïus, nous les tuions à leur tour, ou les envoyions en fugitifs ou hors pays. Or, ne nous refuse donc pas la vérité, soit qu'elle vienne des augures, soit que tu aies quelque autre moyen de divination ; sauve toi-même, sauve la ville, sauve-moi, et efface toute la souillure du meurtre de Laïus. Notre unique espoir est en toi, et c'est le plus beau travail de l'homme que d'être utile par les choses qu'il a ou qu'il peut.

Térésias répond :

— Hélas ! hélas ! combien deviner est terrible, là où deviner ne doit rien rapporter à celui qui devine. Je savais cela, et cependant, je l'avais oublié ; sans quoi, je ne serais pas venu ici.

OEDIPE. — Mais qu'y a-t-il, et pourquoi sembles-tu si découragé ?

Il n'y a rien dans tout cela qui ressemble à une dispute.

« Enfin, continue M. de Voltaire, Tirésias finit par dire à Œdipe :

» — C'est vous qui êtes le meurtrier de Laïus. *Vous vous croyez fils de Polybe, roi de Corinthe ; mais vous ne l'êtes point : vous êtes Thébain. La malédiction de votre père et de votre mère vous a autrefois éloigné de cette terre ; vous y êtes revenu ; vous avez tué votre père, vous avez épousé votre mère ; vous êtes l'auteur d'un inceste et d'un parricide*, et, si vous trouvez que je mens, dites que je ne suis pas prophète. »

Voulez-vous savoir ce que dit Tirésias, à la fin d'une scène graduée avec tout l'art que pourrait y mettre un dramaturge moderne ? Vous allez voir si cela ressemble à ce que M. de Voltaire lui fait dire :

TIRÉSIAS. — Et moi, je t'ordonne d'obéir à l'arrêt que tu as prononcé, et, dès ce jour, de ne plus parler ni à ces Thébains ni à moi ; car tu es le scélérat impie de cette terre.

ŒDIPE. — Qu'as-tu dit ? Répète, afin que je t'entende mieux.

TIRÉSIAS. — Je te dis que tu es le meurtrier de l'homme, que tu es celui que tu cherches !

ŒDIPE. — Parle autant que tu voudras, car ce que tu diras sera dit en vain.

TIRÉSIAS. — Je dis que tu es caché à toi-même, que tu as commencé honteusement avec les êtres que tu chéris le plus, et que tu ne sais pas à quel point de mal tu es.

Voilà le texte grec. A la suite du travestissement qu'il en fait, M. de Voltaire dit :

« Tout cela ne ressemble guère à l'ambiguïté ordinaire des oracles. »

Si fait ; il me semble, du moins.

« Il était, continue M. de Voltaire, difficile de l'expliquer moins obscurément, et, si vous joignez aux paroles de Tirésias le reproche qu'un ivrogne a fait autrefois à Œdipe, qu'il n'était pas le fils de Polybe, et l'oracle d'Apollon, qui lui a prédit qu'il tuerait son père et qu'il épouserait sa mère, vous trouverez que la pièce est entièrement finie au second acte. »

Oui, sans doute, elle serait finie si Térésias disait à Œdipe les paroles que M. de Voltaire met dans sa bouche ; mais il ne dit pas un mot de ce que nous avons souligné. Il ne dit pas : « Vous vous croyez fils de Polybe, roi de Corinthe, et vous ne l'êtes point. » Il ne dit pas : « La malédiction de votre père et de votre mère vous a autrefois éloigné de cette terre ; vous y êtes revenu ; vous avez tué votre père, vous avez épousé votre mère ; vous êtes l'auteur d'un inceste et d'un parricide. » Non, il dit ce que vous avez lu.

Seulement, il ajoute :

— Oui, je le dis à toi, cet homme que tu cherches depuis longtemps, menaçant et proclamant le meurtre de Laïus, celui-là est ici étranger, si l'on en croit ce que l'on dit ; mais ensuite il sera évident qu'il est originaire de Thèbes, et il ne se réjouira pas de l'événement, car, aveugle au lieu d'être clairvoyant, et pauvre au lieu d'être riche, il marchera vers une terre étrangère, montrant devant lui le chemin avec un bâton, et il sera évident qu'il est à la fois lui-même père et frère aux enfants de lui-même, et fils et époux de la femme dont il est né, et fécondant la même femme, et, de plus, meurtrier de son père. Va au fond et réfléchis aux choses, et, si tu me surprends ayant menti, dis dès lors de moi que je ne connais rien à l'art de la divination.

Et M. de Voltaire, triomphant, à ces mots: « La pièce est entièrement finie à la fin du second acte, » ajoute :

« Nouvelle preuve que Sophocle n'avait pas perfectionné son art, puisqu'il ne savait pas préparer les événements, ni cacher sous le voile le plus mince la catastrophe de ses pièces. »

Mais, alors, monsieur de Voltaire, pourquoi donc imitez-vous Sophocle ?

Il est vrai que vous l'imitez si étrangement, que vous pourriez nier l'avoir jamais lu, et surtout l'avoir jamais compris.

M. de Voltaire continue :

« Allons plus loin. OEdipe traite Tirésias de *fou* et de *vieux enchanteur*. Cependant, à moins que l'esprit ne lui ait tourné, il doit le regarder comme un véritable prophète. Et de quel étonnement et de quelle horreur ne doit-il pas être frappé en apprenant de la bouche de Tirésias tout ce qu'Apollon lui a prédit autrefois ! Quel retour ne doit-il pas faire sur lui-même en apprenant ce rapport fatal qui se trouve entre les reproches qu'on lui a faits à Corinthe, qui lui disent qu'il est un fils supposé, et les oracles de Thèbes, qui lui disent qu'il est Thébain (les oracles ne lui disent pas cela) ! entre Apollon, qui lui a prédit qu'il tuerait son père et qu'il épouserait sa mère, et Tirésias, qui lui apprend que les destins affreux sont remplis ! »

Tirésias ne lui apprend pas cela, et il ne saura véritablement que ses destins affreux sont remplis que lorsque le messager de Corinthe lui aura dit qu'il n'est pas le fils de Polybe.

Or, ce n'est qu'à la fin de la pièce que le messager le lui dit ; jusque-là, croyant toujours Polybe son père, et Mérope sa mère, il ne peut croire qu'il a épousé sa mère et tué son père, puisque celle qu'il a épousée est Jocaste, et que celui qu'il a tué est Laïus.

« Cependant, continue encore M. de Voltaire, comme s'il avait perdu la mémoire de ces événements épouvantables, il ne lui vient d'autre idée que de soupçonner Créon, son ancien et fidèle ami, comme il l'appelle, d'avoir tué Laïus, et cela, sans aucune raison, sans aucun fondement, sans que le moindre jour puisse autoriser ses soupçons ; et, puisqu'il faut appeler les choses par leur nom, avec une extravagance dont il n'y a guère d'exemple parmi les modernes, ni même parmi les anciens. »

Nous sommes désespéré de n'être pas plus sur ce point que sur les autres de l'avis de M. de Voltaire.

Il y a une axiome de droit qui dit : « Cherchez le meurtrier dans celui à qui le meurtre profite. »

Or, à qui profitait le meurtre de Laïus ? A Créon ; et la preuve, c'est que Créon était régent lorsque OEdipe, en devinant l'énigme, le détrôna.

Il y a plus : c'est Créon qui donne l'avis d'envoyer chercher Tirésias. Tirésias vient et accuse OEdipe. — OEdipe, raisonnablement, ne peut-il pas soupçonner que Créon ne serait pas fâché de le voir sortir de Thèbes en proscrit, afin de reprendre la régence où il avait été forcé de l'abandonner ?

Ce n'est donc pas une si grande folie que de soupçonner Créon.

Mais, après avoir dit que le vieux Sophocle était révoltant, était idiot, était grossier, était ignorant, il restait à M. de Voltaire à dire — comme Jophon — qu'il était fou.

On sait que Sophocle se défendit devant ses juges, justement en disant des vers de son *OEdipe à Co-*

Ione, qu'il était en train de faire lors de l'accusation.

Accusé, Créon se défend.

Mais, à l'avis de M. de Voltaire, il se défend mal.

« Un prince qui serait, dit l'auteur de l'*OEdipe* moderne, accusé d'avoir conspiré contre un roi, et qui ne donnerait d'autre preuve de son innocence, que le verbiage de Créon, aurait besoin de la clémence de son maître. »

Voyons comment se défend Créon :

CRÉON. — Tu m'accuses ; mais tu vas reconnaître ton erreur. Crois-tu qu'il y ait un homme qui préfère le trône, avec les terreurs qui l'entourent, à un sommeil paisible, joint au pouvoir d'un roi ? Pour moi, quel est mon désir ? Non pas d'avoir le titre de roi, mais, sans ce titre, de faire des choses royales. Tout homme prudent pensera comme moi. Maintenant, je vis tranquille, obtenant de toi tout ce que je te demande ; mais, si j'étais roi, il n'en serait pas ainsi ; à tout moment, je verrais ma volonté forcée par la nécessité. Comment donc la royauté pourrait-elle avoir pour moi plus de charme qu'un pouvoir égal à elle sans troubles et sans chagrins ? Oh ! non, je ne suis pas assez insensé de désirer autre chose, que d'avoir à la fois, et le beau côté et le profit du trône. Que voudrais-je donc de plus ? Maintenant, j'aime tout le monde, et tout le monde me respecte et me salue ; maintenant, quiconque a une grâce à obtenir vient à moi, et m'invoque, car on sait que c'est par moi qu'on peut tout obtenir ; et, pour être roi, je renoncerais à tous ces avantages ? Oh ! non, un esprit sensé ne s'égare pas ainsi. Je n'ai jamais formé de pareils vœux, et jamais je n'appuierai les vœux d'un autre.

Mais ces raisons ne nous paraissent pas si mauvaises, à nous. Elles sont tout à fait philosophiques et dans l'esprit du temps. On eût consulté les sept Sages de la Grèce, y compris Pittacus, qui était roi, que je suis convaincu qu'ils n'eussent pas répondu autrement que Créon.

« Après tous ces grands discours *étrangers au sujet,* continue M. de Voltaire, — êtes-vous d'avis, chers lecteurs, que ce que répond Créon soit étranger au sujet? — après tous ces grands discours étrangers au sujet, Créon demande à OEdipe :

» — Veux-tu me chasser du royaume?

» OEDIPE. — Ce n'est pas ton exil que je veux, je te condamne à mort.

» CRÉON. — Il faut que vous me fassiez voir auparavant si je suis coupable.

» OEDIPE. — Tu parles en homme résolu à ne pas obéir.

» CRÉON. — C'est parce que vous êtes injuste.

» OEDIPE. — Je prends mes sûretés.

» CRÉON. — Je dois prendre aussi les miennes.

» OEDIPE. — O Thèbes! ô Thèbes!

» CRÉON. — Il m'est permis de crier aussi : O Thèbes! ô Thèbes!

» Jocaste vient pendant ce beau discours, et le chœur la prie d'emmener le roi; proposition très-sage, car, après toutes les folies qu'OEdipe vient de faire, on ne ferait pas mal de l'enfermer. »

D'abord, nous ne croyons pas qu'OEdipe ait fait assez de folies pour qu'on l'enferme; mais, savez-vous, monsieur de Voltaire, ce qui serait arrivé si l'on eût enfermé OEdipe? C'est que vous n'eussiez pas, soutenu par ce vieux Sophocle que vous méprisez tant, traité le sujet d'OEdipe; non, vous eussiez puisé l'inspiration en vous-même, et vous eussiez fait *Marianne;* si bien que vous eussiez commencé par une abominable chute au lieu de débuter par un éclatant succès.

Mais vous êtes un critique bien plus qu'un poëte,

monsieur de Voltaire, et voilà pourquoi vous faites si mal les tragédies, les comédies et les drames, et pourquoi en même temps vous êtes si injuste pour ceux qui les font bien.

Revenons à M. de Voltaire, qui veut qu'on enferme Œdipe, et qui fait dire à Jocaste : « J'emmènerai mon mari quand j'aurai appris la cause de ce désordre. »

Voici ce que dit Jocaste :

— Malheureux! qui a suscité entre vous cette querelle insensée? ne rougissez-vous pas, la terre étant si malheureuse, d'exciter encore des maux particuliers? Œdipe, ne rentres-tu pas au palais? Et toi, mon frère, ne vas-tu pas vers ta maison?... Et, au lieu d'une douleur qui n'est rien, allez-vous nous faire de grandes douleurs?

Ce serait incroyable de mauvaise foi, convenez-en, si chacun ne pouvait pas jeter les yeux sur la première traduction venue de Sophocle, et s'assurer qui ment ou qui dit la vérité.

Selon M. de Voltaire, le chœur répond :

« — Œdipe et Créon ont ensemble des paroles sur des rapports fort incertains; on se pique souvent sur des soupçons très-injustes.

» JOCASTE. — Cela est-il venu de l'un et de l'autre?

» LE CHŒUR. — Oui, madame.

» JOCASTE. — Quelles paroles ont-ils donc eues?

» LE CHŒUR. — C'est assez, madame; les princes n'ont pas poussé la chose plus loin : cela suffit.

» Et, en effet, ajoute M. de Voltaire, comme si cela suffisait, Jocaste n'en demande pas davantage du chœur. »

Vous vous trompez, monsieur de Voltaire, ou plutôt,

comme toujours, vous trompez vos lecteurs. Jocaste en demande beaucoup plus, et la preuve, la voici :

CRÉON. — Ma sœur, ton époux Œdipe juge à propos de me faire des choses terribles. Il me menace ou de me chasser de la terre de ma patrie ou de me tuer.

ŒDIPE. — Je l'avoue, car je l'ai surpris conspirant contre moi.

CRÉON. — Que je sois désormais malheureux, et que je meure maudit, si j'ai fait contre lui aucune des choses qu'il m'accuse d'avoir faites.

JOCASTE. — Oh! par les dieux! Œdipe, crois-en les paroles de mon frère, crois au serment fait par les dieux, enfin crois en moi et dans ceux qui nous entourent.

LE CHOEUR. — Sois persuadé, prince, je t'en supplie.

ŒDIPE. — Eh bien, voyons, en quoi voulez-vous que je cède?

LE CHOEUR. — Respecte un homme sage, que son serment rend sacré.

ŒDIPE. — Sais-tu bien ce que tu veux?

LE CHOEUR. — Je le sais.

ŒDIPE. — Alors, explique-toi.

LE CHOEUR. — Ne chasse pas, hors de la patrie, sur un simple soupçon, l'ami lié par le serment.

ŒDIPE. — Mais me faire cette demande, c'est me demander ma perte et mon exil à moi.

LE CHOEUR. — Non, par le soleil, le premier des dieux, que je périsse, haï des dieux et des hommes, si une pareille pensée est entrée dans mon esprit; mais les malheurs de mon pays déchirent mon âme, à moi plus désespéré encore, si tu ajoutes à nos maux d'autrefois ces nouvelles calamités.

ŒDIPE. — Eh bien, qu'il s'en aille donc, et, si l'un des deux doit mourir ou être hautement chassé de la ville, que ce soit moi; mais sache bien que ce sont tes prières et non les siennes qui excitent ma pitié: en attendant, lui, quelque part qu'il soit, il me sera odieux.

CRÉON. — Tu cèdes avec un visage sombre, Œdipe; mais, une fois la colère calmée, tu seras insupportable à toi-même;

des caractères comme le tien sont encore plus douloureux à eux-mêmes qu'aux autres.

ŒDIPE. — Voyons, partiras-tu?

CRÉON. — Je pars méconnu de toi, mais apprécié du moins par ceux-ci.

LE CHOEUR. — Femme, que tardes-tu d'emmener Œdipe dans le palais?

JOCASTE. — Non, je veux savoir l'événement cause de tout ce bruit.

LE CHOEUR. — Un soupçon incertain a fait naître la querelle; ce qui est injuste blesse profondément.

JOCASTE. — L'attaque est-elle venue des deux?

LE CHOEUR. — Oui.

JOCASTE. — Et quels étaient leurs discours?

LE CHOEUR. — C'est assez, reine, il suffit; il est bon, au milieu des malheurs de Thèbes, de nous arrêter où s'arrête leur querelle.

Voyons, chers lecteurs, sérieusement, Jocaste mérite-t-elle le reproche de s'en aller sans être suffisamment renseignée?

Est-ce que Dieu, si bon, si miséricordieux, n'aurait pas pu inventer, pour aider à la digestion, quelque chose de mieux que cette vésicule du fiel, qui s'occupe à de pareilles choses dans les moments perdus que lui laisse un mauvais estomac.

Nous en sommes à la scène entre Œdipe et Jocaste.

« C'est dans cette scène, dit M. de Voltaire, qu'Œdipe raconte à Jocaste qu'un jour, à table, un homme ivre lui reprocha qu'il était un fils supposé : « J'allai, continue-t-il, trouver le roi et la reine; je les interrogeai sur ma naissance, ils furent tous deux très-fâchés du reproche que l'on m'avait fait; quoique je les aimasse avec beaucoup de tendresse, cette injure, qui était devenue publique, ne laissa pas de me demeurer sur le cœur et de me donner des soupçons. Je partis donc à leur insu pour aller à Delphes. Apollon ne daigna pas répondre précisément à ma demande; mais il me dit les choses les plus affreuses et les plus épouvantables dont on ait jamais ouï parler : que j'épouserais infailliblement ma propre mère, que je ferais voir aux hommes une race malheureuse qui les remplirait d'horreur, et que je serais le meurtrier de mon père. »

Voici la traduction littérale du texte grec :

— Mon père était le Corinthien Polybe et ma mère Mérope la Dorienne. Or, on me tenait pour le premier des citoyens de la ville avant qu'il m'arrivât un accident qui pouvait m'étonner, mais qui, cependant, ne devait me donner aucune inquiétude; en effet, au milieu d'un festin, on m'appela enfant supposé, et moi, offensé et me contenant à grand'peine, je me contins cependant tout le jour; mais, le lendemain, étant allé près de mon père et de ma mère, je m'informai; ceux-ci supportèrent avec peine l'outrage, et leur indignation fut grande contre son auteur. En cela et de leur côté, *j'eus donc tout lieu d'être satisfait.* Mais le souvenir de cette insulte me tourmentait sans cesse, et remuait fréquemment au fond de mon cœur, — si bien qu'à l'insu de mon père et de ma mère, je vins à Delphes; *mais Phœbus, sans m'honorer d'une réponse sur les choses pour lesquelles j'étais venu,* me révéla d'autres choses malheureuses, terribles et misérables : que le destin disait que je serais joint à ma mère et que je montrerais aux hommes une race horrible à voir, enfin que je serais le meurtrier du père qui m'avait engendré; — et moi, ayant entendu ces choses, réglant ma fuite sur les astres, je m'exilai de Corinthe, afin de ne pas voir accomplis les opprobres de ces sinistres oracles, et, toujours marchant, j'arrivai au lieu où tu dis que le roi Laïus a été assassiné.

Revenons à M. de Voltaire.

« Voilà encore la pièce finie, » dit-il.

Oui, si le texte était tel que vous dites ; mais vous faussez le texte ; il est vrai que cela vous donne l'occasion d'insulter à nouveau Sophocle.

« Tant d'ignorance dans Œdipe et dans Jocaste n'est qu'un *artifice grossier* du poëte, qui, pour donner à sa pièce une juste étendue, fait filer jusqu'au cinquième acte une reconnaissance déjà manifeste au second, et qui viole les règles *du sens commun*, pour ne point manquer en apparence à celles du théâtre. »

Et que direz-vous, monsieur de Voltaire, de ceux qui violent les règles de la bonne foi, qui oublient de dire ces deux choses si importantes qui expliquent pourquoi Œdipe est resté aveugle. *De la part de mon père et de ma mère, j'eus tout lieu d'être satisfait.*

C'est-à-dire que Polybe et Mérope rassurèrent Œdipe, lui répétant qu'il était leur fils. Or, comme ils devaient en savoir quelque chose, Œdipe les eût cru aveuglément ; qu'il n'eût point fallu s'en étonner.

Mais le poëte est plus difficile que cela pour lui-même ; malgré l'assurance de Polybe et de Mérope qu'il est bien leur fils, un soupçon lui reste au cœur, et il va consulter l'oracle de Delphes.

Mais Phœbus ne l'honore pas d'une réponse sur les choses pour lesquelles il est venu le consulter, ce qui n'empêche pas Œdipe de fuir en réglant sa fuite sur la la course des astres.

Mais ce qu'il y a de plus curieux, c'est que c'est juste au moment où M. de Voltaire accuse Œdipe d'aveuglement, que les premières lueurs de la vérité terrible pénètrent jusqu'à son cœur.

Écoutez ce que M. de Voltaire se garde bien de citer :

— Toujours marchant, j'arrivai aux lieux où tu dis que Laïus fut assassiné ; et maintenant, écoute, ô femme ! car je vais te révéler la vérité [1]. Lorsque je voyageais, arrivant à ce triple sentier dont tu as parlé, alors un héraut et un homme monté sur un char traîné par de jeunes chevaux venaient à ma rencontre. Alors, le conducteur et le vieillard voulurent m'écarter de la route avec violence, et, moi, je frappai par colère celui qui me repoussait, c'est-à-dire le conducteur ; ce que voyant le vieillard et que je marchais près du char, il me frappa au milieu du front de son aiguillon double. Par malheur, je ne le payai pas de la même peine ; je le frappai du bâton que je tenais dans cette main, et aussitôt il fut renversé sur le dos, tombant du milieu du char. Alors, je les tuai tous ; maintenant, s'il y a quelque chose de commun entre cet étranger et Laïus, quel est l'homme plus malheureux que je ne le suis ? quel homme est plus que moi haï des dieux ! Maintenant, aucun citoyen ni aucun étranger ne pourra plus me recevoir dans sa maison ; personne n'osera plus m'adresser la parole... ; on me chassera de tous les seuils, et ces malheurs, c'est moi-même qui les aurai appelés sur ma tête par mes propres imprécations. Or, je souille la couche du mort qui a péri par mes mains. Ne suis-je pas né pervers !... ne suis-je pas devenu impur ! Il faut que je m'exile ; et, en m'exilant, il ne m'est pas même permis de revoir les miens ni de rentrer dans ma patrie... *ou alors il faut que je m'expose à être uni, par l'hymen, à ma mère... il faut que je m'expose à tuer mon père Polybe, qui m'a nourri, qui m'a engendré !...* Est-ce qu'il serait injuste, celui qui dirait que de pareils malheurs viennent d'une divinité cruelle ? Que jamais donc, sainte majesté des dieux... que jamais donc je ne voie ce jour !... mais que je marche

---

[1] Nous verrons, dans l'*Œdipe* de M. de Voltaire, de quelle façon grotesque cette révélation se fait.

ignoré au milieu des mortels avant que de voir le malheur me tacher d'une pareille souillure !

LE CHŒUR. — Prince, nous partageons tes craintes ; mais, jusqu'à ce que tu sois éclairé par celui que tu as envoyé chercher, conserve l'espérance.

Et c'est tout simple qu'OEdipe conserve l'espérance ; car qu'est-ce que la mort d'un homme qu'il ne connaît pas, qui l'a attaqué, insulté, frappé, près de cette terrible prédiction à laquelle il ne peut croire ? puisque vivent Polybe, qu'il croit son père... Mérope, qu'il croit sa mère... près de cette terrible prédiction : « Tu tueras ton père ! et tu épouseras ta mère ! »

On attend donc le serviteur... et on l'attend, il faut le dire, avec une anxiété d'autant plus grande, que le spectateur pénètre ce secret que ni OEdipe ni Jocaste n'ont pénétré encore, et qui va éclater comme un tonnerre vengeur sur leurs têtes.

Suivons M. de Voltaire, si mauvais que soit le terrain sur lequel il nous mène ; mais nous faisons l'office des cantonniers, nous comblons les ornières.

« Cette même faute, dit M. de Voltaire, subsiste dans tout le cours de la pièce.

» Cet OEdipe, qui expliquait les énigmes, n'entend pas les choses les plus claires. Lorsque le pasteur de Corinthe lui apporte la nouvelle de la mort de Polybe, et qu'il lui apprend que Polybe n'est pas son père, qu'il a été exposé par un Thébain sur le mont Cythéron, que ses pieds avaient été percés et liés avec des courroies, OEdipe ne soupçonne rien encore ; il n'a d'autre crainte que d'être né d'une famille obscure, et le chœur, toujours présent dans le cours de la pièce, ne prête aucune attention à tout ce qui aurait dû instruire OEdipe de sa naissance. Le chœur, qu'on donne pour une assemblée de gens éclairés, montre aussi peu de pénétration qu'OEdipe, et, dans le temps que les Thébains devraient être saisis d'horreur et de pitié à la vue des malheurs dont ils sont témoins, il s'écrie :

» — Si je puis juger de l'avenir et si je ne me trompe dans mes conjectures, Cythéron, le jour de demain ne passera pas que vous ne fassiez connaître la patrie et la mère d'OEdipe, et que nous ne menions des danses en votre honneur, pour vous rendre grâce du plaisir que vous aurez fait à nos princes. Et vous, prince, duquel des dieux êtes-vous donc fils ? quelle nymphe vous a eu de Pan, dieu des montagnes ? Êtes-vous le fruit des amours d'Apollon, car Apollon se plaît aussi sur les montagnes ? Est-ce Mercure ou Bacchus qui se tient aussi sur le sommet des montagnes ? etc. »

Il est triste, vraiment, de retomber toujours dans le même reproche ; mais aussi, c'est qu'il est révoltant de trouver sans cesse la même mauvaise foi.

La scène entre l'envoyé, OEdipe et Jocaste, est une des plus développées et des mieux faites de la pièce. Un homme de Corinthe, espérant une récompense, s'est hâté de venir dire à OEdipe que Polybe, qui lui laisse le trône, est mort.

Quel est le premier mouvement d'OEdipe ? Un mouvement tout à la fois de douleur et de joie : de douleur, de ce que son père est mort ; de joie, de ce que l'oracle est pris en faute.

Il accourt, se rendant à l'invitation de Jocaste, qui s'est empressée de l'envoyer chercher.

Il apprend la nouvelle, et s'écrie :

— Hélas! hélas! pourquoi donc, ô femme, quelqu'un désormais aurait-il égard au foyer de la pythonisse ou au vol et au cri des oiseaux? Je devais tuer mon père, et voilà mon père mort, caché sous la terre, tandis que, moi, je suis ici. Je ne l'ai point touché de l'épée, et, à moins qu'il n'ait été consumé par le regret de mon absence, il n'est pas mort par moi. Or, Polybe est couché aux enfers, emportant avec lui ces vains oracles indignes de toute estime.

Ce n'est qu'au cent vingtième vers de la scène qu'OEdipe apprend qu'il a été exposé sur le Cythéron par un berger de Laïus.

Alors, au lieu de demeurer tranquille comme le prétend M. de Voltaire, la vérité terrible commence à lui apparaître.

— Quel est ce berger, s'écrie-t-il? est-il encore vivant? puis-je le voir?

— De qui parles-tu? Ne t'en inquiète pas; oublie ces vaines paroles, dit Jocaste, qui dès lors ne doute plus et qui ne veut que retarder la catastrophe.

— Oh! vous ne ferez pas qu'après de tels indices, je ne découvre pas ma naissance.

— Au nom des dieux, ne t'inquiète pas de cela; occupe-toi de ta vie; je suis déjà assez malheureuse.

— Tu ne me persuaderas pas de renoncer à éclaircir ce mystère.

— Ce que je te conseille est le meilleur.

— Depuis longtemps, ces sages avis m'importunent.

— Oh! infortuné! plaise aux dieux que tu ignores toujours qui tu es.

— Quelqu'un m'amènera-t-il enfin ce berger?

Comme on le voit, OEdipe est loin d'être calme et Jocaste loin d'être tranquille.

— Hélas! hélas! s'écrie Jocaste en fuyant; infortuné! c'est

le seul nom dont je puisse t'appeler désormais, jamais d'un autre.

LE CHOEUR. — Pourquoi donc la reine vient-elle de se précipiter loin d'ici dans un si cruel chagrin ?

OEdipe, en effet, se trompe à cette démonstration de Jocaste. Il croit que la reine voit en lui un simple enfant perdu, quelque fils d'esclave, et que c'est cela qui l'a fait sortir ainsi désespérée.

C'est alors que le chœur, qui représente tous les sentiments du peuple, du peuple flatteur parfois comme un courtisan, dit à OEdipe :

— Ce n'est pas une raison d'avoir été trouvé sur une montagne pour être le fils d'un esclave. Le Cythéron est une montagne sacrée, fréquentée par Pan, par Apollon et par Bacchus, et il y a autant de chance à ce que tu sois le fils d'un dieu que le fils d'un esclave.

C'est en ce moment que le berger arrive. — Nous avons dit plus haut, dans l'analyse que nous avons faite de l'*OEdipe roi* de Sophocle, comment tout s'éclaircit.

« OEdipe, dit Voltaire, sait enfin tout son sort au quatrième acte. Voilà donc encore la pièce finie. »

D'abord, la pièce grecque n'est pas divisée par actes. De temps en temps, le chœur reste seul et donne un repos aux acteurs, voilà tout.

« M. Dacier, qui a traduit l'*OEdipe* de Sophocle, prétend que le spectateur attend avec beaucoup d'impatience le parti que prendra Jocaste, et la manière dont OEdipe accomplira sur lui-même les malédictions qu'il a prononcées contre le meurtrier de Laïus. J'avais été séduit là-dessus par le respect que j'ai pour ce savant homme, et j'étais de son sentiment lorsque je lus sa traduction. La représentation de ma pièce m'a bien détrompé; et j'ai reconnu qu'on peut sans péril louer tant qu'on veut les poëtes grecs, mais qu'il est dangereux de les imiter.

» J'avais pris dans Sophocle une partie du récit de la mort de Jocaste et de la catastrophe d'Œdipe. J'ai senti que l'attention du spectateur diminuait avec son plaisir au récit de cette catastrophe : les esprits, remplis de terreur au moment de la reconnaissance, n'écoutaient plus qu'avec dégoût la fin de la pièce. Peut-être que la médiocrité des vers en était la cause ; peut-être que le spectateur, à qui cette catastrophe est connue, regrettait de n'entendre rien de nouveau ; peut-être aussi que, la terreur ayant été poussée à son comble, il était impossible que le reste ne parût languissant. Quoi qu'il en soit, je me suis cru obligé de retrancher ce récit, qui n'était pas de plus de quarante vers ; et, dans Sophocle, il tient tout le cinquième acte. Il y a grande apparence qu'on ne doit pas passer à un ancien deux ou trois cents vers inutiles, lorsqu'on n'en passe pas quarante à un moderne. »

Voilà le grand grief de M. de Voltaire contre Sophocle. C'est que les Athéniens avaient applaudi le récit de Sophocle, et que les Français avaient sifflé le récit de M. de Voltaire.

Cela tient peut-être à ce que Sophocle faisait mieux les vers grecs que M. de Voltaire ne faisait les vers français.

Ne vous a-t-il pas semblé, chers lecteurs, avoir vu, pendant toute cette longue diatribe du jeune Voltaire contre le vieux Sophocle ; ne vous semble-t-il pas avoir vu Cham, cet enfant impie de Noé, qui, trouvant son père ivre, couché et nu, appelle les passants pour railler avec eux cette nudité et cette ivresse ?

Sophocle n'est ni ivre, ni couché, ni nu ; mais vous l'eussiez trouvé ainsi, ô grand philosophe ! — comme on vous appelle, — qu'il eût été plus pieux, au lieu de le railler comme vous avez fait, de jeter votre manteau sur son ivresse et sa nudité.

C'est ce que firent Sem et Japhet à l'endroit de leur père, et, pour cela, ils furent bénis du Seigneur, tandis que Cham fut maudit en lui-même et dans sa postérité.

Heureusement que M. de Voltaire n'a pas de postétérité... légitime du moins.

Nous voici arrivé à l'*OEdipe* moderne ; examinons-le avec la même minutie, mais avec une meilleure foi que Voltaire n'a fait pour l'*OEdipe* de Sophocle.

Vous connaissez la tradition, chers lecteurs, je n'ai donc plus rien à vous apprendre là-dessus.

La peste règne à Thèbes ; mais, au lieu de représenter une place publique, un peuple désolé, des autels fumants, les Thébains en prières, le théâtre représente l'intérieur du palais d'OEdipe, et l'exposition va se faire entre *Dimas, ami de Philoctète*, et *Philoctète*.

Dimas voit entrer Philoctète et s'écrie :

Philoctète, est-ce vous ? Quel coup affreux du sort
Dans ces lieux empestés vous fait chercher la mort ?
Venez-vous de nos dieux affronter la colère ?

Les Thébains avaient-ils des dieux particuliers, un Jupiter à eux ? — Je ne le sache pas.

Nul *mortel* n'ose ici mettre un pied téméraire.

Qu'est-ce donc que Dimas, qu'est-ce donc qu'Œdipe, qu'est-ce donc que Jocaste, qu'est-ce donc que tout le peuple thébain, sinon des *mortels* ?

C'est *nul étranger* qu'il faudrait dire ; mais *étranger* n'eût pas fait le vers ; aussi, sans s'inquiéter du contre-sens, M. de Voltaire se contente du mot *mortel*.

M. de Voltaire est très-sévère pour les autres, mais, vous le voyez, peu difficile pour lui.

Philoctète répond :

> Ce séjour convient aux malheureux.
> Va, laisse-moi le soin de mes destins affreux,
> Et dis-moi si des dieux la colère inhumaine,
> En accablant ce peuple, a respecté la reine.

M. de Voltaire s'étonne qu'Œdipe n'ait pas fouillé davantage les circonstances de la mort de Laïus, et voilà Philoctète, *qui a des destins affreux* dont il veut *qu'on lui laisse le soin*, destins affreux causés par son amour pour Jocaste, et qui sait sans doute depuis le moment où il a traversé la frontière qu'une peste terrible désole Thèbes, voilà Philoctète qui n'a pas songé à s'informer si la reine est morte ou vivante !

Il s'en informe à Dimas, — mieux vaut tard que jamais.

« Oui, seigneur, elle vit, » répond Dimas, et il raconte à Philoctète les ravages de la peste.

— Et quel crime a produit un courroux si sévère ?

DIMAS.

Depuis la mort du roi...

PHILOCTÈTE.

Qu'entends-je ? quoi, Laïus ?...

DIMAS.

Seigneur, depuis quatre ans, ce héros ne vit plus !

Vidons tout de suite cette grande question : de l'âge que peuvent, ou plutôt doivent avoir Philoctète et Jocaste.

M. de Voltaire dit dans sa préface :

« Il est surprenant que Philoctète aime encore Jocaste, après une si longue absence. Il ressemble assez aux chevaliers errants, dont la profession était d'être toujours fidèles à leur maîtresse. *Mais je ne puis être de l'avis de ceux* qui trouvent Jocaste trop âgée, pour faire naître encore des passions ; elle a pu être mariée si jeune, et il est si souvent répété dans la pièce qu'Œdipe est dans une grande jeunesse, — cela est répété dans votre pièce, monsieur de Voltaire, mais point ailleurs, — que, sans préciser le temps, il est aisé de voir qu'elle n'a pas plus de trente-cinq ans. »

Et, pour mettre les femmes de son côté, M. de Voltaire ajoute sentimentalement :

« Les femmes seraient bien malheureuses, si on n'inspirait plus *de sentiments* à cet âge. »

D'abord, vous ne dites pas là ce que vous voulez dire, monsieur de Voltaire ; c'est *d'amour*, qu'il faudrait : inspirer *des sentiments* ne signifie absolument rien ; la honte, la pitié, le dégoût, l'envie, la haine, l'amour sont *des sentiments ;* inspirer *des sentiments,* c'est inspirer aussi bien la haine que l'amour, l'envie que la pitié.

Prouvons.

Ainsi, votre Jocaste a trente-cinq ans, monsieur de Voltaire.

Il n'y a qu'une difficulté à cela, c'est que c'est tout simplement impossible.

« Je veux bien, dites-vous, que Jocaste ait plus de soixante ans dans Sophocle et dans Corneille. La construction de leur fable n'est pas une règle pour la mienne, et je ne suis pas forcé d'adopter leurs fictions. »

Mais c'est que ce n'est point une fiction du tout, c'est la vérité; Jocaste, si elle est coquette, a droit de se rajeunir, on lui passera un petit mensonge d'un an ou deux; mais un mensonge de vingt-cinq ans, oh! non, ce n'est pas possible.

— Cependant, dites-vous, monsieur de Voltaire, si j'ai besoin d'une Jocaste jeune pour la faire aimer de Philoctète?

Nous ne vous l'accorderons pas plus que nous ne vous accorderions un Achille vieux. L'histoire est là, monsieur de Voltaire; et, en vérité, ce n'est pas la peine de la violer, pour lui faire un si pauvre enfant.

Voyons, discutons l'âge de Philoctète, nous discuterons ensuite celui de Jocaste.

— Mais comment discuter l'âge de Philoctète?

Rien de plus facile. Vous allez voir qu'à cinq ou six ans près, nous arriverons à la preuve, comme on dit en arithmétique.

Philoctète était un *argonaute,* c'est-à-dire un *navigateur sur Argo.* Or, quand le navire *Argo* doubla le mont Pélion, les argonautes saluèrent en passant le vieux centaure Chiron et Achille, son élève, que son âge *encore trop tendre* empêchait de les suivre.

Mettons qu'Achille ait dix ans, et que Philoctète, ami d'Hercule, en ait trente.

Vous allez voir.

Achille part pour la guerre de Troie à vingt ans.

Philoctète en a quarante.

La guerre de Troie dure neuf ans.

Philoctète en a quarante-neuf. C'est lui qui termine cette guerre en tuant Pâris avec une des flèches d'Hercule.

Or, il est impossible qu'il soit venu il y a quatre ans en Béotie, comme le dit Dimas :

Quatre ans sont écoulés depuis qu'en Béotie
Pour la dernière fois le sort guida vos pas.
A peine vous quittiez *le sein* de vos États...

On quitte le sein de sa nourrice, mais je n'ai jamais lu que dans M. de Voltaire que l'on quittât *le sein* de ses États.

A peine vous preniez le chemin de l'*Asie*,
Lorsque, d'un coup *perfide*, une main *ennemie*
Ravit à ses sujets ce prince *infortuné*.

Asie et *ennemie* riment mal ; mais il y a encore quelque chose qui rime plus mal dans tout cela. Vous allez voir.

Philoctète part pour Troie avec tous les princes grecs. On ne peut prendre Troie qu'à l'aide des flèches d'Hercule ; mais les flèches d'Hercule sont enterrées avec leur maître, et Hercule a fait jurer à Philoctète, son dernier ami, son seul ensevelisseur, que jamais il ne révélerait la place de son tombeau.

Philoctète, pour rester fidèle à son serment, frappe,

sans parler, la terre du pied. On creuse la terre, on trouve les flèches d'Hercule; on les prend, on les donne à Philoctète, comme au plus digne de s'en servir. Mais elles sont trop lourdes pour le parjure; une d'elles s'échappe de ses mains, tombe sur son pied et lui fait, grâce au venin de l'hydre, une blessure incurable qui force, à cause de l'odeur insupportable qui s'en exhale, ses compagnons à l'abandonner dans l'île de Lemnos, où il reste neuf ans, c'est-à-dire jusqu'après la mort d'Achille.

Il ne peut donc pas être venu quatre ans auparavant en Béotie, comme le prétend Dimas.

— Mais, me répondra-t-on, il y est venu après la guerre de Troie.

Soit, cela lui fait quatre ans de plus, alors.

Récapitulons.

Trente ans au moment du voyage des argonautes.

Quarante ans lors de la guerre de Troie.

Quarante-neuf ans lors de la mort d'Achille.

Cinquante ans lors de la mort de Pâris.

Cinquante-quatre ans lors de son arrivée à Thèbes.

C'est déjà un peu vieux pour dire ces vers en apprenant la mort de Laïus :

Il ne vit plus ! quel mot a frappé mon oreille !
Quel espoir *séduisant* dans mon cœur se réveille !
Quoi ! Jocaste, les dieux me seraient-ils plus doux ?...
Quoi ! Philoctète, *enfin*, pourrait-il être à vous ?

Le mot *enfin* n'est pas déplacé; comme on voit.

Venons maintenant aux trente-cinq ans de Jocaste.

Philoctète avait dû connaître Jocaste avant son voyage sur le navire *Argo*.

Pourquoi pas entre le retour de la Colchide et la guerre de Troie?

Vous allez voir que c'est impossible.

Voici ce que dit Dimas en parlant de l'amour de Philoctète pour Jocaste :

> J'ai plaint longtemps ce feu si puissant et si doux ;
> Il naquit dans l'enfance, il croissait avec vous.
> Jocaste, par un père à son hymen forcée,
> Au trône de Laïus à regret fut placée.
> Hélas! par cet hymen qui causa tant de pleurs,
> Les destins en secret préparaient nos malheurs,
> Que j'admirais en vous cette vertu suprême,
> Ce cœur digne du trône et vainqueur de soi-même!
> En vain l'amour parlait à ce cœur agité :
> *C'est le premier tyran que vous avez dompté.*

Un joli vers, n'est-ce pas?

Philoctète *répond :*

> Il fallut fuir pour vaincre. Oui, je te le confesse,
> Je luttai quelque temps ; je sentis ma faiblesse,
> Il fallut m'arracher de ce funeste lieu,
> Et je dis à Jocaste un éternel adieu.

Donc, Philoctète a quitté Jocaste depuis son mariage avec Laïus. L'historien ne dit pas combien de temps Jocaste vécut avec Laïus. Voltaire avoue quinze ans à peu près, puisqu'il donne trente-cinq ans à Jocaste, et que Dimas dit :

> Seigneur, depuis quatre ans, ce héros ne vit plus.

Jocaste s'est mariée à seize ans.

Elle a vécu quinze ans avec Laïus ; trente et un ans.

Laïus est mort depuis quatre ans ; voilà les trente-cinq ans de la Jocaste de Voltaire.

Ah! mais monsieur de Voltaire, vous comptez sans les quatre enfants qu'OEdipe a eus de Jocaste.

Les deux jumeaux fratricides Étéocle et Polynice, Antigone, Ismène.

Or, calculons au plus bas.

Jocaste a perdu Laïus à trente et un ans.

A trente-deux ans, elle a épousé OEdipe.

A trente-cinq ans, elle ne peut avoir quatre enfants.

— Si fait, puisque, sur ces quatre enfants, il y a deux jumeaux; Étéocle et Polynice ont trois ans, Antigone a deux ans, Ismène, un an.

Tiens, c'est assez ingénieux.

Par malheur, Étéocle, qui est reconnu pour l'aîné, succède à son père OEdipe, qui prend le chemin de l'exil appuyé sur Antigone.

Sérieusement, il n'est pas probable qu'Étéocle régnait à trois ans, et qu'Antigone servait de soutien à son père à deux ans.

Voyez plutôt la tragédie d'*Antigone* du même Sophocle. Antigone est une femme quand, malgré l'ordre de Créon, elle donne la sépulture à Polynice.

Elle a vingt ans.

Elle en avait donc dix-huit quand Étéocle est monté sur le trône, puisqu'il règne deux ans contre la foi jurée.

Si Antigone a dix-huit ans, ses deux frères aînés doivent en avoir dix-neuf.

Si les deux frères aînés d'Antigone ont dix-neuf ans, il y a vingt ans que Jocaste est mariée avec OEdipe.

Or, s'il y a vingt ans que Jocaste est mariée avec

Œdipe, comme elle l'a épousé à trente-deux ans, elle a cinquante-deux ans.

Jocaste a cinquante-deux ans, Philoctète en a cinquante-quatre, les deux amants ont cent six ans à eux deux.

C'est, on en conviendra, un âge à ne plus faire de folies.

C'est pour cela que Philoctète, — qui désire que Dimas *lui laisse le soin de ses destins affreux*, et qui un instant a senti un espoir *séduisant se réveiller dans son cœur*, — c'est pour cela que Philoctète reçoit si philosophiquement la nouvelle du mariage de Jocaste avec Œdipe. Voyez plutôt :

DIMAS.

Ainsi donc, désormais, sans plainte et sans courroux,
Vous reverrez Jocaste et son nouvel époux.
PHILOCTÈTE.
Comment! que dites-vous ? un nouvel hyménée...
DIMAS.
Œdipe à cette reine a joint sa destinée.
PHILOCTÈTE.
Œdipe *est trop heureux!* Je n'en suis pas surpris;
Et qui sauva son peuple est *digne d'un tel prix*.
Le Ciel est juste.

Si Œdipe *est digne d'un tel prix* et si *le Ciel est juste*, Œdipe n'est pas trop heureux.

Mais attendez, ceci n'est rien.

Voltaire se critique lui-même comme il a critiqué Sophocle, seulement avec plus de courtoisie.

« Pour l'ignorance où est Philoctète des affaires de Thèbes, dit-il, je ne la trouve pas moins condamnable que celle d'Œdipe. »

En effet, Thèbes a l'air du château de la *Belle au bois dormant* ; personne ne sait rien de ce qui s'est passé depuis vingt ans.

OEdipe ne sait pas comment Laïus a été tué.

Philoctète ne sait pas si Jocaste est vivante.

Et, chose bien plus extraordinaire, Dimas ne sait pas qu'Hercule est mort.

Hercule, comprenez-vous bien? Dimas ne sait pas qu'Hercule le Thébain, qu'Hercule le dompteur de monstres, que le demi-dieu Hercule est mort!

Voyez plutôt.

C'est Philoctète qui parle :

Apprends mon infortune et les malheurs du monde :
Mes yeux ne verront plus ce digne fils des dieux,
Cet appui de la terre, invincible comme eux.
L'innocent opprimé perd son dieu tutélaire ;
Je pleure mon ami, le monde pleure un père.

DIMAS.

Hercule est mort?

Eh! mon Dieu, oui, mon cher monsieur Dimas, Hercule est mort; comment! vous ne savez pas cela? Ce n'est pas croyable.

Mais Hercule est mort sur le mont OEta, me direz-vous ; il y a une vingtaine de lieues du mont OEta à Thèbes; peut-être la nouvelle de sa mort n'a-t-elle pas eu le temps d'arriver dans la capitale de la Béotie.

La chose serait possible si Hercule était mort de la veille ; mais il y a quelque chose comme quinze ans qu'Hercule est mort; puisqu'il est mort avant la guerre de Troie, et Dimas ne sait pas la mort d'Hercule !

Comprenez-vous un Parisien qui, en 1836, n'eût pas su la mort de Napoléon ?

Et encore, Napoléon était mort à deux mille lieues de Paris, tandis qu'Hercule n'était mort qu'à vingt lieues de Thèbes.

Laquelle des quatre épithètes appliquées par vous à Sophocle : *absurde*, *révoltant*, *grossier*, *ignorant*, vous est applicable, à vous, monsieur de Voltaire ?

Sans compter que nous vous faisons grâce de vers comme ceux-ci :

PHILOCTÈTE.
Ami, ces malheureuses mains
Ont mis sur le bûcher le plus grand des humains.
Je rapporte en ces lieux ses *flèches invincibles*.

Des *flèches invincibles !*

Du fils de Jupiter, présents chers et terribles.

Il faudrait *présent* au singulier, à moins qu'Hercule n'ait donné à Philoctète ses flèches une à une, et ne lui ait fait ainsi plusieurs présents. Mais M. de Voltaire ne voulait pas perdre ce bel hémistiche :

Ses flèches invincibles.

Il fallait donc mettre présents au pluriel, afin de faire rimer ter*ribles* et invin*cibles*, qui ne riment pas.

Il est vrai que ces deux beaux vers sont suivis d'une belle faute de français.

Je rapporte sa cendre et viens à ce héros,
Attendant des autels, élever des tombeaux.

Voici la construction de la phrase ; je défie qu'on la fasse autrement :

« *Je rapporte sa cendre et viens, attendant des autels,* élever des tombeaux à ce héros. »

Ah ! parbleu ! monsieur de Voltaire, voilà une belle langue et voilà de beaux vers pour un homme qui, trois pages auparavant, dans sa préface, dit, en parlant de l'*OEdipe* de Corneille :

« Je ne parle point de la versification ; on sait qu'il n'a jamais fait de vers si faibles et si indignes de la tragédie. En effet, Corneille ne connaissait guère la médiocrité, et il tombait dans le bas *avec la même facilité* qu'il s'élevait au sublime. »

Ce qui veut dire en bon français que Corneille s'élevait *au sublime avec facilité.*

Eh bien, mais ce n'est déjà pas si maladroit, cela, et ce n'est pas moi qui vous ferai le même reproche, monsieur de Voltaire.

On a vu avec quelle fine et courtoise moquerie M. de Voltaire raille Sophocle à propos de son OEdipe, qui vient demander au grand prêtre des détails sur la peste, et qui ne sait pas comment est mort Laïus.

Voyons un peu comment s'y prend M. de Voltaire à propos de la peste et à propos de Laïus.

La porte du temple s'ouvre, et le grand prêtre paraît au milieu du peuple.

PREMIER PERSONNAGE DU CHOEUR.
Esprits contagieux, tyrans de cet empire,
Qui soufflez dans ces murs la mort qu'on y respire,
Redoublez contre nous votre lente fureur,
Et d'un trépas trop long épargnez-nous l'horreur !

Si les esprits contagieux *redoublent leur lente fureur*, ils seront deux fois plus lents.

Ce que veut dire M. de Voltaire vaut souvent mieux que ce qu'il dit.

SECOND PERSONNAGE.

Frappez, dieux tout-puissants ; vos victimes sont prêtes !
O monts, écrasez-nous ! Cieux, tombez sur nos têtes !
O mort ! nous implorons ton funeste secours !
O mort ! viens nous sauver, viens terminer nos jours !

LE GRAND PRÊTRE.

Cessez et *retenez* ces clameurs lamentables.

Si l'on *cesse* les clameurs, on n'aura pas besoin de les retenir.

Ah ! par ma foi, monsieur de Voltaire, ce n'était pas la peine de tant railler le grand prêtre de Sophocle ! Du moins, il ne dit la sottise que vous lui prêtez qu'à la cinquième ligne.

Le vôtre ne tourne pas autour de celle qu'il a à dire ; il la crache au peuple dès le premier mot.

Ah ! maintenant, voyons, grand maître, comment il se fait que, chez vous, Œdipe ignore les détails de la mort de Laïus, ignorance dont vous faites un si grand reproche au pauvre Œdipe de Sophocle :

OEDIPE.

A chercher le coupable, appliquons tous nos soins.
Quoi ! de la mort du roi n'a-t-on pas de témoins ?
Et n'a-t-on jamais pu, parmi tant de prodiges,
De ce crime impuni retrouver les vestiges ?
On m'avait toujours dit que ce fut un Thébain
Qui leva sur ce prince une coupable main.

Qui diable vous avait dit cela, monsieur de Voltaire ?

(A Jocaste.)
Pour moi qui, de vos mains recevant la couronne,
Deux ans après sa mort ai monté sur son trône.

Bon! nous voilà obligé de vieillir encore Jocaste d'un an. Nous ne lui avions donné qu'un an de veuvage.

Madame, jusqu'ici respectant vos douleurs,
Je n'ai pas rappelé le sujet de vos pleurs,
Et de vos seuls périls chaque jour alarmée,
Mon âme à d'autres soins semblait être fermée.

Eh bien, à la bonne heure! OEdipe est parricide, incestueux, il a tué son père, il est le mari de sa mère, mais il n'a pas le défaut d'être curieux.

Cependant, il se décide à demander comment les choses se sont passées.

Jocaste lui raconte alors une histoire qui ne diffère de celle de Sophocle que sur ce point : que c'est Phorbas, le premier ministre du roi, et non pas un simple berger, qui est venu annoncer sa mort.

Jocaste, pour le soustraire au courroux du peuple qui voulait l'égorger, l'a fait enfermer dans une prison d'État. Nouvelle preuve du peu de curiosité d'OEdipe.

Voyez-vous M. de Martignac emprisonné par Charles X, et Louis-Philippe oubliant de demander, en montant sur le trône, pourquoi M. de Martignac est en prison!

Chez Sophocle, c'est un pauvre berger, qui s'est caché dans les montagnes.

C'est un peu plus probable.

Comme dans Sophocle, OEdipe ordonne qu'on le

fasse venir, et, en attendant, voue le meurtrier à la vengeance des dieux.

Et l'acte premier finit.

Cette fois, dès la première scène du second acte, M. de Voltaire ne marchande pas.

Araspe, *confident* d'OEdipe, entre en scène et dit à Jocaste et aux confidents :

Oui, ce peuple expirant dont je suis l'interprète,
D'une commune voix accuse Philoctète,
Madame; et les destins, dans ce triste séjour,
Pour nous sauver, sans doute, ont permis son retour.
JOCASTE.
Qu'ai-je entendu, grands dieux!

Et, en effet, Jocaste a grande raison d'être étonnée : il y a vingt-deux ans, lorsque Laïus est mort, Philoctète était au fond de la Colchide, à cinq cents lieues de Thèbes à peu près, et, si loin que portent les flèches d'Hercule, en leur accordant cinq cents pas de jet, c'est tout ce qu'on peut faire pour elles.

Égine est aussi étonnée que sa maîtresse; et, pas plus que sa maîtresse, elle ne cache son étonnement.

Jocaste dit :

Qu'ai-je entendu, grands dieux !...

Et Égine :

Ma surprise est extrême!

Quant à Araspe, il tient à ce que Philoctète soit le meurtrier. Il ignore pourquoi Philoctète en voulait à Laïus; mais il sait pertinemment qu'il lui en voulait,

J'ignore quel sujet animait sa colère ;
Mais, au seul nom du roi, trop prompt et trop sincère,
Esclave d'un courroux qu'il ne pouvait dompter,
Jusques à la menace il osa s'emporter.
Il partit..., et, depuis, sa destinée *errante*
Ramena sur nos bords sa fortune *flottante*.

Pourquoi flottante?... Est-ce parce qu'il montait le navire *Argo?*

Même il était dans Thèbe en ces temps malheureux
Que le ciel a marqués d'un parricide affreux !

S'il était dans Thèbes, il n'a plus d'excuse, vous en conviendrez, d'ignorer la mort du roi Laïus.

Un Belge qui aurait été à Paris le jour de l'assassinat du roi Henri IV, et qui, vingt-deux ans après, ne saurait pas encore que Henri IV a été assassiné, serait, à notre avis, impardonnable.

Mais, vous comprenez bien, il fallait un pendant à Dimas, qui ne sait pas qu'Hercule est mort.

Maintenant, comment cela va-t-il se passer? Voilà Araspe qui dit que Philoctète était à Thèbes le jour de la mort de Laïus.

Voilà Philoctète qui dit qu'il n'y est pas venu depuis le mariage de Jocaste.

Lequel des deux ment, de Philoctète ou de Dimas?

M'est avis, à moi, que c'est M. de Voltaire.

Ainsi, voici l'auteur de l'*OEdipe* moderne qui ne peut en revenir de ce que cet *idiot* de Sophocle fait accuser *Créon* par OEdipe, qui fait accuser, lui, *Philoctète* par Dimas.

Au moins Créon aurait eu une raison de tuer Laïus...

C'était d'être nommé régent du royaume, comme il l'a été après la mort du vieux roi, et comme il le serait encore si l'immense service rendu par OEdipe au peuple thébain, le jour où il l'a débarrassé de son sphinx, n'avait donné le trône à OEdipe.

Mais, me direz-vous, Philoctète en avait une aussi, et Dimas la donne.

> Au seul nom de Laïus, trop prompt et trop sincère,
> Esclave d'un courroux qu'il ne pouvait dompter,
> Jusques à la menace il osa s'emporter.

Puis, ce que le public sait et ce que Dimas ne sait pas, puisqu'il dit :

> J'ignore quel sujet animait sa colère.

c'est que Philoctète aimait Jocaste, et qu'il pouvait bien tuer Laïus dans l'espoir de devenir son époux. C'est ce qu'Égisthe a fait à l'endroit d'Agamemnon.

Mais Égisthe, Agamemnon tué, ne s'est pas amusé à courir pendant vingt-deux ans le monde avant de revenir à Clytemnestre ; il l'a prise à l'âge qu'elle avait — à l'âge que M. de Voltaire donne à Jocaste — à l'âge de trente ou de trente-cinq ans, et s'est bien gardé de la laisser vieillir jusqu'à l'âge de cinquante ans.

Après cela, nous avons vu dans M. de Balzac qu'il y a des hommes qui aiment les femmes de trente ans, et d'autres les femmes de quarante.

Il peut donc y en avoir qui aiment les femmes de cinquante.

Philoctète a laissé mûrir le fruit, et, quand il a cru le fruit au point où il l'aimait, il est revenu pour le cueillir.

Il avait à aller chercher la toison d'or en Colchide;
Il avait à prendre Troie;
Il avait à s'associer aux travaux d'Alcide;

A marcher près de lui ceint du même laurier;

toutes choses plus pressées que de venir réclamer la main d'une femme qu'on aime et dont on a tué le mari.

Aussi, n'est-il pas si injuste, quand il rencontre Jocaste, de lui faire des reproches. — Voyez plutôt :

PHILOCTÈTE.
Ne fuyez point, madame, et cessez de trembler;
Osez me voir, osez m'entendre et me parler;
Ne craignez point ici que mes jalouses larmes
De votre hymen heureux troublent les nouveaux charmes;
N'attendez point de moi des reproches honteux,
Ni de lâches soupirs indignes de tous deux.
Je ne vous tiendrai point de ces discours vulgaires
Que dicte la mollesse aux amants ordinaires;
Un cœur qui vous chérit, et, s'il faut dire plus,
S'il vous souvient des nœuds que vous avez rompus,
Un cœur pour qui le vôtre avait quelque tendresse
N'a point appris de vous à montrer de faiblesse.

Il est vrai qu'il donne une excuse de son absence :

Ah! pourquoi la Fortune à me nuire constante
Emportait-elle ailleurs ma valeur imprudente?
Si le vainqueur du sphinx devait vous conquérir,
Fallait-il loin de vous ne chercher qu'à périr?

Mais Philoctète, qui n'était pas venu à Thèbes depuis vingt-deux ans, eût aussi bien fait de n'y pas revenir, puisque, arrivé à midi, il est accusé à une heure, ni plus ni moins que s'il était de Domfront, ville de malheur, comme on sait.

Aussi Philoctète ne peut-il digérer cette accusation. Il faut qu'OEdipe vienne et la lui répète, pour qu'il ne croie pas à une mauvaise plaisanterie de Jocaste.

Mais il a affaire à un homme qui est payé pour ne pas aimer les énigmes; aussi parle-t-il clairement:

> Vous êtes accusé; songez à vous défendre.
> Paraissez innocent; il me sera bien doux
> D'honorer dans ma cour un héros tel que vous;
> Et je me tiens heureux s'il faut que je vous traite
> Non comme un accusé, mais comme Philoctète.

Philoctète répond.

Voltaire trouve que Créon répond par de mauvaises raisons; on n'en dira pas autant de Philoctète : il répond par trois magnifiques sentences.

PREMIÈRE SENTENCE.

> Cette main qu'on accuse, au défaut du tonnerre,
> D'infâmes assassins a délivré la terre;
> Hercule à les dompter avait instruit mon bras.
> *Seigneur, qui les punit ne les imite pas!*

DEUXIÈME SENTENCE.

> Un roi, pour ses sujets, est un dieu qu'on révère.
> Pour Hercule et pour moi, c'est un homme ordinaire.
> J'ai défendu des rois, et vous devez songer
> *Que j'ai pu les combattre, ayant pu les venger.*

TROISIÈME SENTENCE.

> Le trône est un objet qui n'a pu me tenter;
> Hercule à ce haut rang dédaignait de monter.
> Toujours libre avec lui, sans sujets et sans maître,
> J'ai fait des *souverains* et n'ai pas voulu *l'être.*

Il y a ici une grosse faute de français; mais, quand il s'agit d'une sentence, M. de Voltaire n'y regarde pas de si près.

Philoctète sort, et Œdipe le suit en disant à Araspe :

> Dans l'état déplorable où tu vois que nous sommes,
> Je veux interroger et les dieux et les hommes.

Et la toile tombe sur la fin du second acte, ou plutôt ne tombe pas, puisqu'il est convenu que, dans la tragédie, le rideau doit rester constamment levé.

Cherchez ce qu'il y a comme action dans ces deux premiers actes, et, si vous y trouvez une intrigue quelconque, faites-m'en part.

Le troisième acte s'ouvre, comme le second, entre Jocaste et Égine. M. de Voltaire a été content de l'ouverture du second, à ce qu'il paraît : pourquoi chercherait-il autre chose pour le troisième ?

A la première scène du second acte, on accusait Philoctète; à la première scène du troisième acte, Philoctète est accusé.

On voit que la pièce a marché.

Lentement, il est vrai; mais il y a un proverbe italien là-dessus.

Jocaste attend Philoctète. Je veux, dit-elle,

> De ces *funestes lieux* qu'il s'écarte, qu'il *fuie ;*
> Qu'il sauve, en s'éloignant, et ma gloire et ma *vie*.

Encore une de ces rimes auxquelles Voltaire a donné son nom.

Cependant, tout en attendant Philoctète, Jocaste craint qu'on ne la soupçonne :

> Des courtisans, sur nous, les inquiets regards,
> Avec avidité tombent de toutes parts :

> A travers les respects, leurs trompeuses souplesses
> Pénètrent dans nos cœurs et cherchent nos faiblesses;
> A leur malignité rien n'échappe et *ne fuit*.

Nous ne savions pas que l'on dît *fuir* à une malignité.

Philoctète arrive. Jocaste lui propose de fuir; il va sans dire que Philoctète refuse, en disant :

> Préférez, comme moi, mon honneur à ma *vie*;
> Commandez que je meure, et non pas que je *fuie*.

M. de Voltaire affectionne ces deux rimes-là.

Plus les enfants sont laids, plus le père les aime, dit encore un proverbe.

Par bonheur, Œdipe arrive; il était temps.

Un *vain* peuple, en tumulte, avait demandé la tête de Philoctète.

Œdipe vient lui dire :

> Prince, ne craignez point l'impétueux caprice
> D'un peuple dont la voix presse votre supplice.

En effet, continue Œdipe :

> Le ciel, enfin, s'apaise; il veut nous pardonner;
> Et bientôt, retirant la main qui nous opprime,
> Par la voix du grand prêtre, il nomme la victime.

Le grand prêtre entre. Cette victime que demandent les dieux, c'est Œdipe.

Alors, Philoctète prend sa revanche; il avait une demi-douzaine de sentences à placer. Il en a placé trois dans sa scène avec Œdipe; il trouve un joint pour la quatrième et ne laisse pas fuir l'occasion :

Contre vos enemis je vous offre mon bras,

s'écrie-t-il.

Entre un pontife et vous je ne balance pas.
Un prêtre, quel qu'il soit, quelque dieu qui l'inspire,
Doit prier pour ses rois, et non pas les maudire.

Ces menaces de Philoctète n'arrêtent pas le grand prêtre, comme vous pensez bien ; il ne demande pas mieux que de marcher au martyre. Voyez plutôt :

Ma vie est en vos mains, vous en êtes le maître ;
Profitez des moments que vous avez à l'être.
Aujourd'hui, votre arrêt vous sera prononcé.
Tremblez, malheureux roi, votre règne est passé !
Une invisible main suspend sur votre tête
Le glaive menaçant que la vengeance apprête.
Bientôt, de vos forfaits vous-même épouvanté,
Fuyant loin de ce trône où vous êtes monté,
Privé des feux sacrés et des eaux salutaires,
Remplissant de vos cris les antres solitaires,
Partout d'un dieu vengeur vous sentirez les coups,
Vous chercherez la mort, la mort *fuira de vous !*

Cependant, je crois le grand prêtre plus effrayé qu'il ne le laisse voir. C'est, à notre avis, à son émotion qu'il faut attribuer cette locution : *La mort fuira de vous*.

La mort ne fuit pas de quelqu'un, elle fuit loin de quelqu'un, devant quelqu'un.

Le seul cas où elle pourrait fuir de quelqu'un serait celui où, après être entrée dans le corps d'un homme, elle en serait chassée par un pouvoir surnaturel.

Ainsi, à la rigueur, on pourrait dire, à propos des deux miracles du Christ : la mort *fuit de* la fille de Jaïre ; la mort *fuit de* Lazare.

Au reste, Œdipe ne cache pas son trouble. En effet, il est si troublé, qu'il s'écrie :

Quittez, reine, quittez ce langage terrible ;
Le sort de votre époux est déjà trop horrible,
Sans que, de nouveaux traits venant me déchirer,
Vous me donniez encor votre mort à pleurer.
Suivez mes pas, rentrons ; il faut que j'éclaircisse
Un soupçon que je forme avec trop de justice.
Venez.

JOCASTE.
Comment, seigneur, vous pourriez... ?

ŒDIPE.
Suivez-moi.
Et venez dissiper ou combler mon effroi.

Ah ! je vous y prends, monsieur de Voltaire, vous qui prétendez que Sophocle ne sait pas faire une tragédie, vous êtes arrivé à la fin de votre acte, vous ne savez comment faire sortir Œdipe. Alors, il sort en disant à Jocaste : *Suivez-moi !*

Pour avoir lieu à deux, la sortie n'en est pas meilleure.

D'autant plus qu'Œdipe, après être sorti avec Jocaste, rentre immédiatement avec Jocaste.

Peut-être croyez-vous que, pendant sa disparition d'un instant, Œdipe a dit à Jocaste quel était ce soupçon qu'il formait avec trop de justice.

Ah bien, oui ! il s'en est gardé.

Et la preuve, voyez ce qu'il dit en rentrant :

ŒDIPE.
Non, quoi que vous disiez, mon âme inquiétée
De soupçons importuns n'est pas moins agitée.

Seulement, ce n'est plus *un soupçon* qu'il forme, ce sont *des soupçons* dont il est agité.

L'intérêt va croissant.

Puis il a un aveu à faire à Jocaste, et il la ramène en scène pour le lui faire.

Le grand prêtre me gêne...

Parbleu! je le crois bien, qu'il vous gêne; M. de Voltaire ne l'a mis où il est que pour cela.

Alors commence la grande scène entre OEdipe et Jocaste, la même que dans Sophocle, où Jocaste raconte à OEdipe la prédiction qui lui a été faite, et où OEdipe fait à Jocaste le même aveu. Seulement, tout cela est arrangé à la mode du xviiie siècle, ou plutôt à la mode de M. de Voltaire, c'est-à-dire en *ennoblissant* les détails, comme on disait alors.

Voyez, en effet, comme les détails sont ennoblis.

Dans Sophocle, à peine OEdipe a-t-il entendu la réponse de l'oracle, qu'il fuit à pied, un bâton à la main, dirigeant sa course sur celle des astres.

On se rappelle la rencontre de Laïus; le héraut voulant écarter OEdipe du chemin de son maître, et celui-ci le frappant au front de l'aiguillon avec lequel il excite ses chevaux.

On comprend que tout cela n'est pas assez noble pour ce fameux xviiie siècle, qui farde et poudre l'antiquité comme une poupée du Palais-Royal ou une drôlesse du Parc-aux-Cerfs.

Voici comment M. de Voltaire comprend l'antiquité, lui :

> Je m'arrachai des bras d'une mère éplorée ;
> Je partis, je courus de contrée en contrée ;
> Je déguisai partout ma naissance et mon nom.
> Un ami de mes pas fut le seul compagnon.
> Dans plus d'une aventure, en ce fatal voyage,
> Le dieu qui me guidait seconda mon courage ;
> Heureux si j'avais pu, dans l'un de ces combats,
> Prévenir mon destin par un noble trépas !
> Mais je suis réservé sans doute au parricide.

Écoutez bien. Voici où est la chose incroyable :

> Enfin, je me souviens qu'aux champs de la Phocide
> (Et je ne conçois pas *par quel enchantement*
> J'oubliais jusqu'ici ce grand événement ;
> La main des dieux sur moi si longtemps suspendue
> Semble ôter le bandeau qu'ils mettaient sur ma vue),
> Dans un chemin étroit, je trouvai deux guerriers
> Sur un char éclatant que traînaient deux coursiers.
> *Il fallut* disputer, dans cet étroit passage,
> Des vains honneurs du pas le frivole avantage.

A la bonne heure ! voilà qui est autrement noble que cette rencontre d'Œdipe marchant seul, un bâton à la main, avec ce héraut, cet homme, ce berger et ces trois gardes.

Seulement, pourquoi *fallut-il* disputer des vains honneurs du pas le frivole avantage, puisqu'Œdipe voyageait

Déguisant sa naissance et son nom ?

Ce n'était pas un moyen de cacher son nom et sa naissance que de disputer, *à deux guerriers* venant dans *un char éclatant traîné par deux coursiers*, des vains honneurs du pas le frivole avantage.

Mais que voulez-vous ! Œdipe

> Était jeune et superbe et nourri dans un rang
> Où l'on puisa toujours l'orgueil avec le sang.
> Inconnu, *dans le sein* d'une terre étrangère ;
> Il se croyait encore au trône de son père.

Dans Sophocle, au moins, Œdipe a une excuse : c'est le conducteur du char qui lui crie au large, c'est le héraut qui le repousse, c'est Laïus qui le frappe.

L'Œdipe de M. de Voltaire n'attend pas tout cela. Voyez plutôt, et comptez les épithètes faisant rime :

> Je marche donc vers eux, et ma main *furieuse*
> Arrête des coursiers la fougue *impétueuse*.
> Loin du char, à l'instant, ces guerriers élancés,
> Avec fureur sur moi fondent à coups *pressés*.
> La victoire entre nous ne fut point *incertaine*.
> Dieux puissants, je ne sais si c'est faveur ou haine,
> Mais sans doute pour moi contre eux vous combattiez ;
> Et l'un et l'autre, enfin, tombèrent à mes pieds.

A peine Œdipe a-t-il achevé ce récit, que Phorbas paraît, que la reconnaissance se fait, et qu'on annonce à Œdipe qu'un étranger arrive de Corinthe.

Devinez ce que fait Œdipe ?

Il sort... pour rentrer ; mais, en sortant, il donne une fin au quatrième acte, qui ne finissait pas sans cela.

Venez, jeunes auteurs qui étudiez l'art dramatique !... voyez et profitez !

SCÈNE IV.

OEDIPE, JOCASTE, DIMAS.

DIMAS.
Seigneur, en ce moment, un étranger arrive ;
Il se dit de Corinthe, et demande à vous voir.
OEDIPE.
Allons ! dans un moment je vais le recevoir.
(A Jocaste.)
Adieu. Que de vos pleurs la source se dissipe.
Vous ne reverrez plus l'inconsolable OEdipe.

Et il sort, mais pour rentrer immédiatement.

ACTE V

SCÈNE PREMIÈRE.

OEDIPE, ARASME, DIMAS.

Il est vrai qu'à sa rentrée OEdipe dit deux bien beaux vers :

Finissez vos regrets et retenez vos larmes ;
Vous plaignez mon exil, il a pour moi des charmes !

Quand OEdipe ne serait sorti que pour ramasser ces deux vers-là dans la coulisse, convenez qu'il n'aurait pas perdu sa peine.

L'étranger qui arrive de Corinthe vient annoncer, comme dans Sophocle, que Polybe est mort, et qu'OEdipe n'est pas le fils de Polybe. On fait venir Phorbas ; Phorbas et Icare le reconnaissent, toujours comme dans Sophocle ; seulement, vous comprenez bien que ce ne sont pas des bergers. La majesté de la tragédie ne permet pas qu'on introduise sur la scène de pareils manants : ce sont deux ministres. Il en résulte que Icare, qui est un profond politique, peut dire, étant ministre, ces quatre beaux vers qu'il ne pourrait pas dire étant gardien de troupeaux.

Je vous présente au prince; admirez votre sort !
Le prince vous adopte, au lieu de son fils mort;
Et par ce coup adroit, sa politique *heureuse*
Affermit pour jamais sa puissance *douteuse*.

Aux cris que pousse Œdipe, en apprenant qu'il est le fils de Laïus, Jocaste accourt et demande :

Quel malheur imprévu vous accable?

OEDIPE.

Mes crimes.

JOCASTE.

Seigneur...

OEDIPE.

Fuyez, Jocaste !

JOCASTE.

Ah ! trop cruel époux !

OEDIPE.

Malheureuse ! arrêtez; quel nom prononcez-vous?
Moi, votre époux ! *quittez* ce titre abominable
Qui nous rend l'un à l'autre un objet exécrable.

Voulez-vous m'expliquer comment fera Jocaste pour *quitter* le titre d'épouse d'Œdipe. « Qu'entends-je? » dit Jocaste.

Et, en effet, ce qu'elle entend doit la surprendre.

Enfin, Œdipe sort désespéré en disant :

> Mes destins sont remplis.
> Laïus était mon père et je suis votre fils.

Ce qu'apprenant, Jocaste se frappe, et meurt comme elle a vécu, c'est-à-dire en faisant une faute de français.

> Et moi, je me punis.
> Par un pouvoir affreux réservée à l'inceste,
> *La mort* est le seul bien, *le seul dieu* qui me reste!

C'est *la seule déesse* qu'il faudrait dire. Je sais bien que *mort* est du genre masculin en grec; mais, en français, jusqu'à M. de Voltaire du moins, *mort* avait été du genre féminin.

Nous voici arrivés au bout de cette longue étude, ennuyeuse pour beaucoup, curieuse et intéressante seulement pour quelques-uns, — au bout d'une de ces études que l'on entreprend pour prouver que l'on n'a pas reçu toute faite son opinion sur les hommes et sur les choses. Eh bien, après avoir relu vers à vers l'*OEdipe* de Sophocle et celui de Voltaire, nous demeurerons convaincu que Voltaire avait aussi mal compris les chefs-d'œuvre du théâtre grec que Ducis les chefs-d'œuvre du théâtre anglais.

Nous nous résumons donc en ceci:

Pourquoi donner à étudier au Conservatoire, et pourquoi jouer sur les scènes de premier ordre une imitation qui n'a pas le mérite de donner une idée du drame antique, et qui personnellement n'a aucune valeur?

OTHELLO

Othello est une preuve de la lenteur avec laquelle marche l'art, même dans un pays comme le nôtre.

Vers 1723, Voltaire, qui a été passer quelques mois en Angleterre, à la suite de sa querelle avec M. de Sully, voit jouer *Othello* et *Hamlet* à Londres. Ce spectacle l'étonne et l'effraye à la fois ; mais, comme au bout du compte, il reste au fond de sa pensée, l'or de Shakspeare fond dans le creuset, — et Orosmane et Sémiramis sortent avec l'alliage du xviiie siècle.

Soixante et dix ans plus tard, Talma, fils d'un dentiste français, élevé à Londres, nourri de cette moelle de lion que Shakspeare servait à la reine Élisabeth et à ses courtisans, voit jouer et joue Shakspeare, revient à Paris et pousse Ducis à faire *Othello*.

Mais Ducis, à la vue du géant, tremble, hésite, le taille, le mutile, le rapetisse, supprime le rôle d'Iago, la cheville ouvrière du drame, sous prétexte qu'un public français ne supporterait pas un pareil caractère, fait deux dénoûments, l'un à l'usage des cœurs impitoyables, l'autre à celui des âmes sensibles, et, pour dernière faiblesse, substitue le poignard à l'oreiller.

Enfin, en 1829, arrive de Vigny avec une traduction pure et simple, pleine de force, de poésie et d'élégance; il trouve la brèche faite par *Henri III* et *Hernani*, entre et distribue son drame aux artistes du Théâtre-Français, à mademoiselle Mars, à Joanny, à Perrier, c'est-à-dire aux plus éminents.

La première représentation fut une lutte dont Shakspeare, mort depuis deux cent vingt ans, sortit complétement vainqueur.

***

J'ai vu jouer *Othello* par Talma, par Kean, par Kemble, par Macready et par Joanny.

Aucun de ces grands artistes ne le jouait de la même façon.

Talma le jouait avec son art; Kean le jouait avec son tempérament, Kemble avec les traditions, Macready avec sa beauté physique, Joanny avec ses instincts.

Chez Talma, c'était un More recouvert d'une couche de civilisation vénitienne; chez Kean, c'était une bête féroce moitié tigre, moitié homme; chez Kemble, c'était un homme d'un âge mûr, emporté et violent; chez Macready, c'était un Arabe du temps des Abencérages, élégant et chevaleresque; chez Joanny, c'était... Joanny.

Lequel le jouait le mieux de tous ces hommes? Cela serait difficile à dire : chacun d'eux, avec un génie différent, s'était inspiré d'une part du génie de Shakspeare ; car, dans Shakspeare, le More est tour à tour à demi-Vénitien, à demi-sauvage, comme l'a montré Talma ; moitié tigre et moitié homme, comme l'a montré Kean ; grave, mais emporté et violent, comme l'a montré Kemble ; élégant et chevaleresque, comme l'a montré Macready ; vulgaire et terrible, comme l'a montré Joanny.

Dans Shakspeare, c'est une de ces créations à facettes tour à tour sombres et brillantes, comme peut les rêver le poëte, mais comme aucun artiste dramatique ne saurait complétement les reproduire.

*
* *

Pour moi, ce qui domine dans la splendide création du More, c'est le calme et la force répandus sur tout le personnage. Quand il est calme et se repose, c'est à la manière du lion : *A guisa di leon, quando si posa*, comme dit Dante.

Voyez son entrée en scène : il se rend au palais de la Seigneurie, où le doge et le sénat l'attendent. — Il rencontre Brabantio, son beau-père, qui, venant d'apprendre l'enlèvement de sa fille, le cherche pour l'arrêter et le faire conduire en prison.

Les deux hommes se heurtent, chacun suivi des siens.

— Holà ! hé ! crie Othello ne sachant point à qui il a affaire.
— Seigneur, c'est le More, dit Roderigo à Brabantio.
— Tombez sur lui, le brigand ! répond Brabantio.

Othello s'avance entre les deux troupes et fait un signe.

— Rentrez au fourreau vos brillantes épées, dit-il ; la rosée de la nuit pourrait les ternir.

Puis, à Brabantio :

— Mon bon seigneur, ajoute-t-il, croyez-moi : commandez avec vos années, et non avec vos armes.

Vous le voyez : il est difficile d'être plus doux et plus fort en même temps.

Mais ni cette douceur ni cette force ne calment le vieillard.

Il accable Othello d'injures, l'appelle infâme ravisseur, sorcier, More hideux, et finit par donner cet ordre :

— Mettez la main sur lui ; s'il résiste, employez la violence au péril de sa vie.

Les gens du More font un pas pour le défendre.

— Arrêtez, vous qui me suivez, dit Othello, et vous autres aussi. Si j'eusse cru que je devais combattre, personne n'aurait eu besoin de me l'apprendre.

Puis, à Brabantio :

— Où faut-il me rendre pour répondre à votre accusation ?
BRABANTIO. — En prison, jusqu'à ce que le temps fixé par les lois et le cours régulier de la justice t'appellent pour te défendre.
OTHELLO. — Mais, si je vous obéis, que dira le duc, qui vient de m'envoyer chercher ? Ses messagers sont là pour me conduire près de lui ; il me demande à l'instant pour des affaires d'État.

Vous le voyez, toujours la même sérénité, à part cette légère ironie qui crispe la lèvre du More.

Tous deux paraissent devant le conseil.

Brabantio, tout entier à sa douleur, ne parle que par cris, ne procède que par injures.

BRABANTIO. — O ma fille ! ma fille !
LE DUC. — Morte ?
BRABANTIO. — Oui, morte pour moi. Elle m'a été enlevée, elle a été séduite, empoisonnée par des philtres et des drogues achetés à des charlatans ! car, que la nature s'égare et s'aveugle à ce point d'aimer un monstre, quand elle n'est ni défectueuse, ni aveugle, ni dénuée de sens, sans le secours de la sorcellerie, est chose impossible.
LE DUC. — Qu'avez-vous à répondre à cette accusation ?
OTHELLO. — Très-puissants, très-graves et très-respectables seigneurs, mes nobles et excellents maîtres, que j'aie enlevé la fille de ce vieillard, cela est vrai ; il est encore vrai que je l'ai épousée ; voilà mon crime dans toute son étendue, mais rien de plus. Plein de rudesse dans mon langage, j'ai peu l'habitude des phrases choisies de la paix; car, depuis que j'ai pris quelque force, — depuis l'âge de sept ans jusqu'à ce jour, — mon bras, si l'on en excepte les neuf dernières lunes, a trouvé dans les camps ses plus doux exercices, et de ce vaste univers je ne pourrais raconter que ce qui a rapport aux exploits guerriers ; ainsi donc, je prêterai peu de charme à ma cause en prenant moi-même ma défense ; toutefois, comptant sur votre patience bienveillante, je vais vous faire le récit simple et sans artifice de mes amours. Je vous dirai, puisque tels sont les griefs que l'on allègue contre moi, par quels sortilèges, par quelles conjurations, par quelles puissances magiques, j'ai gagné le cœur de sa fille.

Suit alors le récit du More, récit confirmé par Desdemona.

Tout cela, vous le voyez, est de la part d'Othello du plus grand calme, de la plus grande douceur, de la plus grande sérénité. Où voyez-vous le More et l'Africain dans tout cela? Nulle part. L'Européen le plus courtois et le plus poli ne montrerait point une plus grande patience.

Il va falloir, pour qu'Othello revienne à sa nature primitive, qu'Iago irrite les fibres les plus secrètes de son cœur.

Ainsi, à cette menace du père de Desdemona, bien faite pour lui faire perdre patience, après ce qu'il lui a dit déjà : « Veille bien sur elle, More; tiens toujours l'œil ouvert pour la voir; ayant trompé son père, elle pourra bien te tromper, toi! » Othello se contente de répondre :

— *My life upon her faith* (ma vie sur sa foi).

Le More arrive à Chypre. Desdemona a abordé avant lui; assailli par une tempête terrible, c'est un miracle s'il n'a point péri. Voyons si sa lutte contre les flots l'a plus ému que sa lutte contre les hommes.

— O ma belle guerrière! s'écrie-t-il en revoyant Desdemona.
— O mon cher Othello!
— Tu me vois aussi surpris que joyeux : arrivée avant moi! O joie de mon âme, si un pareil calme doit toujours succéder à la tempête, puissent les vents souffler à réveiller la mort !

Entré au palais, à quoi pense d'abord Othello? A maintenir le calme et la paix dans la ville.

Il s'adresse à Cassio :

— Michael, vous veillerez cette nuit à la garde de l'île. Il faut nous-mêmes donner l'exemple d'une honorable retenue, pour que nul ne sorte des bornes.

Aussi, quelle est la première parole de colère que laisse échapper Othello ? C'est quand, réveillé au milieu de la nuit par la querelle de Cassio et de Montano, et par le bruit de la cloche qui sonne le tocsin, il entre à moitié vêtu ; et encore cette colère, en parle-t-il plus qu'il ne la montre.

— Que se passe-t-il donc ici ? Sur votre vie, arrêtez ! Comment ! qu'est-ce donc ? quel est la cause de tout ceci ? Sommes-nous donc des Turcs et devons-nous faire ce que le ciel défend aux Ottomans ? Pour l'honneur du nom chrétien, cessez cette barbare querelle. Celui qui fait un seul pas pour assouvir sa rage ne tient pas à la vie, car, au premier mouvement, il est mort. Faites taire cette cloche d'alarme qui répand la terreur dans l'île. — Voyons, de quoi s'agit-il, messieurs ? Honnête Iago, toi qui parais accablé d'une mortelle tristesse, parle : qui a commencé tout ceci ? Je te le demande au nom de ton amitié.

Puis enfin, quand il apprend que Cassio est la cause de tout ce désordre :

— Cassio, dit-il, je t'aime ; mais tu ne seras plus désormais mon officier.

Et il rentre.

Nous le demandons, un père parlerait-il autrement ?

Non, ce qui domine, au contraire, dans Othello, c'est cette sérénité de l'âme, cette bonté de cœur qui étend sur le monde entier le sentiment de la paternité. Jusqu'au moment où les suggestions d'Iago viennent éveiller des soupçons dans le cœur d'Othello, c'est à croire qu'il aime Desdemona plutôt comme une fille que comme une amante.

Et l'auteur, en effet, a besoin de cette douceur et de

cette paternité pour montrer, peu à peu, la vibration croissante de la gamme de la passion.

Élever la voix dans le rôle d'Othello, ne pas s'en tenir à des gestes sobres et sévères, même dans la dernière scène que nous venons de citer, faire luire autre chose qu'un éclair pareil à ce que nous appelons des éclairs de chaleur dans cette tempête, serait, de la part de l'acteur, ne pas avoir compris le rôle d'Othello.

Suivez Othello dans sa scène avec Desdemona, quand elle lui demande la rentrée en grâce de Cassio, et vous aurez une idée de cette douceur et de cette paternité.

« — Excellente *wrecth!* » dit-il, quand elle est partie.

Wretch, mot intraduisible chez nous, qui ne veut pas dire femme, qui ne veut pas dire amante, qui veut dire : créature faible et que j'adore, orpheline sans soutien et que je protége.

— Excellente *wretch*, que mon âme soit perdue, s'il n'est pas vrai que je t'aime, et, quand je ne t'aimerai plus, que le chaos soit comme avant la création !

C'est là et sur ce serment, qu'Iago, qui a déjà laissé échapper le *Je n'aime pas cela*, en voyant Cassio s'éloigner de Desdemona au moment où Othello arrive, c'est sur ce serment, disons-nous, que le serpent risque sa première morsure.

Au reste, tout le monde a pu croire qu'Othello n'a pas entendu le *Je n'aime pas cela*, car à peine a-t-il tourné la tête à ce mot. Cependant, lorsque, interrogé sur Cassio, Iago hésite à lui répondre :

— Par le ciel, dit Othello, tu te fais l'écho de mes paroles, comme si ton esprit recélait quelque monstre trop hideux pour qu'il osât se montrer. Tu as une idée qui te préoccupe. Tout à l'heure, *car je t'ai entendu*, à l'instant où Cassio a quitté ma femme, tu as dit : *Je n'aime pas cela*. Qu'est-ce que tu n'aimais pas ? Et, lorsque je t'ai dit qu'il avait été mon confident pendant toute la durée de mes amours, tu t'es écrié : *En vérité !* Puis tu as froncé le sourcil, tu as ridé ton front, comme si tu avais voulu comprimer dans ton front quelque horrible pensée. Si tu m'aimes, ne me cache rien.

Ainsi Othello a tout vu, même le plus petit frissonnement étudié d'Iago. S'il n'a point parlé, ce n'est point qu'il ignorât ; il a absorbé son soupçon dans sa force, comme l'Océan absorbe une pierre dans ses eaux ; mais le choc n'a pas moins fait naître une ride sur son cœur ; c'est cette ride que va creuser Iago jusqu'à ce qu'il en fasse une blessure mortelle.

Ce n'est qu'en lisant la scène tout entière dans Shakspeare ou dans une bonne traduction que l'on peut se faire une idée de l'art avec lequel elle est menée, et comment Iago infiltre goutte à goutte le poison dans les veines du More ; et cependant, sa sérénité est telle, malgré tout ce qu'a pu lui dire Iago, que celui-ci s'en irrite, et, voulant le forcer à trahir ce qui se passe en lui :

— Je le vois, dit-il, tout ici a un peu troublé vos esprits.
— Non, pas du tout, répond le More, pas du tout.

Puis il insiste, redouble ses calomnies, et, voyant l'impassibilité d'Othello, impassibilité tout extérieure peut-être :

— Monseigneur, je le vois, répète-t-il, vous êtes ému.

— Non, reprend le More très-peu ému; je ne puis m'empêcher de croire que Desdemona est vertueuse.

Puis, quand Iago l'a quitté et que Desdemona entre, en la voyant :

— Oh! dit-il, si elle me trompe, le ciel doit rire et se moquer de lui-même.

Là, au lieu de gronder, sa voix faiblit; Desdemona le lui dit, il n'y a donc pas à se tromper à l'intention du poëte.

Au lieu de l'exaspérer, la douleur le brise. Il faudra le désespoir pour le jeter hors de lui-même.

DESDEMONA. — Pourquoi votre voix est-elle si faible? ne vous sentez-vous pas bien?
OTHELLO. — J'éprouve une vive douleur au front.
DESDEMONA. — Laissez-moi le serrer fortement; dans moins d'une heure, vous serez soulagé.
OTHELLO. — Non, votre mouchoir est trop petit. (Il repousse le mouchoir, qui tombe.) — Laissez le mal à lui-même, je vous suis.

Le More farouche, l'Africain, le tigre n'en est encore, vous le voyez, qu'à la mélancolie.

Et cette disposition est si loin de son caractère habituel, qu'elle préoccupe Desdemona au point de lui faire oublier de ramasser ce mouchoir si précieux, qui est le premier présent que lui ait fait le More.

Ce mouchoir, Émilia le ramasse, — elle le donne à son mari, qui le lui a souvent demandé, — elle ne sait pourquoi.

Du moment qu'Iago a le mouchoir, il a une arme : il le perdra dans la chambre de Cassio, et il dira au

More que Desdemona l'a donné au jeune officier...

Othello paraît ; sa mélancolie est plus profonde, mais n'est encore que de la mélancolie.

Qu'on nous permette, au lieu de la froide et sèche traduction que nous pourrions faire en prose, de prendre, pour ce passage seulement, les quatorze vers correspondants dans la traduction en vers de M. Alfred de Vigny. Elle est très-exacte, et les vers en sont fort beaux.

> J'étais heureux hier, et maintenant adieu !
> A tout jamais adieu le repos de mon âme !
> Adieu joie et bonheur, détruits par une femme ;
> Adieu beaux bataillons aux panaches flottants,
> Adieu guerre, adieu toi dont les yeux éclatants
> Font de l'ambition une vertu sublime !
> Adieu donc le coursier que la trompette anime,
> Et ses hennissements, et le bruit du tambour,
> L'étendard qu'on déploie avec des cris d'amour !
> Appareil ! pompe ! éclat ! cortége de la gloire,
> Et vous, nobles canons qui tonnez la victoire
> Et qui semblez la voix formidable d'un dieu,
> Ma tâche est terminée, à tout jamais adieu !

Puis ce n'est qu'alors qu'étouffé par ses larmes, exaspéré par la vipère qui lui mord le cœur, il éclate, et, cette fois, d'un bond de tigre, saute à la gorge d'Iago en criant :

— Misérable, sache qu'il faut me donner la preuve oculaire, tu entends, — ou, par le salut de mon âme éternelle, il vaudrait mieux pour toi n'être qu'un chien que d'avoir à répondre à ma terrible colère.

Et, à ce propos, nous nous demandons pourquoi, au lieu de saisir simplement Iago à la gorge comme l'indication en est faite, selon toute probabilité, par Shakspeare lui-même : *Taking him by the throat*, certains acteurs, à cet endroit de la scène, renversent Iago à terre, et lèvent le pied comme pour l'écraser.

Il ne faut pas faire plus que ne veut l'auteur, surtout quand cet auteur s'appelle Shakspeare. L'auteur a toujours sa raison à lui dans une indication qu'il vous donne, il n'a pas besoin de la dire au tragédien. Il la lui impose, voilà tout.

Eh bien, je vais me substituer à Shakspeare, et vous dire pourquoi Othello saute simplement à la gorge d'Iago, au lieu de le renverser et de lever le pied sur lui.

C'est que Shakspeare a pensé qu'après avoir trop humilié Iago, Othello comprendrait que le désir de la vengeance lui entrât dans le cœur. Or, il y a loin de sauter dans un moment de colère à la gorge d'un homme et de le lâcher presque aussitôt, — à le renverser à terre et à le menacer du pied.

— En êtes-vous venu à ce point ? dit Iago à Othello, après que celui-ci l'a lâché.

Mais que voulez-vous qu'il dise à Othello, après qu'Othello l'a renversé, jeté à terre, menacé du pied ?

Iago est un soldat, un enseigne ; il ne manque pas de courage ; devant une pareille injure, ce serait la colère et non la pitié qui jaillirait de son cœur.

Et cependant, voyez quel est le sentiment qui domine dans l'exclamation qui lui échappe :

— Oh ! grâce ! ô ciel, défends-moi ! Êtes-vous un homme ? avez-vous une âme ? avez-vous votre raison ? Que Dieu soit avec vous! Reprenez mon grade... O malheureux fou! tu as vécu assez longtemps pour que ton honnêteté fût prise pour un vice.

Est-ce là le cri d'un homme qu'on renverse et que l'on veut fouler aux pieds?

C'est dans cette scène surtout qu'Othello se laisse emporter à la colère.

— Oh! pourquoi ce misérable n'a-t-il pas quarante mille existences? Une seule, c'est trop peu, ce n'est rien pour ma vengeance. Je vois maintenant que tout cela est vrai. Regarde, Iago, je livre au vent tout mon fol amour; il n'est plus. Debout, noire vengeance! quitte ta sombre demeure! Amour, abandonne à la haine tyrannique la couronne et le trône de mon cœur! Gonfle-toi, ô mon sein, sous le poids qui t'oppresse, et sous la morsure empoisonnée des vipères!
— Je vous en prie, contenez-vous.
— Oh! du sang! du sang! Iago, du sang!

Oh! cette fois, voilà bien le lion — pis que le lion — le tigre.

— Patience, patience! dit Iago, vos sentiments peut-être pourraient changer.
— Par le ciel immuable, j'engage ici ma parole par un vœu solennel et sacré... Fais que, dans trois jours, j'entende dire : « Cassio a cessé de vivre. »
— Mon ami est mort, du moment que vous désirez qu'il le soit; c'est chose faite; mais elle, elle au moins, qu'elle vive.
— Damnation sur elle, l'infâme hypocrite, damnation! Viens, suis-moi à l'écart; je veux, seul avec toi, imaginer quelque moyen de frapper d'une prompte mort cette infernale beauté. Dès ce jour, tu es mon lieutenant.

Voilà le point culminant de la colère. A partir de ce

moment, le parti d'Othello est pris : Desdemona est condamnée.

⁂

Aussi, quand il se retrouve avec elle, il mâche et crache le dédain; mais rien n'éclate de pareil à cette colère dont nous avons vu jaillir la flamme et se répandre la lave.

— Monseigneur, comment vous trouvez-vous maintenant?
— Bien, ma fidèle amie... Donnez-moi votre main; cette main est douce, madame.
— Elle n'a point encore été flétrie par l'âge; elle n'a point encore été séchée par le chagrin.
— C'est une bonne main... une main franche.
— Vous pouvez le dire en toute vérité, car ce fut cette main qui donna mon cœur.
— Main libérale! Autrefois, c'était le cœur qui donnait la main; aujourd'hui, dans notre nouveau blason, des mains toujours, mais plus de cœur.
— En vérité, je ne puis parler de cela, revenons à votre promesse.
— A laquelle, mon amour?
— J'ai envoyé dire à Cassio de venir vous parler.
— J'ai un rhume importun et opiniâtre qui me tourmente; prête-moi ton mouchoir.
— Le voici, monseigneur.
— Celui que je vous ai donné?
— Je ne l'ai pas sur moi.
— Non?
— Non, en vérité, monseigneur.
— C'est un tort, car ce mouchoir, une Égyptienne en fit présent à ma mère; c'était une magicienne habile, qui lisait

presque dans les cœurs. Elle lui prédit que, tant qu'elle le garderait, elle aurait le charme et enchaînerait mon père à son amour, mais que, si elle le perdait ou le donnait, les yeux de mon père ne la reverraient plus qu'avec dédain, et que son cœur irait chercher loin d'elle de nouvelles amours. Ma mère me le remit à son lit de mort, m'engageant à le donner à mon tour à la jeune fille que je prendrais pour épouse. Je l'ai fait. Vous l'avez ; conservez-le aussi précieusement que la prunelle de vos yeux ; le perdre ou le donner serait un malheur qui n'aurait rien d'égal.

— Serait-il possible ?

— Oh ! c'est la pure vérité : il y a une vertu magique en lui. Une sibylle qui avait compté sur cette terre deux cents révolutions du soleil en a ourdi la trame dans ses fureurs prophétiques ; les vers qui ont filé la soie étaient consacrés, et il fut teint dans la liqueur qui découle des cœurs de jeunes filles mortes, habilement conservés par des embaumeurs égyptiens.

— Cela est-il vrai ?

— Très-vrai ! Veillez donc bien sur lui.

Vous le voyez, il n'a pas même la force de soutenir sa raillerie, de poursuivre son dédain. — Il retombe dans la mélancolie ; — et, plutôt que de se reprendre à sa colère, qui va transparaître malgré lui, il préférera sortir sans avoir encore rien éclairci.

— Alors, dit Desdemona, plût au Ciel que je ne l'eusse jamais vu !

— Comment et pourquoi ?

— Oh ! d'où vient que vous prenez avec moi ce ton brusque et violent ?

— Est-il perdu ? Ne l'avez-vous plus ? Parlez, n'est-il plus entre vos mains ?

— Il n'est pas perdu ? mais quand cela serait ?

— Ah !

— Je veux dire qu'il n'est pas perdu.
— Allez le chercher et montrez-le-moi.
— Je le pourrais, monseigneur, mais je ne le veux pas maintenant. C'est une ruse pour me détourner de ma demande. — Je t'en conjure, que Cassio soit rappelé!
— Trouvez-moi ce mouchoir.
— Je vous en prie, parlez-moi de Cassio.
— Le mouchoir?
— Un homme qui a partagé tous vos dangers.
— Le mouchoir?
— En vérité, vous êtes digne de blâme... (Elle s'approche pour le caresser.)
— Loin de moi! loin de moi! (Il s'élance dehors.)

Non, c'est avec Iago que sa colère retrouvera les imprécations et les menaces qu'il a contenues dans sa poitrine.

— Oh! que ne puis-je la tenir des années entières expirante sous ma main.
— Allons, il faut oublier tout cela.
— Que ses chairs tombent en lambeaux! qu'elle périsse! qu'elle soit damnée! Non, il ne faut pas qu'elle vive! Ah! mon cœur s'est changé en pierre, et, quand je frappe dessus, il me blesse la main... Et cependant le monde entier ne renferme pas une plus douce créature. — Elle était digne de partager la couche d'un empereur et de lui dicter des lois.
— Mais ce n'est point à cela que vous devez penser.
— Oh! qu'elle soit maudite, mais qu'en la maudissant, je dise encore ce qu'elle est. — C'était une fée l'aiguille à la main; et, musicienne adorable, elle eût en chantant enlevé à l'ours lui-même sa férocité; — puis un esprit, une imagination! O Iago, quel dommage! ô Iago, quel dommage! ô Iago!
— Si vous êtes si épris d'elle malgré son iniquité, accordez-lui donc alors pleins pouvoirs de pécher.
— Je veux la hacher en mille pièces. Me tromper! me tromper!

— Oh ! c'est affreux !

— Procure-moi du poison, Iago, cette nuit. Je ne veux pas avoir d'explication avec elle, de peur que ses charmes et sa beauté ne viennent ébranler ma résolution. Cette nuit, Iago.

— Oh ! ne l'empoisonnez point ; étranglez-la dans son lit, dans ce lit dont elle a souillé la pureté.

— Bien, bien, cette manière de faire justice me plaît ; très-bien.

On entend la trompette. Ludovico apporte une lettre du Sénat. Desdemona, qui, de son côté, a entendu la trompette, entre par la porte de son appartement.

Otello prend la lettre, et la baise en signe de respect, puis il l'ouvre, et se met à la lire.

Pendant ce temps, Desdemona et Ludovico causent ensemble.

— Comment se porte le lieutenant Cassio ? demande Ludovico.

— Cousin, répond Desdemona, il y a entre lui et mon seigneur une fâcheuse mésintelligence ; mais vous arrangerez cela.

Othello lit la lettre, mais des yeux seulement, toute son âme est à ce que dit Desdemona.

— En êtes-vous sûre, qu'il l'arrangera ? demande-t-il.

Puis il se remet à lire.

— Est-ce qu'il y a quelque inimitié entre ton époux et Cassio ? demande Ludovico.

— Une bien malheureuse, répond Desdemona ; et que je voudrais pouvoir éteindre pour l'amour que je porte à Cassio.

— Feux et tonnerres ! s'écrie Othello en frappant du pied.

— Monseigneur, dit Desdemona étonnée, êtes-vous dans votre bon sens ? Qu'avez-vous, et d'où vous vient cette colère ?

— Peut-être, dit Ludovico, cette lettre l'agite-t-elle; car je sais qu'elle le rappelle à Venise, et qu'elle désigne Cassio pour le remplacer dans son gouvernement.

— Sur ma foi, j'en suis bien aise, dit Desdemona.

— En vérité? fait Othello.

— Monseigneur?...

— Moi, je suis bien aise aussi... de vous voir folle.

— Comment, mon cher Othello?

— Démon! (Il la frappe avec la lettre.)

— Oh! je n'ai pas mérité cela.

— Monseigneur, on ne me croirait pas à Venise, quand même je jurerais que je vous ai vu agir de la sorte. — Voyez, elle pleure.

— O démon! démon! Si les larmes d'une femme pouvaient féconder la terre, chaque larme ferait naître un serpent. Oh! loin de moi!

— Je m'éloigne, puisque ma vue vous offense.

— En vérité, voilà une épouse bien obéissante! Je vous en supplie, rappelez-la.

— Madame!

— Monseigneur!

— Eh bien, que lui voulez-vous?

— Qui? moi, seigneur?

— Sans doute. N'avez-vous pas désiré que je la rappellasse? Oh! elle est obéissante, d'une obéissance rare. (A Desdemona.) Continuez à pleurer, madame. (A Ludovico.) Vous, seigneur, pour ce qui est de cette lettre... (A Desdemona.) Passion bien jouée!... (A Ludovico.) Ainsi on me rappelle à Venise? (A Desdemona.) Sortez! je vous rappellerai dans un instant. (A Ludovico.) Seigneur, j'obéis à l'ordre de Sa Seigneurie. (A Desdemona.) Hors d'ici, vous! loin de moi. (Desdemona sort.) Cassio prendra ma place, bien. (A Ludovico.) Seigneur, je vous invite à souper pour ce soir; seigneur, vous êtes le bienvenu à Chypre... Malédiction! (Il sort.)

Vous voyez la gradation admirable du rôle. Dans la première partie, calme, force, sérénité; puis doute, puis inquiétude, puis mélancolie, puis douleur, puis anéantissement, puis désespoir, puis folie.

A ce point que Ludovico étonné s'écrie quand il est sorti :

— Est-ce là ce noble More, que notre Sénat d'une seule voix qualifie d'homme si habile en tout point?

Comme Othello l'avait dit, il rappelle Desdemona, car la jalousie est ainsi faite, elle frappe et aime, elle chasse et rappelle.

Desdemona revient avec Emilia.

— Monseigneur, que disiez-vous de moi, demande Desdemona toujours douce et patiente.
— Approchez, de grâce, mon amour.
— Que disiez-vous?
— Regardez-moi en face et laissez-moi lire dans vos yeux.
— Quel est ce terrible caprice?
— (A Emilia.) Et vous, les femmes de votre métier laissent d'ordinaire les amants en tête-à-tête et ferment la porte, puis elles veillent à cette porte, toussent et crient : « Hein! » si quelqu'un survient. A votre poste, à votre poste, et qu'on se dépêche!

Emilia sort.

Voilà encore une nouvelle phase de passion que le rôle va parcourir, nuances intermédiaires entre la mélancolie et le désespoir.

DESDEMONA. — Je vous demande à genoux ce que signifie ce langage. J'entends la voix d'un démon dans vos paroles. Je ne les comprends pas.

OTHELLO. — Qui êtes-vous?

DESDEMONA. — Votre épouse, monseigneur, votre fidèle et loyale épouse.

OTHELLO. — Viens ici et jure-le, afin que tu sois damnée; jure-le, de peur que les démons, en te voyant si semblable aux anges, ne craignent pas de s'emparer de toi. Donc, pour que tu sois damnée par un double crime, jure que tu es innocente.

DESDEMONA. — Le Ciel le sait.

OTHELLO. — Oh! le Ciel... le Ciel sait que tu es fausse comme l'enfer.

DESDEMONA. — Mais envers qui donc, monseigneur? envers qui et comment suis-je fausse?

OTHELLO, fondant en larmes. — O Desdemona! loin de moi! loin de moi!

DESDEMONA. — Hélas! jour funeste! Pourquoi pleurez-vous? Est-ce moi, monseigneur, qui suis la cause de vos larmes? Si vous soupçonnez que votre rappel ait été prononcé à l'instigation de mon père, ne me maudissez pas!

OTHELLO. — Oh! s'il eût plu au Ciel de m'éprouver par des revers, s'il eût fait pleuvoir sur ma tête mille chagrins et mille affronts, s'il m'eût plongé dans la plus profonde misère, s'il eût détruit mes plus riches espérances, j'eusse trouvé dans quelque repli de mon âme un reste de patience. Mais m'enchaîner au poteau, pour que le mépris puisse à loisir fixer sur moi son regard lent et immobile! Eh bien, cela encore, j'eusse pu le supporter. Mais... mais le sanctuaire dans lequel j'avais déposé mon cœur, dans lequel je devais vivre ou mourir; la source de laquelle mon bonheur devait couler, ou se tarir, en être chassé! Oh! fixe tes yeux sur ce spectacle, ô Patience! chérubin aux lèvres de roses, et tu deviendras aussi hideuse que l'enfer!

DESDEMONA. — J'espère que mon noble seigneur ne soupçonne pas ma vertu.

OTHELLO. — O fleur trompeuse! pourquoi étais-tu si amoureusement belle? pourquoi exhalais-tu un parfum si doux, que les sens en étaient enivrés? Je voudrais que tu ne fusses jamais née!

DESDEMONA. — Hélas! qu'ai-je donc fait de criminel sans le savoir?

OTHELLO. — Ce papier si blanc, si pur, ce livre si élégant et si beau, était-il fait pour qu'on y inscrivît le nom de prostituée? Ce que vous avez fait, demandez-vous? Ce que tu as fait, courtisane vile? Mais, au seul récit de ce que tu as fait, le soleil recule de dégoût, la lune se voile et le zéphyr lascif, qui caresse tout ce qu'il rencontre, se cacherait dans les entrailles de la terre! Ce que tu as fait, impudente prostituée?

DESDEMONA. — Par le ciel, vous m'accusez injustement.

OTHELLO. — Voyons, répondez. N'êtes-vous pas une prostituée?

DESDEMONA. — Non, aussi vrai que je suis chrétienne.

OTHELLO. — Vous n'êtes pas une...?

DESDEMONA. — Non, aussi vrai que je désire être sauvée !

OTHELLO, riant. — Est-il possible?

DESDEMONA. — Mon Dieu, ayez pitié de nous!

OTHELLO. — Alors, je vous demande pardon, madame : je vous prenais pour cette rusée courtisane de Venise, qui a épousé Othello. (A Emilia qui entre.) Vous, madame, qui avez un office opposé à celui de saint Pierre, puisqu'au lieu des portes du paradis vous gardez celles de l'enfer... Vous! oui, vous! Nous avons fourni notre course ; voici de l'argent pour vos peines, tournez la clef, madame, et gardez-nous le secret.

Desdemona ne le reverra plus que pour mourir.

Laissez-moi vous dire encore cette scène.

Elle est seule, la pauvre enfant, s'apprêtant à obéir à Othello, qui lui a dit de se mettre au lit et de renvoyer tout le monde.

Cette scène est le chef-d'œuvre de la mélancolie, cette muse inconnue des anciens, et que Shakspeare découvrit à la fin du xvie siècle.

EMILIA. — Comment cela va-t-il, maintenant? Il m'a paru adouci.

DESDEMONA. — Il m'a dit qu'il allait revenir à l'instant même, et m'a commandé de me coucher et de vous renvoyer.

EMILIA. — Me renvoyer !

DESDEMONA. — C'est sa volonté. Ainsi, ma bonne Emilia, donne-moi, je te prie, mes vêtements de nuit, et adieu; car nous ne devons pas le contrarier en ce moment.

EMILIA. — Je voudrais que vous ne l'eussiez jamais vu.

DESDEMONA. — S'il m'arrive de mourir avant toi, Emilia, veille à ce que ce soit dans un de ces draps qu'on m'ensevelisse.

EMILIA. — Allons, allons, ce sont de vaines paroles que vous nous dites là.

DESDEMONA. — Ma mère avait une jeune suivante qui se nommait Barbara. Elle aimait ; l'objet de son amour perdit la raison et l'abandonna. Elle savait une chanson sur le saule ; c'était une vieille ballade, mais qui allait bien à son malheur. Aussi mourut-elle en la chantant. Cette chanson, je ne sais pourquoi, ce soir, me revient à l'esprit. J'ai peine à soutenir ma tête qui retombe sur mon épaule ; j'ai peine à ne pas chanter cette ballade de la pauvre Barbara. Hâte-toi, je te prie.

EMILIA. — Irai-je chercher votre robe de nuit?

DESDEMONA. — Non, délace-moi ici... C'est un homme charmant que le seigneur Ludovico?

EMILIA. — Un très-joli homme.

DESDEMONA. — Il parle agréablement.

EMILIA. — J'ai connu une dame à Venise qui, pour l'amour de lui, eut été pieds nus jusqu'en Palestine.

Desdemona, chantant comme malgré elle et sans écouter Emilia[1] :

La pauvre enfant, d'un saule avait cherché l'ombrage:
La main contre son cœur, le front sur ses genoux,
Elle sentait ses pleurs inonder son visage.
    Chantez l'arbre au pâle feuillage,
    Le chant du saule est triste et doux.

[1] Nous demandons grâce pour la *romance du Saule;* nous n'avions pas celle de Vigny sous la main, et nous écrivons celle-ci au courant de la plume.

A ses pieds, un ruisseau roulait ses ondes pures,
Réfléchissant ses traits comme un miroir jaloux,
Emportant ses soupirs, mêlés à ses murmures.
  Chantez l'arbre aux pâles ramures,
  Le chant du saule est triste et doux.

O mes sœurs, quand pour moi viendra l'heure fatale,
Du rameau jaunissant ceignez mon front absous ;
L'or aux pâles reflets encadre bien l'opale.
  Chantez l'arbre au feuillage pâle,
  Le chant du saule est triste et doux.

Pendant que Desdemona chante la triste romance, et, après l'avoir chantée se met au lit, Iago et Roderigo dressent une embûche à Cassio.

Roderigo est blessé par Cassio ; mais, au moment où Roderigo tombe, Iago coupe le jarret à Cassio, qui tombe en criant :

— Au secours ! à l'assassin !

Othello paraît dans le lointain, enveloppé d'un grand burnous blanc ; il doit avoir déjà le pas roide et silencieux d'un spectre. C'est l'ombre du père d'Hamlet, c'est la statue du Commandeur.

Il a entendu le cri de son lieutenant.

— C'est la voix de Cassio, dit-il. Iago tient sa parole.
— Au secours, des flambeaux, un chirurgien ! crie Cassio.
— C'est lui ! Brave Iago, âme honnête et juste, toi qui ressens si vivement les outrages de ton ami, tu me dictes ce qui me reste à faire. — Oh ! mignonne, votre chéri est là étendu mort, et votre destinée s'avance à grands pas. J'arrive ! Hors de mon âme vos traits charmants, vos yeux séducteurs, tout cela est effacé de mon souvenir, et ton lit adultère va être souillé de ton sang adultère. J'arrive !

Joanny particulièrement était très-beau dans ce bout de scène?

La décoration change, et l'on se retrouve dans la chambre de Desdemona, endormie.

La porte s'ouvre sans bruit. Othello paraît. Une lampe brûle près du lit de Desdemona.

— Oh! mon âme sait la cause, et cette cause vous la connaissez. Je ne veux pas la dire devant vous, chastes étoiles. Cependant, non, je ne répandrai pas de sang; non, je ne lacérerai pas cette peau plus blanche que l'albâtre des monuments. (Il dépose son sabre.) Et cependant il faut qu'elle meure, car autrement elle trahirait d'autres hommes. Éteignons ces deux lumières, cette lampe d'abord, puis le flambeau de sa vie. (Avec mélancolie.) Si je t'éteins, utile serviteur qui me prêtes ta clarté, je puis, dès que je me repentirai, faire renaître ta flamme primitive; mais, si une fois je t'éteins, toi, le plus parfait ouvrage de l'ingénieuse nature, je ne saurai plus où prendre le feu de Prométhée, qui pourrait de nouveau ranimer ta flamme; quand une fois j'aurai cueilli cette fleur de la vie, je ne pourrai plus lui rendre sa sève natale, elle se fanera sans retour. Je veux encore, pendant qu'elle est sur sa tige, en respirer le parfum. (Il l'embrasse.) Haleine embaumée, qui persuaderait presque à la justice de briser son glaive! Encore un baiser, encore un! Si tu dois être ainsi quand tu ne seras plus, je veux te tuer et t'aimer après. Encore un baiser, et ce sera le dernier. Jamais baiser si doux ne fut si fatal. Je ne puis retenir mes larmes. Oh! ce sont des larmes bien cruelles. Ma colère est comme celle du Ciel : elle frappe les objets de son amour.

Desdemona s'éveille.

Alors commence la scène terrible, la plus terrible peut-être qu'il y ait dans aucun théâtre, depuis Eschyle jusqu'à nous, mais qui est d'autant plus terrible qu'Othello n'y met plus ni passion ni colère, et, Desdemona condamnée, remplit tout simplement l'office du bourreau.

Bourreau implacable, c'est vrai, mais froid.

Qu'on en juge.

Desdemona, s'éveillant :

— Qui est là ? Othello !
— Oui, Desdemona.
— Voulez-vous vous mettre au lit, monseigneur ?
— Avez-vous prié, ce soir, Desdemona ?
— Oui, monseigneur.
— Si vous vous souvenez de quelque crime pour lequel vous n'ayez pas imploré le pardon du Ciel, implorez ce pardon sur-le-champ.
— Hélas! monseigneur, que voulez-vous dire par ces mots ?
— Faites ce que je vous dis, et promptement. Je me promènerai en vous attendant. Je ne voudrais pas tuer ton âme sans qu'elle fût préparée à la mort. Non, le ciel m'en préserve, je ne voudrais pas tuer ton âme.
— Vous parlez de tuer?
— Oui, j'en parle.
— Alors, que le ciel ait pitié de moi !
— Oh ! de tout mon cœur. *Amen !*
— Puisque vous parlez ainsi, vous ne me tuerez pas.
— Oh !

Ici seulement, un éclair, un regard, un grincement de dents ; c'est ce qui fait dire à Desdemona :

— Et cependant je vous redoute, car vous avez l'air terrible, lorsque vos yeux roulent ainsi. Pourquoi craindrais-je? Je n'en sais rien, puisque je ne me connais aucun crime, et cependant je sens que je crains.
— Pense à tes crimes, te dis-je.
— Mon crime? Je ne m'en connais qu'un, et c'est l'amour que j'ai pour vous.

— Alors, c'est pour celui-là que tu vas mourir !

— Oh ! c'est une mort contre nature, que d'être tué par celui que l'on aime. Hélas ! pourquoi mordez-vous ainsi votre lèvre ? (Vous voyez combien l'aspect d'Othello doit être calme, puisque c'est à ce signe presque imperceptible d'un homme qui mord sa lèvre, que Desdemona reconnaît sa colère.) Hélas ! pourquoi mordez-vous votre lèvre ? Quelque passion sanguinaire agite tout votre être ; ce sont de sinistres présages, et cependant j'espère que ce n'est pas moi qu'ils menacent.

— Paix ! restez tranquille.

— J'y consens ; que voulez-vous ?

— Ce mouchoir que j'aimais tant, que je t'avais donné, tu l'as donné à Cassio.

— Non, par ma vie et par mon âme ! Envoyez-le chercher et interrogez-le.

— Ma chère âme, prends garde, prends garde au parjure, car tu es sur ton lit de mort.

— Oui, mais non pour mourir, n'est-ce pas ?

— Pour mourir sur-le-champ ! Ainsi, avoue franchement ton crime, car tous tes serments ne pourront ni ébranler, ni écarter la conviction qui m'écrase ; tu vas mourir !

— Mon Dieu, ayez pitié de moi !

— *Amen !*

— Et vous aussi, soyez miséricordieux ! Jamais de ma vie je n'ai été coupable ; jamais je n'ai aimé Cassio, si ce n'est de cette amitié dont le Ciel me permettait de l'aimer sans crime ; jamais je ne lui ai donné aucun gage d'amour.

— Par le Ciel ! j'ai vu ton mouchoir entre ses mains. Oh ! femme parjure ! plus tu nies, plus mon cœur devient de pierre. Je croyais n'accomplir qu'un sacrifice, tu me forces à commettre un meurtre ; j'ai vu le mouchoir.

— Il l'aura donc trouvé, car jamais je ne le lui ai donné ; faites-le venir ici.

— Il l'a avoué.

— Quoi ?

— Qu'il t'avait possédée.

— Comment? comme maîtresse?
— Oui.
— Il ne le dira pas !

Ici, mademoiselle Mars était véritablement sublime. Courbée jusque-là devant la colère d'Othello et devant la crainte de la mort, elle se relevait avec toute l'energie de l'innocence. Othello reculait et tremblait presque devant elle.

Puis, avec un sourire convulsif :

— Non, répondait-il, puisque sa bouche est fermée ; l'honnête Iago y a mis bon ordre.
— Oh ! ma crainte me dit tout. Ainsi, il est mort ?
— S'il avait eu autant d'existences que de cheveux, ma haine était assez forte pour les lui arracher toutes.
— Hélas ! on l'a trahi, et moi, je suis perdue !
— Comment, misérable prostituée, tu oses le pleurer devant moi !

Là, seulement, la colère d'Othello doit éclater par un de ces rugissements que Kean faisait si bien.

C'est cet éclat qui fait immédiatement passer Desdemona de la dénégation à la terreur.

Elle s'écrie, en s'élançant hors du lit :

— Oh ! chassez-moi, monseigneur ! ne me tuez pas !
— Silence, vile courtisane !
— Tuez-moi demain, laissez-moi vivre cette nuit !
— Tu résistes !
— Une seule demi-heure.
— Point de délai !
— Une seule prière !
— Il est trop tard.

Ici, je me rappelle madame Malibran, cette grande

tragédienne. Elle échappait à Othello, qui étendait le bras sur elle; elle lui glissait pour ainsi dire dans les mains; puis, folle, éperdue, elle courait, essayant d'ouvrir les portes, de gravir les murailles; enfin, elle se retrouvait avec Othello, près du lit, et, de son propre mouvement, sans qu'il eût besoin de l'y transporter, elle s'y renversait d'elle-même.

C'était là et ainsi qu'Othello la tuait.

Nous ne disons rien des scènes qui suivent celle-ci; de quelque façon que l'artiste les joue, elles sont pâles près de la grande catastrophe que nous venons de reproduire.

On n'attend plus qu'une chose, c'est l'expiation, c'est-à-dire la mort d'Othello.

La mort est d'autant plus à effet, qu'elle est inattendue.

Othello, entouré de tous côtés, va être pris et ramené à Venise comme meurtrier.

Un homme comme Othello ne peut souffrir cela.

— Qu'on l'emmène! dit Ludovico.
— Arrêtez! dit Othello, un mot encore. J'ai rendu quelques services à l'État, n'en parlons plus; je vous en prie, dans vos lettres, lorsque vous raconterez cette sanglante aventure, parlez de moi tel que je suis; n'atténuez pas mes torts, mais ne les aggravez pas non plus. Vous parlerez d'un homme qui ne savait point aimer avec modération, d'un homme qui a trop aimé, d'un homme qui n'accueillit que difficilement la jalousie, mais qui, une fois jaloux, le fut jusqu'à la fureur; d'un homme dont la main, comme celle du vil juif, brisa une perle plus précieuse que toutes les richesses de sa tribu; d'un homme dont les yeux vaincus, peu accoutumés à verser des larmes, en répandent plus à

cette heure qu'il ne coule de gomme précieuse des arbres de l'Arabie. Parlez de moi en ces termes, et ajoutez qu'un jour à Alep, un Turc orgueilleux, le front ceint du turban, osa frapper un Vénitien et insulter l'État; qu'alors, je saisis ce chien de circoncis à la gorge, et que je le frappai ainsi.

Et il se frappe de son poignard.

On ne croirait pas qu'il y ait tant de façons de se frapper d'un poignard.

Talma se frappait de haut en bas; Joanny suivait la tradition de Talma; Kean et Kemble s'enfonçaient horizontalement et à deux mains le poignard dans le cœur. Macready se l'enfonçait au-dessous des côtes, et de bas en haut.

Puis Macready ajoutait une chose d'un grand effet : une fois frappé, il se sentait encore la force d'aller jusqu'au lit, et, en râlant le nom de *Desdemona*, il allait tomber et mourir la bouche sur la main de sa victime.

LA CAMARADERIE

LES COLLABORATEURS ET M. SCRIBE

Certes, s'il y avait à Paris un auteur dramatique qui pût traiter, en toute conscience et en toute liberté, un sujet comme celui de *la Camaraderie*, c'était M. Eugène Scribe ; car, il faut rendre justice aux hommes en même temps qu'aux œuvres, M. Scribe n'appartient à aucune faction politique, à aucun club artistique, à aucune coterie littéraire ; M. Scribe n'a jamais été poussé par la franc-maçonnerie d'une société mangeante, ni par l'initiation d'un cénacle poétique ; et cependant, M. Scribe est arrivé jeune encore au but de son ambition, c'est-à-dire à un million de fortune, ce qui lui donne un aplomb social ; et au fauteuil académique, ce qui lui donne une position littéraire ; de sorte qu'à ses armes parlantes, qui sont une plume avec cette devise : *Inde fortuna et libertas*, il peut ajouter, *et decus*.

Et qu'on ne vienne pas nous dire ici que M. Scribe a été poussé par ses collaborateurs, car on confondrait l'association avec la camaraderie, ce qui n'est pas du tout la même chose. Les collaborateurs ne poussent pas en avant, ils tirent en arrière ; les collaborateurs vous attribuent généreusement les fautes et se réservent modestement les beautés ; tout en partageant le succès et l'argent, ils gardent l'attitude de victimes et d'opprimés ; enfin, entre deux collaborateurs, il y a presque toujours une dupe, et cette dupe, c'est l'homme de talent ; car le collaborateur, c'est un passager intrépidement embarqué dans le même bâtiment que vous, qui vous laisse apercevoir petit à petit qu'il ne sait pas nager, que cependant il faut soutenir sur l'eau au moment du naufrage, au risque de se noyer avec lui, et qui, arrivé à terre, va disant partout que, sans lui, vous étiez un homme perdu.

Il faut voir comment le collaborateur se présente chez vous et comment il en sort ! C'est un pauvre jeune homme qui n'a pu se faire jouer, à cause des coteries qui entourent les théâtres ; il s'est présenté à la rue de Richelieu, mais M. Casimir Delavigne l'a écarté ; à la Porte-Saint-Martin, mais on venait de recevoir *Angèle*; il est revenu au Gymnase, mais on répétait M. Bayard. Cependant, il a une mère qu'il soutient, des frères dont il paye la pension, une femme qu'il aime et dont il obtiendrait tout s'il avait un succès ; il n'a d'espoir qu'en vous, et c'est tout simple : vous avez tant de talent, que vous pouvez le pousser, sans vous faire tort ; d'ailleurs, votre réputation d'obligeance est si bien faite, qu'il s'est adressé directement à vous ; il sait bien que son ouvrage est plein d'inexpérience, mais c'est l'élève qui vient au maître lui demander des avis, des conseils ; vous êtes très-occupé sans doute, mais il a tout le temps d'attendre. Moitié attendrissement, moitié amour-propre flatté, vous vous laissez aller à cette imprudente parole: « Eh bien, monsieur, laissez-moi votre manuscrit, je le lirai! » Ce mot une fois lâché, c'en est fait de vous, et vous êtes perdu. Laissez une laie faire ses petits dans votre cabinet de travail ou un serpent ses œufs dans votre chambre à coucher, mais ne laissez pas un auteur déposer son manuscrit, fut-ce même dans votre antichambre. — Oh! le manuscrit, voyez-vous, c'est la boîte de Pandore que vous serez forcé d'ouvrir un jour ou l'autre, et, une fois ouverte, adieu repos, tranquillité, bonheur! vous ne vous appartenez plus, vous avez signé une lettre de change payable sur votre temps, et je ne sais pas de créancier plus exact, plus exigeant, plus inexorable que le collaborateur.

D'abord, à la première personne qu'il rencontre et qui lui demande d'où il sort, il répond d'un air détaché: « De chez un tel. — Ah! vous le connaissez? — Oui, oui, j'ai une pièce avec lui, un sujet que je lui ai porté et qu'il retouche. Que voulez-vous! il m'a été imposé par Harel ou par Poirson... Oh! mon cher ami, quelle coterie que celle des directeurs et des auteurs, et comme c'est organisé!... C'est, du reste, une chose reçue d'avance vous comprenez; un titre charmant, d'ailleurs; rien que dans le titre, il y avait une pièce. — Et quand *passez-vous?* — D'ici à un mois, six semaines au plus; nous sommes en répétition. — Allons, mon cher ami, bon succès! — Merci; je vous enverrai des places. — Au revoir! » Et le collaborateur s'en va en fredonnant un couplet de facture.

Cependant, vous voulez vous remettre à votre travail interrompu, vous cherchez à renouer le fil de vos idées, vous ne savez pas d'où vous vient cette distration inaccoutumée : c'est ce diable de manuscrit qui est là sur une chaise et qui vous tire l'œil; vous détournez vos yeux de cette maudite étoile polaire; mais vos regards sont aimantés ; enfin, vous vous levez, vous marchez à lui, vous le prenez résolument, et vous le mettez tout roulé, avec un petit cordon vert, et sans lire son titre, dans le tiroir aux manuscrits,— car vous avez un tiroir aux manuscrits, comme Jocrisse un panier aux anses. — Vous repoussez le tiroir, vous le fermez à double tour, vous mettez la clef dans votre poche, vous croyez avoir vaincu votre ennemi, le tenir dans votre dépendance; vous croyez qu'il ne sortira de sa prison que lorsque vous le voudrez bien!... Tarare!...

Le lendemain, vous recevez une carte : M. P..., M. G..., ou M. H..., Vous cherchez dans votre souvenir, et vous vous rappelez que c'est le nom du jeune homme au manuscrit; vous jetez la carte sur votre cheminée, sans vous douter que c'est un second ennemi introduit chez vous; et vous dites candidement en vous remettant à la besogne. « Allons, il paraît qu'il sait vivre. »

Le surlendemain, vous lisez dans votre journal que vous travaillez à une pièce intitulée *le Cœur de cristal*, ou tout autre *cœur*, qui vous a été apportée par un jeune homme du plus grand mérite, déjà avantageusement connu par les poésies délicieuses qu'il a fait insérer dans *la Psyché*, et les morceaux de prose charmants qu'il a imprimés dans *Paris et Londres*. Vous trouvez l'annonce bien prématurée ou l'éloge bien pompeux. En ce moment, votre domestique sonne, et vous annonce M. P...., M. G.., ou M. H.... Vous faites signe de la main que vous n'y êtes pas : vous n'avez encore rien lu !.. Votre domestique déclare l'alibi, la porte se referme, vous respirez !

Le lendemain du surlendemain, vous recevez une lettre : votre collaborateur, désolé de ne pas vous avoir rencontré la veille, vous prévient qu'il aura l'honneur de passer chez vous dans la matinée du lundi. Vous jetez les yeux sur votre almanach pour savoir le temps qui vous reste; il marque le dimanche. Le péril est instant; vous reprenez la missive, afin d'y répondre à l'instant même et d'obtenir quelques jours de répit. Le traître, il a oublié de vous donner son adresse ! Pas moyen de répondre que vous avez affaire, vous ne savez où il demeure ; pas moyen d'éluder la visite, vous êtes prévenu. Vous chiffonnez la lettre entre vos mains, vous la tortillez, vous la roulez, jusqu'à ce qu'elle ait pris la forme d'une bourre à fusil, vous la jetez au feu, vous la regardez brûler avec un sourire de cannibale, vous l'enterrez dans les cendres à coups de pincettes; puis, au bout de tout cela, vous vous levez, vous allez à votre tiroir et vous en tirez le malheureux manuscrit. Il faut en finir : vous le lisez. Maintenant, vous voilà tranquille; vous *jouissez* d'un ennemi de plus : c'est une affaire de temps, et voilà tout.

Car, ou le manuscrit est absurde, ou il renferme une idée.

S'il est absurde, vous le rendez à l'auteur en le lui faisant comprendre le plus poliment qu'il vous est possible ; alors, vous avez votre ennemi tout de suite. S'il renferme une idée, vous acceptez la collaboration, croyant, au premier abord, que vous n'avez en effet que quelques scènes à retoucher, quelques raccords à faire ; mais à peine avez-vous introduit quatre lignes de votre style dans l'œuvre en question, que vous voyez qu'il faut récrire toute la scène ; vous récrivez toute la scène, et bientôt vous êtes convaincu qu'il faut récrire toute la pièce ; vous récrivez toute la pièce ; et alors, c'est le plan qui est défectueux, ce que vous n'aviez pas pu juger, car ce n'était pas vous qui l'aviez fait. Bref, au bout de six mois de travail, vous vous apercevez que vous auriez fait trois bonnes pièces à vous seul, tandis que vous en avez fait une mauvaise à deux. Dans ce cas, vous avez votre ennemi pour plus tard.

Car la pièce tombe ou elle réussit.

Si elle tombe elle est de vous.

Si elle réussit, elle est de lui.

Ce qui n'est vrai ni dans l'un ni dans l'autre cas : une pièce à deux n'est de personne.

Combien de fois ai-je entendu dire que M. Scribe mettait son nom aux pièces, et voilà tout.

Aussi, toutes les fois que M. Scribe a voulu réellement monter, il a jeté les collaborateurs qui lui servent de lest, et il a eu raison, car alors il a fait *le Mariage d'argent*, *Bertrand et Raton* et *la Camaraderie*.

Revenons à la dernière de ces pièces et essayons de donner son analyse, ce qui est assez difficile, la pièce étant plutôt une comédie de caractère qu'une comédie d'intrigue.

La scène s'ouvre chez un M. de Montlucart, homme de nom, sinon de naissance, qui s'est fait légitimiste pour avoir un maintien, et qui voudrait qu'on le fît député malgré lui pour avoir une position. Il fait partie d'une société de *camarades*, composée de littérateurs, de peintres, de médecins, d'artistes, de fonctionnaires publics et d'industriels, qui sont engagés par serment à se pousser les uns les autres, et qui tiennent religieusement leur serment.

Au lever du rideau, Zoé, la femme de Montlucart, reçoit une de ses amies, Agathe de Miremont, fille d'un pair de France, marié, à l'âge de soixante et dix ans, à mademoiselle Rigaud, qui est passée d'un pensionnat où elle était sous-maîtresse au cercle de la cour; Agathe aime Edmond de Varennes, jeune avocat plein de talent, mais qui, ne faisant partie d'aucune coterie, ne peut parvenir à se faire un nom. Bien loin de là, tout ce qu'il entreprend tourne mal; c'est qu'il y a sans qu'il s'en doute, un mauvais génie, qui préside à sa destinée : ce mauvais génie, c'est Césarine, qui, après l'avoir aimé d'abord, le hait d'être resté indifférent pour elle, et emploie son crédit près des *camarades* pour empêcher Edmond de réussir. Le principal agent de cet Arimane femelle est le docteur Bernardet, auquel, par son influence auprès du ministre, elle peut être d'une grande utilité; aussi est-il à ses ordres; c'est le démon familier qu'elle évoque et qu'elle fait agir à sa volonté; c'est la baguette magique à l'aide de laquelle la fée Césarine opère ses métamorphoses. Edmond de Varennes arrive, guidé par un de ces pressentiments que les amants ont seuls, et, près de Zoé, il trouve

Agathe : c'est une bonne fortune, car la haute position de M. de Miremont et la haine apparente de sa femme lui interdisent à peu près l'entrée de la maison. Edmond est doublement heureux de rencontrer Agathe ; car, la veille, il a obtenu un grand succès oratoire, et, tout fier encore de son triomphe, il est plus hardi dans son amour. Malheureusement, c'est un des *camarades* qui a été chargé de rendre compte de la séance, et, comme Edmond lui a été recommandé par M. Bernardet, l'article est précis, et Edmond, s'il faut en croire le journal, a eu une chute complète. Le pauvre avocat jette par hasard les yeux sur la gazette, il y voit son nom, lit l'article et reste anéanti sous tant d'injustice. Mais, d'un mot, Agathe relève son courage ; M. de Miremont ne serait pas éloigné de donner sa fille à un député. Edmond de Varennes a de la fortune, des propriétés à Saint-Denis, où, le lendemain, on nomme un député. M. de Montlucart est influent dans l'arrondissement, dont il est un des principaux électeurs ; Edmond a gagné un procès important pour lui, il est décidé, il attend M. de Montlucart, il va lui demander sa voix. Il n'y a qu'un inconvénient : c'est que M. de Montlucart compte se la donner à lui-même ; c'est ce qu'il fait comprendre très-sèchement à Edmond en se retirant dans son cabinet et en le laissant maître du salon. Au moment où Edmond va se retirer, désespéré, la porte du fond s'ouvre, le jeune avocat reconnaît un de ses amis nommé Oscar Rigaud, fils d'un marchand de bois de Villeneuve-sur-Yonne. C'est l'ancien camarade de collège d'Edmond, et le cousin de Césarine. Oscar, qui a appris par son journal, l'échec d'Edmond, lui fait ses compliments de condoléance. Edmond se plaint alors de ce que rien ne lui réussit; Oscar se félicite du contraire. Les confidences deviennent plus intimes entre les deux amis : Edmond avoue son ambition d'être député; Oscar offre de le faire nommer, Edmond s'étonne qu'il ait ce pouvoir ; alors, Oscar déroule à son ami tout le tableau de la camaraderie, lui confesse naïvement qu'il est agrégé à une société en commandite, à une assurance de succès mutuels qui compte déjà parmi ses membres des médecins, des poëtes, des peintres, des industriels, mais qui, par le plus grand hasard, manque encore de députés. C'est une place vacante à remplir dans la société de la courte échelle; Oscar l'offre à Edmond, Edmond l'accepte, et l'initié emmène le néophite a un déjeuner de camarades qui doit avoir lieu le matin même.

Au second acte, nous sommes chez Oscar Rigaud le poëte banquier de la société. Oscar, pour faire comme tout le monde, a fait imprimer un volume de poésies qui, grâce aux camarades, a eu le plus grand succès; de sorte qu'Oscar, qui n'avait jamais été qu'un bon enfant, est maintenant un grand poëte. Le premier convive qui se rend à l'appel est le docteur Bernardet, cet agent secret de madame de Miremont, dont nous avons déjà parlé. C'est un homme spirituel, fin, habile, bien lancé déjà, qui est parvenu à une bonne position comme médecin, et qui compte bien arriver plus haut encore, en suivant la même voie. Oscar lui annonce qu'il aura, à déjeuner, outre les convives ordinaires, un jeune avocat du plus grand mérite, son cousin le pair de France, et sa cousine Césarine. Bernardet ne croit pas aux deux derniers; M. de Miremont a donné sa parole, c'est vrai, mais Césarine a envie d'aller au Conservatoire, et M. de Miremont, tout en ayant l'air d'avoir une volonté, ne fait que ce que veut sa femme. En ce moment, on sonne : c'est M. de Miremont et Césarine qui, en passant, s'excusent de ne pouvoir partager le déjeuner de leur jeune cousin. Césarine, en voyant Bernardet, lui fait signe qu'elle désire lui parler, son mari se rend à la Chambre, il lui renverra la voiture. Oscar donne le bras au noble parent pour l'aider à descendre l'escalier. Césarine reste avec Bernardet, et là se posent, d'une manière charmante, une scène et deux caractères, comme il n'y a que Scribe qui sache en faire.

Entre ces deux caractères, il en apparaît un troisième, c'est celui du vieux sénateur, qui est demeuré debout après les révolutions difficiles qui ont passé sur la France, parce qu'il restait couché tandis qu'elles s'accomplissaient. Dès qu'il voit dans *le Constitutionnel* que l'horizon politique s'obscurcit, ou dans la *Gazette des Tribunaux* qu'un procès politique s'instruit à la chambre haute, il fait venir son médecin, se met au lit et fait demander au préfet de police la permission de répandre de la paille dans la rue. Le lendemain du jour où l'horizon est éclairci, aussitôt que le procès est jugé, M. de Miremont entre en convalescence ; une semaine après, il commence à sortir, et les nombreux candidats, qui s'étaient déjà mis sur les rangs pour les huit places dont il touche les traitements en sont pour leurs sollicitations et leurs visites. Du reste, esclave de sa femme plus encore que de sa position, et confiant ou jaloux, selon que Césarine a besoin de sa confiance ou de sa jalousie.

Pour le moment, ce n'est ni l'une ni l'autre que Césarine met en jeu; elle veut faire nommer un député, car elle a su qu'Edmond se mettait sur les rangs, et elle a juré de s'opposer à tout ce que pourrait tenter le jeune avocat : en conséquence, elle a jeté les yeux sur son cousin Oscar; la place de professeur à l'école de médecine, que sollicite Bernardet, est à ce prix; Bernardet s'incline et promet. Césarine se retire; bientôt entre Oscar avec Edmond, et derrière eux les camarades.

Là se développe devant Edmond la pratique dont Oscar lui a expliqué la théorie; là, on fait et défait les réputations, non pas selon le mérite individuel, mais selon l'intérêt de chacun : Edmond, indigné de toutes ces manœuvres honteuses, fait un éclat, et sort : les camarades restent seuls.

Aussitôt, on s'occupe de l'affaire en litige, c'est-à-dire de remplir la lacune causée dans la société par l'absence du député : chacun alors se propose, vante ses droits, expose ses titres; tout le monde a du mérite, c'est convenu. Mais, comme il est difficile de faire un choix entre candidats si méritants, on convient de s'en rapporter au sort. On vote.

Chacun a une voix, car chacun s'est donné la sienne, à l'exception d'Oscar, qui s'occupe des préparatifs du déjeuner, et ne sait pas même de quoi il est question.

C'est alors que Bernardet agit. Il promet à chacun, de la part de Césarine, qu'on sait toute-puissante près du ministre, ce que chacun désire; la séduction opère;

on a recours à un second scrutin préparatoire; Oscar est nommé.

En ce moment, il annonce qu'on est servi, et, en retour de cette bonne nouvelle, on lui apprend qu'on le porte à l'unanimité à la députation de Saint-Denis : le candidat improvisé ne revient pas de sa surprise; mais l'étonnement ne lui ôte pas la reconnaissance, il se verse un verre de vin de Champagne, et, sur cet évangile des buveurs, il jure de ne s'occuper dans la haute position où ses amis le poussent, que des intérêts de ses amis.

Au troisième acte, nous sommes chez madame de Miremont. Zoé a reçu une lettre désespérante d'Edmond; il n'y a plus d'espoir de réussir à rien; il veut se tuer, sans même avouer son amour à celle qui le lui inspire. Zoé arrive avec cette lettre, et, dans une véritable scène d'anciennes amies de pension, elle trouve moyen de mettre sous les yeux de Césarine la lettre du pauvre désespéré, et de faire croire à sa camarade que cette femme que ne nomme pas Edmond, et qu'il adore en secret n'est autre qu'elle-même, Césarine. La lettre produit l'effet qu'en attendait Zoé : Césarine retire son appui à Oscar et le transporte à Edmond. Bernardet arrive; il est nommé professeur, et vient remercier sa protectrice. Mais Césarine l'interrompt au milieu de ses remercîments pour lui donner de nouvelles instructions; tout est changé, c'est Edmond de Varennes qui doit être nommé au lieu d'Oscar; Bernardet se remet en courses pour opérer le revirement. Oscar entre, au comble de la joie; il est sûr de son élection; le sénateur arrive, de son côté, prêt à monter en voiture avec son cousin, pour l'aider de ses vœux et de son influence ; il n'y a pas un instant à perdre si Césarine veut briser à temps l'intrigue qu'elle a ourdie elle-même. Mais, nous l'avons dit, M. de Miremont devient jaloux à volonté ; Césarine est charmante avec Oscar ; son mari s'en aperçoit ; un soupçon le mord au cœur, il croit que l'intérêt que Césarine a témoigné à son cousin est inspiré par un sentiment plus tendre que l'amitié : il s'emporte, fait une scène, ordonne de dételer les chevaux et rentre dans son cabinet. Oscar, désespéré, se rend à l'élection, en remerciant sa cousine, qui lui recommande de parler et beaucoup. Césarine, restée seule, écrit au ministre qu'il faut qu'il porte Oscar comme candidat ministériel, et qu'en reconnaissance, au lieu des quatre voix dont il a besoin, elle lui en donnera dix.

Au quatrième acte, nous sommes dans le cabinet de M. de Miremont, sa femme lui a dit que le procès que doit bientôt juger la cour des pairs, commencera dans huit jours, il est malade.

Mais, cete fois, outre son but habituel, la nouvelle a un autre motif. Le bruit de la maladie du vieux sénateur s'est promptement répandue ; il a huit places, nous l'avons dit ; ces huit places peuvent devenir vacantes d'un moment à l'autre : les députés de l'opposition le savent. Ils savent aussi que le ministre ne les accorderait qu'à des hommes dévoués à l'ordre de choses, et, au lieu de tomber sous une minorité de quatre voix, la loi passe grâce à une majorité de vingt-cinq. Cependant, M. de Miremont se sent plus mal, il rentre dans sa chambre à coucher.

Alors arrive Edmond, qui a appris que c'est par l'influence de madame de Miremont que le scrutin préparatoire lui a été si favorable ; en effet, tous les camarades se sont mis en campagne, et, avec l'appui du ministère, sa nomination ne fait aucun doute, madame de Miremont le lui promet. Encouragé par tant de bontés, Edmond se hasarde, il avoue qu'il n'est ambitieux que parce qu'il aime, et qu'une haute position doit le rapprocher de l'objet de son amour. Césarine reçoit la déclaration de manière à l'encourager à une confidence complète ; Edmond hésite, balbutie ; Césarine le regarde avec un de ces sourires qui laissent tout espérer, Edmond nomme Agathe ; Césarine, furieuse, rentre dans son appartement. Edmond, qui n'a rien vu, rien compris de cette colère, se croit toujours le protégé de madame de Miremont, et court achever ses visites.

Au cinquième acte, nous retrouvons M. de Miremont avec Bernardet et Edmond. Le sénateur, ne pouvant pas sortir, écrit des circulaires aux électeurs les plus influents. Mais Bernardet, qui ne sait pas le changement survenu dans l'esprit de Césarine, rêve un coup d'État plus ambitieux : c'est de faire faire les visites à M. de Miremont lui-même. A cet effet, il lui annonce négligemment que le procès politique dont devait s'occuper la cour des pairs est remis indéfiniment. Cette nouvelle guérit miraculeusement le sénateur ; il se sent mieux, il se trouve bien, si bien, qu'à la rigueur il ne serait pas fâché de prendre l'air. Bernardet met à profit ces heureuses dispositions, ne donne pas le temps à M. de Miremont de faire atteler, lui offre sa voiture, lui met le bras sous celui d'Edmond, et les pousse tous les deux dans la rue. En ce moment, Césarine sort avec sa lettre au ministre; elle cherche son mari pour qu'il n'écrive pas les circulaires. Bernardet, croyant qu'il a fait merveilles, lui raconte la cure qu'il vient d'opérer... Il est trop tard maintenant, la lettre n'arrivera plus à temps; elle va courir elle-même, mais, sur l'escalier, elle rencontre son mari qui rentre avec Edmond; l'élection a eu lieu plus tôt qu'on ne le croyait : Edmond de Varennes est nommé, et le vieux sénateur, croyant toujours faire plaisir à sa femme, a promis au jeune avocat la main d'Agathe.

Trois des caractères mis en scène sont parfaitement heureux; ces trois caractères sont ceux d'Oscar Rigaud, de Bernardet et de M. de Miremont.

Quant à l'esprit, il est impossible de donner à nos lecteurs une idée de la dépense qu'en a faite M. Scribe, pendant ces cinq actes, qui ne tournent pas un instant au drame, et qui se soutiennent à la même hauteur par la seule puissance nerveuse du dialogue à mille facettes de cette comédie. Nous reviendrons, du reste, sur tout cela; M. Scribe est un homme trop haut monté, pour qu'on puisse le juger à première vue. M. Scribe est, quoi qu'on fasse et, quoi qu'on dise, un des trois hommes placés à la tête de la littérature dramatique de notre époque : bien entendu que les deux autres sont Casimir Delavigne et Victor Hugo.

Maintenant, merci, confrère; — c'est ainsi qu'il fallait répondre, au nom de tous, à la camaraderie de la critique, la pire de toutes les camaraderies.

*
* *

Nous nous étions promis de revenir sur M. Scribe, et nous tenons parole. En effet, peu d'auteurs ont été plus attaqués et moins défendus que lui, de sorte qu'il reste sur lui beaucoup de choses à dire.

La raison ou plutôt les raisons de cette haine sont faciles à trouver ; M. Scribe a fait en 1816 la même révolution dans le vaudeville que celle que nous avons faite en 1830 dans le drame ; M. Scribe est tombé au milieu des successeurs de Piron, de Panard et de Collé, comme nous sommes tombés au milieu des successeurs de Corneille, de Racine et de Voltaire ; de sorte qu'il s'est fait du premier coup une masse considérable d'ennemis acharnés ; elle se composait de tous ceux dont il froissait les intérêts ou les amours-propres ; et le nouveau genre, c'est-à-dire le *vaudeville de salon* eut du premier coup, pour dépréciateurs, tous ceux qui avaient fait, faisaient ou pouvaient faire selon l'ancienne manière. La guerre fut déclarée entre la *chanson* et la *romance* entre le *flon flon* et la *pointe*, entre le *calembour* et le *mot*. Les vieux Sylla devinaient le jeune César.

La réputation de M. Scribe grandit vite. Il y a un avantage à essuyer les murs, c'est qu'on écrit son nom dessus ; au bout de deux ou trois ans d'exposition, non-seulement M. Scribe forma une école, mais encore il prit des élèves ; parmi ces élèves, quelques-uns devinrent des maîtres, les autres restèrent des rapins ; ce furent ceux-ci qui constituèrent à M. Scribe sa seconde classe d'ennemis.

Enfin, comme il n'y avait pas d'écolier en sixième, d'élève en seconde et de collégien ayant doublé sa rhéthorique qui n'eût essayé de faire un vaudeville, un drame ou une tragédie et qui n'eût commencé par être refusé, il arriva ce qui devait arriver, c'est que tous les écoliers en sixième qui essuyèrent un refus au Gymnase, s'en prirent à M. Scribe de ce refus, et accusèrent M. Poirson de partialité pour un auteur qui faisait sa fortune : M. Poirson répondit que sa partialité venait de ce que M. Scribe réussissait, et que les autres tombaient. La raison fut trouvée médiocre, et une troisième classe d'ennemis s'organisa contre M. Scribe.

Alors, une réaction sourde s'organisa dans le monde, dans les foyers des théâtres et dans les bureaux des feuilletonistes contre l'usurpateur dramatique, qui menaçait d'envahir tous les théâtres de la capitale ; on lui reprocha 1° de peindre un monde qui n'existait pas ; 2° de manquer dans ses peintures de largeur et de poésie ; 3° de faire un commerce de l'art et de tenir avaricieusement une maison de banque sous la raison Scribe et compagnie. Nous allons successivement répondre à ces trois accusations.

Ceux qui n'examinent que superficiellement les choses, pourraient presque dire de M. Scribe ce que M. Scribe dit de son peintre, lequel, n'ayant pas trouvé la nature à son goût, en avait inventé une. M. Scribe a peint un monde particulier : celui des agents de change, des banquiers et des courtiers de commerce, une société spéciale, celle de la Chaussée-d'Antin ; une aristocratie à part, celle de la finance.

M. Scribe appartient à l'époque où cette société fit sa première apparition dans notre organisation politique ; elle succédait à la société militaire et impériale du faubourg Saint-Honoré, qui avait remplacé elle-même la société aristocratique et légitimiste du faubourg Saint-Germain ; or, comme M. Scribe était un peintre d'actualités, les premiers plans de ses tableaux se trouvèrent envahis par les hommes de la Bourse, tout occupés de leurs spéculations ; les seconds par de braves militaires pleins des souvenirs de leurs victoires, et les troisièmes par de vieux pairs de France assez vides de toutes choses.

Or, la société naissante, qui n'appartenait ni à la noblesse de canon de Napoléon, ni à la noblesse d'épée de Louis XIV, voulut aussi avoir sa noblesse à elle ; en conséquence, elle demanda que les écus tinssent lieu de cicatrices et de parchemins, et, ayant obtenu sa demande, elle fit son entrée dans les salons, prit des grades dans la garde nationale et obtint un tabouret à la cour sous le nom de noblesse d'argent.

Cependant, ses femmes étaient encore gauches et ses jeunes gens empruntés ; Scribe, avec un talent d'observation, prit les moins gauches de ces femmes, les moins empruntés de ces jeunes gens, brillanta leur dialogue assez terne de ce superflu d'esprit dont il ne sait que faire, et les transporta au théâtre, où ils devinrent aussitôt, non pas des copies, mais des modèles ; les jeunes femmes de finance étudièrent madame Théodore, les jeunes hommes d'argent imitèrent M. Paul ; on envoya demander à l'une l'adresse de sa couturière, à l'autre le nom de son tailleur, et ce ne furent plus les acteurs qui se modelèrent sur la société, ce fut la société qui se modela sur les acteurs.

Eh bien, ce monde, M. Scribe l'a parfaitement peint à notre avis, et le seul reproche que nous lui ferons est de lui avoir donné plus d'esprit qu'il n'en a. Voilà pour la première accusation.

Quant à la seconde, elle nous paraît aussi injuste que la première; car il faut toujours, pour le juger sainement et impartialement, se placer au point de vue de l'auteur, voir ce qu'il a voulu faire, et non ce qu'il n'a pas fait, et ne l'accuser d'impuissance que lorsqu'il n'aura pas atteint son but : sinon, il n'y aurait aucune raison pour qu'on ne reprochât point à Beaumarchais de ne pas avoir fait des vers comme en avait fait Racine, ou à Racine de ne pas avoir fait de la prose comme on devait faire Beaumarchais. Du moment que M. Scribe a adopté pour mission et s'est imposé pour tâche de n'exécuter que des tableaux de genre, et de ne prendre ses personnages que dans la société moderne, il s'est trouvé circonscrit lui-même dans la prosaïque étroitesse de cette société; notre siècle n'est plus le siècle de Molière, siècle de grandes passions, de grands vices et de grands travers; nous sommes dans l'époque des petites ambitions, des petits défauts et des petits ridicules; aux couleurs fortement tranchées, qui séparaient autrefois les castes différentes, ont succédé les nuances légères qui caractérisent aujourd'hui les individus. Où voyons-nous un don Juan, un Harpagon, un Alceste?

Il faut donc que l'auteur dramatique qui veut couvrir une large toile, cherche, en remontant vers d'autres âges, des figures qui puissent la remplir ; alors, la poésie coule de source, car, contre les lois de la perspective, les personnages historiques grandissent en s'éloignant. Mais, si, au lieu des sociétés du moyen âge ou de l'antiquité, il étudie la société moderne, il faut bien, malgré lui, qu'il mesure les hommes à leur taille, qu'il les estime ce qu'ils valent, et qu'il les peigne, non pas tels qu'ils devraient être, mais tels qu'ils sont.

Ce n'est pas qu'on ne puisse trouver à la rigueur dans la société moderne quelques grandes figures, quelques âmes puissantes, quelques passions profondes ; mais ces types sont produits par des organisations exceptionnelles, ce sont des accidents au milieu de la société, des gens qui ont oublié de naître à l'époque qui leur était fixée et qui sont destinés à apporter le désordre dans un monde qui n'est plus en harmonie avec eux. Nos appartements modernes ne sont point faits pour que les colosses y trouvent place, et ces hommes appartiennent au drame et non à la comédie ; car ces hommes s'appellent Verther, René ou Antony, et ces hommes finissent par le suicide ou sur l'échafaud. Or, Scribe fait de la comédie, et n'a jamais eu que je sache, le moindre désir de faire du drame ou de la tragédie.

Il faut donc l'avouer, notre société actuelle prête peu à la comédie et au drame ; elle n'est ni impertinente comme celle de Louis XIV, ni chevaleresque comme celle de François Ier, ni pittoresque comme celle de Louis XI, ni héroïque comme celle de Charlemagne, ni poétique comme celle d'Auguste. Nous avons des journaux qui signalent tous les ridicules, il est donc impossible de persévérer dans un travers. Nous avons des lois qui punissent tous les délits; il est donc inutile de se faire justice soi-même. Toutes les passions se sont proportionnées à la grandeur de nos appartements. On annonce à la porte d'un salon la Vénalité, l'Ambition, l'Adultère; vous vous retournez, croyant à des monstres, et vous voyez entrer de jolies dames en robe de bal, avec des fleurs sur la tête, et de charmants cavaliers avec des gants de couleur paille et des souliers vernis. Allez donc chercher la largeur et la poésie sous ces robes faites par mademoiselle Lucy ou ces habits taillés par M. Blin. Voilà pour la seconde accusation. Maintenant, passons à la troisième.

Scribe fait du commerce et non de l'art, car, dit-on, Scribe est trop avare pour être artiste.

Scribe a eu le bonheur d'entrer dans la carrière littéraire avec six mille livres de rente, du moins à ce que nous croyons. L'aisance donne des idées d'économie; il n'y a que la misère qui pousse à la dissipation. Or, Scribe, né d'une famille commerçante, avait appris jeune la valeur des choses gagnées; son théâtre, qui lui rapporta la première année cent vingt-six francs, sur lesquels il faut prélever quarante francs d'impression de manuscrit, monta en 1833 à la somme de cent quarante-huit mille francs. C'est la rente la plus colossale que la plume d'un auteur dramatique ait jamais inscrite au grand-livre de MM. Michel et Guyot. Mais aussi quel est l'auteur dramatique qui ait fait, à quarante-cinq ans, trois cent cinquante pièces, dont deux cent quatre-vingts à peu près ont eu des succès de premier ordre?

Ce fut lassé d'entendre répéter ces accusations de commerce que Scribe, à qui on niait la puissance de produire seul, fit seul pour le Théâtre-Français en quatre ans, et sans nuire à ses autres ouvrages de l'Opéra, de l'Opéra-Comique et du Gymnase, quatre comédies en cinq actes dont une seule, *l'Ambitieux*, n'obtint qu'un succès contesté. L'Académie jugea M. Scribe autrement que ne l'avait fait le feuilleton, et son admission dans l'aréopage littéraire lui donna de droit et légalement le rang que depuis longtemps il avait pris de fait.

Maintenant, qu'on nous permette de citer une anecdote assez ignorée, je crois, par cela même qu'elle fut spécialement connue des confrères de M. Scribe, qui sans doute auront craint de blesser sa modestie en la répétant. Lorsqu'on établit la société des auteurs dramatiques, on s'occupa non-seulement de défendre les droits de tous ceux qui faisaient partie de la société pendant l'âge de la force et de la production, mais encore de subvenir aux besoins de ceux qui avaient déjà atteint la vieillesse : en conséquence, on fonda une caisse de secours et de pension et on vota la retenue d'un demi pour cent sur les droits de tous. Un des membres fit alors l'observation qu'en supposant qu'aucun secours et qu'aucune pension ne fussent accordés dans cet intervalle, il faudrait près de deux ans pour réunir un premier fonds de dix mille francs, somme qui serait cependant nécessaire pour prévenir l'épuisement.

Un mois ou deux après cette réunion, une demande de secours arriva; elle était instante et pleine d'intérêt. Le président appela, en conséquence, le trésorier, et lui demanda s'il y avait quelque chose en caisse.

— Il n'y a encore, répondit celui-ci, que les dix mille francs envoyés par M. Scribe.

LE LOUIS XI DE MÉLY-JANIN

ET

LE LOUIS XI DE CASIMIR DELAVIGNE

―――

J'ai parlé dans mes *Mémoires* du drame de Mély-Janin, intitulé *Louis XI*, qui nous avait fort impressionnés, Soulié et moi, en 1827.

Sans doute aussi avait-il impressionné Casimir Delavigne, l'homme le plus sensible qui fût à ces impressions-là. Casimir semblait avoir été créé et mis au monde pour prouver que le système des idées innées est le plus faux des systèmes philosophiques.

Nous allons étudier en quelques lignes le *Louis XI* de 1827 et celui de 1832, — le drame de Mély-Janin, et celui de Casimir Delavigne.

Nous ne voulons pas dire que les deux hommes aient été de même taille ; mais, ayant ostensiblement Walter Scott pour allié, le journaliste s'est trouvé, un beau soir, de taille à lutter avec l'auteur dramatique.

Nous disons *ostensiblement*, parce que Casimir n'a

pas non plus tout à fait dédaigné l'alliance du barde écossais; seulement, comme, auprès de beaucoup de gens, Walter Scott était encore impopulaire en France à cause de son *Histoire de Napoléon*, Casimir, en sa qualité de *poëte national*, — c'était sur cette nationalité qu'était surtout bâtie la fragile pyramide de son talent, — Casimir n'avait pas voulu avouer tout haut cette alliance.

Commençons par Mély-Janin.

Au lever du rideau, on voit un paysage représentant à la fois le château de Plessis-les-Tours, une hôtellerie, et une *riante campagne*, style du temps.

Dans tout ce qui n'est pas imité de Walter Scott, nous trouvons, comme dans cette *riante campagne*, un échantillon du style de l'Empire.

Isabelle, la riche héritière de Croy, est en scène avec sa dame d'honneur, sa suivante, sa confidente; une manière de comparse quelconque inventée pour qu'un personnage principal, en ayant l'air de lui confier un secret qu'il sait depuis dix ans, confie, en réalité, ce secret au public.

Dans l'ancienne tragédie, quand c'est un homme, cela s'appelle Euphorbe, Arcas ou Corasmin; quand c'est une femme, cela s'appelle Julie, OEnone ou Fatime, et porte le titre naïf de *confident* ou de *confidente*.

Donc, Isabelle confie à la femme qui l'accompagne dans sa fuite qu'elle est venue de la cour de Bourgogne à la cour de France, parce que le duc Charles, craignant de la voir disposer de ses biens immenses, la voulait forcer d'épouser soit le comte de Crèvecœur, soit le comte de la Marck, surnommé le Sanglier des

Ardennes. Elle lui apprend — toujours à cette même Éléonore qui ne l'a pas quittée d'un instant — qu'elle a trouvé une protection, sinon distrayante, au moins sûre, près du roi Louis XI. La seule inquiétude qu'elle ait, c'est de savoir si *lui*, qu'elle n'a pas eu le temps de prévenir de sa fuite, aura la persévérance de la suivre, et l'adresse de la retrouver.

C'est un point sur lequel Éléonore, si bien instruite qu'elle soit, ne peut la renseigner ; mais, comme Éléonore a appris à peu près tout ce qu'elle sait, et le public tout ce qu'il avait besoin de savoir, on voit s'avancer, par le fond, deux hommes vêtus comme de bons bourgeois, et qui viennent à leur tour causer tout naturellement de leurs affaires dans l'endroit de la France le moins propre à cet entretien.

Isabelle se retourne, les voit, et dit :

— J'aperçois le roi qui dirige ses pas de ce côté ; il est accompagné de son compère Martigny. La simplicité de son costume annonce assez qu'il veut garder l'incognito... Le voici ; retirons-nous.

Et Isabelle de Croy et sa confidente se retirent par le *côté jardin*, ayant vu Louis XI et son confident, qu'elles ont besoin de voir, afin que le public sache que Louis XI et son confident vont entrer en scène, tandis que Louis XI et son confident, qui n'ont pas besoin de voir Isabelle de Croy et sa confidente, et qui doivent même ne pas les voir, ne les voient pas.

Vous me direz que ce n'est peut-être pas très-exactement dans les habitudes de Louis XI, qui, de la nature des chats, des renards et des loups, voit la nuit, soit sur ses côtés, soit derrière lui, de ne pas voir ceux qui sont devant lui ; mais je vous répondrai que c'était ainsi que la chose se passait sur la scène française en l'an de grâce 1827, même parmi les poëtes qui avaient la réputation de novateurs.

On verra qu'en 1832, les choses n'avaient pas beaucoup changé. Il est facile d'imaginer la haine que conçurent contre nous des gens à qui nous avions entrepris de faire changer des habitudes aussi commodes que celles-là.

Il suffisait d'ajouter entre eux deux parenthèses, — et dans un autre caractère typographique, — en parlant de ceux qui arrivaient, ainsi que fait Mély-Janin en parlant du roi et de son compère Martigny :

(*Ils arrivent par le fond du théâtre, et ne peuvent apercevoir la comtesse et Éléonore, cachées par des arbres.*)

Ce n'était pas plus difficile que cela !

Louis XI est aussi, lui, avec son confident ; seulement, son confident s'appelle le *compère* Martigny. Ils viennent tout en causant et tout en discutant ; mais, soyez tranquille, ils ont gardé pour leur entrée en scène ce qu'ils ont d'important à dire, et ce qu'il est urgent que sache le public.

Aussi, après quelques mots sans importance, échangés entre Louis XI et son compère, le roi dit à Martigny :

— Revenons à ce qui nous occupe. Quelles nouvelles t'ont apportées les secrets émissaires que tu as envoyés à la cour de Bourgogne ? Charles sait-il que la comtesse de Croy s'est retirée dans mes États ? sait-il que je lui ai accordé un asile ?

Voyez-vous Louis XI, le renard, ayant besoin que les émissaires du compère Martigny aient appris à leur maître, afin que leur maître le lui répète, que le duc de Bourgogne sait que la comtesse de Croy s'est retirée dans ses États, et qu'il lui a accordé un asile!

Comme si Louis XI s'en rapportait aux émissaires des autres! comme si Louis XI n'avait pas ses secrets émissaires, à lui, qui, à toute heure, parvenaient, sous toute sorte de costumes, jusque dans le cabinet sans écho où il avait l'habitude de parler de ses affaires!

Vous comprenez bien que les deux interlocuteurs ne seraient pas venus là, si les secrets émissaires du compère Martigny n'étaient pas arrivés.

En effet, ils sont de retour, et voici les nouvelles qu'ils ont apportées :

C'est que Charles le Téméraire sait tout cela ; c'est qu'il s'est mis dans une violente colère en l'apprenant; c'est qu'il a fait partir sur-le-champ le comte de Crèvecœur, afin de réclamer Isabelle.

Ils ont appris, en outre, qu'un jeune Écossais nommé Quentin Durward se joint aux deux poursuivants qui prétendent à la main d'Isabelle, c'est-à-dire au comte de Crèvecœur et au Sanglier des Ardennes, et a sur eux l'avantage d'être aimé.

— Mais où donc a-t-il vu la comtesse?

Attendez! voici un moyen adroit, et qui prépare le dénoûment :

— C'est ce que je n'ai pu savoir, répond Martigny ; ce qu'il y a de certain, c'est qu'il lui a rendu de fréquentes visites à la tour d'Herbert.

9.

— A la tour d'Herbert, dis-tu?

— Oui; vous savez que la comtesse, avant de se rendre à votre cour, avait déjà fait une tentative d'évasion? Le duc, dans le premier mouvement de la colère, la fit enfermer dans cette tour d'Herbert; elle y était étroitement gardée, et, cependant, on dit que, par certain passage secret, Quentin Durward trouva le moyen de parvenir jusqu'à elle.

Louis XI ne sait pas cela, et, comme il est honteux, sans doute, de ne point le savoir, au lieu de répondre à la question de Martigny :

— Mais n'as-tu pas cherché à attirer ce jeune homme à ma cour?

— Il avait quitté celle du duc de Bourgogne quelque temps après la comtesse.

— Il se sera mis sur ses traces, sans doute.

Au fond, vous le voyez, Louis XI est plus fin qu'il n'en a l'air. Il continue :

— Martigny, il faut surveiller son arrivée. Qu'il vienne, mes faveurs l'attendent... Mais que regardes-tu?

Vous vous doutez bien, n'est-ce pas, vous qui n'êtes pas Louis XI, ce que regarde le compère Martigny?

Parbleu! il regarde venir le jeune homme que les faveurs du roi attendent. Cela s'appelle *ad aventum festinare*, marcher au dénoûment; c'est recommandé, en premier lieu, par Horace et, en second lieu, par Boileau.

Grâce à son déguisement et à un déjeuner qu'il offre au voyageur, Louis XI apprend que celui qui vient le trouver est justement celui qu'il cherche, qu'il s'appelle Quentin Durward, qu'il est Écossais, c'est-à-dire noble comme un roi, pauvre comme un Gascon, et fier, ma foi! fier comme lui-même.

Le vieux roi attrape bien par-ci, par-là, quelques coups de griffe de chat sauvage; mais il est habitué à cela : ce sont les pourboires de l'incognito.

En voici un exemple. Martigny est allé commander le déjeuner.

— Dites-moi, maître Pierre, demande Quentin Durward au roi, quel est ce château que j'aperçois dans l'éloignement?
— C'est la résidence royale.
— La résidence royale! Pourquoi donc, alors, ces créneaux, ces hautes murailles, ces larges fossés? pourquoi ces nombreuses sentinelles placées de distance en distance? Savez-vous, maître Pierre, que cela a plutôt l'air d'une forteresse ou d'une prison que du palais d'un roi?
— Vous trouvez?
— A quoi bon de si grandes précautions?..... Dites-moi, maître Pierre, si vous étiez roi, est-ce que vous prendriez tant de peine pour défendre votre demeure?
— Mais il est bon d'être sur ses gardes; on a vu des places surprises et des princes enlevés au moment où on s'y attendait le moins. Il me semble, d'ailleurs, que la sûreté du roi exige...
— Connaissez-vous pour un roi un rempart plus sûr que l'amour de ses sujets?
— Non, sans doute... Cependant...
— Quant à moi, si le sort m'avait placé sur le trône, j'aurais voulu être aimé, et non pas craint; j'aurais voulu que le dernier de mes sujets pût parvenir librement jusqu'à ma personne; j'aurais gouverné avec tant de sagesse, que nul n'eût approché de moi avec de mauvaises intentions.

Cela n'est recommandé ni par Horace ni par Boileau, mais c'est recommandé par le chef de claque. — Cette façon de donner des conseils à un roi est toujours honorable pour un auteur : cela s'appelle faire de l'opposition ; aussi applaudit-on toujours ces sortes de niaiseries.

Malgré ce conseil donné à Charles X par Mély-Janin, et que Charles X eût dû suivre venant d'un ami, Charles X nomma le ministère Polignac.

On sait les suites de cette nomination.

Martigny revient. La collation est prête : on se met à table.

Le vin délie la langue, — et surtout ce petit vin blanc qu'on boit sur les bords de la Loire. — Quentin Durward apprend donc au roi qu'il n'est engagé au service d'aucun prince, qu'il cherche fortune, et qu'il a quelques velléités d'entrer dans la garde écossaise, où il a un oncle officier.

Ici, vous le voyez, le drame commence à se réunir au roman.

Mais quelle différence entre l'exposition du romancier et celle du dramaturge!

C'est que le romancier s'appelait Walter Scott, et le dramaturge Mély-Janin.

Or, comme la conversation commence à devenir intéressante, le roi se lève et s'en va sans donner d'autre motif à son départ que celui que je vous donne moi-même, et que je suis forcé de deviner.

Si vous en doutiez, voici sa sortie :

— Adieu, seigneur Quentin; nous nous reverrons. Comptez sur l'amitié de maître Pierre. (Bas, à Martigny.) Aie soin de l'informer de ce qui l'intéresse. Je te laisse le maître de faire ce que tu jugeras à propos.

— Soyez tranquille, sire.

Resté seul avec Quentin Durward, Martigny l'informe, en effet, que la comtesse de Croy s'est réfugiée à la cour du roi Louis XI, et habite le vieux château qu'il lui montre. Alors, Quentin Durward supplie Martigny de pénétrer dans le château et de remettre une lettre à Isabelle.

— Ah! sir Durward, y pensez-vous? s'écrie Martigny, — qui, en sa qualité de bourgeois de Tours, ignore que le titre de *sir* ne se met que devant un nom de baptême.
— Il le faut, il le faut absolument! insiste Quentin.
— Je vous prie de croire que, si la chose était possible... (A part.) J'en ai plus d'envie que lui! (Haut.) Écoutez, j'entrevois un moyen.

Ce moyen, vous ne le devinez pas? Il est, en effet, assez étrange pour un homme qui n'ose remettre un billet à l'abri des murailles, des portes, des rideaux, des tapisseries et des portières ; — ce moyen, vous le saurez tout à l'heure.

Quentin Durward, resté seul, apprend au public que le comte de Crèvecœur, qui vient pour réclamer Isabelle, n'aura Isabelle qu'avec sa vie, à lui. Enfin, il en dit assez long pour donner le temps à Martigny d'entrer au château, de voir Isabelle, et de mettre à exécution le moyen en question.

— Eh bien? demande Quentin.
— J'ai parlé.
— Qu'a-t-on dit?
— Rien.
— Rien?
— Non, rien; mais on a rougi, on a pâli, on s'est trouvée mal.

— Elle s'est trouvée mal? Quel bonheur!
— Puis on est revenu à soi, on a parlé de prendre l'air... Tenez, tenez, tournez les yeux de ce côté.
— Dieu! c'est elle! (A Martigny.) Éloignez-vous, je vous en conjure!

(Martigny se cache derrière un massif d'arbres.)

Le moyen de l'homme qui n'osait remettre un billet dans une chambre fermée et gardée par une confidente, c'est de faire venir Isabelle au grand air, et en plein château de Plessis-les-Tours.

Le moyen n'est pas maladroit, n'est-ce pas?

Isabelle en est toute tremblante. Il y a de quoi! elle qui sait que Martigny est le compère du roi, elle qui doit se douter que Martigny, — un gaillard naturellement plein de finesse, puisqu'il a des émissaires meilleurs que ceux du roi, et qu'il apprend à Louis XI des choses que celui-ci ne sait pas, — elle, disons-nous, qui doit se douter que Martigny n'est pas loin!

Aussi n'entre-t-elle que pour dire à Quentin : « Allez-vous-en! » Seulement, elle le lui dit en termes plus nobles et dans un langage qui convient mieux à une princesse :

— Éloignez-vous, je vous en supplie!
— Un seul mot.
— Je suis surveillée...; on pourrait nous surprendre.
— Mais, enfin, rassurez mon cœur. Quoi! partir sans me voir!... Ah! cruelle! vous ignorez combien l'absence...
— Je dois avoir de la prudence pour deux, seigneur Durward; on vous expliquera tout. Éloignez-vous!... Qu'il vous suffise, pour le présent, de savoir qu'on vous aime plus que jamais. Partez!
— Mais ce silence...

— En dit plus que toutes les paroles.
— Adieu donc!

(Il baise la main de la comtesse.)

— Allons, partez! dit Éléonore.

(Quentin sort d'un côté, et la comtesse de l'autre.)

— Et, nous, allons informer le roi de tout ce qui se passe, dit Martigny sortant de derrière son massif d'arbres.

Nous avions parfaitement aperçu ce diable de Martigny se cachant derrière ce massif; eh bien, regardez ce que c'est, pourtant : Isabelle et Quentin Durward, qui avaient plus d'intérêt que nous à le savoir, ne s'en doutaient pas, eux !

Qu'on dise encore que la jeunesse n'est pas confiante!

Et, maintenant, passons au premier acte du *Louis XI* de Casimir Delavigne, et voyons si le poëte national est beaucoup plus fort, comme vraisemblance, que le poëte royaliste.

Il y a bien peu de chose dans l'acte de drame que nous venons d'analyser, n'est-ce pas? Eh bien, il y a moins encore dans l'acte de tragédie qui va passer sous nos yeux.

La mise en scène de Mély-Janin est assez invraisemblable. Eh bien, celle de Casimir Delavigne est plus invraisemblable encore.

D'abord, le paysage est le même.

Voici l'indication :

Une campagne; au fond, le château de Plessis-les-Tours; sur le côté, quelques cabanes éparses. IL FAIT NUIT.

Vous comprenez que, si je souligne les trois derniers mots, ce n'est pas sans intention.

Au lever du rideau, Tristan, qui fait patrouille, arrête et force à rentrer chez lui un pauvre paysan nommé Richard, qui allait chercher à Saint-Martin des Bois les secours de la religion pour un mourant.

La scène n'a d'autre importance que de montrer de quelle façon se fait la police de Louis XI, aux abords du château de Plessis-les-Tours.

Le paysan rentre dans sa cabane; Tristan rentre dans la forteresse, et laisse la place à Comines, qui arrive, tenant un rouleau de parchemin, et qui s'assied au pied d'un chêne.

Il fait toujours nuit.

Devinez pourquoi Comines vient là, dans cet endroit où la police est si durement faite, qu'on ne laisse pas les paysans sortir pour aller chercher le viatique aux mourants, et où l'on peut être vu par toutes les meurtrières du château?

Comines vient pour lire ses *Mémoires*, traitant de l'histoire de Louis XI.

— Mais, me direz-vous, il ne peut lire, puisqu'il fait nuit!

— Attendez! le jour va venir.

— Mais, si le jour vient, Comines sera vu.

— Il se cachera derrière un arbre.

— Peut-être serait-il beaucoup plus simple, à cette heure-là surtout, c'est-à-dire à quatre heures du matin qu'il relût ses *Mémoires* chez lui, dans son cabinet, avec sa plume et son encre sous la main, s'il a quelque chose à y ajouter; avec son canif et son grattoir, s'il a quelque chose à en enlever.

— Oui, certainement, ce serait beaucoup plus simple;

mais, que voulez-vous! l'auteur a besoin que Comines fasse cette besogne-là au grand air : il faut bien que ce pauvre Comines veuille ce que veut l'auteur!

Comines sait bien lui-même qu'il serait mieux ailleurs, et ce n'est pas de sa propre volonté qu'il est venu là. Il ne se dissimule pas le danger qu'il court, si on le voyait travailler à une pareille œuvre, et si son manuscrit tombait sous les yeux du roi.

Écoutez-le plutôt :

Mémoires de Comine ! Ah ! si les mains du roi
Déroulaient cet écrit, qui doit vivre après moi,
Où chacun de ses jours, recueillis par l'histoire,
Laisse un tribut durable et de honte et de gloire,
Tremblant on le verrait, par le titre arrêté,
Pâlir devant son règne à ses yeux présenté !

Et je vous demande ce qu'il adviendrait de l'historien qui aurait fait pâlir Louis XI !

Mais, sans doute, Comines, qui connaît le révolté de la guerre du Bien public, le geôlier du cardinal La Balue, et surtout le meurtrier de Nemours, — puisqu'il compte marier sa fille au fils de la victime ; — sans doute, Comines, qui, entraîné par je ne sais quelle préoccupation, est venu lire ses *Mémoires* dans un endroit si dangereux, — sans doute, Comines va-t-il veiller d'un œil, tandis qu'il lira ses *Mémoires* de l'autre.

Point!

Jugez-en plutôt par cette indication scénique :

Le médecin Coitier passe au fond du théâtre, regarde Comines, et entre dans la cabane de Richard.

Ainsi, de même que Louis XI n'a pas vu Isabelle,

lui qui avait intérêt à la voir, voici Comines, si intéressé à ne pas être vu, qui est vu et qui ne voit pas.

Vous me direz qu'une pareille distraction ne saurait être longue, de la part d'un homme tel que Comines.

Seconde erreur !

Au lieu de sortir de sa distraction ; *il reste absorbé dans sa lecture.*

Il en résulte ceci : que Coitier sort de la cabane du paysan, et dit :

> Rentrez, prenez courage !
> Des fleurs que je prescris composez son breuvage ;
> Par vos mains exprimés, leurs sucs adoucissants
> Rafraîchiront sa plaie, et calmeront ses sens.

Notez bien que ces vers se disent au fond du théâtre, que Comines est entre le public et celui qui les dit, et que Comines — chose entraordinaire ! — ne les entend pas, tandis que le public, qui est à une distance double, triple, quadruple du médecin, les entend parfaitement.

N'importe ! *sans apercevoir Coitier*, notre historien continue :

> Effrayé du portrait, je le vois en silence
> Chercher un châtiment pour tant de ressemblance !

Il me semble que, sachant si bien ce à quoi il s'expose, ce serait le moment ou jamais pour Comines de regarder autour de lui. — Il n'y pas de danger !

Comines fait comme les enfants qu'on envoie se coucher avant leur mère, et qui ont si grand'peur dans leur lit, qu'ils ferment les yeux pour ne rien voir.

Seulement, il y a cette différence, que, pour les enfants,

le danger est imaginaire, tandis que pour Comines, il est réel; que les enfants sont des enfants, et que Comines est un homme, un historien, un courtisan, un ministre.

Aussi, je comprends parfaitement la terreur des enfants; mais je ne comprends pas l'imprudence de Comines. C'est si vrai, que Coitier le voit, s'avance jusqu'à lui, et lui frappe sur l'épaule, sans que Comines ait vu ni entendu Coitier.

  COITIER, frappant sur l'épaule de Comines.
Ah ! seigneur d'Argenton, salut !
    COMINES, tressaillant.
        Qui m'a parlé ?
Vous !... Pardon, je rêvais...

Vous pouvez même dire que vous dormiez, mon cher Comines, et que vous avez le sommeil dur et surtout imprudent.

Maintenant, pourquoi, à son tour, Coitier a-t-il tiré Comines de sa rêverie ? pourquoi flâne-t-il hors de Plessis-les-Tours, tandis que le roi l'attend impatiemment ? Comines lui en fait l'observation, car ce pauvre Comines, qui a si peu de souci de son salut, à lui, a souci du salut des autres, ce qui devrait bien plus être l'affaire de Coitier, qui est médecin, que son affaire, à lui, qui est ministre.

    COMINES.
Mais, vous, maître Coitier, dont les doctes secrets
Ont des maux de ce roi ralenti les progrès,
Cette heure, à son lever, chaque jour vous rappelle :
Qui peut d'un tel devoir détourner votre zèle ?

Coitier pourrait bien répondre à Comines : « Et vous ?... » car il est plus étonnant de voir, à quatre heures du matin, un historien sous un chêne qu'un médecin sur la grande route. Mais il préfère répondre :

Le roi ! toujours le roi ! Qu'il attende !...

Vous me direz que c'est pour exposer le caractère du personnage ; que Coitier n'aime pas le roi, qu'il soigne, et que, ce matin-là, particulièrement, il lui en veut d'un crime qu'il a failli commettre la veille. Il serait plus logique que Coitier en voulût à Louis XI pour les crimes qu'il a commis que pour ceux qu'il a failli commettre, d'autant plus que, quant aux premiers, il n'aurait que l'embarras du choix.

Au reste, voici le crime :

COITIER.
Hier, sur ces remparts,
Un pâtre que je quitte attira ses regards ;
Des archers du Plessis l'adresse meurtrière
Faillit, en se jouant, lui ravir la lumière !

Ce qui veut dire que, la veille, le pauvre diable à qui Coitier vient d'ordonner *un breuvage dont les sucs adoucissants rafraîchiront sa plaie,* a reçu un vireton d'arbalète, soit au bras, soit à la cuisse, l'endroit n'y fait rien. Mais comment un breuvage peut-il rafraîchir une plaie, à moins que le topique ne soit si efficace, qu'il puisse à la fois être administré en boisson, et appliqué en cataplasme ?

Maintenant, revenons à notre demande de tout à l'heure. Pourquoi, au lieu d'aller soigner le roi, qui s'impatiente, Coitier a-t-il tiré Comines de sa rêverie ?

Parbleu ! la bonne question ! pour faire l'exposition de la tragédie.

Or, voici ce qu'on apprend dans cette exposition :

c'est que Comines, qui, de compte à demi avec Coitier, a sauvé Nemours, prend des deux mains tout ce que lui donne Louis XI, pour rendre tout cela, un jour, à son gendre futur.

De son côté, Coitier se plaint amèrement de la vie que mène le médecin d'un roi, et, cela, dans de tels termes, que, si le roi l'entendait, il changerait certainement de docteur.

L'entretien est interrompu par Marie, fille de Comines, qui arrive à pied, toute seule, à quatre heures et demie du matin ! — devinez d'où ?

De chercher saint François de Paule.

Où a-t-elle été le chercher? L'histoire ne le dit pas, non plus que l'endroit où a couché Marie; c'est cependant une demande qu'il serait assez naturel qu'un père adressât à sa fille.

Mais Marie raconte de si belles choses du saint, à qui il ne manque plus qu'une chose pour être saint, c'est d'être canonisé, que Comines ne songe qu'à l'écouter.

MARIE.

Le saint n'empruntait pas sa douce majesté
Au sceptre pastoral dont la magnificence
Des princes du conclave atteste la puissance :
Pauvre, et, pour crosse d'or, un rameau dans les mains ;
Pour robe, un lin grossier, traînant sur les chemins
C'est lui, plus humble encor qu'au fond de sa retraite !

COITIER.

Et que disait tout bas cet humble anachorète,
En voyant la litière où le faste des cours
Prodiguait sa mollesse au vieux prélat de Tours,
Et ce cheval de prix dont l'amble doux et sage
Pour monseigneur de Vienne abrégeait le voyage ?

MARIE.

Tous les deux, descendus, marchaient à ses côtés.

Attention ! car je vais vous faire une question à laquelle je vous défie de répondre.

Tous les deux, descendus, marchaient à ses côtés !

Qu'est-ce qui marchait aux côtés de l'humble anachorète ?

Était-ce la litière ? était-ce le vieux prélat ? était-ce monseigneur de Vienne ? était-ce le cheval ? Si nous prenons le sens absolu donné par la construction de la phrase, c'étaient, non pas le prélat de Tours et monseigneur de Vienne qui étaient descendus, l'un de sa litière, l'autre de son cheval, mais le cheval et la litière, au contraire, qui étaient descendus, l'un du vieux prélat de Tours, l'autre de monseigneur de Vienne.

La difficulté de comprendre cette énigme fait, sans doute, que Coitier se décide à retourner près du roi, et laisse Marie seule avec son père.

Alors, Marie apprend à celui-ci une seconde nouvelle, bien autrement intéressante que la première : le comte de Rethel est arrivé.

MARIE.

Berthe, dont je le tiens, l'a su du damoisel
Qui portait la bannière où, vassal de la France,
Sous la fleur de nos rois, le lion d'or s'élance.

Ce qui veut dire, si je ne m'abuse, que le comte de Rethel s'arme de gueules ou d'azur au lion d'or, avec une fleur de lis au chef.

Une chose surtout rend Marie joyeuse : c'est que le comte de Rethel va lui donner des nouvelles de Nemours, qu'il a laissé à Nancy.

En effet, Nemours, dont le père a été exécuté, ne saurait rentrer en France sans s'exposer au dernier supplice.

En ce moment, on entend des chants : c'est le cortége de saint François de Paule qui s'annonce.

Entendez-vous ces chants, dans la forêt voisine ?

dit Marie.

Le cortége s'avance et descend la colline.

Sans doute, en sa qualité d'historien, Comines va être curieux de voir un homme aussi extraordinaire que l'est saint François de Paule.

Vous vous trompez.

« Rentrons ! » dit sèchement Comines ; et sa fille et lui sortent de scène juste au moment où la tête du cortége paraît.

Mais pourquoi diable sortent-ils de scène ? Il n'y a pas de raison ?

Si fait, il y en a une.

Parmi les gens du cortége se trouve Nemours, — car le prétendu comte de Rethel n'est autre que Nemours, — et ni Comines ni Marie ne doivent savoir qu'il se trouve là.

Que vient faire Nemours, sous ce nom du comte de Rethel ?

Il vient assassiner le roi ; mais, avant de risquer le

coup, il désire recevoir l'absolution de saint François de Paule.

Or, nous savons, maintenant, d'où vient le saint; nous l'avons appris dans l'intervalle; il vient de Frondi, c'est-à-dire de cinq ou six cents lieues. Eh bien, croiriez-vous que, pendant le cours de cette longue route, au revers de laquelle Nemours pouvait l'attendre, celui-ci n'a pas trouvé un endroit plus commode, pour lui demander l'absolution du crime qu'il veut commettre, que le seuil du château de l'homme qu'il compte assassiner?

Nous pouvons donc résumer ainsi les seules invraisemblances du premier acte :

Comines est dehors à quatre heures du matin : première invraisemblance.

Il vient, avant qu'il fasse jour, lire ses *Mémoires* à vingt pas du château de Plessis-les-Tours : deuxième sième invraisemblance.

Il ne regarde pas autour de lui en les lisant : troisième invraisemblance.

Coitier, pour causer avec lui de choses que tous les deux savent parfaitement, envoie promener le roi, qui l'attend : quatrième invraisemblance.

Marie arrive toute seule, à quatre heures du matin : cinquième invraisemblance.

Son père ne lui demande pas où elle a couché : sixième invraisemblance.

Nemours, après avoir attendu quinze ans, rentre en France déguisé, pour venger la mort de son père en assassinant un roi qui se meurt, et qui, en effet, sera mort le lendemain : huitième invraisemblance.

Enfin, il veut recevoir l'absolution de saint François de Paule, et, au lieu de se confesser dans une chambre, dans une église, dans un confessionnal, ce qui est la chose la plus facile, il vient se confesser à la porte du château : neuvième invraisemblance, qui, à elle seule, vaut les huit autres !

Irai-je plus loin, et passerai-je du première acte au deuxième? Ma foi, non; c'est un trop méchant métier que je fais. Arrêtons-nous là.

Je crois, d'ailleurs, avoir suffisamment prouvé que, lorsque le public murmurait, sifflait presque, sifflait même tout à fait, le jour de la première représentation, il n'avait pas tort, et que, lorsqu'il ne vint pas voir *Louis XI* pendant les huit ou dix premières représentations, il avait raison.

Mais est-ce vrai que le public n'y venait point?

Quant à cela, voici les recettes des quatre premières :

Première représentation.	4,061 fr.
Deuxième —	1,408
Troisième —	1,785
Quatrième —	1,872

Enfin, comment cette chute pendant les quatre premières représentations, et comment ce grand succès à la vingtième, à la trentième, à la quarantième?

Je vais vous raconter la chose.

M. Jouslin de la Salle était gérant depuis six mois, à peu près.

Depuis son entrée à la gérance, pas une pièce n'avait réussi.

Il lui fallait absolument un succès.

Quand il vit qu'à la quatrième représentation, *Louis XI* faisait dix-huit cents francs de recette, il ordonna de dire aux rares personnes qui venaient pour louer des loges que toute la salle était louée jusqu'à la dixième représentation.

Le bruit de cette impossibilité d'avoir des loges se répandit dans Paris.

Tout le monde voulut en avoir.

Tout le monde en eut.

Ce fut bien fait!

Maintenant, qu'un autre que moi se donne la peine d'exécuter, à l'endroit des quatre derniers actes, le travail auquel je viens de me livrer à l'endroit du premier, et l'on verra que, malgré la prédilection de Ligier pour ce drame, il est un des plus médiocres de Casimir Delavigne.

DE LA

CRITIQUE LITTÉRAIRE

La critique a généralement cru que notre drame de *Kean* était dirigé contre elle. — C'est une erreur, et nous nous empressons de rectifier le fait, non point, Dieu merci ! par crainte de la malveillance, mais par religion pour la vérité. Offenseur ou offensé, il nous a toujours paru de meilleur goût d'accepter les armes de nos adversaires que de leur imposer les nôtres, surtout lorsque nous les savons inhabiles à s'en servir. Voilà pourquoi, voulant que la lutte fût loyale, du moment que nous avons jeté le gant à la critique, nous sommes descendu dans le champ clos du journalisme.

Certes, plus fort et plus adroit champion pouvait se présenter au nom de la littérature persécutée, pour combattre le géant du feuilleton; mais nul ne pouvait plus hardiment que nous étendre la main sur l'Évangile, et jurer, comme les anciens chevaliers, que nous étions exempts de tout méfait littéraire. Depuis dix ans que nous avons livré notre vie au grand jour de la publicité, nous avons constamment marché à travers les intrigues et les cabales du théâtre et de la librairie, sans que cependant nos ennemis les plus acharnés puissent dire que nous ayons jamais trempé la plume qui a écrit *Henri III*, *Antony* et *Don Juan de Marana* dans l'encre fielleuse des coteries ; jamais, dans les journaux auxquels nous avons travaillé, nous n'avons employé l'influence acquise à faire dire du bien de nous ou du mal des autres ; jamais enfin nous n'avons attaqué, ni sous un vrai ni sous un faux nom, les droits de nos confrères à l'estime ou à l'admiration du puplic, pour nous substituer en leur lieu et place, et nous faire chef d'une secte ou grand prêtre d'une religion. Au contraire, chaque fois que nous avons combattu, c'a été pour nos autels et pour nos foyers isolément et comme simple soldat, avec l'espoir sans doute de devenir un jour général ; mais nous nous sommes bien gardé de nous proclamer nous-même général, de peur que de plus braves ou de plus heureux ne nous forçassent à redevenir soldat.

Aussi la lutte que nous engageons est-elle plutôt une réforme qu'une guerre, et, si les moments que doivent choisir les réformateurs sont les temps d'athéisme, de mauvaise foi et de corruption, nul temps mieux que le nôtre n'appelle le protestantisme littéraire. Luther ne trouva pas l'église catholique plus libertine, plus corrompue et plus vénale que ne l'est à cette heure la presse française. Exceptez-en quelques vieux Romains prêts à mourir et qui mourront sur leurs chaises curules ; grands et petits journaux font assaut d'impudence ou de bassesse.

Et de cette bassesse nous accusons moins encore les rédacteurs que les administrations ; — car une direction tout entière est flétrie par les marchés que passe un seul homme. Le gérant d'un journal reçoit, avec sa subvention trimestrielle, le tracé du chemin littéraire ou politique qu'il doit suivre. Il faut, dès lors, que quiconque se rattache à lui marche dans sa voie. Un pauvre jeune homme, mourant de faim et de probité, vient lui offrir ses services. On lui présente un encrier plein de boue ; le malheureux n'a pas la force de s'étrangler comme Gilbert, ou de s'empoisonner comme Chatterton : il y trempe sa plume, et le voilà le féal et le serf des sept ministères et des trois théâtres subventionnés de Paris. Passons de la honte à l'envie.

La folie la plus fiévreuse et la plus épidémique de la jeunesse est celle de la littérature. Il n'y a pas d'écolier qui n'ait commencé sa tragédie romaine en seconde et qui ne l'ait achevée en rhétorique. Sorti du collége, et destiné à suivre la carrière de la médecine, du droit ou du commerce, ses rêves de classe le poursuivent dans les études de sa nouvelle profession. La vie dans laquelle il marche est pleine de lenteurs et de dégoûts ; celle à laquelle il aspire retentit d'applaudissements, resplendit d'honneurs et rayonne de gloire. Le moyen d'y tenir ? — Il se sent appelé, il est sûr d'être élu. Ce n'est plus à la science de Dupuytren, à l'éloquence de Berryer, à la probité de Laffitte qu'il aspire ; c'est à se créer un monde comme l'a fait Shakspeare, un théâtre comme l'a fait Corneille, une littérature comme l'a fait Gœthe. Au milieu de ces espérances, l'œuvre dorée s'achève ; tout incorrecte encore, on la lit à sa maîtresse, qui pleure ; à ses amis, qui l'applaudissent, on la copie, on la corrige, et on la porte, confiant et joyeux, à un directeur qui la refuse [1].

Oh ! le premier moment est terrible : il amène une réaction salutaire ; bienheureux ceux qui ont le courage de s'abandonner à elle et de reprendre le cours des études qu'ils avaient dédaignées ; mais ceux-là, c'est le plus petit nombre. On a été injustement refusé. Ce n'est pas étonnant, Scribe a le monopole du Gymnase, Casimir Delavigne du Théâtre-Français, Victor-Hugo de la Porte-Saint-Martin. Mais on lassera la patience du directeur. On a du courage, de la conviction ; que faut-il, d'ailleurs, pour faire une pièce de théâtre ? La science des temps passés, l'investigation des temps présents, la connaissance du monde, l'étude des passions, l'instinct du cœur, et, pour mettre en œuvre ces différentes qualités, le talent, le génie ! — Le talent, on l'a ! — le génie... Une seconde épreuve succède à la première et ne réussit pas davantage ; on renonce alors à lasser la patience du directeur, et l'on songe aux moyens de forcer la porte du théâtre ; le journalisme est le bélier avec lequel on frappe ; on passe, comme Richelieu, par un pan de muraille démoli ; on arrive sur la scène, et... l'on tombe.

Pendant ce temps, on a négligé ses cours, interrompu son stage, perdu sa place. D'ailleurs, reprendre ses anciennes études, ce serait rendre trop fiers ceux qui vous

---

[1] J'ai entre les mains des manuscrits *inédits* de nos plus fameux critiques, lesquels m'ont été livrés par les directeurs, après refus de les jouer.

avaient donné le conseil de ne pas les quitter. Et puis que voulait-on être ? homme de lettres ? On l'est ! seulement, au lieu de littérature productive, on fait de la littérature négative : voilà tout. Qu'importe ! c'est toujours de la littérature. On ne peut pas créer ; eh bien, on critiquera la création. Pardieu ! c'est chose facile : que fait Scribe ? de la littérature marchande ; — Casimir Delavigne ? de la littérature commune ; — Victor-Hugo ? c'est différent ; il ne parle pas même français, lui ; c'est chose dite, chose convenue. — Cette résolution une fois prise, on enregistre les chutes, on oublie les succès, et, comme les mouches des cadavres, on ne s'abat plus que là où il y a corruption. C'est qu'il est dans le cœur de l'homme de ne pas rendre bonne et loyale justice aux choses qu'il ne peut pas atteindre. Dieu n'a fait pour nous qu'un drame, le monde, et il y a trois mille ans que nous le sifflons.

Passons de l'envie à la misère.

Un homme de lettres sans libraire, un médecin sans clientèle, un avocat sans cause, se rencontrent, se proposent de manger ensemble leur dernier écu, entrent dans un restaurant, et, vers la fin du dîner, se disent : « Nous avons de l'esprit, de l'adresse, de l'impudence, pourquoi ne ferions-nous pas un journal ? que nous faut-il ? Un marchand de papier, un imprimeur, un gérant responsable. Tout cela se prend à crédit, et se paye sur les premières rentrées. »

Huit jours après, un journal paraît ; il s'appelle *le Renard*, *le Fouet* ou *la Potence*, peu importe. Il s'attaque à tout ce qui est grand, noble et riche. Ce ne sont plus des masques imitant votre ressemblance, c'est votre figure qu'ils salissent ; ce n'est plus une simple initiale, c'est votre nom tout entier qu'ils souillent ; ce n'est plus votre talent qu'ils critiquent, c'est votre vie privée qu'ils calomnient ; libre à vous de choisir entre votre canne ou votre bourse : en général, ces sortes de gens se bâtonnent ou s'achètent. Mais vous êtes homme de goût et vous ne voulez faire ni l'un ni l'autre. Vous envoyez vos témoins demander raison. Votre adversaire se présente : c'est un prévôt chassé des salles d'armes de Grisier, de Lozès ou de Bertrand, c'est quelque garçon de tir renvoyé par Gosset, Lepage ou Pyrmet. N'importe, vous vous êtes avancé, vous ne reculerez pas. Vous allez sur le terrain ; vous élevez, pendant cinq minutes, un misérable à la hauteur d'un honnête homme, et vous recevez un coup d'épée à travers la poitrine, ou une balle de pistolet dans la tête. Dès lors, le journal est lancé ; votre mort le fait vivre : le sang efface la boue.

Nous renvoyons ceux qui trouveront le tableau chargé aux archives du journalisme. Qu'ils cherchent, et ils trouveront.

Eh bien, ce sont toutes ces choses honteuses, qui eussent effrayé un autre, qui nous ont déterminé, nous, à descendre dans cet hôpital de pestiférés, certain, comme Desgenettes, de nous inoculer le virus sans gagner la maladie. Notre vie passée a prouvé que nous méprisions trop toute conscience vendue pour jamais vendre la nôtre ; nous avons suffisamment produit pour n'être point envieux de ce que produisent les autres, et notre plume nous rapporte assez pour que nous conservions notre sainte indépendance. Notre jugement sera donc soumis à l'erreur, comme tout jugement humain ; mais nous engageons notre parole qu'il sera toujours loyal et consciencieux. Et, à notre avis, ce n'est point encore assez.

Qu'on jette les yeux sur l'Europe : l'Angleterre est veuve de Byron et de Walter Scott ; l'Allemagne, de Gœthe et de Schiller ; l'Italie, de Maffei et d'Alfiéri ; la France seule est riche à cette heure des génies ou des talents qui manquent aux autres peuples : mère aux riches mamelles et aux fécondes entrailles, ses trois générations politiques ne sont point interrompues : — ses vieillards se nomment Chateaubriand, Ballanche et Nodier ; — ses hommes faits, Lamartine, Casimir Delavigne et Scribe ; — ses enfants, Victor Hugo, Alfred de Vigny, Sainte-Beuve!... Toute la littérature, épanchée sur l'Europe à cette heure, coule de nos lacs, de nos fleuves et de nos torrents ; parcourez-la, et, si vous avez soif de poésie, partout vous pouvez vous désaltérer à des ruisseaux dont la source est en France.

Eh bien, lorsque nous parlerons de ces hommes qui sont à la tête de la France, — qui est la capitale de l'Europe, — ce ne sera point assez de la *loyauté* et de la *conscience* ; nous y ajouterons le *respect*.

Quant aux autres, ils trouveront toujours chez nous une impartialité digne, sérieuse et polie, et le seul droit que nous réclamons, lorsque nous nous trouverons en face d'une œuvre que nous croirons sans valeur, est celui de garder le silence.

LES
AUTEURS DRAMATIQUES
AU CONSEIL D'ÉTAT

Un jour du mois de septembre 1849, — c'était, je crois dans la seconde quinzaine, — je reçus une lettre qui me priait de me rendre le lendemain à une séance du conseil d'État.

Mon étonnement fut grand ; je n'ai jamais ni donné ni demandé un conseil.

Quel conseil pouvait donc avoir à me donner ou à me demander le conseil d'État.

Je me rendis à l'invitation un peu tard, selon mon habitude; aussi la séance était-elle déjà ouverte.

M. Vivien présidait, et MM. les conseillers Béhic et Charton siégeaient à ses côtés.

MM. Bayard, Mélesville, Victor Hugo, Eugène Scribe et Émile Souvestre avaient été convoqués comme moi, et, arrivés avant moi, étaient en séance.

Il s'agissait de débattre, devant la commission formée

pour préparer la loi sur les théâtres, la question de la censure dramatique et de la liberté théâtrale.

Mélesville parlait sur la question de la liberté industrielle des théâtres. Cette question m'intéressait d'autant plus que c'était la première fois qu'une commission quelconque me fit l'honneur de me convoquer à une pareille délibération.

Mélesville racontait, avec cette parole claire et facile qui, en écartant ses lèvres, fait voir à la fois et son bienveillant sourire et ses belles dents, Mélesville racontait, dis-je, que, l'année précédente, il avait fait partie d'une commission formée par M. Ledru-Rollin dans le but d'examiner la question théâtrale sous le triple aspect de la liberté industrielle, de la censure et des cautionnements.

La commission s'était prononcée pour la liberté industrielle.

Mélesville avouait qu'il ne s'était point, en cette circonstance, réuni à la majorité, et qu'il était, lui, partisan, non d'une liberté illimitée, mais d'une concurrence limitée.

Tout cela fut dit, je le répète, avec cette gracieuse urbanité de paroles qui est le caractère particulier de la conversation de Mélesville.

Puis vint le tour de Bayard.

Vice-président de la société des auteurs dramatiques, il déclara, au nom de cette société, qu'elle demandait la liberté théâtrale la plus absolue.

Quant à lui personnellement ainsi que Mélesville, il demandait un moyen terme qui donnât plus d'activité aux théâtres existants : — par exemple, l'Odéon vigoureusement soutenu, pour éperonner le Théâtre-Français, et un troisième théâtre lyrique, pour fouetter l'Opéra-Comique et le grand Opéra.

Il était comme ces pisciculteurs qui mettent un certain nombre de perches et de brochets dans leurs étangs afin d'empêcher, en leur donnant la chasse, les carpes de devenir trop grasses.

La discussion se prolongea pendant quelque temps sur la même matière entre MM. les conseillers Béhic et Charton, et MM. Mélesville et Bayard, — MM. les conseillers prétendant qu'il y avait déjà trop de théâtres, MM. les auteurs affirmant qu'un troisième théâtre lyrique était nécessaire.

Puis ce fut le tour de Scribe de parler.

M. SCRIBE. — La liberté des théâtres serait la ruine de l'art, du goût, de l'industrie et des *mœurs!* Avec elle, il ne s'élèvera pas de bons théâtres ; il s'en élèvera imdiatement beaucoup de mauvais. La raison en est bien simple : les bons théâtres font peu d'argent ; les mauvais, beaucoup. Je ne chercherai pas comment on peut restreindre la liberté des entreprises théâtrales. Mon système est franc : je n'admets pas cette liberté. Si l'absolutisme peut être permis quelque part, c'est assurément en fait de théâtre. Je voudrais que l'on fît ce que firent autrefois les décrets impériaux, qu'on limitât d'une manière précise et assez étroite le nombre des théâtres de la capitale. Je dis assez étroite ; je ne voudrais pas, cependant, que l'on adoptât le nombre fixé en 1807. La population a augmenté depuis cette époque : il faut tenir compte de cette augmentation ; je prendrais, par exemple, le nombre seize ; sur ces seize théâtres conservés, tant seraient consacrés aux chefs-d'œuvre anciens, tant au genre lyrique, tant à la comédie et à la tragédie moderne, etc., etc. Par ce système, on arriverait à augmenter le nombre des grands théâtres, des théâtres utiles, et, en même temps, à les rendre prospères par la diminution des scènes secondaires qui leur font concurrence. Les grands théâtres, devenant plus riches, pourraient se passer des subventions que leur paye le gouvernement. On ferait ainsi de l'économie et de la morale, en supprimant les théâtres inutiles ou *dangereux :* par exemple, les théâtres d'enfants, enseignement mutuel de *mauvaise littérature* et de *mauvaises mœurs*.

Le privilége, dans ce système franc et sévère, est légitime, *puisqu'il n'est institué qu'en faveur des ouvrages qui peuvent faire honneur à l'art, et être utiles à la morale publique.*

M. ALEXANDRE DUMAS. — Je suis fâché de n'être d'accord, avec mon confrère Scribe, sur aucune des propositions qu'il vient d'émettre, relativement aux théâtres et aux priviléges.

Les théâtres d'enfants, a-t-il dit, sont immoraux, c'est vrai; mais on peut les soumettre à une police rigoureuse : ils ne le seront plus. Ne les détruisez pas, c'est une pépinière précieuse de comédiens.

M. SCRIBE. — Et le Conservatoire ?

M. ALEXANDRE DUMAS. — Le Conservatoire fait des comédiens impossibles. Qu'on me donne n'importe qui, — un garde municipal licencié en février, un boutiquier retiré, — j'en ferai un acteur; mais je n'en ai jamais pu former un seul avec les élèves du Conservatoire. Ils sont à jamais gâtés par la routine et la médiocrité de l'école ; ils n'ont point étudié la nature, ils se sont toujours bornés à copier plus ou moins mal leur maître. Au contraire, dès qu'un enfant est sur le théâtre, ce qu'il peut y avoir en lui de talent se développe naturellement. C'est ainsi que se sont formés presque tous nos grands comédiens modernes.

Quant à la liberté des théâtres, à mon avis, plus vous la laisserez entière, plus vous aurez de bons théâtres, — et, par *bons théâtres*, j'entends, moi, ceux qui attirent le plus de monde, ceux qui font vivre le plus de familles.

Je ne conçois point les priviléges : dès qu'il y a privilége, il y a abus ! Un privilége me donne un droit que n'a pas mon voisin, et me pousse à faire ce que je ne ferais pas si l'égalité existait pour tous. Un privilége fait trouver de l'argent pour une entreprise ruineuse, et mène à la banqueroute. Le jour où il n'y aura plus de priviléges, vous aurez trente théâtres dans Paris; mais, un an après, il en restera tout au plus dix ou douze, et tous seront en état de se suffire. Telle personne qui, les priviléges abolis, ne bâtirait jamais un théâtre nouveau, avec un privilége en bâtira un immédiatement. On a donc bien tort de s'effrayer du régime de la liberté.

M. SCRIBE. — Mon confrère, avec la liberté illimitée, nous promet, d'ici à deux ans, une vingtaine de banqueroutes au bout desquelles il restera dix ou douze théâtres; je demande qu'on établisse tout de suite les dix ou douze théâtres, avant d'avoir laissé se consommer la ruine d'un millier de familles.

Où serait le mal, lorsque tant de petits théâtres *immoraux* disparaîtraient, et que, pour compenser leur disparition, il y aurait trois théâtres français et quatre théâtres lyriques ?

Imposez des conditions au privilége, et vous verrez que vous aurez les avantages de la liberté sans en avoir les inconvénients. On a expérimenté tous les abus du régime du privilége, on peut donc y porter remède. La liberté illimitée, vous ne la connaissez pas, — ou, du moins, vous ne la connaissez pas suffisamment : c'est un abîme.

Je ne saurais admettre cette opinion de M. Dumas, que, d'une manière absolue, les meilleurs théâtres sont ceux qui gagnent le plus d'argent, et qui font vivre le plus de monde; je dirai, au contraire, que ces théâtres-là sont souvent les mauvais. On ne gagne pas beaucoup d'argent avec les pièces vraiment littéraires ; on réussit souvent mieux à en gagner avec des excentricités, des attaques contre la morale et le gouvernement. Avec la liberté, l'industrialisme conduira de plus en plus loin dans cette voie déplorable.

M. ALEXANDRE DUMAS. — Les attaques contre le gouvernement, on les réprimera par les lois. M. Scribe exagère, d'ailleurs, quand il dit que ces attaques sont les meilleurs moyens de succès pour un théâtre : le public, la plupart du temps, fait prompte justice des attaques contre la morale; les attaques contre le gouvernement ne l'entraînent qu'un instant, — quand elles l'entraînent.

M. Scribe fait trop bon marché des petits théâtres; l'immoralité ne leur est pas inhérente, et l'art ne leur est pas toujours étranger : il y a de l'art jusque dans les pantomimes et dans la danse. Ces théâtres, d'ailleurs, font vivre bien des artistes, bien des familles !

M. le président prie M. Souvestre d'exposer son opinion.

M. ÉMILE SOUVESTRE. — Je suis désolé de ne pouvoir adopter complétement aucune des opinions qu'ont émises jusqu'ici mes confrères.

Je ne crois point, comme M. Alexandre Dumas, que l'art et l'industrie théâtrale soient toujours mêlés, et que, là où réussit l'industrie, l'art prospère toujours. Je ne crois pas, comme M. Scribe, qu'il faille mépriser complétement et abandonner l'intérêt de l'industrie là où il n'y a pas d'intérêt d'art.

Un privilége n'a pas de raison d'exister lorsqu'il ne procure pas, soit un profit au gouvernement, soit un bénéfice moral ou intellectuel à la nation. Or, c'est le cas de la plupart des priviléges de théâtre actuellement concédés. Est-ce un monopole qui fasse gagner de l'argent au gouvernement ? Non. Ce monopole sert-il à l'avancement moral ou intellectuel ? La plupart des théâtres agissent en sens contraire de ce progrès. Je voudrais qu'on fît une distinction entre les théâtres qui sont utiles à la conservation et à l'avancement de l'art, à l'instruction, à la moralisation du peuple, et ceux qui ne sont purement qu'une exploitation industrielle. Ceux-ci, comme toutes les exploitations industrielles, devraient être abandonnés au régime de la liberté, de la libre concurrence. Ceux de la première catégorie seraient, au contraire, dotés, soutenus par le gouvernement ; c'est son devoir d'être leur tuteur.

Maintenir le privilége pour les théâtres purement industriels, c'est maintenir une cause de ruine : le privilége est un hameçon avec lequel on attire des écus pour les faire perdre ; il n'est point une valeur réelle, il n'en est que le fantôme. A cause de l'espèce de fascination qu'il exerce, il fait fonder des théâtres là où ils ne peuvent réussir ; il accumule toutes les charges des exploitations successives, et entretient ainsi une ruine permanente. Ces charges ne seraient point transmises dans une entreprise ordinaire. Si un homme a fait de mauvaises affaires dans une filature, celui qui la lui achète prend l'établissement pour ce qu'il vaut, et ne s'engage pas à payer les dettes de son prédécesseur.

Je crois donc que la loi doit absolument reconnaître le principe de la libre concurrence des théâtres purement industriels. Est-ce à dire pour cela qu'on doive leur donner une liberté sans condition? Je ne le crois point, et je serais des premiers à demander qu'on fixât certaines conditions de police et de capital.

J'arrive aux théâtres qu'on peut regarder comme des écoles, des musées, et qui seraient privilégiés en ce sens qu'ils seraient subventionnés par l'État. Quels seraient ces théâtres? Ici, la difficulté est sérieuse ; cependant, je l'aborde.

Il y a un théâtre qui, incontestablement, a droit d'être rangé dans cette catégorie : c'est celui qui est représenté actuellement par le Théâtre-Français. Ce théâtre serait chargé de conserver les chefs-d'œuvre littéraires du passé. Maintenant, à côté de ce théâtre stationnaire, il faut un théâtre qui marche, qui innove : ce sera le Second-Théâtre-Français ; il faudra le créer dans des conditions sérieuses de rivalité; on devra conserver, pour le genre lyrique, les deux théâtres qui existent maintenant, l'Opéra et l'Opéra-Comique. Mais ils ne suffisent pas; on le disait tout à l'heure à la commission. Le gouvernement crée, chaque année, des compositeurs auxquels il ne donne ni ne laisse les moyens de faire jouer leurs œuvres. Il faut un troisième théâtre lyrique. Ce ne doit pas être simplement une doublure des deux autres. Il y a une chose qui me paraît trop oubliée dans toute cette question, c'est le peuple. Vous subventionnez des théâtres pour l'art pur, et le peuple, dont l'éducation musicale n'est pas suffisante pour qu'il comprenne nos grands opéras, vous l'abandonnez à lui-même, vous ne faites rien pour lui. Je voudrais que le peuple eût son Théâtre-Français et son grand Opéra réunis dans la même salle, c'est-à-dire qu'il eût un théâtre où l'on ne jouerait que les œuvres, soit lyriques, soit purement dramatiques, hors de discussion au point de vue de l'art et de la morale.

Si l'on ne crée pas ce théâtre, — soit sous le régime de la liberté, soit avec le régime du privilége, — on arrivera à une démoralisation successive, à une décadence intellectuelle des masses par le théâtre. En effet, il est bien plus facile d'attirer la foule avec les mauvaises passions qu'avec les bons exemples; de sorte que vous verrez toujours les théâtres dangereux, c'est-à-dire ceux qui ont une direction subversive de l'ordre véritable, l'emporter sur les bons, c'est-à-dire sur les théâtres utiles, sur les théâtres où l'on se respecte, et où l'on respecte l'art. Ce résultat se produira sous le régime du privilége aussi facilement que sous celui de la liberté ; car le gouvernement n'a pas plus d'action sur la direction intellectuelle des théâtres privilégiés qu'il n'en aurait sur celle des théâtres libres. Voyez ce qui se passe au Vaudeville. Une administration gratifiée d'un privilége de la République attaque impunément la République, chaque soir. Vous connaissez, messieurs, ces pièces qu'on a osé décorer du nom d'*aristophanesques*. Comme c'est la première fois qu'on promène sur notre scène les images vivantes des hommes publics, que sur notre scène l'on bafoue grossièrement les plus hautes personnifications du pouvoir national, et les institutions qui régissent la France, le public vient en foule. Est-ce là un moyen honnête de faire prospérer un théâtre?

Quand Aristophane faisait des comédies, il était le représentant de la liberté de la pensée, et non de l'industrie. Son théâtre, c'était, à Athènes, la liberté de la presse ; ce n'était point une exploitation ; ses attaques acerbes, c'était l'acte d'un citoyen, et non le talent d'un manufacturier. C'est donc en vain que l'on s'abrite derrière un grand nom pour cacher les tristes spéculations du privilége aux abois.

Il y a utilité pour l'honneur de la France à ce que le gouvernement ne laisse point complétement l'art dramatique à l'industrie, et le moyen le plus puissant de l'arracher à son matérialisme, c'est d'apporter un soin tout particulier à l'organisation des théâtres d'art, et principalement des théâtres populaires. Il faudrait surtout composer avec un grand soin les comités chargés de juger les pièces ; jusqu'à présent, ils l'ont été, en général, dans les grands théâtres avec assez de négligence. On a pris d'ordinaire des personnes appartenant à l'administration théâtrale, des académiciens représentant le passé plutôt que le présent, enfin des comédiens. Les académiciens se retirent promptement; le comité se dépeuple ; bientôt il ne reste plus du tribunal primitif que les juges qui n'ont rien de mieux à faire, et ce ne sont pas les meilleurs.

De pareils comités ne conviennent pas au but que doivent atteindre les théâtres subventionnés : il en faut de plus sérieux. Les comités ne seront sérieux qu'autant qu'il y aura une pénalité pour ceux de leurs membres qui manqueraient aux séances. Je voudrais que leurs membres fussent non-seulement des administrateurs de théâtre, des auteurs, des comédiens, mais aussi des artistes, des gens du monde. Des sensations de ce public varié, quoique restreint, il résulterait un jugement qui serait probablement le précurseur certain du jugement du public véritable. Pour me résumer, voici ce que je souhaiterais :

Liberté de l'industrie théâtrale; création de théâtres d'art, littéraires et lyriques, subventionnés par le gouvernement, et soumis à une constitution nouvelle;

Création d'un théâtre populaire, également subventionné, et destiné à faire cultiver la morale, le patriotisme et l'art parmi les travailleurs.

M. SCRIBE. — J'admets la plupart des idées de M. Souvestre; elles me semblent généreuses et de nature à ce que leur application soit utile pour les populations et pour l'art : j'entends parler surtout de celles qui sont relatives à la constitution des théâtres subventionnés. Je dois ajouter que l'application de ses idées me paraît difficile avec le système de la liberté, très-facile avec le système du privilége.

M. SOUVESTRE. — J'ai dit les motifs qui m'ont fait combattre le système du privilége. Fût-il plus facile d'appliquer à ce système ma proposition sur les théâtres subventionnés, je le repousserais; mais je ne vois aucune difficulté à concilier ma proposition avec le système de la liberté industrielle. Je veux que le gouvernement décide ce qu'il faut organiser de théâtres subventionnés, mais non ce qu'il faut organiser de théâtres en général; je ne veux pas qu'il intervienne dans ce qui relève seulement de la spéculation, qu'il impose à l'industrie théâtrale son jugement, qu'il décide qu'il ne peut y avoir que tant de scènes, jouant tels genres, ouvertes dans tels quartiers. Laissez l'intérêt mercantile décider ces questions de spéculation, vous qui gouvernez; vous n'avez à vous occuper que de deux choses : l'art et le peuple.

Dans l'état actuel, le pouvoir préjuge quels sont les théâtres qui peuvent vivre, et le résultat prouve combien de fois il s'est trompé; laissez l'expérience porter ce jugement. Avec la liberté, les théâtres qui n'ont pas de raison d'être tomberont; ceux qui ont une aptitude réelle à vivre resteront seuls debout.

Les Lacédémoniens jetaient dans un gouffre les enfants qui ne leur paraissaient pas viables; ils risquaient d'y jeter Léonidas. Ne faites pas comme eux; mais, comme les Athéniens, laissez tout le monde essayer l'existence : le temps décidera qui doit vivre, qui doit mourir.

Cette merveilleuse improvisation parut produire le plus grand effet sur le conseil d'État; par malheur, le résultat prouva que l'émotion avait été aussi passagère que profonde!

C'était au tour d'Hugo de parler. Il se leva.

M. VICTOR HUGO. — Mon opinion sur la matière qui se discute maintenant devant la commission est anciennement connue; je l'ai même en partie publiée. J'y persiste plus que jamais. Le temps où elle prévaudra n'est pas encore venu. Cependant, comme, dans ma conviction profonde, le principe de la liberté doit finir par triompher sur tous les points, j'attache de l'importance à la manière sérieuse dont la commission du conseil d'État étudie les questions qui lui sont soumises; ce travail préparatoire est utile, et je m'y associe volontiers. Je ne laisserai échapper, pour ma part, aucune occasion de semer des germes de liberté. Faisons notre devoir, qui est de semer les idées; le temps fera le sien, qui est de les féconder.

Je commencerai par dire à la commission que, dans la question des théâtres, question très-grande et très-sérieuse, il n'y a que deux intérêts qui me préoccupent; à la vérité, ils embrassent tout : l'un est le progrès de l'art, l'autre est l'amélioration du peuple.

J'ai dans le cœur une certaine indifférence pour les formes politiques, et une inexprimable passion pour la liberté. Je viens de vous le dire, la liberté est mon principe, et, partout où elle m'apparaît, je plaide ou je lutte pour elle.

Cependant, si, dans la question théâtrale, vous trouvez un moyen qui ne soit pas la liberté, mais qui me donne le progrès de l'art et l'amélioration du peuple, j'irai jusqu'à vous sacrifier le grand principe pour lequel j'ai toujours combattu, je m'inclinerai et je me tairai. Maintenant, pouvez-vous arriver à ces résultats autrement que par la liberté ?

Vous touchez, dans la matière spéciale qui vous occupe, à la grande, à l'éternelle question qui reparaît sans cesse, et sous toutes les formes, dans la vie de l'humanité. Les deux grands principes qui la dominent dans leur lutte perpétuelle, la liberté, l'autorité, sont en présence dans cette question-ci comme dans toutes les autres. Entre ces deux principes, il vous faudra choisir, sauf ensuite à faire d'utiles accommodements entre celui que vous choisirez et celui que vous ne choisirez pas. Il vous faudra choisir ; lequel prendrez-vous ? Examinons.

Dans la question des théâtres, le principe de l'autorité a ceci pour lui et contre lui, qu'il a déjà été expérimenté. Depuis que le théâtre existe en France, le principe d'autorité le possède. Si l'on a constaté ses inconvénients, on a aussi constaté ses avantages, on les connaît. Le principe de liberté n'a pas encore été mis à l'épreuve.

M. LE PRÉSIDENT. — Il a été mis à l'épreuve de 1791 à 1806.

M. VICTOR HUGO. — Il fut proclamé en 1791, mais non réalisé ; on était en présence de la guillotine : la liberté germait alors, elle ne régnait pas. Il ne faut point juger des effets de la liberté des théâtres par ce qu'elle a pu produire pendant la première révolution.

Le principe de l'autorité a pu, lui, au contraire, produire tous ses fruits ; il a eu sa réalisation la plus complète dans un système où pas un détail n'a été omis.

Dans ce système, aucun spectacle ne pouvait s'ouvrir sans autorisation. On avait été jusqu'à spécifier le nombre de personnages qui pouvaient paraître en scène dans chaque théâtre, jusqu'à interdire aux uns de chanter, aux autres de parler; jusqu'à régler, en de certains cas, le costume et même le geste; jusqu'à introduire dans les fantaisies de la scène je ne sais quelle rigueur hiératique.

Le principe de l'autorité, réalisé si complétement, qu'a-t-il produit? On va me parler de Louis XIV et de son grand règne. Louis XIV a porté le principe de l'autorité, sous toutes ses formes, à son plus haut degré de splendeur. Je n'ai à parler ici que du théâtre. Eh bien, le théâtre du xvııe siècle eût été plus grand sans la pression du principe d'autorité. Ce principe a arrêté l'essor de Corneille, et froissé son robuste génie. Molière s'y est souvent soustrait, parce qu'il vivait dans la familiarité du grand roi, dont il avait les sympathies personnelles. Molière n'a été si favorisé que parce qu'il était valet de chambre tapissier de Louis XIV; il n'eût point fait sans cela le quart de ses chefs-d'œuvre. Le sourire du maître lui permettait l'audace. Chose bizarre à dire! c'est sa domesticité qui a fait son indépendance : si Molière n'eût pas été valet, il n'eût pas été libre !

Vous savez qu'un des miracles de l'esprit humain avait été déclaré immoral par les contemporains; il fallut un ordre formel de Louis XIV pour qu'on jouât *Tartufe*. Voilà ce qu'a fait le principe de l'autorité dans son plus beau siècle. Je passerai sur Louis XV et sur son temps; c'est une époque de complète dégradation pour l'art dramatique. Je range les tragédies de Voltaire parmi les œuvres les plus informes que l'esprit humain ait jamais produites. Si Voltaire n'était pas, à côté de cela, un des plus beaux génies de l'humanité ; s'il n'avait pas produit, entre autres grands résultats, ce résultat admirable de l'adoucissement des mœurs, il serait au niveau de Campistron.

Je ne triomphe donc pas du xviiie siècle ; je le pourrais, mais je m'abstiens. Remarquez seulement que le chef-d'œuvre dramatique qui marque la fin de ce siècle, *le Mariage de Figaro*, est dû à la rupture du principe d'autorité. J'arrive à l'Empire : alors, l'autorité avait été restaurée dans toute sa splendeur ; elle avait quelque chose de plus éclatant encore que l'autorité de Louis XIV ; il y avait alors un maître qui ne se contentait pas d'être le plus grand capitaine, le plus grand législateur, le plus grand politique, le plus grand prince de son temps, mais qui voulait être le plus grand organisateur de toutes choses. La littérature, l'art, la pensée, ne pouvaient échapper à sa domination, pas plus que tout le reste. Il a eu, et je l'en loue, la volonté d'organiser l'art ; pour cela, il n'a rien épargné, il a tout prodigué. De Moscou, il organisait le Théâtre-Français. Dans le moment même où la fortune tournait, et où il pouvait voir l'abîme s'ouvrir, il s'occupait de règlementer les soubrettes et les crispins.

Eh bien, malgré tant de soins et tant de volonté, cet homme, qui pouvait gagner la bataille de Marengo et la bataille d'Austerlitz, n'a pu faire faire un chef-d'œuvre. Il aurait donné des millions pour que ce chef-d'œuvre naquît ; il aurait fait prince celui qui en aurait honoré son règne. Un jour, il passait une revue. Il y avait là dans les rangs un auteur assez médiocre qui s'appelait Barjaud. Personne ne connaît plus ce nom. On dit à l'empereur : « Sire, M. Barjaud est là. — Monsieur Barjaud, dit-il aussitôt, sortez des rangs ! » Et il lui demanda ce qu'il pouvait faire pour lui.

M. SCRIBE. — M. Barjaud demanda une sous-lieutenance ; ce qui ne prouve pas qu'il eût la vocation des lettres. Il fut tué peu de temps après ; ce qui aurait empêché son talent — s'il avait eu du talent — d'illustrer le règne impérial.

M. VICTOR HUGO. — Vous abondez dans mon sens. D'après ce que l'empereur faisait pour des médiocrités, jugez de ce qu'il eût fait pour des talents ; jugez de ce qu'il eût fait pour des génies ! Une de ses passions eût été de faire naître une grande littérature. Son goût littéraire était supérieur : le *Mémorial de Sainte-Hélène* le prouve. Quand l'empereur prend un livre, il ouvre Corneille. Eh bien, cette littérature qu'il souhaitait si ardemment pour en couronner son règne, lui, ce grand créateur, il n'a pu la créer. Qu'ont produit, dans le domaine de l'art, tant d'efforts, tant de persévérance, tant de magnificence, tant de volonté ? Qu'a produit ce principe de l'autorité, si puissamment appliqué par l'homme qui le faisait en quelque sorte vivant ? Rien !

M. SCRIBE. — Vous oubliez *les Templiers* de M. Raynouard.

M. VICTOR HUGO. — Je ne les oublie pas. Il y a dans cette pièce un beau vers.

Voilà, au point de vue de l'art sous l'Empire, ce que l'autorité a produit, c'est-à-dire rien de grand, rien de beau.

J'en suis venu à me dire, pour ma part, en voyant ces résultats, que l'autorité pourrait bien ne pas être le meilleur moyen de faire fructifier l'art; qu'il fallait peut-être songer à quelque autre chose : nous verrons tout à l'heure à quoi.

Le point de vue de l'art épuisé, passons à l'autre, au point de vue de la moralisation et de l'instruction du peuple. C'est un côté de la question qui me touche infiniment.

Qu'a fait le principe d'autorité à ce point de vue? et que veut-il? — Je me borne toujours au théâtre. — Le principe d'autorité voulait et devait vouloir que le théâtre contribuât, pour sa part, à enseigner au peuple tous les respects, les devoirs moraux, la religion, le principe monarchique qui dominait alors, et dont je suis loin de méconnaître la puissance civilisatrice. Eh bien, je prends le théâtre tel qu'il a été au siècle par excellence de l'autorité, je le prends dans sa personnification française la plus illustre, dans l'homme que tous les siècles et tous les temps nous envieront, dans Molière. J'observe : que vois-je? Je vois le théâtre échapper complétement à la direction que lui donne l'autorité; Molière prêche, d'un bout à l'autre de ses œuvres, la lutte du valet contre le maître, du fils contre le père, de la femme contre le mari, du jeune homme contre le vieillard, de la liberté contre l'autorité.

Nous disons, nous: « Dans *Tartufe*, Molière n'a attaqué que l'hypocrisie. » Tous ses contemporains le comprirent autrement.

Le but de l'autorité était-il atteint? Jugez vous-même. Il était complétement tourné ; elle avait été radicalement impuissante. J'en conclus qu'elle n'a pas en elle la force nécessaire pour donner au peuple, au moins par l'intermédiaire du théâtre, l'enseignement le meilleur selon elle.

Voyez en effet : l'autorité veut que le théâtre enseigne tous les respects; le théâtre enseigne toutes les désobéissances. Sous la pression des idées religeuses, et mêmes dévotes, toute la comédie qui sort de Molière est sceptique; sous la pression des idées monarchiques, toute la tragédie qui sort de Corneille est républicaine. Tous deux, Corneille et Molière, sont déclarés, de leur vivant, immoraux, l'un par l'Académie, l'autre par le parlement.

Et voyez comme le jour se fait, voyez comme la lumière vient! Corneille et Molière, qui ont fait le contraire de ce que voulait leur imposer le principe d'autorité sous la double pression religieuse et monarchique, sont-ils immoraux vraiment? L'Académie dit oui, le parlement dit oui, — la postérité dit non. Ces deux grands poëtes ont été deux grands philosophes ; ils n'ont pas produit au théâtre la vulgaire morale de l'autorité, mais la haute morale de l'humanité. C'est cette morale, cette morale supérieure et splendide, qui est faite pour l'avenir, et que la courte vue des contemporains qualifie toujours d'immoralité.

Aucun génie n'échappe à cette loi, aucun sage, aucun juste! L'accusation d'immoralité a successivement atteint et quelquefois martyrisé tous les fondateurs de la sagesse humaine, tous les révélateurs de la sagesse divine. C'est au nom de la morale qu'on a fait boire la ciguë à Socrate, et qu'on a cloué Jésus au gibet...

Maintenant, voulez-vous que je descende de cette région élevée, où je voudrais que les esprits se maintinssent toujours, pour traiter, au point de vue purement industriel, la question que vous étudiez? Ce point de vue est pour moi peu considérable, et je déclare que le nombre des faillites n'est rien pour moi, à côté d'un chef-d'œuvre créé ou d'un progrès intellectuel ou moral du peuple obtenu. Cependant, je ne veux point négliger complétement ce côté de la question, et je demanderai si le principe de l'autorité a été, du moins, bon pour faire prospérer les entreprises dramatiques? Non. Il n'a pas même obtenu ce mince résultat. Je n'en veux pour preuve que les dix-huit années du dernier règne. Pendant ces dix-huit années, l'autorité a tenu dans ses mains les théâtres par le privilége et par la distinction des genres. Quel a été le résultat?

L'empereur avait jugé qu'il y avait beaucoup trop de théâtres dans Paris; qu'il y en avait plus que la population de la ville n'en pouvait porter. Par un acte d'autorité despotique, il supprima une partie de ces théâtres; il émonda en bas, et conserva en haut. Voilà ce que fit un homme de génie. La dernière administration des beaux-arts a retranché en haut, et multiplié en bas. Cela seul suffit pour faire juger qu'au grand esprit du gouvernement avait succédé le petit esprit. Qu'avez-vous vu pendant les dix-huit années de la déplorable administration qui s'est continuée, en dépit des chocs de la politique, sous tous les ministres de l'intérieur? Vous avez vu périr successivement ou s'amoindir toutes les scènes vraiment littéraires.

Chaque fois qu'un théâtre montrait quelques velléités de littérature, l'administration faisait des efforts inouïs pour le faire rentrer dans des genres misérables. Je caractérise cette administration d'un mot : point de débouchés à la pensée élevée ; multiplication des spectacles grossiers! les issues fermées en haut, ouvertes en bas! Il suffisait de demander à exploiter un spectacle-concert, un spectacle de marionnettes, de danseurs de corde, pour obtenir la permission d'attirer et de dépraver le public. Les gens de lettres, au nom de l'art et de la littérature, avaient demandé un Second-Théâtre-Français : on leur a répondu par une dérision; on leur a donné l'Odéon!

Voilà comment l'administration comprenait son devoir; voilà comment le principe de l'autorité a fonctionné depuis vingt ans : d'une part, il a comprimé l'essor de la pensée; de l'autre, il a développé l'essor, soit des parties infimes de l'intelligence, soit des intérêts purement matériels. Il a fondé la situation actuelle, dans laquelle nous avons vu un nombre de théâtres hors de toute proportion avec la population parisienne, et créés par des fantaisies sans motifs. Je n'épuise pas les griefs. On a dit beaucoup de choses sur la manière dont on trafiquait des priviléges. J'ai peu de goût à ce genre de recherches. Ce que je constate, c'est qu'on a développé outre mesure l'industrie misérable pour refouler le développement de l'art.

Maintenant qu'une révolution est survenue, qu'arrive-t-il? C'est que, du moment qu'elle a éclaté, tous ces théâtres factices sortis du caprice d'un commis, de pis encore quelquefois, sont tombés sur les bras du gouvernement. Il faut, ou les laisser mourir, ce qui est une calamité pour une multitude de malheureux qu'ils nourrissent, ou les entretenir à grands frais, ce qui est une calamité pour le budget. Voilà les fruits des systèmes fondés sur le principe de l'autorité. Ces résultats, je les ai énumérés longuement. Ils ne me satisfont point. Je sens la nécessité d'en venir à un système fondé sur autre chose que ce principe.

Or, ici, il n'y a pas deux solutions. Du moment que vous renoncez au principe d'autorité, vous êtes contraints de vous tourner vers le principe de liberté.

Examinons, maintenant, la question des théâtres au point de vue de la liberté. Je veux pour le théâtre deux libertés qui sont toutes deux dans l'air de ce siècle : liberté d'industrie, liberté de pensée.

Liberté d'industrie, c'est-à-dire point de priviléges; liberté de pensée, c'est-à-dire point de censure.

Commençons par la liberté d'industrie. Voyons comment nous pourrions organiser le système de la liberté. Ici, je dois supposer un peu; rien n'existe.

Je suis obligé de revenir à mon point de départ; car, il ne faut pas le perdre de vue un seul instant, la grande pensée de ce siècle, celle qui doit survivre à toutes les autres, et à toutes les formes politiques, quelles qu'elles soient, celle qui sera le fondement de toutes les institutions de l'avenir, c'est la liberté. Je suppose donc que la liberté pénètre dans l'industrie théâtrale comme elle a pénétré dans toutes les autres industries ; puis je me demande si elle satisfera au progrès de l'art, si elle produira la rénovation du peuple. Voici d'abord comment je comprendrais que la liberté de l'industrie théâtrale fût proclamée.

Dans la situation où sont encore les esprits et les questions politiques, aucune liberté ne peut exister sans que le gouvernement y ait pris sa part de surveillance et d'influence. La liberté d'enseignement ne peut, à mon sens, exister qu'à cette condition; il en est de même de la liberté théâtrale. L'État doit d'autant mieux intervenir dans ces deux questions, qu'il n'y a pas là seulement un intérêt matériel, mais un intérêt moral de la plus haute importance.

Quiconque voudra ouvrir un théâtre le pourra en se soumettant aux conditions de police que voici... aux conditions de cautionnement que voici... aux garanties de diverses natures que voici... Ce sera le cahier des charges de la liberté.

Ces mesures ne suffisent pas. Je rapprochais tout à l'heure la liberté des théâtres de la liberté de l'enseignement; c'est que le théâtre est une des branches de l'enseignement populaire. Responsable de la moralité et de l'instruction du peuple, l'État ne doit point se résigner à un rôle négatif, et, après avoir pris quelques précautions, regarder, laisser aller, l'État doit installer, à côté des théâtres libres, des théâtres qu'il gouvernera, et où la pensée sociale se fera jour.

Je voudrais qu'il y eût un théâtre digne de la France, pour les célèbres poëtes morts qui l'ont honorée; puis un théâtre pour les auteurs vivants. Il faudrait encore un théâtre pour le grand opéra, un autre pour l'opéra-comique. Je subventionnerais magnifiquement ces quatre théâtres.

Les théâtres livrés à l'industrie personnelle sont toujours forcés à une certaine parcimonie. Une pièce coûte cent mille francs à monter : ils reculeront ; vous, vous ne reculerez pas. Un grand acteur met à haut prix ses prétentions : un théâtre libre pourrait marchander et le laisser échapper ; vous, vous ne marchanderez pas. Un écrivain de talent travaille pour un théâtre libre ; il reçoit tel droit d'auteur : vous lui donnerez le double ; il travaillera pour vous. Vous aurez ainsi dans les théâtres de l'État, dans les théâtres nationaux, les meilleures pièces, les meilleurs comédiens, les plus beaux spectacles. En même temps, vous, l'État, qui ne spéculez pas, et qui, à la rigueur, en présence d'un grand but de gloire et d'utilité à atteindre, n'êtes pas forcé de gagner de l'argent, vous offrirez au peuple ces magnifiques spectacles au meilleur marché possible.

Je voudrais que l'homme du peuple, pour dix sous, fût aussi bien assis au parterre, dans une stalle de velours, que l'homme du monde à l'orchestre, pour dix francs. De même que je voudrais le théâtre grand pour l'idée, je voudrais la salle vaste pour la foule. De cette façon, vous auriez, dans Paris, quatre magnifiques lieux de rendez-vous où le riche et le pauvre, l'heureux et le malheureux, le Parisien et le provincial, le Français et l'étranger, se rencontreraient tous les soirs, mêleraient fraternellement leur âme, et communieraient, pour ainsi dire, dans la contemplation des grandes œuvres de l'esprit humain. Que sortirait-il de là ? L'amélioration populaire et la moralisation universelle.

Voilà ce que feraient les théâtres nationaux. Maintenant, que feraient les théâtres libres ? Vous allez me dire qu'ils seraient écrasés par une telle concurrence. Messieurs, je respecte la liberté; mais je gouverne et je tiens le niveau élevé. C'est à la liberté de s'en arranger.

Les dépenses des théâtres nationaux vous effrayent peut-être : c'est à tort; fussent-elles énormes, j'en réponds, bien que mon but ne soit pas de créer une spéculation en faveur de l'État, le résultat financier ne lui sera pas désavantageux. Les hommes spéciaux vous diraient que l'État fera avec ces établissements de bonnes affaires. Il arrivera alors ce résultat singulier et heureux qu'avec un chef-d'œuvre, un poëte pourra gagner presque autant d'argent qu'un agent de change par un coup de bourse.

Surtout, ne l'oubliez pas, aux hommes de talent et de génie qui viendront à moi, je dirai : « Je n'ai pas seulement pour but de faire votre fortune, et d'encourager l'art en vous protégeant; j'ai un but plus élevé encore. Je veux que vous fassiez des chefs-d'œuvre, s'il est possible, mais je veux surtout que vous amélioriez le peuple de toutes les classes. Versez dans la population des idées saines; faites que vos ouvrages ne sortent pas d'une certaine ligne que voici, et qui me paraît la meilleure. » C'est là un langage que tout le monde comprendra; tout esprit consciencieux, toute âme honnête sentira l'importance de la mission. Vous aurez un théâtre qui attirera la foule, et qui répandra les idées civilisatrices, l'héroïsme, le dévouement, l'abnégation, le devoir, l'amour du pays, par la reproduction vraie, animée ou même patriotiquement exaltée des grands faits de notre histoire.

Et savez-vous ce qui arrivera? Vous n'attirerez pas seulement le peuple à vos théâtres, vous y attirerez aussi l'étranger. Pas un homme riche en Europe qui ne soit tenu de venir à vos théâtres compléter son éducation française et littéraire. Ce sera là une source de richesses pour la France et pour Paris. Vos magnifiques subventions, savez-vous qui les payera ? L'Europe. L'argent de l'étranger affluera chez vous; vous ferez à la gloire nationale une avance que l'admiration européenne vous remboursera.

Messieurs, au moment où nous sommes, il n'y a qu'une seule nation qui soit en état de donner des produits littéraires au monde entier, et cette nation, c'est la nation française. Vous avez donc là un monopole immense, un monopole que l'univers civilisé subit depuis dix-huit ans. Les ministres qui nous ont gouvernés n'ont eu qu'une seule pensée : comprimer la littérature française à l'intérieur, la sacrifier au dehors, la laisser systématiquement spoliée dans un royaume voisin par la contrefaçon. Je favoriserais, au contraire, cet admirable monopole sous toutes ses formes, et je le répandrais sur le monde entier ; je créerais à Paris des foyers lumineux qui éclaireraient toutes les nations, et vers lesquels toutes les nations se tourneraient.

Ce n'est pas tout. Pour achever l'œuvre, je voudrais des théâtres spéciaux pour le peuple ; ces théâtres, je les mettrais à la charge, non de l'État, mais de la ville de Paris ; ce seraient des théâtres, bien à ses frais, et bien choisis par son administration municipale parmi les théâtres déjà existants, et dès lors subventionnés par elle. Je les appellerais théâtres municipaux.

La ville de Paris est intéressée, sous tous les rapports, à l'existence de ces théâtres : ils développeraient les sentiments moraux et l'instruction dans les classes inférieures ; ils contribueraient à faire régner le calme dans cette partie de la population d'où sortent parfois des commotions si fatales à la ville.

Je l'ai dit plus haut d'une manière générale en me faisant le plagiaire de l'empereur Napoléon, je le répète ici en appliquant surtout mon assertion aux classes inférieures de la population parisienne : le peuple français, la population parisienne principalement, ont beaucoup du peuple athénien ; il faut quelque chose pour occuper leur imagination. Les théâtres municipaux seront des espèces de dérivatifs qui neutraliseront les bouillonnements populaires. Avec eux, le peuple parisien lira moins de mauvais pamphlets, boira moins de mauvais vins, hantera moins de mauvais lieux, fera moins de révolutions violentes.

L'intérêt de la ville est patent ; il est naturel qu'elle fasse les frais de ces fondations. Elle ferait appel à des auteurs sages et distingués, qui produiraient sur la scène des pièces élémentaires, tirées surtout de notre histoire nationale. Vous avez vu une partie de cette pensée réalisée par le Cirque ; on a eu tort de le laisser fermer.

Les théâtres municipaux seraient répartis entre les différents quartiers de la capitale et placés surtout dans les quartiers les moins riches, dans les faubourgs.

Ainsi, à la charge de l'État, quatre théâtres nationaux pour la France et pour l'Europe ; à la charge de la ville, quatre théâtres municipaux pour le peuple des faubourgs; à côté de ce haut enseignement de l'État, les théâtres libres; voilà mon système.

Selon moi, de ce système, qui est la liberté, sortiraient la grandeur de l'art et l'amélioration du peuple, qui sont mes deux buts. Vous avez vu ce qu'avait produit, pour ces deux grands buts, le système basé sur l'autorité, c'est-à-dire le privilége et la censure. Comparez et choisissez.

M. LE PRÉSIDENT. — Vous admettez le régime de la liberté; mais vous faites aux théâtres libres une condition bien difficile. Ils seront écrasés par ceux de l'État.

M. VICTOR HUGO. — Le rôle des théâtres libres est loin d'être nul à côté des théâtres de l'État. Ces théâtres lutteront avec les vôtres. Quoique vous soyez le gouvernement, vous vous trompez quelquefois. Il vous arrive de repousser des œuvres remarquables; les théâtres libres accueilleront ces œuvres-là; ils profiteront des erreurs que vous aurez commises, et les applaudissements du public que vous entendrez dans les salles seront pour vous des reproches, et vous stimuleront.

On va me dire : « Les théâtres libres, qui auront peine à faire concurrence au gouvernement, chercheront, pour réussir, les moyens les plus fâcheux : ils feront appel au dévergondage de l'imagination, ou aux passions populaires; pour attirer le public, ils spéculeront sur le scandale; ils feront de l'immoralité, et ils feront de la politique ; ils joueront des pièces extravagantes, excentriques, obscènes, et des comédies aristophanesques. » S'il y a dans tout cela quelque chose de criminel, on pourra le réprimer par les moyens légaux, sinon, ne vous en inquiétez pas. Je suis un de ceux qui ont eu l'inconvénient ou l'honneur, depuis Février, d'être quelquefois mis sur le théâtre. Que m'importe! j'aime mieux ces plaisanteries, inoffensives après tout, que telles calomnies répandues contre moi par un journal dans cinquante mille exemplaires.

Quand on me met sur la scène, j'ai tout le monde pour moi, quand on me travestit dans un journal, j'ai contre moi les trois quarts des lecteurs; et, cependant, je ne m'inquiète pas de la liberté de la presse; je ne fais point de procès aux journaux qui me travestissent; je ne leur écris pas même de lettres avec un huissier pour facteur. Sachez donc accepter et comprendre la liberté de la pensée sous toutes ses formes, la liberté du théâtre comme la liberté de la presse : c'est l'air même que vous respirez. Contentez-vous, quand les théâtres libres ne dépassent point certaines bornes que la loi peut préciser, de leur faire une noble et puissante guerre avec vos théâtres nationaux et municipaux; la victoire vous restera.

M. SCRIBE. — Les généreuses idées que vient d'émettre M. Victor Hugo sont en partie les miennes; mais il me semble qu'elles gagneraient à être réalisées dans un système moins compliqué. Le système de M. Victor Hugo est double, et ses deux parties semblent se contredire. Dans ce système, où la moitié des théâtres serait privilégiée, et l'autre moitié libre, il y aurait deux choses à craindre : ou bien les théâtres du gouvernement et de la ville ne donneraient que des pièces officielles où personne n'irait, ou bien ils pourraient à leur gré user des ressources immenses de leurs subventions; dans ce cas, les théâtres libres seraient évidemment écrasés.

Pourquoi, alors, permettre à ceux-ci de soutenir une lutte inégale, qui doit fatalement se terminer par leur ruine! Si le principe de liberté n'est pas bon en haut, pourquoi serait-il bon en bas? Je voudrais, et sans invoquer d'autres motifs que ceux que vient de me fournir M. Hugo, que tous les théâtres fussent placés entre les mains du gouvernement.

M. VICTOR HUGO. — Je ne prétends nullement établir des théâtres privilégiés; dans ma pensée, le privilége disparaît. Le privilége ne crée que des théâtres factices; la liberté vaudra mieux : elle fonctionnera pour l'industrie théâtrale comme pour toutes les autres; la demande règlera la production. La liberté est la base de tout mon système; il est franc et complet; mais je veux la liberté pour tout le monde, aussi bien pour l'État que pour les particuliers. Dans mon système, l'État a tous les droits de l'individu ; il peut fonder un théâtre, comme il peut créer un journal; seulement, il a plus de devoirs encore. J'ai indiqué comment l'État, pour remplir ses devoirs, devait user de la liberté commune; voilà tout.

M. LE PRÉSIDENT. — Voulez-vous me permettre de vous questionner sur un détail? Admettriez-vous, dans votre système, le principe du cautionnement?

M. VICTOR HUGO. — J'en ai déjà dit un mot tout à l'heure; je l'admettrais, et voici pourquoi : je ne veux compromettre les intérêts de personne, principalement des pauvres et des faibles, et les comédiens, en général, sont faibles et pauvres. Avec le système de la liberté industrielle, il se présentera plus d'un aventurier qui dira : « Je vais louer un local, engager des acteurs ; si je réussis, je payerai ; si je ne réussis pas, je ne payerai personne. » Or, c'est ce que je ne veux point. Le cautionnement répondra. Il aura un autre usage : le payement des amendes qui pourront être infligées aux directeurs. A mon avis, la liberté implique la responsabilité ; c'est pourquoi je veux le cautionnement.

M. LE PRÉSIDENT. — On a proposé devant la commission d'établir, dans l'hypothèse où la liberté industrielle serait proclamée, des conditions qui empêcheraient d'établir, sous le nom de théâtres, de véritables échoppes : conditions de construction, conditions de dimension, etc.

M. VICTOR HUGO. — Ces conditions sont de celles que je mettrais à l'établissement des théâtres.

M. SCRIBE. — Elles me paraissent parfaitement sages.

M. LE PRÉSIDENT. — On avait proposé aussi d'interdire le mélange des représentations théâtrales avec d'autres industries ; par exemple, les cafés-spectacles.

M. ALEXANDRE DUMAS. — C'est une affaire de police.

M. LE CONSEILLER DEFRESNE. — Comment seront administrés, dans le système de M. Hugo, les théâtres subventionnés ?

M. ALEXANDRE DUMAS. — Je demanderai à la commission la permission de lui dire comment, selon moi, la question devrait être résolue. J'ai quelque expérience de la matière ; j'ai beaucoup manié les théâtres, soit comme auteur, soit comme directeur. J'adopte avec empressement l'institution des théâtres de l'État, selon le système de M. Victor Hugo et celui de M. Souvestre.

Je ne crois pas que l'administration directe de ces théâtres par le gouvernement doive être plus dispendieuse pour lui que la tutelle actuelle. Le chiffre total des subventions annuelles s'élève à onze cent et quelques mille francs. Cette somme suffit, selon moi, pour soutenir largement quatre théâtres que je voudrais voir subventionner par le gouvernement : le Théâtre-Français, l'Opéra-Comique, les théâtres des Italiens et de l'Odéon. Je ne parle pas encore de l'Opéra. Tous ces théâtres ont trente-quatre pieds à peu près d'ouverture; tous pourraient user des mêmes décors. Maintenant, ils ont chacun les leurs; chacun a une administration pour répondre de ceux qu'il possède. Le jour où les quatre théâtres seront dans la main de la nation, on pourra réunir ces quatre administrations en une seule. Dans chacun des théâtres, on aura le choix des décorations qui auront été faites pour tous les quatre depuis dix ans.

On fera ainsi cent cinquante mille francs d'économie par an, rien qu'en faisant servir la toile et le bois d'un théâtre pour un autre. Je n'ai point parlé de l'Opéra à cause de ses machines, on doit le laisser à part. Le théâtre de l'Opéra dépense prodigieusement en décors; dès qu'une toile a servi sur la scène, elle ne peut plus resservir. Le Théâtre-Français tombe dans un excès contraire; il ne dépense pas, par an, plus de quinze mille francs de décorations. Il a un tailleur qui lui fait ses costumes à forfait, pour vingt-quatre mille francs par an. Tel qu'il est, le Théâtre-Français est constitué pour être éternellement en ruine. Ce qu'il faut pour faire vivre un théâtre, c'est une moyenne de recettes. Quand une administration tire ses gains moins du mérite de son répertoire que du talent d'un acteur, il faut nécessairement qu'elle fasse de mauvaises affaires, car un acteur ne pourra pas jouer tous les jours. Dans ce cas-là, il faut au moins que l'administration ait deux grands acteurs, et qu'ils alternent entre eux afin d'attirer le public tous les jours.

M. LE PRÉSIDENT. — Ce que la commission demandait, c'était surtout des détails sur le mode d'administration des théâtres qui seraient entretenus par l'État ou par les villes.

M. VICTOR HUGO. — Vous me demandez comment je ferais administrer, dans mon système, les théâtres subventionnés, c'est-à-dire les théâtres nationaux et les théâtres municipaux.

Je commence par vous dire que, quoi que l'on fasse, le résultat d'un système est toujours au-dessous de ce que l'on en attend. Je ne vous promets donc pas la perfection, mais une amélioration immense. Pour la réaliser, il est nécessaire de choisir avec un soin extrême les hommes qui voudront diriger ce que j'appellerais volontiers les *théâtres écoles*. Avec de mauvais choix, l'institution ne vaudrait pas grand'chose; il arrivera peut-être quelquefois qu'on se trompera; le ministère, au lieu de prendre Corneille, pourra prendre M. Campistron; quand il choisira mal, ce seront les théâtres libres qui corrigeront le mal, et, alors, vous aurez le Théâtre-Français ailleurs qu'au Théâtre-Français; mais cela ne durera pas longtemps.

Je voudrais, à la tête des théâtres du gouvernement, des directeurs indépendants les uns des autres, subordonnés tous quatre au directeur, ou plutôt au ministre des arts, et se faisant, pour ainsi dire, concurrence entre eux. Ils seraient rétribués par le gouvernement, et auraient un certain intérêt dans les bénéfices de leurs théâtres.

M. MÉLESVILLE. — Qui est-ce qui nommera, et qui est-ce qui destituera les directeurs?

M. VICTOR HUGO. — Le ministre compétent les nommera, et ce sera lui aussi qui les destituera. Il en sera pour eux comme pour les préfets.

M. MÉLESVILLE. — Vous leur faites là une position singulière. Supposez un homme honorable, distingué, qui aura administré avec succès la Comédie-Française : un ministre lui a demandé une pièce d'une certaine couleur politique ; le ministre suivant sera défavorable à cette couleur politique. Le directeur, malgré tout son mérite et son service, sera immédiatement destitué.

M. ALEXANDRE DUMAS. — C'est un danger commun à tous les fonctionnaires.

Sur la question de la censure dramatique, voici, maintenant, comme s'exprimait Victor Hugo :

M. VICTOR HUGO. — Le système actuel est détestable. En principe, c'est l'État qui régit la liberté littéraire des théâtres ; mais l'État est un être de raison, le gouvernement l'incarne et le représente ; mais le gouvernement a autre chose à faire que de s'occuper des théâtres : il s'en repose sur le ministre de l'intérieur ; mais le ministre de l'intérieur est un personnage bien occupé ; il se fait remplacer par le directeur des beaux-arts ; la besogne déplaît au directeur des beaux-arts, qui la passe au bureau de censure.

Admirez ce système qui commence par l'État, et qui finit par un commis ! Si bien que cette espèce de balayeur d'ordures dramatiques qu'on appelle un censeur peut dire, comme Louis XIV : « L'État, c'est moi ! »

La liberté de la pensée dans un journal, vous la respectez en la surveillant ; vous la confiez au jury. La liberté de la pensée sur le théâtre, vous l'insultez en la réprimant ; vous la livrez à la censure !

Y a-t-il au moins un grand intérêt qui excuse cela ? Point.

Quel bien la censure, appliquée au théâtre, a-t-elle produit depuis trente ans ? A-t-elle empêché une allusion politique de se faire jour ? Jamais. En général, elle a plutôt éveillé qu'endormi l'instinct qui pousse le public à faire, au théâtre, de l'opposition en riant.

Au point de vue politique, elle ne vous a donc rendu aucun service. En a-t-elle rendu au point de vue moral ? Pas davantage.

Rappelez vos souvenirs. A-t-elle empêché des théâtres de s'établir uniquement pour l'exploitation d'un certain côté des appétits les moins nobles de la foule ? Non. Au point de vue moral, la censure n'a été bonne à rien ; au point de vue politique, bonne à rien. Pourquoi donc y tenez-vous ?

Il y a plus. Comme la censure est réputée veiller aux mœurs publiques, le peuple abdique sa propre autorité, sa propre surveillance ; il fait volontiers cause commune avec les licences du théâtre contre les persécutions de la censure. Ainsi que je l'ai dit un jour à l'Assemblée nationale, de juge, il se fait complice.

La difficulté même de créer des censeurs montre combien la censure est un labeur impossible. Ces fonctions si difficiles, si délicates, sur lesquelles pèse une responsabilité si énorme, elles devraient logiquement être exercées par les hommes les plus éminents en littérature. En trouverait-on parmi eux qui les accepteraient? Ils rougiraient seulement de se les entendre proposer. Vous n'aurez donc jamais, pour les remplir, que des hommes sans valeur personnelle, et j'ajouterai, des hommes qui s'estiment peu; et ce sont ces hommes que vous faites arbitres, de quoi? De la littérature! Au nom de quoi? De la morale!

Les partisans de la censure nous disent : « Oui, elle a été mal exercée jusqu'ici; mais on peut l'améliorer. » Comment l'améliorer? On n'indique guère qu'un moyen : faire exercer la censure par des personnages considérables, des membres de l'Institut, de l'Assemblée nationale, et autres, qui fonctionneront, au nom du gouvernement, avec une certaine indépendance, dit-on, une certaine autorité, et, à coup sûr, une grande honorabilité. Il n'y a à cela qu'une petite objection, c'est que c'est impossible...

Croyez-moi, n'accouplez jamais ce mot, qui est si noble, l'Institut de France, avec ce mot, qui l'est si peu, la censure!

Dans votre comité de censure, mettriez-vous des membres de l'Assemblée nationale élus par cette assemblée? Mais, d'abord, j'espère que l'Assemblée refuserait tout net; et puis, si elle y consentait, en quoi elle aurait grand tort, la majorité vous enverrait des hommes de parti qui vous feraient de belle besogne!

Pour commission de censure, vous bornerez-vous à prendre la commission des théâtres? Il y a un élément qui y serait nécessaire ; eh bien, cet élément n'y sera pas. Je veux parler des auteurs dramatiques. Tous refuseront, comptez-y. Que sera alors votre commission de censure? Ce que serait une commission de marine sans marins.

Difficultés sur difficultés. Mais je suppose votre commission composée, soit; fonctionnera-t-elle? Point. Vous figurez-vous un représentant du peuple, un conseiller d'État, un conseiller à la cour de cassation, allant dans les théâtres, et s'occupant de savoir si telle pièce n'est pas faite plutôt pour éveiller des appétits sensuels que des idées élevées. Vous les figurez-vous assistant aux répétitions, et faisant allonger les jupes des danseuses? Pour ne parler que de la censure du manuscrit, vous les figurez-vous marchandant avec l'auteur la suppression d'un coq-à-l'âne ou d'un calembour?

Vous me direz : « Cette commission ne jugera qu'en appel. » De deux choses l'une : ou elle jugera en appel sur tous les détails qui feront difficulté entre l'auteur et les censeurs inférieurs, et l'auteur ne s'entendra jamais avec les censeurs inférieurs : autant, alors, ne faire qu'un degré; ou bien elle se bornera, sans entrer dans les détails, à accorder ou à refuser l'autorisation : alors, la tyrannie sera plus grande qu'elle n'a jamais été.

Tenez, renonçons à la censure et acceptons résolûment la liberté. C'est le plus simple, le plus digne et le plus sûr.

En dépit de tout sophisme contraire, j'avoue qu'en présence de la liberté de la presse, je ne puis redouter la liberté des théâtres. La liberté de la presse présente, à mon avis, dans une mesure beaucoup plus considérable, tous les inconvénients de la liberté du théâtre.

Mais liberté implique responsabilité. A tout abus, il faut la répression. Pour la presse, je viens de le rappeler, vous avez le jury; pour le théâtre, qu'aurez-vous? La cour d'assises? des tribunaux ordinaires? Impossible.

Les délits que l'on peut commettre par la voie du théâtre sont de toute sorte. Il y a ceux que peut commettre volontairement un auteur écrivant dans une pièce des choses contraires aux mœurs; il y a, ensuite, les délits de l'acteur, ceux qu'il peut commettre en ajoutant aux paroles, par des gestes ou des inflexions de voix, un sens répréhensible qui n'est pas celui de l'auteur.

Il y a les délits du directeur, par exemple : des exhibitions de nudités sur la scène; puis les délits du décorateur, résultant de certains emblèmes dangereux ou séditieux mêlés à une décoration; puis ceux du costumier, puis ceux du coiffeur... oui, du coiffeur : un toupet peut être factieux; une paire de favoris a fait défendre *Vautrin*. Enfin, il y a les délits du public : un applaudissement qui accentue un vers, un sifflet qui va plus haut que l'acteur, et plus loin que l'auteur.

Comment votre jury, composé de bons bourgeois, se tirera-t-il de là?

Comment démêlera-t-il ce qui est à celui-ci, et ce qui est à celui-là? le fait de l'auteur, le fait du comédien, et le fait du public? Quelquefois, le délit sera un sourire, une grimace, un geste. Transporterez-vous les jurés au théâtre pour le juger? Ferez-vous siéger la cour d'assises au parterre?

Supposez-vous — ce qui, du reste, ne sera pas — que les jurys, en général, se défiant de toutes ces difficultés, et voulant arriver à une répression efficace, justement parce qu'ils n'entendent pas grand'chose aux délits de théâtre, suivront aveuglément les indications du ministère public, et condamneront, sans broncher, sur ouï-dire? Alors, savez-vous ce que vous aurez fait? Vous aurez créé la pire des censures, la censure de la peur. Les directeurs, tremblant devant les arrêts qui seraient leur ruine, mutileront la pensée, et supprimeront la liberté.

Vous êtes placés entre deux systèmes impossibles : la censure préventive, que je vous défie d'organiser convenablement; la censure répressive, la seule admissible maintenant, mais qui échappe aux moyens du droit commun.

Je ne vois qu'une manière de sortir de cette double impossibilité.

Pour arriver à la solution, reprenons le système théâtral tel que je vous l'ai indiqué. Vous avez un certain nombre de théâtres subventionnés; tous les autres sont livrés à l'industrie privée; à Paris, il y a quatre théâtres subventionnés par le gouvernement, et quatre par la ville.

L'état normal de Paris ne comporte pas plus de

seize théâtres. Sur ces seize théâtres, la moitié sera donc sous l'influence directe du gouvernement ou de la ville; l'autre moitié fonctionnera sous l'empire des restrictions de police et autres que dans votre loi vous imposerez à l'industrie théâtrale.

Pour alimenter tous ces théâtres et ceux de la province, dont la position sera analogue, vous aurez la corporation des auteurs dramatiques, corporation composée d'environ trois cents personnes, et ayant un syndicat.

Cette corporation a le plus sérieux intérêt à maintenir le théâtre dans la limite où il doit rester pour ne point troubler la paix de l'État et l'honnêteté publique. Cette corporation, par la nature même des choses, a sur ses membres un ascendant disciplinaire considérable. Je suppose que l'Etat reconnaît cette corporation, et qu'il en fait son instrument.

Chaque année, elle nomme dans son sein un conseil de prud'hommes, un jury. Ce jury, élu au suffrage universel, se composera de huit ou dix membres; — ce seront toujours, soyez-en sûrs, les personnages les plus considérés et les plus considérables de l'association.

Ce jury, que vous appellerez *jury de blâme*, ou de tout autre nom que vous voudrez, sera saisi, soit sur la plainte de l'autorité publique, soit sur celle de la commission dramatique elle-même, de tous les délits de théâtre commis par les auteurs, les directeurs, les comédiens. Composé d'hommes spéciaux, investi d'une sorte de magistrature de famille, il aura la plus grande autorité, il comprendra parfaitement la matière, il sera sévère dans la répression, et il saura superposer la peine au délit.

Le jury dramatique juge les délits ; s'il les reconnaît, il les blâme ; s'il blâme deux fois, il y a lieu à la suspension de la pièce et à une amende considérable, qui peut, si elle est infligée à un auteur, être prélevée sur les droits d'auteur recueillis par les agents de la société.

Si un auteur est blâmé trois fois, il y a lieu à le rayer de la liste des associés. Cette radiation est une peine très-grave : elle n'atteint pas seulement l'auteur dans son honneur, elle l'atteint dans sa fortune, elle implique pour lui la privation à peu près complète de ses droits de province.

Maintenant, croyez-vous qu'un auteur aille trois fois devant le jury dramatique? Pour moi, je ne le crois pas. Tout auteur traduit devant le jury se défendra; s'il est blâmé, il sera profondément affecté par ce blâme, et, soyez tranquilles, je connais l'esprit de cette excellente et utile association, vous n'aurez pas de récidives.

Vous aurez donc ainsi, dans le sein de l'association dramatique elle-même, les gardiens les plus vigilants de l'intérêt public.

C'est la seule manière possible d'organiser la censure répressive. De cette manière vous conciliez les deux choses qui font tout le problème : l'intérêt de la société et l'intérêt de la liberté...

En dehors du syndicat de l'ordre des auteurs dramatiques, il y aura aussi un juge qui veillera à la police de l'*audience*, à la dignité de la représentation ; ce juge, ce sera le public. Sa puissance est grande et sérieuse; elle sera plus sérieuse encore quand il se sentira réellement investi d'une sorte de magistrature par la liberté même. Ce juge a puissance de vie et de mort; il peut faire tomber la toile, et alors tout est dit.

M. LE PRÉSIDENT. — Mais ce juge n'est pas un, la majorité décidera, la minorité protestera, et une lutte personnelle s'engagera pour trancher la question.

M. SOUVESTRE. — Les troubles seront plus rares que vous ne le croyez. Je n'en veux pour preuve que ce qui s'est passé au Vaudeville dans ces derniers temps. On y jouait des pièces faites pour exciter la passion et la répulsion d'une partie de la population parisienne. La majorité du public s'est prononcée en faveur de ces pièces; la minorité s'est retirée, s'inclinant ainsi devant le jugement de la majorité. Des faits analogues seront de plus en plus communs à mesure qu'on s'habituera à la liberté du théâtre.

M. LE CONSEILLER BÉHIC. — L'organisation de la censure répressive, telle que la propose M. Victor Hugo, présente une difficulté dont je le rends juge. On ne peut, maintenant, faire partie de l'association des auteurs dramatiques qu'après avoir fait jouer une pièce. M. Victor Hugo propose de maintenir ces conditions ou des conditions analogues d'incorporation. Quel système répressif appliquera-t-il alors à la première pièce d'un auteur?

M. VICTOR HUGO. — Le système de droit commun, comme aux pièces de tous les auteurs qui ne feront pas partie de la société, la répression par le jury.

M. LE CONSEILLER BÉHIC. — J'ai une autre critique

plus grave à faire au système de M. Victor Hugo. Toute personne qui remplit des conditions déterminées a droit de se faire inscrire dans l'ordre des avocats. De plus, les avocats peuvent seuls plaider. Si un certain esprit littéraire prédominait dans votre association, ne serait-il pas à craindre qu'elle ne repoussât de son sein les auteurs dévoués à des idées contraires, ou même que ceux-ci ne refusassent de se soumettre à un tribunal évidemment hostile, et aimassent mieux se tenir en dehors? Ne risque-t-on pas de voir alors, en dehors de la corporation des auteurs dramatiques, un si grand nombre d'auteurs, que son syndicat deviendrait impuissant à réaliser la mission que lui attribue M. Victor Hugo?

M. SCRIBE. — Je demande la permission d'appuyer cette objection par quelques mots. Il y a des esprits indépendants qui refuseront d'entrer dans notre association précisément parce qu'ils craindront une justice disciplinaire, à laquelle il n'y aura pas chance d'échapper, et ceux-là seront sans doute les plus dangereux.

J'irai plus loin. Si vous attribuez à notre association le caractère que lui veut M. Victor Hugo, vous changez la nature du contrat qui nous unit, et que nous avons souscrit. Or, je suis persuadé que, dès que ce changement aura lieu, beaucoup de nos confrères se sépareront de nous immédiatement : il y en a plusieurs qui trouvent déjà bien lourd le joug si léger que leur imposent nos conventions mutuelles.

Du reste, il y a, dans le système de M. Victor Hugo, des idées larges et vraies, qu'il me semble bon de conserver dans le système préventif, le seul qui, selon moi, puisse être établi avec quelque chance de succès. Il n'est personne de ceux qui veulent l'établir dans la nouvelle loi qui ne le veuille avec des garanties qu'il n'a jamais eues jusqu'ici. Je suppose la censure à deux degrés. Ne pourrait-on pas composer la commission d'appel de personnes considérables de professions diverses, parmi lesquelles se trouveraient, en certain nombre, des auteurs dramatiques élus par le suffrage de leurs confrères ?

Si ces auteurs étaient désignés par le ministre, par le directeur des beaux-arts, ils n'accepteraient sans doute pas ; mais, nommés par leurs confrères, ils accepteront. J'avais soutenu le contraire en combattant le principe de M. Souvestre ; les paroles de M. Victor Hugo m'ont fait changer d'opinion. Celui de nous qui serait élu ainsi ne verrait pas de honte à exercer les fonctions de censeur ; il s'en ferait même honneur, car il sentirait qu'elles lui ont été confiées, non pour opprimer, mais pour protéger et défendre les auteurs dramatiques.

M. VICTOR HUGO. — Personne n'accepterait. Les auteurs dramatiques consentiront à exercer la censure répressive, parce que c'est une magistrature ; ils refuseront d'exercer la censure préventive, parce que c'est une police.

J'ai dit les motifs qui, à tous les points de vue, me font repousser la censure préventive ; je n'y reviens pas.

Maintenant, j'arrive à cette objection, que m'a faite M. Béhic, et qu'a appuyée M. Scribe. On m'a dit qu'un grand nombre d'auteurs dramatiques pourraient se tenir, pour des motifs divers, en dehors de la corporation, et qu'alors mon but serait manqué.

Cette difficulté est grave. Je n'essayerai point de la tourner ; je l'aborderai franchement, en disant ma pensée tout entière. Pour réaliser la réforme, il faut agir rigoureusement, et mêler à l'esprit de liberté l'esprit de gouvernement. Pourquoi voulez-vous que l'État, au moment de donner une liberté considérable, n'impose pas des conditions aux hommes appelés à jouir de cette liberté ? L'État dira : « Tout individu qui voudra faire représenter une pièce sur un théâtre du territoire français pourra la faire représenter sans la soumettre à la censure ; mais il devra être membre de la société des auteurs dramatiques. » Personne, de cette manière, ne restera en dehors de la société ; personne, pas même les nouveaux auteurs, car on pourrait exiger, pour l'entrée dans la société, la composition, et non la représentation, d'une ou plusieurs pièces.

Le temps me manque ici pour dire ma pensée dans toute son étendue ; je la compléterai ailleurs et dans quelque autre occasion. Je voudrais qu'on organisât une corporation, non pas seulement de tous les auteurs dramatiques, mais encore de tous les lettrés. Tous les délits de presse auraient leur répression dans les jugements des tribunaux d'honneur de la corporation. Ne sent-on pas tous les jours l'inefficacité de la répression par les cours d'assises ?

Tout homme qui écrirait et ferait publier quelque chose serait nécessairement compris dans la corporation des gens de lettres. A la place de l'anarchie qui existe maintenant parmi nous, vous auriez une autorité ; cette autorité servirait puissamment à la gloire et à la tranquillité du pays.

Aucune tyrannie dans ce système : l'organisation. A chacun la liberté entière de la manifestation de sa pensée, sauf à l'astreindre à une condition préalable de garantie qu'il serait possible à tous de remplir.

Les idées que je viens d'exprimer, j'y crois de toute la force de mon âme ; mais je pense, en même temps, qu'elles ne sont pas encore mûres. Leur jour viendra ; je le hâterai pour ma part. Je prévois les lenteurs : je suis de ceux qui acceptent sans impatience la collaboration du temps.

M. ÉMILE SOUVESTRE. — Avant l'arrivée de M. Victor Hugo dans le sein de la commission, et sans connaître les moyens qu'il supposait nécessaires pour organiser la censure répressive, j'avais émis des idées analogues à celles qu'il vient de développer. Cette rencontre fortuite est pour moi un motif nouveau et puissant de ne voir le port que là où je l'ai indiqué : je pense qu'elle aura frappé la commission.

Je dois ajouter qu'on n'aurait pas autant de peine à établir un tribunal disciplinaire de gens de lettres ou d'auteurs dramatiques que le croit M. Scribe ; maintenant, avec notre organisation imparfaite, très-souvent les bureaux de ces sociétés rendent des sentences arbitrales auxquelles les parties se soumettent très-volontiers. C'est déjà un commencement de juridiction.

M. LE CONSEILLER DEFRESNE. — Ce que M. Victor Hugo et M. Souvestre demandent, c'est tout bonnement l'établissement d'une jurande ou maîtrise littéraire. Je ne dis pas cela pour les blâmer. L'institution qu'ils demandent serait une grande et utile institution ; mais, comme eux, je pense qu'il n'y faut songer que pour un temps plus ou moins éloigné.

M. VICTOR HUGO. — Les associations de l'avenir ne seront point celles qu'ont vues nos pères. Les associations du passé étaient basées sur le principe de l'autorité, et faites pour le soutenir et l'organiser ; les associations de l'avenir organiseront et développeront la liberté.

Je voudrais voir désormais la loi organiser des groupes d'individualités, pour aider, par ces associations, au progrès véritable de la liberté. La liberté jaillirait de ces associations, et rayonnerait sur tout le pays. Il y aurait liberté d'enseignement avec des conditions fortes imposées à ceux qui voudraient enseigner. Je n'entends pas la liberté d'enseignement comme ce qu'on appelle le parti catholique : liberté de la parole avec des conditions imposées à ceux qui en usent devant les tribunaux, liberté du théâtre avec des conditions analogues ; voilà comme j'entends la solution du problème.

J'ajoute un détail qui complète les idées que j'ai émises sur l'organisation de la liberté théâtrale. Cette organisation, on ne pourra guère la commencer sérieusement que quand une réforme dans la haute administration aura réuni dans une même main tout ce qui se rapporte à la protection que l'État doit aux beaux-arts, aux créations de l'intelligence ; et, cette main, je ne veux pas que ce soit celle d'un directeur, mais celle d'un ministre. Le pilote de l'intelligence ne saurait être trop haut placé. Voyez, à l'heure qu'il est, quel chaos!

Le ministre de la justice a l'imprimerie nationale ; le

ministre de l'intérieur, les théâtres, les musées; le ministre de l'instruction publique, les sociétés savantes; le ministre des cultes, les églises; le ministre des travaux publics, les grandes constructions nationales. Tout cela devrait être réuni.

Un même esprit devrait coordonner dans un vaste système tout cet ensemble, et le féconder. Que peuvent, maintenant, toutes ces pensées divergentes, qui tirent chacune de leur côté? Rien, qu'empêcher tout progrès réel.

Ce ne sont point là des utopies, des rêves. Il faut organiser. L'autorité avait organisé autrefois assez mal, car rien de véritablement bon ne peut sortir d'elle seule. La liberté l'a débordée et l'a vaincue à jamais. La liberté est un principe fécond; mais, pour qu'elle produise ce qu'elle peut et doit produire, il faut l'organiser.

Organisez donc dans le sens de la liberté, et non pas dans le sens de l'autorité. La liberté, elle est maintenant nécessaire. Pourquoi, d'ailleurs, s'en effrayer? Nous avons la liberté du théâtre depuis dix-huit mois; quel grand danger a-t-elle fait courir à la France?

Et, cependant, elle existe maintenant sans être entourée d'aucune des garanties que je voudrais établir. Il y a eu de ces pièces qu'on appelle réactionnaires; savez-vous ce qui en est résulté? C'est que beaucoup de gens qui n'étaient pas républicains avant ces pièces le sont devenus après. Beaucoup des amis de la liberté ne voulaient pas de la République, parce qu'ils croyaient que l'intolérance était dans la nature de ce gouvernement; ces hommes-là se sont réconciliés avec la République le jour où ils ont vu qu'elle donnait un libre cours à l'expression des opinions, et qu'on pouvait se moquer d'elle, qu'elle était bonne princesse, en un mot. Tel a été l'effet des pièces réactionnaires. La République s'est fait honneur en les supportant.

Voyez maintenant ce qui arrive ! la réaction contre la réaction commence. Dernièrement, on a représenté une pièce ultra-réactionnaire : elle a été sifflée ! Et c'est dans ce moment que vous songeriez à vous donner tort en rétablissant la censure ! Vous relèveriez à l'instant même l'esprit d'opposition qui est au fond du caractère national !

Ce qui s'est passé pour la polique, s'est passé aussi pour la morale. En réalité, il s'est joué, depuis dix-huit mois, moins de pièces décolletées qu'il ne s'en jouait d'ordinaire sous l'empire de la censure. Le public sait que le théâtre est libre ; il est plus difficile. Voilà la situation d'esprit où est le public. Pourquoi donc vouloir faire mal ce que la foule fait bien ?

Laissez là la censure, organisez ; mais, je vous le répète, organisez la liberté !

On sait que, par suite du revirement politique qu'amena l'élection du 10 décembre, le projet de loi que préparait le conseil d'État sur l'organisation des théâtres fut abandonné avant d'avoir été soumis à la discussion publique.

DIX ANS
DE LA VIE D'UNE FEMME

ou

LA MORALITÉ DE M. SCRIBE

On a vu que, devant le conseil d'État, M. Scribe soutint que la liberté des théâtres serait la ruine de l'art, du goût, de l'industrie, des *mœurs*, tandis que le privilége *favorise les ouvrages qui peuvent faire honneur à l'art et être utiles à la morale publique.*

C'est cependant sous l'empire du privilége que furent jouées nombre de pièces de M. Scribe passablement immorales, et, entre autres, son drame intitulé *Dix Ans de la vie d'une femme.*

Nos œuvres et celles de l'école romantique ont été si souvent taxées d'immoralité par des gens qui tiennent M. Scribe pour un auteur moral, qu'il doit bien nous être permis de rétorquer ici l'accusation, et de montrer, *pièce en main*, jusqu'où on poussait quelquefois le scandale dans le camp opposé au nôtre.

Voici ce que c'était que *Dix Ans de la vie d'une femme*[1].

Adèle Évrard a épousé M. Darcey, riche propriétaire, bon et excellent homme, plein de soins, d'attentions et de complaisances pour sa femme ; — une espèce de Danville de *l'École des Vieillards*, avec cette différence que Darcey n'a que quarante ans. — Adèle, madame Darcey, porte le même nom de baptême que madame d'Hervey ; mais, au lieu d'être, comme l'héroïne d'*Antony*, prête à lutter jusqu'à ce point de préférer la mort à la honte, l'Adèle de *Dix Ans de la vie d'une femme* est née avec tous ces mauvais penchants que fertilisent les mauvais conseils.

Or, les mauvais conseils ne lui manquent pas.

Adèle, fille d'un honnête négociant, femme d'un honnête homme, a fait connaissance, — où cela ? l'exposition ne le dit pas, et, cependant, elle devrait le dire : ces sortes de choses, même au théâtre, ont besoin d'être motivées. — Adèle a fait connaissance, disons-nous, avec deux espèces de filles qui s'appellent, l'une madame Laferrier, l'autre Sophie Marini.

Au lever du rideau, Adèle cause avec sa sœur ; de quoi ? d'un sujet dont parlent éternellement les jeunes femmes et les jeunes filles : d'amour.

Clarisse aime un charmant jeune homme nommé Valdeja, que retient loin d'elle sa position d'attaché d'ambassade à Saint-Pétersbourg. Une seule chose

---

[1]. Drame en cinq actes, en neuf tableaux, représenté, sur le théâtre de la Porte-Saint-Martin, le 17 mars 1832.

l'inquiète dans cet amour, c'est le caractère un peu sombre de celui qui en est l'objet.

Sur ces entrefaites, M. Darcey arrive. Aux premiers mots qu'il prononce, on reconnaît l'excellent homme, moitié père, moitié mari ; sa femme, qu'il adore, n'aura de la vie que le côté charmant ; du mariage, que les plumes, la soie et le velours, si elle veut, non pas obéir aux ordres, mais accéder aux désirs de son mari, et ces désirs sont bien simples et bien naturels : son mari désire qu'elle cesse de voir deux personnes plus que compromises, dont la conduite et les façons ne sont en harmonie ni avec les habitudes d'une honnête femme, ni avec les devoirs d'une mère de famile. Adèle promet en femme qui manquera à sa promesse. Son mari sort, appelé par des affaires qui doivent le retenir une partie de la journée hors de chez lui ; Clarisse va s'occuper des soins de la maison, et madame Darcey reste seule.

A peine est-elle seule, qu'on lui annonce madame Laferrier, Sophie Marini et M. Achille Grosbois.

Le premier mouvement d'Adèle est de se rappeler la promesse qu'elle a faite à son mari ; le second est d'y manquer.

Entrent ces dames et M. Achille.

On devine le tour que prend la conversation, surtout lorsque, au trouble avec lequel Adèle reçoit ses amies, celles-ci découvrent qu'il s'est passé quelque chose de nouveau dans le ménage : ce quelque chose de nouveau, c'est la défense faite par Darcey à sa femme de recevoir Sophie et Amélie.

Une pareille défense, qui ferait fuir de honte deux femmes auxquelles il resterait dans le cœur le moindre sentiment de dignité, excite, au contraire, nos deux drôlesses : elles ne se contentent pas de donner à leur séjour au château la mesure d'une visite ordinaire, elles s'invitent à dîner.

En outre, comme si elles avaient pu se douter de l'affront qui vient de leur être fait, elles ont préparé leur vengeance : M. Rodolphe va venir.

— Qu'est-ce que M. Rodolphe? demande Adèle.
— Un jeune homme charmant!
— Qu'est-ce qu'il est?
— Il va à Tortoni.
— J'entends bien... Mais qu'est-ce qu'il fait?
— Il déjeune le matin chez Tortoni, et, le soir, vous le trouvez, en gants jaunes, au balcon de tous les théâtres. Du reste, il est garçon, possède vingt mille livres de rente, et est adorateur d'Adèle.
— De moi?
— Il te poursuit partout sans pouvoir t'atteindre, et, en désespoir de cause, nous adore, Sophie et moi, parce que nous sommes tes meilleures amies!

Et, sur ce renseignement un peu vague, que, le matin, Rodolphe déjeune chez Tortoni, et, le soir, est, en gants jaunes, au balcon de tous les théâtres, Adèle reçoit M. Rodolphe, et l'invite à dîner avec ses amies et M. Achille Grosbois.

En ce moment, accourt Clarisse toute joyeuse : elle annonce à sa sœur qu'un coupé, deux chevaux de la plus belle robe, et un cocher avec une livrée des plus élégantes, envoyés, comme don, par M. Darcey, viennent de faire leur entrée dans la cour du château.

— Comment! tu n'avais pas encore de coupé? dit une des visiteuses.

— Il y a trois ans que mon mari m'en a donné un ! dit l'autre.

Et voilà l'effet que M. Darcey attendait de son cocher, de son coupé et de ces deux chevaux complétement manqué.

Mais, comme le père d'Adèle vient d'arriver dans ce bel équipage, quelque peu d'empressement que mette madame Darcey à apprécier un cadeau qui s'est si longtemps fait attendre, force lui est de quitter ses bonnes amies, non pas pour voir coupé, cocher et chevaux, mais pour embrasser M. Évrard.

Amélie la suit, de peur, sans doute, que les embrassements paternels n'éveillent dans le cœur de son amie quelque fibre honnête.

Sophie, M. Achille, M. Rodolphe et Clarisse restent ensemble.

La conversation est difficile entre une jeune fille vertueuse et de pareilles créatures ; mais, attendez, Sophie va en faire les frais.

Elle remercie Clarisse d'une petite somme que celle-ci lui a fait remettre. — Sophie Marini avait pris en main la bourse de la dame de charité, et accomplissait, en quêtant, un devoir pieux.

Pour qui cette demoiselle quêtait-elle ? C'est bien simple : pour une jeune fille abandonnée par un infâme séducteur.

— Oh ! voilà qui est horrible ! s'écrie Rodolphe, *étendu sur une chaise.*

— Je ne vous nommerai pas le séducteur, quoique je le connaisse, reprend Sophie ; ce serait inutile : il n'est plus en France, il est très-loin, à l'étranger,.. en Russie.

— En Russie ! répète Clarisse vivement, — sans s'apercevoir que, devant elle, jeune fille et demi-maîtresse de maison, il y a un monsieur qui reste *étendu sur une chaise*.

— Oui, en Russie, où il occupe une fort belle place ! Et, certainement, ce Valdeja aurait bien pu...

— Valdeja ! s'écrie Clarisse.

Bon ! voilà le poison versé, voilà la pauvre enfant mordue au cœur !

Adèle rentre. Elle a eu l'idée de faire préparer une collation dans le pavillon du parc.

Toute la société s'en va donc collationner. — Quelques instants après, revient M. Darcey, qui apprend que les meilleurs vins de sa cave et les plus beaux fruits de son jardin servent, en ce moment, à festoyer M. Achille et M. Rodolphe, qu'il ne connaît point assez, et mesdames Sophie Marini et Amélie Laferrier, qu'il ne connaît que trop.

Il se demande s'il est possible que sa femme ait sitôt oublié la promesse qu'elle lui a faite quand reparaissent Amélie, Sophie et Achille, lesquels se mettent à causer librement sans apercevoir le maître de la maison.

AMÉLIE. — Nous voici revenus au point d'où nous étions partis... Il est charmant, ce parc; mais c'est un véritable labyrinthe.

SOPHIE. — Heureusement, nous n'y avons pas rencontré le Minotaure !

ACHILLE. — Il est à Paris.

DARCEY, qui s'est tenu à l'écart, s'avance près d'Amélie. — Non, monsieur !

(Exclamation générale.)

ACHILLE. — Ma foi ! monsieur, qui se serait douté que vous

étiez là à m'écouter? Rien de plus désobligeant que d'être écouté! Vous excuserez la plaisanterie, j'espère?

DARCEY. — Monsieur...

ACHILLE. — L'air de la campagne pousse singulièrement aux bons mots, et, sans examiner s'ils sont exacts, la langue s'en débarrasse.

DARCEY. — Je comprends cela à merveille; mais j'ai un grand travers d'esprit : je n'aime pas les fats.

ACHILLE. — Ah! vous n'aimez pas...?

DARCEY. — Non, je ne les aime pas; et, quand ils s'introduisent chez moi (regardant les deux dames), dans quelque compagnie qu'ils se trouvent, je les chasse sans balancer.

ACHILLE, sur les épines. — Fort bien, fort bien! — Je disais tout à l'heure...

DARCEY, élevant la voix. — Monsieur, vous m'avez compris...

SOPHIE, à Amélie. — Il n'y a pas moyen d'y tenir : sortons, ma chère!

(Elle sort en donnant la main à Achille.)

DARCEY. — Je serais désolé de vous retenir.

AMÉLIE. — Monsieur, un pareil outrage...

DARCEY. — Madame Laferrier me permettra-t-elle de la reconduire jusqu'à sa voiture?

RODOLPHE, un bouquet à la main. — Eh bien, où sont donc ces dames?

ADÈLE. — Dieu! M. Rodolphe, partez! éloignez-vous!

RODOLPHE. — Et pourquoi donc?

ADÈLE. — Mon mari est de retour.

RODOLPHE. — Eh! que m'importe?

ADÈLE. — Il vient de nous faire une scène affreuse.

RODOLPHE, gaiement. — C'est comme cela que je les aime, les maris!

ADÈLE. — Mais, pour moi, monsieur; pour moi, de grâce, partez!

RODOLPHE. — Pour vous, c'est différent, il n'y a rien que je ne fasse. Mais mon respect, ma soumission me priveront-ils de votre présence? Dois-je désormais renoncer à ce bonheur?

ADÈLE. — Il le faut. *Je ne puis plus vous voir.*

RODOLPHE. — Chez vous, je le comprends ; mais dans le monde, chez vos amies ?...

ADÈLE, avec crainte. — Monsieur, vous me faites mourir !

RODOLPHE. — Un mot de consentement, un seul mot, et je pars ; sinon, je reste.

ADÈLE. — Partez, partez, je vous en supplie !

RODOLPHE, lui baisant la main. — Ah ! que je vous remercie !

Il s'enfuit par le fond du jardin ; puis revient Darcey.

DARCEY. — Leur voiture est sur la route de Paris... Maintenant, madame, voulez-vous que nous passions au salon ?

ADÈLE. — Monsieur, est-ce là le commencement du rôle de mari ?

DARCEY. — Oui, madame.

ADÈLE, sortant. — Alors, malheur à celui qui ose s'en charger !

DARCEY, la suivant des yeux, et sortant après elle. — Malheur à toi, si tu écoutes d'autres conseils que ceux de la raison !

Au second acte, Adèle est la maîtresse de Rodolphe. — Ainsi, la femme n'a pas même l'excuse de la séduction ; on ne l'a pas vue combattre, faiblir, chanceler : elle a cédé comme ont cédé Sophie Marini ou Amélie Laferrier ; donc, plus d'intérêt. C'est une femme perdue, mais qui ne demandait pas mieux que de se perdre.

Valdeja est arrivé de Russie ; il est plus sombre, plus amer, plus ennemi des femmes que jamais. Une jeune fille qu'il aimait, qu'il comptait épouser, qui était presque sa fiancée, lui a fait écrire par son père qu'elle ne l'aimait pas, qu'elle ne saurait l'aimer.

De là la tristesse de Valdeja, de là le serment qu'il a fait de se venger, sur les autres femmes, des douleurs que celle-là lui a fait souffrir.

Darcey ignore quelle est cette jeune fille ; — chose

assez extraordinaire, vu le degré de liaison où il en est avec Valdeja, et cette jeune fille étant sa belle-sœur.

Enfin!...

Adèle entre.

Elle a, envers son mari, cette fausse tendresse, cet empressement affecté de la femme qui trompe.

Valdeja, aux premiers mots, ne s'y méprend pas.

Adèle annonce à son mari qu'elle vient d'apprendre que son père est malade; en conséquence, elle se propose de lui faire une visite; elle sera rentrée pour le dîner.

— Vraiment! Il est neuf heures du matin, dit Darcey, et à six heures tu seras rentrée?

— A moins qu'on ne me retienne; ce pauvre père est si bon!

— Il me semble qu'en envoyant Créponne ou Baptiste s'informer de sa santé...

— Oh! ce serait d'une indifférence... Et puis, Clarisse, *ma jeune sœur*, m'a écrit : elle désire me voir, sans doute au sujet du mariage dont il est question pour elle, tu sais?

— Ah! mademoiselle votre sœur va se marier?

Et voilà Valdeja instruit que Clarisse va se marier, comme Clarisse a été instruite que Valdeja lui avait été infidèle.

Après quoi, Adèle insiste tellement sur la maladie de son père, et sur ce que la lettre de sa sœur Clarisse contient de pressant, que son mari lui donne toute liberté d'aller où elle voudra.

Elle profite de la liberté avec tant d'empressement, que Valdeja prend des soupçons, prétexte des visites à faire, une lettre d'un prince russe à remettre à un

M. Laferrier, et va sortir au hasard pour suivre madame Darcey, quand on annonce que Clarisse vient d'arriver.

— Alors, répond Darcey, dites à Adèle que sa sœur est là.
— Madame est sortie.
— C'est étonnant! je n'ai pas entendu sa voiture, et il y a trop loin pour qu'elle aille à pied.
— Madame avait envoyé Baptiste à la place voisine pour faire avancer un fiacre.
— Un fiacre? C'est singulier! dit Darcey.

Clarisse entre; son père n'est pas malade le moins du monde! — mais son honneur est sur le point d'être tué par une faillite. Il lui faudrait cent mille écus pour le sauver.

Valdeja les offre.

Mais Darcey ne souffrira pas qu'un étranger paye les dettes de sa famille : les cent mille écus sont mis par lui à la disposition du père de Clarisse.

Passons au tableau suivant, et vous allez voir si Adèle d'Hervey, — pauvre Adèle, contre laquelle on a tant crié, parce qu'elle était une femme honnête! — et vous allez voir, dis-je, si Adèle d'Hervey n'est pas une rosière près d'Adèle Darcey.

Rappelez-vous bien que notre confrère Scribe, auteur de *Dix Ans de la vie d'une femme* et d'*Héloïse et Abeilard*, est un des plus chauds partisans de la censure dramatique!

Le théâtre représente un boudoir élégant chez madame Laferrier. — Adèle est là, qui attend Rodolphe.

Vous avouez, n'est-ce pas, que je n'avais pas si grand

tort de dire que madame Laferrier était une drôlesse.

Il y a même, je crois, un autre nom pour désigner les femmes qui prêtent leur boudoir aux amies, quand ces amies disent à leur mari que leur père se meurt, afin d'avoir la liberté d'aller voir leur amant.

Mais rassurez-vous, Adèle et Rodolphe ne se trouvent là que pour se brouiller.

Il est vrai que la brouille est suffisamment scandaleuse comme cela.

— Qu'avez-vous à me reprocher, madame ?
— Votre oubli de toutes les convenances. Avant-hier, par exemple, quand vous me donniez le bras, oser saluer sur le boulevard mademoiselle Anastasie, une figurante de l'Opéra !
— Du chapeau seulement, sans mains, sans grâce, comme on salue tout le monde.
— Je l'avais vue déjà une fois sortir de chez vous.
— C'est ma locataire. J'aime les arts, moi...
— Je vous prie de me rendre mes lettres et mon portrait.
— Dès demain, mon valet de chambre Sylvestre vous portera vos lettres, et, quant à votre portrait, ce médaillon que j'avais fait faire, et qui ne me quittait jamais, le voici, madame.
— C'est bien ! le voilà donc revenu dans mes mains. (L'ouvrant pour le regarder.) Dieu ! que vois-je ! et quelle indignité ! le portrait de mademoiselle Anastasie !
— Est-il possible ? C'est délicieux ! Je me serai trompé en le prenant ce matin. (Textuel.)

Et Rodolphe sort en baisant la main d'Adèle, en l'appelant « cruelle » et en lui promettant de ne jamais oublier ses bontés.

— Ce pauvre Rodolphe ! un charmant cavalier! dit Amélie, qui était présente à l'entretien.

On conçoit qu'après les impertinences que s'est permises M. Rodolphe, Amélie a peine à faire revenir Adèle sur le compte de ce *charmant cavalier*. Peut-être, cependant, va-t-elle y réussir, quand le nom de Valdeja est prononcé. Cet incident donne un autre cours à la conversation.

— Valdeja! s'écrie Amélie; l'ennemi mortel de Sophie Marini ?
— Lui-même... Sais-tu ce que Sophie Marini a contre lui ?
— Elle ne me l'a jamais confié; mais on prétend qu'autrefois elle l'a aimé. Puis il a découvert qu'il avait des rivaux, et il s'est vengé d'une manière indigne.
— Comment cela?
— En la faisant trouver à un dîner où il avait invité tous ceux qu'elle avait préférés. On ne dit pas combien il y avait de couverts. (Textuel.)

Sur ces entrefaites, arrive Créponne, la femme de chambre d'Adèle. Il y a six heures qu'elle cherche sa maîtresse de tous côtés : chez Rodolphe, chez madame Marini. Clarisse est venue à la maison, elle a tout dévoilé : son père n'est point malade, et elle n'avait point écrit !

Que faire?

Par bonheur, Amélie est là.

— Y a-t-il longtemps que vous n'êtes allés, toi et ton mari, chez madame de Longpré, dont tu me parles souvent ?
— Quinze jours environ.
— Assieds-toi là, et écris.
— Que veux-tu que je lui écrive ?
— Assieds-toi toujours. (Dictant.) « Si, avant de m'avoir vue, le hasard vous mettait en rapport avec mon père ou mon mari, n'oubliez pas que je suis arrivée aujourd'hui chez vous

dans un état affreux; que j'y suis restée longtemps, et que j'en suis repartie en fiacre. Je vous envoie mon chapeau et mon mouchoir. Vous me les renverrez demain par votre femme de chambre. » Date et signe. Commences-tu à comprendre?

— Oui, *mon bon ange!*

— En arrivant chez toi, tu te trouveras mal, et je réponds du reste.

— Dieu! que c'est simple et bien! (Textuel.)

En ce moment, un domestique annonce qu'un monsieur demande à parler à madame.

— Il prend bien son temps, répond Amélie; qu'il s'en aille!

— Il prétend qu'il n'est que pour un jour à Paris, et qu'il apporte à madame des lettres et des nouvelles du prince Krimikof.

— Ce pauvre prince! il pense encore à moi! — Dis au monsieur d'attendre là dans la pièce qui touche à ce boudoir; dans un instant, je suis à lui, je le recevrai.

Pourquoi *dans la pièce qui touche à ce boudoir?* nous demandera-t-on.

Mais parce qu'il faut que le monsieur entende ce qui va se dire; ce n'est pas plus malin que cela!

Voyez plutôt : une fois le domestique sorti, le dialogue continue entre Adèle et Amélie.

— Une chose m'inquiète, maintenant : ce sont ces lettres et ce portrait que Rodolphe a entre les mains.

— C'est ta faute; je t'ai dit vingt fois de ne pas écrire. Tu veux toujours faire à ta tête!

— Il n'en a que trois, et il m'a bien promis devant toi de me les renvoyer demain par son valet de chambre.

— Espérons-le! Allons, va-t'en vite!

— De ce côté ?

— Oh ! non, tu serais vue par cet étranger.

— Eh ! mais j'y pense, maintenant, nous sommes là à parler tout haut, et l'on entend de ton petit salon tout ce qui se dit ici.

— Qu'importe ! cet étranger ne sait peut-être pas le français.

Et Adèle s'en va tranquille, sur cette probabilité qu'un Russe ne sait pas le français, c'est-à-dire la langue courante de la Russie ; et elle ne réfléchit pas qu'un Russe qui ne parlerait pas le français ne demanderait pas à parler à Amélie, laquelle n'est pas posée en femme qui sache le russe.

Derrière les deux femmes, entre Valdeja, introduit par le domestique.

— Je n'étais pas si mal où j'étais ! se dit Valdeja, et, dès qu'à travers cette légère cloison j'ai eu reconnu la voix de madame Darcey, j'eusse mérité de ne plus rien entendre de ma vie, si j'eusse perdu un mot de leur conversation.

A quoi songe, maintenant, Valdeja ? C'est tout simple : à s'emparer du mouchoir et de la lettre d'Adèle. Malheureusement, Amélie, en reconduisant son amie, les a emportés avec elle. Mais, rassurez-vous, en rentrant, elle les rapportera, et cela donnera lieu, comme vous allez le voir, à une scène curieuse.

Valdeja, qui parle parfaitement le français, quoique étranger, puisqu'il est Espagnol, a été chargé par le prince Krimikof d'une lettre pour M. Laferrier. Cette lettre est son entrée en matière.

Puis on cause du prince Krimikof.

— Dans quel état l'avez-vous trouvé? demande Amélie.
— Fort triste et fort maussade.
— Changé à ce point! Je l'ai vu ici, il y a six ans : il était charmant.
— Je sais cela. Il m'a dit que vous l'aviez trouvé charmant.
— Il vous l'a dit?
— Chut!... Parce que je sais vos heures intimes avec lui, ce n'est pas une raison pour les publier.
— Monsieur! M. Krimikof est un fat... Je nie positivement.
— A quoi bon? Parce qu'on arrive du fond de la Russie, nous croyez-vous en dehors de la civilisation? Là-bas, comme ici, la vie bien entendue n'est qu'un joyeux festin; et de quel droit M. Krimikof se réserverait-il le privilége d'une ivresse exclusive?
— Eh! mais, monsieur, permettez-moi de vous dire que voilà d'affreux principes.

Toutefois, comme l'auteur a soin de dire qu'Amélie prononce ces paroles *en souriant*, Valdeja continue :

— Affreux à avouer, doux à mettre en pratique.
— Monsieur!
— Ne le niez pas, je sais tout... car cette lettre que j'ai là, cette lettre n'est pas pour votre mari, comme j'ai dit : elle est pour vous.

Et c'est bien malheureux que ce soit pour madame Laferrier, et non pour M. Laferrier, car, quoiqu'on en parle beaucoup, on ne voit pas du tout M. Laferrier. Il serait pourtant curieux à voir, le mari qui s'accommode d'une pareille femme!

Écoutez bien, et suivez le tour que va prendre la conversation.

— Mais, continue Valdeja, à votre seul aspect, je me suis

repenti de m'en être chargé... Il me semblait cruel de vous apporter, de la part d'un autre, des hommages que j'étais tenté de vous rendre, et de vous voir lire devant moi ce que je n'osais vous dire.

— Y pensez-vous?

— Voici cette lettre, madame, la voici; mais, par grâce, par pitié, attendez pour l'ouvrir que je me sois éloigné, et que mon absence vous ait livrée tout entière à mon rival heureux.

— Un rival?... Permettez! je ne vous cacherai pas que les brillantes qualités de M. Krimikof m'avaient frappée; cependant, sans le piége qu'il m'a tendu, je serais, je l'atteste, restée irréprochable.

Quel est donc le piége qui a été tendu par le prince Krimikof à madame Laferrier? L'auteur ne le dit pas. Mais il doit être dans le genre du piége que lui tend Valdeja.

Pauvre Amélie! Avouons qu'elle a de grandes dispositions naturelles à se laisser prendre au piége.

— Irréprochable! s'écrie Valdeja avec chaleur. Eh! bon Dieu! de quel mot vous servez-vous là? Qu'est-ce que c'est que *vertueuse?* Et, par opposition, qu'est-ce que c'est que *coupable?* (Riant.) Ah! ah! sur mon âme, voilà d'étroites idées, d'anciennes façons bien pauvres, et je croyais la France moins arriérée. Vous arrêter un instant à de pareilles distinctions? Ah! madame, j'avais d'abord conçu une meilleure idée de vous!

Vous comprenez la joie d'Amélie à l'idée de la bonne opinion qu'avait conçue d'elle le noble étranger. Aussi, Valdeja reprend en *serrant son débit :*

— Quand on adopte un régime, il faut tâcher qu'il soit bon. Je ne connais qu'un enseignement respectable, c'est celui de nos passions. La nature y est pour tout, la société pour rien,

Plaisir, ivresse, délire, voilà des mots auxquels nos cœurs répondent... Vous le savez, vous qui ne pouvez, même en ce moment, contenir vos pensées qui s'allument (il lui prend la main), vous dont le pouls s'active, dont l'œil s'enflamme et rit là en silence de tous ces aphorismes de vertu.

— Monsieur, monsieur...

— A quoi bon ces vains scrupules? Je vous comprends, je vous suis, je vous devance peut-être.

— Parlons d'autre chose, je vous prie.

— Voyez, votre mémoire vous domine, vos souvenirs sont dans votre sang; vous vous rappelez tout ce que vaut, dans la la vie, un moment d'illusion...

— Laissez-moi!

— Ce que peut un bras qui serre...

— Laissez-moi!

— Un souffle qui renverse!

— Oh! grâce! grâce!

Vous comprenez bien qu'au lieu de s'arrêter, Valdeja continue.

— Venez! dit-il en prenant Amélie par la taille.

— Écoutez! (On entend le bruit d'une voiture.) C'est mon mari! voilà sa voiture qui rentre.

Ah! nous allons donc voir ce bon M. Laferrier!

Le bruit de cette voiture, qui gênerait tout autre, aide, au contraire, Valdeja à clore la scène, laquelle, sans la rentrée de la voiture, devenait difficile, on en conviendra, entre gens qui se voient pour la première fois, et dont l'un hait et méprise l'autre.

— Vous quitter ainsi, s'écrie Valdeja, sans un gage, sans un souvenir? (Apercevant le mouchoir resté sur la table.) Ah! ce mouchoir, qui est le vôtre...

— Monsieur...

— Là, là, sur mon cœur; il y restera comme votre image !
— Monsieur, rendez-moi mon mouchoir.
— Jamais! Adieu, adieu, madame !

Et, malgré les cris d'Amélie : « Mon mouchoir, mon mouchoir! » Valdeja sort, oubliant de laisser quelque chose pour les gants.

La toile tombe.

Voyons, maintenant, ce qui va se passer dans le troisième acte.

Au premier tableau du troisième acte, nous sommes chez Valdeja, dans un hôtel garni.

Valdeja est seul, assis à une table, et tient à la main le mouchoir qu'il a pris chez madame Laferrier.

Il attend Mouravief, son mougik.

Mouravief a été chargé par Valdeja de se procurer *adroitement* les lettres et le portrait.

Peut-être Valdeja, en sa qualité d'homme civilisé, aurait-il dû aider un peu l'adresse d'un mougik arrivé depuis la veille à Paris, et qui, par conséquent, ne doit pas être bien au courant des mœurs françaises; mais il a négligé ce détail, qui, lorsqu'il s'agit de la réputation de la femme d'un ami, mérite peut-être bien, cependant, qu'on lui donne quelque attention.

Il en résulte que Mouravief a été adroit comme un mougik; il a attendu le domestique de Rodolphe à la porte du n° 71 de la rue de Provence, où demeure l'habitué du café Tortoni; il s'est assuré que ce domestique était porteur des lettres et du portrait; il lui a, en termes de savate, passé la jambe. Sylvestre est tombé, lâchant lettres et portrait; Mouravief s'en est emparé, et il arrive tout courant.

Ne nous plaignons pas : la maladresse de Mouravief est une adresse de l'auteur, et va nous valoir tout à l'heure une bonne scène.

Je dis tout à l'heure, parce qu'avant la bonne scène, il y en a une qui ne nous paraît pas heureuse, — au point de vue de la morale, toujours! car nous ne nous occupons pas ici, remarquez-le bien, de la valeur plus ou moins littéraire du drame.

Non, nous nous supposons académicien, — que diable voulez-vous! nous sommes tous mortels! — nous nous supposons académicien, chargé de faire un rapport sur la pièce la plus morale jouée en 1832 sur la ligne des boulevards; notre confrère Sribe concourt pour le prix de moralité : nous examinons sa pièce avec d'autant plus de sévérité que nous le savons partisan fanatique de la censure, et nous faisons notre rapport.

La scène malheureuse est celle où Valdeja ouvre le paquet, et lit les lettres adressées à M. Rodolphe par la femme de son ami. Cette lecture l'affermit dans la résolution de tout laisser ignorer à cet ami ; seulement, il se chargera de venger son honneur, et se battra avec Rodolphe.

En conséquence; il prend une boîte de pistolets, deux épées de duel, et s'apprête à sortir pour aller trouver le Rodolphe, rue de Provence, n° 71.

Sur le seuil de la porte, il rencontre celui qu'il allait chercher.

Rodolphe a, comme Valdeja, une boîte de pistolets à la main, et deux épées sous le bras.

Que Valdeja, qui veut probablement un duel sans

témoins, prenne pistolets et épées, et s'en vienne trouver, armé comme Malbrouck allant en guerre, l'homme auquel il a à demander compte de l'honneur d'un ami, très-bien! cela ce conçoit.

Mais que Rodolphe, qui n'a aucun de ces motifs, au lieu d'envoyer ses témoins, comme cela se fait entre gens comme il faut, vienne lui-même, et monte, épée sous le bras, pistolets à la main, au lieu de laisser toute cette armure dans son fiacre, cela n'a aucune logique.

N'importe! nous l'avons déjà dit, ce n'est pas de ce côté-là que notre chasse nous mène. La scène que donne cette invraisemblance est originale, bien filée : cela suffit. Bravo! bravo! bravo!

Seulement, vous allez voir où nous sommes fâché que notre confrère ait profité de l'absence de la censure.

Les deux jeunes gens sont convenus qu'ils se battront au pistolet. C'est Rodolphe qui propose l'arme.

— Le pistolet, soit! répond Valdeja.
— Chacun les nôtres.
— J'y consens.
— Dites-moi donc, — reprend Rodolphe tenant, ainsi que Valdeja, sa boîte à la main, — nous avons l'air de bijoutiers courant les pratiques.
— Pourquoi non? La mort est un chaland tout comme un autre, et nos âmes sont, dit-on, des joyaux divins.
— *Vieilles idées sans base et sans soutien!*
— Pour l'un des deux, Rodolphe, le doute aura cessé d'exister aujourd'hui.
— Va comme il est dit!

Et tous deux sortent.

Le deuxième tableau du troisième acte nous ramène dans un salon de la maison d'Évrard. — Toute la famille est joyeuse; les trois cent mille francs de Darcey ont sauvé Évrard de la ruine. On bénit Darcey.

Albert Melville, le futur époux de Clarisse, profite de ce moment d'épanchement pour tâcher d'obtenir de sa fiancée une réponse positive sur l'état où est son cœur. Clarisse aura pour lui l'amitié d'une sœur, la tendresse d'une amie, mais elle ne l'aimera jamais d'amour.

Albert se résigne; en énumérant les qualités de Clarisse, il doit se trouver heureux de son partage.

La scène est interrompue par l'arrivée d'Adèle. Depuis longtemps, elle n'est pas venue chez son père; mais, invitée par lui, ainsi que son mari, à une petite soirée de famille, elle s'est rendue à l'invitation.

Derrière elle entrent M. et madame Dusseuil, son oncle et sa tante.

Quant à M. Darcey, on ne sait s'il viendra. Adèle ne l'a pas vu depuis le matin.

Au moment où l'on doute de son arrivée, la porte s'ouvre, et il paraît, pâle et contraint.

Alors commence une scène d'un dramatique simple et intime. Darcey a trouvé les lettres de sa femme. — L'auteur ne nous dit pas comment, car ces lettres ne devaient lui être remises que deux heures après le départ de Valdeja; ce qui ferait supposer que, Valdeja n'étant point revenu dans deux heures, c'est que Valdeja est mort. — Mais n'importe par quel moyen Darcey a trouvé les lettres; il les a, voilà le pricipal, et il vient, comme devant un tribunal de famille, demander à chacun quelle est la vengeance que doit tirer un de ses amis d'une femme qui le trompe.

— Je pardonnerais, mon frère, dit Clarisse, dans l'espoir d'obtenir par le repentir ce qu'un autre sentiment n'aurait pas eu assez de force pour faire naître.

— Moi, je la tuerais ! dit Albert.

Le père d'Adèle est interrogé à son tour.

ÉVRARD. — Ma foi, je la mènerais à ses parents ; je les ferais juges entre elle et moi ; je leur dirais : « La voilà ! le mauvais germe a étouffé le bon ; il a porté ses fruits ; ils sont mûrs, récoltez-les ! » et je la leur laisserais.

DARCEY. — Eh bien, c'est vous qui l'avez jugée.

ADÈLE, avec anxiété. — Mais qui donc ?...

DARCEY. — Je ne la tuerai pas, je ne la traînerai pas sur les bancs d'un tribunal ; mais je vous la rendrai, mon père ! car, cet homme, c'est moi ! cette femme, c'est votre fille !

ADÈLE. — *Ce n'est pas vrai !*

ÉVRARD. — Adèle vous a trahi ?

ADÈLE. — Je ne suis pas coupable ! il ne m'aime plus : c'est un prétexte.

DARCEY. — Et Rodolphe, l'avez-vous oublié depuis hier ?

ADÈLE. — *Qui, Rodolphe ?*

DARCEY. — Rodolphe, votre amant !

ADÈLE. — *Je ne connais pas de Rodolphe !*

DARCEY. — Vous ne connaissez pas de Rodolphe ?

ADÈLE. — Non.

DARCEY, lui mettant ses lettres sous les yeux. — Lisez donc ! lisez ! voilà les pièces du procès. — Ces lettres, ce sont les siennes. Adieu ! justice est faite !...

Il ne resterait plus à Darcey qu'à se venger de Rodolphe ; mais, comme on pouvait s'y attendre, celui-ci a été tué par Valdeja.

Au quatrième acte, on est chez Adèle : intérieur

modeste, extrême frontière de la médiocrité. Adèle va manquer d'argent; elle tient à la main la plume, elle a sous la main le papier, elle est prête à s'humilier devant son mari, et à lui demander un secours.

Elle préfère cette honte à devenir la maîtresse d'un banquier italien nommé Rialto.

Sophie et Amélie entrent.

Vous devinez la scène : la plume est jetée de l'autre côté de la table ; le papier sur lequel les premières lettres étaient déjà tracées est déchiré; on accepte les propositions de Rialto.

Le traité infâme prend l'apparence d'un dévouement. Albert Melville a perdu sa place au ministère des finances; Rialto, qui est à la tête de tous les emprunts, la lui fera rendre, et Albert Melville épousera Clarisse. D'où vient donc aux trois femmes ce souci du bonheur d'Albert et de Clarisse?

Attendez! Le mariage des deux jeunes gens fera le désespoir de Valdeja.

Valdeja se présente sur ces entrefaites.

Il vient de la part de Darcey. Le bon cœur de celui-ci a eu pitié des souffrances physiques, non pas de l'épouse, mais de la femme. Adèle ne lui est plus rien, qu'au point de vue de l'humanité en général; elle n'est plus de sa famille, elle est son prochain.

Adèle, qui a presque accepté ce bienfait conjugal, le refuse à l'instigation des deux femmes.

Valdeja est plus joyeux que de coutume : malgré lui, il sourit à ce contre-temps qui jette dans l'infini le mariage d'Albert avec Clarisse.

Mais, en promettant de céder à Rialto, Adèle a demandé que la place d'Albert lui fût rendue, et, dans les dix minutes, la place est rendue, le mariage est repris, les jeunes gens sont mariés!

Ce n'est pas pas bien probable qu'en dix minutes tout cela puisse se faire; mais on sait qu'au théâtre le temps matériel n'existe pas.

En apprenant que c'est la haine des trois femmes qui vient de briser sa dernière espérance, Valdeja fait un nouveau serment de haine qu'elles acceptent en riant.

Sur ce serment, la toile tombe.

Elle se relève sur un joli jardin, pavillon à gauche.

Depuis trois ans, Adèle est la maîtresse de Rialto dans les conditions de la femme entretenue. Rien n'y manque, pas même l'amant de cœur.

L'amant de cœur s'appelle M. Hippolyte.

Rialto promet d'acheter des maisons, des équipages, des chevaux, et on le déteste. M. Hippolyte donne un simple bouquet, et on l'adore.

Voyez-le entrer.

— Bonjour! ma chère Adèle!
— Ah! arrivez donc, monsieur! je m'entretenais de vous.
— Et moi, je pensais à vous. *Vous le voyez, ma chère Adèle, des fleurs, votre image...*

Il est évident que, si Hippolyte a fait la conquête de madame Darecy, c'est une affaire de cœur dans laquelle l'esprit n'a aucune part.

Au reste, Hippolyte est plus que grave, il est solennel. Il renvoie Créponne, la femme de chambre, et reste seul avec Adèle. C'est celle-ci qui entame la conversation.

— Voyons, qu'est-ce qui pèse si fort sur ta gaieté aujourd'hui? demande-t-elle.
— J'ai quelque chose de si important à te dire!
— Quoi donc?
— Ma chère Adèle, depuis trois mois, je suis aimé de toi; depuis six semaines, j'ai formé le projet d'être ton mari, et je viens te l'annoncer.
— Ah! ah! ah! ah! fait Adèle éclatant de rire.
— Qu'y a-t-il donc de si risible?
— Je ris parce que... Ah! ah! ah! mais c'est une plaisanterie.

Cette hilarité, assez intempestive en face d'une proposition si sérieuse, ne démonte aucunement Hippolyte. Il est majeur de la veille, il veut à toute force profiter de sa majorité pour épouser Adèle.

On annonce Rialto.

— C'est votre père? demande ingénument Hippolyte.
— Oui, mon ami; il faut partir à l'instant, par ici, par la porte de ce pavillon.
— Pourquoi donc?
— Il ne faut pas qu'il vous voie, ou tout serait perdu! Éloignez-vous, de grâce!
— *Du tout!* Je veux voir monsieur votre père, moi; j'ai à lui parler.

Vous devinez pourquoi Hippolyte veut parler à Rialto : Hippolyte, qui attribue les rires désordonnés d'Adèle à un caractère enjoué, veut faire à Rialto la demande de la main de sa fille!

Rialto, à cette demande, rit encore plus haut que n'a ri Adèle. Autant vaudrait, pour le pauvre amoureux, avoir demandé la main de la fille de Démocrite.

Mais Hippolyte insiste plus encore auprès de Rialto qu'il n'a insisté auprès d'Adèle; son tuteur, à qui il a vanté la vertu et la beauté de celle qu'il aime, va venir.

La plaisanterie dure dix minutes, à peu près; mais alors Rialto, dont le rire a subi plusieurs nuances, pense qu'il est temps de la faire cesser. Il envoie promener l'amoureux, et prend le bras d'Adèle pour aller se promener lui-même.

Mais vous allez voir ce qui va se passer; une chose, certes, à laquelle vous ne vous attendez pas !

HIPPOLYTE, arrêtant Rialto par le bras. — Monsieur, c'est beaucoup plus grave que vous ne pensez !

RIALTO. — C'est possible; mais, si vous êtes malade du cerveau, je ne suis pas médecin.

ADÈLE. — Mon Dieu ! laissons là cet entretien.

HIPPOLYTE. — Non, madame; je forcerai bien monsieur votre père à ne pas me refuser.

RIALTO. — C'est ce que nous verrons.

HIPPOLYTE. — Un mot suffira. Et, puisqu'il n'y a pas d'autre moyen, daignez me répondre, monsieur. Connaissez-vous l'honneur?

RIALTO. — Eh bien, oui, je le connais. Qu'est-ce que vous en voulez dire?

HIPPOLYTE. — Tenez-vous au vôtre et à celui de votre famille ?

RIALTO. — Sans doute que j'y tiens.

HIPPOLYTE. — Arrangez-vous, alors, pour qu'il ne souffre pas des atteintes que je lui ai portées et tâchez de réparer avec le mari le dommage que l'amant lui a fait.

RIALTO. — L'amant ?

ADÈLE. — Ne l'écoutez pas !

HIPPOLYTE. — L'amant! Depuis trois mois, madame m'appartient !

RIALTO. — Ah! ah! qu'est-ce que vous me dites là ?

HIPPOLYTE. — Ce qui est.

ADÈLE. — C'est une horreur

HIPPOLYTE. — Et si vous avez un cœur de père...

RIALTO. — Eh! monsieur, je ne suis pas son père!

HIPPOLYTE. — Vous n'êtes pas son père?

RIALTO. — Ni son père, ni son frère, ni son oncle, ni son mari... Comprenez-vous, maintenant?

HIPPOLYTE, stupéfié. — Ah! ce n'est pas possible!

RIALTO. — Aïe! aïe! belle dame, vous m'en faisiez donc en cachette?... Et mes billets de mille francs comptaient pour deux, à ce qu'il paraît!

ADÈLE. — Il n'en est rien, je vous jure.

RIALTO. — Ah! ah! ah!... Et vous, mon brave, vous voulez épouser des femmes qui vivent séparées de leurs maris, et que des protecteurs consolent!...

Nous croyons devoir tenir nos lecteurs, et surtout nos lectrices, quittes du reste de la scène.

C'est peut-être bien *nature*, comme on dit en termes d'atelier; mais la vilaine nature! Pouah!

Et quand je pense qu'une fois dans ma vie, j'ai fait quelque chose d'à peu près pareil, dans une pièce intitulée *le Fils de l'émigré!*

Au cinquième acte, nous sommes dans *une salle basse de triste apparence.*

Trois ans se sont écoulés depuis qu'Adèle a été chassée par Rialto, et abandonnée par Hippolyte.

Sophie attend Adèle. Les deux femmes se reconnaissent.

— Ah! c'est toi, Sophie, dit Adèle.
— Tu me reconnais? C'est heureux! Pour moi, je l'avoue, j'aurais eu quelque peine...
— Je suis donc bien changée? reprend Adèle.
— Tu as l'air souffrant...

— Et toi, depuis trois ans que tu as quitté Paris ?...

— J'étais allée en Belgique avec mon mari, lorsqu'il est parti pour ce pays-là, sans le dire à ses créanciers, car les fournisseurs en sont tous là : se ruiner en entreprises, en spéculations, quand il y a tant d'autres moyens!

— Et il ne lui est rien resté ?

— Rien... que des dettes! répond Sophie avec amertume. Mais, moi, *j'avais encore des espérances* : un oncle paralytique, M. de Saint-Brice, qui, veuf et sans enfants, avait une immense fortune, et je suis revenue en France, à Paris, où j'ai appris que, *par la grâce du ciel*, il venait de mourir. Mais, vois l'horreur, il m'a déshéritée!

C'est Valdeja qui a déterminé M. de Saint-Brice à faire ce beau coup ; de sorte que vous comprenez que l'amour de Sophie pour l'ex-attaché d'ambassade à Saint-Pétersbourg n'a pas fait de grands progrès.

Nous disons l'*ex-attaché*, parce que, depuis six ans qu'il est resté à Paris pour s'occuper des affaires de son ami Darcey, et de celles de son pupille Hippolyte, Valdeja doit être, non plus attaché, mais détaché d'ambassade.

Pendant ces trois dernières années, Adèle a fait la connaissance de M. Léopold, le fils d'un riche négociant en vins qui venait de recueillir la succession de son père ; mais la succession, *par malheur n'a pas duré longtemps.*

— Et tu ne l'as pas abandonné? demande Sophie.

— Je le voudrais, dit Adèle ; je n'ose pas. Il est si violent, il me tuerait!

En outre, Adèle a découvert des secrets qui la font trembler : M. Léopold attire *les jeunes gens imprudents, et les dépouille.*

Elle n'a d'espoir qu'en sa sœur, à qui elle a écrit.

Créponne entre, et remet une lettre à Adèle; cette lettre est de Clarisse; de Clarisse, toujours bonne, charitable, aimante ! Son mari lui a défendu de voir sa sœur; mais, à deux heures, enveloppée d'une mante, elle viendra à pied. Adèle doit s'arranger pour être seule.

Sophie lit la lettre en même temps qu'Adèle. Elle voit dans cette lettre un moyen de perdre Clarisse : elle y réfléchira.

— Adieu, dit-elle à madame Darcey. Si j'ai quelque chose de nouveau, je viendrai te revoir.
— Je crains que Léopold ne se fâche, et que cela ne lui déplaise.
— Eh bien, par exemple !
— Pour plus de sûreté, quand tu auras à me parler, ne monte pas par le grand escalier, où l'on pourrait te voir, mais viens par celui-ci, dont voici la clef.

Il ne manquait qu'une clef à Sophie pour mettre son projet à exécution.

Maintenant qu'elle a la clef, il ne lui manque plus rien, rien qu'un peu d'argent pour manger.

— Tu n'aurais pas quelque argent à me prêter? dit-elle.
— J'en ai si peu !
— Et, moi, je n'en ai pas du tout. Je te rendrai cela dès que j'aurai obtenu ce que je sollicite.
— Bientôt?
— Je te le promets.
— A la bonne heure, car sans cela... Tiens !

Mais, en ce moment, arrive M. Léopold, qui flaire

l'argent, saute dessus, et le confisque, comme il dit, *par mesure de police.*

Voilà qui peut déjà vous faire juger des procédés de ce monsieur; mais vous allez en voir bien d'autres de sa part. Il a besoin d'argent, de beaucoup d'argent.

Adèle en demandera à ses parents.

— Vous savez bien qu'ils sont morts de chagrin, lui dit Adèle.

— Oui, à ce qu'ils disent, répond Léopold.

Le mot est joli, trop joli même.

Il y a encore M. Rialto. Adèle refuse de s'adresser à lui.

— M. Hippolyte, alors...

ADÈLE. — Plutôt mourir que d'avoir recours à lui!

LÉOPOLD, haussant la voix. — Il le faut, cependant; car je le veux et vous ne me connaissez pas, quand on me résiste.

ADÈLE. — Léopold, Léopold, vous m'effrayez!...(A part.) Ah! Dieu! qui m'arrachera de ses mains?

LÉOPOLD. — Là, au secrétaire... Voilà ce qu'il vous faut pour écrire. (Entre Créponne.)

CRÉPONNE, bas, à Adèle. — Une dame, enveloppée d'un manteau, est là dans votre chambre.

ADÈLE, de même. — C'est ma sœur, c'est Clarisse!

LÉOPOLD, l'arrêtant par le bras. — Où vas-tu? Tu ne sortiras pas d'ici que tu n'aies écrit.

ADÈLE. — O mon Dieu!

LÉOPOLD, la faisant asseoir au secrétaire. — Allons, une lettre à la Sévigné, et, pour cela, je vais dicter : « Cher Hippolyte... »

ADÈLE. — Je ne mettrai jamais cela.

LÉOPOLD. — « Hippolyte, » tout court.

ADÈLE, écrivant. — « Monsieur... »

LÉOPOLD. — A la bonne heure, je n'y tiens pas. (Dictant.)

« Monsieur…, une ancienne amie bien malheureuse… »

CRÉPONNE. — C'est bien vrai !

LÉOPOLD. — Je ne mens jamais… (Dictant.) « Est menacée d'un affreux danger dont vous seul pouvez la sauver. »

ADÈLE. — Mais c'est le tromper !

LÉOPOLD. — Q'en savez-vous ? Je ne mens jamais… (Dictant.) « Si tout souvenir, si toute humanité n'est pas éteinte dans votre cœur, venez à son secours ! Elle vous attendra aujourd'hui, rue… » Mets ton nom et ton adresse. « Prenez avec vous de l'or, beaucoup d'or. Vous saurez pourquoi. »

ADÈLE, indignée. — Je n'écrirai jamais cela.

LÉOPOLD, dictant d'un ton impératif. — « Vous saurez pourquoi, et j'ose croire que vous m'en remercierez. » (Lui prenant les mains.) Allons ! écris, je le veux !

ADÈLE. — Mais que prétendez-vous donc faire ? le forcer à jouer, le dépouiller ?

LÉOPOLD. — Cela me regarde… Signe !

Et Adèle signe, et Léopold sort.

Mais, aussitôt, Adèle ordonne à Créponne de courir chez Hippolyte, et de le prévenir du guet-apens qui lui est tendu. Quant à Adèle, elle va rejoindre sa sœur.

Créponne reste seule à monologuer en mettant son châle. Tandis qu'elle s'adonne à cette double occupation, la porte du petit escalier s'ouvre lentement, et Albert paraît, enveloppé d'un manteau.

— Encore un qui arrive ! dit la femme de chambre. Il en sort donc ici de tous côtés ?

Vous croyez peut-être que Créponne, qui n'a pas sa langue dans sa poche, va s'approcher du nouveau venu, et lui demander qui il est, pour avoir une clef du logis de sa maîtresse? Non, elle s'en va tranquillement du côté opposé.

Ah! confrère, vous, si adroit, si ingénieux!... J'aurais, en vérité, mieux aimé faire ce qu'en termes de théâtre, on appelle *un loup*.

Il est vrai que, si Créponne eût parlé à cet homme enveloppé d'un manteau, elle eût reconnu Albert, à qui elle eût dit que sa femme était là, et qu'alors il n'y avait plus de premier tableau du cinquième acte.

Vous comprenez, n'est-ce pas, cher lecteur? Sophie a envoyé à Albert la clef que lui avait donnée Adèle, et, en l'envoyant, elle a eu soin, bien entendu, de dire à Melville que sa femme avait un rendez-vous avec Valdeja; puis elle a écrit à Valdeja, au nom de Clarisse, pour lui dire qu'il trouvera celle-ci... où? je n'en sais rien : l'auteur de la pièce ne donne pas l'adresse de la maison. C'est une précaution inutile : on n'irait pas, soyez tranquille!

Albert, qui veut tout entendre, se cache dans un cabinet. — Pendant qu'il se cache, entre Valdeja.

Ah! voilà le *loup* que je conseillais. Cette fois, le personnage qui entre ne voit pas celui qui sort, et le personnage qui sort ne voit pas celui qui entre!

Vous devinez d'ici la situation : Valdeja et Clarisse se rencontrent; leur étonnement est grand, celui de Clarisse surtout; mais, enfin, on s'explique. La seule chose que Clarisse voie dans tout cela, c'est qu'elle court un danger réel.

— Ah! mon Dieu! s'écrie-t-elle, je suis perdue, déshonorée! Qui pourrait me secourir, me protéger?

— Moi, Clarisse, dit Albert sortant du cabinet.

Albert et Valdeja échangent une poignée de main amicale : ils ont appris à s'estimer. Valdeja s'éloigne par la porte du fond. Albert donne une bourse à Adèle ; Clarisse lui donne une chaîne d'or : puis Albert et Clarisse sortent par le petit escalier.

A peine ont-ils disparu, qu'on entend du bruit au dehors, puis un coup de pistolet et des cris : « Au secours ! au meurtre ! »

Adèle s'élance tout effrayée vers l'escalier, — et la toile tombe sans autre explication ; mais ceux qui ont la rage de deviner, sans qu'on leur dise rien, se doutent que Léopold a pris Albert pour Hippolyte, et a tiré sur lui.

La seconde partie du cinquième acte nous montre Adèle dans un grabat : elle souffre, elle tousse, elle se sent mourir.

Après avoir dépensé ses derniers écus à nourrir un terme, elle n'a plus qu'une chaîne d'or pour toute ressource.

Cette chaîne, elle l'a donnée à Sophie, afin que celle-ci la vendît.

Elle eût pu choisir quelqu'un de plus sûr, car elle doit commencer à se défier de son ancienne amie ; mais il fallait que ce fût Sophie qui vendît la chaîne. Vous allez voir pourquoi.

— Ma chère, cela va mal ! dit Sophie en rentrant. Tu sais, cette chaîne que tu tenais de ta sœur ?
— Eh bien ?
— J'ai été pour la vendre chez le bijoutier notre voisin, un vieux qui l'a regardée attentivement, puis il m'a dit : « De qui tenez-vous cette chaîne ? — D'une dame de mes amies.

— Qui est-elle? — Que vous importe? — C'est que, a-t-il ajouté en feuilletant un registre, cette chaîne, à ce qu'il me semble, est au nombre des objets qui, lors de l'affaire Léopold, nous ont été signalés par la police. »

Comment la chaîne a-t-elle pu être signalée par la police, puisque Adèle l'avait reçue de sa sœur avant l'assassinat?

Alors, Sophie a perdu la tête; — il y avait bien de quoi! — en voyant une police si habile, elle s'est sauvée; le bijoutier a appelé ses garçons : ceux-ci l'ont suivie, ils savent qu'elle est là.

— Mais on ignore qui tu es?
— Peut-être, car j'ai rencontré, en montant, la propriétaire.
— Je ne la connais pas.
— Eh bien, sais-tu quelle est cette femme? Notre ancienne amie!
— Amélie Laferrier?
— Elle-même!

Quel malheur que ce ne soit pas son mari! nous le verrions peut-être. Ce n'est pas, croyez-le bien, que j'aie le désir de lui être présenté.

En ce moment, on frappe à la porte. — C'est une dame de charité.

Adèle a écrit au maire, sous le nom de madame Laurencin; elle lui a peint sa misère en termes lamentables; la dame de charité a été prévenue, et elle vient.

Devinez quelle est cette dame de charité?

C'est Clarisse! Clarisse, qui retrouve sa sœur affaiblie, brisée, mourante! Clarisse en deuil, car Albert est mort.

En reconnaissant Clarisse, Adèle s'évanouit.

Tandis que Clarisse la fait revenir avec des sels, les gens de justice entrent, conduits par Amélie Laferrier.

Naturellement, la reconnaissance manque d'effusion. Les gens de justice viennent pour arrêter madame Laurencin ; mais, comme ils doivent pratiquer légalement, ils ont envoyé chercher le maire.

Le maire arrive.

C'est Darcey, le mari d'Amélie, qui est devenu, grâce à une conduite diamétralement opposée à celle de sa femme, maire de son arrondissement!

Il est suivi de son fidèle Valdeja.

L'auteur ne nous dit pas si Valdeja a été nommé adjoint en même temps que Darcey ; c'est probable : sans quoi, comment serait-il là ?

— Quelle est cette femme que l'on parle d'arrêter ? demande Darcey.
— C'est la vôtre, monsieur ! votre pauvre femme !
— Ma femme ! répond Darcey, qui repousse le mot avec indignation.

Le coup est trop rude pour Adèle : elle se sent mourir, se soulève, demande le pardon de son mari.

— Jamais ! répond Darcey.

Adèle jette un cri, et tombe dans un fauteuil.

DARCEY, se laissant entraîner, dit à Valdeja, qui le pousse vers Adèle. — Tu le veux ? Eh bien... (En ce moment, Adèle rend le dernier soupir.) Dieu ! il n'est plus temps !

VALDEJA. — Elle expire ! (A Amélie et à Sophie.) Femmes,

prenez ce cadavre ! prenez-le donc, il est à vous... Vos œuvres méritaient un salaire : le voilà ! Honte à vous et à toutes vos semblables ! (A Darcey.) *A toi la liberté !*

DARCEY, lui montrant Clarisse. — *Et à toi, je l'espère, bientôt le bonheur !*

Ces deux derniers traits sont un peu durs, il nous semble, devant le cadavre d'Adèle, et devant la robe de deuil de Clarisse ; — tellement durs, que, si nous étions académicien, et chargé de distribuer le prix de moralité, ils seraient cause que nous refuserions ce prix au drame de *Dix Ans de la vie d'une femme*.

A PROPOS DE MAUPRAT

C'est avec joie et bonheur que nous enregistrons dans nos *Souvenirs dramatiques* le grand succès que vient d'obtenir à l'Odéon (28 novembre 1853), avec son drame de *Mauprat*, notre chère sœur en art, ce fécond et merveilleux talent, ce beau et calme génie qui a nom George Sand. Une large et vigoureuse exposition, un troisième tableau charmant, un septième tableau magnifique, voilà le résumé de la représentation, qui a fini à une heure un quart du matin. — Qu'on ne s'inquiète pas de cette heure avancée : les applaudissements allongent beaucoup les pièces!

L'analyse de *Mauprat* viendra tout à l'heure. Avant tout, laissez-moi vous parler de George Sand elle-même, avant de vous raconter son drame; laissez-moi vous dire comment elle est aimée des gens qui l'aiment. — Il est vrai que ceux qui la haïssent la haïssent bien.

Ah! ma chère triomphatrice, il ferait beau voir qu'avec un cœur comme le vôtre, vous ne fussiez pas aimée, qu'avec un génie comme le vôtre, vous ne fussiez pas haïe!

Donc, chers lecteurs, je vais vous conter une petite histoire fantastique, oh! mais soyez tranquilles, elle se rattache à notre sujet. On se connaît en pièces aussi bien que ceux qui n'en peuvent pas faire, que diable! et l'on ne vous égarera pas dans une double intrigue.

C'était le soir du 23 novembre 1849. Au même théâtre où l'on vient de jouer *Mauprat*, on venait de jouer *François le Champi*, mais, cette fois, en l'absence de l'auteur, dont on craignait les hésitations, et qui, bien tranquille dans son petit château de Nohant, ne se doutait pas que son nom venait d'être proclamé au milieu des applaudissements.

Le directeur donnait à souper à ses artistes et à quelques amis de l'auteur; et chacun, joyeux comme on l'est le soir d'un succès, ne voyait qu'un envers à ce succès, qu'une tache à cette joie, qu'une ombre à cette lumière : c'est que, ce succès, l'auteur fût le seul qui l'ignorât.

Et chacun se demandait comment le lui apprendre, par quelle voie le lui faire savoir. Une lettre, c'était le moyen le plus simple et le plus naturel, mais c'était en même temps le plus long; une lettre ne partirait que le lendemain; on n'avait point de pigeons voyageurs; le télégraphe électrique n'était pas établi.

— Comment! dit Bocage, nous sommes ici vingt amis de madame Sand, et il n'y en a pas un qui se dévouera pour lui porter cette bonne nouvelle?

— Oh! dit Paul Bocage en se levant, s'il ne s'agit que d'aller à Nohant, j'irai, moi.

— Tu iras? demanda son oncle.

— Oui.

— Mais comment iras-tu?

— Par le chemin de fer, parbleu! il doit bien y avoir quelque convoi de nuit qui parte pour Châteauroux.

— Je crois qu'il doit y en avoir un sur les quatre heures du matin, dit une voix.

— Alors, pas de temps à perdre, dit Paul. As-tu de l'argent à me donner, mon oncle?

Bocage retourna ses poches et cent trois francs tombèrent sur la table : c'était ce qu'il avait sur lui.

— Voilà pour le messager, dit-il; qu'il s'arrange comme il pourra.

Paul prit les cent trois francs, embrassa son oncle, et partit pour se livrer à la recherche d'un fiacre, d'une citadine, d'un cabriolet, d'un véhicule quelconque, enfin.

Chercher un cabriolet, une citadine ou un fiacre, à trois heures du matin, dans le quartier de l'Odéon; il faut être bien naïf, n'est-ce pas?

Paul espérait que la Providence ferait un miracle en faveur de son dévouement.

La Providence regardait d'un autre côté, et était occupée à autre chose; elle ne vit point Paul cherchant, elle n'entendit point Paul appelant.

Le pavé était couvert de verglas; la neige tombait par épais flocons.

Paul, qui ne s'attendait pas, en sortant de l'Odéon, à faire soixante et dix lieues la même nuit, était en petite redingote de demi-saison.

C'était coquet, c'était élégant; mais ce n'était pas chaud.

Passer chez lui pour prendre un manteau, cela entraînait un retard d'une heure ; pendant cette heure, le chemin de fer pouvait partir.

Paul ne se serait jamais consolé, ayant pu arriver une heure plus tôt, d'arriver une heure plus tard.

N'est-ce pas qu'il y a encore de bons cœurs sous le ciel?

D'ailleurs, il se dit qu'il lui fallait aller de l'autre côté du Jardin des Plantes, qu'il y avait loin de la rue de l'Odéon à la gare du chemin de fer d'Orléans, et, que, pour y être arrivé à quatre heures du matin, il lui faudrait courir.

En courant, il se réchaufferait.

Et voilà Paul courant pour se réchauffer, mais surtout pour arriver.

Ce ne fut qu'une longue glissade émaillée de deux ou trois chutes depuis la rue Racine jusqu'au boulevard neuf. Paul en était arrivé à regretter encore plus ses patins que son manteau.

Il faisait une de ces brises aigres dans le genre de celle qui coupait le visage d'Hamlet se promenant sur les murailles d'Elseneur, avec son ami Horatio, dans l'attente du spectre de son père.

Mais Hamlet avait un manteau et un ami, deux choses qui réchauffent, l'un le corps, l'autre l'âme.

Paul n'avait ni l'un ni l'autre ; aussi arriva-t-il à la gare raide de froid et en murmurant :

— Bon! je sais ce que c'est maintenant que la retraite de Moscou : je n'y étais pas, mais j'y suis.

Il arriva. Quatre heures sonnaient.

Tout était clos, fermé, sombre, éteint : il n'y avait pas apparence de départ.

Paul regarda autour de lui, et avisa quelque chose qui ressemblait à un bouchon ; il cogna comme cogne le voisin d'Arnal dans *Passé minuit*.

Lorsqu'on a pris son parti de demander l'hospitalité de cette façon-là, on finit toujours par se faire ouvrir.

Le cabaretier ouvrit d'assez mauvaise humeur, et demanda à Paul ce qu'il désirait.

Paul comprit que, s'il demandait purement et simplement la chose qu'il désirait savoir, c'est-à-dire à quelle heure partait le convoi, et la chose qu'il désirait avoir, c'est-à-dire du feu, le dédommagement paraîtrait insuffisant au cabaretier.

Paul demanda d'abord une omelette et un verre de rhum.

Il calculait avec raison que, pour cuire l'omelette, on ferait du feu, et qu'à ce feu il se réchaufferait ; puis que, pendant que l'homme battrait les œufs, il lui demanderait à quelle heure partait le convoi.

Le premier départ était à six heures. Paul avait donc tout le temps de se réchauffer.

Il se réchauffa, en effet, pendant que son hôte, lui ayant confié la queue de la poêle, mettait le couvert.

Il avait demandé, comme nous avons dit, une omelette et du rhum.

N'ayant aucunement faim, puisqu'il venait de souper, il comptait laisser l'omelette ; mais, ayant encore froid intérieurement, il comptait boire le rhum.

Son hôte avait compris qu'il demandait une omelette au rhum. Il réunit les deux choses.

Il lui servit, en conséquence, une omelette nageant dans l'alcool allumé : une espèce de Délos flottant sur une mer de flamme.

Ce n'était point là ce qu'avait demandé Bocage. Il réclama son petit verre isolé.

C'était impossible. L'homme avait vidé sa dernière bouteille sur l'omelette. Paul transvasa la liqueur enflammée de l'assiette dans un verre, l'avala toute flambante, comme un nuage avale un éclair, pensant que plus la boisson serait chaude, mieux elle le réchaufferait.

Au bout de cinq minutes, Paul était si réchauffé, qu'il se promenait dans le cabaret en s'essuyant le front.

Il était en sueur ni plus ni moins qu'au mois d'août.

Le cabaretier, voyant que décidément Paul n'avait pas faim, mangea l'omelette.

Six heures arrivèrent.

Paul n'avait pas de bagage à faire enregistrer; il n'eut qu'à prendre son billet et partir.

Seulement, comme Bocage n'avait pu lui donner que cent trois francs, qu'il y avait une voiture à prendre à Châteauroux, et que, son omelette lui ayant déjà coûté quatre francs cinquante centimes, il ne lui restait plus que quatre-vingt-dix-huit francs dix sous, il craignit de manquer d'argent et prit une place de wagon, autrement dit une troisième place.

Or, comme chacun sait, les troisièmes places étant réservées aux gens pauvres et mal vêtus, sont ouvertes à tous les vents. C'est logique; que deviendrait donc, sans cela, le vieux proverbe : « Aux gueux la besace ? »

Paul releva le collet de sa redingote, enfonça son chapeau sur ses oreilles, rabattit les parements de ses manches et s'accommoda de son mieux dans un coin.

Il y avait de la place ; dans l'autre coin, une nourrice donnait à teter à son nourrisson ; c'était tout.

Il essaya de dormir, et arriva à une espèce d'engourdissement dont, au bout de deux heures, il fut tiré par le froid, qui, vaincu un instant par le rhum bouillant, reprenait victorieusement le dessus.

Il se réveilla en grelottant.

Le nourrisson tetait à pleine bouche, enveloppé, lui et sa nourrice, dans une espèce de grande couverture de laine, tandis qu'il pétrissait de ses petites mains le sein qui l'abreuvait.

Toute une sensation de bien-être transparaissait sur le visage de l'enfant.

— Voilà un gaillard qui n'est pas malheureux ! dit Paul.

— Pourquoi cela ? demanda la nourrice.

— Tiens, il boit et se réchauffe en même temps. Voulez-vous me prendre en nourrice ?

— Vous avez donc froid ?

— Vous voyez bien, je grelotte.

— Eh bien, attendez.

Paul crut que la bonne femme, touchée de pitié, allait lui donner l'autre sein. Il se trompait ; elle se contenta de lui offrir un objet d'une forme bizarre qu'elle tira de sa poche.

— Qu'est-ce que c'est que cela ? demanda Paul.

— C'est un biberon Darbo; est-ce que vous ne connaissez pas cela?

— De nom seulement. La chose n'était pas inventée quand je suis venu au monde.

— C'est vrai.

— Que voulez-vous que je fasse de votre biberon, nourrice?

— Buvez.

— Quelle est la liqueur jaune qu'il contient?

— De l'eau-de-vie.

— Comment! vous donnez de l'eau-de-vie à vos nourrissons, vous?

— Non, mais j'en donne à la nourrice : ça réchauffe et ça soutient. Buvez.

— Allons, à ta santé, moutarde!

Et Paul éteignit son rhum avec une gorgée d'eau-de-vie.

Le remède opéra dans le sens indiqué par la nourrice. Paul, le trouvant bon, le renouvela deux ou trois fois.

La femme et l'enfant descendaient à Vierzon; le récipient était encore à moitié plein. Paul demanda à en faire l'acquisition; mais la nourrice refusa, sous le prétexte assez spécieux qu'elle ne trouverait pas de biberon Darbo, par toute la Sologne, et qu'elle comptait nourrir son enfant au lait, mais nourrir son nourrisson au biberon, s'appuyant sur le proverbe : « Charité bien ordonnée commence par soi-même. »

Il n'y avait rien à répondre à une pareille raison.

La nourrice descendit, laissant Paul désolé et plus grelottant que jamais.

Pour comble de malheur, il avait pris un train de marchandises allant au pas, et desservant toutes les stations.

A six heures du soir, il arriva à Châteauroux.

En marchant vers l'ouest, il avait trouvé la neige plus épaisse, le froid plus intense.

Il avait craint un instant, en voyant la lenteur du train, de trouver Châteauroux couché. Mais, nous l'avons dit, il arriva à six heures, et Châteauroux ne se couche qu'à huit.

Arrivé à Châteauroux, restaient huit lieues à faire, huit lieues berrichonnes, c'est-à-dire des lieues qui, comme on le dit chez moi, ne sont pas larges, mais sont longues.

Il s'agissait de trouver des moyens de transport, et, s'il ne s'en trouvait pas, d'en inventer.

Un ami commun, et qui devait connaître la localité, demeurait à Châteauroux : c'était Fleury, que madame Sand, dans ses *Lettres d'un voyageur*, appelle le Gaulois.

Mais où trouver Fleury?

Les deux ou trois premières personnes à qui s'adressa Paul ne le connaissaient pas.

Tout en s'informant si l'on connaissait Fleury, Paul demandait si l'on pouvait avoir une voiture pour aller à Nohant.

La première demande n'avait aucun inconvénient; mais la seconde soulevait généralement l'indignation des personnes auxquelles elle était adressée.

Paul entra dans une auberge; il espérait y obtenir une voiture ou tout au moins des renseignements.

La première personne qu'il trouva en entrant dans l'auberge, ce fut Fleury.

Dès lors, la recherche devint moins vague et la réussite plus probable.

On battit la ville comme on traque un champ dans une chasse d'hiver, et l'on trouva une espèce de patachon — non suspendu — que son propriétaire consentit à mettre à la disposition du voyageur et à conduire lui-même, moyennant la somme de vingt francs.

Il n'y avait pas un instant à perdre, il était sept heures du soir. — Le Berrichon demandait cinq heures pour aller à Nohant; on n'arriverait qu'à minuit; — c'est une heure assez indue dans le Berri, et qui est plus près du lendemain que de la veille.

Il ne fallait pas songer à souper régulièrement; Paul tordit trois ou quatre bouchées de pain et consulta Fleury sur la liqueur qu'il devait boire.

— Buvez un verre de rhum, lui dit Fleury.

— J'en ai bu une pleine assiette ce matin.

— Buvez un verre d'eau-de-vie, alors.

— J'en ai bu un demi-biberon dans la journée.

— Buvez un verre de kirsch, en ce cas.

— Tiens, c'est une idée.

Et Bocage but un verre de kirsch, monta dans son berlingot et partit. — Il faisait noir comme dans un four; seulement, ce four était rayé de blanc par la neige qui tombait à flots.

A tout moment, le Berrichon s'arrêtait et écoutait; Bocage ne pouvait deviner la raison de ces haltes fréquentes.

Il s'informa.

Il paraît que l'on traversait un canton infesté de lavandières.

Bocage se réinforma.

Il finit par comprendre que les lavandières étaient tout bonnement des fantômes de blanchisseuses, qui, s'étant beaucoup plus occupées de laver leur linge que de purifier leur âme, sont mortes en état de péché mortel, et reviennent en ce monde pour attirer à elles, par le bruit de leur battoir, les voyageurs égarés.

Quand le voyageur commet l'imprudence de venir au bruit, elles le poussent dans la rivière, et, chaque fois qu'il lève la tête au-dessus de l'eau, elles l'y renfoncent d'un coup de battoir.

Cette manœuvre s'opère jusqu'à ce que le voyageur soit noyé.

Paul rassura de son mieux le Berrichon ; mais peut-être toute sa logique philosophique eût-elle échoué contre le préjugé national, si un nouvel incident, qui n'était pas sans importance, n'eût tiré le conducteur du monde des rêves, pour le jeter dans la vie réelle.

Le chemin devenait impraticable : la charrette et le cheval étaient enfoncés dans la neige, la charrette jusqu'au moyeu, le cheval jusqu'au ventre.

Le Berrichon y perdit sa lanière d'abord, et y cassa le manche de son fouet ensuite.

Malgré ce double sacrifice, la voiture n'avançait point d'un pas.

Le Berrichon descendit pour tirer le cheval et la voiture, et enfonça à son tour jusqu'aux genoux.

Il n'y avait aucune chance d'avancer en restant dans la voiture ; Paul sauta à terre, prit la tête de la file, s'attela à la longe, et, rendant la vie et le mouvement au Berrichon et au cheval, finit par tirer tout le monde, charrette comprise, du mauvais pas.

Pour ne point retomber en situation pareille, le Berrichon décida que, désormais, il marcherait à pied, conduisant son cheval par la bride. Mais une pareille résolution ne s'accomplit pas avec une entière résignation. Paul, en même temps que la neige, sentait s'amasser sur sa tête un déluge de malédictions qui n'en étaient pas moins inquiétantes pour être proférées en patois berrichon.

La route dura huit heures. La neige, le verglas et les malédictions tombaient toujours!

On arriva enfin à une manière de grille Louis XIV.

— Voilà Nohant, dit le Berrichon; mais, si vous croyez que l'on va vous ouvrir à une pareille heure, vous vous trompez.

La prophétie n'était pas consolante. Aussi Paul ne voulut-il pas même la discuter, de peur que la discussion ne lui donnât un nouveau poids.

Il se contenta de sonner.

Un quart d'heure se passa sans que personne répondît, à l'exception d'un chien qui vint, en hurlant, appuyer ses deux pattes sur les traverses de la grille.

Et cependant, la sonnette allait toujours, et peu à peu devenait une espèce de tocsin.

Le Berrichon continuait de maudire Paul. Au milieu des malédictions du bonhomme, Paul crut comprendre que le conducteur disait :

— Tout ce qui m'arrivera de malheur sera votre faute, et retombera sur vous.

— Comment, sera ma faute ?... s'écria Paul révolté.
— Oui, si vous ne m'aviez pas pris, je ne serais pas venu.

Paul courba la tête ; le raisonnement était d'une logique accablante.

Il continua de sonner.

Le chien hurlait à réveiller les morts.

— Est-il Dieu possible, maugréait le Berrichon, de venir faire un pareil bacchanal à trois heures un quart du matin à la porte d'une honnête femme..., d'une créature du bon Dieu comme madame Sand ! Quoi ! ça crie vengeance !

Bocage était pendu à la chaîne de la sonnette.

Le chien commençait à s'enrouer.

Enfin, dans un lointain incommensurable, comme il arrive en fantasmagorie, on vit poindre une lumière, qui s'approcha peu à peu, s'irradiant à mesure qu'elle s'approchait.

Il était inutile de sonner davantage ; on avait entendu.

Paul voulut lâcher la chaîne de la sonnette ; mais la chaîne de la sonnette ne voulut point lâcher Paul.

La gelée avait soudé le fer à la chair.

Il s'ensuivit un déchirement au détriment de la chair. Un dernier tintement de la cloche expira, et Paul rentra en possession de sa main, qu'il se hâta de plonger dans le gousset de son pantalon.

Le chien hurlait toujours, s'enrouant de plus en plus.

La lumière s'avançait, portée par une Berrichonne coiffée d'un bonnet plat comme une galette et carré comme un chapska.

Ce bonnet frappa particulièrement Paul. Comme la

Berrichonne portait la lumière à la hauteur de son visage pour voir à qui elle avait affaire, la seule partie de sa personne qui fût éclairée était son visage et, par conséquent, son bonnet.

Moins refroidi, Paul eût peut-être fait plus attention au visage qu'au bonnet; mais, dans l'état de congélation où il était, il fit plus d'attention au bonnet qu'au visage.

Il fut tiré de sa contemplation par le son d'une voix assez rude qui lui cria :

— Qui êtes-vous ?

— Ami de madame Sand, répondit Paul.

— D'où venez-vous ?

— De Paris.

— Vous croyez donc qu'on va réveiller madame à cette heure-ci ?

— Je ne demande pas qu'on la réveille.

— Que demandez-vous, alors ?

— Je demande qu'on m'ouvre, afin que la voiture, le cheval, le Berrichon et moi entrions.

— Et quand j'aurai ouvert ?

— Eh bien, vous conduirez le cheval à l'écurie, la voiture sous la remise, le Berrichon à la cuisine, et moi à ma chambre.

— Vous croyez que ça se fait comme ça, vous ?

— Ça se ferait comme ça, si ça se faisait comme je le désire.

— Eh bien, attendez, je vais vous envoyer quelqu'un pour causer avec vous, et, en attendant, causez avec le chien.

La Berrichonne tourna le dos, et la lumière s'éloigna

du même mouvement dont elle s'était approchée.

Puis elle disparut.

Le chien continua de chanter son solo; seulement, il s'enrhumait de plus en plus.

Au bout de dix minutes, la lumière reparut; elle était portée par la même femme au bonnet carré; seulement, cette fois, la femme était flanquée d'un vigoureux gaillard portant une trique de précaution.

L'interrogatoire recommença; mais ce fut le Berrichon qui prit la parole, et qui dialogua.

Le patois national opéra, et la porte fut ouverte.

Restait le chien; on eut grand'peine à le calmer; il regrettait visiblement d'en être pour ses frais.

Paul entra le premier, le Berrichon après; le cheval vint ensuite, la voiture suivit.

La grille se renferma.

— C'est bien, dit l'homme à la trique; charge-toi du conducteur, du cheval et de la voiture; moi, je me charge du Parisien. — Venez.

Le Parisien ne demandait pas mieux que de venir; il suivit l'homme au gourdin, courbé en deux, les mains dans ses goussets et frappant des pieds.

Il aurait reçu un coup d'épée au travers du corps, que l'épée fût sortie plus froide qu'elle n'était entrée.

On arriva dans un grand vestibule éclairé par une seconde chandelle posée à terre.

— Restez là, dit l'homme au bâton.

— Vous allez réveiller Maurice, n'est-ce pas? demanda Paul.

— Je vais vous envoyer UN MONSIEUR à qui vous parlerez, et qui vous parlera.

Et l'homme au bâton s'éloigna, frappant les dalles de son bâton.

Bocage, se voyant seul, s'approcha de la chandelle, s'accroupit devant elle, et se chauffa les mains à la lumière.

Il était plongé dans cette occupation et ramassé dans cette pose assez grotesque, lorsqu'il entendit des pas si légers, qu'ils retentissaient à peine sur les dalles.

Il leva la tête.

Une apparition des plus étranges s'opérait.

Un homme ou un démon — il était assez difficile d'en faire la différence — s'approchait de lui avec le costume complet de Méphistophélès : pourpoint noir, pantalon mi-partie jaune et rouge, moustaches en croc, sourcils à la moyen âge, barbe pointue, épée retroussant le manteau, bonnet écarlate en tête.

Paul avait bu du rhum à Paris, de l'eau-de-vie sur la route, du kirsch à Châteauroux; Paul avait fait neuf lieues par la gelée, le verglas, la neige, écoutant les légendes sombres de son conducteur berrichon; Paul se demanda s'il voyait bien ce qu'il voyait, ou s'il regardait à travers les yeux de l'ivresse, de la peur et de l'hallucination.

Le diable, au reste, éclairé de bas en haut, était admirablement placé pour prêter au fantastique.

Il s'arrêta à quatre pas de Paul, qui, émerveillé de l'apparition, ne songeait ni à se remettre sur ses jambes, ni à interroger le nouveau venu.

— Que voulez-vous? demanda le diable.
— Madame Sand, répondit Paul.

— Ce n'est pas moi.

— Je le vois bien.

— Que lui voulez-vous, à madame Sand?

— J'ai quelque chose à lui dire.

— Quoi?

— Je le lui dirai demain.

— Si vous n'êtes pas plus pressé que cela, ce n'était pas la peine d'arriver à trois heures du matin.

— Je suis pressé; mais ce que j'ai à lui dire ne regarde qu'elle, et je ne vous connais pas.

— Ni moi non plus.

Et, sur ces paroles, le diable pirouetta et disparut.

Était-ce une vision? était-ce une réalité?

L'idée de ce rhum qu'il avait bu dans une assiette; de cette eau-de-vie qu'il avait bue dans un biberon; de ce kirsch qu'il avait bu dans un verre, revinrent à l'esprit de Paul.

Il voulut voir s'il était réellement ivre.

Il se redressa en faisant crier son pantalon, qui semblait, tant il était couvert de verglas, une étoffe de verre tissée, et fit quelques pas, comme le Malade imaginaire, en long et en large.

Il lui sembla être parfaitement solide sur ses jambes.

— Mais non, murmura-t-il; je ne suis pas ivre. Seulement, cet imbécile de Berrichon se sera trompé: au lieu de me conduire chez madame Sand, il m'aura conduit chez le diable.

En ce moment, l'homme au gourdin reparut.

— Suivez-moi, dit-il.

Paul était habitué à la brièveté de son dialogue et à la rudesse de son accentuation.

Il suivit son guide.

Celui-ci lui fit d'abord traverser un long couloir très-sombre, ouvrit une porte, et l'introduisit dans une salle éclatante de lumière, et qui demande une description particulière.

C'était une espèce de boyau de vingt-cinq pieds de long sur quatre pieds de large, fermé à la droite par une muraille contre laquelle, dans l'ordre suivant, étaient appuyés, d'abord un large divan, puis deux chaises, puis une cheminée embrasée surmontée d'une immense glace, puis deux autres chaises, puis un piano.

Tout le long de la muraille étaient placées des griffes portant des bougies.

Sur la cheminée, deux candélabres à cinq branches brûlaient, et jetaient une vive lumière reflétée par la glace.

A gauche s'allongeait une immense tapisserie représentant le combat des Centaures et des Lapithes.

L'intervalle entre la muraille et la tapisserie était, comme nous avons dit, de quatre pieds à peine.

Ce n'était plus seulement les habitants du château qui prenaient un aspect fantastique, c'était le château lui-même.

Au reste, Paul, en vaillant coureur d'aventures, avait pris son parti.

Il avait fait ce que devait, arriverait que pourrait.

Il s'approcha de la cheminée pour se réchauffer : c'était son premier besoin.

En se chauffant devant la cheminée, il se vit dans la glace, et se retourna vivement.

Il ne se reconnaissait pas et se prenait tout bonnement pour le dieu Hiver.

Son chapeau, couvert de neige, était soudé à ses cheveux couverts de verglas.

Des glaçons pendaient à ses moustaches et à sa barbe.

Il arriva, après de certains efforts, à se décoiffer ; puis, son chapeau posé à terre, il procéda à la fonte du verglas et à l'extraction des glaçons.

Il était en train, la bouche toute tordue par la douleur de rendre à sa moustache gauche sa souplesse naturelle, lorsque tout à coup la tapisserie à laquelle il était presque adossé se déchira vers le milieu, disparut comme un nuage emporté par le vent, et découvrit un riant paysage plein de verdure et de fleurs, et, au troisième plan, dans un pavillon de style oriental, une douzaine de femmes en robes de brocart d'or et d'argent, et de cavaliers en pourpoints brodés et passementés d'or, ayant l'épée à la hanche, les uns couchés, les autre assis, les autres debout.

Un de ces cavaliers, portant un costume d'étudiant, c'est-à-dire vêtu de noir de la tête aux pieds, se releva des genoux d'une jeune fille et vint droit à la cheminée, c'est-à-dire droit à Paul.

Paul, qui avait vu tout cela avec un étonnement qui approchait de la stupéfaction, plus étonné et plus stupéfait que jamais, voyait dans la glace venir à lui ce jeune étudiant.

Arrivé près de Paul, l'étudiant ouvrit les bras, en disant du ton le plus dramatique :

— Eh quoi ! señor Pablo, est-ce donc vous ?

Paul se retourna.

— Oui, c'est moi, dit-il.

L'étudiant lui jeta les deux bras au cou et l'embrassa.

— Tiens, s'écria Paul, c'est madame Sand.

— Oui, c'est moi, mon cher Paul, et vous êtes le bienvenu.

— Merci, j'en ai besoin, d'être le bienvenu.

— Oui, vous me paraissez assez transi.

— Vous ne savez pas ce que je viens vous annoncer?

— Et je ne veux pas le savoir.

— Vous êtes le bienvenu, non pas pour vous, non pas pour les nouvelles que vous nous apportez, mais parce que nous avons grand besoin de vous.

— Comment cela ?

— Il nous manquait l'alcade.

— Quel alcade ?

— Le père d'Inésille.

— Ah !

— Et vous comprenez, sans père qui pardonne, il n'y a pas de cinquième acte; allez vous habiller. Voici la situation : Votre fille doña Inésille s'est enfuie avec Ramirez, un jeune étudiant qui est la terreur de Salamanque; vous vous mettez à la poursuite des fugitifs, vous les rejoignez; vous voulez passer votre épée au travers du corps de Ramirez; mais Mascarille vous fait un discours si pathétique, que vous ne pouvez vous empêcher de rire, et que vous pardonnez.

— Mais je voulais vous dire...

— Habillez-vous d'abord, poursuivez les fugitifs d'abord, rejoignez-les d'abord, menacez-les d'abord, pardonnez-leur d'abord, et, ensuite, vous me direz ce que vous avez à me dire.

— Mais que diable faites-vous donc?

— Vous le voyez bien, mon cher, nous jouons la comédie.

— Sans spectateurs?

— C'est une condition *sine quà non*.

— Pour qui donc, alors?

— Mais pour nous.

— Comment, pour vous? Vous ne vous voyez pas!

— Bon! et dans la glace?

— Ah! je comprends.

— Eh bien, si vous comprenez, mon cher, allez vous alcadiser. — Maurice, conduis Paul au vestiaire. N'oubliez pas votre épée surtout.

— Je préfèrerais une cape, ça me tiendrait plus chaud.

— Eh bien, vous prendrez une cape et une épée, il y a tout ce qu'il faut au magasin.

Maurice, qui était vêtu en seigneur de la cour de Philippe II, conduisit Bocage au magasin. Sur la route, Paul rencontra Méphistophélès, qui le salua poliment.

Comme l'avait dit George Sand, le magasin était admirablement fourni en costumes de tout temps et de tous les pays.

— Choisis, dit Maurice.

Bocage tira à lui une polonaise garnie d'astrakan et des bottes fourrées.

— Que diable fais-tu donc? demanda Maurice.

— Tu m'as dit de choisir, je prends ce qui me convient.

— Mais c'est un costume polonais que tu prends là.
— Je le sais bien.
— Alors?
— Alors, voici ce qui est arrivé : les fugitifs ont fui jusqu'aux environs de Varsovie; moi, je les ai suivis jusqu'en Pologne. Pour ne pas être reconnu d'eux, j'ai adopté le costume polonais. Cela rend la situation d'autant plus vraisemblable.

Et Paul s'allongeait dans un pantalon de drap collant, passait sa polonaise, boutonnait ses brandebourgs, tirait ses bottes fourrées, ceignait l'indispensable épée, coiffait son chef d'un bonnet garni de renard et recouvrait le tout d'un immense manteau noir.

Son entrée fit le plus grand effet. Sa raison fut trouvée irréfutable, et la bénédiction macairienne qu'il donna à sa fille enleva tous les suffrages.

La toile se referma au milieu des applaudissements que les acteurs se donnaient à eux-mêmes.

— Maintenant, dit Paul en s'approchant de Ramirez-Sand, je crois qu'il serait temps de vous annoncer...
— Chut!
— Quoi?
— Prenez un candélabre.
— Et puis?
— Et puis donnez le bras à doña Inésille, votre fille.
— Après?
— Après, passons dans la salle à manger et soupons.

Paul prit un candélabre d'une main, tendit le bras à Inésille. Chacun en fit autant que lui; il y avait des candélabres et des Inésilles pour tout le monde, et l'on passa de la salle de comédie dans la salle à manger, qui se trouva instantanément éclairée *à giorno*, et qui montra un copieux souper tout servi.

— Prenez vos places, dit George Sand.

Chacun s'assit. C'était une merveille à voir, que cette table splendidement servie, avec tous ces beaux cavaliers et toutes ces belles dames, qui semblaient un Décaméron peint par Paul Véronèse.

— Et maintenant, mon cher Paul, dit George Sand, *quelle nouvelle apportez?*

Paul tendit son verre, qu'on lui remplit de vin, et, l'élevant au-dessus de sa tête :

— Mesdames et messieurs, un toast ! dit-il.

On écouta.

— A la centième représentation de *François le Champi*, qui a été joué avant-hier avec un immense succès !

Ce fut ainsi que madame Sand apprit que sa pièce avait réussi.

Quant au toast de Bocage, il se réalisa et au delà : la pièce eut cent cinquante ou cent soixante représentations.

***

Maintenant, revenons au drame que l'on vient de jouer, et dont nous a écarté la petite anecdote que je vous ai racontée, et qu'il était nécessaire que je vous racontasse pour vous donner une idée de la façon dont George Sand fait ses pièces.

Le drame est tiré du roman.

On avait toujours dit : « Quel malheur qu'on ne puisse pas commencer par la seconde représentation. »

Eh bien, j'ai encore inventé cela, moi ; en tirant mes

pièces de mes romans, j'ai littéralement supprimé les premières représentations et commencé par des secondes.

Au reste, selon le talent de l'auteur, cette méthode a son avantage ou son désagrément. J'expliquerai plus tard pourquoi, avantageuse pour moi, elle devient désavantageuse à George Sand.

Je disais donc que le drame était tiré du roman de *Mauprat*.

Vous connaissez le roman, n'est-ce pas? Tout le monde le connaît.

Au reste, si vous ne le connaissez pas, je vais vous en donner l'analyse.

Ce n'est point amusant, les analyses, mais c'est nécessaire. Prenons-en donc bravement notre parti, moi, de vous la faire connaître, vous, de l'écouter.

D'ailleurs, tout l'avantage est pour vous. Ce qui va être trois heures à passer de mon écritoire sur le papier, vous l'aurez lu en dix minutes.

Le premier tableau se passe au château de Mauprat, chez les derniers grands seigneurs; la roche sur laquelle il est bâti, ancienne aire d'aigle, vieil antre de lion, est devenue un simple nid de vautours, une simple tanière de loups. — Autrefois, ils combattaient des rois; aujourd'hui, ils volent les passants, et, à l'abri de leurs murailles, derrière des remparts bâtis pour les grandes luttes de la féodalité, ils cherchent un refuge contre les menottes des gendarmes et les exploits des huissiers.

Ils sont sept frères et un neveu.

Autour d'eux sont groupés une douzaine de bandits,

dont le plus honnête a mérité le bagne, petits voleurs qui ne trouvent leur impunité qu'à l'ombre de l'impunité des grands.

Des sept frères, le meilleur est Léonard; le pire, Jean le Tors.

Jean le Tors est de la famille des Caliban, des Glocester, des Frantz Moor : il aime le mal pour le plaisir de faire le mal; il n'est point besoin absolument que le mal lui rapporte; si le mal est productif, tant mieux.

Léonard est placé entre son bon et son mauvais génie; il appartient autant à l'un qu'à l'autre; seulement, le plateau de la balance, vu la mauvaise compagnie dans laquelle il se trouve, penche deux fois à gauche pour une fois à droite.

Le neveu, Bernard, est un Mauprat; mais le sang de la mère, digne et sainte femme, agit sur lui malgré l'exemple de ses oncles; il n'a pas commis de crimes; il n'a gagné que des vices. — On en a fait un condottière, pas un voleur. — Peut-être deviendra-t-il meurtrier; il ne sera jamais assassin.

Son grand défaut, c'est d'aimer le vin. — Que voulez-vous ! il est poëte, ce jeune homme ; et, comme nul ne lui a dit ce que c'était que la poésie, il la devine dans le vin.

Quand il est à jeun, le diable n'est pas toujours le plus fort.

Ivre, il est capable de tout.

Son éducation est nulle; il ne sait ni lire ni écrire; mais on sent sous la rude écorce une séve vigoureuse, puissante, rapide; — qu'il ait besoin d'apprendre, il rattrapera le temps perdu.

Ce que les autres apprennent en un an, lui l'apprendra en un mois.

Au lever du rideau, Jean le Tors se félicite d'un petit stratagème qu'il vient d'inventer. Il a fait vendre au vieux chevalier Hubert, chef d'une autre branche des Mauprat, un cheval élevé au château et dressé à y toujours revenir. Le cheval a été acheté par le chevalier à l'intention de sa fille Edmée. La première fois qu'Edmée se hasardera à le monter, le cheval l'emportera ; elle se trouvera prise dans le repaire ; on l'enfermera avec Bernard et du vin. Bernard s'enivrera, et, quand Edmée sortira le lendemain matin du château, il n'y aura d'autre moyen pour elle de reparaître dans le monde qu'en y reparaissant comme la femme de Bernard Mauprat.

Or, Edmée a un million de dot, et l'on fera signer d'avance à Bernard l'obligation de donner cinq cent mille francs à ses amis.

Au moment où le stratagème préparé par Jean le Tors est adopté par les autres frères, l'ombre d'un homme et l'ombre d'un chien se glissent entre la porte entr'ouverte et le mur, dans un intervalle où l'on conçoit qu'à peine puisse passer une feuille de papier. L'ombre du chien s'appelle Blaireau, l'ombre de l'homme s'appelle Marcasse.

Cette figure de Marcasse, long, maigre, sec, le visage ombragé par son large chapeau, avec son épée effilée relevant la couverture qui lui sert de manteau, et suivie de son chien, au museau grêle et long, au corps maigre et sec, qui, à force de faire la chasse aux fouines, aux putois et aux taupes, semble avoir pris quelque chose de leur ressemblance, est une des meilleures du roman et une des mieux rendues du drame.

M. Fleuret y a fait preuve de talent.

Le tueur de taupes, le chasseur de fouines, le preneur de putois, vient faire au château sa moisson habituelle; mais, cette fois, il a à annoncer aux Mauprat qu'ils sont menacés par l'approche d'ennemis plus dangereux que ceux dont il a l'habitude de les débarrasser : sous prétexte d'une battue aux loups, la gendarmerie et la force armée des environs vont cerner le château et donner assaut à la forteresse.

La nouvelle est grave, surtout donnée par Marcasse, qui parle rarement, et qui n'ouvre la bouche que lorsqu'il a bien réellement, et bien sérieusement quelque chose à dire. Alors, sa parole grave, brève, entrecoupée, exprime sa pensée par des substantifs, des adjectifs et des adverbes. Seulement, Marcasse n'a de sa vie construit une phrase, et il ne connaît, des différents temps des verbes, que l'infinitif et le participe passé.

Comme, au bout du compte, Marcasse n'a aucun motif de porter les sept frères dans son cœur, Jean le Tors, qui ne se fie pas à Marcasse, et qui croit peu au bien que l'on fait sans motif de le faire, ordonne à ses gens de veiller sur Marcasse, tout en ayant l'air de le remercier du bon office qu'il vient de rendre aux habitants du château.

Maintenant, il s'agit d'organiser la défense. Jean le Tors réunit sa garnison, la fait boire, l'excite au combat, et demande à son neveu Bernard, qui entre sur ces entrefaites, s'il peut compter sur sa carabine et son couteau de chasse.

Bernard n'est pas d'humeur belliqueuse, ce jour-là ; la vie qu'on mène au château lui pèse, et lui-même expose le caractère que nous avons essayé de tracer en quelques mots.

Le jeune homme dit tout cela en caressant un broc de vin à soûler Polyphème, et qui n'arrive d'ordinaire qu'à le mettre en pointe de gaieté.

En ce moment, un des guetteurs vient annoncer que l'on aperçoit de loin Edmée, qui est emportée vers le château malgré les efforts qu'elle fait pour maintenir son cheval.

Jean le Tors regarde Bernard, qui en est à sa seconde pinte.

Edmée ne pouvait pas mieux choisir son heure.

On laisse Bernard seul. Edmée sera introduite près de Bernard ; l'ivresse de Bernard et la beauté d'Edmée feront le reste.

Une minute après, Edmée entre vêtue d'un costume d'amazone ; le justaucorps est vert brodé d'or, la jupe est grise, la ceinture ponceau.

Elle est coiffée d'un feutre, et ses longs cheveux noirs, dénoués par la course, flottent sur ses épaules.

La réputation de terreur qu'inspire le château des Mauprat fait qu'Edmée n'est jamais venue même dans ses environs, de sorte qu'elle ignore où elle est.

Aux premiers mots que prononce Bernard, elle est renseignée.

En ce moment, on entend de grands cris. Le château est attaqué ; mais ses défenseurs, prévenus par Marcasse, sont sur leurs gardes et s'apprêtent à le défendre.

Alors commence une scène magnifique, et cependant plus belle dans le roman qu'au théâtre. Quand nous en serons à la critique, nous expliquerons pourquoi et comment il n'y a en aucune façon de la faute de l'auteur.

La scène est scabreuse ; pour la tenter, il faut une bien grande ignorance ou une bien grande pratique du théâtre. Ivre et amoureux, Bernard veut, au bruit de la fusillade, aux cris des combattants, à l'odeur de la poudre, faire violence à sa cousine. Comment la jeune fille, sans autres armes que son innocence et sa dignité, se défend contre la brutalité de son cousin, c'est ce que l'on ne saurait raconter sans refaire la scène.

Cette scène, il faut la voir.

Enfin, sur le serment solennel que sa cousine lui fait d'être à lui, Bernard consent à fuir avec elle. L'Hercule de vingt ans roule et déplace un tonneau, à moitié vidé par les défenseurs du château dans la scène précédente; sous le tonneau est une trappe ; et, tandis que les assiégeants vainqueurs escaladent les murailles, Edmée et Bernard disparaissent dans les profondeurs du théâtre, qui représentent le souterrain dont la trappe se referme sur eux.

Le seul reproche qu'il y ait à faire à ce tableau plein de vie et de mouvement, est un reproche de mise en scène; on dit bien que l'on assiége le château; mais, au peu de bruit qui se fait, il est impossible de ne pas mettre en doute la véracité de cette nouvelle; deux ou trois coups de fusil isolés, et les cris de dix ou douze comparses, poussés sans intelligence, sans gradation, sur une même gamme, ne constituent pas le moins du monde un combat, un égorgement, une tuerie. Vous me direz que le bruit que l'on fera d'un côté de la toile empêchera d'entendre ce qui se dit de l'autre; erreur, le tout est d'enchevêtrer le dialogue avec le bruit; puis pourquoi négliger la musique? c'est dans de pareilles situations que la musique est, je ne dirai pas utile, mais nécessaire; ce n'est pas l'habitude sur la première et la seconde scène française de parler, de marcher, de gesticuler en musique. Non, certes, quand vous jouez l'ancien répertoire, les tragédies de Corneille ou les comédies de Molière; mais, quand vous entrez en concurrence avec le théâtre de la Porte-Saint-Martin, de l'Ambigu ou de la Gaieté, pourquoi vous priver de ce puissant auxiliaire, et laisser à vos rivaux cet immense avantage sur vous?

C'est un tort que nous signalons à Royer et à Vaëz; eux qui ont écrit deux des meilleurs libretti d'opéra qu'on ait faits depuis vingt ans, ont moins que personne le droit de mépriser ce prodigieux prestige qui donne à la voix humaine le secours de l'orchestre.

J'ai vu jouer, en Allemagne, le *Gœtz à la main de fer*, de Gœthe: il y a dans ce beau drame, le meilleur, à notre avis, de l'auteur de *Faust* et du *Comte d'Egmont*, une scène à peu près pareille à celle du siége du château de Mauprat: c'est quand les troupes de l'empereur font le siége du château de Gœtz, et que le châtelain, à la tête de quelques braves, qui, comme lui, ont juré de s'ensevelir sous les décombres de la féodalité, arrache le plomb des gouttières, et fond des balles en scène, et tout cela, au milieu des cris d'une orgie. — Eh bien, le directeur du théâtre de Berlin était moins dédaigneux que vous, chers confrères et amis, il avait demandé à Mendelssohn une musique que Mendelssohn avait faite, et je vous jure bien que, si j'eusse connu votre premier tableau, j'eusse fait, sans vous en rien dire, venir cette partition d'Allemagne, et ne vous eusse point laissé de repos que la musique du *Siége du Château de Gœtz de Berlichingen* ne fût appropriée au siége du château de Mauprat.

Au deuxième tableau, nous sommes à la tour Gazeau, chez Patience. — Nous dirons dans la partie critique de notre travail sur madame Sand ce que nous pensons de ce rôle, aussi bien joué *que possible* par Barré, et nous expliquerons *ce que possible*. Patience cause avec le curé Aubert, et lui raconte son vieil antagonisme avec Bernard Mauprat : l'histoire de la chouette tuée par l'enfant, et celle du châtiment infligé à l'enfant pour avoir tué la chouette. — A cet endroit du récit, on frappe à la porte ; c'est Edmée et Bernard. Les fugitifs ont gagné sans accident l'extrémité du souterrain, puis ils se sont glissés dans le bois, et, du bois, ont gagné sans peine la tour Gazeau. — Patience et le curé Aubert ne voient pas sans terreur Edmée sous la protection de ce demi-brigand qu'on appelle Bernard. En ce moment, on entend des cris ; un homme appelant du secours entre en scène en se soutenant aux murailles, et laissant derrière lui une traînée de sang. Il est le dernier des Mauprat ; ses six autres frères se sont ensevelis sous les ruines du château.

Les hommes sont morts et le château est détruit.

Comme le dernier Spartiate du pauvre Pichat, qui venait tomber en scène pour dire ce seul hémistiche : « Ils sont tous morts ! je meurs ! » Léonard n'arrive en scène que pour apprendre aux spectateurs ce qui s'est passé au château depuis le départ de Bernard et d'Edmée, et pour prédire en mourant à son neveu toutes les déceptions, toutes les douleurs et même tous les crimes que lui garde le monde dans lequel il va entrer.

Léonard mort, le chevalier Hubert arrive et emmène au château sa fille et son neveu. Seulement, il ignore qu'Edmée est entrée dans le château des Mauprat. Il croit que Bernard l'a sauvée seulement du danger que lui faisait courir la folle course d'un cheval emporté.

Patience suit le chevalier Hubert, Mauprat et Edmée.

— Le sang a coulé chez moi, dit-il ; je ne saurais plus y dormir.

Nous n'avons d'autres observations à faire à cet acte-ci, qu'une observation que l'on pourrait maintenant reproduire à chacun des actes qui vont suivre, et qui ne s'applique pas encore à l'auteur.

Cette observation repose sur la grandeur de la décoration.

L'avant-scène de l'Odéon est large, trop large peut-être ; elle doit avoir quelque chose comme trente-quatre ou trente-cinq pieds d'ouverture. Eh bien, dans les drames intimes, sans mise en scène, sans figurants, où les développements ne comportent pas une agglomération de plus de trois et même de quatre personnes, il est urgent de diminuer — en poussant le manteau d'Arlequin — le théâtre de trois ou quatre pieds de chaque côté. Joué dans un petit espace, le drame produit un effet double.

Il y a, dans le conseil que je donne là aux directeurs de l'Odéon, augmentation d'effet et diminution de dépenses, deux choses qui font hausser la recette.

Au troisième tableau. Bernard est à Sainte-Sévère, chez le chevalier Hubert. Ce tableau est charmant d'un bout à l'autre; seulement, il est impossible à analyser. C'est le développement du caractère de Bernard et la confirmation de celui d'Edmée. L'amour qui se développe et qui grandit dans les deux jeunes cœurs, en fait les frais. Cependant, durant tout l'acte, Edmée conserve à la fois sa supériorité et sa puissance sur son cousin. C'est le propre de madame Sand de courber ses héros sous ses héroïnes. Je dirai : « Vous êtes femme, madame Sand, » comme Molière disait : « Vous êtes orfévre, monsieur Josse. »

La toile tombe sur Mauprat aux genoux d'Edmée, qui le supplie de se corriger.

— J'y tâcherai, répond Mauprat.

Au quatrième tableau, Mauprat a tâché, en effet, et a trop bien réussi. Mauprat non-seulement est devenu savant, mais pédant. Il est philosophe, encyclopédiste, philanthrope; sa conversation n'est qu'une longue discussion avec le pauvre oncle Hubert, que ces contradictions éternelles épuisent. Edmée souffre et se tait, car elle aime Bernard ; de son côté, Bernard adore sa cousine, mais avec tous les emportements de son caractère. Le frottement des hommes n'a donné qu'un faux vernis de civilisation à ce demi-sauvage, toujours prêt, comme le loup dont on a fait malgré lui un animal domestique, à montrer les dents et à mordre ; contenu depuis le commencement de l'acte, il n'a pas la force de repousser l'occasion qui s'offre à lui dans un accès de jalousie qu'éveille chez lui la présence de M. de la Marche ; il rappelle à Edmée qu'à la Roche-Mauprat, elle lui a fait le serment de n'être qu'à lui, et dénonce ainsi le passage de la pure jeune fille à travers ce repaire, où la plus chaste devait laisser ou la vie ou l'honneur.

M. de la Marche se retire, en assurant Edmée de son respect quand même.

Restée seule avec son cousin, Edmée, indignée, le traite avec cette froide dignité et ce hautain mépris qui sont un des côtés saillants de son caractère. Trop coupable pour se justifier, trop fier lui-même pour demander son pardon, Bernard laisse Edmée se retirer, courroucée et presque menaçante.

Edmée sortie, il prend une résolution suprême. Il remet à Marcasse la bague que sa cousine lui avait donnée ; il lui rend sa parole et part pour l'Amérique. Il s'y fera tuer ou reviendra guéri de son amour.

Marcasse, qui connaît l'amour d'Edmée pour Bernard, et qui ne veut pas qu'il arrive malheur à celui-ci, prend à son tour sa résolution : de même que Mauprat lui a donné sa bague, il donne Blaireau à Patience ; et, après ce seul mot : « Adieu, » il disparaît sur les traces de Bernard.

C'est dans cet acte-ci surtout que se fait sentir particulièrement la gêne causée par la grandeur de l'Odéon. Brésil a une sortie désespérée, qui, au bout de dix pas de gestes sans paroles, devient grotesque.

Au cinquième tableau, Mauprat revient d'Amérique. Son cheval s'est abattu à quelques pas des ruines du château de ses frères. Il faut malgré lui qu'il s'arrête et rentre dans cet ancien repaire de bandits. On revoit alors la chambre du premier tableau, mais dégradée, en ruine, près de crouler tout à fait. Dans l'impuissance où il est de continuer son chemin, Bernard s'informe, s'inquiète, se fait donner des nouvelles de la famille. De toutes les nouvelles qu'il apprend, une seule le frappe : Edmée va se marier avec M. de la Marche.

Au reste, quel que soit le sentiment qui ramène Edmée dans ces ruines, elle revient parfois les visiter. Les lieux où l'on a souffert prennent une large place dans les souvenirs, et, au jour des douleurs nouvelles, on aime à revoir le théâtre des anciennes douleurs.

Edmée est allée au château de Rochemaure, et il n'y aurait rien d'étonnant qu'à son retour elle s'arrêtât un instant au château de Mauprat, qui est sur la route de Sainte-Sévère. Bernard, resté seul, pense à tout ce passé qui renaît devant ses yeux, pour lui échapper dans ce qu'il a de plus cher ; il ne s'est pas fait tuer, il n'a pas oublié Edmée, il l'aime plus que jamais.

Au milieu de cette agitation de ses sens, de cette fièvre de son âme, un effrayant prodige le frappe, l'étonne, l'étourdit. Il a vu passer l'ombre de son oncle Jean le Tors. Le spectre du maudit vient visiter le château fatal. D'abord, à la production de ce fait surnaturel, il hésite et fait un pas en arrière. Mais Mauprat n'est pas de ceux qui laissent passer le danger sans le poursuivre. Il s'élance vers la fenêtre; mais son attention est bien vite détournée de sa préoccupation première. Par la fenêtre, il a vu Edmée qui s'approchait avec son père, Edmée pâle, languissante, mais plus belle de cette pâleur qu'elle ne l'a jamais été du coloris de la jeunesse et du fard de la santé.

Tout à coup, au moment où Edmée touche le seuil de la porte, un coup de feu part, et Edmée tombe blessée d'une balle à la poitrine.

Alors, l'auteur, qui s'est un instant écarté du roman, y rentre. L'accusation de l'assassinat d'Edmée vient chercher Bernard au plus profond de son amour et de sa douleur. Il est arrêté.

Au sixième tableau, une très-belle décoration montre aux spectateurs les ruines extérieures du château avec la seule tour restée debout, à laquelle on ne peut arriver que par une poutre à moitié calcinée, suspendue au-dessus de l'abîme. Marcasse et Patience, les deux bons génies du drame, qui, dans leur cœur honnête, ne peuvent croire Bernard capable d'un pareil crime, espèrent être sur la trace du véritable assassin; ils ont révélé l'existence de Jean le Tors, le seul des sept frères qui ait survécu; ils sont à sa recherche dans les ruines. — Mais Bernard, écrasé sous cette idée qu'Edmée le croit coupable, ne veut ni les aider dans leurs recherches ni se défendre. Il mourra, puisque Edmée ne souhaite pas qu'il vive. — Alors, M. de la Marche, qui, lui non plus, ne croit pas Bernard coupable, et qui, sous la rude écorce de l'ancien bandit, a apprécié le cœur de l'homme, amène Edmée convalescente aux ruines. Edmée est bien faible, à peine peut-elle parler;

mais elle retrouve la voix pour dire à Bernard qu'elle veut qu'il se défende, qu'elle veut qu'il prouve son innocence, qu'elle veut qu'il vive, et cela, parce qu'elle l'aime toujours.

Et, en effet, à ce mot sur lequel avait compté M. de la Marche, Bernard n'a plus qu'un désir, c'est, puisque Edmée est convaincue de son innocence, de prouver cette innocence au monde entier. Pour cela, il faut retrouver Jean le Tors, que l'on croit retranché dans la tour isolée. Mais comment arriver à cette tour? Le seul chemin qui y conduise, c'est la poutre à moitié brûlée, et que le moindre poids peut briser. Il n'y a que Marcasse que sa maigreur rende assez léger pour qu'il puisse se hasarder sur un pareil support. Il n'y a que lui encore que son habitude de courir sur les toits rende assez sûr de lui-même pour se hasarder sur ce chemin étroit comme l'arche du pont qui conduit au paradis de Mahomet. Il s'y hasarde de cette allure calme, de ce pied tranquille dont le spectateur le voit marcher depuis le commencement du drame. Au milieu du trajet, un coup de feu dirigé sur lui part de la tour. Il y a un moment d'angoisse terrible pour le pauvre tueur de taupes, placé entre un double danger mortel. Mais il ne laisse pas longtemps ses amis dans l'incertitude. Il lève son chapeau, les salue et les rassure avec son laconisme habituel.

— Rien! dit-il.

Et il continue son chemin.

Un second coup de feu ne l'arrête pas plus que le premier. Mais l'assassin à qui la main n'a point failli quand il s'est agi de tirer sur une jeune fille sans défense, tremble quand il est question de tirer sur un homme qui peut lui rendre coup pour coup. Il manque Marcasse du second coup, comme il l'a manqué du premier. Alors, il est perdu ; car Marcasse est bien décidément l'envoyé de cette vengeance divine qui le fait invulnérable. Marcasse pénètre dans la tour, et, un instant après, Jean le Tors, vaincu, avoue en mourant que c'est lui qui a commis le crime, en haine de sa nièce Edmée et de son neveu Bernard.

— Que le souffle du Seigneur, avec le dernier soupir de ce bandit, emporte la fatalité qui pèse sur la famille des Mauprat ! dit le chevalier Hubert en joignant les mains d'Edmée et de Bernard.

Et la toile tombe.

*
* *

Personne ne conteste le génie de George Sand.

Nous allons donc particulièrement nous occuper de son talent.

Peut-être s'étonnera-t-on que nous fassions de ces deux mots deux choses distinctes.

A notre avis, non-seulement elles sont rarement réunies, mais, au contraire, elles sont presque toujours distinctes et quelquefois opposées.

Dieu seul donne le génie.

L'éducation, l'étude, la persistance, peuvent donner le talent.

Avec le génie seul, on reste pauvre si l'on est né pauvre.

Avec le talent seul, il est rare qu'on ne fasse pas fortune.

Corneille était un homme de génie sans talent; aussi est-il mort de faim.

Beaumarchais était un homme de talent sans génie; aussi est-il mort millionnaire.

Madame Sand réunit le génie au talent; seulement, le génie est au talent chez elle dans des proportions bien supérieures.

On peut décomposer la valeur littéraire de George Sand à peu près comme ou décompose l'air respirable.

Air respirable :	*Valeur littéraire :*
77 parties d'azote,	77 parties de génie,
19 parties d'oxygène,	19 parties de talent,
3 ou 4 parties d'eau.	3 ou 4 parties de naïveté.

Il y a quelque chose de plus étrange encore dans madame Sand; elle a le génie romantique et le talent classique.

Au reste, elle explique cela elle-même sans se rendre compte le moins du monde qu'elle opère en elle la division que nous signalons aujourd'hui.

Écoutez-la parler :

« Peu de temps après la révolution de 1830, je vins à Paris avec le souci de trouver une occupation, non pas lucrative, mais suffisante. Je n'avais jamais travaillé que pour mon plaisir. Je savais, comme tout le monde, un peu de tout, rien en somme. Je tenais beaucoup à trouver un travail qui me permît de rester chez moi. Je ne savais pas assez d'aucune chose pour m'en servir. Dessin, musique, botanique, langue, histoire, j'avais effleuré tout cela, et je regrettais beaucoup de n'avoir rien pu approfondir. Car, de toutes les occupations, celle qui m'avait toujours le moins tenté, c'était d'écrire pour le public. Il me semblait qu'à moins d'un rare talent, — talent que je ne me sentais pas, — c'est l'affaire de ceux qui ne sont bons à rien. J'aurais donc beaucoup préféré une spécialité. J'avais écrit souvent pour mon amusement personnel ; il me paraissait assez impertinent de prétendre à divertir ou à intéresser les autres, et rien n'était moins dans mon caractère concentré, rêveur et avide de douceurs intimes, que cette mise en dehors de tous les sentiments de l'âme. Joignez à cela que je savais très-imparfaitement ma langue. Nourrie de lectures classiques, je voyais le romantisme se répandre. Je l'avais d'abord repoussé et raillé dans mon coin, dans ma solitude, dans mon for intérieur, et puis j'y avais pris goût, je m'en étais enthousiasmée, et mon goût, qui n'était pas formé, flottait entre le passé et le présent sans trop savoir où se prendre, et chérissait l'un et l'autre sans connaître et sans chercher le moyen de les accorder. »

Dites-moi, cette page ne peut-elle pas aussi bien être signée de Rousseau que de George Sand ; du philosophe de Genève que de la châtelaine de Nohant ?

En 1831, George Sand publie son premier livre, *Indiana*, un chef-d'œuvre.

Remarquez ceci : le génie n'a pas hésité ; il a tout d'abord donné son prospectus ; grandes qualités, petits défauts. Il a du premier coup fait aussi bien qu'il fera jamais.

Peut-être le talent, qui est perfectible, ajoutera-t-il

quelque chose à la forme; le génie, qui est immuable, n'ajoutera rien au fond.

Maintenant, suivons au théâtre l'application de ce génie et de ce talent, de ces hautes qualités et de ces petits défauts.

Nous avons dit que l'art, chez madame Sand, était romantique dans le fond et classique dans la forme.

Au théâtre, la chose deviendra plus sensible encore que dans les romans.

Le plan des pièces de George Sand est romantique; son dialogue est classique.

Voilà pourquoi ses pièces sont meilleures à lire qu'à voir représenter.

Elle sentait instinctivement cela, cette femme de génie, quand, après avoir donné *Cosima*, qui avait tous ses défauts et aucune de ses qualités, elle resta près de quinze ans sans reparaître au théâtre.

Ce fut un malheur.

Voulez-vous savoir à quelle impulsion elle céda en y rentrant?

Je vais vous raconter cela. Elle ne me l'a pas dit; je le devine.

Vous avez vu madame Sand jouant la comédie à Nohant avec ses voisins et ses voisines de campagne, en face d'une grande glace et sur un théâtre sans spectateurs.

Vous avez vu comment Paul Bocage arriva pour remplir le rôle du père d'Inésille, et improvisa son rôle.

Eh bien, il en était ainsi de chacun des acteurs.

Le matin, en déjeunant, George Sand bâtissait un

scénario, distribuait aux acteurs leurs personnages.

Le soir, chacun entrait selon le numérotage des scènes, et, selon son plus ou moins de facilité, improvisait plus ou moins habilement son rôle.

Un jour, on se lassa de ces ébauches; on demanda à George Sand une œuvre plus complète, un drame ou une comédie d'elle seule. Elle se mit sans prétention, en châtelaine obligeante qui ne sait rien refuser à ses hôtes, à tailler pour moins de peine un drame dans un de ses romans.

Ce drame se trouva être *François le Champi*.

Le hasard conduisit Bocage à Nohant. — Je ne sais pas les détails; je cherche, je tâtonne, je devine; mais je suis sûr que j'approche de la vérité. Je brûle, comme on dit au jeu de cache-cache. — Le hasard, disais-je, conduisit Bocage à Nohant, ou amena madame Sand à Paris. De l'une ou de l'autre façon, *François le Champi* passa des mains de l'auteur dans les mains du directeur. Nous avons vu comment George Sand hésitait à en permettre la représentation, et comment Bocage escamota la difficulté en faisant jouer la pièce sans prévenir l'auteur.

Le succès est entraînant : George Sand avait grandement, complétement, loyalement réussi. Elle n'avait plus d'objection à faire.

Il y a plus : les journaux, qui devaient depuis lui refuser tout mérite dramatique, criaient à perdre haleine que George Sand venait d'ouvrir une nouvelle ère théâtrale.

Ce n'était pas plus vrai que lorsqu'ils ont crié le contraire.

George Sand venait tout simplement, comme Alfred de Musset lorsqu'il fit représenter *le Caprice, le Chandelier* et *Il faut qu'une porte soit ouverte ou fermée*, de faire jouer au théâtre une chose qui n'était pas faite pour le théâtre.

Cela ne veut pas dire qu'il ne faille pas jouer au théâtre ces sortes de productions ; si ce n'est pas un enseignement pour leurs auteurs, qui ne peuvent se juger eux-mêmes, ce sont d'admirables objets d'étude pour les autres.

Je vais tâcher de démontrer cela.

Il y a, au théâtre, trois grandes familles de poëtes.

Il y a la famille d'Eschyle, d'Aristophane, de Shakspeare, de Corneille, de Molière, de Calderon, de Sheridan et de Schiller.

Il y a la famille d'Euripide, de Sénèque, de Racine, de Voltaire, d'Alfieri, de Casimir Delavigne et de Ponsard.

Il y a la famille de Ménandre, de Térence, de Métastase, de Gœthe, de Byron, de Victor Hugo, de Musset.

Les premiers sont les poëtes réalistes ; les seconds, les poëtes conventionnels ; les troisièmes, les poëtes idéalistes.

Les premiers sont romantiques par le fond et par la forme ; les seconds sont classiques par la forme et par le fond ; les troisièmes sont romantiques par le fond et classiques par la forme.

George Sand est de cette dernière famille.

Seulement, elle a au suprême degré une qualité qui, dans certaines circonstances, devient un défaut : elle est peut-être encore plus grand peintre que grand poëte.

Grand peintre de paysage.

Avez-vous vu quelque chose à la fois de plus vrai et de plus poétique que les descriptions de George Sand? Aube du matin, crépuscule du soir, champs sillonnés par la charrue, pâturages où ruminent les grands bœufs mugissants; prairies où tintent les sonnettes des moutons; ruines se détachant au sommet de la montagne, sur les rayons pourprés du soleil couchant; rivière coulant sombre et silencieuse au fond de la vallée; herbes se courbant au souffle du vent et secouant leurs diamants liquides, tout cela est de son domaine, tout celà est son champ, sa terre, son patrimoine; je me trompe, sa conquête.

Grand peintre de portraits.

Prenez le roman de *Mauprat*, et rappelez-vous les personnages éclos — je ne dirai pas sous la plume, la plume n'a que le contour — sous le pinceau de George Sand. Suivez les noms : Jean le Tors, Bernard Mauprat, Edmée, Patience, Marcasse, et jusqu'au vieux chevalier Hubert.

Les voyez-vous passer, marcher, agir? les entendez-vous parler, respirer, se plaindre?

Oui.

Eh bien, comment voulez-vous que l'illusion théâtrale vous rende des personnages aussi complets? Comment voulez-vous que les acteurs qui prendront ces noms-là, prennent en même temps la physionomie de ceux qu'ils sont appelés à représenter? Comment voulez-vous que M. Talbot, si difforme qu'il se fasse, me rende ce démon qu'on appelle Jean le Tors; que M. Brésil, avec du blanc, du rouge et du noir, me représente cet ange d'orgueil qu'on appelle Bernard Mauprat; que mademoiselle Fernand, si bien que soit taillée sa veste, si gracieuse que soit sa jupe, si élégant que soit son chapeau, si éclatante que soit sa ceinture, remplace pour moi la ravissante Edmée; que Barré, si longue que soit sa perruque, si blanche que soit sa barbe, si grimé que soit son front, me fasse oublier Patience, ce philosophe de la nature; que M. Fleuret, si large que soit son chapeau, si longue que soit son épée, si mince que soit sa personne, me rappelle cette ombre sans corps, ce marcheur sans bruit, ces os sans chair, ce dévouement sans ostentation, ce sauveur sans orgueil qui a nom Marcasse? — Ferville, lui-même, Ferville, l'excellent comédien, a eu beau prendre les habits du père d'Edmée, ce n'est pas là mon chevalier Hubert du roman; c'est Ferville que j'aime de tout mon cœur, et à qui je fais mon compliment bien sincère d'avoir lutté contre une impossibilité, sans avoir été écrasé par elle.

Le paysage trop bien peint, ce n'est rien : ce n'est que le cadre; mais les personnages trop bien dessinés, c'est autre chose.

Imitez avec les acteurs les plus intelligents *la Transfiguration* de Raphaël, *les Noces de Cana* de Paul Véronèse, ou *l'Adoration des Mages* de Rubens.

Regardez les tableaux animés, et souvenez-vous seulement des tableaux peints, vous verrez auxquels vous donnez la préférence.

Quand le drame, la comédie, la pièce de théâtre,

enfin, est tirée d'un des romans champêtres de madame Sand, comme *François le Champi* ou *la Petite Fadette*, la tâche de l'acteur devient plus facile ; le type du paysan matois ou grossier, de la paysanne coquette, ou médisante, est plus commode à imiter que celui de l'homme idéalisé ou de la femme poétique. Deshayes a très-bien rendu la figure de Jean Bonin ; madame Biron a parfaitement représenté la Catherine, pour ceux-là mêmes qui avaient les personnages du roman présents à la pensée. Mais il faudrait Talma, Kean et Frédérick, fondus dans un seul homme, pour rendre Bernard Mauprat ; il faudrait miss Helena Faucit, madame Dorval et mademoiselle Georges, à vingt ans, pour représenter Edmée.

Aussi, quoiqu'il y ait tout autant de mérite, et peut-être même un mérite supérieur, dans *Mauprat*, peut-être, tout en ayant le même succès, n'aura-t-il pas la même longévité que *François le Champi*. Mais cela ne sera pas la faute de l'auteur ; cela tiendra à la nature de l'œuvre.

Cette observation disparaît quand madame Sand, comme dans *Claudie*, dans *le Démon du foyer* et dans *le Pressoir*, invente et compose entièrement sa pastorale, sa comédie ou son drame, sans la tirer d'un de ses livres.

Alors, il n'y avait plus de comparaison à faire, et la pièce rentre dans la catégorie générale des œuvres de théâtre.

Maintenant, j'ai avancé ceci, que la méthode de tirer un drame d'un roman, désavantageuse pour George Sand, est avantageuse pour moi.

Au lieu d'être, comme George Sand, un poëte idéaliste de la famille de Ménandre, de Térence, de Métastase, de Gœthe, de Byron, de Victor Hugo et de Musset, je suis un disciple de l'école réaliste, d'Eschyle, d'Aristophane, de Shakspeare, de Corneille, de Molière, de Calderon, de Sheridan et de Schiller.

George Sand est un romancier philosophe et rêveur.

Je suis un romancier humaniste et vulgarisateur.

George Sand, avec beaucoup de peine et à force d'art, arrive à être théâtrale.

Moi, sans peine et tout naturellement, j'arrive à être dramatique.

Je fais d'abord mon drame; puis, de mon drame, je fais un roman.

George Sand exécute d'abord son roman; puis, de son roman, elle tire un drame.

Il y a plus; non-seulement nous ne composons pas de la même façon, mais encore nous n'exécutons pas de la même manière.

Roman ou drame, je ne commence matériellement mon œuvre que lorsqu'elle est complétement achevée dans mon cerveau.

Roman ou drame, George Sand commence son œuvre dès qu'elle a le premier chapitre, ou qu'elle tient la première scène.

Chez moi, c'est l'action qui crée, en quelque sorte, les personnages.

Chez elle, ce sont les personnages qui créent l'action.

Je peins moins, mais je moule davantage; je suis plus statuaire que peintre.

George Sand peint davantage et moule moins; elle est plus peintre que statuaire.

Mes personnages ont la forme; les siens ont la couleur.

Les siens rêvent, pensent, philosophent; les miens agissent.

Je suis le mouvement et la vie; elle est le calme et la pensée.

Son pouls bat de cinquante à cinquante-cinq fois à la minute; le mien de soixante à soixante et dix.

Aussi mes personnages se sont-ils facilement fondus dans l'acteur. D'Artagnan, c'est Mélingue; Charles Ier, c'est Lacressonnière; Charles IX, c'est Rouvière; la mère Tison, c'est Lucie; madame Bonacieux, c'est madame Rey; le chevalier d'Harmental, c'est Laferrière; le comte Horace, c'est Fechter; Castorin, c'est Colbrun; Caderousse, c'est Boutin.

Jamais, jouât-on la pièce deux cents fois, jamais Jean le Tors ne sera M. Talbot; jamais Bernard Mauprat ne sera M. Brésil; jamais Edmée ne sera mademoiselle Fernand; jamais M. Barré ne sera Patience; jamais M. Fleuret ne sera Marcasse; jamais Ferville ne sera le chevalier Hubert.

Chez moi, l'ombre et le corps ne font qu'un; c'est l'acteur qui est le corps, c'est le personnage du roman qui est l'ombre.

Chez George Sand, l'ombre et le corps marchent côte à côte, parfaitement distincts l'un de l'autre, et, chose étrange, c'est le personnage inanimé qui est le corps, et le personnage vivant qui n'est que l'ombre.

J'en ai dit assez pour me faire comprendre. Je m'arrête ; en m'étendant davantage, je ne ferais que me répéter.

Je terminerai mon travail sur le poëte par un portrait de la femme.

Pour beaucoup de femmes, dire leur âge serait commettre une indiscrétion.

Madame Sand compte ses années par des triomphes.

Elle a quarante-six ou quarante-sept ans.

Elle est plutôt petite que grande, plutôt grasse que maigre. Elle a des cheveux magnifiques, des yeux superbes, calmes et pleins de flamme tout à la fois. Le bas de la figure est moins bien que le haut.

C'est que le bas de la figure sert aux œuvres de la matière, le haut aux œuvres de l'intelligence.

Madame Sand travaille presque toujours facilement, sans fatigue ; elle écrit ses livres et ses pièces d'une belle écriture, sans ratures et sans surcharges.

Son repos, c'est la cigarette. De sa main petite, charmante, agile, elle roule éternellement dans du papier espagnol une pincée de tabac ordinaire, qu'elle puise dans sa poche ; ensuite, elle tire son petit briquet, fait étinceler une allumette, et allume sa cigarette.

La cigarette finie, elle recommence.

Son désespoir, quand elle fait ses répétitions, est de ne pouvoir fumer. Le pompier est sa bête noire ; elle se cache dans tous les coins, s'enferme dans toutes les loges pour lui échapper.

Elle a dans la conversation toute la simplicité de la grandeur, toute la bonhomie de la force, toute la naïveté du génie.

Elle parle peu, sans prétention aucune, mais dit quelque chose chaque fois qu'elle ouvre la bouche.

C'est la princesse des *Mille et une Nuits,* dont les paroles étaient rares, mais qui laissait tomber une perle avec chacune de ses paroles.

HENRI V ET CHARLES II

Le Théâtre-Français a repris dernièrement *la Jeunesse de Henri V* d'Alexandre Duval.

La Jeunesse de Henri V avait laissé quelques souvenirs dans l'esprit de ceux qui l'ont vu représenter comme moi, il y a trente-cinq ans.

A cette époque, du moins à la représentation à bénéfice où je la vis pour la première fois, elle était jouée par Fleury, Damas, Armand, Michot, mesdemoiselles Mars et Rose Dupuis.

A sa reprise, elle a été jouée, par MM. Leroux, Maillart, Monrose, Métrème, Masquillet, mesdemoiselles Fix et Favart.

Nous ne voulons pas dire que Fleury, Damas, Armand, Michot, mesdemoiselles Mars et Rose Dupuis jouassent mieux la comédie que MM. Leroux, Maillart, Monrose, Métrème, Masquillet et mesdemoiselles Fix et Favart.

Mais, à coup sûr, ils la jouaient d'une autre façon.

Nous en appelons à M. Empis lui-même, qui, étant

notre aîné d'une quinzaine d'années, a dû voir le Théâtre-Français dans son meilleur temps.

Aussi la pièce reprise a-t-elle été jouée deux fois sans argent, ce qui ne prouverait rien, mais sans succès, ce qui prouve beaucoup.

Les vieux amateurs s'en sont pris au jeu des artistes.

Les nouveaux spectateurs s'en sont pris à la forme de la pièce.

Ils se sont demandé — ces derniers, bien entendu, — comment près du héros illustré par Shakspeare, près du joyeux et excentrique compagnon de Falstaff, de Poins, de Peto et de Bardoff, né vers 1380, montant sur le trône en 1413, gagnant en 1415 la bataille d'Azincourt, et mourant au château de Vincennes en 1422, ils pouvaient trouver le poëte courtisan Rochester, né en 1648 et mort en 1680, c'est-à-dire trois cents ans juste après la naissance du prince auprès duquel le place M. Alexandre Duval, de son vivant académicien.

C'est que M. Alexandre Duval était de cette fameuse école de M. Briffault, pour laquelle non-seulement la couleur locale, mais encore la chronologie n'avait pas été inventée.

Puis, qu'on nous permette le récit d'une petite histoire que ne connaît peut-être pas le directeur du Théâtre-Français, tout académicien qu'il est lui-même.

Avant Alexandre Duval, qui a fait *la Jeunesse de Henri V*, existait un certain Mercier, qui, outre *l'Habitant de la Guadeloupe*, *la Brouette du vinaigrier* et *Jean Hennuyer*, avait fait un *Charles II, roi d'Angleterre, dans un certain lieu*, — comme, avant Voltaire, qui a fait *Zaïre*, *Sémiramis* et *Brutus*, existait un nommé Shakspeare, qui, outre *Macbeth, Romeo et Juliette* et le *Juif de Venise*, avait fait *Othello, Hamlet* et *Jules César*.

Or, comme CHARLES II, ROI D'ANGLETERRE, DANS UN CERTAIN LIEU, *comédie très-morale en cinq actes très-courts*, je cite son titre tout entier, est beaucoup moins connu qu'*Othello*, qu'*Hamlet* et que *Jules César*, nous allons entrer dans quelques détails sur cet ouvrage, devenu aujourd'hui si rare, qu'il n'en existe que deux exemplaires à Paris, et si chers, que mon ami Tresse, soit dit sans reproche, n'a pas voulu me lâcher un de ces exemplaires à moins de vingt francs.

Ce fut en 1789 que Mercier publia, sous la rubrique de Venise, cette singulière comédie, *dédiée aux jeunes princes*, et qui devait être représentée *pour la récréation des états généraux*.

Quant au nom de son auteur, c'était tout simplement UN DISCIPLE DE PYTHAGORE. — Elle portait pour épigraphe : *Panem et circences*.

L'avant-propos était curieux; aussi le citerons-nous en entier.

Le voici :

AVANT-PROPOS.

« Nos poëtes tragiques sont de terribles gens; ils ne mettent les rois sur la scène que pour les poignarder et pour les empoisonner ou les découronner tout au moins : nos poëtes comiques sont plus doux, quand ils font monter les rois sur le théâtre, ce n'est point pour les tuer, c'est pour peindre un acte intéressant ou familier de leur vie privée; ainsi nous avons vu notre Henri IV, et dernièrement Frédéric le Grand, figurer sur la scène française, et y paraître des hommes très-aimables.

» Que d'autres viennent nous offrir Charles Ier passant du trône sur l'échafaud et payant de sa tête ses perfidies envers sa nation; nous avons mieux aimé présenter son fils Charles II en robe de chambre et en bonnet de nuit. C'est donc ici le portrait d'un roi *en déshabillé*, et pour le coup sans gardes; de sorte qu'il a été impossible à l'auteur de placer une seule fois dans sa pièce cette phrase sacramentelle et toujours d'un si grand et si bon effet :

» — Holà! gardes, à moi!

» Quel mauvais genre, dira-t-on, qu'une pièce de théâtre où il ne se trouve pas un capitaine des gardes! quel oubli des principes de nos grands maîtres! quel ravalement de l'art!

» Nous en conviendrons de bonne foi.

» Mais un roi est un homme comme un autre; il n'est souvent même heureux qu'en se faisant homme le plus qu'il peut, c'est-à-dire en cachant soigneusement sa vie intérieure.

» On demandera peut-être ensuite où est la morale de cet ouvrage?

» Ah! nouvel embarras pour répondre.

» Aussi nous croyons que mieux vaut avouer tout de suite, avec un sage, qu'il n'y a point sous le ciel d'établissement humain qui soit capable d'engendrer la perfection morale tant que les hommes sont hommes.

» Cependant, ne désespérons point d'éprouver un

peu la moralité de cette comédie. Essayons et prenons un ton grave ; l'histoire révélera un jour tout ce qu'auront fait les princes, dira ce qu'il y a aujourd'hui de plus caché. Elle n'a pas manqué de nous instruire du libertinage de Charles II, de sa vie dissolue, qui le rendit méprisable.

» Ainsi, les petites scènes de débauche des princes vivants, si elles ne sont point réparées, seront un jour burinées par l'histoire ; mais voyez en même temps l'enchaînement des choses ! Si Charles II n'eût point tant aimé les filles, il n'eût point vendu Dunkerque à la France ; telle est la cause d'un grand événement, d'un événement fortuné pour nous autres Français ; je ne doute pas qu'un politique n'y réfléchisse mûrement, car les catins tiennent plus qu'on ne le pense aux grandes et modernes révolutions des États.

» Voilà, je crois, lecteur, de la politique et de la morale bien fondues ensemble dans cette comédie, sans compter le spectacle d'un roi qui, ayant perdu sa bourse qu'on lui a volée, est à la merci d'une matrone. — Qu'est-ce qu'un roi sans argent dans un pareil lieu ? — La matrone avare lui dit des injures, l'enferme sous clef et veut le faire jeûner au pain et à l'eau. Nous renvoyons ici le lecteur aux réflexions que fait Charles II quand il ne trouve plus sa bourse et qu'il est dans l'impossibilité de payer les viles créatures dont il est environné. — Toutes alors font tapage contre lui. C'est le bon joaillier qui lui sert de caution et le tire d'affaire.

» Ajoutons qu'au milieu de tant de brochures sérieuses, et d'un ton sévère, on ne sera peut-être pas fâché d'en lire une enfin d'un style tout à fait différent, mais qui à l'examen regagnera peut-être ce qu'elle aurait pu perdre au premier coup d'œil. Il ne faut pas que le Français soit trop longtemps sérieux, cela ne serait pas bon ; le rire doit se mêler chez lui aux choses les plus graves : voilà pourquoi l'on se propose d'égayer les états généraux, au milieu de leurs travaux patriotiques, par la représentation d'une comédie propre à les délasser de leurs fatigues peut-être aussi longues qu'honorables. Or, pour que les états généraux soient parfaits, il faut, selon nous, qu'ils ressemblent à *un grand bal masqué*, c'est-à-dire que chacun y porte un *domino* après avoir laissé à la porte son habit et même sa physionomie pour prendre uniquement celle d'un Français : le député ne doit plus être tel ou tel personnage, mais *un citoyen* ; l'habit long, l'habit court, les croix, les cordons, mitres, casques, que tout cela disparaisse sous le domino tandis que la voix libre du patriotisme errera seule parmi l'égalité des individus autorisés à tout se dire. — Le bal de l'Opéra doit donc être à la lettre le *modèle* des états généraux, parce que toutes les conditions y sont confondues et qu'on n'y porte *ni canne ni épée* [1]. Mais ne voilà-t-il pas encore un aspect politico-moral qui s'ouvre à notre pensée ? Finissons, car sans cela nous pourrions véritablement risquer de devenir profond ! »

Après cet avant-propos passablement embrouillé vient la pièce.

[1] Nous soulignons les mots que souligne Mercier, mais nous l'avouons, sans deviner pourquoi il les souligne.

L'analyse en est simple.

La duchesse de Portsmouth, cette bonne mademoiselle de Kéroual, envoyée par Louis XIV à son frère d'Angleterre, à titre d'ambassadeur, s'inquiète des nombreuses infidélités du roi.

Elle prie Rochester de corriger Sa Majesté de ce petit défaut, et surtout de la guérir d'aller dans certains endroits où sa santé, plus encore que sa vie, est exposée.

Rochester consent à tenter la chose ; justement, le même soir, le roi a une partie arrangée; on lui a parlé d'une perle nommée Betty, qu'il ne trouvera qu'en plongeant dans les profondeurs de l'égout social.

Betty, renseignée par Rochester, qui la connaît de longue main, enlève au roi pendant son sommeil sa bourse et sa montre, remet le tout à Rochester, qui part au point du jour, sans payer, en disant :

— La dépense regarde mon camarade.

Le camarade, réveillé, demande deux choses, son ami et son compte.

L'ami a disparu.

Quant au compte, il est là et se monte à dix-neuf guinées.

Bagatelle !

Charles II fouille à sa poche, pas de bourse; à son gousset, pas de montre.

Il s'écrie qu'on l'a volé.

La maison est honnête ; on n'y vole pas, mais on ne s'y laisse pas voler non plus.

On met le roi sous clef jusqu'à ce qu'il ait trouvé dix-neuf guinées.

Le roi, resté seul, se désespère ; mais tout à coup il

songe à la bague qu'il porte au doigt et qui vaut deux cents guinées.

Il appelle, on vient; il donne sa bague, non point pour qu'on la vende, il tient au bijou, mais pour qu'on la porte chez un joaillier qui prêtera dessus vingt guinées.

On porte la bague chez un joaillier qui est justement le joaillier de la couronne.

Il reconnaît la bague pour appartenir au roi.

Voilà le roi, de volé qu'il était, devenu voleur.

Il se décide à demander le joaillier, lui-même.

Le joaillier vient.

Il reconnaît le roi comme il a reconnu la bague.

Il tombe aux genoux du roi en lui demandant pardon; la matrone, en reconnaissant le roi, tombe à genoux de son côté; les pensionnaires de la maison, toujours en reconnaissant le roi, tombent à genoux du leur.

Tout cela demande pardon.

Le roi pardonne.

Alors s'élève un immense cri de « Vive le roi! » que Charles II ne peut éteindre qu'en se sauvant.

Rentré au palais, il s'apprête à laver la tête à Rochester, lorsque la belle duchesse de Portsmouth s'interpose, explique tout, prend le crime sur elle, et fait fondre toute cette colère du roi dans un baiser.

Vous voyez que, moins la métamorphose de Betty en fille de taverne, moins la métamorphose de la matrone en capitaine Coop, moins la métamorphose du page en maître d'italien, moins enfin cette pauvre petite intrigue qui fait retrouver à Rochester sa nièce sous le costume de la jolie tavernière, la pièce de *Charles II* et de *Henri V* est identique.

Mercier avait encore été plus volé que Charles II.

Cela se faisait au xviii° siècle, et l'on dit que cela se fait encore au xix°.

Aussi, le soir de la représentation de *Henri V*, Mercier reconnut-il son *Charles II*, scène pour scène.

Mercier était brouillé avec la Comédie-Française, mais fort ami avec Alexandre Duval, qui, tout ami de Mercier qu'il était de son côté, venait, comme on voit, de fouiller à sa poche sans sa permission, peut-être parce qu'il était son ami.

Mercier attendit le troisième acte, tout en mâchonnant sa vengeance.

Puis, le troisième acte fini, entrant dans le foyer du théâtre au moment où Alexandre Duval recevait les compliments des acteurs.

— Dis donc, Duval, dit-il en lui frappant sur l'épaule, comment trouves-tu ces imbéciles de Comédiens français qui avaient dit qu'ils ne joueraient plus rien de moi ?

Puis il s'en alla en secouant la tête et en répétant :

— Les imbéciles ! les imbéciles !

L'anecdote m'a paru curieuse et valoir au moins les vingt francs que la pièce m'a coûtés.

DE LA NÉCESSITÉ

D'UN

SECOND THÉATRE-FRANÇAIS

I

C'est une question bien rebattue que celle de l'utilité d'un second Théâtre-Français ! et cependant, nous reviendrons sur cette question tant que nous n'aurons pas obtenu une solution satisfaisante de l'un de ces ministères qui passent si rapidement devant nous, qu'ils n'ont pas le temps, emportés qu'ils sont par le souffle populaire, de se retenir aux choses qu'ils disent avoir semées, et que nous ne voyons point sortir de terre. Tout ce que nous possédons à cette heure a pris racine dans une autre époque, et est implanté dans ce sol puissant et fertile que Napoléon labourait avec son épée, et engraissait avec notre sang. Nous posons des girouettes et pas de fondements; nous sommes des acheveurs, et voilà tout : c'est quelque chose pour le passé que nous complétons, ce n'est point assez pour l'avenir que nous laissons vide. Ce que nous disons là, qu'on le comprenne bien, ne s'applique point aux arts, mais à ceux qui ont mission de les soutenir et de les encourager. Les arts, au contraire, et, parmi eux, la littérature surtout, ont accompli leur révolution. Le théâtre a eu son 93; la monarchie des Crébillon et des de Belloy a été renversée, comme celle de Louis XVI et de Charles X, et 1830 a vu se consolider deux dynasties nouvelles; on a fort contesté leurs titres à toutes deux; on les a attaquées de l'épée et de la plume. L'une a eu son cloître Saint-Merry; l'autre son *Sigismond de Bourgogne;* mais, malgré les éloquentes diatribes de M. Berryer, et les spirituels feuilletons de M. Janin, l'une n'en est pas moins fille de Henri IV, et l'autre de Shakspeare. Toutes deux règnent de fait et de droit : l'une au Louvre, l'autre au théâtre; et Charles X aura beau dater ses ordonnances de Prague, et M. Viennet ses tragédies du palais Mazarin, ils auront grand'peine à obtenir de l'histoire qu'elle ne constate pas au moins un interrègne. Quoi qu'on ait fait pour cela, il y a peu de personnes en France qui croient sérieusement que Bonaparte n'ait été que le général de Louis XVIII.

Or, la différence qu'il y a entre les deux dynasties, dont l'une a livré force batailles, tandis que l'autre a évité jusqu'aux moindres escarmouches, c'est que la dynastie bourbonienne a pour ses représentations royales le Louvre, les Tuileries, le Palais-Royal, Neuilly, Fontainebleau et Compiègne; pour sa mise en scène, une liste civile de douze millions, et pour ses frais de costumes, une fortune particulière d'un demi-milliard; tandis que la dynastie shakspearienne ne possède en propre ni la scène française, que lui interdit l'Académie, ni le théâtre de la Porte-Saint-Martin, que lui disputent les Bédouins ; il y a bien, à titre de subvention, ce qui, théâtralement parlant, peut se traduire par le mot de *liste civile*, quelque chose comme deux cent mille francs alloués à la Comédie-Française ; mais ces deux cent mille francs servent à payer les pensions de MM. Saint-Prix, Saint-Fal, Damas et Lafon, qui sont morts, je crois, et à compléter les parts de MM. Saint-Aulaire, Desmousseaux, Perrier, David, etc. ; parts qui, de quinze mille francs, sont tombées à onze cents francs, au dire de M. Fulchiron lui-même. Quant à la fortune particulière de Nos Altesses dramatiques, chacun la connaît, et je doute que beaucoup de notaires, de commerçants ou d'agents de change consentissent à la troquer contre la leur.

Or, on le comprendra, ce provisoire dramatique ne peut durer ; et, au nom de dix ans de travaux, de luttes et, disons-le, de succès, nous avons le droit de demander au ministère des explications, et à celui-ci plus qu'à tout autre ; car, formé d'hommes d'intelligence qui ont lutté et souffert, il doit y avoir en lui quelque sympathie pour ceux qui luttent et qui souffrent, martyrs de la même religion littéraire qui les a portés où ils sont.

Le Théâtre-Français est un débouché complétement illusoire, non-seulement pour les jeunes gens qui commencent, mais encore pour les hommes qui sont arrivés. — Tout entier sous la main du ministère, qui l'étouffe ou lui donne de l'air à son gré, il faut que son directeur adopte les sympathies et les haines bureaucratiques d'un chef de division ou d'un secrétaire particulier. L'opinion sur les hommes et les choses arrive en notes officielles de la rue de Grenelle au cabinet de l'administration ; et, comme la subvention, seule source d'eau qui désaltère les comités, peut tarir aux mains de MM. Cavé ou de Vailly, l'art a beau se cacher et vouloir marcher dans une large route, il faut qu'il obéisse au frein d'or que lui met son cavalier ministériel, et qu'il passe par le chemin de traverse des coteries ou des intérêts. Ce serait un tableau curieux à faire que celui des opinions littéraires des différents ministères qui se sont succédé ; et, si curieuses qu'aient été parfois leurs opinions politiques, je crois, Dieu me pardonne, que les autres l'emportaient encore en originalité sur celles-ci.

On nous objectera peut-être que le Théâtre-Français est plus encore destiné à conserver nos vieilles gloires qu'à fonder des gloires nouvelles, que c'est un théâtre qu'il faut ouvrir à des talents mûrs et non à de jeunes essais ; et à ceci nous n'avons rien à répondre, car c'est notre avis à nous-même. Nulle part l'ancien répertoire ne sera joué comme sur la scène de la Comédie-Française. Les planches de la rue de Richelieu sont bonnes conservatrices des traditions : c'est la véritable patrie de Molière. Mais, partout aussi, et dans des conditions à peu près pareilles, le drame moderne sera aussi bien et même mieux joué. Il en est des rois de théâtre comme des rois réels, ils acceptent difficilement les constitutions qu'on leur impose, et c'est toujours avec l'arrière-pensée de les trahir qu'ils prêtent serment aux révolutions.

Il est donc de toute nécessité, non-seulement pour le bien-être de l'art dramatique, mais encore pour son progrès, qu'un second Théâtre-Français soit ouvert, qui contre-balance le pouvoir du premier, et que la littérature ait ses deux chambres, dont la seconde casse ou confirme les arrêts de la première. Cette nécessité admise, une autre nécessité non moins grande, c'est que ce second Théâtre-Français ne s'ouvre point au faubourg Saint-Germain ; car, après la condition d'existence, vient la condition de vitalité : et nous allons tâcher, puisque nous avons les ferrements en main, que le ministère accouche d'un enfant viable et non d'un avorton mort-né.

Que les trois maires des trois arrondissements qui environnent le Luxembourg réclament l'ouverture de l'Odéon, c'est concevable : ceci est pour eux une affaire de boutique, et non une affaire d'art; il s'agit de rendre la vie à un côté paralysé du grand corps parisien, et peu importe à MM. Demonts, Bessas-Lameygie, Lanneau (ce sont, je crois, les noms de ces trois fonctionnaires), que le sang qu'ils veulent injecter aux artères de leur vieillard soit tiré de nos veines, pourvu que l'opération magendique se fasse et que leur malade reprenne à nos dépens l'apparence de la santé. Nous l'avons dit, ce ne sont point les Muses qui pleurent au péristyle de leur temple fermé, c'est le commerce qui frappe en murmurant aux portes des trois mairies. Or, il y a mille moyens de faire revivre le commerce sans qu'il soit pour cela nécessaire de vampiriser l'art.

Et cette boutade nous vient à cause d'un projet étrange qui aurait été, nous assure-t-on, inspiré à ces messieurs par le refus positif d'une subvention ministérielle. Si nous sommes bien informé, ce projet consistait à créer treize cents actions de 250 francs l'une; ce qui devait produire, je crois, quelque chose comme 325,000 francs, moyennant laquelle somme de 325,000 francs le directeur du théâtre de l'Odéon s'engagerait à donner treize cents entrées aux treize cents actionnaires, et à leur jouer de la tragédie, de la comédie, du drame, de l'opéra-comique et du vaudeville. Je conçois que ceux qui ne fournissent que l'argent trouvent ces conditions bonnes; mais, nous qui fournissons les œuvres, on nous permettra de les trouver mauvaises et de prouver qu'elles le sont.

D'abord, ces 325,000 francs qui constituent une recette et non une subvention, puisqu'ils se prélèvent sur la bourse des spectateurs, et non sur le budget du ministère, seront, grâce à ce titre de subvention, soustraits à la dîme des auteurs, et, en conséquence, 32,500 francs qui devraient appartenir de droit aux hommes de lettres dont les œuvres seraient représentées dans le courant de l'année, se tromperont de caisse et entreront dans celle du directeur. De plus, tous les jours, treize cents personnes qui auront payé d'avance leur entrée à toutes places, moyennant la somme de quatorze ou quinze sous, encombreront la salle, qui contient dix-neuf cents places à peu près, au détriment des spectateurs payant à la porte ces mêmes places quatre ou cinq francs. Je sais bien que, de cette manière, il y aura tous les jours neuf cents francs de recette assurés avant l'ouverture des bureaux, lesquels, de leur côté, peuvent en produire cinq cents par soirée; mais, sur ce total de quatorze cents francs qui, selon notre expérience, est le maximum auquel on puisse atteindre, nous le répétons, les auteurs qui ont droit au dixième, au lieu de cent quarante francs, ne toucheront que cinquante francs. D'où il suit que, lorsqu'on jouera un drame en cinq actes, un opéra-comique en trois actes, et une comédie ou un vaudeville en un acte, l'auteur du drame percevra vingt-cinq francs, l'auteur de l'opéra seize francs, et l'auteur de la comédie ou du vaudeville cinq francs; ce qui, en supposant des collaborations triples, portera la journée du poëte dramatique à un taux un peu au-dessous de celle du machiniste qui lui apporte des bouquets et du garçon de théâtre qui lui fait ses commissions. Ce sont là des bagatelles auxquelles MM. les maires des trois arrondissements n'ont pas songé, tant les préoccupent avant tout les intérêts et les plaisirs de leurs administrés, mais auxquels ils permettront que notre dignité compromise songe sérieusement pour eux.

Maintenant, puisqu'on nous force, malgré notre répugnance pour toute espèce de calcul, à tripoter des chiffres, que l'on nous permette d'examiner, arithmétiquement parlant, la possibilité de l'existence d'un théâtre jouant la tragédie, la comédie, le drame, l'opéra-comique, le vaudeville, et tout cela moyennant une subvention de 325,000 francs par an.

Le moins que l'on puisse admettre, comme nécessité absolue et pour l'exécution supportable de cinq genres différents, c'est la réunion de deux troupes, l'une de drame, l'autre d'opéra-comique. Or, pour combattre la situation topographique du théâtre de l'Odéon, il faut que ces deux troupes puissent rivaliser, l'une avec le théâtre de la rue de Richelieu, l'autre avec le théâtre de la place Favart. Ce principe de rigueur admis, la troupe de drame coûtera cent soixante mille francs ; c'est quarante mille francs de moins que ne coûtait la troupe de M. Harel en 1830; ci............ 160,000 fr.

La troupe de l'opéra-comique absorbera deux cent cinquante mille francs, et nous la cotons à dix mille francs de moins que celle de M. Crosnier ; ci................ 250,000

On n'aura point de chœurs tolérables à moins de trente mille francs ; ci.......... 30,000

Pour l'orchestre..................... 70,000
Mise en scène....................... 80,000
Copie de musique.................... 10,000
Éclairage........................... 38,000
Gardes et pompiers.................. 18,000
Machinistes......................... 12,000
Pose des affiches................... 6,000
Chauffage........................... 6,000
Réparations aux machines............ 3,000
Id. aux pompes.............. 2,000
Balayage et frottage................ 2,000
Patente et impôts................... 2,000
Assurances mobilières............... 2,000
Renouvellement des cartons, impressions de feuilles de répertoire, etc., etc... 1,000

Passons à l'administration et ajoutons encore :

Pour le contrôle.................... 6,000
Pour le personnel administratif..... 28,000

Et nous aurons un total de...... 726,000 fr.

Lequel passif annuel nécessite comme balance, si l'on veut que le directeur puisse tenir, une recette journalière de 2,000 francs, y compris la subvention, ou de 1,100 francs, non compris la subvention ; ce qui est matériellement impossible, surtout en extrayant du quartier les treize cents actionnaires, qui enlèvent, comme nous l'avons dit, treize cents spectateurs payant au bureau.

La réouverture de l'Odéon, à des conditions pareilles, serait donc illusoire, puisque la vie qu'on aurait cru lui rendre, pour une époque donnée, l'abandonnerait au tiers à peine du temps désiré : ce ne serait pas une résurrection, ce serait un galvanisme ; or, que le médecin qui se chargera de l'expérience tâche d'emprunter à d'autres que nous ses piles voltaïques.

Nous sommes entré dans tous ces détails, dont nous demandons humblement pardon à nos lecteurs, parce que nous avons l'espoir que cet article tombera entre les mains de quelque familier de l'hôtel de Grenelle, qui, s'il n'a rien de mieux à faire, le mettra peut-être, par hasard, sous les yeux du ministre. Alors, et dans cet espoir toujours, nous ajouterons ce que nous avons dit : Que, si l'on veut qu'il existe un second Théâtre-Français, la première condition de cette existence est de l'ouvrir avec des chances de durée. Or, afin qu'il s'ouvre fructueusement pour l'art, afin qu'il rende quelque courage aux auteurs, quelque confiance aux comédiens, quelque émulation à son confrère, il faut que ce théâtre soit placé dans une situation équivalente à celle du théâtre de la rue de Richelieu ; il faut qu'on lui donne 150,000 francs de subvention ; il faut enfin, et ce sera une grande innovation sans doute, que le privilége en soit accordé à des hommes d'art, qui aient une réputation à perdre, et non à des spéculateurs qui aient une fortune à gagner. C'est un rival que nous demandons pour le Théâtre-Français, et non une victime que nous lui votons : on a fait jusqu'à présent, aux vieilles divinités de la rue de Richelieu, assez de sacrifices humains. Nous demandons l'abolition de ce culte druidique, surtout si ses prêtres s'obstinent à ne pas nous faire d'autres miracles que ceux que nous connaissons.

Quant à la Comédie-Française, il faut la laisser aller comme elle va, car elle marche dans une bonne route; son directeur en fait habilement tout ce qu'il en peut faire. Un peu plus de luxe de décorations, un peu plus de vérité de costumes, et elle offrira encore, malgré la décadence de l'école, une belle galerie de nos anciens maîtres, où l'on ira dévotement et pieusement adorer Molière, Corneille et Racine, comme on va au Louvre étudier le Titien, Michel-Ange et Raphaël.

La probabilité de l'ouverture d'un second Théâtre-Français est devenue à cette heure presqu'une certitude, et, pour la première fois, depuis six ans, les réclamations de la littérature ont trouvé un accueil bienveillant, sinon sympathique, dans le ministère : cela ne nous étonne pas de la part d'hommes dont les plumes ont signé des livres d'archéologie et d'histoire avant de signer des ordonnances et des circulaires. Producteurs eux-mêmes, ils ont compris combien était mauvaise et mesquine cette haine improductrice, qui, se créant effrontément mandataire du bon goût, essaye au nom de Molière, de Corneille et de Racine, de réveiller contre des hommes qui, à tout prendre, sont la seule richesse du présent et le seul espoir de l'avenir, les proscriptions dont ces grands maîtres eux-mêmes ont été victimes pendant leur vie. Félicitons le ministère d'avoir pensé que ce n'était point assez d'honorer les morts, mais qu'il fallait encore ne pas laisser mourir de faim les vivants, et espérons que quelques pauvres intrigues de coteries et quelques petites oppositions de bureaux, qui peuvent seules s'opposer à un acte tout national, resteront sans crédit et sans puissance en face d'un intérêt aussi élevé que celui de l'art dramatique.

Au reste, pour répondre aux bruits de monopole déjà répandus, et à ceux qu'on ne manquera pas de répandre encore, nous mettons sous les yeux de nos lecteurs la pétition adressée à M. de Gasparin par MM. Casimir Delavigne, Alexandre Dumas et Victor Hugo. Nous avons déjà dit que MM. Scribe, Lemercier et les autres membres de la commission dramatique, avaient fait une démarche dans les mêmes intérêts, et adressé une demande dans le même but.

A Monsieur le Ministre de l'intérieur,

« Monsieur le ministre,

» Le Théâtre-Français tel qu'il est constitué actuellement, avec son ancien et admirable répertoire qui, au grand applaudissement du public et des amis de l'art, occupe la scène pendant six mois de l'année; obligé, en outre, d'employer trois autres mois environ à la reprise d'ouvrages modernes dont le succès explique cette faveur, se trouve dans l'impossibilité de consacrer plus de trois mois chaque année à la représentation des ouvrages nouveaux.

» Or, tandis que le mélodrame et le vaudeville ont dix théâtres, et nous ne comptons ici que les principaux, la tragédie, la comédie et le drame n'ont qu'un seul théâtre, ou plutôt, comme nous venons de le démontrer, trois mois de l'année dans un théâtre ; c'est-à-dire, à proprement parler, le quart d'un théâtre. De là résulte un encombrement dont souffrent également la littérature dramatique d'une part, et la Comédie-Française de l'autre.

» C'est donc un vœu général, un vœu fondé en droit et en raison, un vœu ressortant de la nécessité même, que l'ouverture d'une seconde scène réservée à la littérature sérieuse.

» Les auteurs, la commission qui les représente, la presse unanime réclament de toutes parts et depuis longtemps ce second Théâtre-Français, toujours promis par le pouvoir, toujours attendu par le public.

» Nous croyons, monsieur le ministre, qu'il est temps enfin de satisfaire à des réclamations si universelles ; les besoins littéraires sont en France, et à Paris surtout, des besoins populaires ; la sympathie des classes lettrées importe à un gouvernement éclairé.

» Nous appelons donc votre attention sur l'urgente nécessité d'établir un second Théâtre-Français et de l'établir avec de certaines conditions d'existence durable et de vitalité robuste, qui puissent le maintenir dans une attitude toujours digne et littéraire. Ce théâtre pour lequel nous réclamerions une localité favorable et l'aide effectif du pouvoir, ferait, nous l'espérons, rejaillir quelque lustre sur la littérature qui le soutiendrait et sur le gouvernement qui l'aurait fondé.

» Nous avons l'honneur d'être, monsieur le ministre, avec une haute considération, vos très-humbles et obéissants serviteurs.

» Alexandre Dumas; Casimir Delavigne;
Victor Hugo. »

II

Lorsque tout le monde réclamait l'ouverture du théâtre de l'Odéon, seul nous protestâmes contre cette demi-mesure littéraire, qui, en paraissant accorder tout, n'aurait, de fait, accordé rien; nous dîmes assez haut à cette époque pour que notre voix parvînt au ministère et fût entendue des ministres, qu'il ne fallait pas confondre les réclamations du commerce avec les vœux de l'art; nous accusâmes MM. les maires députés qui retrouvaient, en faveur de l'art dramatique dans le cabinet de M. Thiers, la voix qu'ils avaient perdue à la Chambre lors de la dicussion subventionnelle, d'agir bien plutôt en faveur de leurs commettants que dans les intérêts de la littérature; et c'était tout simple, parmi les deux mille électeurs du faubourg Saint-Germain, il y a six cents industriels et pas un homme de lettres.

A cette époque, malheureusement, notre voix s'adressait à des hommes qui à toutes les réclamations de ce genre avaient fait vœu de se boucher les oreilles : il y avait des engagements pris avec l'Académie, des engagements pris avec la Chambre, des engagements pris avec M. Harel ; — engagements négatifs, qui flattaient plus d'amours-propres qu'ils ne servaient d'intérêts. A cette époque, on employait, au nom de la gloire militaire et de la gloire civile, cent quinze millions à entasser des pierres les unes sur les autres, et à les tailler tant bien que mal pour faire des palais, des arcs de triomphe et des statues, et l'on n'osait donner gratis une signature en faveur de la gloire dramatique, tant ces antipathies personnelles était corroborées de haines politico-académiques. A cette époque, enfin, un article du *Constitutionnel* suffisait pour faire disparaître de l'affiche d'un théâtre royal une pièce pour laquelle le ministre avait déjà loué sa loge, et à toutes les réclamations de l'auteur, qui n'était pas venu offrir son œuvre, mais auquel on était allé la demander, on répondait qu'on ne connaissait pas la pièce défendue, que, par conséquent, on n'avait rien contre elle, mais qu'on ne pouvait, sous peine de perdre soixante voix à la Chambre, se brouiller avec MM. Viennet, Fulchiron et Étienne.

C'était, littérairement parlant, car nous ne voulons pas nous occuper de sa politique, un charmant ministère, un peu moins progressif que celui de M. de Montbel, et un peu plus arbitraire que celui de M. de Polignac, toujours littérairement parlant. Nous ne rappellerons pas ici sa moralité, et nous attendrons son retour et sa puissance pour fouiller, sous ses yeux, le cloaque des subventions et l'égout des pots-de-vin ;

et cependant, nous ne demandions pas mieux que de vivre insoucieux de ses actes; il nous a poussé dans la voie politique, en nous fermant la voie littéraire; nous sommes descendu, grâce à lui, du théâtre dans le cirque; nous ne voulions être que poëte; il nous a fait athlète et gladiateur; qu'il vienne donc, et il nous trouvera prêt à la lutte et au combat.

Un autre ministère a surgi qui, sous le rapport littéraire au moins, a manifesté son indépendance, et qui n'a pas craint, si peu populaire qu'il soit, de perdre, lorsqu'il s'est agi de faire une bonne et loyale chose, les soixante voix de MM. Fulchiron, Étienne et Viennet. Nous l'en remercions pour notre compte, quoique, si l'on veut examiner notre position personnelle aux différents théâtres de Paris, nous soyons un de ceux qui pouvaient à la rigueur se passer de l'ouverture de cette nouvelle scène; mais, en cette occasion comme en quelques autres, nous avons travaillé pour nos jeunes amis plutôt encore que pour nous.

Tant il y a que l'ordonnance est signée; que, contre l'ordinaire, la signature a été donnée gratuitement à un homme honorable, à un homme d'opposition, et qu'on ne lui a demandé, chose bizarre, en échange de cette signature, ni promesse ni engagement. Les employés inamovibles doivent vraiment ne plus savoir à quoi s'en tenir; aussi la mesure a-t-elle déjà été commentée, attaquée et calomniée par les journaux qui n'ont pas compris que quelque chose se fît sans leur influence.

L'un, que nous remercions de sa bienveillance et dans lequel nous avons reconnu un ami, avoue la nécessité de l'ouverture d'un second Théâtre-Français, félicite le ministère de l'avoir comprise, et s'adresse à nous pour savoir dans quel but ce nouveau théâtre a été ouvert, et dans quelle direction il marchera.

L'autre, dans lequel il nous a bien fallu reconnaître un ennemi, nie l'opportunité de la mesure ministérielle, déclare que les auteurs de comédie et de drame avaient tout autant qu'il leur fallait, ayant le théâtre de la rue de Richelieu et celui de la Porte-Saint-Martin, se place en Aristarque sur la plus boursouflée de ses théories psychologiques, et déclare qu'il n'accordera qu'à bon escient son approbation à une entreprise faite dans le but de populariser le ministère, en l'étayant des noms de MM. Casimir Delavigne, Victor Hugo et Alexandre Dumas.

Au premier, nous répondrons que nous ne croyons nullement que le nouveau théâtre ait été ouvert dans un autre but que celui de favoriser la littérature contemporaine, sans acception aucune de partis ou d'école; que, quant à la route dans laquelle il marchera, nous ne sommes appelé en rien à la rectifier ou à la fausser, autrement que par nos œuvres, et que c'est à M. Anténor Joly, et non à nous, de l'éclairer sur ce point.

Au second, nous rappellerons qu'il manque de mémoire ou de suite dans ses opinions, lorsqu'il dit que les auteurs qui se plaignent d'être à l'étroit à la Porte-Saint-Martin et à la rue de Richelieu, ressemblent à des hommes qui demanderaient de l'air au milieu de la plaine Saint-Denis; il sait très-bien ce que c'est que cette machine pneumatique qu'on appelle un théâtre, et comment le directeur, qui en tient la clef, donne ou ôte de l'air à son gré aux auteurs qu'il veut étouffer ou faire vivre. Nous l'avons entendu plus d'une fois déplorer avec nous que l'art fût soumis si arbitrairement à des caprices de bureau ou à des influences de couchette, et, s'il était nécessaire d'appeler des faits au secours de ses souvenirs si singulièrement fugitifs, nous lui mettrions sous les yeux, près des cadavres refroidis d'*Antony* et du *Roi s'amuse*, le corps palpitant de *Jaffier*, et nous lui expliquerions comment les premiers ont été étranglés en une heure, et comment le second a été étouffé en huit jours. Quant à la popularité qu'il suppose que le ministère a voulu tirer de nos trois noms, l'assertion a du moins le mérite d'être nouvelle, si elle n'est bienveillante ni juste ; il est vraiment triste et malheureux, qu'une petite haine de journal entraîne des hommes, sinon supérieurs, du moins honorables, à de tels oublis d'amitié et à de telles capitulations de conscience.

Comme c'était à nous que ces questions avaient été adressées, c'était à nous d'y répondre, et nous venons de le faire ; mais nous ajoutons ici que le second Théâtre-Français n'a pas été plus donné à MM. Victor Hugo, Casimir Delavigne et Alexandre Dumas, qu'à MM. Lemercier, Scribe et Rougemont, président et membres de la commission dramatique, qui ont fait une demande de vive voix à M. Thiers, si notre mémoire est bonne, et l'ont renouvelée par écrit à M. de Montalivet, si nous sommes bien informé. Maintenant, tout en niant notre participation comme directeurs, nous donnerons nos avis comme journaliste, avis que, du reste, nous laissons M. Anténor Joly parfaitement libre de suivre ou de ne pas suivre.

Le premier, c'est de ne point établir le siége de son exploitation place Ventadour. L'influence du ministère, dans cette circonstance, ne peut être qu'officieuse et jamais officielle ; on comprend très-bien que le gouvernument qui a choisi si judicieusement la place où il voulait enterrer sept millions, tienne à ce que le monument qu'il a élevé dans son enthousiasme lyrique devienne autre chose qu'un magasin à fourrage; on comprend encore que les actionnaires qui lui ont acheté ce monument cinq millions, et qui, depuis sept ans, n'en ont recueilli que soixante et dix mille francs en tout, soient désireux de se tirer du pire, ne fût-ce que pour tomber dans le médiocre. Mais, en conscience, cela ne doit pas être aux dépens d'une jeune exploitation qui sort de la rue de Grenelle comme le premier homme sortit de la main de Dieu, seule, pauvre et nue ; qui a besoin, pour respirer, se développer et grandir, d'une atmosphère populeuse pleine de bruit et de lumière, et non d'un quartier infréquenté vers lequel aucun intérêt matériel n'attire, auquel aucun besoin vital ne conduit, dont un passage rival digère la substance, où l'on ne peut arriver sans s'enquérir de sa latitude, et dans les déserts duquel les commissionnaires et les cochers de fiacre, ces Cook et ces Bougainville de la capitale, s'égarent eux-mêmes. Ce serait transporter l'Odéon sur la rive droite de la Seine avec une chance de vitalité de moins, puisque le second Théâtre n'a pas même de subvention. Nous ne savons pas jusqu'à quel point M. Anténor Joly est engagé sur ce point avec MM. Cavé et Boursault; mais nous formulons ce jugement, qui est celui de l'expérience, afin qu'au besoin il s'en fasse une arme offensive ou défensive, une lance ou un bouclier.

Le second avis, c'est de ne jouer les pièces nouvelles que de deux jours l'un ; les intérêts des auteurs en souffriront peut-être, mais les intérêts de l'art s'en trouveront au mieux : il est impossible que des artistes forcés de jouer tous les soirs, et souvent de répéter dans la journée, n'interrompent pas l'étude de leurs rôles à la première représentation. Or, la première représentation n'est que l'enfantement scénique. L'enfant est mis au jour et baptisé, voilà tout. Il lui faut encore les soins continuels de ses parents pour qu'il parvienne à toute sa virilité. L'âge d'un drame est en harmonie avec l'âge de l'homme ; l'homme vit de soixante à quatre-vingts ans, le drame atteint de soixante à quatre-vingts représentations. Il y a bien par-ci par-là quelques exceptions, des enfants condamnés qui ne se lèvent pas de leur berceau, comme *Clovis* et *Sigismond de Bourgogne*, des hommes phthisiques qui meurent à la fleur de leur âge, comme *l'Ambitieux* et *Charles VII*, enfin des vieillards entêtés qui ne veulent pas descendre dans la tombe, comme *Marino Faliero* et *la Tour de Nesle*; mais ces cas sont des exceptions et non des preuves, et la mercuriale dramatique est, comme nous l'avons dit, de soixante à quatre-vingts représentations. Or, voyez à tout théâtre quotidien un ouvrage à sa trentième soirée, c'est-à-dire à l'âge où il devrait être dans toute sa force, et vous le trouverez essoufflé, chancelant et décrépit comme un vieillard, tandis que, sur un théâtre rival et alternant, son contemporain vous apparaîtra valide, robuste et vigoureux comme un jeune homme. Le secret du génie toujours croissant de Talma et de mademoiselle Mars est là peut-être; s'ils avaient été forcés de jouer *Sylla* ou *Valérie* tous les jours, nous ne les aurions pas vus, à chaque représentation nouvelle, trouver des effets nouveaux : c'est la fatigue et la satiété chez les acteurs qui amènent la fatigue et la satiété dans le public.

Le troisième avis, et celui-là, nous le hasardons plutôt comme une proposition à étudier que comme un conseil à suivre, serait de consacrer une soirée de chaque semaine, celle du vendredi par exemple, qui, à tort où à raison, est, par les directeurs, considérée comme néfaste, à des représentations extraordinaires, à l'instar de celles que Gœthe et Schlegel établirent au théâtre de Weymar. Ces soirées seraient remplies par les représentations des chefs-d'œuvres des théâtres grecs, latins, espagnols, anglais et allemands. Il y a aujourd'hui assez d'esprits sérieux, même parmi les femmes, pour qu'on puisse espérer de réunir quatre fois par mois un auditoire tout artistique qui viendrait étudier, sur la nature même, l'histoire de l'esprit humain depuis les Athéniens jusqu'à nous. Une fois qu'il serait bien arrêté que les œuvres mises sous les yeux du spectateur ne lui sont point présentées comme des modèles d'actualité, mais comme des exemples de progrès dans lesquels il doit chercher lui-même les variations que le temps, le pays et la civilisation ont amenées dans l'art; ce serait, ce nous semble, une étude qui emporterait les yeux et l'esprit du spectateur au-delà des horizons et des hauteurs ordinaires d'un spectacle, que celle qui lui ferait remonter depuis Corneille jusqu'à Eschyle, depuis Racine jusqu'à Euripide, depuis Molière jusqu'à Aristophane, cette échelle magnifique qui, semblable à celle de Jacob, conduit de la terre au ciel, et dont les degrés sont remplis par Rotrou, Shakspeare, Calderon, Lopez de Vega, Guilhem de Castro, Sénèque, Plaute, Térence et Sophocle! Ce serait montrer, aux lueurs changeantes du flambeau du génie, le cœur humain toujours pareil; ce serait prouver que le fond est réservé à Dieu, et que, depuis deux mille cinq cents ans, l'homme n'a rien inventé que des détails; puis, passant de ces questions élevées à des considérations secondaires, ce serait un grand enseignement pour la critique, qui va toujours crachant à la figure du présent avec la bouche du passé, que de lui prouver qu'aussi loin que la vue peut atteindre, c'est-à-dire jusqu'à Homère dans le monde profane, et jusqu'à Moïse dans le monde chrétien, chaque génie, quoiqu'il ait allumé sa flamme au foyer mourant de son prédécesseur, a brillé de sa propre lumière, et que cette lumière, les envieux de tous les temps ont constamment tenté de l'obscurcir du moment qu'ils ont désespéré de l'éteindre.

Tout le monde gagnerait, nous le croyons, à un pareil spectacle : les gens du monde, qui viendraient faire, en s'amusant, un cours de littérature de trente siècles; les jeunes auteurs, auxquels on montrerait vivante sur la scène la nature morte des livres; les peintres, qui retrouveraient des costumes si longtemps altérés par les fantaisies des maîtres ou les caprices des écoles; enfin, les acteurs qui, n'ayant à jouer dans l'année que trois ou quatre fois le même rôle, l'étudieraient sur toutes ses faces, le suivraient dans tous ses détours, le creuseraient dans toute sa profondeur. Nous savons plusieurs de ces ouvrages, déjà faits par des gens de conscience et d'étude ; nous savons des hommes de talent qui se feraient une gloire de traduire ceux qu'ils cherchent à imiter ; enfin, nous savons aussi bon nombre de spectateurs qui ne demandent pour souscrire que l'ouverture de la souscription.

Nous sommes dans une époque où se calment les haines politiques et les querelles littéraires, où chacun, poursuivant le beau et cherchant le bon, s'engage consciencieusement dans la route où il croit le rencontrer ; de ce désordre apparent naîtra, nous en sommes certain, un ordre social robuste ; de cette anarchie momentanée jaillira sans aucun doute une paix féconde ; car des voies qui, au départ, semblent divergentes, aboutissent parfois au même but ; car beaucoup qui sont partis en se tournant le dos, après avoir parcouru la moitié du chemin, se retrouveront face à face : gouvernement et littérature sont en travail, et les enfants qu'ils mettront au jour seront certainement l'industrie et l'intelligence, ces deux sœurs aînées de la liberté.

III

A l'époque où il fut question d'ouvrir le théâtre de l'Odéon, et où les concurrents se pressaient pour en obtenir le privilége, nos lecteurs se rappelleront peut-être que nous proclamâmes l'impossibilité de cette exploitation, si elle n'était soutenue par une subvention de deux cent mille francs. En effet, les demandes du quartier, qui alors ne réclamait pas moins que trois troupes, c'est-à-dire une troupe de drame, une troupe de comédie et une troupe d'opéra-comique, exigeaient du spéculateur qui tenterait de les satisfaire une dépense de sept cent mille francs par an, c'est-à-dire dix-neuf cents francs par jour ; car il fallait que la troupe de drame et de comédie pût lutter avec celle de la rue de Richelieu, et la troupe d'opéra-comique avec celle de la place Favart. Hors de cette lutte, il n'y avait pas de rivalité, et, par conséquent, pas de chances. Les époques heureuses et florissantes de l'Odéon furent celles de Picard, de Bernard et d'Harel; Picard jouait de la comédie, Bernard de l'opéra, Harel de la tragédie et du drame ; les deux premiers n'étaient point soutenus par le gouvernement, Harel seul avait une subvention de 175,000 francs.

Examinons comment ils réussirent et quelles furent les causes de leur réussite.

Picard arrivait dans un moment où il y avait peu de comédies, peu de tragédies et pas du tout de drames : il était l'un des auteurs les plus distingués de son époque; il avait en lui la ressource de son propre talent, il compta dessus et il fit bien. Les théâtres se ruinent non point parce qu'une pièce tombe, mais parce qu'ils n'ont presque jamais une pièce nouvelle à mettre à la place de la pièce tombée. Picard n'avait point cela à craindre; il travaillait vite, et, pendant qu'il faisait répéter une comédie, il en écrivait une autre ; il se trouvait donc, toute proportion gardée, dans la situation de Shakspeare et de Molière, auteur, acteur et directeur, et piquant doublement la curiosité du public en jouant dans les pièces qu'ils avaient composées.

Malgré ces conditions de succès, Picard fit d'assez minces affaires ; sa troupe était médiocre, et ses ouvrages, si fins et si spirituels qu'ils fussent, n'en étaient pas moins des comédies de second ordre. L'art ne souffrit ni ne gagna à cette direction ; le directeur vécut, voilà tout. C'est la première période du théâtre de l'Odéon.

La deuxième fut celle de Bernard : celui-ci n'était pas un auteur, mais un homme de spéculation ; à l'époque où il se mit à la tête de son entreprise, grâce à la qualité des œuvres que l'on jouait depuis quelques années, on ne savait pas encore ce qu'on voulait, mais on savait déjà ce qu'on ne voulait plus. Il comprit avec beaucoup d'intelligence que toute cette friperie moderne, qu'on essayait de faire passer sous le patronage de Corneille, de Molière et de Racine, n'était plus de mise ; il relégua toges et perruques, faisceaux de licteurs et verges d'huissiers, dans le magasin classique ; engagea des chanteurs, parmi lesquels Duprez, qui, à cette époque, n'était qu'un enfant, et fit passer sur notre scène les chefs-d'œuvre de Weber, de Rossini et Meyerbeer. Chacun s'empressa à *Robin des bois*, à *la Dame du lac* et à *Marguerite d'Anjou* ; Bernard fit fortune : le public, qui ne connaissait que la musique de Grétry et de Nicolo, prit goût à cette mélodie étrangère et neuve ; il appela à grands cris les auteurs dont il avait applaudi les œuvres, et, à cette seconde période, l'art s'enrichit d'une vérité : c'est que le génie est cosmopolite, que l'univers est sa patrie, qu'il naît sur un point du globe, mais que, comme le soleil, il s'élève et brille sur le monde.

La troisième fut celle de M. Harel. Directeur privilégié, il obtint l'Odéon avec une subvention de 175,000 francs ; il arrivait avec un fonds de troupe provinciale, à la tête de laquelle se trouvait un talent européen, mademoiselle Georges ; homme d'esprit, il comprit la révolution littéraire qui s'opérait ; il engagea toutes les réputations qui commençaient à se faire jour : Bocage, Frédérick, Ligier, Lockroy, mademoiselle Noblet, passèrent les uns du Théâtre-Français, les autres, de la Porte-Saint-Martin, les autres enfin, du Conservatoire au théâtre de l'Odéon. Ils y trouvèrent Duparay, Vizentini, Stockleit, et ces talents, réunis sous le ministère de M. Harel et la royauté de mademoiselle Georges, formèrent une troupe tout à fait supérieure — mademoiselle Mars exceptée — à celle du Théâtre-Français ; aussi le drame et la tragédie passèrent-ils la Seine, et l'Odéon vit-il revenir à lui, non-seulement la foule qui l'avoisine, mais encore cette société du faubourg Saint-Honoré et de la Chaussée-d'Antin avec laquelle il avait fait connaissance pendant la direction de Bernard, et qu'il avait perdue de vue pendant les directions intermédiaires.

Aujourd'hui, la situation est tout à fait changée. D'abord, Picard est mort et n'a point d'équivalent dans notre littérature ; d'ailleurs, je doute que son Ménechme excitât aujourd'hui une curiosité soutenue, même avec des comédies de la valeur de *la Petite Ville* et des *Deux Philibert*, et nous citons ici les chefs-d'œuvre de Picard ; ensuite, grâce à la direction de MM. Robert et Severini, les Italiens nous ont familiarisés avec le répertoire de Naples, de Venise et de Mi-

Jan et, par les soins de MM. Subert et Véron, Rossini et Meyerbeer, appelés en France, ont enrichi notre grand Opéra, l'un du *Siége de Corinthe*, de *Guillaume Tell* et du *Comte Ory*; l'autre, de *Robert le Diable* et des *Huguenots*. Il n'y a donc plus de *pasticci* musicaux possibles parmi nous ; d'ailleurs, par qui seraient-ils exécutés, et quels chanteurs l'Odéon irait-il opposer à Rubini, à Duprez et à madame Damoreau? Enfin, une troupe de drame et de comédie pareille à celle que dirigeait M. Harel en 1830 n'est plus composable (qu'on me pardonne le mot); Ligier, Lockroy, Duparay et mademoiselle Noblet sont liés à la rue de Richelieu, Frédérick a des engagements pris avec le directeur du second Théâtre-Français, et mademoiselle Georges est à la Porte-Saint-Martin, où elle soutient à elle seule le fardeau d'un répertoire vieilli et d'un théâtre chancelant. D'ailleurs, cette troupe pût-elle être réformée, il faudrait encore que son directeur, comme l'avait obtenue M. Harel, obtînt une subvention sans laquelle nous croyons toute exploitation impossible.

Dans cette conjecture, pressé qu'il est par les maires des arrondissements d'outre-Seine, et mis à sec par les subventions qu'il accorde aux autres théâtres, le ministère, pris entre l'instance et l'impossibilité, n'a qu'un moyen, à notre avis, de se tirer d'affaire et de répondre à l'art, qui, lorsqu'il cesse d'être son protégé, devient son juge : c'est de donner momentanément, et en attendant un surcroît de subvention, le privilége provisoire de l'Odéon au directeur du Théâtre-Français en lui imposant certaines conditions qui assureraient au quartier huit bons spectacles par mois. De cette manière, l'Odéon ne serait pas une affaire de fortune comme l'Opéra, ou les Bouffes, mais il parviendrait à se frayer, ce qui présenterait, à tout prendre, le résultat désiré par les auteurs et par les artistes.

Voici comment nous croyons la chose possible.

La troupe de la rue de Richelieu, qui se compose de soixante-six personnes, engagées les unes pour leur talent, les autres pour leur crédit, est, à cette heure, trop considérable pour un seul théâtre, qui peut, dans tous les cas donnés, et en jouant un jour le drame et l'autre jour la comédie, fonctionner largement avec quarante-cinq sujets; il lui reste, en conséquence, une vingtaine d'artistes dont il peut parfaitement disposer, concurremment avec les quarante-cinq que son rouage quotidien met en mouvement. M. Vedel n'aura donc à engager que huit ou dix acteurs, en supposant qu'on traite avec eux moyennant 5,000 francs l'un dans l'autre, ils présentent par an une dépense de cinquante mille francs ; ci.......................... 50,000 fr.

Supposons que le contrôle et l'administration, depuis l'inspecteur jusqu'au portier, lui coûtent vingt mille francs; ci.... 20,000

Et ajoutons à ces vingt mille francs :

L'éclairage, qui doit être de trente-huit mille; ci.............................. 38,000

La mise en scène, de trente-cinq mille; ci. 35,000

L'orchestre, de dix-huit mille; ci...... 18,000

Les gardes et pompiers, qui peuvent en coûter quinze mille; ci................. 15,000

A reporter 176,000

Report....	176,000
Les machinistes, huit mille; ci........	8,000
Les affiches, six mille; ci.............	6,000
Les réparations aux machines, quatre mille ; ci...................................	4,000
Le balayage et le frottage, quinze cents francs ; ci.................................	1,500
Les impôts, mille francs; ci............	1,000
Et le renouvellement des cartons, lettres, mille autres francs; ci.....................	1,000
Les appointements des tailleurs, des perruquiers et des couturières, qui doivent s'élever à trois mille francs; ci.........	3,000
Puis ajoutez à cela dix mille francs de frais imprévus; ci........................	10,000
Et le directeur aura un total de dépenses qui montera, par année, à la somme de deux cent dix mille cinq cents francs; ci...............................	210,500 fr.

C'est-à-dire environ 600 francs de frais par jour.

Maintenant, il y a une chose connue de tous ceux qui ont exploité le théâtre de l'Odéon, c'est que le dimanche y est sûr. Pour peu que le spectacle y soit choisi, la recette doit toujours s'élever à 1,800 francs. Or, comme il y a cinquante-quatre dimanches dans l'année, grâce aux moyens que le futur directeur aura à sa disposition, il peut compter, rien que pour ce jour, sur une rentrée de quatre-vingt-dix-sept mille deux cents francs; ci.................. 97,200

Un autre spectacle bien fait, le jeudi, et mis sous la protection de mademoiselle Mars ou de Ligier, doit produire quinze cents francs, terme moyen, été et hiver combinés, c'est-à-dire quatre-vingt-un mille francs par an; ci................ 81,000

Total.......... 178,200

Il ne restera donc à réaliser, pendant les deux cent cinquante-sept jours qui se présentent en dehors de ceux que nous venons de porter en compte, que soixante ou soixante et dix mille francs pour que les frais de l'Odéon soient couverts et qu'il reste à son directeur une vingtaine de mille francs de bénéfice, ce qui n'est assurément pas trop pour la peine et le travail que nécessiterait cette double exploitation.

Il ressortira de cette combinaison, non point un résultat parfait, mais au moins un provisoire tolérable. Le faubourg Saint-Germain aura un spectacle supérieur à celui que pourrait lui donner une direction particulière ; les ouvrages d'un ordre secondaire, et les acteurs qui auront besoin de se produire, trouveront un débouché suffisant; les amateurs de bonne comédie, qui ne voudront point l'aller chercher à la rue de Richelieu, la rencontreront deux fois par semaine au Luxembourg ; le monument mort reprendra vie, et toute cette colonie d'ouvriers, de machinistes, d'ouvreuses et de comparses, qui se monte à plus de quatre cents personnes, recommencera de bourdonner autour de cette immense ruche qu'on appelle un théâtre.

L'ULYSSE DE PONSARD

Il y avait autrefois une critique française qui procédait minutieusement par le détail; son règne a duré depuis Pradon jusqu'à la fondation du *Globe*, en 1826. *Le Globe* arbora le drapeau de la synthèse; il fit la guerre à l'ensemble et laissa vivre en paix le détail.

Cette critique du premier âge avait du bon; elle est morte, ne la réveillons pas; consacrons-lui pourtant un souvenir, dédié à la jeunesse d'à présent.

Pradon, qui était beaucoup moins Pradon qu'on ne croit, a publié une série d'articles sur les œuvres de Boileau.

Lorsque le célèbre législateur du Parnasse appelait Virgile *un auteur plein d'adresse*, à cause de la rime *promesse*, Pradon trouvait que Virgile était mal défini.

Lorsque Boileau écrivait ces vers :

> Revel le suit de près; sous ce chef redouté,
> Marche des cuirassiers l'escadron indompté,

Pradon disait qu'on pouvait aisément intervertir les

deux rimes, dans ces vers qui rimaient quatre fois. Il critiquait aussi *l'urne penchante* du Rhin et l'abus excessif des rimes en épithètes, telles que celles-ci :

> Mais la nuit, cependant, de ses ailes affreuses,
> Couvrait des Bourguignons les campagnes vineuses.

Puis il s'écriait : « Les ailes de la nuit ne sont pas affreuses. » Un peu plus tard, Fontenelle disait : *Le jour est une beauté blonde et la nuit une beauté brune.* On voit que Boileau avait des raisons secrètes pour ne pas être un amant de la nuit.

Aussi, Pradon, après une foule de critiques de détail, porta un coup terrible à Boileau. Le poëte avait écrit ces deux vers sur Alexandre le Grand :

> Heureux si, de son temps, pour cent bonnes raisons,
> La Macédoine eût eu des Petites-Maisons !

et celui-ci, qui veut désigner un *héros accompli* :

> Qu'il soit tel que César, Alexandre ou Louis !

« Ah ! ah ! quel étourdi vous êtes, monsieur Despréaux ! s'écria Pradon ; vous faites d'Alexandre un fou, et plus bas un sage, comme Louis ! Lequel des deux devons-nous accepter ? »

Boileau, sans nommer Pradon cette fois, avoue que la critique qui le surveille *l'empêche de broncher au bout du vers.* Hommage rendu à la critique de détail.

L'abbé d'Olivet et la Beaumelle ont perfectionné la critique de détail : le premier s'est exercé sur Racine, le second sur Voltaire.

Au-dessus de leur gloire un naufrage élevé,
Que Rome et quarante ans ont à peine achevé.

« Je ne comprends pas, dit d'Olivet, un *naufrage élevé au-dessus d'une gloire*, et un naufrage *que quarante ans n'ont pas achevé.* »

Les cinq rimes consécutives d'*Andromaque* : *voix, choix, joye, Troye, exploits,* donnaient des crises nerveuses à d'Olivet, ainsi que le récit monorime de Mithridate. Le critique citait aussi ce passage de *Phèdre :*

HIPPOLYTE.
Et tu fuiras ces lieux que je ne puis plus voir.
THÉRAMÈNE.
Et depuis quand, seigneur, craignez-vous la présence
De ces aimables lieux si chers à votre enfance,
Et dont je vous ai vu préférer le séjour
Au tumulte pompeux d'Athène et de la cour?

Ces aimables lieux dont on préférait le séjour, déplaisaient fort à d'Olivet. Il en voulait aussi à ce vers d'Œnone :

Votre flamme devient une flamme ordinaire;

et il découvrait dans Racine une foule de vers qui ne riment pas, tels que ceux-ci :

Depuis que sur ces bords les dieux m'ont envoyé
La fille de Minos et de Pasiphaë.
. . . . , . . .
Lorsque d'Ochosias, le trépas imprévu
Dispersa tout son camp à l'aspect de Jéhu.

. . . .

> J'ai vu, Seigneur, j'ai vu votre malheureux fils
> Traîné par les chevaux que sa main a nourris.

Etc., etc.

La Beaumelle a disséqué ainsi toute *la Henriade*.

« Je connais un Grec, disait-il, qui s'est écrié, en lisant le début de *la Henriade* : *Je suis du pays d'Homère*; il ne *commençait jamais ses poëmes par une énigme !* »

En effet, *la Henriade* commence par une énigme :

> Je chante ce héros qui régna sur la France,
> Et par droit de conquête et par droit de naissance;
> Qui, par le malheur même, apprit à gouverner;
> Persécuté longtemps, sut vaincre et pardonner,
> Confondit et Mayenne et la Ligue et l'Ibère,
> Et fut de ses sujets le vainqueur et le père.

Pour donner une idée de toutes les critiques de détail faites par la Beaumelle, nous citerons celle-ci :

« *L'Amour*, dit Voltaire, *s'envole sur les ailes du Zéphir !* » — *Qu'avait-il fait des siennes ?* remarque le critique en riant aux éclats.

Le grand poëte Gilbert résume ainsi toutes ses critiques de détail sur les tragédies de Voltaire :

> Ces vers sans art,
> D'une moitié de rime habillés au hasard.

Au commencement de ce siècle, la critique de détail exagéra l'œuvre des siècles derniers; elle donna de si grands accès de colère à Chateaubriand, qu'un jour l'illustre écrivain, poussé à bout, s'écria (*voir* le *Génie du Christianisme*) : « Si mes critiques m'y obligent, je descendrai dans la lice avec des armes qu'on ne me soupçonne pas ! »

L'abbé Féletz, Duvicquet, Morellet, Hoffmann, tous

les redresseurs du *Journal des Débats* riaient à gorge déployée d'Atala et de Chactas. On éleva des colonnes de plaisanteries sur le nez du père Aubry, ce fameux nez, qui avait *quelque chose d'aspirant vers la tombe.* Le *Journal des Débats* a vécu six mois sur ce *nez.*

« *Je répandis la terre antique sur un front de dix-huit printemps!* dit Chactas. Et Morellet rit beaucoup et rirait encore, s'il n'était pas mort.

Les petits crocodiles qui s'embarquent passagers sur des vaisseaux de fleurs donnaient une hilarité sans fin à Duvicquet. *Orages du cœur, est-ce une goutte de votre pluie?* faisait pleurer de joie l'abbé Féletz.

Un peu plus tard, Hoffmann prenait Victor Hugo, dans le *Journal des Débats*, et lui niait tout avenir poétique à cause de cet hémistiche :

Il traine son corps bleu!

« *Corbleu!* s'écrie Hoffmann, ceci est trop fort! M. Victor Hugo n'ira pas loin! »

Il faut conclure de ceci que la critique de détail a son bon et son mauvais côté, comme tous les genres de critique ; exercée avec goût et discernement, elle peut rendre un immense service aux lettres et aux lettrés.

Nous faisions ces réflexions l'autre jour, à propos du retour d'*Ulysse* dans les foyers du Théâtre-Français, et nous disions que personne plus que M. Ponsard n'a gagné à la révolution opérée par *le Globe* en 1826.

Nous allons donc essayer de faire de la critique rétrospective, non point pour donner une leçon pédantesque à un poète d'un grand talent, mais pour montrer ce qui aurait été dit, à tort ou à raison, sur les vers d'*Ulysse* en 1825.

M. Ponsard a un talent incontestable et un bonheur aussi incontestable que le talent ; il lui a été donné, dans le plus laborieux des siècles littéraires, de conquérir une belle illustration avec deux succès dramatiques et sa place est déjà si éminente, qu'au premier fauteuil académique vacant, il est menacé du voisinage de M. Brifaut, auteur de la tragédie de *Ninus II*, la *Lucrèce* de 1812. En tout temps, une tragédie a fait un académicien : *Quæ cum ita sint*, cela étant ainsi, la critique de détail ne peut porter aucun dommage aux voiles du navire d'*Ulysse*; il est arrivé au port...

* *
*

Nous voulions faire une série d'études sur les œuvres de Ponsard ; nous avions même ajouté que nous ferions ces études au point de vue de la *critique de détail*; et, à l'allure qu'avait prise notre premier article, on pouvait croire que ce serait avec la légèreté ordinaire de ce genre de critique que nous commencerions, poursuivrions et accomplirions cette tâche. C'était, en effet, notre intention ; nous sommes parti, le chapeau sur l'oreille, le lorgnon à l'œil, les mains dans les poches, pour examiner superficiellement l'auteur d'*Ulysse*, de *l'Honneur et l'Argent*, de *Charlotte Corday*, d'*Agnès de Méranie* et de *Lucrèce*. Mais, arrivé en face de lui, après en avoir fait le tour, après l'avoir mesuré au moment de prendre la plume, nous avons laissé tomber notre lorgnon et nous avons levé notre chapeau en disant : « Salut, poëte! »

En effet, M. Ponsard est de cette grande famille des poëtes qui à tout poëte inspire un certain respect; on peut ne pas aimer sa forme; on peut lui nier l'invention; on peut lui contester le génie; mais, malgré la haine, malgré la raillerie, malgré même l'impartialité, il est et restera poëte; défense est faite aux hommes de détruire l'œuvre de Dieu.

Reste à savoir, si nous avions encore un Parnasse comme au temps de M. Titon du Tillet, à quelle hauteur de la montagne sacrée prendrait place M. Ponsard.

Nous allons donc aujourd'hui étudier M. Ponsard, non pas comme l'abbé Féletz étudiait Chateaubriand, non pas comme Duvicquet étudiait Lamartine, non pas comme Hoffmann étudiait Victor Hugo, mais comme un poëte doit étudier un poëte.

Bien entendu que tout ce que nous allons dire de M. Ponsard est au point de vue de notre appréciation personnelle, de notre sympathie littéraire, de notre tempérament physique et moral, que nous ne demandons pas, que nous ne désirons pas que notre opinion influe le moins du monde sur l'opinion des autres.

Et même nous ajoutons :

Chers lecteurs, défiez-vous de cette opinion; nous ne sommes pas un critique jugeant froidement un poëte, nous sommes un poëte jugeant son rival, c'est-à-dire le jugeant, malgré nous peut-être, avec cette partialité dont ne se dépouille jamais entièrement l'orgueil froissé.

Maintenant, notre orgueil a-t-il jamais été froissé par les succès de M. Ponsard?

Non, sur l'honneur ; il y a entre M. Ponsard et nous une telle différence d'invention, de forme et d'exécution, que, de même qu'il serait impossible à M. Ponsard de faire *Antony* et *Mademoiselle de Belle-Isle,* il nous serait impossible à nous de faire *Lucrèce* et *l'Honneur et l'Argent*.

En admettant que nous soyons placés sur la même ligne, nous sommes du moins placés chacun à l'une de ses limites, et nous avons entre nous un abîme que M. Ponsard ne franchira jamais pour venir à nous, que nous ne franchirons jamais pour aller à lui ; cet abîme, c'est le génie de Shakspeare, dont toute l'ambition de l'auteur de *Lucrèce* est de s'écarter, dont toute la nôtre est de nous rapprocher.

Prenons donc *Ulysse* au point de vue de *l'étude sérieuse* et non de *la critique légère;* nous en serons moins amusant, mais nous en serons plus consciencieux.

Puis, quand nous l'aurons étudié comme Alexandre Dumas doit étudier M. Ponsard, peut-être nous amuserons-nous — mais nous demandons à ce que cela soit sans conséquence aucune — à le critiquer comme Hoffmann critiquait Victor Hugo ; Duvicquet, Lamartine, et l'abbé Féletz, Chateaubriand.

Le choix du sujet est pour beaucoup dans une œuvre dramatique ; dans le choix même du sujet se révèle déjà le génie du poëte. Si le poëte sent sa force, il s'isole ; s'il craint sa faiblesse, il s'appuie.

Prendre un sujet dans Homère, c'est emprunter, pour soutenir ses pas chancelants, le bâton du divin aveugle.

Puis il y a encore deux façons de choisir son sujet dans Homère :

Celle de Luce de Lancival choisissant Hector ;
Celle de M. Ponsard choisissant Ulysse.

Luce de Lancival choisissant Hector avait encore l'orgueil de se faire créateur à côté du père de toutes les créations.

M. Ponsard choisissant Ulysse a l'humilité de se faire purement et simplement copiste, pas même traducteur, car, nous en appelons à sa propre conscience, M. Ponsard est comme nous, il ne sait pas ou sait mal le grec. En tout cas, il ne le sait pas assez pour lire l'*Odyssée* dans l'original.

Si la chose méritait d'être prouvée, nous la prouverions.

Prendre le sujet d'*Ulysse* dans madame Dacier ou dans M. Giguet, ce n'est donc pas même traduire du grec en français; c'est traduire de la prose française en vers français, ou plutôt, c'est copier et non traduire.

C'est d'autant mieux copier, que, dans le prologue et les trois actes de la tragédie de M. Ponsard, lesquels embrassent dix chants de l'*Odyssée*, M. Ponsard n'invente absolument rien.

Peut-être me dira-t-on que c'est par modestie ; que ce serait un sacrilége que d'essayer d'inventer après Homère et près d'Homère. Ce à quoi je répondrai :

Quand on ne veut rien inventer, il ne faut pas faire une tragédie, c'est-à-dire une œuvre dont le principal mérite est dans l'invention.

Quand on ne veut pas inventer, il faut se résoudre à être traducteur ; et, quand on n'est pas assez familier avec la langue où l'on puise son sujet pour boire à la mamelle même de l'original, il faut se décider à être copiste.

Or, cela vaut-il la peine de copier Homère d'après une traduction; et cela ne ressemble-t-il pas fort à un peintre qui fait un portrait d'après un portrait?

C'est donc déjà, à notre avis, une chose fatale pour un poëte d'avoir choisi un sujet comme Ulysse.

Voyons maintenant, le sujet choisi, de quelle façon le poëte l'a mis en œuvre.

La scène s'ouvre au milieu du treizième chant d'Homère, au moment où le divin Ulysse, abandonné par les Phéaciens, se réveille couché au bord de la mer, dans le port même de Phorcys.

Suivons la marche de l'action ; elle sera bien simple; si simple, qu'il faut tout le luxe de l'imagination de détail qui abonde dans Homère pour en faire dix chants de *l'Odyssée*, et non pas une ou deux pages de simple récit.

Nous allons faire l'analyse de l'œuvre de M. Ponsard. Et, comme M. Ponsard n'invente pas, mais intervertit parfois, voilà tout, on verra dans le prologue et les trois actes d'*Ulysse* les dix chants de *l'Odyssée* au daguerréotype.

Ulysse, abandonné par les Phéaciens, se réveille. Il ne reconnaît pas cette terre sur laquelle il est abandonné. Il ignore quels peuples l'habitent. Par bonheur, les Phéaciens, qui l'ont jeté sur cette côte ignorée, ont déposé près de lui ses trésors.

Minerve paraît sous la figure d'un jeune berger vêtu d'une riche tunique et d'un manteau fait de la peau d'une panthère; elle tient à la main un long javelot.

Elle s'approche d'Ulysse pour lui demander s'il n'a pas rencontré un de ses chevreaux perdus. Ulysse n'a pas vu un seul chevreau et lui demande de son côté si elle peut lui dire dans quel lieu du monde il se trouve.

Minerve alors lui apprend qu'il est à Ithaque.

Le premier mouvement d'Ulysse est d'embrasser les rochers de son île bien-aimée, qui si longtemps a semblé fuir devant lui; mais il comprend que le premier mouvement de joie peut le trahir, et il essaye de tromper Minerve.

Minerve se fait reconnaître à lui, se nomme, lui fait reconnaître et lui nomme les lieux au milieu desquels il se trouve.

Ainsi la pièce commence par une immense invraisemblance.

Ulysse était né à Ithaque; Ulysse y avait été élevé; Ulysse s'y était marié, y avait régné; Ulysse adorait tellement son Ithaque, qu'il feignit la folie pour ne pas la quitter et pour ne pas suivre les Grecs au siége de Troie; et voilà Ulysse qui, en se réveillant, ne reconnaît pas son île, une île où il est resté trente ans, dont il n'a été absent que pendant douze ans; une île qui a sept lieues de long et deux de large; voilà qu'il ne reconnaît pas le port de Phorcys, le seul de l'île; voilà qu'il ne reconnaît pas l'olivier

> Où souvent, vers midi, vient s'asseoir le bouvier,
> Où lui-même, souvent, il venait chercher l'ombre.

Cela n'est pas possible.

Mais, me direz-vous, dans Homère, Ulysse ne reconnaît pas plus Ithaque que dans M. Ponsard.

Oh! oui; mais Homère prend une petite précaution, une précaution qui, pour n'occuper que dix vers, mérite cependant de ne pas être oubliée :

Mais le divin Ulysse, couché sur la terre paternelle, rouvre les yeux, et il ne la reconnaît pas, d'abord à cause de sa longue absence, et ensuite parce que la déesse Pallas Athénè, fille de Jupiter, a répandu autour de lui un nuage, afin de le rendre inconnu, de peur que sa femme, ses concitoyens, ses amis ne le reconnussent, avant que ceux qui lui avaient fait outrage ne l'eussent expié; c'est pourquoi tous les objets apparaissaient au roi sous une autre forme, et les longues routes, et les ports ouverts aux stations des navires, et les rochers ardus, et les arbres verdoyants.

Vous le voyez, le grand poëte, le poëte sublime, éternel, prend les mêmes précautions, pour expliquer l'erreur d'Ulysse, que prennent Scribe et Mélesville pour nous apprendre que Valérie est aveugle.

Que nous soyons poëte épique, poëte tragique, poëte comique ou même singe montrant la lanterne magique, éclairons d'abord notre lanterne, c'est de toute nécessité pour que le spectateur y voie quelque chose.

Et le vieil Homère juge la chose si nécessaire, qu'il y revient à deux fois.

— Maintenant, dit Minerve à Ulysse, je vais te montrer les sites d'Ithaque, et tes doutes s'effaceront. Voici le port de Phorcys, vieillard de la mer; voici, à l'extrémité du port, l'olivier touffu, et sous son ombrage une grotte délicieuse, séjour sombre et sacré des naïades; c'est cette large et vaste grotte où souvent tu sacrifias aux nymphes d'entières hécatombes; voici le mont Nérite ombragé par les forêts.

En disant ces mots, la déesse dissipe le brouillard, et la terre apparaît sous son véritable aspect; le divin et patient Ulysse est pénétré de joie. Il contemple avec transport le sol de sa patrie; il baise les sillons fertiles, et soudain, les mains étendues, il adresse ces vœux aux nymphes :

— Naïades, filles de Jupiter! hélas! je n'espérais plus vous revoir; je vous salue; agréez ma joyeuse prière; je vous offrirai, comme jadis, de nobles présents, si la fille de Jupiter veut que je conserve la vie et que mon fils croisse en âge.

ULYSSE.
Au nom de Jupiter, roi des dieux immortels,
Dites-moi si je suis dans les champs paternels.
Ce qu'on désire tant, on ose à peine y croire ;
Ne me flattez-vous pas d'un espoir illusoire;
Est-ce vraiment Ithaque ?

MINERVE.
            Oui, mortel soupçonneux,
C'est Ithaque.

ULYSSE.
        O patrie! ô soleil lumineux !

MINERVE.
Cette rade profonde est le port de Phorcyne.

ULYSSE.
O port trois fois heureux !

MINERVE.
            Sur la roche voisine,
Cet arbre aux longs rameaux, c'est l'antique olivier
Où souvent vers midi vient s'asseoir le bouvier.

ULYSSE.
Où moi-même, souvent, je venais chercher l'ombre.

MINERVE.
Voici le mont Nérite ; et cette grotte sombre
Est l'asile sacré des déesses des eaux;
Là, les nymphes, teignant en pourpre leurs fuseaux,
Se plaisent à tisser leurs belles robes neuves;
Là, tu sacrifiais aux naïades des fleuves.

ULYSSE.
O montagnes ! forêts ! rochers ! antre sacré !
Je vous retrouve donc, vous que j'ai tant pleuré.

. . . .
Salut, terre d'Ithaque, ô ma bonne nourrice!
Salut, vieil olivier, c'est vous, c'est votre Ulysse.
(Allant vers la grotte.)
Et vous, nymphes des eaux, filles de Jupiter!
Autant qu'aux jours passés votre asile m'est cher;
Contentez-vous d'abord d'une simple prière.
Mais, si, par le secours de Minerve guerrière,
Je recouvre mes biens et rentre en ma maison,
Le sang de mes chevreaux teindra votre gazon.

Jusqu'ici, excepté au moment où il oublie de prévenir le spectateur que Minerve a troublé la vue d'Ulysse, M. Ponsard a suivi à peu près textuellement la même traduction à laquelle nous empruntons les citations que nous venons de faire, se contenant d'ébrancher ce chêne touffu qu'on appelle Homère; mais, en échange de ce qu'il lui a ôté, il ajoute une scène.

Les nymphes invoquées par Ulysse sortent de la grotte et chantent les vers suivants.

Nous ne nous plaindrons pas de cette apparition. Les vers sont charmants.

DEMI-CHOEUR DE NAÏADES A MINERVE.
Déesse qui portes l'égide,
Toi qui de l'Olympe splendide
Descends vers ma retraite humide,
Sois bienvenue en mon séjour.
DEMI-CHOEUR A ULYSSE.
Salut, ô magnanime Ulysse,
Que défend Minerve propice.
Toi qui m'offris maint sacrifice,
Je m'applaudis de ton retour.
DEMI-CHOEUR.
Pour couronner ma chevelure blonde,
J'entrelaçais les joncs et tressais les roseaux.

DEMI-CHOEUR.

Je travaillais dans la grotte profonde,
Et sous mes doigts tournaient les rapides fuseaux.

DEMI-CHOEUR.

J'ai laissé tomber ma couronne
Et mes roseaux éparpillés.

DEMI-CHOEUR.

Aux quenouilles que j'abandonne
Pendent mes fuseaux embrouillés.

LE CHOEUR.

J'ai quitté l'œuvre commencée ;
Et suis accourue, empressée
De revoir un ancien ami.
Ta voix est douce à mon oreille,
Ulysse, ta voix qui réveille
Mon écho longtemps endormi.
Nul depuis toi, fils de Laërte,
Dans ma grotte, aujourd'hui déserte,
N'immola le chevreau naissant ;
Mais tu reviens, je puis attendre
Et des fruits et le chevreau tendre
Sur mon autel reconnaissant.

ULYSSE.

Nymphes, sur votre autel, je jure de répandre
Le sang quotidien d'un chevreau bondissant.

Ce devoir accompli, Ulysse demande des nouvelles de son fils et de sa femme.

Minerve, dans Homère, apprend à l'instant même à Ulysse la poursuite des prétendants, et les dangers que court Télémaque.

Minerve, dans M. Ponsard, renvoie Ulysse au fidèle Eumée, le chef de ses porchers. — C'est lui! dit-elle.

C'est lui qui te dira ce que tu veux apprendre.

Mais, dans l'*Odyssée* comme dans la tragédie, Minerve prend la précaution de déguiser Ulysse.

— Oui, continue Minerve dans le poëme, oui, je serai près de toi, et tu n'échapperas point à mes regards lorsque nous exécuterons le grand dessein. Je le prévois, plus d'un de ces prétendants qui dévorent tes richesses souillera de son sang et de sa cervelle le vaste pavé de ton palais. Mais il faut que je te rende méconnaissable à tous les mortels. Je vais rider ta peau délicate sur tes membres courbés ; je vais détruire la chevelure blonde qui orne ta tête ; je vais te revêtir de ces lambeaux qui rendent odieux l'aspect de l'homme qui les porte ; je vais ternir l'éclat de tes yeux si brillants et si beaux, et alors tu apparaîtras comme un vil mendiant aux prétendants, à ta femme, au fils que tu as laissé dans ton palais.

— Et maintenant, dit Minerve dans la tragédie :

Et maintenant, je vais éteindre ton regard
Et dessécher tes traits comme ceux d'un vieillard.
Tes beaux cheveux bouclés vont choir de ton front chauve,
Et, vêtu de haillons et d'un vieux manteau fauve,
Un bâton à la main, une besace au dos,
Serrée autour du corps par de méchants cordeaux,
Tu paraîtras à tous un mendiant vulgaire,
Et tromperas ainsi ceux qui te font la guerre,
Car tu seras difforme et misérable, au point
Que tes meilleurs amis ne te connaîtront point.

Cette tranformation accomplie, Minerve, dans le poëme, vole vers la grande Lacédémone, près du fils d'Ulysse, tandis que, dans la tragédie, elle accompagne son héros.

Suivons-les tous deux chez Eumée ; le chien Argos nous attend à la porte.

Nous avons dit qu'un prologue et trois actes étaient

insuffisants, non-seulement à rendre, mais à faire entrevoir même les beautés d'Homère. Nous rencontrons sur notre chemin, et à la porte des étables que le porcher Eumée *s'est bâties avec des pierres brutes, qu'il a encloses de haies d'épine et qu'il a fortifiées à l'aide de palissades de cœur de chêne*, — nous rencontrons la preuve de ce que nous avançons.

Le chien Argos, qui depuis vingt ans, dans le poëme, attend à la porte du palais le maître qui l'a élevé; le chien Argos, dans la tragédie, a été recueilli vaguant par Eumée, qui lui a donné l'hospitalité.

Cette différence dans le sort du chien, dont la mort fait un des épisodes les plus touchants de l'*Odyssée*, n'est qu'un détail; mais ce détail ne fait honneur ni aux regrets conjugaux de Pénélope, ni à la religion filiale de Télémaque.

Un chef de porchers a recueilli le chien élevé par Ulysse, ce chien qui eût dû être un souvenir vivant, pour Télémaque et Pénélope, d'un fils et d'un époux.

Il a senti si bien cette nuance, le vieil Homère, que, pour excuser la mère et le fils de laisser ainsi le chien négligé et couché à la porte du palais sur un tas de fumier, il dit : « Les femmes insouciantes le laissent là sans soin. » Donc, Pénélope avait confié Argos aux femmes; donc, ce n'est point la faute de Pénélope, mais des femmes, si Argos est à la porte du palais, couché sur un tas de fumier et dévoré par la vermine.

Voilà le malheur des traductions; il est impossible que le traducteur entre assez profondément dans le génie, et surtout dans le cœur du poëte qu'il traduit, pour en rendre, ou toutes les beautés, ou toutes les tendresses.

Homère n'eut pas mis le chien d'Ulysse à la porte d'Eumée ; M. Ponsard s'est dit : « Une porte est une porte, et, pourvu qu'Argos soit sur un tas de fumier, rongé par la vermine, à une porte où puisse le rencontrer le divin voyageur, comme l'appelle Homère, c'est tout ce qu'il me faut. »

C'était, en effet, tout ce qu'il fallait à M. Ponsard ; mais ce n'était point tout ce qu'il fallait à Homère.

Maintenant, comparons le récit du poëte, à propos de ce même chien, au récit de son traducteur, et voyons si cet admirable épisode, réduit aux proportions que lui donne M. Ponsard, eût traversé les siècles et fût venu jusqu'à nous.

Nous ne le croyons pas.

Voici le récit d'Homère, traduit cette fois non pas d'après madame Dacier, non pas d'après M. Bitaubé, non pas d'après M. Giguet, mais du grec même :

C'est ainsi qu'ils parlaient entre eux, et Argos, le chien d'Ulysse à l'âme audacieuse, releva la tête et les oreilles. Ulysse l'avait autrefois nourri et n'avait pas eu le temps de s'en servir, car auparavant il était parti pour la sainte Ilion. Les jeunes gens avaient coutume de conduire Argos à la chasse, lorsqu'ils poursuivaient les chèvres sauvages, les cerfs et les lièvres ; mais maintenant, abandonné, il demeurait, en l'absence du prince, gisant sur un tas de fumier répandu abondamment devant les portes des étables des bœufs et des mules, et qui devait être enlevé de là plus tard par les serviteurs d'Ulysse, pour engraisser ses vastes domaines. Là donc était couché Argos, tout rongé de vermine ; mais, dès qu'il reconnut Ulysse debout près de lui, il commença de le flatter en remuant la queue et en inclinant les deux oreilles. Mais il ne put se rapprocher davantage de son maître.

Ulysse, alors, tournant son regard vers Eumée, essuya furtivement une larme et l'interrogea en ces termes :

— Eumée, chose vraiment extraordinaire, ce chien est là sur le fumier, et cependant, il est beau de corps; il est vrai que peut-être à cette beauté ne réunissait-il pas la rapidité, et qu'il ressemblait à ces chiens qui rôdent autour des tables des hommes riches, et que leurs maîtres nourrissent seulement pour le plaisir de la vue.

Et toi, Eumée, en lui répondant, tu parlas ainsi :

— Ce chien appartient à un homme mort loin de cette île. Si maintenant il eût conservé les formes et les qualités qu'il avait lorsqu'Ulysse le laissa à son départ pour Troie, tu l'admirerais bien vite en voyant son énergie et sa rapidité, car jamais la bête fauve qu'il avait lancée ne parvenait à lui échapper dans les profondeurs de l'épaisse forêt, car il connaissait toutes les pistes. Maintenant, il est dévoré par la maladie, et son maître a succombé lui-même loin de la patrie. *Les femmes négligentes n'ont aucun soin du pauvre animal,* car, dès que les maîtres ne commandent plus, les esclaves cessent de faire leur devoir. Jupiter, qui tonne aux horizons, enlève à l'homme esclave la moitié de sa vertu.

Et, ayant ainsi parlé, il entra dans le spacieux palais, et il alla droit à travers la maison, vers les illustres prétendants, et, pendant ce temps, la noire mort s'emparait d'Argos, expirant dès qu'il eut revu son maître, après vingt ans d'absence.

Voyons maintenant la version de M. Ponsard.

SCÈNE PREMIÈRE

EUMÉE, UN SERVITEUR D'EUMÉE.

LE SERVITEUR.
J'aperçois un vieillard qui vers vous s'achemine.

EUMÉE.
Il s'arrête, pourquoi? *qu'est-ce* qu'il examine?
LE SERVITEUR.
Je crois qu'il n'ose pas entrer pour mendier.
EUMÉE.
Non, je crois qu'il regarde Argos, le vieux limier.
LE SERVITEUR.
Voyez donc, on dirait que le chien lui fait fête;
Il incline l'oreille; il redresse la tête;
Il agite la queue; il voudrait s'approcher. (*De qui? de quoi?*)
Il tombe.
EUMÉE.
Il est si vieux, qu'il ne peut plus marcher.
LE SERVITEUR.
Quel est ce mendiant? le connaissez-vous, maître?
C'est étrange qu'Argos ait l'air de le connaître.
EUMÉE.
Bah! l'on sait que le chien radote en vieillissant.

M. Ponsard le sait; mais Homère ne le savait pas. On était si barbare du temps d'Homère! on est tellement civilisé du nôtre, qu'on peut bien accuser de *radotage* un chien qui va mourir de joie en revoyant son maître.

Oh! je l'ai toujours dit, à l'encontre des physiologistes et des phrénologistes, le génie est dans le cœur, l'esprit et le talent seuls sont dans le cerveau.

ULYSSE, entrant.
Il est mort, mort de joie en me reconnaissant!

Hélas! je m'aperçois que c'est le besoin de la rime qui a fait faire à M. Ponsard le vers qui précède celui-ci. Détestable rime! Boileau avait bien raison de déplorer tes exigences.

Ah! Minerve a bien pu me changer pour les hommes,
Mais non pour mon vieux chien, meilleur que nous ne
[sommes.

Pauvre Argos, je n'ai pu, j'en ai comme un remord,
Te faire une caresse avant que tu sois mort.

(Il essuie une larme.)

Pauvre Argos !

(A Eumée.)

Mon ami, tu dois aimer la chasse,
Car j'ai vu sur ton seuil un chien de noble race.
J'ai vu d'autres limiers, et je suis connaisseur,
Mais celui-là surtout m'a paru fin chasseur.

EUMÉE.

Oui, oui, vraiment ! c'était un chien de noble race,
Qui lançait bien un cerf et suivait bien sa trace.
Je voudrais voir autant d'urnes dans mes celliers
Que ce chien a lancé de cerfs dans les halliers.

ULYSSE.

Est-il à toi ?

EUMÉE.

Son maître ayant quitté cette île,
J'ai recueilli son chien qui n'avait plus d'asile.
Mais toi, vieillard, etc.

Et Eumée en revient à Ulysse, qui, ne voulant être à ses yeux qu'un mendiant, lui demande l'hospitalité.

Cette hospitalité est accordée de grand cœur à Ulysse par le vieux porcher.

Alors, en mangeant

Les restes froids du dîner de la veille,
Et les morceaux de pain du fond de la corbeille,

Ulysse s'informe à qui les troupeaux, à qui les terres.
— A un maître parfait, dit Eumée.

Mais il est mort. Plutôt fût morte cette Hélène,
Pour qui tant de héros sont couchés dans la plaine !
Notre maître a suivi tous ces guerriers fameux,

Et sur des bords lointains il a péri comme eux.

Alors, les porchers chantent ces belles strophes, imitation de l'ode d'Horace :

LE CHOEUR.

Que de sang a rougi la terre,
Versé par l'homicide Mars,
Depuis qu'un berger adultère
Ravit Hélène aux doux regards!
Combien d'épouses [1] t'ont maudite,
Funeste présent d'Aphrodite,
Hélène, fille de Léda!
Depuis qu'emportant son amante,
Pâris fendit l'onde écumante,
Sur le sapin du mont Ida.

Pour venger l'affront des Atrides,
La Grèce arma mille vaisseaux.
O Grèce! tes fils intrépides
Sont morts dans les sanglants assauts.
Tes fils ont péri devant Troie,
Et leurs corps ont été la proie
Du chien immonde et du vautour;
D'autres, plus malheureux encore,
Ne connaîtront pas le retour.

Ah! plût au ciel que la tempête,
A la voix d'un dieu punisseur,
Eût noyé dans la mer de Crète
Et l'amante et le ravisseur!
La jeune épouse abandonnée,
Foulant sa robe d'hyménée,
Ne pleurerait pas son mari.
Et le vieillard, d'un œil inerte,

---

[1] J'eusse mis *de mères*.

N'eût pas vu sa maison déserte,
Où son premier-né fut nourri.

Je le répète, ces vers sont très-beaux; ils ont l'allure antique, — plus latine que grecque, peut-être, mais peu importe.

J'ai salué M. Ponsard comme *poëte*, et l'on voit que, loin de m'en dédire, je persiste, en citant ce que je trouve de vraiment beau, au fur et à mesure que j'entre dans son œuvre; mais je ne l'ai pas salué comme *poëte dramatique*. Ceci est une autre affaire, et je préviens d'avance l'auteur de *Lucrèce* que c'est sur ce point surtout que nous aurons maille à partir.

Ulysse demande quel est ce maître, et, à la douleur d'Eumée, à cette idée qu'il ne reverra jamais Ulysse, reconnaît la fidélité du bon porcher.

Alors, il le console ou essaye de le consoler, en lui disant qu'Ulysse n'est pas mort et qu'il reverra Ulysse.

Mais Eumée secoue la tête.

— O malheureux hôte! dit-il, certes, tu m'as ému l'âme en me disant ces choses étranges, et combien tu as souffert, et combien tu as erré! Mais je ne regarde pas ton récit comme véritable, et tu ne me persuaderas pas à l'égard d'Ulysse.

Et Eumée, en vingt-six vers, donne toutes les raisons qu'il a de croire à la mort de son maître.

Là, comme toujours, l'espace manque à M. Ponsard. Les trente vers d'Homère se résument en deux vers de découragement dits par lui, en deux vers de consolation dits par les porchers.

EUMÉE.

J'ai vu tant d'étrangers qui nous parlaient ainsi.

LE SERVITEUR.

D'autres ont pu mentir, mais non pas celui-ci.

EUMÉE.

L'espoir toujours déçu renouvelle la peine.

LE CHOEUR.

Pourtant l'espoir vaut mieux qu'une douleur certaine !

Dans Homère, Ulysse répond ainsi aux doutes d'Eumée :

Alors, répondit ainsi l'ingénieux Ulysse :
— Certes, un cœur incrédule bat dans ta poitrine, puisque je ne puis, même par les serments, t'amener à croire et te persuader. Eh bien, maintenant, faisons un accord, et qu'au-dessus de nous soient nos témoins les dieux qui habitent l'Olympe ; si ton maître revient dans cette maison, tu me donneras des vêtements et une tunique de laine et tu me conduiras à Dulichios, afin que j'aille où m'appelle le désir de mon âme ; si, au contraire, ton maître ne revient pas comme je le prédis, excite contre moi tes serviteurs et fais-moi précipiter de la grande roche, afin qu'un autre mendiant prenne garde désormais de te tromper.

Mais le divin pasteur répondit :
— O mon hôte ! quelle bonne renommée et quelle nom vertueux laisserais-je donc parmi mes contemporains et dans l'avenir si, après t'avoir conduit dans ma maison et t'avoir donné l'hospitalité, je te tuais néanmoins et t'arrachais la vie bien-aimée ? Crois-tu donc que, désormais, d'un cœur tranquille, j'oserais supplier Jupiter, fils de Saturne ? Non, c'est l'heure du repas ; mes compagnons vont arriver, afin que nous préparions dans la maison un copieux repas.

Nous le disons hardiment, et ceci est encore un des dangers de l'imitation, si faible que soit la traduction que nous venons de faire en prose, la traduction en vers de M. Ponsard sera plus faible encore. La voici :

ULYSSE.

Ta méfiance est grande, ami; mais, si tu veux,
Nous ferons un marché, que nous tiendrons tous deux.
Si j'ai dit vrai tantôt, et qu'Ulysse revienne,
Je veux une tunique en place de la mienne ;
J'en aurais grand besoin, car je vais presque nu :
Mais je ne la veux pas qu'il ne soit revenu ;
Que si je t'ai menti, disant qu'Ulysse est proche,
Fais-moi précipiter du sommet d'une roche,
Afin qu'à l'avenir les autres indigents
Craignent de mal parler et de tromper les gens.

EUMÉE.

Je ferais là vraiment une action louable
De tuer un vieillard qui s'assit à ma table.

Voyons, franchement, j'en appelle à vous-même, monsieur Ponsard, croyez-vous que ces deux vers demi-ironiques rendent le sentiment profond qu'Homère a enfermés dans ces quelques lignes que nous ne craignons pas de répéter :

— O mon hôte, quelle bonne renommée et quel nom vertueux laisserais-je donc parmi mes contemporains et dans l'avenir si, après t'avoir conduit dans ma maison et t'avoir donné l'hospitalité, je t'arrachais la vie bien-aimée! Crois-tu donc que désormais, d'un cœur tranquille, j'oserais invoquer Jupiter, fils de Saturne !

Voyons, si vous n'inventez pas, si, vous contentant de traduire en vers, vous restez si fort au-dessous de la traduction en prose, — n'est-ce pas, vous poëte, un métier de dupe que vous faites là ?

Or, si vous faites un métier de dupe, quel sera celui des spectateurs, qui payeront six francs au balcon ou même quarante sous au parterre pour aller écouter dix chants d'Homère réduits dans un prologue et trois actes, dont les vers sont inférieurs et comme pensée et comme couleur à une traduction en prose, faite pour le besoin du moment, sur le coin de la table?

Continuons.

On apporte du vin; on fait des libations aux dieux; on boit *un coup* en l'honneur du vieillard, lequel, n'insistant pas davantage sur Ulysse, demande des nouvelles de Laerte, de Pénélope et de Télémaque.

Laerte vit toujours; Pénélope est restée fidèle; Télémaque grandit sous la protection de Minerve.

Puis on chante un hymne à Bacchus.

A la fin de l'hymne, Ulysse se retourne et dit, s'adressant à Eumée :

J'entends des pas, mon hôte; on approche sans doute;
C'est quelqu'un des pasteurs attardés sur la route;
Car les chiens n'aboient pas, mais *tournent* vers le seuil

Tournent quoi?

En remuant la queue et lui faisant accueil.

LES MÊMES. — TÉLÉMAQUE.

LE CHOEUR.

C'est Télémaque! Entrez, prince, dans la chaumière,

EUMÉE, embrassant Télémaque.

Vous voilà, Télémaque! Oh! ma douce lumière!
Ah! je n'espérais plus vous embrasser encor
Quand vous êtes allé chez le vieux roi Nestor.
Entrez donc, mon cher fils, que je me rassasie
Du plaisir de vous voir tout à ma fantaisie.

Voici de l'Homère maintenant :

— Eumée, s'écrie Ulysse, sans doute il t'arrive à cette heure un de tes compagnons..., ou quelque autre bien connu..., puisque les chiens n'aboient pas, et au contraire flattent le nouveau venu en tournant? Et, en effet, j'entends le bruit d'un pas.

Ce discours n'était point encore achevé quand son fils bien-aimé s'arrêta dans le vestibule. A sa vue, le porcher bondit d'étonnement et il laissa tomber de ses mains le vase où il avait coutume de mêler le vin noir. Alors, il s'élança au-devant de son jeune maître, lui baisant la tête, et, l'un après l'autre, ses deux beaux yeux, et ses deux mains. Cependant, ses larmes coulaient, comme il fût arrivé à un véritable père embrassant son enfant de retour depuis dix ans d'une terre lointaine, — enfant unique, engendré dans sa vieillesse, — et pour lequel il eût souffert beaucoup de douleurs. Et c'est ainsi que le divin Eumée embrasse et enveloppe de caresses, comme s'il venait d'échapper à la mort, Télémaque, semblable à un dieu. Puis il lui adresse ces paroles, rapides comme si elles avaient des ailes :

— Voilà Télémaque, douce lumière! Je n'espérais plus te voir après le jour où tu t'embarquas sur le vaisseau qui t'emmenait à Pylos; mais viens maintenant; entre, cher fils, afin que mon âme revive en te regardant, toi qui arrives d'ailleurs. Tu ne viens plus, comme autrefois, visiter tes champs et inspecter tes pasteurs; tu préfères demeurer à la ville, car il plaît mieux à ton cœur de ne pas perdre de vue l'odieuse troupe des prétendants!

O cher, bon, vieil et sublime Homère, il me prend parfois des velléités de tout quitter pour te traduire, moi qui ne sais pas le grec, tant je trouve tristes et vides les traductions que l'on fait de toi, soit en prose, soit en vers!...

Après vingt ans d'absence, Ulysse et Télémaque se retrouvent donc en face l'un de l'autre. En supposant deux ans à Télémaque lors du départ de son père, Télémaque est à cette heure un beau jeune homme de vingt-deux ans.

Plus tard, nous dirons pourquoi nous constatons son âge avec tant de précision.

Ulysse, prévenu, regarde son fils avec amour; quant à Télémaque, il n'a que de la curiosité pour cet étranger assis à la table d'Eumée.

Ici, M. Ponsard reste fidèle à Homère et demeure pour ainsi dire à l'ombre du grand vieillard.

Quoique son absence ait été moins longue que celle d'Ulysse, Télémaque ignore ce qui s'est passé en son absence. Il y a dans le grec quelque chose de profondément touchant dans ce fils qui répète, sur sa mère et devant son père, les mêmes questions inquiètes que le mari vient d'adresser à Eumée sur son épouse.

M. Ponsard a craint la répétition; à notre avis, en ce cas, la répétition était une beauté; elle devait servir, s'il était possible, à augmenter encore la tendresse d'Ulysse pour son fils.

Alors, le prudent Télémaque répondit :
— Il en sera ainsi, mon père, et véritablement tu es la cause de ma venue ici; je voulais te voir de mes yeux et apprendre de ta bouche si ma mère habite encore nos foyers, ou si quelqu'un de ces hommes l'a déjà emmenée ailleurs; mais, hélas! le lit d'Ulysse gît, sans couvertures, abandonné aux impures araignées.

Mais le porcher, le meilleur des hommes, répondit :
— Non, elle continue, avec un cœur patient, de demeurer dans le palais, et ses nuits continuent d'être des nuits de deuil, et ses jours des jours de larmes.

Donc, ayant parlé ainsi, il prend des mains du jeune homme la lance d'airain, etc.

M. Ponsard remplace cette demande et cette réponse par ces deux vers :

EUMÉE.
Quoi ! mon fils, sous mon toit ne dormirez-vous pas?
TÉLÉMAQUE.
Non : je veux voir ma mère, et j'y vais de ce pas.

On voit que la comparaison continue à ne pas être à l'avantage du poëte moderne.

Mais, comme il faut laisser seuls Ulysse et Télémaque, afin que le père puisse se faire reconnaître au fils, Eumée dit :

Au moins attendez-nous, mon fils ; la nuit est sombre.
Quelqu'un des prétendants peut s'embusquer dans l'ombre ;
Nous allons visiter le bétail dans l'enclos,
Et puis nous vous suivrons armés de javelots.

Dans Homère, c'est Télémaque qui éloigne Eumée en l'envoyant auprès *de la prudente Pénélope.*

— Père, dit-il, va au plus vite, dis à la prudente Pénélope que je suis sain et sauf, et arrivé de Pylos. Moi, je resterai ici ; toi, tu y reviendras. Soyez seuls quand tu annonceras cette nouvelle, et qu'aucun autre des Achéens ne vous entende, car beaucoup de malheurs me sont promis par eux.

Et Eumée saisit les sandales, les attache à ses pieds et part pour la ville.

Ici, M. Ponsard s'écarte d'Homère.

Voici ce qui se passe dans Homère.

Cependant, Minerve était cachée : elle voit sortir le porcher Eumée de l'étable, et alors elle y vient elle-même ; par l'apparence, elle est semblable à une grande et belle femme, savante aux ouvrages splendides. Elle s'arrête cependant sur le seuil de la maison, visible à Ulysse ; mais Télémaque ne la voit, ni même ne la soupçonne présente, car les dieux ne se manifestent point à tous. Mais Ulysse la vit, mais les chiens la virent, et, sans aboyer, tout frissonnants, ils se retirèrent en gémisssant dans l'étable. Elle, cependant, fit signe du sourcil, et, par ce signe, avertit le divin Ulysse. Il sortit donc de la maison, et, arrivé près du grand mur de la cour, s'arrêta devant la déesse ; là, Minerve lui parla ainsi :

— Fils de Laerte, race de Jupiter, adroit Ulysse, il est temps de parler à ton fils. Ne te cache donc pas plus longtemps, afin que vous alliez vers la ville illustre, où vous arrêterez le destin et la mort des prétendants ; et moi-même, je ne demeurerai jamais loin de vous, toujours prête à combattre.

Minerve dit, et le toucha de sa verge d'or ; elle drapa autour de sa poitrine un ample manteau et une tunique, et accrut son corps et sa vigueur. Son teint reprit la brune couleur de la jeunesse ; les rides disparurent de ses joues, et sa barbe bleuit autour de son menton ; et elle, ayant fait tout cela, se retira.

Alors, Ulysse alla dans la maison, et son fils bien-aimé demeura à son aspect dans un respectueux étonnement, et, plein de crainte, jeta les yeux d'un autre côté, craignant que ce ne fût un dieu, et, l'interpellant avec des paroles ailées, il lui parla ainsi :

— Tu viens de m'apparaître, tout différent de ce que tu étais tout à l'heure ; tu portes d'autres vêtements, et ton corps n'est plus le même. Certes, tu es vraiment quelqu'un des dieux qui règnent dans l'immensité du ciel ; sois-moi propice, afin que tu aies pour agréables les dons sacrés et riches et artistement travaillés que nous t'offrirons ; mais épargne-nous.

Alors, l'audacieux et divin Ulysse répondit :

— Non, je ne suis pas un dieu ; pourquoi m'assimiles-tu aux immortels ? mais je suis ton père, pour l'amour de qui tu supportes en soupirant nombre de douleurs, en proie aux injustices des hommes.

Ayant ainsi parlé, il baisa son fils, et laissa de ses joues tomber des larmes jusqu'à terre ; mais, auparavant, il s'était contenu jusque-là ; mais Télémaque, car il ne pouvait croire encore que ce fût son père, de nouveau lui répondant, lui parla en ces termes :

— Non, tu n'es pas Ulysse, mon père ; mais un dieu me trompe, pour redoubler mes larmes et mes soupirs, car jamais aucun homme mortel, réduit aux seules ressources de son esprit, n'a pu accomplir un tel prodige, si ce n'est quand un dieu, venant lui-même à son aide, en fait à sa volonté, tantôt un jeune homme, tantôt un vieillard ; tout à l'heure tu étais un vieillard sordidement vêtu, et voilà que tu ressembles aux dieux qui habitent le large ciel.

Mais l'ingénieux Ulysse lui répondant :

— Télémaque, dit-il, il ne te convient pas de regarder ainsi ton père bien-aimé, et de t'étonner outre mesure, lorsqu'il est devant toi. Jamais, en effet, un autre Ulysse ne viendra ici. Je suis cet Ulysse qui a tant souffert, qui a tant supporté de malheurs et qui a tant erré. La vingtième année, j'arrive sur la terre paternelle, et ce qui vient de se passer est vraiment l'ouvrage de Minerve, qui m'a fait à sa volonté, car elle en a le pouvoir, tantôt semblable à un mendiant, et tantôt à un homme jeune, ayant autour de lui de beaux vêtemens ; il est facile aux dieux qui occupent le vaste ciel d'élever l'homme mortel ou de l'abaisser.

Ayant ainsi parlé, il s'assit.

Et Télémaque, jetant ses bras autour de son bon père, pleurait, laissant tomber ses larmes, et dans leurs deux cœurs s'éleva le désir de pleurer, et ils gémissaient avec des cris plus plaintifs et plus redoublés que les oiseaux, les aigles et les vautours aux ongles recourbés, à qui les campagnards ont enlevé leurs petits, avant qu'ils puissent voler.

Ainsi se répandaient les larmes entre leurs paupières, et le soleil se fût couché avant la fin de leurs gémissements, si Télémaque n'eût ainsi tout à coup parlé à son père.

M. Ponsard n'a point procédé ainsi, il profite du déguisement d'Ulysse pour *filer* une scène. Vous allez voir ce qu'il y gagne. Je vous ferai voir après ce qu'il y perd.

SCÈNE V.

ULYSSE, TÉLÉMAQUE.

TÉLÉMAQUE.

Bon vieillard, toi qui connus mon père.
Je t'accorde en son nom un vœu que tu peux faire.
Parle.

ULYSSE, le regardant avec émotion.

O mon fils !

TÉLÉMAQUE.

Pourquoi parais-tu si troublé ?

ULYSSE.

Vous n'oubliez donc pas votre père exilé ?

TÉLÉMAQUE.

Moi ? J'y songe sans cesse, et je brûle d'envie
De voir ce chef illustre à qui je dois la vie.
Je me le représente éclatant, radieux,
L'œil fier, le front serein, enfin semblable aux dieux.
Que je voudrais toucher cette main redoutée,
Entendre cette voix des sages écoutée,
Pratiquer ses leçons, et, digne de mon sang,
Exercer devant lui mon courage naissant.
— Je viens de le chercher; des bords du Cyparisse
Aux bords de l'Eurotas, je demandais Ulysse;
Mais, hélas ! vainement j'ai traversé les flots.
Et vu Lacédémone et visité Pylos.

ULYSSE.

Vous l'aimez donc beaucoup ?

TÉLÉMAQUE.

Tu ne réfléchis guère,
Vieillard. Est-ce qu'un fils peut n'aimer pas un père ?

ULYSSE.

Vous ne l'avez pas vu, vous étiez si petit,
Si je calcule bien, quand Ulysse partit.

TÉLÉMAQUE.

Je ne le connais pas ; mais je connais sa gloire.
Le monde a retenti du bruit de son histoire.

ULYSSE.

Seriez-vous bien content de l'embrasser ?

TÉLÉMAQUE.

      Ah ! dieux !

ULYSSE.

Embrasse-le, mon fils, il est devant tes yeux.

TÉLÉMAQUE, reculant.

Vous, mon père ! Qui, vous, pauvre et courbé par l'âge !

ULYSSSE.

Minerve a transformé mon port et mon visage.

TÉLÉMAQUE.

Que dis-tu là, vieillard ?

ULYSSE.

    Que Minerve a permis
Que ce déguisement trompât mes ennemis.

TÉLÉMAQUE.

Mais qui m'assurera que vous êtes Ulysse ?

ULYSSE.

Oh ! divine Pallas ! C'est un trop grand supplice.
Voir mon fils et ne pas le serrer dans mes bras !
Ou rends-moi ma figure, ou parle-lui, Pallas !

  (Musique douce annonçant la présence de Minerve.)

Je suis ton père.

TÉLÉMAQUE.

    Dieux ! cet œil qui s'illumine !...

ULYSSE.

Mon fils !

TÉLÉMAQUE.

   Ce front brillant d'une clarté divine !...

ULYSSE.

Que te dirai-je, enfin ? Par le grand Jupiter,
Je suis ton père.

TÉLÉMAQUE.

    Il semble un dieu tant il est fier.

(Musique.)

Je ne sais quelle voix mystérieuse et douce
Me dit que c'est mon père, et dans ses bras me pousse.
ULYSSE.
Si tu ne veux pas croire aux serments solennels,
Vois mes larmes couler ; crois aux pleurs paternels.
TÉLÉMAQUE, se jetant dans les bras d'Ulysse.
Mon père !
ULYSSE, le tenant embrassé.
Reste là, mon fils, que je te voie !
Ah ! depuis bien longtemps, c'est ma première joie !

Aviez-vous bien Homère sous les yeux, monsieur Ponsard quand vous avez substitué cette scène aux détails puérils, à ce large et splendide tableau que nous avons mis sous les yeux du lecteur ?

Puis, comme pour le pauvre chien Argos, nous sommes désespéré de vous le dire, monsieur Ponsard, vous n'avez compris ni le cœur du poëte ni le génie du peuple, dont la devise était *le beau et le bon* (το καλον και το αγαθον).

Écoutez ceci : Jamais Homère n'aurait permis que Télémaque retrouvât son père, vêtu en mendiant, sale et vieux. Il savait trop bien ce qu'il y avait de répugnant pour l'orgueil paternel à se montrer ainsi abaissé aux yeux de son fils, qui, toutes les fois que désormais il eût songé à son père, l'eût vu se dresser, non pas sous sa forme véritable, mais avec le déguisement hideux sous lequel il lui était apparu. — Non, dans Homère, Minerve rend à Ulysse toute sa jeunesse, toute sa beauté ; elle y ajoute même encore, et, si Télémaque refuse de reconnaître Ulysse, c'est parce qu'il le prend pour un habitant du large ciel, et non parce qu'il ne voit en lui qu'un des déshérités de notre misérable terre.

Parfois, on nous accuse, nous autres romanciers, de ne point admirer suffisamment Homère. — Dis-moi, sublime aveugle, qui te respecte le plus et qui t'adore le mieux, à ton avis, de celui qui se tient à distance de toi, n'osant te toucher, ou de celui qui, tout en essayant de populariser ton œuvre immortelle, froisse d'une main rude les suprêmes délicatesses de ton génie ?

Il y a plus ; chez vous, monsieur Ponsard, à peine le fils a-t-il revu le père absent depuis vingt ans, à peine l'a-t-il embrassé, qu'il le quitte, après lui avoir dit ces vers assez froids :

Qu'il est beau, qu'il est grand ! c'est un homme achevé !
Je le trouve plus beau que je ne l'ai rêvé.
Je ne puis m'arracher à ce baiser si tendre ;
Il le faut, cependant, on pourrait nous surprendre.
Écoute et souviens-toi ! nous devons nous cacher
Même de Pénélope et même du porcher.
Nous nous verrons demain dans mon palais d'Ithaque ;
Là, nous concerterons notre projet d'attaque.
Si je suis outragé, tolère ces affronts
Jusqu'au moment, mon fils, où nous nous vengerons.
Adieu.   (Il sort.)

O grand et saint amour paternel, le plus profond de tous les amours, reconnais-tu là cet Ulysse et ce Télémaque que nous venons de voir enlacés aux bras l'un de l'autre, *dans le cœur desquels s'élève le désir de pleurer, à qui l'excès de la joie fait pousser des gémissements qui ressemblent tellement à des cris de douleur, que les aigles et les vautours, ces oiseaux aux ongles recourbés, n'en poussent point de si redoutables et de si plaintifs quand un campagnard leur enlève leurs petits aux ailes trop faibles pour voler encore ?*

Et sont-ils si prompts à se quitter, ces hommes *dont les larmes coulent si abondamment entre leurs paupières, que le soleil se fût couché avant la fin de leurs gémissements,* si Télémaque, ardent à savoir ce qui est arrivé pendant ces vingt années à son père bien-aimé, *n'eût ainsi parlé tout à coup, demandant à Ulysse le récit de ses aventures.*

Non, ils restent pendant toute la soirée, pendant toute la nuit côte à côte et la main dans la main, ne se décidant à se quitter qu'à l'aurore suivante, et en se donnant rendez-vous le même jour à Ithaque.

Au lever du rideau (deuxième acte), nous entrons dans l'appartement de Pénélope; un chœur de suivantes infidèles chantent des strophes qui, si par hasard elle les entend, doivent légèrement blesser l'oreille de la chaste épouse d'Ulysse.

Voici ce chœur, qui rappelle le *Nunc est bibendum, nunc pede libero pulsanda tellus,* d'Horace. Les chœurs, nous l'avons déjà dit, sont plutôt latins que grecs :

> Voici l'heure ténébreuse ;
> Sortons, réjouissons-nous ;
> Voici la nuit amoureuse,
> Complice des rendez-vous.
>   La nuit nous ramène
>   Les joyeux loisirs,
>   Et cache à la reine
>   Nos secrets plaisirs.
>
> Allons, déjà s'illumine
> Le festin des prétendants ;

Dans la coupe purpurine
Coulent les vins abondants.
La lyre qui vibre
Attend les danseurs ;
Allons, d'un pied libre,
Danser dans les chœurs.

Quand s'éteint du luth sonore
Le dernier frémissement,
Je vais attendre l'aurore
Dans les bras de mon amant.
La nuit nous ramène
Les joyeux loisirs,
Et cache à la reine
Nos secrets plaisirs.

Comme on le voit, habité par la foule des prétendants et égayé par les chants des servantes infidèles, le palais d'Ulysse, chez M. Ponsard, ressemble assez à autre chose.

Ce qui se chante, par bonheur, n'a aucune importance ; sans quoi, cette jeune suivante, qui se vante naïvement *d'attendre l'aurore dans les bras de son amant*, pourrait bien choquer quelque peu la pudeur des spectatrices un peu gourmées du Théâtre-Français.

Aussi Euryclée, la vieille nourrice d'Ulysse, qui entre à temps pour entendre cette confession, en est-elle choquée, et, quoiqu'elle doive le deviner, elle s'écrie :

Où courez-vous si tard, ô femme sans vergogne,
Au lieu de terminer ici votre besogne ?
Une bonne servante alimente le feu,
Arrange chaque chose et la met en son lieu.
Et, quand l'ordre est partout, grâce à sa vigilance,
Elle prend la quenouille et travaille en silence.
Voici comme on agit et de quelle façon

On sert les intérêts des chefs de la maison.
Mais vous aimez bien mieux, négligeant le service,
Rire avec un jeune homme et vous livrer au rire.
Pénélope saura tous vos débordements,
Et vous fera périr au milieu des tourments.

MÉLANTHO.

Tais-toi, les prétendants sont plus forts que la reine,
Et nous garantiront de sa colère vaine.

EURYCLÉE.

Ulysse n'est pas mort, Ulysse reviendra.

MÉLANTHO.

Non, non.

EURYCLÉE.

Et vous verrez comme il vous châtira.

Mélantho, à cette menace, hausse les épaules et répond :

Tais-toi, tais-toi, nourrice;
Le cadavre d'Ulysse
A nourri les vautours.
Des maîtres plus traitables
M'appellent à leur table,
Où l'on chante toujours.
Moi, je suis jeune et belle.
Aux fatigues rebelle,
Et docile aux amours.

EURYCLÉE.

Paix, voilà la maîtresse. Allons, que l'on travaille.

MÉLANTHO.

Attendons pour sortir que la reine s'en aille.

Je défie qu'on me dise à quoi sert ce second vers, si ce n'est à faire rimer *s'en aille* avec *travaille*.

Alors, s'adressant à la reine, qui n'est pas près de s'en aller, puisqu'elle ne fait que d'entrer, Euryclée lui dit :

> O ma fille, les chefs viendront chez vous ce soir;
> Par un de leurs hérauts, ils vous l'ont fait savoir;
> *Voulez-vous pas d'abord vous peindre la figure;*
> *La femme la plus belle a besoin de parure,*
> *Et la plus vertueuse a toujours un désir*
> *De plaire même à ceux qu'elle voit sans plaisir.*

Le conseil est assez étrange dans la bouche de la nourrice d'Ulysse, et je ne suis plus étonné que les suivantes infidèles ne se gênent pas devant la vieille créature.

Maintenant, savez-vous pourquoi M. Ponsard a été entraîné à cette faute? Vous allez le voir.

Dans Homère, Télémaque, en rentrant au palais, est salué par sa mère, qui lui demande s'il n'a rien appris sur Ulysse.

Télémaque lui répond:

> — Ma mère, n'excite pas mes larmes, n'ébranle pas mon cœur dans ma poitrine; j'ai échappé au danger suprême; mais, toi, purifiée et revêtant ton corps de beaux vêtements, dans la chambre où tu monteras avec les femmes qui te servent, voue à tous les dieux de complets hécatombes que tu sacrifieras, si Jupiter accomplit l'œuvre de ma vengeance.

C'est étrange que M. Ponsard se trompe ainsi, à chaque intention du poëte, et fasse d'une purification pieuse conseillée par un fils, qui sait que son père le suit, une excitation à une parure adultère.

Aussi Pénélope répond-elle:

> Ne me conseille pas de me parer, nourrice;
> Je ne désire pas plaire à d'autre qu'Ulysse.
> Je voudrais enlaidir du jour au lendemain
> Pour éloigner de moi ceux qui cherchent ma main.

Ces vers de M. Ponsard conduisent naturellement notre esprit à une réflexion qui, venue à d'autres que nous, bien certainement a dû nuire à l'intérêt de l'ouvrage.

La naïveté primitive de l'*Odyssée* a un si grand charme, qu'elle fait adopter au lecteur cette étrange invraisemblance, de voir toute l'aristocratie de l'archipel Ionien amoureuse d'une femme qui, selon le calcul le moins rigoureux, doit avoir quelque chose comme quarante ou quarante-cinq ans.

Il est dur de céder une pareille femme,

s'écriera plus tard un des prétendants, tandis que, de son côté, Télémaque fera cette réclame à sa mère en disant à ses amants réunis :

Dans Pylos, dans Argos et dans toute la Grèce,
Vous ne trouverez pas une telle princesse.

A cette époque, monsieur Ponsard, Télémaque, songez-y, est un grand garçon, qui a vu le monde et voyagé beaucoup, *multorum vidit et urbes*. Il a même, s'il faut en croire Fénelon, filé une intrigue assez compliquée avec une dame d'honneur de Calypso; tout cela ne rajeunit pas Pénélope, songez-y, poëte, surtout dans le climat de la molle Ionie, *mollis Ioniæ*, où le soleil, la poussière et le vent marin vieillissent les femmes avant l'âge, et, quoi qu'en dise Télémaque, qui voit sa mère avec les yeux d'un fils, les jeunes princes grecs pourraient trouver mieux qu'une femme qui va au reste leur échapper tout à l'heure, en les faisant tuer par un fils de vingt-deux ans et un mari de cinquante.

Tout ceci veut dire seulement que les exigences d'une tragédie sont tout autres que celles du poëme.

D'ailleurs, voyez comme Homère va au-devant de l'objection que nous vous faisons à vous, et comme, par l'intervention de Minerve, il a soin de rajeunir la vieille femme :

Alors, Minerve prit une autre résolution ; elle ferme les yeux de la fille d'Icare, épanche sur elle le doux sommeil, et Pénélope s'endort, tous ses membres s'engourdissent sur le long siége où elle repose ; alors, la plus noble des déesses répand sur la dormeuse les dons immortels, afin que les Achéens l'admirent.

Au reste, voyons comment le fils et la mère s'abordent dans M. Ponsard ; nous verrons ensuite comment ils s'abordent dans Homère.

TÉLÉMAQUE, à Ulysse, en lui montrant Pénélope.

La voyez-vous auprès de la muraille
Assise ; elle a baissé la tête ; elle travaille.

Télémaque, vous le voyez, nous donne raison lui-même ; il faut que Pénélope soit bien changée, pour qu'il ait besoin, afin qu'elle soit reconnue de son époux, de la lui détailler si minutieusement.

ULYSSE.

Dieux puissants ! si près d'elle, après un si long temps !
Pénélope ! Attendons, mon fils, quelques instants,
Je ne suis plus à moi ; l'émotion me gagne.

EURYCLÉE, à Pénélope.

J'aperçois Télémaque. Un vieillard l'accompagne.

ULYSSE, à Télémaque.

Soyons prudents.

TÉLÉMAQUE, à Pénélope.
Voici l'hôte dont nous parlons,
Ma mère; quoique pauvre et vêtu de haillons,
Vous devez cependant lui faire bon visage,
Car il paraît instruit et parle en homme sage,
Il a connu mon père en pays étranger,
Ma mère; et, s'il vous plaît, on peut l'interroger.
Veuillez donc le traiter honnêtement, ma mère. »

Cette petite leçon, tant soit peu outrecuidante, blesse Pénélope, qui répond :

Vous ne m'apprendrez pas ce qu'il convient de faire,
Mon fils!

Est-ce bien là le dialogue d'une mère et d'un fils qui se sont abordés ainsi :

Cependant, la prudente Pénélope sortait du lit, semblable à Diane et à Vénus la blonde, jetant en pleurant ses bras autour de son fils chéri, baisant son front et ses deux beaux yeux, et, ne pouvant retenir le flot de ses paroles, elle lui parla ainsi : « Télémaque, ma douce lumière, etc., etc. »

Suit entre Pénélope et Ulysse une scène à peu près pareille à celle qui a eu lieu dans l'acte précédent entre Ulysse et Télémaque.

Pénélope demande à l'étranger qui il est.

Le prudent Ulysse la trompe comme il a trompé Eumée; seulement, il lui fait un récit différent.

Dites-moi cependant quels lieux vous ont vu naître?

demande Pénélope.

ULYSSE.
Je suis né fils de roi; vous connaissez peut-être
La Crète, *une grande île au milieu de la mer,*

Où commandait Minos, issu de Jupiter ;
Son fils Deucalion, d'un premier hyménée,
Eut deux enfants, dont l'un se nomme Idoménée ;
Je suis son autre fils, et me nomme Aëton,
Nous étions tous deux beaux et vaillants, disait-on.
— Or, Ulysse, voguant vers Troie, une tempête
Contraignit les vaisseaux à relâcher en Crète.
J'accueillis de mon mieux Ulysse en ma maison ;
Il y resta dix jours, ayant tout à foison,
Et, le onzième jour, la tempête calmée
Lui permit de partir suivi de son armée.

La scène tout entière est prise dans Homère ; nous ne pouvons donc l'apprécier que par comparaison.

Voici comment, dans le poëte grec, Ulysse raconte son origine :

Alors, répondant, ainsi parla l'ingénieux Ulysse :
— O vénérable épouse d'Ulysse, fils de Laerte, tu ne renonces pas à m'interroger sur mon origine. Eh bien, je vais te la dire ; certes, aux douleurs que j'éprouve déjà, tu auras ajouté d'autres douleurs, mais c'est la coutume, quand de sa patrie un homme demeure aussi longtemps éloigné que je l'ai été de la mienne, souffrant toute sorte de maux, errant par les villes des hommes ; mais je n'en parlerai pas moins, puisque tu m'interroges.
La Crète est une *terre* qui s'élève au milieu de la mer sombre, *terre* belle, riante et grasse ; elle est habitée par des hommes nombreux, ou plutôt innombrables ; elle a quatre-vingt-dix villes, où se mêlent différentes langues. Là sont des Achéens ; là sont des Crétois autochtones, grands de cœur ; là sont les Cydones, les Doriens, divisés en trois tribus, les divins Pélasges. Entre les villes s'élève Gnossos, cité superbe où régna neuf ans Minos, qui s'entretenait familièrement avec le grand Jupiter, Minos, père de mon père, du magnanime Deucalion. Or, Deucalion m'engendra, moi et le roi Idoménée ; lui, partit pour Ilion avec les Atrides sur les

navires aux poupes recourbées; mon nom est Aëton; je suis le dernier-né; mon frère était l'aîné et le meilleur. Là, je vis Ulysse, et je lui donnai l'hospitalité, car, pendant qu'il se rendait à Troie, la force des vents l'avait conduit en Crète, l'ayant repoussé du cap Malée; il jeta l'ancre devant Amnise, où est la grotte des Ilithies, dans des ports si difficiles, qu'à peine échappa-t-il aux tempêtes. Montant aussitôt vers la ville, il demandait Idoménée, disant qu'Idoménée était son hôte vénérable et bien-aimé; mais déjà l'aurore s'était levée dix ou onze fois depuis que, sur ses navires aux poupes recourbées, Idoménée était parti pour Ilion; alors, le conduisant vers ma maison, je le reçus de ma meilleure hospitalité, le traitant avec un soin amical, aidé par tous mes serviteurs, et, à lui et à ses compagnons, je donnai la farine du grenier public, les vins noirs, depuis longtemps amassés, et des bœufs à sacrifier, de manière à satisfaire à tous les désirs de leur cœur. Là, pendant douze jours, les Achéens, fils des dieux, restèrent près de moi, car le puissant vent Borée les y forçait, en ne s'apaisant pas; sans doute quelque dieu contraire l'excitait. Enfin, le treizième jour, le vent tomba, et ils partirent.

Qu'avez-vous fait, poëte dramatique, de ce récit si chaud, si coloré, et, nous pouvons le dire, si plein de science géographique, à cette époque où la géographie est encore dans son enfance? Cette *terre*, qui s'élève au milieu des flots sombres, est naïvement devenue sous votre plume *une île* au milieu de la mer; mais ces quatre-vingt-dix villes, ces Achéens, ces Crétois autochtones, au cœur altier, ces Cydones, ces Doriens, divisés en trois tribus, et ces Pelasges issus des dieux, qu'en avez-vous fait? Où est Minos, *qui s'entretient familièrement* avec le grand Jupiter sur le mont Ida, comme parle Moïse avec Jehovah sur le Sinaï! Où est Amnise aux ports difficiles? Où est Borée au souffle

puissant, excité sans doute par quelque dieu ennemi?
Tout cela, c'est-à-dire tout ce qui est science, richesse,
abondance, poésie, tout cela a disparu.

Continuons et suivons la scène chez Homère et chez
vous.

Ainsi dissimulait Ulysse, disant beaucoup de mensonges
pareils à des choses vraies ; et, en l'écoutant, les larmes de
Pénélope coulaient inondant son visage. Ainsi se fond au
sommet des montagnes, sous l'haleine d'Eurus, la neige que
Zéphir a répandue, et va en ruisseaux gonfler le cours des
fleuves, ainsi coulaient et trempaient ses belles joues les
larmes de Pénélope pleurant son époux.

Acceptez-vous ceci comme équivalant? Vous en êtes
les maîtres, chers lecteurs :

PÉNÉLOPE.
Quoi ! vraiment, c'était bien Ulysse mon époux ?
ULYSSE.
Oui, reine, c'était lui.
PÉNÉLOPE.
Vous l'avez eu chez vous?
ULYSSE.
Je fus son hôte, reine.
PÉNÉLOPE.
Approchez, que je puisse
Serrer aussi la main que serra mon Ulysse.
(Elle lui prend la main en pleurant.)
O souvenir mêlé de peine et de douleur!
ULYSSE, à part.
Grands dieux ! que je voudrais l'attirer sur mon cœur.
(A Pénélope, en retirant sa main.)
Reine, laissez ma main trop rude pour les vôtres.
PÉNÉLOPE.
Toute rude qu'elle est, je la préfère à d'autres.
— Parlez d'Ulysse encor.

Revenons à Homère.

Mais Ulysse, quoique plaignant au fond de l'âme son épouse tout éplorée, Ulysse gardait sous ses paupières ses yeux aussi immobiles et aussi secs que s'ils eussent été de corne ou de fer; mais véritablement la prudence seule lui donnait la force de cacher ses larmes; mais celle-ci, après qu'elle fût rassasiée de pleurs et de gémissements, reprit :

— Et maintenant, mon hôte, je veux m'assurer si, parti d'ici avec ses divins compagnons, mon époux a, ainsi que tu le dis, reçu l'hospitalité dans ta demeure; dis-moi quels étaient les vêtements qui le couvraient, quel il était lui-même, quels étaient ses amis et ceux qui l'accompagnaient ?

Et l'ingénieux Ulysse répondit ainsi :

— O femme! il est difficile après un si long temps, car déjà vingt années sont écoulées depuis que ton époux a quitté d'ici, est venu dans ma demeure et s'est éloigné de ma patrie; et cependant, je vais te raconter la chose comme me la rappelle mon cœur. Le divin Ulysse portait, teint en pourpre, un vêtement de laine double, retenu par une agrafe d'or à deux tuyaux; le travail en était magnifique; entre ses pattes de devant un chien tenait un faon et le regardait palpiter, et tous admiraient, car, quoique ces deux animaux fussent d'or, l'un étouffait le daim, le paralysait de son regard ; l'autre, désirant fuir, palpitait entre ses pattes; en outre, je remarquai sur le corps du héros une splendide tunique, aussi molle et aussi transparente que la tunique de l'oignon; ainsi était ce doux tissu, brillant au reste comme le soleil, et les femmes en foule se pressaient pour l'admirer. Que te dirai-je de plus? recueille-toi dans ton âme. Je ne sais si dans cette maison Ulysse revêtit jamais ce manteau et cette tunique avec lesquels je l'ai vu, ou s'il les avait reçus de quelqu'un de ses compagnons en montant sur ses navires, ou, enfin, si quelque hôte les lui avait donnés, car Ulysse était aimé d'un grand nombre de mortels, attendu que peu d'Achéens étaient semblables à lui; et, moi-même, je lui fis présent d'un glaive d'airain, d'un double manteau de pourpre, d'une splendide tunique, et je ne le quittai que bien établi sur son vaisseau. Un héraut l'accompagnait, son aîné à peine; je puis aussi te dire comment il était : bossu, noir de peau et avec des cheveux crépus; son nom était Eurybate, et Ulysse l'honorait par-dessus tous les autres, parce qu'il le sentait presque aussi prudent que lui.

PÉNÉLOPE.

Je vais voir, maintenant que j'y songe,
Si vous êtes sincère ou faites un mensonge.
Lorsqu'en votre palais Ulysse fut admis,
Quelle robe avait-il? quels étaient ses amis?

ULYSSE.

Autant qu'il m'en souvient encore, ô grande reine !
Il avait un manteau de pourpre en double laine.

PÉNÉLOPE.

C'est vrai.

ULYSSE.

Qui s'attachait par une agrafe d'or.

PÉNÉLOPE.

C'est moi qui l'ai posée.

ULYSSE.

Et brodé sur le bord.

PÉNÉLOPE.

Comment?

ULYSSE.

La gueule ardente et les yeux écarlates,
Un chien tenait un faon palpitant sous ses pattes;

PÉNÉLOPE.

Le chien mordait le faon qu'il venait *d'attraper;*

ULYSSE.

Et le faon *agitait les pieds* pour s'échapper.

Il est bien entendu qu'*attraper* est mis là pour *forcer*, et c'était grâce à un ressort caché derrière le manteau que le faon *agitait les pieds*.

On se rappelle que ceci n'est pas dans Homère.

PÉNÉLOPE, à Télémaque.

Oh! c'est vrai, c'est bien vrai!

ULYSSE.

Si j'ai bonne mémoire,
L'un des amis d'Ulysse avait la peau très-noire,
Les cheveux très-crépus et le dos contrefait.
Il se nommait, je crois, Eurybate.

PÉNÉLOPE.

En effet,
Je n'ai plus aucun doute après un tel indice,
Et vous avez chez vous accueilli mon Ulysse.
— Ah! cher hôte, j'avais pour vous de la pitié :
Je vous aime à présent d'une grande amitié.

O mon hôte, — dit Homère par la bouche de Pénélope, et par ma mauvaise traduction, — toi que je ne regardais que comme un malheureux digne d'être plaint, tu seras désormais cher et honoré dans ma maison. Oui, c'est bien moi qui ai tiré de la chambre nuptiale et donné à mon époux les vêtements que tu décris; c'est bien moi qui ai cousu l'agrafe splendide qui en faisait l'ornement. Hélas! je ne le reverrai jamais revenant à la maison, sur la terre bien-aimée de la patrie. Ce fut un mauvais destin qui enleva Ulysse sur son navire aux flancs profonds, pour lui faire voir cette Ilion maudite que je ne veux plus même entendre nommer.

Et Pénélope donne l'ordre à Euryclée, la nourrice d'Ulysse, de laver les pieds du mendiant royal dans un bassin d'or.

Il fallait au grand poëte un pendant à son épisode du chien Argos; la nourrice Euryclée va nous le fournir.

Au moment où Pénélope ordonne à Euryclée de laver les pieds du voyageur, on entend un grand tumulte dans le vestibule : c'est la troupe des prétendants qui arrive, poussant des cris et poursuivant les servantes fidèles qui ne veulent pas se conformer à la morale prêchée par Mélantho.

Les servantes fidèles viennent chercher un refuge dans la chambre de Pénélope, et elles y sont relancées par les prétendants.

Parmi ces prétendants, trois seulement sont des acteurs parlants, Antinoüs, Amphinome et Eurymaque.

Le théâtre est occupé d'un côté par Pénélope, Télémaque, les suivantes fidèles ; de l'autre, par Ulysse, à qui Euryclée s'apprête à laver les pieds, et, au milieu, par les prétendants.

Ici, il y a encore transposition.

Au lieu que ce soit, comme dans Homère, Pénélope qui raconte à Ulysse, qu'elle ne connaît pas, la ruse de la toile, tissée le jour et défaite la nuit, c'est Antinoüs qui reproche cette ruse à la reine.

Or, la toile est tissée en dépit de vous-même,

dit Antinoüs,

> Et vous cherchez en vain un nouveau stratagème ;
> Je vous avertis donc, reine, que, dès demain,
> Il faut vous résigner à conclure l'hymen.
> Choisissez qui vous plaît ; prenez celui des nôtres
> Qui fera des cadeaux plus riches que les autres.
> Aussitôt mariée à l'un de nous, celui
> Dont vous aurez fait choix vous mènera chez lui ;
> Les autres s'en iront ; si bien que Télémaque
> Pourra jouir en paix de ses biens dans Ithaque.
> Mais, si vous prétendez *nous amuser* encor,
> Nous resterons ici, dévorant son trésor ;
> Vous acquerrez par là plus qu'une gloire humaine ;
> Mais aussi votre fils y perdra son domaine,

Car, j'en fais le serment, *nous n'irons pas chez nous*
Que vous n'ayez d'abord fait choix d'un autre époux.
          PÉNÉLOPE.
Perfide Antinoüs! ô langue envenimée!
Toi, qui d'un homme sage avais la renommée,
Ah! qu'on te jugeait mal! Réponds, cruel : pourquoi
Es-tu si méchamment acharné contre moi?
Tu parles de mon fils. Crois-tu donc que j'ignore
Ce que tu méditais et médites encore.
Hier même, barbare, embusqué vers le port,
Ne l'attendais-tu pas pour lui donner la mort?
Ulysse cependant fut l'hôte de ton père;
De l'hospitalité voilà donc le salaire!
Tu pilles sa maison, *déshonores ses lits*,
Persécutes sa femme et veux tuer son fils!

Antinoüs comprend qu'il n'y a pas grand'chose à répondre à cela; aussi laisse-t-il parler Amphinome; d'ailleurs, les exigences de la scène veulent que chacun parle à son tour.

— Non, reine, dit Amphinome,

Non, reine. On n'en veut pas aux jours de Télémaque,
Et je le défendrai, moi, si quelqu'un l'attaque;
Mais, pour vous délivrer de tout sujet d'ennui,
Que ne consentez-vous à choisir un appui?
          PÉNÉLOPE, doucement.
Je ne repousse pas un second hyménée,
Amphinome. Chacun subit sa destinée.
— J'envie une autre veuve : heureuse en ses douleurs,
On lui laisse du moins la liberté des pleurs;
Après avoir perdu l'époux qui fit sa gloire,
Elle peut d'un long deuil honorer sa mémoire;
Nul regard n'épira ses souvenirs secrets;
Elle pourra dormir seule avec ses regrets,
Moi, traînée aux autels, comme on l'est au supplice,

Je dois voir un autre homme en la couche d'Ulysse :
— Et, pour accroître encore ma tristesse, je vois
Que l'on met en oubli toutes les vieilles lois.
Quand on veut épouser une femme, l'usage
N'est pas de l'aborder avec un dur visage ;
On craint de lui tenir de trop rudes propos ;
On ne consomme pas ses vins et ses troupeaux ;
Mais, chacun d'un présent appuyant sa demande,
C'est à qui peut lui faire une plus riche offrande.

ANTINOÜS.

Pénélope, c'est bien. Nous enverrons chez vous
Toute sorte d'habits, d'urnes et de bijoux ;
Et vous verrez alors, sage fille d'Icare,
Qui de nous vous fera le cadeau le plus rare.
Mais je le dis encore, — c'est un point résolu ! —
Il faudra que demain cet hymen soit conclu.

(Les prétendants sortent après avoir salué Pénélope.)

Ulysse a entendu tout cela : la position, on en conviendra, est assez difficile pour un mari ; aussi Homère la lui a-t-il épargnée.

Au commencement de la scène, il s'est contenté de dire :

Oh ! tais-toi, cœur grondant.
Ne rugis pas, tais-toi, comme chez le Cyclope.

(Et il se retire dans un coin où il reste inaperçu.)

Pendant tout le reste de la scène, il ne dit pas un mot ; seulement, comme nous le verrons tout à l'heure, en entendant Pénélope dire aux prétendants de lui envoyer leurs cadeaux de noces, le doute lui revient.

Les prétendants partis, Pénélope s'adresse au chœur.

PÉNÉLOPE, au chœur.

Gémissez avec moi, pleurez sur ma détresse.

LE CHOEUR.

Je gémis avec vous, ô ma chère maîtresse !

PÉNÉLOPE.

Si je tarde, bientôt mon fils n'aura plus rien.

LE CHOEUR.

Ils ont déjà mangé la moitié de son bien.

PÉNÉLOPE.

Ils le tueront, peut-être.

LE CHOEUR.

Oui, c'est ce dont j'ai crainte.

PÉNÉLOPE.

Que dois-je faire ?

LE CHOEUR.

Il faut céder à la contrainte.
Vous sauverez les jours de votre fils chéri.

PÉNÉLOPE.

Je ne puis me résoudre à trahir mon mari.

LE CHOEUR.

Il n'est plus ! Vous pouvez, sans encourir de blâme,
Vous soumettre au destin, plus puissant qu'une femme.

MÉLANTHO, dans les groupes des femmes infidèles.

Pénélope, pourquoi pleurez-vous sans raison ?
Votre époux sera jeune et de bonne maison ;
Et vous, vous n'aurez pas été la seule veuve
Qui de l'hymen ait fait une seconde épreuve.
On parle, en soupirant, de son deuil immortel ;
On se laisse traîner en victime à l'autel ;
Puis le deuil s'adoucit ; l'époux, moins haïssable,
Finit par consoler la veuve inconsolable.

(Rires parmi les femmes infidèles.)

PÉNÉLOPE.

Méchante !...

Méchante est bien faible ; c'est *drôlesse* qu'il faudrait. Remarquez qu'Ulysse écoute tout cela en silence, et en attendant que sa nourrice, qui fait chauffer de l'eau, lui lave les pieds; Ulysse, qui dans Homère n'a rien vu et rien entendu de tout cela, et, qui cependant, vous allez le voir, est tout près d'éclater.

Cependant, le divin Ulysse se couchait dans le vestibule, étendant sur lui la peau non assouplie d'une génisse, et par-dessus cette peau les toisons des nombreuses brebis que les Achéens ont sacrifiées. Lorsqu'il s'est apprêté pour le sommeil, Eurinome jette sur lui la laine. Alors, veillant au lieu de dormir, le héros méditait dans son âme tous les maux qu'il voulait faire subir aux prétendants ; mais il vit passer, allant hors de la maison, riantes et joyeuses, des femmes qui allaient retrouver les prétendants; et alors, son cœur était violemment agité dans sa poitrine, et il délibérait dans son esprit et dans son cœur lequel valait mieux de donner à l'instant même la mort à chacune d'elles, ou bien de permettre que, dans un dernier et suprême embrassement, elles se mêlassent aux prétendants superbes; car son cœur hurlait (ὑλακτει), au fond de sa poitrine, de même qu'une chienne, tournant autour de ses petits, aboie contre un homme inconnu et désire le combattre. Ainsi grondait le cœur du héros, supportant difficilement tous les outrages, et, frappant sa poitrine, il gourmanda son cœur par ces paroles :

— Aie patience, mon cœur, car tu as souffert plus que cela, quand, invaincu jusqu'alors à cause de sa force, le Cyclope dévorait mes vaillants compagnons.

Vous le voyez, je cherche de bonne foi, et avec l'ardent désir de le trouver, un endroit où le copiste soit, non pas supérieur au maître, soit, non pas son égal, mais au moins paraisse s'en rapprocher.

Ce n'est point ma faute si je ne le trouve pas, et je doute que beaucoup de *princes de la critique*, comme on appelle MM. les hebdomadaires, se soient jamais livrés à un travail aussi consciencieux que celui que j'accomplis en ce moment.

Arrivons à la scène entre Ulysse et Euryclée.

Après que Pénélope a appelé Mélantho *méchante*, elle se tourne vers Euryclée :

> Il ne faut pas que nos propres soucis
> Nous fassent oublier l'hôte au foyer assis.
> Va lui laver les pieds, nourrice.
>
> EURYCLÉE, à Ulysse.
> C'est la reine
> Qui l'ordonne, vieillard, et j'obéis sans peine ;
> Je me rappelle Ulysse, en vous considérant.
>
> ULYSSE.
> Oui, je lui ressemblais ; mais il était plus grand
>
> (Euryclée lave les pieds d'Ulysse.)

Pendant ce temps, Pénélope s'entretient avec le chœur.

> PÉNÉLOPE.
> Malheur à moi !
>
> LE CHOEUR.
> Malheur ! malheur !
>
> PÉNÉLOPE.
> Pleurez sans cesse !
> Pleurez et gémissez.
>
> LE CHOEUR, sensible au reproche.
> Nous gémissons, princesse.

Et, comme Pénélope trouve que le chœur ne gémit point suffisamment :

Lamentez-vous !

dit-elle. Et le chœur se lamente.

> LE CHOEUR.
> O destin rigoureux !

####### PÉNÉLOPE.
Redoublez vos sanglots et vos cris douloureux.

Alors, le chœur chante, et la poésie s'élève comme il arrive chaque fois que M. Ponsard substitue la strophe au dialogue.

####### LE CHOEUR.
Je vous plains! je vous plains! ô veuve désolée!
Vous aviez un mari vaillant dans la mêlée,
  Sage dans le conseil.
Celui qui doit entrer dans la couche déserte
Ne l'égalera pas, noble fils de Laerte,
  Ulysse, aux dieux pareil!
####### PÉNÉLOPE.
O songe évanoui! lamentable réveil.

Euryclée, qui lavait les pieds d'Ulysse, laisse aller la jambe qu'elle tenait, et le pied d'Ulysse retombe dans le bassin, qui est renversé.

####### EURYCLÉE.
Ah! je vous reconnais à cette cicatrice.
Oh! ciel!... ah! mon cher fils! ah! vous êtes Ulysse!...

Ulysse, lui fermant la bouche de la main droite, et de la main gauche l'attirant à lui :

Chut! ne me perds pas, toi qui m'as donné ton lait!
Ne dis rien, laisse agir les dieux comme il leur plait.

Euryclée lui baise les mains sans rien dire, lui essuie les pieds et les parfume avec des essences.

####### LE CHOEUR, à Pénélope.
Vous quitterez Ithaque et ses fertiles plaines,
Et cette chambre antique où vous filez vos laines
  Pour un foyer lointain.

Votre nouvel époux *sera méchant*, peut-être ;
Il va vous maltraiter et vous traiter en maître
  D'un ton dur et hautain.
            PÉNÉLOPE.
Plutôt, plutôt la mort que cet affreux destin!

La seconde strophe ne vaut pas la première; mais, dans l'une comme dans l'autre, le dernier vers de douze pieds, rimant avec celui de six, est admirable de tristesse, de lamentation, de désespoir.

Le défaut de cette scène, c'est que l'épisode de la nourrice m'y paraît étranglé.

Le voici tel qu'il est dans Homère :

Alors, la prudente Pénélope répondit :
— Cher hôte, jamais homme aussi sage que toi n'est venu dans cette maison, qui a reçu tant d'hôtes lointains et bien-aimés. Aujourd'hui, tous les discours que j'ai entendu sortir de ta bouche sont remplis de prudence. J'ai près de moi une vieille femme dont l'esprit est plein de bons conseils, qui a bien nourri, bien élevé le malheureux Ulysse; c'est elle qui le reçut entre ses bras quand sa mère le mit au jour. Si faible qu'elle soit, c'est elle qui te lavera les pieds. — Et maintenant, dit-elle, lève-toi, prudente Euryclée, lave l'égal de ton maître; car peut-être qu'à cette heure, Ulysse a de tels pieds et de telles mains..., car les hommes vieillissent vite dans le malheur.

Pénélope parla ainsi, et la vieille couvrit son visage de ses deux mains; et, laissant couler de chaudes larmes, elle prononça ces paroles de deuil :

— O mon fils! je ne puis plus rien pour te servir. Certes, il faut que Jupiter, malgré ton cœur pieux, t'ait pris en haine parmi les hommes; et cependant, quel mortel plus que toi a brûlé de grasses génisses et sacrifié de somptueuses hécatombes à Jupiter, qui se plaît au bruit de la foudre, le suppliant de te laisser parvenir à une tranquille vieillesse, et de te donner le temps d'élever ton splendide enfant... Et maintenant, à toi seul, Jupiter refuse le moment du retour. Peut-être aussi des femmes, sous les palais où pénètrent les hôtes lointains, te maudissent-elles, ô mon Ulysse! comme te maudissent ces chiennes..., toi, vieillard ; et, pour éviter leurs injures et leurs affronts, tu ne permets pas qu'elles te lavent. Mais la prudente Pénélope, fille d'Icare, m'ordonne, à moi..., de te laver les pieds!... Je les laverai donc, et ceux de Pénélope elle-même, et cela pour l'amour de toi ; car mon âme est émue jusqu'au fond de tes douleurs. Écoute donc cette parole que je vais dire : Beaucoup d'hôtes sont venus de loin, sont entrés dans ce palais; mais je déclare que je n'en ai vu aucun aussi semblable à Ulysse que tu l'es toi-même par la voix, par le corps et par les pieds.

Vous le voyez, j'avais bien raison de dire que cette scène était le pendant de celle d'Argos. Que manque-t-il à la nourrice pour qu'elle reconnaisse Ulysse tout à fait?

L'instinct du chien.

Mais elle a le souvenir, et, à défaut de l'instinct, le souvenir va s'éveiller en elle.

Elle prend un bassin; elle y mêle l'eau froide et l'eau chaude, et, tandis qu'elle accomplit ce soin, le poëte, avec son langage coloré, raconte une chasse chez Antolycos, qui a vu naître Ulysse et qui lui a donné ce nom qui veut dire « en colère »[1], en invitant l'enfant à venir voir son aïeul quand il sera jeune homme.

A cette chasse, Ulysse a été blessé au genou par la *blanche* défense d'un sanglier, et la cicatrice de la blessure est toujours restée visible.

---

[1] Ulysse, en grec Ὀδυσσεύς, du verbe Ὀδύσσω, se fâcher, se mettre en colère.

Or, en changeant d'aspect le corps d'Ulysse, soit par oubli, soit à dessein, Minerve n'a point effacé la trace de cette blessure.

Or,

La vieille nourrice, les mains penchées, reconnut cette cicatrice en la touchant, et elle lâcha le pied, et la jambe retomba dans le bassin qui fut renversé avec un bruit sonore, de sorte que l'eau se répandit sur la terre, et, en même temps, son esprit fut envahi par la joie et la douleur, ses yeux se remplirent de larmes, sa voix s'arrêta dans sa gorge, et, lui prenant le menton, elle balbutia ces paroles :

— Tu es Ulysse, cher fils. Oh ! je ne t'ai pas reconnu avant que mes mains te touchent tout entier !

Elle dit et regarda Pénélope d'un œil qui annonçait que son époux bien-aimé était de retour dans le palais; mais d'où elle était, la reine ne put la voir ni la comprendre. D'ailleurs, Minerve elle-même éloignait son esprit de ce qui se passait; mais Ulysse, serrant la gorge de sa nourrice d'une main, et de l'autre l'attirant vers lui :

— Nourrice, lui dit-il, pourquoi donc me veux-tu perdre, toi qui m'as nourri de ta propre mamelle, maintenant que, frappé de maux de toute sorte, je retrouve après vingt ans la terre de la patrie? Mais, puisque tu m'as reconnu et qu'un dieu a éclairé ton âme, tais-toi, afin que personne autre dans la maison ne sache ce que tu sais; car je te prédis, et la prédiction est vraie, et elle s'accomplira, si un dieu permet que je dompte ces illustres prétendants, je n'épargnerais pas même la nourrice qui m'aurait trahi lorsque je tuerai les autres femmes dans mon palais.

Et alors, la prudente Euryclée répondit : — Quelle parole vient donc de se glisser entre la haie de tes dents? N'as-tu pas éprouvé combien mon âme est ferme et inébranlable? Je tiendrai ton secret comme si je fusse de granit ou de fer, et à mon tour je te dirai, et enferme mes paroles dans ton esprit, si par tes mains un dieu dompte les illustres prétendants, je te ferai connaître quelles sont, dans ta maison, les femmes qui sont restées pures et celles qui sont criminelles.

Mais l'ingénieux Ulysse répondit :

— Pourquoi me les indiquerais-tu, nourrice? Cela ne te regarde aucunement. J'observerai, et je reconnaîtrai bien chacune; mais retiens tes paroles et confie la chose aux dieux.

Et la nourrice se tait, achève de baigner les pieds de son maître, les parfume, rapproche le siége d'Ulysse du feu, comme elle faisait quand il était enfant, pour qu'il se réchauffe, et cache la cicatrice avec les haillons qui le couvrent.

Alors, dans Homère, entre Pénélope, restée seule, et Ulysse assis devant le feu, s'établit le dialogue suivant :

PÉNÉLOPE.

O mon hôte! je continuerai de t'interroger encore un peu; car bientôt viendra l'heure du coucher, l'heure où commence, même pour les souffrants, le doux sommeil. Quant à moi, un dieu m'a fait une immense affliction ; pendant tout le jour, au moins, je m'occupe, pleurant et gémissant, à inspecter les travaux de la maison et à donner des ordres aux serviteurs; mais, quand la nuit arrive et que le repos descend pour tout le monde, je m'étends sur mon lit, et alors, tout autour de mon cœur endolori, passe le cortége des sombres douleurs et des soins amers, de même que Philomèle au plumage verdâtre, quand elle chante si harmonieusement le nouveau retour du printemps, cachée au milieu des feuilles épaisses, jetant l'abondance de sa voix aux milles notes, pleure son cher Itulos, fils du roi Zethos, qu'autrefois elle tua par inadvertance, de même s'agite dans mon âme ce double dessein de savoir si je resterai près de mon fils, et si je conserverai toutes choses intactes, et mes biens, et mes serviteurs, et la grande maison, et le respect de la couche nuptiale, et la vénération de mon peuple, ou si je suivrai le moins mauvais de ces Achéens, celui qui m'offrira les plus beaux présents de noces. Tant que mon fils fut un enfant faible de corps et impuissant d'esprit, il ne m'était point permis de me donner à un mari, en abandonnant la maison ; mais, à cette heure, il est grand, il est parvenu à l'âge de la puberté, et il me conseille de quitter la maison, s'indignant de ce que les Achéens dévorent les richesses. Maintenant, écoute ce songe et explique-le-moi :

» Des oies, au nombre de vingt, sortent de l'eau pour manger le grain dans ma cour, et je m'amuse à les regarder. Mais voilà que, dans mon rêve, un grand aigle, au bec recourbé, s'élance de la cime de la montagne, leur brise le crâne et les tue. Eux, cependant, gisaient amoncelés, et l'aigle reprit son vol dans le divin éther, et, moi, je pleurais et criais tout endormie. Alors, les Achéennes aux beaux cheveux se pressent autour de moi, pleurant amèrement mes pauvres oies tuées par l'aigle, quand tout à coup l'aigle revenant se percher sur le toit élevé prit une voix d'homme et me dit :

» — Aie confiance, fille d'Icare au loin et largement illustre, ceci n'est pas un songe, mais une image de la vérité qui est sur le point de s'accomplir. Les oies, ce sont les prétendants, et moi qui ai pris la forme de l'oiseau aigle, je suis ton époux, qui arrive, et qui vais frapper tous les prétendants d'une mort cruelle.

» Il dit, et le doux sommeil s'éloigne, et, jetant mes regards dans la cour, j'y retrouve mes oies mangeant le froment près du bassin. »

— O femme ! répondit le prudent Ulysse, quelle autre interprétation voudrais-tu donner à ce songe que celle qu'Ulysse lui-même lui a sagement donnée ? La perte des prétendants apparaît imminente à tous, et pas un seul n'échappera à la mort et ne fuira son destin.

— O mon hôte ! reprend la prudente Pénélope, les songes sont parfois inexplicables ou parlent obscurément, et tous ne s'accomplissent pas avec certitude. En effet, deux portes sont ouvertes aux songes légers, l'une est faite de corne et l'autre d'ivoire. Ceux qui viennent par la porte d'ivoire trompent et ne portent que des paroles vaines ; ceux, au contraire, qui s'échappent par la corne polie, ceux-là sont accomplis. Je n'ose croire que mon songe soit un songe sérieux ; et, dans ce cas, il serait bien heureux pour moi et pour mon fils. Au reste, je te dirai, — et enferme dans ton esprit ce que je vais te dire, — déjà s'approche l'aurore néfaste qui doit m'éloigner de la maison d'Ulysse. — Eh bien je vais proposer un combat : *Ulysse avait l'habitude de ranger dans la cour, sur une seule ligne, comme des mâts de navires, douze haches, et, à une grande distance, il les traversait toutes d'une flèche.* Je proposerai la même épreuve aux prétendants, et celui qui de ses mains aura tendu facilement son arc, celui qui *aura fait passer les douze flèches dans les douze haches*, celui-là, je le suivrai, quittant cette maison de ma jeunesse, — maison splendide et pleine d'abondance, et dont je jure de me souvenir toujours, même dans mes songes.

— Oh ! vénérable épouse d'Ulysse, fils de Laerte, répondit le héros, ne tarde pas à offrir le combat dans ta maison, et l'ingénieux Ulysse sera ici avant que les prétendants aient fait plier l'arc poli, aient tendu la corde et aient fait passer la flèche à travers le fer.

Voyons comment M. Ponsard a traduit cette scène, et s'il l'a sentie comme délicatesse et comprise comme sens :

ULYSSE.

Noble femme, vraiment j'aime à vous regarder !
C'est beau de vous voir, faible, à vous-même réduite,
De cent chefs réunis éludant la poursuite,
Apaisant leur colère, amusant leur ardeur,
Victorieuse enfin par la seule pudeur !

PÉNÉLOPE.

Hélas ! je suis au bout de tous mes stratagèmes.

ULYSSE.

J'en trouve un que les dieux me suggèrent eux-mêmes.
Ulysse, ce propos me revient aujourd'hui,
M'a parlé d'un grand arc qu'il a laissé chez lui,

Lequel était si roide et difficile à tendre,
Que nul autre que lui ne pouvait y prétendre.
PÉNÉLOPE.
Je sais.
ULYSSE.
Il alignait souvent sur le terrain
Douze anneaux suspendus à des piliers d'airain,
Puis sa flèche lancée, adresse peu commune,
Passait *dans chaque bague* et n'en touchait aucune.
PÉNÉLOPE.
C'est vrai.
ULYSSE.
Présentez-vous aux prétendants demain,
Grande reine, tenant l'arc d'Ulysse à la main,
Et dites : « Prétendants, je vous ouvre la lice ;
Disputez-moi ; celui qui tendra l'arc d'Ulysse
Et qui fera passer un trait bien décoché
A travers douze anneaux sans qu'aucun soit touché,
Celui-là deviendra mon mari ; pour le suivre,
Je quitterai ce toit où j'aurais voulu vivre.
Mais je ne puis sans honte, après Ulysse mort,
Choisir un autre époux moins adroit et moins fort. »
PÉNÉLOPE.
Et si l'un des rivaux sort vainqueur de l'épreuve?
ULYSSE.
Ulysse, auparavant, reviendrait vers sa veuve.
Personne, m'a-t-il dit, ne peut faire plier
La corne de son arc, à lui seul familier.
PÉNÉLOPE.
Merci; la ruse est bonne et vient d'un esprit sage.
ULYSSE.
Surtout ne manquez pas, demain, d'en faire usage.
PÉNÉLOPE.
Je n'y manquerai pas, mon cher hôte.
ULYSSE.
C'est bien.
Dormez en paix.

Sur quoi, les deux époux se séparent.

Pardonnez-moi, monsieur Ponsard, de revenir toujours sur un même point. Voilà trois fois que vous vous écartez d'Homère, et, chaque fois, le sentiment est faussé, la pensée du cœur est incomprise.

Lecteur, reportez les yeux sur notre traduction d'Homère, et vous y trouverez une chose ravissante de tendresse conjugale. Dans le poëte grec, c'est Pénélope qui se souvient de cette force d'Ulysse qui *tendait l'arc de corne*, de cette adresse de son époux qui traversait *douze haches de fer* alignées comme des mâts de vaisseau ; elle se rappelle l'avoir vu robuste comme Hercule, roidissant ses muscles et forçant l'arc à se courber. Elle se rappelle l'avoir vu beau et fier comme Apollon, rejetant, divin archer, la tête en arrière, et traversant de sa flèche les *douze haches de fer*. C'est parce qu'elle l'a vu ainsi, plus beau qu'un mortel, égal à un dieu, non-seulement dans ses souvenirs, mais peut-être même dans la chasteté conjugale de ses songes amoureux, qu'elle se dit à elle-même : « Oui, je puis proposer cette épreuve à ces jeunes efféminés, car aucun n'est fort et beau comme mon amant, comme mon époux, comme mon Ulysse, et aucun ne fera, en employant toutes ses forces, ce que faisait en se jouant le bien-aimé de mon cœur, l'époux de mon amour. »

Eh bien, monsieur Ponsard, tout cela disparaît quand c'est Ulysse qui le propose. Cet orgueil sublime de la femme devient, dans la bouche du mari, une vanterie vulgaire, et, d'un trait de sentiment presque divin, vous faites une gasconnade digne de la Calprenède et de Cyrano de Bergerac.

Vous n'avez donc pas compris le sentiment de cette scène? Eh bien, je vais vous prouver que vous n'en avez pas mieux compris le sens matériel.

Homère dit :

Il alignait douze haches comme des mâts de navire, et à une grande distance il les traversait avec une flèche.

Oh ! il y a bien *hache;* le grec dit πελεκεον.

Vous l'avez bien lu ainsi ; mais vous vous êtes demandé :

— *Comment peut-on traverser douze haches avec une flèche ?* Il faut qu'il y ait altération dans le texte, erreur dans la traduction.

Vous vous êtes lassé de chercher, et vous avez mis *douze bagues suspendues à des piliers d'airain* à la place de *douze haches.*

Il fallait faire comme moi, monsieur Ponsard, il fallait chercher plus longtemps, et vous eussiez comme moi trouvé le secret de cette énigme, dont, au reste, aucun traducteur, à ma connaissance, ne donne le mot.

Les haches grecques étaient des armes de trois pieds et demi de longueur à peu près, terminées d'un bout par une pointe et un tranchant ; de l'autre par un anneau de fer qui servait à les suspendre, non-seulement à la muraille pendant la paix, mais à un crochet de fer adhérant au char pendant le combat. Eh bien, Ulysse plantait ces haches en terre par la pointe, les alignait comme des mâts de vaissau, — voyez comme Homère est toujours juste dans ses images, — et faisait passer sa flèche par les douze anneaux de fer qui terminaient le manche.

En grec, πελεκεον δυοκαιδεκα παντον,
Comprenez-vous maintenant ?

CHOEUR DES SERVANTES.

Promenons encore,
Promenons nos doigts
Sur la peau sonore
Du tambour crétois.
Célébrez l'orgie,
Flûtes de Phrygie,
Roseaux à sept voix.

Il faut, pour bien vivre,
Consacrer le jour
Au dieu qui s'enivre,
La nuit à l'amour.
Comme la bacchante,
Je danse et je chante
Au bruit du tambour.

La jeune cavale,
Errante à son gré,
Du zéphir rivale
Bondit dans les prés ;
Ainsi court et vole
La bacchante folle
Sur le mont sacré.

De temps en temps, quand ma course m'a emporté à travers l'aride champ de la critique, si j'aperçois une oasis, je m'y arrête et m'y désaltère. Si je vois une fleur, je cours à elle et je la cueille.

Merci de vos charmantes strophes, ô poëte mon frère ; elles me rendent la tâche facile, et je voudrais les citer toutes, ne fût-ce que pour prouver que, lorsque vous êtes inférieur, je ne dirai pas à Homère, — qui n'est pas inférieur à Homère, si ce n'est Dante et

Shakspeare ? — mais à vous-même, c'est que vous vous trompez de route et que vous voulez être Euripide ou Sophocle, au lieu d'être Tibulle ou Horace.

Au reste, nous voici arrivés au dénoûment terrible.

Les prétendants sont réunis au banquet, se gorgent de viande, s'enivrent de vin, au bruit des chants des belles filles leurs courtisanes. Ulysse arrive en mendiant ; Il s'agit pour lui, s'il en est temps encore, de séparer les bons des mauvais. Il s'approche de la table, et, l'œil et la bouche affamés, demande à chacun l'aumône d'un repas.

D'abord, Ulysse a affaire aux serviteurs, chiens aboyants qui ne veulent pas même le laisser entrer dans la salle du festin.

Va-t'en donc ! Veux-tu bien, vieux rustre,
Couvert de tes méchants lambeaux,
Te mêler, comme un hôte illustre,
À des seigneurs jeunes et beaux ?

TÉLÉMAQUE.

Holà ! quel est ce bruit ?

MÉLANTHEIS.

C'est un pauvre qu'on chasse,
Maître, et qui ne veut pas s'en aller, quoi qu'on fasse.

TÉLÉMAQUE.

Pourquoi donc le chasser ? Laissez ; n'y touchez plus ;
Malheur à la maison dont le pauvre est exclus.

Voilà donc Ulysse libre d'aller et de venir dans la salle du festin.

D'abord, il s'adresse à Ctésippe de Samos. Dans le drame, Ctésippe se contente de dire à Ulysse : « Arrière, vagabond ! »

Dans le poëme, il lui jette un pied de bœuf à la tête.

Chez M. Ponsard, c'est Antinoüs qui se livre à cette brutalité.

— Paix! dit-il à Ulysse,

> Paix donc! éternel discoureur;
> Va servir, fainéant, chez quelque laboureur.
> Tu trouves plus aisé de vivre dans la rue
> Que de gagner ton pain en poussant la charrue.
> ULYSSE.
> Oh! si nous labourions tous deux au même endroit,
> Nous verrions qui ferait le sillon le plus droit.
> Non, allez, je ne suis ni fainéant ni lâche;
> Mais vous ne vous plaisez qu'à dire ce qui fâche.
> Moi, je suis un vieillard. Or, le lâche est celui
> Qui, jeune et vigoureux, vit aux dépens d'autrui.
> ANTINOUS, lui jetant un marchepied.
> Ah! tu m'insultes, tiens!
> TÉLÉMAQUE, tirant son épée.
> Par tous les dieux, je jure!
> Heureusement pour toi, mon hôte est sans blessure.
> Si tu l'avais atteint, il t'en eût coûté cher.

Voici Homère :

Ayant ainsi parlé, Ctésippe prit dans une corbeille un pied de bœuf, et, d'une main robuste, le lança à Ulysse. Ulysse inclina légèrement la tête et l'évita, et dans son âme sourit de mépris. Le pied cependant alla frapper la muraille solide. Mais Télémaque, s'adressant à Ctésippe, le réprimanda en ces termes :

— O Ctésippe, il a mieux valu pour ta vie que tu n'aies point frappé et que de lui-même il ait évité le trait, car certainement je l'eusse à l'instant même frappé en pleine poitrine avec ma lance aiguë, et ton père, au lieu de tes noces, eût célébré ici tes funérailles. Or, que personne ne se permette d'insolence dans ma maison, car maintenant je comprends et connais toute chose, les bonnes comme les mauvaises. Il y a peu de jours, je n'étais qu'un enfant, et je tolérais qu'à ma vue on égorgeât mes brebis, on mangeât mon blé, on bût mon vin. Il est difficile, en effet, qu'un seul résiste à tous. Mais prenez garde de me lasser davantage par vos actions hostiles. Voulez-vous absolument me tuer par le fer? Soit. J'aime mieux mourir que de toujours voir des actions infâmes : nos hôtes chassés et nos belles servantes indignement violées dans ma propre maison.

Comparez cette apostrophe du jeune lion, désireux d'essayer ses griffes et ses dents à ces deux vers :

Heureusement pour toi, mon hôte est sans blessure.
Si tu l'avais atteint, il t'en eût coûté cher.

Il y a quelque chose de fatal et de funèbre dans les premières menaces de Télémaque.

Aussi, tandis que Minerve trouble l'esprit des prétendants, les livre à un rire inextinguible et insensé, tandis qu'ils mangent les chairs saignantes, leurs yeux se remplissent de larmes, et leur âme triste éprouve un pressentiment de l'avenir ; alors, Théoclemène, parmi tous semblables à un dieu, leur parle ainsi :

— O malheureux! quelles calamités allez-vous donc souffrir? je vous vois environnés de ténèbres de la tête jusqu'au-dessous des genoux ; un hurlement s'élève, vos joues sont détrempées par les larmes, les murailles et ces belles colonnes suent le sang, le vestibule est plein de fantômes, la cour en est pleine ; ils marchent vers le sombre Érèbe, le soleil pâlit au ciel; et une nuit terrible s'avance !

C'est peut-être un des passages les mieux rendus par M. Ponsard.

LE DEVIN THÉOCLEMÈNE.
Nos rires sont funèbres.

> Qu'avez-vous? Je vous vois entourés de ténèbres ;
> Je vois couler vos pleurs ; j'entends pousser des cris ;
> Le sang couvre les murs et tombe des lambris ;
> Le portique et la cour sont pleins de pâles ombres,
> Dont le troupeau descend dans les royaumes sombres,
> Sommes-nous envahis par la nuit des enfers ?
> Tout est noir ; le soleil s'est éteint dans les airs.

Et Théoclemène, qui, dans Homère, n'est pas un devin, mais seulement semblable à un dieu, fuit, et quitte la salle après une imprécation terrible.

Dans Homère, Pénélope, le coude appuyé sur un siège élégant, assiste à cette scène. Chez M. Ponsard, elle entre tenant l'arc d'Ulysse, et disant :

> Vous qui siégez, mangeant nos bœufs et nos moutons,
> Buvant le vin d'Ulysse et poursuivant sa veuve,
> Prétendants ! je vous viens proposer une épreuve !

Qui voudra voir, au lieu de cette entrée passablement grotesque, une description de la façon dont cet arc est tombé entre les mains d'Ulysse, un beau détail de l'intérieur d'un palais grec, suivra Pénélope quittant la table du festin, et montant dans les appartements chercher l'arc et les flèches d'Ulysse, reliques conjugales qu'elle garde au milieu de ses vêtements parfumés.

Les soixante-sept premiers vers du 21ᵉ chant sont consacrés à cette description.

Puis elle descend, s'arrête aux portes de l'appartement, ayant à ses côtés deux chastes suivantes, et, le visage voilé, parle ainsi aux prétendants :

— Écoutez-moi, prétendants illustres qui vous êtes, de force, pendant l'absence d'un homme, et depuis longtemps, établis dans cette maison où vous mangez et buvez sans relâche, et qui n'avez à cette invasion d'autre prétexte que celui de faire de moi votre femme. Eh bien, écoutez. Voici l'épreuve : Je dépose devant vous le grand arc du divin Ulysse. Celui qui le tendra facilement de ses mains et qui enverra une flèche à travers douze haches, celui-là, je le suivrai, et, pour lui, je quitterai cette maison de ma jeunesse, belle, abondante, et que je me rappellerai toujours, même dans mes songes.

Les prétendants acceptent l'épreuve.

Dans le drame, Télémaque s'avance vers Pénélope, et dit :

Ma mère, vous pouvez rester à mon foyer ;
Je suis loin de m'en plaindre et de vous renvoyer.
Tous les honnêtes gens m'appelleraient impie,
Si je renvoyais celle à qui je dois la vie.
Vous pouvez donc rester ici comme chez vous.
S'il vous plaît, cependant, de suivre un autre époux,
Je ne puis m'opposer, ma mère, à votre idée ;
Car la saine raison vous a toujours guidée.
— Allez donc, prétendants, montrer votre vigueur.
Le prix est de nature à vous donner du cœur.

Oh ! que dans le poëme, vous allez voir, Télémaque est bien autrement tendre et pieux !

— Dieux bons ! s'écrie-t-il en écoutant sa mère, car il ignore qu'Ulysse a approuvé le stratagème, et il craint qu'à tout prendre un des prétendants ne tende l'arc et ne traverse les douze haches. Dieux bons ! Jupiter m'a-t-il rendu insensé ? Ma mère bien-aimée, ma mère si prudente, propose, abandonnant cette maison, de suivre un étranger ; et moi, entendant cela, je ris cependant, et me réjouis dans mon âme. Eh bien, soit, prétendants, tentez l'épreuve. Ah ! certes, vous ne trouverez point, par toute la terre de l'Achaïe ni dans la sainte Pylos, ni à Argos ni à Mycène, ni dans Ithaque elle-même, ni sur le noir continent, une semblable femme ; mais vous connaissez ma mère ; qu'ai-je besoin de la louer ? Plus de prétextes donc. Ne tardez pas à essayer de tendre l'arc. *Seulement, moi aussi, je veux faire cette expérience; moi aussi, j'essayerai de le tendre; moi aussi, j'essayerai d'envoyer la flèche à travers les douze haches, et peut-être alors ma mère ne me laissera pas triste dans cette vénérable maison, partant avec un étranger, puisque moi-même, héritier de la force paternelle, j'aurai remporté le prix de ce beau combat.*

Pourquoi ne pas avoir conservé cela, monsieur Ponsard, pourquoi ne pas nous avoir montré ce fils voulant, si l'on peut s'exprimer ainsi, de peur qu'un autre ne la lui enlève, gagner sa mère au jeu de la force et de l'adresse; pourquoi ne pas nous montrer le pieux jeune homme alignant d'instinct ces haches comme s'il les eût vu aligner à Ulysse lui-même, faisant plier l'arc trois fois sans parvenir à le tendre, et y épuisant ses jeunes forces jusqu'à ce qu'Ulysse lui-même lui fasse signe de ne pas continuer.

Ah ! c'est que tout cela n'est pas du domaine du poëte lyrique, mais du poëte dramatique; c'est qu'au poëte lyrique, il ne faut que des ailes, et qu'au poëte dramatique, il faut un cœur immense, un cœur qui permette de lui appliquer ce beau vers du vieux comique latin :

Homo sum, nil humani a me alienum puto.

Alors, les prétendants, chacun à son tour, essayent de tendre l'arc ; mais ils ont beau s'épuiser en efforts, Antinoüs a beau ordonner à Mélanthe, le gardien de chèvres, d'apporter le disque de graisse, de le déposer sur un large siège couvert d'une toison, d'allumer le feu, de le faire fondre pour en frotter l'arc rebelle et lui donner plus de souplesse, ils épuisent leur force à l'œuvre impossible; l'arc résiste.

Alors, l'ingénieux Ulysse s'approche et leur dit :

— Écoutez-moi, prétendants de la belle reine, car il faut que je vous dise tout haut ce que tout bas me dit mon cœur : vous, grand Eurymaque, et vous, Antinoüs, qui êtes semblable à un dieu, je m'adresse à vous parce que vous avez sagement parlé; laissez cet arc et confiez la chose aux dieux; demain, ils accorderont la force à qui leur conviendra. Cependant, donnez-moi cet arc si bien poli, afin qu'au milieu de vous, je prouve si j'ai toujours dans les mains cette force qui autrefois coulait dans mes membres flexibles, ou si je l'ai perdue, accablé par l'exil errant et par le malheur.

A ces paroles, les sarcasmes des Grecs redoublent; ils ne veulent pas permettre qu'un mendiant vagabond tente l'épreuve dans laquelle ils viennent d'échouer; mais le sage Télémaque, qui comprend le projet d'Ulysse, s'écrie :

— Personne que moi parmi les Achéens n'a de droit sur ces armes; c'est à moi de les donner ou refuser à qui me plaît; aucun de ceux qui dominent dans l'âpre Ithaque, aucun de ceux qui commandent aux îles proches de l'Élide, où paissent les chevaux, aucun de ceux-là ne m'empêchera, si c'est ma volonté, de donner cet arc à mon hôte. Mais, toi, ma mère, crois-moi, retourne dans ta chambre, occupe-toi de tes travaux, de tes fuseaux, de ta toile et des ordres que tu as à donner à tes femmes, afin qu'elles achèvent la besogne commencée; c'est aux hommes, et particulièrement à moi, d'avoir souci de cet arc, car c'est moi qui suis le maître de la maison.

ULYSSE.

Cependant, prêtez-moi cet arc, je vous en prie.
Je veux voir si ma main est encore aguerrie,
Ou si ma vie errante et tant de maux soufferts
Ont ravi la souplesse et la force à mes nerfs.

EURYMAQUE.

Garde-toi d'y toucher, ou j'apprête un navire,
Vagabond, et t'envoie au puissant roi d'Epire.

Où diable avez-vous pris ces deux vers, monsieur Ponsard?

TÉLÉMAQUE.

Cet arc est à moi seul ; si j'en veux disposer,
Quel est le prétendant qui s'y peut opposer ?
Vous cependant, ma mère, allez avec vos filles,
Et leur distribuez la laine et les aiguilles,
Et surtout ayez soin qu'elles ne sortent pas ;
Car leur place est chez vous et non dans les repas.

PÉNÉLOPE.

C'est vrai, mon fils, un dieu vous dicte ce langage
Empreint d'une sagesse au-dessus de votre âge.
Je me retire donc. — Venez, femmes.

(Elle sort.)

Dans le poëme, comme dans le drame, Ulysse, Télémaque et ses proches restent donc seuls devant les prétendants. Les deux camps sont bien distincts, et l'on comprend qu'on va en venir aux mains.

Eumée remet l'arc à Ulysse.

Puis, l'arc remis, il dit tout bas à Euryclée:

— Prudente Euryclée, Télémaque t'ordonne de fermer, avec les barrières, les portes du palais; et, si quelqu'une des servantes entend, soit du tumulte, soit des gémissements, qu'elle n'essaye pas d'entrer, mais continue tranquillement sa besogne.

On le voit, la terreur marche, et marche d'un pas plus rapide dans le poëme que dans le drame.

Ulysse tient l'arc, le tournant et le retournant en tous sens, tantôt d'un côté, tantôt de l'autre, examinant si, en l'absence du maître, les vers n'en n'ont pas rongé la corne.

Comme il retourne l'arc et comme il l'examine!

dit Eurimaque.

CTÉSIPPE.

Il ne le tendra pas.

ANTINOUS.

Que le ciel l'extermine.

Il l'a tendu.

CHOEUR DES PORCHERS.

Miracle, amis! l'arc est tendu.

DEMI-CHOEUR.

Le tonnerre a grondé, l'avez-vous entendu?

DEMI-CHOEUR.

La corde s'est roidie avec un son bizarre.

DEMI-CHOEUR.

Oui, c'était comme un cri plaintif.

LE CHOEUR.

Il se prépare
Quelque chose d'étrange et de mystérieux.

Ulysse prend une flèche dans le carquois, la pose sur l'arc et tire.

Tous se penchent pour regarder.

Quelle honte pour nous! il est victorieux.

Moment de stupeur. Antinoüs va voir dans la cour si sa flèche a réellement passé par les anneaux.

ULYSSE.

Vous ne vous plaindrez pas que je vous déshonore,
Télémaque; votre hôte est vigoureux encore.
Je viens de tendre l'arc sans m'efforcer beaucoup,
Et ma flèche a touché le but du premier coup.
— Il s'agit maintenant d'un tout autre exercice;
Voyons si Jupiter veut que je réussisse.

Il fait un signe à Télémaque, qui s'arme de l'épée, de

la pique et du bouclier suspendus au pilier ; puis il tend l'arc de nouveau et perce Antinoüs d'une flèche au moment où celui-ci rentre dans la salle. — Tumulte.

EURYMAQUE, à Ulysse.

Malheureux, qu'as-tu fait? Qu'on le saisisse !

Télémaque menace de sa pique ceux qui veulent s'approcher d'Ulysse.

ULYSSE, versant les flèches à ses pieds et quittant ses haillons.
Ah chiens !
Vous ne m'attendiez pas quand vous pilliez mes biens !
Vous me croyiez encor sous les murs de Pergame,
Lorsque, de mon vivant, vous poursuiviez ma femme.
Sans pudeur, sans remords, sans avoir sous les yeux
Le blâme des humains ni le courroux des dieux.
Ah ! vous ne saviez pas qu'au jour de la justice,
Terrible, armé du glaive, apparaîtrait Ulysse !

Il nous semble que c'est *armé de l'arc* qu'il eût fallu dire.

Le voilà ! pâlissez, car la mort est sur vous.

EURYMAQUE.

Si vous êtes Ulysse, Ulysse, entendez-nous ;
Vous ne vous plaignez pas sans griefs véritables.
Oui, l'on a dévasté vos champs et vos étables.

(Montrant le corps d'Antinoüs.)

Voilà l'auteur du mal ; c'est lui dont les leçons
Nous poussaient aux excès que nous reconnaissons.
Il gît. Il a subi sa peine légitime ;
Mais vous, contentez-vous d'une seule victime ;
Et nous vous donnerons, pour ce qu'on vous a pris,
De l'airain et de l'or, et des bœufs d'un grand prix.

(Les prétendants, en posture de suppliants, tendent les mains vers Ulysse.)

ULYSSE.

Quand vous me donneriez tous vos biens, et les vôtres
Et ceux de vos parents, et même beaucoup d'autres,
Je ne cesserai pas de me venger avant
Que je n'aie immolé le dernier poursuivant.
— Eumée et vous, porchers, allez fermer la porte ;
Hormis les serviteurs, que personne ne sorte !

(Les serviteurs se précipitent vers la porte et fuient ; Eumée et les porchers gardent la porte, armés de leurs bâtons.)

Ne cherchez point à fuir, vous êtes tous perdus ;
Je vous tiens sous ma flèche, ô troupeaux éperdus !

EURYMAQUE.

Aux armes, mes amis ! Cet homme est implacable.

AMPHINOME.

Où sont les boucliers ?

AMPHIMÉDON.

Servons-nous de la table !

(Les prétendants renversent la table et s'en servent comme d'un bouclier.)

EURYMAQUE.

Tirons notre poignard, et tous ensemble sus !

(Il se précipite sur Ulysse, le poignard à la main.)

ULYSSE, le perçant d'une flèche.

A toi le second coup ! va joindre Antinoüs !

Ulysse est si furieux, qu'il ne s'aperçoit pas qu'*Antinoüs* ne rime pas avec *sus*.

La toile tombe.

Voyons comment la chose se passe dans Homère. Je crois me rappeler que c'est assez beau :

Cependant, l'ingénieux Ulysse, après avoir pesé l'arc et l'avoir examiné de tout côté, de même qu'un homme habile à jouer de la lyre tend facilement à l'aide d'une clef neuve la corde de l'instrument, où il a noué un boyau de brebis bien tordu, de même Ulysse banda le grand arc, et de la main droite tendit le nerf, qui, arrivé à son point, rendit un son clair, pareil au cri de l'hirondelle. Ce fut pour les prétendants une grande douleur, et il n'en fut pas un qui ne changeât de visage ; en même temps, Jupiter tonna, montrant les présages. A ce bruit, la joie s'empara du cœur d'Ulysse. Il prit une flèche légère déposée sur la table. Les autres avec lesquelles les Achéens devaient faire connaissance étaient encore enfermées dans le profond carquois. D'une main tenant l'arc par le milieu, et de l'autre tirant à lui la corde et la flèche, et sans quitter le siége sur lequel il était assis, il lança le trait, et, ne s'écartant pas d'une hache, la flèche à la pointe d'airain traversa tous les anneaux depuis le premier jusqu'au dernier.

Alors, il dit à Télémaque :

— Télémaque, l'hôte assis à ton foyer ne te déshonore pas. Je ne me suis pas trop écarté du but, et je n'ai pas fait de trop grands efforts pour tendre l'arc. Allons, ma force est encore entière, et les prétendants ne me méprisent ni ne m'outragent plus. Et maintenant, l'heure est venue, quoi qu'il fasse jour, de préparer le souper aux Achéens; les convives vont s'en réjouir. A nous les chants et les lyres qui font la joie des festins !

Il dit et fit un signe du sourcil, et Télémaque, le fils bien-aimé du divin Ulysse, ceignit son glaive aigu, prit en main sa lance, et, couvert du resplendissant airain, alla se ranger près de son père.

Et cependant, Ulysse laisse tomber ses vêtements, s'élance devant le seuil, tenant en main l'arc et le carquois, répand à ses pieds les flèches rapides, et dit aux prétendants :

— Voilà l'épreuve difficile accomplie. Maintenant, je me donne un autre but, que jamais homme n'a touché. Je verrai si je saurai l'atteindre. Qu'Apollon me donne cette gloire !

Et, à ces mots, commence un combat, une lutte, un carnage, dont le texte grec peut seul dans tous ses détails donner une idée. Jamais description plus splendide n'a ébloui les yeux des hommes.

Qu'avait le Théâtre-Français à opposer à cela ?

« Bataille générale. La toile tombe. »

Ici, ce n'est point la faute de M. Ponsard. Le récit est au-dessus du fait ; le théâtre est au-dessous.

Mais pourquoi diable avoir choisi ce sujet ? le poëte dramatique est responsable du sujet qu'il choisit.

.

J'ai fait de la critique trois fois dans ma vie ; j'ai eu trois raisons de la faire.

Raisons à mon point de vue ; très-mauvaises *raisons*, je l'avoue, au point de vue des autres.

J'en ai fait *contre*, — j'allais dire *sur*, je me reprends et je dis *contre* ; — j'en ai fait *contre* le premier acte de *Louis XI* de Casimir Delavigne ; j'en ai fait *contre Dix Ans de la vie d'une femme* de Scribe ; j'en ai fait *contre* l'*Ulysse* de Ponsard.

La première fois, parce que le Théâtre-Français, dont j'avais à me plaindre, reprenait *Louis XI*.

La seconde fois, parce que j'avais à acquitter envers moi-même une promesse que je m'étais faite en conseil d'État, le jour où Scribe *avait anathématisé* la littérature immorale.

La troisième fois, parce que j'en voulais à Ponsard d'avoir permis que M. Lireux lui fît, du corps de l'auteur de *Léonidas* mort, un piédestal.

C'était donc, non pas un grand sentiment de vénération pour l'art qui me mettait chaque fois la plume à la main, mais un petit sentiment de vengeance personnelle et égoïste.

Aussi, voici ce qui est arrivé :

Après le premier acte de *Louis XI*, j'ait fait pouah ! et j'ai jeté la plume. Casimir Delavigne était mon ami, et voilà que j'attaquais, sept ou huit ans après sa mort, un homme dont je serrais tendrement la main, la main qui avait écrit les vers que je critiquais, chaque fois que j'avais le bonheur et l'honneur de le rencontrer.

Je fis donc pouah! et je jetai la plume.

Il n'en fut pas de même pour *Dix Ans de la vie d'une femme*. Scribe vivait, Scribe pouvait me répondre par une de ces charmantes petites comédies comme il en a fait cent, ou par un de ces grands ouvrages comme il en a fait quatre ou cinq. Cette fois, j'allai jusqu'au bout.

Enfin vint le tour de Ponsard.

Vous avez assisté au revirement qui se fit en moi dès le début. J'avais voulu commencer ma critique sur le ton de la raillerie, et, en abordant l'œuvre du poëte, je compris que ce serait impossible, que la critique, prise de ce côté, resterait au-dessous de lui et de moi.

Je fis alors de la critique sérieuse.

J'en fus récompensé.

Ponsard vint à moi, me serra la main en me disant :

— Je vous remercie, voilà comment j'aime *qu'on m'attaque*.

Il partait pour Vienne, et me laissait le champ ouvert sur lui et sur ses œuvres.

Cependant, son mot m'était resté dans l'esprit : *Voilà comment j'aime qu'on m'attaque.*

Je ne *jugeais* donc pas, j'*attaquais*.

Ponsard avait vu une *attaque* dans mon *jugement*.

J'avais bien envie de me dire à moi-même qu'il *se trompait;* mais ma conscience ne se prêtait pas à me tromper, moi.

J'attaquais, puisque mes articles n'étaient point dictés par un amour pur et désintéressé de l'art, mais, au contraire, avaient pour but l'accomplissement d'une petite vindicte particulière. Je n'en continuai pas moins mon travail, avec cette franchise dont je crois donner une preuve irrécusable en écrivant les lignes qui précèdent, et je le crois avec une conscience que peu de critiques mettent à leurs œuvres.

Mais savez-vous ce qui se passait en moi, à mesure que j'avançais en besogne? C'est que, plus j'étais consciencieux, plus j'étais impartial, plus, malgré moi, je devenais sévère. J'avais bien su, méchant que j'étais, qu'en mettant la main sur *Ulysse*, je prenais au collet la plus faible production de mon rival, faible surtout par la présence, par le voisinage, par la force du géant Homère. Il en résulta que j'en étais arrivé, après avoir attaqué l'acte, à attaquer la scène, après avoir attaqué la scène, à attaquer le vers, et, après avoir attaqué le vers, à attaquer l'hémistiche, après avoir attaqué l'hémistiche, à attaquer la rime. Je compris le vertige qui prenait aux critiques, comment, après avoir mordu, venait le besoin de mordre ; après la rage mue, la rage véritable. Ce qu'il y a de plus amusant après la bâtisse, c'est la démolition. Tout le monde n'a pas la force d'élever pour lui-même ce monument dont parle Horace, tout le monde a la force d'arracher un bloc, une pierre, un caillou au monument des autres.

Or, que faisais-je, moi, en m'acharnant après *Ulysse* ? J'arrachais des cailloux, des pierres, des blocs parfois au monument de mon confrère. Le monument, peu solide dès l'origine, vacillait sous mes secousses; j'étais bien sûr de le renverser tout à fait; mais, ma foi ! je l'avoue, j'eus peur d'être écrasé, comme Samson, sous les débris du temple philistin.

Voilà ce qui fait que je n'ai pas donné le dernier coup de bélier.

Ce que je faisais était peut-être *bon* au point de vue de la critique ; mais, en vérité, ce n'était pas *bon* au point de vue du sentiment *humain*, de la fraternité *artistique*.

J'ai donc été fâché de ce que j'avais fait, et mieux je l'avais fait, plus j'en ai été fâché.

En outre, voilà un singulier travail de reconstruction qui s'était fait dans mon esprit, tandis que je me livrais à mon travail de démolition.

Je m'étais aperçu que les traducteurs d'Homère parfois ne comprenaient pas le texte du poëme, plus souvent encore ne comprenaient pas le sentiment du poëte.

L'*Iliade* et l'*Odyssée* sont de ces livres que l'on a le tort de faire lire aux enfants au collége.

On leur apprend le grec dans l'*Iliade* et dans l'*Odyssée*, on leur impose comme travail, comme pensums, comme punition, deux chefs-d'œuvre qu'on leur fait prendre, selon la forme des tempéraments, en haine, en dégoût ou en indifférence.

Il faudrait apprendre aux jeunes gens le grec, dans le premier ou le dernier auteur venu; puis, quand ils sauraient le grec, quand ils seraient arrivés à cet âge où l'on juge d'après soi, où l'on a des impressions en propre, leur donner, comme récompense du mal qu'ils ont pris, l'*Iliade* et l'*Odyssée* à lire.

FIN DU TOME DEUXIÈME

TABLE

L'ŒDIPE DE SOPHOCLE ET L'ŒDIPE DE VOLTAIRE.	1
OTHELLO.	95
LA CAMARADERIE, LES COLLABORATEURS ET M. SCRIBE.	125
LE LOUIS XI DE MÉLY-JANIN ET LE LOUIS XI DE CASIMIR DELAVIGNE.	149
DE LA CRITIQUE LITTÉRAIRE.	171
LES AUTEURS DRAMATIQUES AU CONSEIL D'ÉTAT.	179
DIX ANS DE LA VIE D'UNE FEMME, OU LA MORALITÉ DE M. SCRIBE.	229
A PROPOS DE MAUPRAT.	265
HENRI V ET CHARLES II.	315
DE LA NÉCESSITÉ D'UN SECOND THÉATRE-FRANÇAIS.	325
L'ULYSSE DE PONSARD.	355

FIN DE LA TABLE DU TOME DEUXIÈME

Coulommiers. — Typog. A. MOUSSIN

www.ingramcontent.com/pod-product-compliance
Lightning Source LLC
Chambersburg PA
CBHW070858300426
44113CB00008B/889